中国社会科学院基督教研究中心
汕头大学文学院宗教文化研究中心 ｜ 联合出版

中国基督宗教重要文献汇编 ｜ 卓新平 卢龙光 总主编
唐晓峰 执行主编

抗日战争时期基督宗教重要文献汇编

唐晓峰 李韦 编

社会科学文献出版社
SOCIAL SCIENCES ACADEMIC PRESS (CHINA)

"中国基督宗教重要文献汇编丛书" 总序一

卓新平

　　基督教的 "中国化" 是基督教在华发展极为关键的举措，但这一历程是复杂曲折的，人们对其意义的认识也经历了漫长的岁月，迄今仍然存有分歧。因此，在当前大力推动基督教 "中国化" 发展的关键时刻，很有必要回溯基督教在华传播和逐渐与中国文化融合的历史，总结其经验教训，找出中国基督教当代存在及发展的正确方向和最佳途径。这就是 "中国基督宗教重要文献汇编丛书" 的根本意义之所在。

　　自唐代基督教传入中华，就自觉或不自觉地卷入了波澜壮阔的中国历史发展，与中华文化及在中国大地呈现的各种外来文化产生了交往、碰撞、对话或融通，这构成了中华文化史和中外交通史的重要内容，基督教本身也在这潮起潮落、跌宕起伏中沉浮、拼搏，既想保住其本真，又需获得其新生。这一经历使基督教在华历史充满戏剧性和冒险性，也使之命运多蹇、变幻莫测。从唐朝景教的亮相开始，基督教有着四次传入的史话，也有其多次被禁、消失、尘封的遭遇。而从最初的 "文化披戴" 到如今越来越深入的 "文化融入"，基督教在华的形象也在不断改变，其对中华文化的体悟和认同更是越来越深刻。

　　在这种相遇与冲突、误解与领悟、存异与求同的双向互动中，基督教在中国面对着各种问题，寻求着可能解答，并没有停止其摸索、放弃其努力，"中国基督宗教重要文献汇编丛书" 的各卷实际上就反映出这一心路历程，记载着其理论探究。在此，许多重要议题都被涉及，如 "普世性" 与 "地方性"、"西化" 与 "华化"、"求同" 与 "显异"、"上层路线" 与 "底层联系"、"城市" 与 "乡村"、"沿海" 与 "内地"、"中心" 与 "边疆"、"知识阶层" 与 "普通民众"、"先知" 与 "仆人"、"役人" 与 "服事"、"洋教" 与 "本色"、"合一" 与 "分殊"、"中华归主" 与 "主入中境。自 1723 年雍正登基后，更开始了清朝百余年的禁教。不少中国的天主教徒从北方往南逃，甚至隐藏在深山之中，直至 19 世纪，才再陆续开始公开活动。基督新教的首位传教士马礼逊，在 1807 年抵达中国，就是基督教第四次进入中国的历史。而这段历史，与西方列强以武力打开中国的大门重叠，部分西方传教士更成为中国与列强签订不平等条约时的翻译者，同时也带来了最新的西方教育、科技、医疗、慈善事业、哲学等。在中国人民经历历史剧变，为自身寻找民族的出路和文化更新方向的历史时刻，基督教既是敌人又是朋友。

在基督教和中国的相遇历程中，产生了不少文献，记载了在不同时段中，双方不同类型的接触，包括怀疑、质疑、误解、争辩，也有欣赏、领悟、反思、启发。这些文献不仅蕴含着历史的经验，更可作为今天仍在进行中的互动交流的重要参照。

"中国基督宗教重要文献汇编丛书"正是要将一些分散在不同出版物的重要文献按照不同历史时期和性质汇编在一起，不但便于阅读和研究，更避免因历史久远而散佚。

为了出版这汇编，唐晓峰博士作了很大的努力，我们谨致以感谢，期望这汇编能够促进基督教在中国植根、发芽、成长并结出花果有所贡献。

编者说明

　　本书选编内容为抗日战争期间基督宗教团体及信徒有关此次战争的代表性言论及观点，全书分为两大部分，即基督教①和天主教，在两个部分中又分别根据辑录内容分为若干单元，基督教部分分为宣言、基督徒战争观、基督徒救国观、国难与基督教、国难与基督教教育、战后教会工作；天主教部分分为宣言及倡议、天主教爱国观、天主教战争观、天主教救国论、国难中的天主教、人物事迹、战时救助。全书导读"抗日战争与中国基督宗教"有助于人们从宏观上了解这一主题内容、历史演进及立场观点，同时每一篇或相关系列文献前均撰有编者按，以便读者了解作者信息及文献发表背景。在书后附有相关文献来源信息，方便读者查阅。

　　在辑录过程中，我们将原繁体文献转化为简体，并保留了部分原作者表达习惯，比如"藉"而不是"借"，"澈底"而不是"彻底"；同时对一些明显与现代汉语不同的表述进行了调整，比如"著重"改为"着重"等。原文献有些错谬之处，我们在录入过程中直接进行了更正。有诸多不符合时代要求的表述，用"□□□□□"代替。个别原著中无法辨别文字，用"□□□"代替，下面加注说明。因为属于文献整理，很多宣言类原文献发布时无近代标点，书稿代为拟制标点，以便阅读。原文献对同一指称对象有不同的术语，这是历史原因造成的，但为便于阅读，在导读性文字中对这些不同术语加以统一，如"教皇"统一为"教宗"，教胞改为信徒或信友，宗座驻华代表改为教宗驻华代表，等等。

　　本书由中国社会科学院世界宗教研究所基督教研究室唐晓峰研究员和华南师范大学历史文化学院李韦副教授共同编写，其中唐晓峰侧重于基督教部分，李韦侧重于天主教部分〔是为其国家社会科学基金项目"抗战时

---

　　①　按照中国语境中约定俗成的用法，本书在使用"基督教"一词时，大部分情况指"基督新教"。

第二部分　天主教

导读　抗日战争与中国基督宗教

多年前，张志刚教授在一次学术矿讨会上谈论"基督教中国化"这一议题时，提到一段话：韩国的基督徒和天主教徒在韩国民族解放过程中功不可没，很多信徒为了抵抗日本帝国主义的侵略而献出生命，他们一度在这场斗争中起到引领作用。而中国的基督徒在此过程中都做了什么具体贡献，这是我们不得不反思，并需要进一步探讨的问题。他之后在《"基督教中国化"三思》一文中对比中韩两国基督教传入史时指出，与1949年前基督教被中国人视为"洋教"和帝国主义侵略的工具相反，韩国近代的基督教却被视为救国救民的民族宗教，信仰基督教具有民族主义色彩，基督教领袖被视为民族英雄，这尤其体现在1919年3月1日朝鲜半岛反抗日本殖民统治的民族解放运动中，韩国《独立宣言》宣布当天，33名签名者中就有15名基督徒，无疑基督徒积极地站在争取民族解放、反日爱国斗争的前列。[①] 张志刚教授的观点发人深思，但笔者仍存有诸多疑虑，毕竟就之前阅读过的资料，我们知道中国的基督信徒，无论来自天主教会，还是新教教会，在当时抗日救亡过程中在难民救济、医疗服务、边疆服务等方面均有所贡献，甚至有教会领袖为此献出生命。基督信徒的力量在当时虽然薄弱，但天主教和新教加起来毕竟是一个约400万人的群体，同时还有教会兴办的医院、教育事业，加之国民政府高层对于基督宗教信仰的认同立场，其在抗日战争中发挥的作用应该不容小觑。在那个非常时期，基督宗教信徒们的信仰与实践到底如何？近年来，笔者收集、阅读了大量相关文献，并将其中重要资料编辑整理成《抗日战争时期基督宗教重要文献汇编》一书，以飨读者，在此简要将抗日战争时期基督宗教信徒们的理论与

---

① 张志刚：《"基督教中国化"三思》，《世界宗教文化》2011年第5期。

实践加以梳理总结，并做初步分析，权作全书导读。[①]

一　基督信徒们的抗日立场及其独特性

日本帝国主义的侵略是中华民族面临的共同灾难，没有一个团体和个人能够幸免，国难当头，中国的基督徒和天主教徒并不会因为其信仰的超越性与神圣性而逃避责任，相反，他们中的大部分人认识到作为国民，应该与全国人民一道同仇敌忾，对帝国主义者的侵略行径进行抨击，在救国事宜上贡献力量，他们尤其强调耶稣的牺牲、革命精神可以为民众提供精神和信仰动力。为此，无论是新教，还是天主教，他们组织了多个救国组织与团体，在国内外奔走呼吁，在获取国际援助、难民救助、伤兵医疗等方面做出了大量贡献，甚至一些信徒走上抗日前线。

当然，我们也应该注意到，基督宗教不仅是一个社会团体，也是一个旗帜鲜明的信仰群体，其社会实践行为必然由其信仰理论与思想加以指导，基督宗教信徒们的实践不仅仅因为他们是一国的国民，还因为他们认同自己是"天国的子民"，这种双重的"身份认同"决定了他们在这个特殊时期思想与实践的独特性，这种独特性表现在其信仰与现实的互动性、国际性、社会服务等多个方面。

1. 信仰与现实的互动性

第一次世界大战延缓了西方神学思潮中自由派与基要派间的争论，但

---

① 本文所用资料大多集中在 20 世纪 40 年代前，主要集中在九一八事变、上海"一·二八"事变、七卢沟桥事变后以及抗日战争即将结束之时，对于太平洋战争爆发前后直到抗日战争胜利这段时间的教会只能通过一些回溯文章进行探讨，此阶段资料之所以匮乏的原因可能在于：（1）抗日战争不再需要空洞的理论和口号，只需埋头实践；（2）作为一个边缘团体，面对现实爱莫能助；（3）部分信徒和团体，忙于生计生存，躲避战乱，无暇写作；（4）大部分教会机构和文字出版机构在抗日战争期间都受到了影响，无法正常工作，很多刊物在此期间停办；（5）太平洋战争爆发，国内教会及出版机构失去经济援助。郑新民在《抗战期间基督教文字工作追述》一文中明确记载："查一九三七年教会出版机关及信徒个人出版共约三千种，杂志方面一九一八年中英文七十三种，一九三三年二百十一种，一九三六年，二二三种，此乃历来最高之发刊记录，次年仅一四〇种，出刊大减，战事方面，平津沦陷，上海成孤岛，津浦、平汉两线半失。首都竟不能保，国命垂危，民心惶惑，交通四滞，生活已大蜕变，教会对此文化事业自难维持原状了。……嗣后直抵和平降临，教会对此工作的贡献，在产量方面很穷乏，在沦陷区域此灯已到'将残'，内地以成都昆明为中心，在可能中文字同工已尽其力。"参阅郑新民《抗战期间基督教文字工作追述》，《基督教丛刊》，1947 年，第 17 期。

战后,众多神学派别,包括浸礼宗、长老宗、循道宗在神学院及教会的讲台上对自由主义展开猛烈攻击,谴责其人性乐观主义神学倾向所隐含的价值危机,认为自由派神学放弃了福音的核心,即人类自身无法拯救的罪性。他们认为人的拯救依靠神的恩典,而耶稣的生、死、复活是个人重生乃至社会重建的不二法门,这种神学上的争论也陆续影响到了中国基督徒的神学思考与实践,个体的宗教经验与情感是否如施莱尔马赫所说是真实可靠的,毁坏人类和平的战争究竟靠人性的觉醒能不能止歇,这些都是抗日战争时期中国的基督徒们不断拷问自己的。新正统派神学的代表人物,如卡尔·巴特、埃米尔·布鲁纳等人的思想早在抗日战争之前就已被国人所知,但此时活跃在第一线的中国基督教思想家们在自由主义神学的影响下还没有从"人格救国"的迷梦中醒悟,无奈战争的警钟已经在他们的床头不断敲响,他们的梦境中出现了不同的杂音,而且越来越强。赵紫宸在1939年6月出版的《巴德的宗教思想》一书开篇绪言中便对此情景有着十分确当的描述:"欧战以前,西方人以为文明进化,显然有向,人类的幸福,几乎已在科学哲学艺术政治的掌握中。但是四年的欧战将这个好梦打得粉糜烂碎。对于宇宙世界人生社会,人类需要更立根本观念,重建生活基础。正在这个时代,巴德以宣教师的警觉,振臂疾呼,不但是深受欧洲信众们的欢迎,并且波及所及,鼓动了英国美国的神学思想界。……到了现在,远东也渐渐地受了影响,我们似乎应当晓得一些巴德思想的梗概。……我们不如用冷静的观察去察知这种思想的优点与劣点,或者我们能够折行于其间。"[1] 相似的战争处境挑战了国人对人性积极面的乐观认知,同时也引起基督徒们在神学思想上进行取舍,虽然此时基督徒领袖们对于这些西方神学思潮仅做冷静的旁观,但影响已经潜移默化地开始显现了。赵紫宸在1943年完成的《基督教进解》一书中已经明显具有新正统神学的特征,一改早期神学强调上帝的内在性、耶稣的人范作用等思想,开始强调上帝的超越性、耶稣的道成肉身彰显的"先存性"。在对待战争的态度上,赵紫宸也出现了不同的神学考量。虽然他主张基督徒可以不得已参加自卫之战,但世间并无所谓义战,杀人者自身也是血流成河,战争之后,一切破残,恶愈加恶,恨愈加恨,人们只有宽恕与忏悔,但"忏悔饶恕,俱非易

[1] 赵紫宸:《巴德的宗教思想》,载《赵紫宸文集》第二卷,商务印书馆,2004,第5页。

事，人若不心向上帝，承受恩力，自己是无法施行的"①。而在十年前九一八事变后，赵紫宸的观点是有所不同的，他认为中国的希望在于背负十字架的人身上，在于基督教对于中国民族精神上的贡献和信众人格的训练。② 社会处境、神学思想与战争观间的互动关系在赵紫宸这一个案身上得以充分展现。

事实上，不同神学观点影响到人们对于抗战方式的选择，甚至是否进行抗战，这一点我们将在后面部分详细论述，这里只是略举几例予以说明：如果一种神学思想将基督教解读为革命的宗教、入世的宗教，将抗战解释为为真理和正义而奋斗的战争，是以武力征服暴力的战争，那么无疑基督教的精神便是抗战的精神。对此，有基督徒直言："假使说，基督教是一种思想，那么抗战就是这种思想的实践了，有一般基督徒，只知道灵修，祈祷，听道，传道，而忘记了去参加抗战，实行主道，以致使人认为基督教是空虚，懦弱，逃避现实出世的宗教了，也有一般从事抗战的人，凭了一时的热情，去参加抗战，而并没有基督教的牺牲奋斗的精神，和坚韧不拔的信仰，以致一遇阻碍，略遭小败，就会对战争畏缩，对最后胜利怀疑。"③ 与此观点相对，有的基督徒认为基督徒面对国难，应该持有客旅的人生观、地上财产的虚空论、世界的罪恶充斥说、祸患侵扰的必然性，既然"这一切的祸患，既是必有的，我们就不必惊异；既是由罪恶而来的，我们就要制裁罪恶。制裁罪恶的惟一办法，就是宣传福音。因为宣传福音，有极切实雄厚的制裁罪恶的势力"④。这些对待世俗世界的看法本来是基督徒们所应素习素稔的，但在此战争时刻，却显得尤具争议，无疑这种神学主张直接影响到信徒对于国难的态度。

天主教界在抗日战争期间的思想与实践颇为统一，天主教会认为作为国民的一分子亦当尽国民的本分，爱天主与爱国密不可分，爱国既出于人类本性，同时出于爱天主的超性。这些主张得到了天主教徒们的一致拥

① 赵紫宸：《基督教进解》，载《赵紫宸文集》第二卷，商务印书馆，2004，第169—170页。
② 参阅赵紫宸《我们的十字架就是我们的希望》，《真理与生命》，1932年，第6卷第5期；赵紫宸：《基督徒对于日本侵占中国国土应当持什么态度》，《真理与生命》，1931年，第6卷第1期。
③ 幼之：《基督徒与抗战》，《华东联中期刊》，1940年，第6期。
④ 《真光杂志》编者按：《基督徒在国难当中应整理的世界观念》，《真光杂志》，1937年，第36卷第11期。

护。在华的比利时神父雷鸣远认为天主教主张"爱国是善行，不爱国是罪恶"，这样一种"理"已经在爱尔兰、比利时等国家取得了成效，他希望中国也能受益于天主教的"理"而取得最终胜利。[①] 中华公教进行会总秘书牛秉宗（字亦未）蒙席在《公教的爱国主义观》一文中认为爱国有天主教的真理为依据，爱国虽然是人人都有的观念，但天主教将爱国和信仰结合在一起，不爱国的人就不是真正的信徒。所以天主教的爱国比一般国民的爱国标准更高。[②] 陆征祥也发文介绍比利时墨西爱枢机主教在抵抗外辱时的理论与实践，并以此对照，认为："梅主教在欧战中四年之维持苦心，抗议毅力，对敌勇敢气概，百折不回之精神，大可灌渝在我全国民众脑海中，实为目前至急之办法，以五秒钟之爱国热，一变而为五十年、五百年、五千年之爱国性，在此一针之刺入骨髓耳。"[③] 天主教教牧领袖们的爱国理论对于天主教在抗日战争期间的统一行动起到了重要且实际的指导作用。

2. 国际性

基督宗教作为一种世界性的宗教具有一定的普世面貌这一点毋庸置疑，加之抗日战争时期天主教的类圣统制管理以及基督新教实际权力由国外差会掌控这种现实，其国际性更为突出。抗日战争初期，绝大部分基督新教团体还是在沦陷区继续工作，但均搬到外国租界区内，只有极少数团体迁到自由区，其与国外教会一体不言自明。随着太平洋战争爆发，国内外教会机构大都转移到自由区，联合起来从事救济及军人服务等工作。天主教会与此类似，抗日战争时期，教宗庇护十一世、十二世及其驻华代表们的言行几乎牵一发动全身，对于纳粹包围中的小国来说，梵蒂冈此时对于日本侵略者的态度不甚明朗，更多的是支持中国信徒的社会服务与救济事工，在中国的抗日战场上，大部分中外教徒还是联合起来参与到抗日救亡的行动中。具体来说，这种国际性表现在以下几个方面。

首先，九一八事变刚一发生，基督教徒们除表达愤慨外，所有团体和个人几乎无一例外祈求国际声援，甚至希望日本教会在调停战争方面发挥作用。中华全国基督教协进会会长诚静怡第一时间致电日内瓦国际联盟、

---

① 雷鸣远：《公教对爱国的供献》，《磐石杂志》，1932 年，第 1 卷第 1 期。
② 牛亦未：《公教的爱国主义观》，《新北辰》，1937 年，第 3 卷第 1 期。
③ 陆征祥：《在天主教道理下评判之"满洲国"》，《磐石杂志》，1934 年，第 2 卷第 5 期。

纽约世界基督教协进会、日本基督教同盟，呼吁国际社会主持公道，谴责日本暴行，同时希望日本基督教团体在和平解决中日争端问题上发挥作用。中华基督教女青年会全国协会在《告同工及会员书》中明确主张拥护国民政府将沈案诉讼于国联，请求世界公断之政策。著名的基督教思想家赵紫宸在《基督徒对于日本侵占中国国土应当持什么态度》一文中，开篇便说："将此次事实之真相，宣告于世界信众，并连合世界信众，特别是日本的信众，一致反抗日本帝国主义侵犯中国，扰乱世界的罪恶。"[①] 在天主教会方面，教宗庇护十一世曾以个人名义向中国捐款助赈，救济我国难民，先后达五次，金额逾百万里耳。抗日战争全面爆发后，教宗驻华全权代表蔡宁总主教发表讲话，承认中国的和平遭到了侵略者的破坏，肯定了中国抗战的正义性，这是中国民众在国际上赢得同情和援助的极为有利的舆论支持。[②] 南京代牧区主教于斌在抗日战争期间频繁出国做抗战宣传，历时八个月，行踪遍布欧美各国，为中国的抗日战争争取了大量国际支持与援助，中国获得的首批美方援助就是在他的努力下得来的。有天主教徒甚至认为天主教在抗日战争爆发后收效最大的就是国际外交。[③]

其次，中国基督宗教界的抗战也得到国际社会的部分支持。中华全国基督教协进会工作报告显示，1946 年 2 月至 12 月，该会救济委员会从美国援华会得到了国币七万万元，由英国援华会拨助了七百三十万元。这批巨款，由十八个省区各教会团体加以分配。这些款项用于救济教会同工和普通救济，凡因战祸受到灾害的团体和个人，不分宗教、种族，均得资助。其中，英国援华会的捐款主要用于湖南、云南等地旱灾的救济。公谊救护队是英国公谊会基督徒自动组织的汽车救护队，在我国各战场上从事抢救负伤将士的工作。此外，国内很多基督教会救援团体亦由一些国际人士担任骨干，并发挥了重要作用。太平洋战争爆发后，中华全国基督教协进会救济委员会便是由艾克沛干事主持发起的，雷鸣远神父也成为马相伯发起的"不忍人会"的主要践行者，其抗日救亡行为享誉民国。

值得一提的是，大部分欧美基督徒起初对于中日战争持和平解决的态

---

① 赵紫宸：《基督徒对于日本侵占中国国土应当持什么态度》，《真理与生命》，1931 年，第 6 卷第 1 期。
② 蔡宁：《告中国民众并祝抗战胜利》，《主心月刊》，1938 年，第 2 卷第 6、第 7 期。
③ 张茂先：《公教的国民外交》，《新南星》，1938 年，第 4 卷第 10 期。

度，他们大多对中国表示同情，对日本武力破坏和平表示担忧。他们相信舆论可以胜过兵力，强权终会屈服于公理。世界基督教女青年会在回复中华基督教女青年会的函电中表示："对于中国水灾及中日形势表示深切同情，并联合其他国际团体促进世界和平。"北美基督教青年会东亚巡回干事艾迪博士更是直接作证说："日军攻占沈阳时，余适在辽。余历访当时当地目击其事者多人，均证实此事乃日军于事前缜密布置，实行侵犯的计划。中国方面绝无启衅行为。日人乘中国水灾惨重，各国不暇注意之时，出此举动，已引起极深之恶感。……余又证明日人竭力煽动华人组织傀儡式的独立政府，全由日本军事家操纵；并另寄誓文，证明曾访问东北重要华人，无不坚称日人曾多方劝诱，请其领袖独立政府。中国人民于愤激之余，采取经济绝交之方式，非政府所能制止。东方全体民众，亟望国联与非战公约签字国有所举动。"① 但这其中不乏同情日本者，这派认为，"中国既然地大物博，而自己也管不了，不如让给日本去治理罢！还有些同情于日本的基督徒说，在满洲的中国军阀压迫自己的百姓与日本的侨民太厉害了，所以引起了这次不幸的事件。但是这些话只在私人谈话中可以听到，却未见在报章上公开的表示出来呢"②。天主教会在对日态度上也一度表示出暧昧姿态，比如在 1939 年 3 月 14 日，为纪念教宗庇护十二世加冕，蔡宁以教宗驻华全权代表的身份发表牧函，要求全国的神职人员和教徒在日军占领期间"常以明智和忍耐，埋头于神圣事物。不偏右，不偏左，即表面上的行动也当避免"③。此言引起国民政府强烈不满，人们对于天主教会的对日态度也纷纷表示怀疑，之后蔡宁在压力之前不得不做出澄清表态。

3. 社会服务

无论是基督新教，还是天主教，作为宗教团体和组织，他们在抗日战争期间均发起、承担了大量社会服务工作，包括伤兵救治、难民救济、乡村治理、边疆服务等。这一方面与基督宗教强调基于普世之爱的奉献牺牲精神有关，同时也与基督教作为社会团体参与抗日救亡的道义责任密不可分，尤其在很多基督徒反对以暴易暴的战争以及教廷关于抵抗日本侵略的

---

① 艾迪博士通电，见《同工》第 106 期，转引自张祖翼《基督徒对于东省事件态度的剖解》，《女青年月刊》，1932 年，第 11 卷第 1 期。

② 张祖翼：《基督徒对于东省事件态度的剖解》，《女青年月刊》，1932 年，第 11 卷第 1 期。

③ 原载《公教教育丛刊》（Collectanea Commissionissynodalis），顾卫民译，1939 年 5 月号，第 454 页。本文转引自顾卫民《中国天主教编年史》，上海世纪出版集团，2003，第 506 页。

态度不明朗的语境之下，这种社会服务几乎成为所有教会团体均认可并参与的救国实践。加之太平洋战争爆发之前，天主教会和基督新教在沦陷区特殊和超然的地位，让这种救济工作变得可行且重要。

九一八事变之后，基督信徒们参与社会服务与救济的呼声非常强烈，各种地区性、教派性救援组织纷纷成立，有的救济组织甚至由信徒个人发起，比如天主教会的马相伯便曾针对战争难民和负伤士兵组织过"不忍人会"，参与该会的雷鸣远神父还带领众多天主教徒亲赴东北前线开展救济工作。1937 年，抗日战争全面爆发后，面对伤兵和难民数量剧增，基督教会全国性的救亡组织纷纷成立，中华公教进行会总监督处于 1937 年 11 月在汉口成立"中华天主教信友救护总会"，并倡导各地成立"中华天主教信友救护分会"，对难民、士兵进行相应的救济。中华全国基督教协进会在此阶段组织了救济委员会，同时在各地组织救济联合委员会，开展难民救济、伤兵服务、难童救济、欧洲难民救济等社会服务工作。1938 年，由高伯兰牧师（当时任中华基督教会全国总会西总干事）发起的基督教负伤将士服务协会在汉口宣告成立。汉口陷落后，该会迁往重庆。该会救助了众多负伤将士，对抗战贡献实大。1939 年，中华全国基督教协进会在沦陷区又发起了难童救济工作，在美国援华会及英国援华会的大力资助下，难童救济事业在沦陷区二十多个城市中设立，该会由伦敦会教士史慕尔（Rev. E. A. Small）负责，公谊会石恒励教士、霍德正医生襄理。欧战发生后，被纳粹国家驱逐出来的欧洲难民来到上海。1939 年 7 月，基督教欧洲难民救济委员会在上海成立。此外，中华基督教会全国总会应当时国民政府的约请与协助，于成都成立边疆服务部，在川西的理番及西康的西昌各地设立服务区，从事医药、教育、布道及其他服务工作，这也是教会在抗日战争时期中较有创造性、建设性的工作。另外一个全国性的基督教组织——中华基督教青年会发起的救济工作大致有以下四种：（1）受地方政府委托，办理全区难民收容及遣送事宜；（2）与当地社会团体合作，负责经营难民收容所；（3）联络当地基督教团体，进行一般救济工作；（4）为战区难胞募集捐款及救济物品。此外，中华基督教青年会还设有军人服务部，进行军人服务工作。无论是天主教，还是基督新教，这些社会救济与服务工作持续抗战始终，成为基督信徒们最主要的抗战实践。

二　天主教徒与新教信徒对于抗日战争的态度总体相同，但其中差异明显

　　如上所述，无论是天主教徒，还是新教信徒，都积极参与到抗日救亡的具体行动中，他们中的大部分人强调信仰与爱国的一致性，同时这种爱国运动因为基督宗教所具有的国际性而拥有了广泛的社会参与，他们以开展社会救济和服务工作为主要手段。但另一方面，天主教会与基督教会在运行体制上的差异也导致了他们在此期间进行的理论探讨及救亡实践有所差别，主要表现在整体组织性、实践性及工作侧重点方面的不同。

1. 天主教界的抗日救亡运动更具整体性，观点更为统一

　　虽然中国天主教会的圣统制迟至 1946 年才最终确立，但天主教会自上而下以教宗、教宗代表、各级神职人员、普通信徒为轴线的运作体系对于民国时期的天主教会仍具深入影响。教宗以及教宗在华全权代表对战争的立场及言论直接影响到中国天主教徒的言行，而各代牧区主教、神父们的观点与实践更是成为普通信徒抗日行动的标杆。从这一点上说，中国天主教会在国难期间呈现出较强的整体性与组织性，与国民政府的抗日步调也颇显一致。九一八事变之后，在俗天主教传教组织中华公教进行会立即发表宣言，倡导公教信徒与全国同胞一起，为救国奋斗，同时号召信友服从政府指挥，不自行轻举妄动。七七事变之后，于斌在告南京代牧区所属信友书中呼吁道："恳求和平之王耶稣基利斯督，怜视人类，免除战祸，使东亚两大民族真能平等互惠，共存共荣，以促进世界和平。如不幸和平因黩武者而破坏，我教胞只有听命中央，起而应战，执干戈以卫社稷，死有余荣。其未能派往前线者，应从事后防工作。须知现代战争，前方与后方几乎同样重要。战端一开，任何人均不容袖手旁观。有钱的出钱。有力的出力。"① 于斌还协同各主教、神父、教友在汉口设立中华天主教信友救护总会，面向全世界天主教信友捐募药品及现款，以接济天主教各救护团体，在全国各教区遍设分会，努力救助伤兵难民，得到国民政府高度赞

---

① 于斌：《于斌主教为中日事件告南京区所属教胞书》，《公教周刊》，1937 年，第 9 卷第 22 期。

部分的教会工作，都是很显然的已经与战时中国社会的实际需要分开或脱节了，因此也就形成了中国教会目前软弱无能的现象，这个缺点，是我们无论如何也不能替她掩饰的。"①

3. 基督新教更强调后方的工作

当然，实际情况未必完全与基督徒作家们自己反省的那样一无是处，对比起冲到第一线或者积极配合国民政府抗战的天主教徒，新教徒们更侧重后方工作，他们认为中国的国难并非由日本的侵略开始，而是自清末无一日不在国难中，国难的根源在于道德人心，而这应该从基层，从农村开始，从一点一滴的人性改造开始，抗战救亡运动为此提供了契机。基督教思想家谢扶雅认为民力是抗战得以胜利的持久保证。基督教素来注重下层民众，所以我们今日尤应本着耶稣的爱和牺牲精神，投身到下层去工作。"因为中国的抗战，与其谓恃军力，勿宁谓恃民力。民众的抵抗力能持久，能坚固，必可操最后之胜利。在这意义上，工厂里的一小工人，农村中的一无知农妇都是极关重要，极有力的一个抗战员，我们应与前线的士兵一样加以重视——或者甚至还要宝贵。"② 齐鲁大学神科救国团在九一八事变后，在山东济南周边农村开展了一系列救亡图存宣讲活动，每五人一组，共五组二十五人进行了六天的宣讲，共有一万多听众聆听了救国团的宣讲。③ 余牧人主张成立"基督教战区乡村服务团"，他认为在整个抗战过程中，占人口 3/4 以上的农民发挥了决定性的作用，他们遭受的损害也是最大的，可这些人不但在政府那里得不到关注，教会也往往忽略这个广大的群体，他呼吁信徒到战区乡村开展福音传播工作，同时尽力救济农村所需，为农民服务。④ 抗日战争时期，基督教机构还配合建立了江西黎川乡村重建实验区，为乡村民众提供特殊教育服务。江西基督教乡村服务联合会的合作机构有中华全国基督教协进会、中华基督教青年会、燕京大学、金陵大学、南京神学院、华北公理会、浸礼会的女子外方差会团体、浸礼会江西会议、美国教会差会等。

---

① 余牧人：《抗战八年来的中国教会》，《基督教丛刊》，1945 年，第 9 期。
② 谢扶雅：《抗战中基督徒应做些什么？》，《广州青年》，1937 年，第 24 卷第 34 期。
③ 李彦林：《基督徒与传道士救国的方法》，《兴华》，1931 年，第 28 卷第 50 期。
④ 余牧人：《基督教战区乡村服务团宣言》，《基督教丛刊》，1945 年，第 10 期。

三 基督宗教各派关于抗日的看法并不一致，
这在新教中表现得尤为突出

总体来说，天主教界对于抗战的立场与实践基本一致，可以徐宗泽在《战争与爱国》一文中的观点为代表。他认为中国的抗战是出于"紧要关头"的自卫之战，是符合公义和正理的。战争是人类妄用天主赋予的自主权而导致的最大祸患，然而天主还是能在道德、社会、宗教三个方面将战祸转为福祉。在道德方面，战争可以激发人们的爱国心、忠勇心；在社会方面，战争可以促进社会风气的改弦更张、民族的复兴；在宗教方面，战争能够促使人们醒悟。① 但其中亦有些许反复，这一方面表现在中外信徒立场的不同，也表现在教廷在此事件上的暧昧与摇摆，前述言论便是一例。与此对照，基督新教内部在抗日的立场与方式上却有着不同看法，形成多个派别：非暴力不合作派、武力抵抗派、曲线救国派、认罪悔改派。②

1. 非暴力不合作派

日本侵占东北三省之后，非暴力不合作成为基督新教抵抗日本侵略的主要立场，这以基督教各团体以及抗日战争初期的唯爱社成员为代表。中华全国基督教协进会总干事诚静怡致国联通电中主张"恳请力主国际纠纷，应以和平手段谋求公正解决，不应诉诸武力之原则；本会认为此次事件所造成之道德危机，不仅影响中国，实与国联前途有莫大之关系"③。中华基督教女青年会全国协会执行委员会在 1931 年 9 月 25 日《告同工及会员书》中明确主张："非武力抵抗，以促日方觉悟。因武力战争终非彻底解决国际问题之办法。故国府应切实提倡实业，人民当决心爱用国货；则国家经济巩固，而外患自绝矣。"④ 此外，中国的唯爱社成员成为坚持此立场的中坚力量。唯爱主义是第一次世界大战期间产生的基于基督教信仰的和平主义思潮，这种思潮反对用武力来解决社会及国际冲突，将爱作为处理人际关系、社会交往、国际交流的最高原则。1914 年，英国贵格会霍德进（Henry

---

① 徐宗泽：《战争与爱国》，《圣教杂志》，1937 年，第 26 卷第 11 期。
② 陈晋贤：《基督徒对于国难态度的分析》，《金陵神学志》，1932 年，第 14 卷第 5 期。
③ 中华基督教协进会：《为日军侵占东省事敬告全国教会书》，《福音光》，1931 年，第 28 期。
④ 《国内基督徒团体及个人反日的表示》，《野声》，1931 年，第 2 卷第 2 期。

T. Hodgkin)博士以这一原则为根基创立了唯爱社(Fellowship of Reconciliation),唯爱社成员坚信上帝凭借耶稣显示给世人的是普遍的爱,他所彰显的十字架的道路是上帝对付作恶者的有效途径,战争是以暴制暴,不符合耶稣精神,因此基督徒应该反对任何形式的战争。唯爱主义的思想在20世纪20年代传入中国,因霍德进博士曾在四川传教,其组织在1921年成立了中国分社,吴耀宗深受唯爱主义影响,出任中国唯爱社主席,并与徐宝谦等人主编《唯爱》杂志,该杂志自1931年出版第1期到1935年共出版17期。在唯爱主义者看来,御侮最高的方法不是武力而是唯爱。唯爱者不为恶所慑服,不肯以暴易暴,这正是大勇者之所为。唯爱者之所以不肯用武力,不是不敢用,是因为它不能解决问题。武力是情感的,是盲目的,容易把人的理智完全消灭;并且,武力发动于仇恨,彼此均以仇恨相待,则冤冤相报,永无已时。

张雪岩在《对日的态度与办法》一文中主张:"基督徒应当竭力作促醒政府和国民悔罪的工夫,并努力使大家真实的踏上自强的创造的新路途。还有件急要的工作,就是基督徒当多多纠合同志,将无抵抗的彻底唯爱的主张宣布出去,特别向日本,并常常为他们祈祷,这样一来,我想总比任何抵制的手段容易得到日本基督徒和国民的同情。倘能坚持到底,我想在举世渴望和平的当中,一定可以引起不少的同志,而把运动扩大开来。试问假使全世的基督徒都能宁死不屈的一致如此主张,还怕和平不能实现吗?"[①] 徐宝谦极力反对基督徒采取战争的途径:"因为战争的途径,根本上与基督教唯爱的精神相背驰。战争的目的在力服,基督教则主感化。战争所用武器在毁灭,基督教则主救赎。战争时所用的宣传方法,往往是非颠倒,基督教则重真实。战争之结果,使仇恨报复的心理深刻化。基督教则重友爱,从根本上消弭战争的原因。两者的目的,方法,手段,及结果,既然这样不同,当然无调和之可能。……根据基督教教义,找出一种足以代表战争,而能根本地解决国际纠纷的方案,是中国基督徒当前的唯一任务。"[②] 概而论之,非暴力抵抗派认为国人如果不走内心觉悟这条路,不坚持耶稣基督唯爱的精神,只是片面地强调暴力抵抗,并不能实现真正的、彻底的和平。更何况基督徒们所主张的武力抵抗更多的是口号,

---

① 张雪岩:《对日的态度与办法》,《唯爱》,1932年,第6期。
② 徐宝谦:《基督教对于中国应有的使命》,《金陵神学志》,1933年,第15卷第1期。

又有几人真正拿起枪来上战场呢。

2. 武力抵抗派

抗日战争期间，也有很多基督徒是明确主张武力抵抗的，有民国基督徒作家将他们的主张归纳为以下九点：（1）日本的暴行，是人类罪恶的表现，我们当以武力铲除这种罪恶；（2）日本的暴行，破坏世界和平，为维持世界和平计，不得不武力抵抗；（3）武力抵抗不是主张暴力，乃是消灭暴力；（4）武力抵抗乃出于自卫，而不是侵害他人；（5）武力抵抗为的是使人类彼此接触，基于正义人道；（6）基督教义并非绝对的非武力抵抗主义；（7）"基督的不抵抗主义对个人言，是可以的；但对国家言，对受托之责任上言，就必须抵抗的"；（8）日本侵略我们的土地，杀戮我们的人民，这是我们无法忍受的事，故必须抵抗；（9）武力抵抗是迫不得已，急不容缓的方法。① 此派观点这里试举几例加以补充说明。《新文社同人告全国基督徒书》中明言："我们应当快去赶走日本的强盗啊！我们应当速去解救东北的同胞啊！空口说爱国就是假冒伪善的，终日做祷告不能吓退日兵的。乞怜于国际联盟会，真如同病人去请鬼郎中。哭诉于日本的基督徒，又好象石子抛在大海里。上帝！上帝只帮助那些能够自助的民族。天父！天父只保卫这种能够自卫的国家。"② 民国时期基督教思想家王治心、谢扶雅等人也是极力主张武力抗日的，王治心在《我们对于暴日的态度——对于反日的意见》一文中指出："大多数灰色的基督徒，不明白它的真意义，只知道和平退让是爱，不知道基督的爱，是在救人，救人的方式固不一样，无论抵抗非抵抗，如果真能救人的，随便哪一种方式，都是可以的。比方有一只老虎要吃人，我们不能不合力把这只老虎打倒，为的是要救人，决没有让老虎去恣意吃人，或者竟送人到老虎口里的理？"③ 谢扶雅在《唯爱与武力果不相容吗》一文中引用儒家的"通经达权"来说明唯爱与战争的关系。诚实是"经"，有时不得已讲句违心的话是"权"。权仍无背于经，因为它的动机原和"经"在一条路线上。如果在万不得已的场合，亦拘执不用武力，也未免太迂愚；愚也不能算是"经"了。④ 浙江舟

① 陈晋贤：《基督徒对于国难态度的分析》，《金陵神学志》，1932年，第14卷第5期。

② 《告全国基督徒书："拿起上帝所赐的全副军装，抵挡仇敌"》，《野声》，1931年，第2卷第2期。

③ 王治心：《我们对于暴日的态度——对于反日的意见》，《野声》，1931年，第2卷第2期。

④ 谢扶雅：《唯爱与武力最不相容吗》，《唯爱》，1934年，第14期。

山"浸礼会高等小学"校长应远涛在《抗日声中的无抵抗主义——我对于无抵抗主义的感想》一文中,直接批评道:"假使任令少数日本军队自由地侵入我国领土,如入无人之境,而完全不敢回手,不敢抵敌,却美其名为'无抵抗主义',这种懦弱的畏惧的行为,简直是吾国民族史上的奇耻大辱,且将被外人视为无用的懦弱民族,此而可忍,孰不可忍?须知中国不是印度不是高丽,而是自主的国家,对于外侮,当然有采取正当抵敌手段的必要,怎么能采取已经亡国的人民的'无抵抗主义'呢?"① 当然,基督徒的武力抵抗派多停留于理论争鸣上,真正像基督徒将军冯玉祥一样走上战场杀敌的并不多见。

3. 曲线救国派

面对日本的侵略,教会领袖虽大多抗议暴行,主张以某种形式予以反抗,但同时他们认为要救中国于危难之中,非一朝一夕的抵抗所能成就,而应该从基督教信仰出发,反躬内省、改革人心、革除积弊,才能从根本上解决问题。燕京大学校长吴雷川直言:"在这国难期中,我们都希望全国人民,不但是要敌忾同仇,更要明了致此患难的根本原因,总是由我自召,有了这种觉悟,才能注意到惩前毖后,使未来的患难不再发生。"② 中华基督教教育会首任华人会长刘廷芳博士认为:"国必自侮,然后人侮之。我国当局,其中贤者忠者仁者智者固然不是无人,然而腐败者,黑暗者,误国害民者,自私自利者,只知有家不知有国者,贪婪淫欲者,残害同胞者,间接直接卖国者,其数岂不是可以车载斗量?哪一个机关,哪一个组织,哪一个政党没有这样的人?哪一天没有这样的行为?倘若神是公道的,对于强敌的横蛮固然不能漠视,对于国内这一切罪恶,又岂能偏袒?……我们不是待错了日本人,日本欺凌我们,完全是他们的强权无理。我们却是待错了自己的国家。我们如今不是举国一致的,自己擦清了眼睛,看见自己的罪恶,举国一致上下齐心的忏悔,决志痛改前非,求新的生活,洁净的生活,中国的前途,是永远无希望的。"③ 中华全国基督教协进会会长诚静怡主张在这危难时期,需热烈的情感与冷静的头脑并用,一方面人们应

---

① 应远涛:《抗日声中的无抵抗主义——我对于无抵抗主义的感想》,《野声》,1931 年,第 2 卷第 2 期。
② 吴雷川:《经过"国难"的基督教》,《真理与生命》,1931 年,第 6 卷第 3 期。
③ 刘廷芳:《国难中教会的使命》,《真理与生命》,1931 年,第 6 卷第 3 期。

认识到国难起因于东邻的入侵，但也应反求诸己，武人跋扈，党派纷争，政局分裂，民德堕落是内因。鉴于此，他敦促国民政府自强御侮，除充实军备，还应在统一政局、消除党争、停止内讧、发展教育、昌明民德、实施建设等方面做全盘考虑。① 燕京大学宗教学院院长赵紫宸认为中国的军阀、党阀、学阀与日本一样均是帝国主义的组成部分，他们让中国人始终处于国难之中，好像没有任何希望。在他看来希望在于用十字架的牺牲精神拯救人心，通过这条途径，中国的希望由普通大众、有为青年、所遭受的苦难、有觉悟的知识分子所共同谱写。这条路不但是窄而直的，也是长而远的，非一时所能奏效，从这点上说中国的希望不在备战，不在物质发达，不在外交的胜利，不在地大物博，因为战争无论胜负，都是吃亏，外交总要依赖于人，地大物博总避免不了被侵略，只有背负十字架精神的人才是唯一的希望。②

4. 认罪悔改派

基督徒中还有一派认为日本的侵略正是上帝对中国人的试炼，人力无论是武力抵抗，还是经济绝交都无法改变上帝的旨意，只有痛切认罪，竭诚悔改，才可转危为安，化险为夷。部分基督徒认为武力抵抗与经济绝交都可以置日本人于死地，是违反人道主义的。上帝面前，并无所谓日本人与中国人的区分。"他们想日本无论怎样强暴凶恶，我们为了基督的缘故不应该看它是我们的仇敌——即使仇敌，我们还是要爱它！"③ 在这些基督徒看来，在此国难时刻，正是广传福音的好机会。④ 抗日战争期间，《真光杂志》发表多篇文章，认为战时传道人在此时期工作的内容除了服务前线、收容难民，其他主要工作应该是寻找聚会地点，广传福音，注意逐家的布道工作，开设查经班等。⑤ 有一部分信徒认为战争只是神的计划和旨意的一部分，是对于人违背神的旨意的一种惩罚，人为的各种反抗只是徒劳，基督徒要做的是善用机会为上帝做见证，引领他人同来接受神的救恩。

---

① 中华全国基督教协进会：《为日军侵占东省事敬告全国教会书》，《福音光》，1931 年，第 28 期。
② 赵紫宸：《我们的十字架就是我们的希望》，《真理与生命》，1932 年，第 6 卷第 5 期。
③ 张祖翼：《基督徒对于东省事件态度的剖解》，《女青年月刊》，1932 年，第 11 卷第 1 期。
④ 这派信徒的观点还可参阅上引陈晋贤《基督徒对于国难态度的分析》和张祖翼《基督徒对于东省事件态度的剖解》两文。
⑤ 杨惠福：《战时传道人的工作当如何去做》，《真光杂志》，1937 年，第 36 卷第 12 号。

为日军侵占东省事敬告全国教会书

中华全国基督教协进会

✍ 编者按

九一八事变之后，各地基督教协会及基督徒团体、个人纷纷写信给中华全国基督教协进会，希望他们能主持公道，反对以武力解决纠纷，并希望全国教会，一致为国努力，为国祈祷，在此情境下，中华全国基督教协进会会长诚静怡起草了下列宣言，以表明协进会对事变的立场和态度。四篇通电分别致日内瓦国际联盟、纽约世界基督教协进会、日本基督教同盟及中国同胞与教会同道，前面三篇通电较为简短，呼吁国际社会主持公道，谴责日本暴行，同时希望日本基督教团体在和平解决中日争端问题上发挥作用。而《为日军侵占东省事敬告全国教会书》则用词颇多，且措辞谨慎，主张非常时期，需热烈情感与冷静头脑相互调剂。通告认为国祸固然来自东邻入侵，也应反求诸己，武人跋扈、党派纷争、政局分裂、民德堕落亦为内因。鉴于此，通告敦促国民政府自强御侮，除充实军备，还应在统一政局、消除党争、停止内讧、发展教育、昌明民德、实施建设等方面做全盘考虑。其时，日本侵略刚刚开始，教内人士除义愤填膺，尚无切肤之痛，寄希望于"世界舆论，定有公评"，战争之后的走向远远超出他们的预想。

嗟乎！我国不幸，二十年来，国无宁岁，兵灾匪患，循环肆虐，最近复以洪水泛滥，殃及各省，灾民万万，待赈孔急。国内外人士，方本恻隐之心，力谋救济，以解倒悬，不图东邻日本竟悍然出兵东省，强占我国土，杀戮我官民，公理人道，蹂躏无余。吾人痛心国难，正谋合理解决，复据香港广东北平保定锦县苏州基督教教会联会，上海传道联会，厦门基督教任职会，山东临青公理会，监理会，南京金陵神学院，南京妇女节制会，哈尔滨中华基督教会，上海美华浸会书局全体，及张之江先生，范定九先生等，函电纷来，请即通电日本与各国基督教协进会，及国际联盟，请一致主张公道，反对以武力解决国际纠纷；一面请日本协进会，敦促日本政府从速通令撤兵；并请本会通告全国教会，一致为国努力，同心为国祈祷。经于九月廿八日，召集紧急常委会议，通过下列各案：

（一）致电国际联盟

（二）致电世界基督教协进会

（三）致电日本基督教协进会

（四）致书全国教会

以上各电文照录如下

致国联电——日内瓦国际联盟英国首席代表薛西尔爵士转联盟行政会，恳请力主国际纠纷，应以和平手段谋求公正解决，不应诉诸武力之原则；本会认为此次事件所造成之道德危机，不仅影响中国，实与国联前途有莫大之关系。中华全国基督教协进会总干事诚静怡。

致世界基督教协进会电——美国纽约世界基督教协进会穆德博士鉴：中国全国信徒以至诚恳之意，请求各国信徒为中国祈祷；吾国国难方殷，内忧外侮，相继而来，务请对于东三省问题主持公道，得以早日和平解决。中华全国基督教协进会。

致日本基督教协进会电——日本基督教同盟海老泽亮君：迩因贵国军队侵占中国土地，欲用武力解决国际纠纷，敝会引为极大遗憾，尤恐无穷祸患，贻诸将来，敬请贵同盟竭力主张公道，并用和平方法，解决中日问题。诚静怡。

吾国同胞与教会同道，激于义愤，本诸赤忱，热烈参加救国运动。爱国情殷，实为一种良好现象；果能遵循轨范，贯彻始终，于国家民族之转危为安，定能有积极伟大之贡献，惟当此严重时局之下，失实之传闻，与夫别有作用之宣传，实为势所难免，须知徒逞意气，不过取快一时，于大局不惟无裨，反而有害。凡我教会同人，务宜以事实为根据，以真理为依归；惟有如此，方可取得最后之胜利也。

吾人每值情感受大刺激，理智作用辄为蒙蔽，反致步伐错乱，于事无补；须知感情固不可过事抑制，而理智亦不可疏忽，故今日应付此重大问题，在使热烈感情与冷静头脑互相调剂，相辅而行，庶免畸轻畸重之弊。

日本侵人国土，于国家之道德及国际之信用，所系匪轻，世界舆论，定有公评。但吾人于责人之余，又不得不反求诸己；民国肇造，垂二十年，此二十年中之政治能予吾人以乐观者有几？武人之跋扈，党派之互攻，政客之拨弄，政局之分裂，民德之坠落，无一非构成外侮之因；物必自腐，而后虫生，空穴来风，岂非无故？此固国家之罪，亦我国人之罪也。

时至今日，势同燃眉，吾人只有卧薪尝胆，团结内部，诚心戮力，共赴国难，欧战以后，各国政府感于杀人争地，得不偿失，乃渐知以武力解决国际间之纠纷，实非上策；故另辟途径，从事和平运动，于是乃有国际联盟之产生，非战公约之签订；其心良苦，其意良佳。今日世界和平虽去成功尚远，但此种现象，则颇合基督博爱之旨，足以为国际关系上之一线光明；吾人对于此种人道主义之努力，理宜竭诚拥护，祷祝其早庆成功。

因此吾人对于政府以此次日本称兵东省事付之国联公决之办法，表示同情，但同时深维救国之道，端在自强，仅恃自身以外之援助，终非根本之图，更觉自强之道，不仅在军备之充实，尤在国事全部之发展；如政局之统一，党争之消除，内讧之停止，教育之发展，民德之昌明，以及一切建设之实施，均须通盘筹划，各尽所长，励精图治，一德一心，自助以待天助，胜利方操左券。

当此国家多难之秋，凡我同人，尤宜勤恳谦诚，祈祷于上主之前，或公开会集，或私自修养，为人为己，为家为国，痛心认罪，迫切祈祷，出于至诚，持以坚忍，以祈上主俯听，大施拯救之恩；期奠国家于长治久安之基，进世界于公理和平之域。本会现已电请国外各教会恳切代祷，凡我同道，更宜深自儆惕，勿负神助人助之旨，尤必坚深信仰，不贰吾心，确认上帝为主持人世之万灵真宰。

国难当前，舆情腾沸，本会深体时艰，知进退之维谷；缅怀同道，恐歧路而彷徨；用布悃诚，俯祈鉴纳；临书悲切，不尽欲言！

中华全国基督教协进会谨启

（原载《福音光》，1931 年，第 28 期）

中国基督徒及团体系列宣言

🖊 编者按

　　这些宣言和电函发表于 1931 年日本发动震惊中外的九一八事变占领沈阳之后半年内，也有部分函件发表于 1932 年上海 "一·二八" 事变之后，在两次事变之后，国内各基督教团体及个人迅速做出反应和表态，他们的态度在这些函件、通电中表露无遗。所收录函件分别来自中华基督教女青年会全国协会、中华妇女节制会、香港基督教联会、广州基督教联会、临青基督教公理会、金陵神学院全体学员、中华全国基督教协进会、冯玉祥将军通电、吴耀宗等人的联名倡议书、中央神学院学生救国会、武汉中华基督徒救国会等。通过这些函件，读者可获知其时各基督教团体及个人的基本态度如下：一是对日本的侵略暴行表示愤慨，坚决予以谴责；二是暂不主张武力抵抗，认为应诉诸国联，或诉诸世界基督教协进会及日本基督教协会以求协商和平解决危机。也有组织对于这种协商并不看好，试图发起大规模的对日不合作无抵抗运动。唯一的例外只有冯玉祥将军，他主张目前的国难刻不容缓，不能等待国联的回应，中国数十年来受帝国主义的压迫之惨，早有公论，当务之急，应该团结民众，一致对外，督促军队，开赴前线，英勇抗敌。值得一提的是，日本侵略者发动上海 "一·二八" 事变之后，基督徒及团体的态度除表达愤慨，还涉及如下几点：（1）固本强身，共阻乱源；（2）筹集捐款，慰劳将士，救济难民；（3）做持久奋斗之准备。从这些微妙的变化中，或可窥见教会团体及信徒心理及实践上的些许转变，在同时期的文章中亦多有体现。

　　所辑录宣言原载于《野声》《兴华》《圣公会报》三部杂志，

《野声》是由沈嗣庄、王治心、张仕章三位原《文社月刊》干事于 1928 年 9 月创办的刊物，也有研究者将其比为"新文社月刊"，该刊坚持纯粹的自主办刊宗旨，希望实现纯正的本色教会，脱离帝国主义的牵制，体现彻底的耶稣主义。

国内基督徒团体及个人反日的表示

（甲）女青年会全国协会

（一）告同工及会员书

诸位同道：

日本幸灾乐祸，无端用武称兵，强占东北要地，到处焚掠残杀。目无公理，行同盗贼。破坏东亚和平，危害世界安宁。同人等自闻沈案发生以来，莫不义愤填膺！连日召集会议讨论对日办法。兹议决致电日内瓦女青年会世界协会，国际妇女协会与国际妇女和平自由同盟会，请其主持公道，维护和平。（此项电文已于养日发出，并于有日接得国际妇女和平自由同盟会敬日覆电）。复与中华妇女节制会，中华女子参政会等联名致电国际妇女参政大同盟以及日美主要妇女团体，请其要求各国政府遵守非战公约，着令日军撤退，恢复原有状态。除此以外，同人等会派代表参加上海妇女团体联合会及市民大会，或以个人资格，集合各界妇女组织妇女救国大同盟，以研究切实救国之办法，前日本会执行委员会，又郑重考虑对日问题。金以为女青年会既系基督徒团体之一，自应本其素所爱护和平之主张及其奋斗之精神，以实现正义公道，保障人类和平。故特拟定三种对日方针，以供各同工及各会员之采纳。

（一）拥护国府将沈案诉讼国联，请求世界公断之政策。因此次日本暴行，显系违反国际公约。危及世界和平。决非地方事件与局部问题；故当受世界之裁判，不宜中日直接交涉。

（二）主张非武力抵抗，以促日方觉悟。因武力战争终非彻底解决国际问题之办法。故国府应切实提倡实业，人民当决心爱用国货；则国家经济巩固，而外患自绝矣。

（三）组织小团体，以研究中日问题。因历来中日悬案，闻已有三百余件之多；而此次东省问题，情形尤为复杂。故非藉有组织之团体及有系统之研究，断难明了真相，以资宣传而造成世界公平有力之舆论。

以上三点即为本会对日所持之态度。尚祈各同工暨各会员加以深切之注意，并努力实行，广为宣传，以尽国民救国之天职。还望举行一种极严肃之仪式，以纪念国家之耻辱，哀悼殉难之同胞，团结民众之精神，祈求世界之和平。专此奉达，愿共勉之！

中华基督教女青年会全国协会执行委员会启

九月二十五日

（二）致国际妇女团体电

万急，女青年会世界协会，国际妇女协会，国际妇女和平自由同盟会鉴：此次日本乘世界经济恐慌，各国自顾不暇之际，又值中国洪水为患，无力作战抵抗之秋，藉口中村事件，实行武力侵略，私自破坏战道，无端大举称兵。强占吾沈阳，长春，营口，安东，辽阳，等地，焚毁吾兵营，炮厂，衙署，民房等举。拘禁吾重要官吏，解除吾军警武装，俘虏吾大队卫兵，屠杀吾无辜市民。蔑视公理，鄙弃人道悖逆华府会议之精神，违反非战公约之条文，直接破坏东亚之和平，间接危害世界之安宁。近三日来形势更恶，调兵遣将，着着进逼，吉林又被夺去，平津亦告吃紧。沿海日舰，登陆示威，斯种野心暴行，不知何时或已。今日日本之横蛮残酷，百倍于当年之济南惨案，而群情愤慨之气，亦非昔日可比。但日方惯于偏面宣传，必易淆惑国际听闻，为此陈述事变经过，以明戎首责任。尚望权衡事实，依理公断，并乞主持正义，维护公道，唤起欧美人之同情，造成强有力之舆论，采取扶弱抑强之态度，制止日军横暴之行动。是则中国幸甚，世界幸甚，诸希鉴察，伫候明教。

（三）国际妇女和平自由同盟会覆电

顷接来电，备表同情，即将来电示驻日内瓦之日本代表，促其电致本国政府，即日制止暴行。同时敕会全体委员，当在日内瓦尽力鼓吹舆论，并对贵国表万分之同情。

（乙） 中华妇女节制会致日本妇女节制会电

此次贵国无故出兵满蒙，事前既无宣战之预兆，显系违背凯洛格和平公约，破坏世界和平。请贵会同志，一致敦促贵国政府，即日撤兵至原驻地方，并永远避免此等暴行事件之发生，实所盼祷！

（丙） 香港基督教联会致中华基督教协进会电

（衔略）万急。此次日本出兵，侵占东三省，破坏和平，大背真理。请电全世界基督教团体及日本全国基督教协进会，主持公道，立予制止暴行，并促撤退日兵，以维世界与东亚和平。会长李求恩。（九月二十三日）

（丁） 广州基督教联会致协进会电

（衔略）暴日强抢东省。凡有血气，莫不悲愤。请电世界协进会转全球基督徒及日本协进会主持基督正义，压戢日本野心，即刻撤兵，还我领土……（下略）

（戊） 临青基督教公理会致协进会电

（衔略）日本恃强，占领中土，公理灭弃，战端在即。万望电请国际联盟会，从速制止日本轨外行动。力挽危局，无任盼祷！山东临青基督教公理会中西同人。（九月三十日）

（己） 金陵神学院全体学员致协进会代电

（上略）此次东邻日本，藉口中村事件，突然强占东三省。拘禁地方长官，焚杀人民，如此幸灾乐祸，暴行侵略。不惟狂谬悖理，亦且蹂躏国际公约，破坏和平。我基督徒……应一致加入爱国运动……并请贵会电全国教会团体及日本世界协进会主持公道。（下略）

（庚） 中华基督教协进会

（一） 一封覆函

敬覆者，刻接（加空格）惠电，诵悉之下，藉聆（加空格）贵会诸公安戢难合力救国之热忱，至足钦佩。敝会自东省问题发生以来，连接教会同人电示意见，冀挽危局。爰特由常务委员会议决，除通电国联会及世界基督教协进会穆德博士，请主持公道、制止暴日行动，并通函全国同道一致为国努力儆醒祈祷外，特致电日本基督教协进会转促该国政府实行撤兵、反对武力。凡此数端，敝会也已分别进行。按东邻此次乘人于危，突以武力暴行侵占东省，戕贼仁义，蔑弃公理，于斯已极。其蛮横妄逞之凶焰当为普世人所共见，我虽委屈一时必有伸雪之日。我基督信徒正宜本基督之宗旨倡导和平，反对战争。敝会受命之下，谨当勉力前驱，据真理之途径力促彼野心家及国人之悔悟，诸公关怀家国，服膺基督救世爱人主义，当亦同意斯旨。（下略）

（二）一个通电

日内瓦国际联盟英国首席代表薛西尔爵士，烦转国联行政会，请力主国际纠纷，应以和平手段，谋求公正解决，不应诉诸武力之原则。本会认为此次事件所造成之道德危机，不仅影响中国，实与国际前途有莫大之关系。中华基督教协进会总干事诚静怡。（十月一日）

（辛）张之江致中华基督教协进会电

（衔略）神怒中华，降以巨祸，盗气未息，水灾遍地；正恤死救伤之不暇，日本帝国主义复乘人于危，违反公法，攫我领土，残我官民，蹈我主权。责任所归，咎不在我，此为环球所共见者也。我中华人士，素主和平，未与抵抗；而彼得寸进尺，枭张万分。使无正义之制裁，则撒但从此得志，真理从此潜销矣。父神灵旨，定不如是之谬。贵会救国热忱，百倍于我。可否仰藉大力，作两方面之呼吁：一则通电海内外中国教会，长期联合为国祈祷，在父神前，认罪求恩，恳以神力铲除贪污邪恶，大施救赎，停止祸怒，并予彼凶应得之报，俾知宇宙之间，确有真宰；一则通电全球各国基督教会，说明中国被祸真相，请其代祷上主，并联合请求各本国政府，勿为日本宣传所惑，勿为日本外交所诱，务必主持公理，裁抑暴行，予中华以正义之援助。照以上两端，如荷赞同，将见父神恩旨，藉贵会此种工作，大得显荣。临电不胜祷切。是否有当，伫候明教。（十月一日）

（壬）冯玉祥通电

申报北平二日专电云：冯玉祥昨有通电，大意谓今日之事，统一革命力量，一致对外。先行充实准备，以符人民之真意。今外患紧急，间不容发。若候国联主张，试问中国数十年来深受帝国主义压迫之惨，国际公理究竟奚在？唯有团结民众，一致对外。督促全国军队，开赴前线各重要口岸，正式抵抗日本帝国主义之侵略，而为民族生存之防御，以雪无上之奇耻。中国存亡在此一举。玉祥不敏，誓死与全国同胞，共赴国难。粉身碎骨义无反顾。

（癸）吾人应急起实行大规模的对日不合作

此次日本冒大不韪，不顾一切，实行其积极侵略政策，演成东省空前之暴行，凡有血性之士，闻之莫不发指，据三日来报纸所载，沈阳于八月十九日早晨陷落，其他重要城镇如安东，长春，辽阳，锦县，吉林，均先后被日军占领。日军所到之处，拘禁官长，屠杀人民，占据交通机关，轰击兵营，药库，凶暴残忍，如临大敌。似此违反人道，背弃公法，不特为中国大敌，万一引起国际纠纷，且将为全世界之罪人。

吾人临此大变，究竟应如何应付，鄙人等以为唯一的办法，为联合全国民众，实行对日不合作。

吾人之主张计有下列三点

（一）所有活动皆绝对采取非武力手段避免一切暴动。

（二）经济绝交，厉行抵制日货。

（三）除两国间人民谋根本问题解决应有的一切关系外，断绝其他一切关系（如雇佣私人及团体交际等）。

至其推行的步骤谨建议如左

（一）个人暗中进行，不作广大的宣传，加入行动者，应严定其资格。

（二）先从学校内的基督徒团体发动，逐渐推广其范围。

今日之事，吾人应靠自力以救亡，我不自救，则他人亦无从援助，而自救之方法，又非一时的鼓噪，五分钟的热力，所能济事，吾人此时应下决心，大彻大悟，以沉毅的力量，作长期的奋斗，否则柔懦萎靡，长此迁延，将来之奇耻大辱，必百倍于今日。印度以既亡之国家，全国一致，尚足使英人侧目而视；我国共和初建，履厚积深，倘能联络热血青年，誓死赴之，则其成就，讵可限量？

抑尤有进者，不合作运动只从消极方面而言，至中日一切问题完全解决之时，即行停止。至于积极建设的事工，为根本之图，必与抗拒强权的工作，同时并进，其具体方法，当共同研究而推行之，庶几救国大业，因吾人区区之力，日进不已。

时急矣！速起图之！

陈文仙　蔡　葵　管梅瑢　田璀宝　唐砺源　　　同　启
李文初　陈仁炳　吴耀宗　范定九　曹　亮

九月二十三日

（原载《野声》，1931 年，第 2 卷第 2 期）

中华基督徒救国会宣言

上　海

暴日乘世界经济困难，我国水灾奇重，不宣而战实行侵略。初占东北三省，继扰沿海各埠，乃至一月二八夜，突然进攻我全国经济中心之上海。我抗日义军，为国家人格，民族生存，奋起抵抗，决死自卫。敌人迭遭挫败，久不得逞。然彼日本军阀悔祸无心，复倾全国之师，誓亡我国，暴军所至，杀人放火，无恶不为。顿使文化中心，悉成邱墟，商店民居，尽成灰烬，无辜民众，辱遭惨杀，同道蒙难，流离失所，哀号遍地，惨不忍闻。呜呼！战祸方殷，国亡无日。际此大难，凡属国民，均应奋袂而起。故事变以来，我国一般人士，所发起之各种救国运动，如救济伤兵、难民、捐输财物等事，我基督徒莫不努力参加。惟是今日之事，非有整个力量，彻底计划，作长期抵抗，万难图功。我人更须认定此次抵抗暴日，不仅恪尽国民救国救种之天职，亦为实现信徒伸张公义之夙愿。古人见义勇为，朝闻夕死，我基督徒如欲爱护人道，保障和平，岂能坐视公理沦亡，强权施虐，切肤之痛，自救救人，舍此以外，别无生路。视观目前危急状况，所需各项救国工作，虽云千头万绪，但有端倪可寻。诸如援助御侮军队救济受难同胞，唤起国际公论，稳定经济恐慌，在在非群策群力，难奏厥功。尚望海内信徒，国外同道，秉承基督牺牲奋战之遗教，担负救人救世之责任，团结一致，奋勇直前，扫除人类之强暴，促成世界之和平。谨此宣言。

（原载《兴华》，1932 年，第 29 卷第 16 期）

中央神学院学生救国会宣言

日本野心勃勃，垂涎我满蒙，已三十余年矣。自日俄战争以后，逼租我旅顺大连，强管我南满铁路，及欧战发生，乘列强无暇东顾，以二十一条件，要挟我签字，以西原借款，威逼我承认。至于商租之问题，无线电之问题，多方纠缠，施其狡计，甚或借端开衅，无故逞凶，如五三之济南惨案未了，万宝山之屠杀案又生，如斯虎食狼吞，难填贪壑，如此蛛丝马迹，毕露阴谋。故于九月十八夜，唆使其日本浪人，炸毁南满铁路，借口中村事件，反诬我国所为，乘黑夜而出兵，袭击我防守之军队，居然长驱直入，占据我辽吉之要区，摧残我文化机关，杀戮我无辜民众。长春与安东等埠，城市为墟，牛庄和营口商场，尽遭蹂躏，强夺我铁路，炸轰我锦州，而且掩友邦之耳目，焚毁遗尸，造荒谬之言词，满蒙独立，擅委此地方之官吏，拘捕我军政之人员，剥夺我主权，强占我领土，不顾国际之公法，破坏东亚之和平。此日本侵略我辽吉之事实，早为世界各国，所共闻共见，更为我同胞同道，所痛心疾首者也。况我国今年，适值洪水为灾，饥民遍野，呼号求振，犹虞救死之不遑，而日本乘我之灾难，逞淫威以压迫，既乏恤邻之谊，人道奚存？且加残暴之兵，天良何在？本会宗基督博爱之宏愿，抱世界和平之主张，一面唤醒同胞，急图挽救。一面呼求同道，共阻乱源，须知国破家亡，虽匹夫不能辞责，自顾千疮万孔，望大家及早弥缝。故宜抖擞精神，从道德学术中求进步，整顿社会，由农工商贾上谋发扬，政治日促其修明，教育急谋其普及，破除偏私之意见，一致团结而坚牢，实行和平奋斗之工夫，消灭残暴贪淫之公敌，振兴实业，以充实民生经济绝交，以促其悔祸，更须主持正义，宁为正义作牺牲，抵抗魔权，不受魔权所压迫，作政府外交之后盾，期国联会裁判公平，绝帝国主义之野心，则东亚和平可实现矣。愿我同胞同道，一德一心，共同努力是望。

（原载《圣公会报》，1931 年，第 24 卷第 22 期）

中华监理公会第四届青年团契大会
"基督徒的爱国运动组"报告

编者按

　　1936 年 6 月 30 日至 7 月 5 日，中华监理公会第四届青年团契大会在无锡梅园召开，会议的主要议题涉及当时社会的种种现实问题，大会分为六个小组，分别请权威研究者担任组长，指导青年对宗教生活、国家观念、社会服务、个人信仰、农村改造、家庭建设做系统的研究。其中"基督徒的爱国运动组"便集中讨论了中日之间可能发生的战争问题，该组共设五个分题，分别为"如中日宣战，基督徒应否参战？""我们用什么方式去爱国？""国际主义与国家主义可否调和？""和平主义？""根据圣经之本意，基督之主张及历史上教会之态度对战争究竟具有何种见解？"从讨论形成的意见看，与会的青年基督徒支持为正义而进行的战争，主张国家主义与国际主义的统一，对此试图找到《圣经》的依据。

各组研究报告

　　一九三六年六月三十日至七月五日中华监理公会第四届青年团契大会叙于无锡梅园，会务重心，注力于研究当今各种重要问题，特组委察研究团，下分六组，并请各专门研究者为领袖，指导青年对于宗教生活，国家观念，社会服务，个人信仰，农村改进，家庭建设，作系统的研究。今将各该组报告，胪列于后：

基督徒的爱国运动组

分题：1. "如中日宣战，基督徒应否参战？"

讨论结果："在不得已时，作自卫的抵抗。"

理由：

A. 因基督徒亦是国民之一，既是国民，应尽国民之本分。

B. 参战为保卫整个民族之行动，非为个人之利益；故在不得已时，同人认为参战是必须的。

C. 基督徒有维护真理之义务，自卫是维护真理之方法；故同人认为参战是应当的。

D. 根据基督爱兄弟之主张，我们应当制止此种野蛮行动，同时为保证民族的人格计，认定自卫是必要的。

2. "我们用什么方式去爱国？"

讨论结果："无论在平时与非常状态时期，我们一本爱的原则尽力尽心的向国家服务。"

"我们不能机械的规定什么事工，我们只可根据原则，在实行上表现我们爱国的行动。"

3. "国际主义与国家主义可否调和？"

讨论结果："正当的国家主义是必需的，对国际主义，非但不冲突，更能促成国际主义。"

理由：

A. 适当的国家主义，是达到国际主义必经之阶级，故国际主义者可采用国家主义。

B. 国际与国家对个人之关系，有亲疏远近之别，基督徒的行动，就事理言，当由近及远，故欲实行国际主义必先实行爱国主义。

4. "和平主义？"

讨论结果："同人根据基督的主张，和平主义，不是一种消极的呼声，重在有实际的行动，使人类真正得到和平。"

理由：

A. 因国际和平主义，自欧战后才竭力倡导及有所行动。

B. 因和平主义，非自然的发动，一是鉴于战斗之惨烈，一是由于宣传之作用，促成和平主义的空气。

C. 因本基督的信仰及人道主义之观点而言，应竭力提倡和平主义。

5. "根据圣经之本意，基督之主张及历史上教会之态度对战争究竟具有何种见解？"

讨论结果："圣经本意及基督之主张，以爱人为原则，但对环境及对人之需要，而有分别的答复，至历史上的教会对战争，一方面虽有反对之主张，但大部态度对战争，未有反对之表示。"

理由：

A. 因在圣经中各有不同之见解。

B. 根据历史的事实。

结论：

爱国不是唱高调，也不是出于一时的热情，乃在随时随地注意时局的真相，并随时随地不论在平时或非常时期，在自己的本性上，作实际的爱国行动，例如当教员的，尽心尽力的教导，在他的本性上，可说已尽了他爱国的责任，故基督徒爱国的行动，当自尽忠服务做起。

本组讨论的概况

1. 领袖　谢颂三先生

2. 特约讲员　赵紫宸博士

3. 出席代表　三十三人

4. 讨论过程：

A. 次数共计八次，B. 方式，a. 领袖介绍题意，b. 各代表发表意见，c. 口头问答，d. 书面问答，e. 共同讨论，f. 表决议案，g. 书记记录，h. 整理及通过报告。

书记王福祥，张克襄，报告

民国廿五年七月

（原载《福音光》，1936年，第12卷第7号）

对日不合作运动

📝 **编者按**

　　《唯爱》是国际反战组织"唯爱社"在中国的宣传性刊物，霍德进是中国唯爱社的发起人之一。吴耀宗曾先后担任中国唯爱社全国委员会委员、主席以及《唯爱》的主编。吴耀宗曾对"唯爱"的内涵进行界定并指出唯爱主义的三个信条。在吴耀宗看来，"唯爱主义主张人类一切关系，都应当以爱为原则，并且要用不违反这个原则的一切手段。这个爱是无条件的爱，爱一切的人，连仇敌都在内。唯爱主义所以这样主张，因为它有三个基本信条：（一）人有无限向上的可能，只要你用爱的精神，改变他的环境，改变他的心境，一个有害于社会的个人或团体，可以变成一个有益于社会的个人或团体。（二）凡带有报复或惩罚性质的行为，无论它的目的是否正当，不但不能使社会的罪恶消灭，而且反使之增加。（三）精神的力量，用以抗拒及消灭罪恶，比武力的力量更大"①。

　　秉承上述精神及原则，《唯爱》在九一八事变之后虽然对暴日的侵略进行了强烈的谴责，但它仍然倡导"对日不合作运动"，并以此作为反对日本的对策。与此同时，国内基督教界在九一八事变之后的主流立场也是非战的，多数基督教团体做出了非武力抵抗的决定，设想主要靠国际舆论和非武力抵抗的办法来应对当时的危机。《唯爱》在九一八事变之后集中讨论了抗日的方法和原则问题，这个讨论反映了中国基督徒作为战争的"当事人"试图寻求应对共识的过程。这场讨论虽然没有形成所谓的共识，但

---

① 吴耀宗：《唯爱的定义》，《唯爱》，1932年，第4期。

有一种倾向逐渐凸显，那就是唯爱主义日渐寥落。1935 年之后，唯爱主义逐渐淡出了吴耀宗的视野。徐宝谦虽然一直坚持唯爱主义，但他对日本的态度逐渐强硬。甚至还有曾信奉唯爱主义的基督徒放弃了原有的主张，倡导"暴力革命"，以为应对。吴雷川即为代表性人物。

自九月十九日，暴日冒天下之大不韪，强占沈阳，演成空前侵略屠杀的惨剧以后，全国人士，莫不眦裂发指，在含垢忍辱中，筹所以对付之方法。近日各地抗日救国的活动，已在紧张的空气中，热烈的进行，足见民族一线的生机尚存，日人凶焰，终不能无所顾忌。惟是国人素性善忘，事过境迁，热度骤减，以往经验，历历在目，是以不得不求组织较严，而更能持久的办法。不合作运动之所以提倡者，此其一。

尤有进者，对日方法，不外武力与非武力两种；武力方法，不外宣战；非武力方法，如经济绝交，断绝个人及团体关系等，皆足概括于不合作一义中。日前上海抗日救国会提出"绝交"方案，与不合作之义，同实而异名。宣战的主张，为唯爱社所根本反对，自不待言；惟不合作则无论主战与否，均可参加，俾成为全国一致的运动。不合作运动的提倡，并非故意标异，其功用在补已有各种运动之不足，而为之后盾。且从唯爱主义立场而言，倘能坚持到底，其感力实无与伦比。至若主战：战而败，不足论矣；战而胜，亦不过为世界酝酿未来战祸。是以吾人认不合作运动为今日之要图，愿全国一致提倡之。

不合作运动，为沪上私人所发起，谨将其说明附印于后，以为之介绍。

附　对日不合作运动说明书

为什么提倡不合作运动？

（一）不合作是抗日唯一的利器，因为我们如果全国一致，与日人断绝一切关系，不但日人在华的经济组织立刻要停顿，个人生活感觉极端困难，就是强大的武力，也无所施其技。

（二）抗日的工作，虽然是多方面的，但活动若是太过散漫，主张不能一致，则收效不宏。我们应当济众全国力量，提倡一件最有效力的工作。

不合作运动是什么？

（三）不合作运动的范围很广，举例如下，余可类推：

不购日货

不乘日船

不存款于日本银行

不用日本纸币

不雇日人

不受雇于日人

不售货于日人

不登日人广告

不与日人发生个人及团体的关系（除两国人民谋根本解决问题应有的关系外）

（四）不合作不是无抵抗。无抵抗是无所动作，不合作是积极的抵抗，但不主张暴动。

不合作运动的组织

（五）加入运动的分子要有实行的决心，宁缺毋滥。

（六）宜用个人征求方法，不作肤浅广大的宣传，以免加入者为一时情感所激动，而不能持久。

（七）加入运动者要有一简单的仪式，以昭郑重，其仪式如左：

请已加入运动者二人，连同愿加入者聚集，静默三分钟，纪念国难。愿加入者读誓约曰："我愿竭诚实行对日不合作，以刻苦坚忍的精神，努力到底，使强权消灭，正义日彰"。读毕，签字于誓约，由其他一人授以徽章佩戴之。"誓约格式附在后面。"

徽章作圆形，白地蓝字书"对日不合作"五字。如能统一其形式更佳。

最初加入者，可联络三人或三人以上，互相见证。如有多数人愿同时举行仪式，其办法可斟酌损益之。

（八）凡已加入运动者，每人应至少介绍忠实同志一人加入。

（九）已加入运动者，各按地方情形，以十人至二十五人为一小组织，定名曰："对日不合作运动某某组，"随时聚集，彼此策励，共商进行。

（十）每一城市，应有人联合全城同志为一大组织，定名曰："对日不合作运动某地支部，"办理一切个人及小组所不能执行的工作。对于因解雇而失业的工人的救济，尤应注意。

（十一）全国总部暂阙。暂定上海圆明园路二三号四二〇号室为全国临时通信处，请将各地进行情形，随时报告，以便联络。

（十二）日人侵略我国，非一朝一夕之事，其目的非达到合并满蒙，进而灭亡全国不止；是以吾人应有持久的办法，以不合作为长久的运动，非至中日问题完全解决不止。

吾人应有的觉悟

吾人应深自忏悔，知中国之所以有今日，实因政府懦弱贪污，国民苟安麻木。倘不奋发自强，则此后之奇耻大辱，将百倍于今日；是以吾人除参加不合作运动外，应努力下列建设工作：

（甲）彻底研究中日问题。

（乙）提倡国货。

（丙）全国养成俭朴刻苦的习惯。

（丁）培植舆论，促成廉洁有为的政府。

对日不合作誓约

我愿竭诚实行对日不合作，以刻苦坚忍的精神，努力到底，使强权消灭，正义日彰。

年　　月　　日　　签名

对日不合作誓约存根

第——号

姓名——

住址——

年　　月　　日

（原载《唯爱》，1931 年，第 3 期）

基督教战区乡村服务团宣言

余牧人

🖋 编者按

余牧人曾任职于金陵神学院，并做复刊后的《金陵神学志》主编，从事大量乡村建设工作。他在抗日战争后期发表了多篇反思基督徒抗战主张与实践的文章。其思考始终独辟蹊径，当大部分教会的抗战工作集中在救济难民、服务前线、医治伤兵的时候，他却将注意力集中在中国的广大农村地区，尤其是战区的农村地区。文章认为在整个抗战过程中，占人口 3/4 以上的农民发挥了决定性的作用，他们遭受的损害也是最大的，可这些人不但在政府那里得不到关注，教会也往往忽略这个广大的群体。文章呼吁成立"基督教战区乡村服务团"，到战区乡村开展福音传播工作，同时尽力救济农村所需，为农民服务。作者虽然问题意识很强，但碍于国内战争很快打响，其服务团的倡议也不了了之，似乎再无太多学术资料可考。

抗战八年来的中国农民，对于国家的抗战和建设，实在是尽了他们"有力出力""有钱出钱"的国民天职。请看那源源不绝的开赴前线为保卫国家民族而牺牲的战士们，几乎全数都是来自乡村。国家不但是全靠着农民的生产品，来维持前方将士的给养和后方民众的生活；也全靠着乡村出产的丝茶桐油猪鬃等等，来向外国换得军火和偿还外债。在华西一次动员五十万农民修筑飞机场，居然引起了盟国友人的惊叹。其实在这八年中，全国的农民，几乎无时不在应征，为国家服种种的战时劳役，完成了许多的艰巨伟大的工程，创造了不少可歌可泣的故事，只可惜缺少了如盟国友人那样热情的赞扬，遂致掩没无闻。

占有中国人口四分之三的农民，诚如美国友人所发现，他们真是中国抗战的无名英雄，但我们所知道的，并不止于此。我们这三万万以上的农民，不止是抗战的无名英雄，也是建国的无名功臣。只是我们深深的惭愧，直到美国友人说了这句公道话，我们自己的人，至今还没有什么反应。我们中间有不少的人，看见或听见无数的农民因征兵，征工，征实，所受的悖乎法令的虐待和剥削，看见或听见各地的贪污公务人员和横暴的劣绅地主对农民所施的苛政与迫害，看见或听见前后方许多乡村中痛苦无告的农民处在深水火热之中和冻饿垂毙之境，尤其是那些在战区内直接受到战争损害的农民们的惨状；但是有多少人曾想到他们都是抗战建国的真正功臣，而去给以深切的安慰和实际的援助呢？

抗战八年，政府的力量集中在军事方面，社会各团体的服务工作也都注重在慰劳前方将士与负伤军人，这也许是战时的当然的趋势；而国家的社会救济的事工，也大都是在城市里和交通线上，使那些虽身遭战事损害而不愿远离乡土的农民，永不能分得一杯羹，一杯水。近来政府诚然在努力注重农民福利，如举办农贷，兴修水利，防御病虫害，扶植自耕农，设立乡镇合作社等；但这些正常的事工，都是进展极缓，而且是远水难救近火。农民在战时所受的灾害，日甚一日。痛苦无告的农民，也就日多一日。谁去安慰他们呢？谁去援助他们呢？国家社会都是向农民取者太多，而予者太少，问心岂能无愧？甚至有只知向农民取而不予者，好比只伐树而不栽培，国家民族的元气因此大受损伤。我们基督徒，反躬自省，在这一点上也不能无过。

我们中国的基督徒教会，在这八年来，对于城市和交通线上的难民救济工作，对于负伤将士和病兵的服务，对于前方将士的慰劳，曾经做了不少的工作；但是我们对于这三万万"困苦无告，如同羊没有牧人一般"，然而却在抗战建国之中为国家社会尽了最大责任的农民，已经做了些什么？尤其是那些处在战区和游击区内的农民（沦陷区内的农民，我们现在无法顾及他们，只有待到收复失地以后再说），当他们受了战争的损害，家破人亡，伤心失望的时候，我们曾去安慰他们没有？当然他们的房屋被毁，财物被掠，无衣无食，呼救无门的时候，我们曾去设法救济他们没有？当他们被强暴压迫剥削，无处伸冤的时候，我们曾去为他们主张公道没有？当他们中间的壮丁家属寡妇孤儿受人欺凌的时候，我们曾去援助他们没有？当他们病了时候，我们曾去医治他们没有？当他们心灵无主，徘徊在人生迷路上的时候，我们曾去传福音给他们听，领他们到主耶稣面前没有？……对这些问话，我若回答说"有"，岂不是明明在为我们教会中大多数的同工同道们说谎么？但我也不敢说"没有"，因为也有极少数的热诚爱主爱农民的同工同道们，正在那里跟从主耶稣的脚踪，往各乡各村传布福音，使农人也能得着上帝的救恩。圣灵若在我们的心中作工，我们大家一定会省问："农民劳苦供给我，我拿何物给农民？"我们也一定会忏悔，不但是辜负了上帝的救恩，也欠了农民的债！

全中国的真诚爱主爱人的基督信徒——我们在主耶稣里的兄弟姊妹！如果我们否认我们实在是辜负了上帝的救恩，欠了农民的债，现在正是我们努力报恩还债的时候了。那些在这八年来曾经直接遭受战争损害，困苦流离的战区内的农民们，比较后方的农民痛苦更甚，更渴望有人去安慰他们，援助他们，我们应该首先去向他们传扬上帝的救恩，偿还他们的债。因此，我们要发动"基督教战区乡村服务团"的工作，要征求凡愿应主呼召的兄弟姊妹们自愿的来参加这个工作！

我们惟一的工作，是宣传耶稣基督的福音，领人悔改归主；但我们将不止于口传，更愿意效法耶稣基督，借着各种真正有益于战区乡村同胞生活需要的服务，来证实我们所宣传的福音，表现上帝拯救世人的爱心。我们惟一的使命和目的，是要帮助战区乡村同胞得着耶稣基督做他们的救主，让他们知道自己是上帝的儿女，使他们的信仰希望和爱心，都能得着健全的发展。我们希望不但是要在这些被战争罪恶所摧毁的乡村区域，协助政府恢复民族的元气和国家的力量；更愿本着耶稣基督的教训，培养农民的新生命，增强国家的新力量。我们愿集合一班在主内同心合作的兄弟姊妹，齐赴我们所选定的战区乡村中心地点，共同生活，共同工作。我们不过虑经济的来源，深信只要我们所做的是上帝的工作，上帝自会感动他的儿女们，源源的来接济我们，作成神的圣工。虽然我们的工作是以教会为中心，但我们十分愿意与政府各机关，社会各团体，国际救济机关，以及地方上的公正人士们，联络合作，来完成这神圣的工作，达到我们建乡建国的目的。

凡在主内的兄弟姊妹们！我要恳求你，多为这个工作祈祷默思！若是在你的心灵中，有主耶稣的微声，一次二次乃至三次的呼召你，就请你翻开旧约以赛亚第六章八节，读一读犹太先知以赛亚当日所说的："我又听见主的声音，说：'我可以差遣谁呢？谁肯为我们去呢？'我说：我在这里，请差遣我！"若是你愿意来和我们同工，请你立刻让我们知道，好让我们来欢迎你，一同为这个工作努力！

本团筹备时期通讯处：四川成都华西坝金陵神学院

（原载《基督教丛刊》，1945 年，第 10 期）

告全国教会书

——发扬基督大无畏的革命精神

蒋介石

编者按

　　蒋介石（1887—1975），名中正，浙江奉化人，1930 年 10 月 23 日，监理会牧师江长川在西摩路宋家为蒋介石施行洗礼，蒋介石成为景林堂一名信徒。该篇宣言是蒋介石在 1944 年圣诞节发表的演说，发表于中央训练团编纂组编印的《复兴关》杂志上。中央训练团，简称中训团，于 1938 年 7 月由中国国民党中央训练委员会在庐山训练团、峨眉山训练团和珞珈山军官训练团的基础上在湖南祁阳创办。在这篇宣言中，蒋介石回顾了自己信仰基督教的历程，追溯了他是如何与"非基"成员一样对基督教充满怀疑到最终"认识基督，不仅是救人救世的救主，而且他是一个民族革命、社会革命、和宗教革命的导师。实为我们三民主义的基本精神所在"。基于这种确信，他憧憬耶稣所倡导的自由平等与和平安乐的世界就快实现，以此来鼓励那些流离失所的民众、英勇抗战的前线将士，以及怯懦不前的人们。蒋介石本人是否为虔诚的基督徒始终存在争议，但这篇圣诞讲稿却很好地利用了其基督信仰鼓舞了当时的信徒乃至抗日群众的士气，撇开信仰本身不说，他对于基督教精神的学习领会还是相当"到位"的。

　　我们又到了一年一度的耶稣圣诞了。今天降生的这位耶稣基督，全世界信奉他学说与宗教的人，正在一天天的增加。

　　距今十五年以前，我们教会，正受着人们激烈的攻击、对于宗教、有非毁灭不可的趋势。我个人在当时并没有什么宗教的信仰。因为世人对教会这样的反对，我于是抱着怀疑的态度来研究反对基督教义的理由和基督教义的内容所在。最后得到一个结论，就是认识基督，不仅是救人救世的教主，而且他是一个民族革命、社会革命、和宗教革命的导师。实为我们三民主义的基本精神所在。这是我于民国二十七年耶稣复活节、在"人生不可无宗教的信仰、而不可有世俗的迷信"一篇证道文中、已经阐述其概要了。所以我以为今日基督教徒，不仅要信奉基督教的博爱教义，而且更要发扬基督大无畏的革命精神。

今天所有世界上信奉基督教的国家和人民，都在欢欣鼓舞的庆祝圣诞。年复一年，迄今已有二千年的历史。因为耶稣基督是世界上最令人敬奉的一个和平与博爱的先圣。二十年来，普天之下，绝无一片土地有过永久的和平。然而世上那些以耶稣教义为圭臬，而尊奉他博爱主义的人们，从没有终止他们的希望。他们一致认为人类必有一日拒绝那些强权暴力破坏者的荒谬邪说，不理会那些以战争为光荣者的领导，而且抱这种信仰的人、亦正在一天一天的增加。

在我们这个国家，过去八年来遭受暴日这样疯狂的侵略，尤其是今年一年之中，其所给予我们同胞的痛苦与灾难，更是空前的深刻。圣诞佳节在传统上大家都贡献给"仁爱和平"与"博施济众"，可是我们有无数的同胞正在新近为敌人的铁蹄所蹂躏被迫于奴隶式的统治之下。还有许多同胞，宁死不屈，不顾一切的牺牲与痛苦，投奔到后方来，在长途跋涉之中，饥寒交迫，成了无家可归的难民。我们虽则准备感谢我们的上帝与救世主，在很久以前，他就给了我们"世界和平"与"人类博爱"的期许。然而全世界人类最强的子弟，正在牺牲着他们的生命，去打退那种恶势力，和克服给恶势力所沾染与亵渎的土地。在这个受苦受难的世界上，或许没有别的民族比我们中国人民的信心更大了。现在都认为疯狂斗争的时代快要结束、而基督降生前夜、天使那个古旧的诺言——"世界和平"，也快要实现了。

耶稣基督的生活，人格，和教养，以及其服务与牺牲的精神，鼓励着我们人类奋斗前进，缔造一个自由平等与和平安乐的新世界。基督所指示的天国，并不在渺远的将来，凡是对和平博爱有信仰目的的人，现在就可以把它实现的。

今天我要号召我们全国的基督徒，所有的教会团体，不论是新教旧教，都为我们国家祈祷，使我们同胞人人都能觉醒民族的意识。激励怯懦者、鼓舞勇敢者、让我们在上帝面前忏悔我们的罪过，以及我们民族的各种弱点，与国家一切的缺点，要求他仁慈的指导与保护。他会拯救我们，指引我们立刻能够改造与建设，达到革命成功与复兴康乐的境地。让我们对于抗战的将士，对于无家可归的同胞，以及对于一切受敌人压迫的人们，为他们服从与牺牲，来作空前的赠与。因之今天，要求全国教会的教徒，在今后最后胜利的一年之中，对于救护伤病的官兵和救济流离失所的难胞，更要格外的努力服务，不惜任何牺牲，来实现我们基督教义、竭尽我们国民与教徒的职责。庶不愧为耶稣基督的信徒，和中华民国的国民。

我们整个的国家，需要基督革命的信仰，需要崇高的道德标准，与基督的牺牲精神。让我们此刻都向上帝祈祷。使我们的精神与德业以及信心，日新又新，更能纯洁，更加坚强，并且使我们不辜负我们抗战革命的光荣。不辜负我们为自由平等的奋斗，不辜负那即在面前的胜利，我们必须师法基督坚毅的个性，公而无私的气魄，和他"爱人如己""相扶相助"以及其一生所表现的勇敢与信仰，方能使我们度过这抗战最后的难关，达到最后的胜利。我们现在必须为了胜利，为了和平及国家的前途，愿意贡献我们的一切。

全世界都庆祝着圣诞节，我们今天不要忘记在中国的盟军以及全世界为共同目标而奋斗的那些联合国所有的将士。在日德暴徒那样惨酷的统治下，绝没有任何的自由，更谈不到宗教的自由了。基督说："你必须认识真理、真理一定使你自由。"祈祷上帝，让我们认识真理，而有信仰真理的力量。

我在西安被劫持的时候，读了下面的几句话："上帝是我们的避难所，是我们的力量，是我们在患难中随时的扶助者，……所以我们无所恐惧。"我从此更深信上帝已给了我信仰真理的力量。我生平虽经过无数的患难和危险，但是结果终能获得自由与胜利。愿我们这些遭遇更大患难的同胞，终亦享受与我同样的精神自由之福。愿我们全国同胞，不论是在自由区的，或是在沦陷区的，不论他们有哪一种的宗教信仰，在这个光明与希望的日子，都来重申大家的信仰，认识上帝对于不跟恶魔妥协的人，终必酬报以胜利及永久的和平。在今天圣诞节，让我们全国教会和全国同胞祈祷着必能坚持这个信仰。

（原载《复兴关》，1945 年，第 241 期）

二　基督徒战争观

抗战期间关于"唯爱主义"的争论

🖋编者按

　　唯爱主义思潮产生于第一次世界大战期间，它基于基督教圣爱思想反对用武力来解决国际及地区争端，将爱与和平作为处理社会、国际关系的最高准则，唯爱主义思潮在 20 世纪 20 年代传入中国，吴耀宗出任中国唯爱社主席，并与徐宝谦等人主编《唯爱》杂志，该杂志自 1931 年出版第 1 期到 1935 年共出版 17 期，其中多篇论文讨论了日本侵略过程中，中国教会和信徒的立场问题，这里辑选多篇，以飨读者，其中包括吴耀宗、徐宝谦、张雪岩、谢扶雅等人的论文及信件。

　　吴耀宗（1893—1979），广东顺德人。1913 年进入北京税务专门学校，毕业后在海关供职，1918 年在北京公理会受洗入教，1920 年任北京基督教青年会学校部干事，参与组织唯爱社。1924 年赴纽约协和神学院及哥伦比亚大学攻读神学、哲学，获哲学硕士学位。1927 年回国任中华基督教青年会全国协会校会组干事，后又兼任基督教唯爱社中国分社主席。1938 年改任中华基督教青年会全国协会出版部主任。1950 年 9 月起草、发表题为《中国基督教在新中国建设中努力的途径》的宣言。1954 年，基督教三自爱国运动委员会成立，吴耀宗出任主席，1979 年 9 月 17 日在北京去世。代表作有《没有人看见过上帝》等。

　　徐宝谦（1892—1944），浙江上虞人。中国基督教思想家、宗教教育家。1913 年受洗入基督教，1914 年加入北京基督教青年会，1915 年毕业于北京税务专门学校。1920 赴美国纽约协和神学院、哥伦比亚大学进修神学，回国后在燕京大学任教。1930 年赴瑞士日内瓦，任世界基督教青年会研究干事，他于1934年获哥伦比亚大学哲学博士学位，回国后任燕京大学哲学院院长，同时参加江西黎州农村建设实验，任实验区总干事。1941年到华西大学任教，兼任中华基督教青年会全国协会总干事，1944年因车祸去世。其著作主要有《宗教经验谈》等。

张雪岩（1901—1951），原名张松峰，山东潍坊人。幼时入过私塾，后考入潍坊文华中学，1917年10月，他在文华中学读书时，被法国当局招募到欧洲战场。1922年回国后，在天津正记轮船公司任职，后参加国民革命军北伐队伍。1928年回乡组织革命军。1929年春，他任职于上海的广学会。1930年，考入南京金陵神学院，毕业后任中华基督教青年会全国协会总干事。1935年到华北农村事业促进会担任《田家半月报》副总编辑。1938年，赴加拿大康乃尔大学攻读法学，4年后获法学博士学位。回国后，蒋介石聘请他担任西南五省考察团顾问。1944年底，他与许德珩、劳君展等组织民主科学座谈会，号召人们发扬"五四"精神，为实现民主和发展科学事业而奋斗，并在之后组建了九三学社筹委会。1946年5月4日，九三学社在重庆正式成立，他当选为九三学社理事。后被国民政府通缉，避难前往美国。1949年9月，他毅然抛弃国外优厚待遇，返回祖国，出席了第一届全国政协会议，并复刊了《田家半月报》。1951年因脑溢血在北京去世。

谢扶雅（1892—1991），浙江绍兴人。中国当代著名的基督教思想家、哲学家、文学家。幼年熟读中国传统文化经典，深受中国传统思想及佛教影响。青年时期先后留学于日本的高等师范学校、立教大学，美国的芝加哥大学、哈佛大学。在日本立教大学学习期间，受洗于圣公会。回国后，开始从事基督教青年会文字事工，继而先后担任岭南大学、中山大学、金陵大学、东吴大学、湖南国立师范学院、广州华侨大学教授，1949年移居香港后先后任教于崇基学院、香港浸会学院，曾教授国文、哲学、教育学、伦理学、宗教学等课程。他涉猎广泛，曾出版过《人格教育论》《个人福音》《人生哲学》《道德哲学》《中国伦理思想述要》《中国政治思想史纲》《经学讲义纲领》《中国文学述评》《修辞学讲义》《宗教哲学》《基督教纲要》《基督教与现代思想》《基督教与中国》《基督教与中国思想》《巨流点滴》等多部学术专著，发表过数百篇学术论文。此外，他还发起组织了"基督教历代名著集成"的编译工作，并以耄耋之龄，亲自翻译了这套丛书中的《康德的道德哲学》《祁克果人生哲学》《圣多默神学》《东方教父神学》《许革勒宗教的神秘要素》《安立甘宗思想家文选》等多部名著。谢扶雅留存于世的著述及译文不下千万言，它们至今仍在汉语基督教界、哲学界具有广泛而深远的影响。

上海事件与唯爱的主张

吴耀宗

自从一月二十八的晚上，上海的战祸爆发以后，许多朋友问到我个人对于这次事变的态度。他们知道唯爱社是不主张战争的，同时他们心中有不少的怀疑；在现在全国一致的主张以武力抗日的时候，在十九路军已经得了胜利，日人已蒙重大损失的时候，我们是不是还能够"高谈唯爱？"有一位朋友对我说：我很同情于你，因为我们大家只有一重痛苦，而你却有两重痛苦。他所指的两重痛苦大约是：第一，暴日侵略我国的痛苦。第二，我国不能用非武力方法抗日的痛苦。又有一位朋友给我写信说："唯爱"！"唯爱"！给人欺侮到这般田地，我决不相信应当"不流他人之血"的不合作自卫之抵抗！并且我相信，武力抵抗只能增进中国在国际间的"人"气，挫折帝国主义的"兽"气，促进列强的尊敬及东北事件的解决，促进世界和平及真理的实现，而绝没有什么坏处。这两位朋友都是"北方之强"，而且都是身历沈阳惨变的过来人，所以他们的话，都是有所感而发的。因为这些原故，我就觉得有表示我个人态度的必要。

在过去一个月的工夫，我个人的情感，与不主张唯爱者的情感，可以说是没有多大的分别。二十九日的早晨，听说闸北没有被日军占去，听说十九路军奋勇抵抗，我是极度的高兴。四个月来胸中的愤闷，至此才得到一点消解。自此以后，同大家一样，每天急着要看报，每看到中国军队的捷报，和日军的败绩，就兴奋起来，甚至起居也失了常度。对于日人残杀我们无辜的同胞，我自然是痛恨，但是对于日军整千整百的死亡，我却以为是应当的，似乎无所动于衷。我只是希望中国继续抵抗，抵抗到底；胜固然是最好，就是一时败了，我相信我们还是要最后的胜利。

这样的态度，岂不是完全与唯爱的主张矛盾么？平时主张彻底的唯爱，等到真正的试验来了，马上就改变态度，这是何等浅薄？我想读者必定有这样的感想，所以让我来详细地解释一下：

在去年十月十五日的《唯爱》里，我们引了甘地一段话说："如果我们所能选择的，不是懦弱，就是武力，那么，我们应当选择武力。我宁愿冒险用武力一千次，不愿使我种族失却丈夫之气。但我相信，非武力比武力高超至于无限；饶恕比惩罚更为豪侠。"这几句话，可以完全代表我对于此次事变的态度。

自九一八以后，最使我们痛心的就是：张学良辈所主张的不抵抗主义。如果这个不抵抗主义是根据唯爱的原则，不肯用战争的方法去抵抗敌人，同时要用精神的方法，非武力的方法，——如不合作，——去促敌人的觉悟，我们是十分赞成的。无如他们所谓不抵抗主义，不过是（一）怯弱，——怕日本人的威力，望风披靡；（二）顾全实力，——恐怕自家军队，抵抗日本以后，力量消失，将来在国内没有发言的资格；（三）苟安的心理，——放弃东北，希望保存华北的地盘。这样的不抵抗主义是懦弱，是自私。照甘地所说的，我们"宁愿冒险用武力一千次，不愿使我种族失却丈夫之气！"

这种不抵抗主义，为全国人所唾弃，是很明显的事实。不过，既然不主张不抵抗，就应当抵抗。抵抗只有两种方法：——武力的方法与非武力的方法。非武力的方法，从以往的经验看来，大家只认为不得已的消极方法，能够用武力的时候，还是用武力。现在大家普遍的心理，是觉得我国有用武力的可能与必要。自从十九路军抵抗得到胜利以后，这种心理已经得了有力的证明。事实既然是如此，所以武力抵抗，已成为不可避免的趋势。至于非武力的方法，如果没有真确的信仰，和唯爱的骨髓在里面，是没有用处的。方法是内心信仰的工具，没有根本信仰在里面的非武力方法，实际上等于张学良辈的"不抵抗"。

从我们的立场来说：非武力的方法是最上，武力的方法次之；消极的不抵抗是最下。但是从一般人的立场来说，就不同了；不抵抗固然不成问题，非武力抵抗也不是唯一的办法；武力抵抗毕竟是个上策。武力的方法虽然不是我们所能赞同，但是究竟能够表现我们"丈夫之气"，所以我们承认它是一般人所能接纳的最好方法，而对他们表示我们的同情，给他们以精神上的援助。

至于我们的本身就不能抱同样的态度了。我们仍然坚决地相信："非武力比武力高超至于无限；饶恕比惩罚更为豪侠。"我们的唯爱主张，不但没有改变，而且在大家觉得非用武力不可的时候，我们的使命更觉重大。大凡一种理想、必须有人去主张，必须有人去实行。如果这个理想是不错的，即使现在全世界只有一个人去主张去实行，终久这个理想也必定能够实现。反之，如果这一个人，觉得他的理想太与事实相左，他的力量，太过微薄，因此放弃他的主张，与时代妥协，这样，就等于把理想埋葬了，使它永无实现之期。

我们看见上海整千整万的人，悲惨地牺牲了性命，这是应当的么？我们看见无数的家室，物产，财富，以及文化的精华无端的被毁灭了，这是应当的么？两方面的人民，本来没有仇恨；两方面的将士，本来也没有仇恨；他们在"九泉"相见，也一定相对愕然，不知道他们究竟为什么彼此相杀。日本少数的军阀，野心家，用宣传的方法，用高压的手段，把人民蒙蔽了，驯服了，发动了当前的巨劫；中国少数的军阀政客，因为他们的自私庸懦，把国家弄得一团糟，以致引狼入室；这一切，难道都是不可避免的事实么？难道黑幕一定不能揭开，腐恶一定不能打倒么？如果两国的人民觉悟了，——觉悟两方的利益本来没有冲突，觉悟两方应当合作，——那时候我们还需要什么战争！

所以我们的态度是：如果大家觉得只能走武力抵抗的一条路，就让他们去走，我们要向他们表示同情与敬意；但是我们自己却不能参加武力的斗争。我们要尽一点微薄的力量，去宣传实行"爱的福音"，希望经过这次的痛苦以后，能够觉悟，能够相信这个福音的人更多，也希望"爱的社会"能够更快的实现。

在现在的时势中，我们要注意到以下几种工作：

（一）我们要尽力去救济及抚慰因这次事变而遭遇患难的人们，并且尽力参加战后一切建设的工作。

（二）我们要利用国际舆论的力量，使目前的战争与东北整个的问题，能用和平的方法得到公平的解决。

（三）我们要联络两国有觉悟的青年，使我们了解两方实在的情势，共同打倒两国的恶势力。

（四）我们要唤醒我国民众，叫他们努力于"自强"的一切工作，使强暴的邻国不致有机可乘。

（五）国际联盟、非战公约，军缩会议等国际的和平组织与主张，虽然现在没有多大的力量，但在过渡时代，也有它们相当的地位，我们仍然要尽力赞助。

（六）我们对于社会制度根本改造的问题，要彻底的研究，并且要结合同志，大胆地去试验，使世界祸乱的根源早日清除。

（原载《唯爱》，1932 年，第 4 期）

和平的代价

吴耀宗

现在的世界，需要和平，这是大家都公认的。自从欧战以后，国际联盟，非战公约，军缩会议这一类的办法，都是国际间要求和平的切实表示。即在我国，因为历年继续不息的内战，也有废战同盟的组织，足见人民厌乱恶战的心理。耶稣素称"和平之君"；他的福音，处处示人以爱人息争的道理，所以我们做基督徒的，更有促进和平，实现爱的社会的责任。

但是我们在主张和平的时候，要先认清楚和平的意义。和平的本身虽然是可贵，但是我们如果在实现和平的时候，牺牲了比和平更可宝贵的公义和仁爱，这样的和平，只是将来扰乱的祸阶，没有真正的价值。

和平不是放着问题不去应付，躲在"愚人的乐园"里！和平不是调和敷衍，贪图一时的苟安；和平不是忍气吞声，屈服于暴力之下。我们如果是这样子去取得和平，我们的人格先已丢失了，和平只是暴露我们的羞辱。

和平不是，不应当是一个目的；和平只是一个"副产品"。我们所求的是公义与仁爱。如果我们因为追求公义与仁爱的原故，而需要反抗，革命，流血，我们就不要避免这些与和平相反的扰乱。古今来的志士仁人，都不怕为公义与仁爱而杀身，却不肯为和平的缘故而牺牲了仁爱与公义。为公义与仁爱奋斗，则和平将随之，如影之随形；只求和平而不问其他，则世界必将益趋于纷乱。耶稣曾说过："我来不是使世界太平，是要使人纷争。"又说："我把火把丢在地上，若是已经着起来，不也是我所愿意的么"？惟具此积极奋斗的精神者，方足称为"和平之君"而无愧。

处在今日的中国，空谈和平，而不知所以取得真正和平之道，或知其道，而不肯付应有的代价，这样子不是痴人说梦，便是自欺欺人。我们先从国际的情形来说。现在国际的形势自然是一个弱肉强食的局面。如果战事没有爆发，这只因为列强的均势还在保持，破裂的时机，没有成熟。在这样情形之下的中国，军备竞争，固然绝对没有可能；即有可能，从基督徒的眼光看来，亦非谋国之道。但是在这个时候，如果我们只采取所谓不抵抗政策，以土地拱手让人，这样子不但要引起亡国之祸，而且必将为世界大战的起端。我们所要先认清楚的，就是救亡之道，在于自救。国际的同情和主持正义的公约与组织，我们固然应当重视与拥护，但是问题的解决，终在我国国民的自身。我们对于侵凌我们的强邻，必须反抗，长期的反抗。反抗之道不一：如果我们不以用武力为非，则武力的抵抗，即使一时没有惊人的效力，也是民族不屈不挠的精神的表示。如十九路军之战，东北义勇军之战，能直接参加者固佳；即不能，亦应当充分予以物质与精神的表示。如果我们还是垂拱无为，视东北健儿的苦战，如秦人视越人的肥瘠，我们便是麻木不仁，虽亡国也是罪有应得。但是从基督徒唯爱精神的立场来看，非武力的抵抗，更胜于武力的抵抗。假如我们能够相信，全国一致的推行，则大规模的经济绝交与不合作，实在是最有效力，最能解决问题的办法。

我们在这样主张的时候，不要被爱国的情绪蒙蔽了，而犯了狭隘和近视的病。第一，我们要知道，现在国际一切的纷争，实植根于现在错误的社会制度，如果全世界的政治和经济不能走一条新路，——无论是用革命的方法或是用"改良"的方法，——则局部的解决即能成功，亦不过等于头痛医头，脚痛医脚。第二，如果我们因为爱国的原故，把侵略我们的国家里面的人民，不分皂白，一概视为不可救药的仇敌，而不求觉悟的联合与努力，则狭义国家主义成功之日，即国际关系益趋紧张之时。我们只有在这样清晰的头脑，宽宏的度量中去努力民族自救的工作，才能对于世界和平，有所贡献。

以上所说的对外的方法和态度，究竟不是我们根本的问题。根本的问题，还是在中国的内部。自从"国难"以后，我们就晓得，对外的毫无办法，实在是由于在内的纷如乱丝。内战，……水灾，旱灾，官吏的贪污，言路的闭塞，工业的不振，农村的破产，人民的流离，生活的艰难，道德的崩坏，青年的彷徨，……这一大堆的问题，从何说起！但是，问题虽然多而复杂，如果国内有志之士，能够团结起来，以中国的复兴为己任，不畏难，不灰心，不图近功，不求急效，以全局的眼光，各个的从事于局部的改进，终于成为有组织的，能建设的，在野民众的有力集团，内则监督政府，巩固国基，外以训练民众，御侮抗敌，假我以五十年，则自存的基础确立，而世界的和平亦因我能图强，而多一线的希望。

这一切的事功，究竟与我们基督徒、基督教会、整个的基督教运动有什么关系？在这里，我们愿意大声疾呼，唤起全国基督徒的注意。我们现在和以往的宗教信仰，实在太过唯心：我们所注意的是个人灵魂的得救，是来世永生的保证；我们的宗教是纯情感的宗教，不求理解，不务实行。我们每日只是在耶稣上帝一些烂熟的名词上，和礼拜祈祷一些干枯的仪文上讨生活；社会的状态，国家的问题，世界的趋向，似乎都与我们莫不相关。即使我们偶尔做了若干"社会"事业，我们也以为只是附带的工作，不是宗教的本务。在这样错误观念之下，我们的信仰，只是生活的麻醉品；我们的祈祷，只是个人情感的一时的兴奋，而绝无社会的意义；我们的教会只是一些不会积极作恶，也不能积极行善者，不痛不痒的一个集团。我们的口号是"中华归主"，是信徒的增加，是灵性的提高；不要说这些目的不易达到，就是达到，——假如我们传统的观念没有改变，——也无非是添了一阵热闹，与国家民族在生死关头中的当前问题，丝毫没有补救。这样麻木的宗教，终究必为全国人民所唾弃！

宗教与生活本来是绝对不能分离的。现在我们的机会到了。我们高举基督，说他是和平之君，然而我们举目四望，处处都看见使我们不能得到和平的现象。如果我们应付这些问题的方法，只是一些照例的祈祷和空泛的愿望，那么，我们的提倡和平，实等于容许现在社会的罪恶，倘使基督生于今日，必以我们为和平的罪人！

和平是有它的代价。和平能否实现，在乎我们能否付这个代价。如果我们有觉悟，有决心，我们自然能够找到应付问题的办法。

（原载《唯爱》，1932 年，第 6 期）

鼙鼓声中的唯爱

吴耀宗

自从榆关和九门口相继失陷以后，华北风云，日益紧急。最近敌方已开始进攻，我国抵抗的宣言，亦已发表。自兹以往，双方二十余万大军，便要在热边喋血。这一次的战事，要扩大到什么程度，恐怕没有人敢预言，但是无论如何，这样的事变，决不会在短时期间解决。这一次的冲突，只是反映了全世界正在尖锐化中的矛盾，或者竟变成了未来更大纷乱的导线。

在这样的局势中，还有没有唯爱主义说话的余地？我们不相信现在国内还有人愿意主张——或敢主张——不抵抗，甚至非武力的抵抗。就是在唯爱主义的信徒当中，恐怕也会有人搔首踌躇，对于现在的局面，不知道应当怎样应付。我国现在的决心抵抗，似乎已经到了俗语所说的"赶狗入穷巷"，不得不反噬的地步。如果大家再取消极不抵抗的态度，那不是丧心病狂，便是国民人格的总崩溃。

我们以为理想是理想，事实是事实，两者不能混为一谈。从现在的局势而论，从一般人的立场而论，除了抵抗，似乎没有别的办法：这是事实。不管抵抗的物质结果如何，只要我们能够坚持到底，最后的胜利，必定属于我们。因为暴日的强横无理，目空一切，久已使我们忍无可忍；现在的抵抗，正是我们人格重生的表示。并且我们相信，我国现在的抵抗，才是真正的"死里求生"；日人利用侵略，以期打破本国的危局，却是步入死亡的道路上去。这一类的意见，我们从"九一八"以后，已经多次在《唯爱》上发表过。

　　事实既然如此，唯爱的理想，是否便要束诸高阁，等到世界没有战争的时候，再拿出来应用？这却又大谬不然。唯爱社不是升平时代安乐椅中的产品，它是在欧洲大战的当中，一般目睹战事惨状的人们所发起的。它所要应付的，正是这个罪恶充盈，互相残杀的世界。没有战事的时候，它固然要作和平的努力；有了战事的时候，它更应当认定立场，作鲜明的主张，从事活动。因此，我们在这个大战已经爆发的时候，便有重新表明我们自己的态度，研究我们应有的工作的必要。

　　关于我们的主张，我们愿意再提出以下两点：

　　（一）我们始终认定战争——无论是侵略的，是防御的——不是解决问题的办法。战争的出发点是仇恨；它的目的是对方的惩罚或消灭；它的方法是暴力；它的结果是仇恨的增加；是问题的含糊解决，是未来斗争的酝酿。不管争斗的两造，谁是谁非，结果的总合，总是双方同受损失。换句话说，战争不能有"胜利者"，因为对方实没有被征服，只是因力不足而暂时认输罢了。欧洲大战，是我们一个很明显而有力的教训。现在德国国社党的崛起，中欧诸国复杂错综的关系，法意等国的军备竞争，与其他欧洲大陆合纵联横，勾心斗角的现象，都是表明上次的大战和一千七百万人的牺牲，除了消极的教训以外，对于参战诸国所标榜的东西，可以说是毫未实现。我们所反对的，不只是战争的惨酷。假如战争是唯一有效的办法，加入战争的惨酷是必不可少的代价，就是死去了更多的人，弄成更大的毁灭，我们也决不以为非。我们知道在现在的世界，杀人不一定要到战场去，也不一定要流血；错误的社会制度，每日不知要杀死多少人。我们反对战争的最大理由，是因为它从来没有把什么问题彻底的解决。

　　（二）我们以上所说的话，恐怕不容易得人赞同，因为战争总是似乎能够解决问题，而且是比较迅速地解决。唯爱的办法，不用暴力，不事强制，总是似乎迂回曲折，迟缓寡效。既然最大多数的人不能相信唯爱，主张唯爱，这样的事实就使我们不能不相对的赞同他们认为最有效的办法，——如淞沪之战与今日热河之战。我们曾经说过：只要一个人做了他所认为最好的事，从他的本身上论，我们便不能说他有什么错处。我们曾引过甘地一段话说："如果我们所能选择的，不是懦弱，就是武力，那么，我们应当选择武力。我宁愿冒险用武力一千次，不愿使我种族失却丈夫之气。"这正是今日中国所处的境地。但是甘地接着又说："但我相信，非武力比武力高超至于无限；饶恕比惩罚更为豪侠。"因此，我们在相对的赞成我国现在的抵抗以后，我们便要希望大家从这一次痛苦的经验当中，可以得到一个更彻底、更深刻的觉悟，就是觉悟武力不是最好的办法；最好的却是根据唯爱精神所用的种种非武力的办法。这一次战事之所以成为不可避免的，是因为日人的侵略；日人所以敢这样侵略，是因为我们自己不争气；我们所以不争气，是因为我们缺乏积极唯爱的精神；从立国这一方面来说，这就是不苟安，不放任，努力建设，努力图强的精神。有了这种精神，日人便不敢欺负我们，即使占领我们的土地，也决不能征服我们的国家，正如今日日尔曼民族的精神，不在乎它的武力的强弱，而在乎它的不屈不挠的魄力。有了这种精神，我们更能够将强敌同化，使它不但不能作恶，也没有作恶的必要；这便是使问题根本的解决。如果有人以为这样高超的理想无非是一个美丽的梦，我们可以回答说：如果没有人相信它，实行它，它自然只是一个梦；但是即使只有少数人相信它，实行它，它的实现，就可计日而待。唯爱社的信徒，就是要向着这个梦境里追求的傻子！

在这两种主张的范围里面，我们便要问：在这样的局势中，赞成唯爱主义的人能够做什么？应当做什么？假如唯爱主义只是一个逃避责任，畏惧牺牲的别名，我们就不需要这种主义。我们所要认清楚的就是：唯爱主义者，根据他的主张，不应当参加战事，和一切与战事有直接关系的工作。如果唯爱主义可以在这一点上妥协，唯爱主义便没有存在的价值。除此而外，一切救国爱国，与根本改造社会的工作，都是唯爱主义者应有的事。以下随便举出几种，以供参考：

（一）不合作运动。我们相信：这是一个抗拒强暴很有效的办法，在最近几期《唯爱》上，屡有讨论，可以参看。我们希望大家，不要因为我国已经决定用武力抵抗，便忽略这一种工作，——尤其是经济绝交。我们觉得很希奇：在淞沪血迹未干，华北战云又起的时候，在上海和长江一带，——北方更不用说——日货的倾销，居然可以进行无阻。那些唯利是视的商人，和贪图便宜，不分皂白的顾客，除了用锄奸团一类部分不能持久的办法以外，我们要怎样应付？大家似乎都不很注意这个问题，其实它的关系是很大的。

（二）中日觉悟分子的联络。恐怕无论哪一个人都不敢说，日本人当中没有觉悟的分子。日本政府尽力禁止所谓危险思想，而近来因"危险思想"而被逮捕的，还是成千整百，而且其中大多数是知识分子。无论所谓危险思想所主张的是什么，我们知道反对日本政府的黩武主义，至少是他们的一种表示。至于其他不带色彩，以人道或唯爱的立场反对现政府的政策的，数目一定也不少，——虽然他们不能有很露骨的表示与活动。这样的人，虽然未必与我们的意见一致，但是至少对于现在关系的不满足，是我们所共有的。我们以为无论什么时候双方有接触，讨论，研究的机会，我们都应当利用；即使当时看不见什么效果，我们能够保持这一点诚恳友谊的关系，也是很值得的。

（三）华北的战事，如果蔓延开来，一定有许多紧急的需要，在这异常的状态里呈露出来。难民救济的工作，社会秩序维持的工作，安定人心的工作，以至前线救伤慰劳的工作，都是我们一般平民在本分上应当担任的事。至于那一件是与战争有直接关系，而不合乎唯爱精神的事，我们只好自己去决定。因为严格说起来，国家既是一个有机体的组织，无论什么事情，彼此都有相互的关系。我们做一个国民，绝不能采取一种绝对超然的态度。

（四）国家战时的生活还是要靠国民许多平时的工作去维持。所以我们每一个人经常的事业，只要它没有直接受战事的影响，能够忠实地继续下去，都与国家的生存有帮助。每一个人在本分上尽了职，是我们最低限度的救国工作。

（五）我们在本文开始的时候说过：这一次中日的冲突，只是反映了全世界正在尖锐化中的矛盾。中日问题很清楚的不只是远东局部的问题，而是全世界的问题；中日的纷争不只是两国间因为某种问题一时的冲突，而是现在整个社会制度所呈露的一种必然的现象。现在社会制度的弊病在那里，它与中日的问题有什么关系，根本救治的方法是什么，以后中国的建设与复兴应当走哪一条路，——这些问题与目前的事变都有密切的关系。虽然这些都是很远很大很复杂的问题，非一时所能认识，更非一时所能解决。但是我们如果在这些问题上，没有一些基础的知识，恐怕我们一切的工作都是盲目的努力，与时代的需要不免背道而驰。因此，我们对于现代的社会问题，至少有从事研究的必要。

在这样紧张的时局中，我们希望大家不但能够有热烈的心肠，更要保持冷静的头脑；不但要注意目前的需要，更要瞻前顾后，从世界以往的经验中，认识前人的错误，为未来的世纪，开辟一条新路。

二月廿三日

（原载《唯爱》，1933年，第7—8期）

唯爱主义与社会改造

吴耀宗

（一）

今天所讲的，我知道必定与许多人的胃口不合，因为现在注意社会改造问题的青年，大都趋向阶级斗争，武力革命的思想，这与唯爱主义，未免南辕而北辙。但因为这次演讲的题目，是听众所特别要求的，所以我相信在座的诸君，即使不赞成这种主张，也必能平心静气地拿它来思想一下。

中国人向来是主张中庸的，过与不及，他们都不以为然。唯爱主义是一种极端的主义，所以根本上就与中国向来的思想冲突。墨子主张兼爱，其理论与唯爱虽不尽同，但其为极端的主义则一。墨学之不能在中国发扬光大，其原因固不止一端，但是它的反乎中庸，恐怕是原因中的最主要的。兼爱之说既如彼，则唯爱的主张，在我国能否避免同样的命运，这也是我们所要研究考虑的一个问题。但我们现在姑且把这个问题撇开不论，先谈唯爱主义的本身。

唯爱主义并不是一个很高深的主义：它无非相信人类应当以爱为一切生活的原则；在个人关系上应当这样，在社会关系上也应当这样。这一种主张虽然是很简单的，但因为它处处与我们现在的生活方法发生冲突，所以有详细解释的必要。

人类的生活大概可以分为三个时期：第一是讲强权的时期，第二是讲公道的时期，第三是唯爱的时期。所谓强权就是指弱肉强食，强者征服弱者，奴使弱者的那些现象。正如野兽一样，这是以爪牙相搏，武力致胜的时候。虽然这是人类没有文化以前的特征，但是我们现在还没有脱离这个时期。社会上和国际间强者欺凌弱者的事，真是平常的很。但在大体上，我们已经进入第二个时期，那就是讲公道的时期。所谓公道，就是划定范围，各不相扰，凡超出范围的，就绳之以大众或一部分人所认可的法律和刑罚。这一个时期的生活态度就是"以眼还眼，以牙还牙，"恩怨分明，睚眦必报。我们现在整个的个人关系，和社会关系，都是建筑在这种观念之上的。我们甚至可以进一步说，我们连这一个阶段都没有达到，因为现在的社会，还不是一个彻底公道的社会。第三个时期就是唯爱的时期。唯爱的特征是互助而非竞争，是服役而非剥削，是同情而非报复；它非不讲公道，但却超出公道之上；它不只以直报怨，乃是以德报怨。这样的社会，我们自然相信是最理想的社会，我们也希望它是将来必会实现的社会。这些唯爱的特征，我们现在未尝不看见一点，例如在家庭里，在朋友关系里，但在其他大部分生活里，特别在社会和国际的关系里我们离开这个理想，还是遥远得很。我们的问题不是这个理想是否应当实现，而是它何时可以实现，我们怎样把它实现。唯爱主义者的态度是：我们不必等，我们马上就要实行这种主义，只有这样，我们才能把它实现。

唯爱主义之成为一种运动，虽然不过只有二十年的历史，但自人类有史以来，信仰这种主义的，实在是无时无地没有。印度的释迦牟尼，我国的墨子，犹太教的以赛亚，基督教的耶稣，圣方济，霍士和他所发起的桂格教派；近代的人，如俄国的托尔斯泰，印度的甘地，日本的贺川丰彦，英国的罗素，法国的罗曼罗兰，美国的荷慕时，潘琪，留德时期的爱因斯坦——虽然他们的主张未必尽同，但他们的反对战争，反对暴力，和主张以爱及调解（Reconciliation）的方法去消灭人世间的罪恶，却是一致的。他们未尝不知道他们所处在的社会和时代，与他们的主义格格不相入，但他们却是即知即行，无所顾忌。人类满染血污的历史中，所以还能放出一线光明的，就是因为这些人的信仰和生活的原故。

在欧战开始以后——一九一四年年底——英国有一些人见得战争的残酷和不合理，与他们所信仰的宗教完全相反，于是他们拒绝参战，并成立唯爱社（Fellowship of Reconciliation）的组织，其宗旨在以爱与服役的方法，根本改造人类的社会。后来这种组织在美国，欧洲大陆，和远东先后成立。到现在有组织的共有二十余国，我们中国也是其中之一。中国的唯爱社是在一九二二年成立的。各国的唯爱社员，虽然为数不多，但他们崭新的理论和诚挚的生活态度，是对现社会一个严重的挑战，已经引起不少人的注意。

我们若要知道唯爱社最初发起时的旨趣，可以看以下的一段宣言：

"我们以为从耶稣的生和死所表现出来的爱，其涵义之广，远在我们的想象之外。我们认为这爱是战胜罪恶的唯一能力，也是人类社会生活的唯一标准。

为要建立一个爱的世界起见，凡相信这个主义的人，都应当把它在个人关系和社会关系里充分实现，并且预备接受从实行这种主义而发生的一切危险。

因此，我们做基督徒的人，就不能参加战争。我们为要忠于国家，忠于人类，忠于教会，忠于基督起见，便不得不另取行径，尽力使爱在个人，社会，商业，和国家的生活里，成为至高的准则。

我们相信上帝的能力，智慧，与爱心，渺无涯际；他时时刻刻都等候着用更新的方法，更普遍地向人类显示他自己。

因为上帝只能借着这个世界的人来显示他自己，所以我们情愿献身作他救世的工具，无论他用什么方法来役使我们，我们都准备着受他的差遣。"

最初发起唯爱社的人，全数都是基督徒，所以这篇宣言，也完全是基督教的口气。直到现在，唯爱社中心的信条简直就是基督教固有的信条。但是奇怪得很，虽然相信唯爱主义的基督徒，以为唯爱主义就是耶稣原来的主义，但一般的基督徒却不以为然，因此，自罗马王君士但丁入教以后，宗教的战争和残杀，史不绝书，大战时基督徒的参加战争，大家也看作一件寻常的事。所以，我们如果把基督教和唯爱主义混为一谈，那是最错误的。

（二）

我们现在再来谈一谈唯爱主义的哲学。唯爱主义有三点基本的信仰：人的价值，人的可能，和手段与目的之应当一致。所谓人的价值，就是说人不是草芥，可以随便被践踏被毁灭；人的生命是有意义的，所以也就是有价值的。因此，一切抹煞人的价值的东西，无论它是风俗，制度，个人，团体，阶级，唯爱主义者都要把它打倒。所谓人的可能，就是说，人都有向上的可能，前进的可能。一个做强盗的人，并不是生出来就要做强盗；强盗是家庭，教育，制度，种种东西的产物。改变他的环境，使他不能做强盗，不必做强盗；改变他的心境，使他在还不是理想的环境里转变生活的方向，"放下屠刀，立地成佛，"这就是唯爱主义者的任务。所谓手段与目的应当一致，就是说，手段是目的的过程，目的是手段的终点，这二者不能截然分为两件事，因此，目的即使是正确的，如果手段错误了，原来的目的就不能达到，或要受它的影响。这个道理，十分鲜明，似乎不必多所解释。

为要使大家对于以上三点有更清澈的了解起见，我们可以拿共产主义的立场和唯爱主义的立场来比较一下。第一，这两种主义都相信人是有价值的。耶稣诅咒财富，痛恨伪善，指斥统治者的罪恶，拥护平民的利益，这是尊重人的价值；马克思研究社会的病因，指出改造的方向，努力唤起民众，促进革命，这也是尊重人的价值。但是共产主义所看重的是大众（Collective Man）的价值，而非个人（Individual）的价值，为大众利益的原故，个人的价值，可以完全牺牲。自然，个人的价值也就在大众的价值之中；并且，牺牲一己，以成全大众，如果出于自动，它的自身，也就是一种价值。□□□□□唯爱主义认定个人人格的尊严，以为就是一个罪大恶极的人，也有他的价值，而不当抹煞，因为可恶者是他的罪，可贵者是他的人，二者似乎不能分开，而实在不当混合。这样看来，唯爱主义与共产主义，虽然同是尊重人的价值，但因为注重点之不同，所以表现的方法也就各异。

再讲到人的可能性。□□□□□唯爱主义……对人有无限的信仰；它以为人有无限的可能性；只要给他相当的机会，他便可以有意想不到的转变；即使因为采取这种态度，似乎延误了社会前进的速度，它也不以为过。它认为罪恶应当消灭，但人却不必消灭，因为人同罪恶，是可以分开的；人是可以随着环境的改变而改变的；不然，所谓改造社会，根本就不可能。

最后，论到目的与手段：在共产主义，什么手段都是对的，只要它能达到目的；换句话说，手段之正确与否，是因着目的而具有相对性，并没有自身的绝对性。唯爱主义却要把衡量目的之标准，同样地拿来衡量手段，而要求二者之一致。例如暴力革命，可以推倒旧社会，建设新社会，但暴力是抹煞人的价值的一种手段，所以便与建设新社会的动机——尊重人的价值——不能一致。因此唯爱主义就反对暴力革命。它以为即使在形式上革命的目的是达到了，在实质上，它所结的果子也含着不健全的成分，要经过若干的努力，才能消除。

总起来说，在出发点方面，在目的方面，共产主义与唯爱主义差不多是完全一致的，但在哲学方面，手段方面，二者便有许多不同的地方：一是近于悲观的，一是近于乐观的；一是近于严峻刻薄的，一是近于宽厚慈祥的；一则以力服，一则以爱胜。但虽然二者有这许多的不同，唯爱主义却没有把共产主义看作一种不同调的主义。把共产主义看作"洪水猛兽"，把共产党看作"匪"，我们以为是一件最不幸的事。以为共产党可以用武力去消灭，更是一种愚拙的见解。并且，唯爱主义对共产主义的批评，也就是对其他许多别的主义的批评。许多批评共产主义的人，他们自己的主张，也犯着同样的病，或更甚的病，所以他们实在没有理由可以批评共产主义。

（三）

唯爱主义既然是相信人的价值，人的可能的，所以他待人的时候，就必须采取与这种信仰一致的手段——这就是爱。因为爱，所以它就反对武力，反对战争。它的所以反对武力，一是从动机方面着想，一是从结果方面着想。我们先从动机方面说起。用武力的时候，大多数是因为恨的；恨与爱是相反的东西，所以武力与唯爱是不能并立的。如果有人真正因为爱而用武力，这样的武力并不悖乎唯爱的精神：一个小孩快要掉到水里，父母用力拉住他，这是爱的表示；把一头病入膏肓，呻吟痛楚的爱犬，用枪打死了，这也是爱的表示。但是除此以外，因爱而用武力的，就绝无仅有了。拿起枪来打死一个敌人，也许是因为爱国家，爱社会的原故，但对于那个敌人，却不能说是爱他。因爱国家，爱社会而恨敌人，在唯爱主义看来，也是错误的。我们再从武力的结果方面来说。假如武力是可以达到它所标榜的目的的，我们还可以原谅它，但事实并不是这样的。比如欧洲大战，在协约国方面，他们的托词是"战以止战"，但在事实上它是第二次大战构成的因素。我们敢大胆地说，国际的战争，从来没有彻底的解决过什么问题。并且在现在这资本主义的世界，战争已成为资产阶级和他们的爪牙——统治阶级——的工具。因战争而得利益的是他们，为战争而被牺牲的是劳苦大众。现在许多人都觉悟了，反战的空气也弥漫于全世界了。虽然个人的立场未必尽同，也是值得我们欣慰的。或者有人说：武力与战争有义与不义之分：帝国主义者的战争和军阀的混战，也许是不对的，但为抗拒强邻，解放民族而用武力，那不但是正当的，而且终久必定会发生效力。东北义勇军之战，淞沪抗日之战，所以深得民众的同情，就是因为大家认为这是御侮的义战。唯爱主义并非不承认这一类的战争的价值，但只是相对的承认。自然，抗争而死，不失为丈夫，即无补于爱，亦无伤于义；忍辱而生，则沦为奴隶，人格不存，爱于何有。但那只是因为抗战是弱者御敌的最高的表示。作了他所能见到的最好的事，那自然值得我们钦敬。但在唯爱主义者看来，御侮最高的方法不是武力而是唯爱。有人以为武力是强者的方法，而唯爱是弱者的方法，但事实适得其反。唯爱者不为恶所慑服，不肯以暴易暴，这正是大勇者之所为。他的所以不肯用武力，不是不敢用，是因为它不能解决问题。武力是情感的，是盲目的，所以容易把人的理智完全消灭；并且，武力发动于仇恨，彼此均以仇恨相待，则冤冤相报，永无已时。但唯爱绝不是纵容罪恶，束手待毙的。唯爱主张革命，因为不革命不能创造新社会，但它所要的是非武力的革命。非武力的革命不是和平的革命，是流血的革命，但它不肯流别人的血，却准备流自己的血。唯爱也不反对阶级斗争，因为革命就是阶级斗争，但它的斗争是建立于爱，而非建立于恨的。

（四）

唯爱主义既主张以非武力革命的方法去改造社会：这种方法究竟是什么，它有没有成功的可能？

唯爱主义不是改良主义，这一点，经过上文的解释，应当是没有疑问的了。但唯爱主义是不是乌托邦主义呢？乌托邦主义的特色是有想象而无事实，有希望而无办法，但唯爱主义却不是这样的。拿唯爱主义应用到社会问题上去，这是一种新的尝试；因为这样，所以它在理论方面，自然是没有成熟，在实行方面，也缺乏经验。不但唯爱主义如此，其他一切的主义，在最初的时候，也必定经过这个阶段。但我们不能因为这样，就把一个主义断定是空想主义。唯爱主义所企求的社会是共劳共享共有的社会，这一个目的，和其他的社会主义是没有分别的，但是唯爱主义实现这个目的的方法是非武力的方法。唯爱主义在这一点上恐怕要引起许多的误会。有的人想，唯爱主义是帝国主义者的烟幕弹，标榜着好听的口号，而内容是空洞无物的；也有的人信，唯爱主义的作用是把人民麻醉了，使他们的革命意识模糊起来。许多相信共产主义的人把唯爱主义认作比资本主义更危险的敌人，就是为这个原故。但是这些误解，我们都不必去管它。

（原载《唯爱》，1934 年，第 12 期）

唯爱与武力果不相容吗

谢扶雅

自吴耀宗先生在本刊发表了《唯爱主义与社会改造》一文后，引起知我先生严重的抗议，现在又得读吴先生的答辩。据我看，问题的焦点，倒不在双方立场（一是基督教的立场，一是共产主义的立场）的异趣，而只在"爱与武力真的不能相容吗？"的一点。唯爱主义者已经赞成资本社会制度之应根本推翻，已经赞成阶级斗争，已经赞成流血革命，所保留的，只是"不肯流别人的血，却准备流自己的血。"换言之，他们所要的是"非武力"的流血革命，非武力的斗争。这一点，我认为很有深入讨论，不厌求详的必要。

最近美国唯爱社主席 Reinhold Niebuhr 宣告脱离唯爱社及该社干事 J. B. Mathews 的去职，其原因便在武力的一点。他们以为生存在现社会情况之下，不容许你丝毫不用武力，所以只能挑选比较少的武力之一途。但大多数唯爱社员主张绝对不应采用任何武力；以致该社主席及干事皆不得不因公意而离去。其实一种社会学说，原不能如此呆板。在自然界纵或有准确不变的自然律（如水可还原为 H_2O，暴食一定会生胃病等等。）但在人事界（或社会界）则现在尚无精密得像自然律那样的社会律（Social laws），虽然将来希望其也有。科学方法还没有完全占领了社会领域。严格地说，今日还没有所谓社会科学。

"要诚实无欺"，"不可杀人"，"爱人者人恒爱之"等等，似乎可以说是社会律。但这些定律,应容许不少的例外。非比"二加二等四","饮酒会脸红"一类自然律的绝对无有例外。社会关系比物质机械复杂到不啻百千万倍;积几十万年的人类经验,对于社会现象还只能约摸地,粗枝大叶地定出几条通则,决不够应用于人生各种活动。所以细节上的运用如何,仍待我们临时斟酌情形,谋相当的应付,再经过若干的尝试和试验,或者渐渐可望更立细则。爱,自然是文明人所公认的一条社会通则,不但基督教中人,即连最过激的波尔希维克派,也并没有以为社会律反是"恨","仇视",而不是爱的。共产党也都深认他们所欲攻打的是资本制度自身,不是资本家个人。

"诚实"自然也是社会律之一,但母亲骗小孩吃药,医生骗病人安静,很不容易判定他们为不诚实。对于这种两难问题,中国的儒家倒有一个应付的方策,叫作"通经达权"。诚实是"经",有时不得已讲句违心的话是"权"。权仍无背于经,因为它的动机原和"经"在一条路线上。这里所应当心的是:"权"决不可滥用。权原是例外,是万不得已时的临时应急,准此而推,"爱"是"经",有时不得已,不能不用武力是"权"。动不动便用武力是滥,滥决不是"权"。然在万不得已的场合,亦拘执不用武力,也未免太迂愚;愚也不能算是"经"了。所以"通经"固难,"达权"尤为不易。

大盗来强奸我的时候,我如有枪,弹发强盗毙。这种临时应急的武力是"权",是无背于唯物主义之"经"的。当瞥见兽兵要强奸幼女的时候,迫不及待;有石在地,即拾而击,有枪在手,即拔而发,我对于此兽兵之死在我手,固抱十分遗憾,顾我原无杀人之意,蓄乎方寸之间;反之,若拘执于绝对不用任何武力,始终要取爱的手段以达爱的目的,则试问其时对兽兵将用何种感化的方法乎?据我所知,感化教育只适宜于平时,若在对方已发凶猛的武力时,其神经已兴奋至非常变态,感化绝无可用之技。历史上宋襄公之所以为人所诟病者在此。

临时应急,——尤其是临时崛起抵抗强暴时所用的武力,例如一二八我十九路军之应战,东北义勇军之抵抗暴日,一九一四年比利时小国之御强德,都不能说有背于爱之原理。唯物主义着重在动机,着重在本心。"权"的武力,只从手出,不从心出,故于"经"无伤。"权"好比浮云,其来也骤,其去也消,绝不着一点痕迹。若"有所着",便损害了爱心,便违反了唯爱主义。王阳明解释大学中"心有所忿懥，则不得其正"一句，着眼在"有所"两字上。他以为七情六欲，乃是人心本有，但不可有所着。如忿懥之情，人心怎能没有？但若忿懥"着"了一分意思，便怒得过当，便不得其正。须知"爱"固是宝贵，"义愤"也是宝贵。义愤不但不和爱相冲突，或竟与爱为一家人。武力若只为在义愤时的急遽表现，决非与爱绝不相容。"武王一怒而安天下之民"：这个怒，决不是仇视，决不是恨。

读过三国志演义的人，大概都记得诸葛亮挥泪斩马谡的一段故事。诸葛亮当时是否猫哭老鼠，是否用谲诈之术，我们不得追问，但若诸葛亮果存着真的"挥泪"之心，而去"斩"谡我以为这把刀也是爱的。我觉得：彻底唯爱固难；而用武力的爱，则尤难之又难。虽然使用武力，而仍保有大爱的绝对，这种心境是很不容易修养到的。要能修养到这种心地，才可以谈唯爱。

（原载《唯爱》，1934 年，第 14 期）

答扶雅论唯爱与武力

吴耀宗

谢扶雅先生在最近发表了《唯爱与武力果不相容吗》一文，特别提出"唯爱与武力"那个问题来讨论，兹谨将个人对这个问题的意见写出来，以供谢先生和读者的参考。

谢先生那篇文章的大意说："爱"是"经"，有时不得已不能不用武力是"权"，所以他以为唯爱与武力并不是不相容的。我大体上可以赞成谢先生的意见，但觉得谢先生的话在有些地方还应当修正。我所以赞成谢先生的意见，是因为我认为唯爱与武力并不是绝对不相容的，因为唯爱所注重的是爱的动机、爱的精神；因爱而用武力——如母亲用力拉住小孩，使他不掉到井里去，或主人将病入膏肓的爱犬打死，——这都不悖于唯爱的精神。这一点，我在唯爱主义与社会改造里说得很清楚。同时我又指出来："拿起枪来打死一个敌人，也许是因为爱国家爱社会的原故，但对于那个敌人却不能说是爱他。因爱国家爱社会而恨敌人，在唯爱主义看来也是错误的。"这就是说，即使用武力的动机是爱，但如果对于用武力的那个对象的态度还是恨，这也是反乎唯爱精神的。这一点，似乎是我和谢先生意见不同的地方。我以为"爱"不能说是有"经"有"权"，——这是说不通的，因为爱就是爱，非爱就是非爱。照谢先生的主张他应当说：有时可以爱，有时可以不爱。这倒直接痛快，不必牵强的说："权的武力，只从手出，不从心出，故于'经'无伤。"我以为因爱而用武力，武力也是属于谢先生的所谓"经"的。

虽然我们以为有时可以用武力，而仍不悖于唯爱精神，但大体上我们仍然是反对武力的，其理由如下：

第一，因为我们不承认所谓坏人是不可救药的，而武力——特别是杀人的武力是抹煞了他的上进的可能的。

第二，因为用武力的时候很难避免恨，而恨与爱是相反的，——虽然纯粹因爱而用武力，如上文所举的例，我们并不反对。

第三，因为武力不能达到我们原来所企望的目的，并将引起不良的社会影响。

这些话我在《唯爱主义与社会改造》一文里已经说过。我们认为对付坏人的正当办法，是改善他的心境和改变他的环境，而不是用武力。所以拿兽兵的强奸幼女一事来说，发出义愤是应当的，但从唯爱的立场来说，义愤的表示应当限于言语的斥责，即使用武力，也应当以阻止他的暴行为限，超过了这个限度，便不是唯爱。自然，人的心境和环境，常常不是马上可以改变的，所以唯爱的代价必然是牺牲，——被害者牺牲自己（第三者）的牺牲；但这样的牺牲一定比武力的牺牲小得多，并且它的作用是防止未来因崇信武力而必不能避免的更大牺牲。

谢先生还举了几个历史上的例。一个是宋襄公，这大约是指宋楚战争的那一段事。

宋襄公并不是一个非战者，他所主张的，只是"不重伤，不禽二毛"一类的道德。这当然是一种不彻底的主张，所以批评他的人说："若爱重伤，则如勿伤；爱其二毛，则如服焉。"换句话说，如果不欲伤杀敌人，那就不必要战争了。然而宋襄公的态度未尝没有可取的地方，因为那就是体育场上的"Sportsmanship"梁山泊式的"道义"，中世纪骑士的任侠，——这些都有唯爱的成分在里面的。

谢先生举的第二个例，是大战时比利时之抗德和我国之淞沪抗日等那几件很悲壮的事。我们对于这些抗争，决不能否认它们的价值，因为一个民族假如还不能用唯爱的方式去抗敌，那么武力的方法，在可能的时候就是最上的方法。但我们还是相信甘地的这一段话："如果我们所能选择的不是懦弱，就是武力，那么我们应当选择武力。我宁愿冒险用武力一千次，不愿使我的民族失却丈夫之气。但我相信，非武力高超至于无限；饶恕比惩罚更为豪侠。"关于这一个问题，我们在《唯爱双月刊》里曾数加讨论，恕不在此多谈。

谢先生所举的最后一个例，是诸葛亮挥泪斩马谡的那一段事。我认为这是一个比较纯粹的唯爱的表示，而绝不是"猫哭老鼠"一类的把戏。然而这是多么罕有的事！历史上没有几个诸葛亮，然而假公义之名，行残杀之实的，则比比皆是，并且，大规模的武力，即使以爱为出发点，也是得不偿失的。谢先生说得对："彻底的唯爱，固难；而用武力的爱，则尤难之又难。"因此，我们虽承认唯爱与武力并非绝对不相容的，但我们还是不得不反对武力。

（原载《唯爱》，1934 年，第 14 期）

续论对日的态度与办法

吴耀宗

雪岩先生：

承你提出对日的态度和办法的问题，这是很值得唯爱主义者的研究的。虽然我在前几期的《唯爱》里已经发表过一些意见，现在再为提出，分两点答复，以供参考：

第一，对日不合作，是否一个正当的办法，就是在唯爱主义者的当中，也还没有一致的主张。在我个人看来，如果实行不合作的时候，并不是要拿这种办法去"教训"或"惩戒"我们的敌人，只是表示我们恨恶他们的暴行，而且心中并没有存着对人仇恨的意思，这样的行为完全是唯爱所认可的。诚然，仇恨的心理，不是容易完全除掉的。在现在一般抵制日货者的心中，恐怕除了仇恨，没有别的东西；但即使假定不合作是带着仇恨的，它的害处比战争的害处，的确是有天渊之别，这是三尺之童所能知的。你说：抵制的办法，"直接的影响，并不及于造祸的罪魁，——资本家和傀儡的军阀，——吃苦的倒是无辜的小工商，和一般的日本民众。"这是似是而非之论。国家是整个的机体，每一个国民都是这机体的一分子；日本的国民，中了军阀的毒，盲从他们，拥护他们，这便是间接参加了军阀的罪恶，焉能说他们是"无辜"的，此其一。不合作是要促对方的觉悟，使他们知道他们是违反公理的，如果他们执迷不悟，这是他们咎由自取；但是他们无论什么时候觉悟了，停止侵略了，不合作便可取消，一般民众所受的害，便可停止，此其二。你说资本家和军阀不会受害，这是违反了事实的。日本侵略中国的军费是从哪里来的，岂不是从民众来的么？没有，还可以打仗么？抵制日货，难道不会影响资本家么？此其三。至于日人利用中国的抵制，作反宣传的资料，这一点，我们就没有方法去限制他们了。其实日人又何必等我们有抵制才有反宣传的资料？所谓沈阳拆毁路轨事件，中村事件等等，哪一样不是"深文周内"，或竟是无中生有的事件？日人制造反宣传的机会多着呢？我们不必替他们过虑；但是，如果我们的不合作是理直气壮的，日人的反宣传，又能奈我们何呢？此其四。

第二，我也承认不合作一类的办法，不是彻底唯爱的办法，我在《唯爱》第五期复檀仁梅先生的信上说："有人打你的右脸，连你的左脸也给他打，"这才是极端的唯爱主义，至于不合作的方法，已经是唯爱的退一步的办法了。这个主张，与你所说的"任其横行，随其宰割"的极端无抵抗，似乎是相同的，然而我们所以不敢作这样的主张，乃是因为现在中国的民众实在没有认识唯爱主义，所以我们只能提倡不悖乎唯爱精神的不合作。极端的无抵抗，我曾说过："除非与大勇者积极的爱的精神（如耶稣在圣殿中赶出做买卖的人）相附丽，其结果将等于阿Q式的退让与苟安，不但对方无所感动，即身受者的人格，亦将随之而毁灭。"现在乱纷纷，死沉沉的中国，我们只怕她不能动，不能团结。如果国民真能团结，真能动，我们宁愿他们用武力去抗日，而不愿他们俯首就死，如被宰的羊。因此十九路军的抗日，东北义勇军的抗日，我们都是站在客观的地位，表示十二分的同情的。我们知道这绝不是人类的出路，我们自己也绝不肯去参加这样的抗争，但是两害相衡取其轻，相信唯爱的人尽管宣传唯爱，实行唯爱，不相信的人，只好采取他们所认为最高尚，最有效的办法。这是唯爱主义者所应当认清楚的。

以上所说，不知尊意云何，还祈请赐教！

吴耀宗谨启　十二月二日

（原载《唯爱》，1932 年，第 6 期）

怎样解决中日问题？

徐宝谦

"欲求中日问题之解决，日本必须放弃她的侵略政策，中国必须学习饶恕！我们知道日本所需要的，不外乎扩充实业的原料，和一个推销商品的中国市场。日本如能用和平与合理的方式对付中国，我想中国是愿意供给她的需要的。从另一方面来看，中国所需要的，便是国家的统一；但所谓'统一的中国'，其目的不在于对日持报复的心意。依我个人的见解，要使日本酷爱和平，要使中国大度包容，这两件事不容易办到的。世界各国的民族，其初都是爱好和平与大度包容的，后来因为谬误恶劣的宣传到处流行，致使一般民众——甚至那些有智识的民众——都被情感所激动，失去其平衡的中心。"

为求解决上项问题起见，我个人认以下各点，为紧要的步骤：

（一）使中日两国的自由思想者欢叙一堂，使彼此之间有真正了解的机会。（余所谓"自由的思想者"，系指一般思想能超过国界，同时能以人类主义或基督徒大同主义的立场，去观察中日问题的人们）。

（二）中日两国的自由思想者，须平心静气地应付一切包藏危险性的严重事实，并为这些事实寻找基督教的解决方案。

（三）这两国的自由思想者应在平时筹设一适当的教育机关，以较高的思想培养一般民众，使他们胸有成竹，不致受宣传和情感作用的影响和转移。（下略）

（节译徐君致世界基督教学生同盟的一封信）

（原载《唯爱》，1932 年，第 4 期）

对日的态度与办法

张雪岩

耀宗先生：

自去年九一八后，醉生梦死的基督教徒或说教会——不是基督教的本身——受了很严重的挑战。热血的青年基督徒，特别是学生，以为在这严重的试验之下，应当表示态度，因此就产生了主战与非战两大派别。这两派别，无非各执一端，并好像永无调和的可能，但实际上却不见得有什么可以悲观的，因为他们为了巩固自身的立场，争相引用吾人信仰中心之基督的言行来作护符。不论其理由是圆通或是牵强，总之都是在高举基督，若说这是基督教的复兴运动，我看也不算过，因为真理的出现，只有这样争辩才是催生的利器，所以我并不希望两下鸣金收军，到愿意他们相持不下，除非最后的真理证明了。

唯爱自然是属于非战一派的，我自始也是这样主张。不过宗旨虽同，意见的程度上却总有些不一致。这就是我屡次被邀加入唯爱社而至今还没有实行的一个大原因。我所主张的不同的地方是耶稣所讲的爱，其博大原本连国际界限都没有，换句话说：基督教所标榜的爱，乃是道地的一视同仁的大同主义。它的登峰造极处，就在我们的教主把自己的言论在最惨痛的十字架上十足的表证了，充分的实践了，——为杀害自己的仇敌祈祷："父呀，赦免他们，因为他们所作的，他们不明白！"

惟去年阅唯爱社对日的态度，也主张用抵制日货的手段，并说明这样抵制是出自爱的动机，意思是不过借此予以教训，给以悔祸的机会。但结果却适得其反，因为你尽管如此存心，日本却志在眉飞色舞拿此作向国联控告吾人挑战的真凭实据，并以此为猛施侵略的借口！上海闸北之精华的付之一炬，恐怕就是这件事体的赐予吧！况且这种抵制，直接的影响并不及于造祸的罪魁，——资本家和傀儡的军阀，——吃苦的倒是无辜的小工商，和一般的日本民众。所以结果不但不能促她悔改，反倒供给了她不少向国民反宣传的有力资料。这是摆在眼前的事实，是不容讳饰的。所以想来想去，我总觉这不是彻底的态度，更不是最后的办法。

我以为唯一应付的办法，还是任其横行，随其宰割！不过在无抵抗的

当中，基督徒应当竭力作促醒政府和国民悔罪的工夫，并努力使大家真实
的踏上自强的创造的新路途。还有件急要的工作，就是基督徒当多多纠合
同志，将无抵抗的彻底唯爱的主张宣布出去，特别向日本，并常常为他们
祈祷，这样一来，我想总比任何抵制的手段容易得到日本基督徒和国民的
同情。倘能坚持到底，我想在举世渴望和平的当中，一定可以引起不少的
同志，而把运动扩大开来。试问假使全世的基督徒都能宁死不屈的一致如
此主张，还怕和平不能实现吗？基督徒绝不应当骑墙，彻底点说：更不应
当有国际，——如有人在这一点上问难，容后详答。——总之，我的意思
是主张唯爱的基督徒应当宁在不爱国的罪名下授首，为了把天国实现人
间，也不该把主张牺牲！有人以为日本已具征服全亚并称霸全球的野心，
这样示弱，完全是促使暴行和野心实现的捷径。我敢说句人以为梦呓的预
言，日本倘赶快乘机缩迹敛翼，也许还能保其存在，倘使不顾一切的向前
蛮干，那就是张大眼睛向着坟墓进行了！强横的巴比伦那里去了！自跨欧
亚的罗马帝现在何处！称雄世界的强德何以上了呻吟的病榻！总之，横暴
的爪牙虽舞张得厉害，公理的眼睛也并没有合闭。话很多，一时写不完，
恕暂搁笔，顺颂撰安。

张雪岩上

（原载《唯爱》，1932 年，第 6 期）

国难与基督徒

徐宝谦

🖋 **编者按**

　　作者在文中首先澄明了基督徒在国难过程中的几种态度及各自的理由，并阐明自己的非战主张，认为耶稣的唯爱精神正是基督教得以产生的根本，武力抵抗只会让仇恨加剧，不利于问题从根本上解决。主张根据基督教教义，找出一种足以代替战争，而能根本地解决国际纠纷的方案，是中国基督徒当时的唯一任务。

　　国难日急，榆关九门相继失陷，热河危在旦夕，平津恐亦不保。一般爱国志士，惧国亡之无日日阀之强暴，于是奔走呼号，从事抗日工作，人心不死，前途有望，于此可见一斑。

　　于是有一重要问题发生，即吾侪信仰耶稣基督者，当兹时会，对于国难之应付，应取何种态度，应负何种责任，并采何种方式是也。

　　此题答复极不易：一，国家意识，在近代生活中，已具无上威权，无论如何，断不许任何人对之有所怀疑或评论。加以此次中日事件，按照普通标准，是非曲直，不能立断。彼既得寸进尺，侵略无厌，现有各种国际机关及约章，复怯弱无力，不易强制执行。吾人为世界和平计，为保全国家人格计，唯有自卫与反抗之一途，此今日主张抗日者之言，而为一般基督徒所附和者。二，基督徒对于基督教教义之了解，极不一致。例如基督徒果可从事战争乎？对此问题，基督徒之意见，从古即不一致，今日情势，正复相同。基督教团体之主张非战论者，向来不过朋友会等少数宗派，迄今无大变迁。

　　至于基督徒主战与非战两派理论，大概不出下列诸点。主战者以为：基督徒固应主张和平，然抑制强暴，正是达到和平必由之途径。故耶稣曾在圣殿骗逐奸商，曾痛骂法利赛人。况战争本有侵略与自卫两种作用；侵略之战争，固为耶稣所不许，至于为自卫而战，则耶稣决不反对。故十二门徒之中，有锐党之西门。非战者则谓：基督教首重精神感化，一切教义，可以唯爱两字包括之。以武力者，暴力也，以武力抑制强暴，何啻以暴易暴，既背基督教唯爱之旨，又何能臻人类于大同？故虽自卫之战，亦必为耶稣所不许。耶稣时，犹太已为罗马属地，有时激烈主战者为锐党，实代表民众思想。主张屈服投降者，有为希律王党及撒都该人。依违两可，不敢有所主张者，则为法利赛人。独耶稣之眼光，卓绝超群，不与流俗同。试读福音中所记三次试探及登山宝训，可知耶稣所主张者，为上帝之爱，为精神之感化。谓耶稣为不爱国耶？则何以爱民如子，且曾对耶路撒冷痛哭？谓耶稣为爱国耶？则何以对于罗马帝国之统治，及一般民众复国之要求，曾无只字表示态度？推其原故，岂不因耶稣所主张之唯爱主义，精神感化主义，本为超国家，而又反武力者哉？

我对以上争论，十年前主张前者，十年来则主张后者。何以主张后者？在拙作"基督教对于今日中国应有之使命"一文中曾有：

> 为什么基督徒不应采取战争的途径呢？因为战争的途径，根本上与基督教唯爱的精神相背驰。战争的目的在力服，基督教则主感化。战争所用武器在毁灭，基督教则主救赎。战争时所用的宣传方法，往往是非颠倒，基督教则重真实。战争之结果，使仇恨报复的心理深刻化。基督教则重友爱，从根本上消弭战争的原因。两者的目的，方法，手段，及结果，既然这样不同，当然无调和之可能。……根据基督教教义，找出一种足以代表战争，而能根本地解决国际纠纷的方案，是中国基督徒当前的唯一任务。

以上，已经说明我之理由。而本文之所欲特别提出者，即如何始能不循战争之途径，且能从根本上解决国际间之纠纷是也。

仁者见仁，智者见智，故在非战之前提下，基督徒意见尽可不一致。就私见所及，颇以为今日国际间最大需要，不外两项，即事实真相之宣布，及国际合作之提倡是矣。请申说之。

何言乎事实真相之须宣布耶？旷观世界大势，军阀之所以得逞其暴，政客之所以得售其奸者，舆论之被利用受蒙蔽，实为主要原因。舆论何以能被利用耶？军阀及政客之操纵言论新闻机关，实有以致之。此种情形，各国皆然，而在日本，尤为显著。去年八月，记者由美返国，过横滨，登陆访青年会旧友，据谓："自九一八及一二八事件发生，将近一年，日本民众，初不知本国政府，有何违反人道之举动。近顷由《改造》等左倾杂志中，字里行间，始得略知一二。"由是可知日本政府检查新闻政策之严厉。所怪者，何以国际间竟无发表正论，传布事实真相之团体，遂使日阀得以一手掩尽天下耳目；故我谓事实真相之宣布，实为目前要图之一端。真相既明，争端自息，日阀虽强，岂能永久蒙蔽其国人耶？

何言乎国际合作之须提倡耶？无论何国，其农学商学各界之中，岂无明达之士？所惜者，平日对于国际间之谅解及合作，既不提倡，一旦外交界风云紧急，爱国高潮，虽开明分子，亦鲜有能持冷静头脑，而不随从群众心理者。欧战时第二国际之失败，可谓殷鉴。为今之计，唯有急起直追，从速在国际间联合教内外开明分子，平时用国际通讯，友谊代表，圆桌会议种种方法，使两国人民得以信使往返，成立真正谅解。万一不幸，两国间发生战事，亦可共同派员，驰赴当地，调查事实真相，随时宣布，并可主持公道，提出解决方案，以备两国国民之采纳。如是做去，庶几可以不背唯爱之原则，从根本上解决国际间之纠纷。基督徒对于国难应尽之责任，斯其大要矣。

以上云云，言简而意或不赅，尚希教内外同志，有以进而教之。

一月二十日，于朗润园

（原载《唯爱》，1933 年，第 7—8 期）

基督徒与国难

刘子静

✍ **编者按**

　　刘子静，《循道季刊》编辑，对荀子哲学颇有研究，著有《荀子哲学纲要》一书。这是一篇反对"唯爱主义"的论文，认为反对非武力抵抗的理由不仅仅来自《圣经》，也不仅仅从惩恶扬善的自卫主义着眼，而是因为耶稣当年所讲的爱仇敌，更多的是从人与人之间的关系，至多是小团体与小团体之间讲的，根本没有想到应用到国际方面去，那时连国家观念都很淡薄，更不要说超出国界的事了。至于将唯爱主义应用到国际上，是现代世界引申耶稣主义的结果。事实上，国际上不具备采取唯爱主义的条件，当时中日战争一触即发，更不具备采用唯爱主义的条件。

　　九一八，失去了东三省。一二八，炸毁了商业中心的上海。现在又攻下了榆关，进犯热河。国联柔弱无能，自是不满人意；可是没有国联在当中缓冲，调解，恐怕日本的暴行，更不堪设想。也许日本军士的枪弹，兑换了中国人民的生命。

　　在这种情况之下，年轻而血沸的基督徒，愤懑填胸，献身疆场，以赴国难者，大有人在。一般忠诚稳健的领袖们，以为平时提倡博爱，反对战争，不好意思忽而改口：杀敌，收回失地，共赴国难……。似乎他们的心也不能断定基督徒应否加入抗敌，赴国难的工作。处于这种进退维谷的时候，他们应付这种严重时局的方策，是私下说几句愤慨的话，当公众前则不置可否，不赞一词。另有朋友会及惟爱社的诸公，如我的老师徐宝谦院长，站在耶稣惟爱主义的立场，反抗战争之爆发，不赞成抗敌的行为。虽不批评他人抗敌行为，至少他们自身，要保持信仰的一致，人格的统一绝不参加任何抗日的事工。

这三种基督徒的态度，那一种对呢？较为合理呢？我没有资格来评判，来答复。姑站在耶稣本身的立场来贡献一点意见。

当然我们讨论的焦点，不在战争不战争，不在侵略攻伐的战争。侵略攻伐的战争，不但我们作基督徒的不赞成，就是社会主义的信徒也要热烈的反对。我们讨论的焦点乃在抗敌自卫的行动，这种行动基督教赞成么？耶稣许可么？以为耶稣许可的理由如下：

（一）耶稣同门人处于危机四伏的时候，催促门人，卖衣买刀以自卫（《路加》的，但是《马太》记载耶稣的从人有佩刀的）。

（二）耶稣反抗大祭司仆人之掌击。

（三）耶稣以鞭鞭挞圣殿内，教权阶级所许可的奸商。

（四）耶稣屡以智巧逃避敌人之暗算。

（五）耶稣未明白赞成罗马的统治。

（六）耶稣为酣迷不醒的耶路撒冷哀哭，预言罗马人的暴行，以警告同胞。

（七）耶稣的主义是爱，绝不容许侵略杀人的暴行。

（八）耶稣的主义是爱，绝不坐视一个人因他人之暴行而死，而不与以抵抗。

（九）耶稣反抗了压人的律法，权贵（法利赛，撒都该）党；未必不反抗侵地杀人的暴行。

（十）耶稣接受了革命党人为门徒，至少是表示他不反对反抗罗马的行动。

以为耶稣不许可的理由如下：

（一）耶稣说"收刀入鞘，凡动刀的，必死在刀下……"（马太的）。

（二）耶稣曾说："当爱你的仇敌，为那逼迫你的祷告……"。

（三）耶稣在十字架上，为他的仇敌祷告。

（四）耶稣未明白反对罗马的统治。

（五）耶稣的主义是爱，不能容许杀人的行为。

因为耶稣的言训与行动，表现了这两种不同的态度，所以主张抗敌者根据耶稣的原则去抗敌。不抗敌者，亦根据耶稣的原则不抗敌，各走上了各的道路。

不但现在的我们对于抗敌自卫的行动有这两种不同的意见，初期基督教教团里的同人，也走了同样的歧路。初期基督教教团唯一的仇敌是犹太人，他们威胁，逼迫，屠杀基督徒的行动，从耶路撒冷起，渐渐蔓延到罗马帝国整个版图。暗杀是当时社会流行的惯技，不少的基督徒中了敌人的暗算，失丧了生命。《路加福音》九章二十四节"……凡要杀救自己生命的，必丧掉生命，凡为我丧掉生命的，必救了生命"的话，或许就是鼓励这般处在这样遭际的基督徒的勉语。

这句空洞的勉语，没有解决他们生命的危险，实际的困难。渐渐转到了佩刀自卫的问题，敌人袭击的时候，基督徒应否佩刀，动刀以自卫？有的教会（该撒利亚的教会，路加福音的策源地），觉得可以佩刀，于万不得已时也可以动刀。有的教会（按提阿或耶路撒冷的教会，马太福音的策源地），只赞成佩刀，而不赞成用刀动刀。这两种态度，都是根据，爱引耶稣的言行而形成的。马太与路加各从各的教会搜集了两种不同的传说传给我们，所以我们也给他们迷住了。

同时我们觉得耶稣爱仇敌，咱们佩刀动刀，或反对佩刀动刀的训言，是为人与人之间的敌视而说的；至多只能应用到小团体与小团体的对抗方面去，原不是为国与国之间抵抗行为而说的，未有想到要应用到国际方面去。而且那时国家观念不如近代之发达，基督徒也渐渐的站出了国家界限之外。把耶稣唯爱主义的原则应用到国际间去，不战争，不抗敌，是晚近的事，是现代申引耶稣主义的结果。

初期基督教教团里面，完全采纳了耶稣惟爱主义，互相饶赦的原则，利用类似圆桌会议以解决敌意与纠纷的原则。

"倘若你的弟兄得罪你，你就去趁着只有他和你在一处的时候，指出他的错来。他若听你，你便得了你的弟兄，他若不听，你就另外带一两个人同去，要凭两三人的口作见证，句句都可定准。若是不听他们，就告诉教会，若是不听教会，就看他像外邦人和税吏一样"（马太十八章 15 至 17 节）。

我们根据"不听教会，就看他像外邦人和税吏一样"这句话，可以推测耶稣惟爱主义的原则，类似圆桌会议解释敌意的原则，尚未推行到基督教教团之外去。其所以当日基督徒不能把耶稣惟爱主义，解释敌视的原则，推行，应用到教团之外去，正是因为对方团体缺乏采纳这原则的条件。

二千年来耶稣唯爱的原则，未应用到任何国际关系上去（基督教教团之内也未应用），正是因为国际间未有具备采行惟爱主义的条件。今日中国与日本，不能采用惟爱主义的原则，以解决一触即发的大战，更是因为我们与日本亦未具备采行耶稣惟爱主义的条件。

（原载《真理与生命》，1933 年第 3 期，第 7 卷第 5 期）

我们对于暴日的态度

——对于反日的意见

王治心

✍ **编者按**

　　王治心（1881—1968），名树声，浙江吴兴（今湖州）人，曾任东吴第三中学、华英学校、上海神文女学、惠中女学等学校的国文教员。1913 年至 1918 年任基督教《光华报》编辑。1921 年任南京金陵神学院国文和中国哲学教授，编辑《金陵神学志》。1926 年至 1928 年任中华基督教文社主任编辑。1928 年起出任福建协和大学文学院院长、国文系主任。1934 年后应刘湛恩校长之请出任沪江大学国文系主任。1948 年从沪江大学退休后回金陵神学院教授国文和教会史，主编《金陵神学志》。1957 年从金陵神学院退休后一直在北京居住。代表作有《孔子哲学》、《孟子研究》、《中国历史上的帝观》、《道家哲学》、《墨子哲学》、《中国学术源流》、《基督徒之佛学研究》、《庄子研究及浅释》、《中国宗教思想史大纲》、《孙文主义与耶稣主义》、《三民主义研究大纲》、《中国学术概论》、《中国文化史类编》、《耶稣基督》（与朱维之合编）、《评基督抹杀论》（与范子美合编）等，为民国时期中国基督教界有较大影响的思想家之一。本文写于抗日战争爆发初期，当时中华基督教青年会中针对日本的侵略出现两种相左的意见，一种主张武力抵抗，另外一种则倡导无抵抗的"世界主义"。作者认为非战不代表无抵抗，他将此情景比作虎在食人，容不得考虑，必合力击打，否则的话，有时不但不能救人，反而要杀人，非抵抗主义是误解了基督的爱及世界主义的主张。

　　昨日因北行之便，途出上海，张仕章同志要我们在反日特刊上说几句话。这几天受着非常重大的刺激，气愤填膺，头脑已经纷乱了，不知道从何处说起。今晨走到青年协会，恰巧在东三省日本暴力下逃走出来的沈阳青年会总干事阎宝航先生，向全体青年协会职员报告他目睹的情形；接着，就有协会职员讨论到发表宣言的内容，听出他们两种意见来。他们那一篇不痛不痒人云亦云的文章，我现在也无庸加上什么批评；不过从他们这两种意见中，却引起我的思想。怎样两种意见呢？简单地说，一种是非战的，一种是主战的，前者希望能唤起国际的公道，但日本帝国主义的觉悟，以基督主义为立场，主张世界和平；后者以为无抵抗的退让不单是不讲理的日本，得寸进尺，在中国本身更无自救的方法。我是基督徒，自然也应当赞成非战的，同时我也想到基督主张的爱，到底是什么？是不是无抵抗？大多数灰色的基督徒，不明白它的真意义，只知道和平退让是爱，不知道基督的爱，是在救人，救人的方式固不一样，无论抵抗非抵抗，如果真能救人的，随便哪一种方式，都是可以的。比方有一只老虎要吃人，我们不能不合力把这只老虎打倒，为的是要救人，决没有让老虎去恣意吃人，或者竟送人到老虎口里的理？因为老虎是无厌的，不会觉悟的。现在的日本帝国主义，是一只老虎，它正在东三省吃人，慢慢要吃到中国的内部，不快快把它打倒，不但中国同胞要给它吃尽，恐怕日本的自身，也要给它吃掉，所以我以为为救人——中国人与日本人的缘故，我们便不但要起来自卫，我们还是要尽力去抵抗这只吃人的老虎——日本帝国主义，——假使我们能合力去抵抗，无论力量够不够？总是一条自救的出路，不然，惟有让四万万同胞连我自己，都去膏虎吻。这还算得是爱么？

经济能够彻底的绝交，不合作办法能够切实的做到，自然是很有力量的。但是我总觉得缓不济急，尤是人心不一，有许多奸商败类，反而为虎作伥，从中渔利。原来的经验，告诉我们五分钟的热心，已经给帝国主义看透了，所以他们一些也不怕，他们会用奸猾的手段来引诱那些人，做他们的走狗。所以这些方法，要待到五十年后，或者有做到的希望。目下老虎已在吃人，不容你待到五十年，恐怕五十年中，人已给它吃尽了，还有什么合作不合作，绝交不绝交？为目前计，只有整个全国武装，拼一个你死我活，与其坐待灭亡，不如求九死中的一生。基督徒同志们，不要误解了基督的爱，不要受世界主义的迷，我们要救人，用抵抗来救中国自己，用抵抗来救日本人，用抵抗来救世界人类。因为无抵抗的爱，有时不但不能救人，反而要杀人。这是我从青年协会讨论中所得的感想。我还有许多话要说，可是在时间上篇幅上都不能应许我。

十月一日夜半于上海旅次

（原载《野声》，1931 年，第 2 卷第 2 期）

基督徒对于日本侵占中国国土应当持什么态度

赵紫宸

✍ 编者按

　　赵紫宸（1888—1979），浙江德清人，是中国 20 世纪最具影响力的神学家之一，是中国本色化神学的早期缔造者，也是"中国系统神学"的最早倡导者。他在西方基督教界享有较高声誉，被誉为"向东方心灵诠释基督教信仰的首席学者"。同时，赵紫宸也是一位出色的文学家、热情的诗人、宗教教育家，他先后担任过东吴大学文理学院院长、燕京大学宗教学院院长等职，曾经以访问学者的身份到英国牛津大学讲学，并分别于 1928 年、1938 年、1947 年三次代表中国基督教界参加在耶路撒冷（Jerusalem）、印度马德里斯（Madras）和加拿大惠特比（Whitby）举行的世界宣教会议（International Missionary Council Meeting）。在 1948 年荷兰阿姆斯特丹举行的世界基督教协进会第一次会议上，他当选为世界基督教协进会六位主席之一。在此前一年，他到美国讲学，获得普林斯顿大学荣誉博士学位。1949 年 10 月，赵紫宸曾作为中国基督教界五位代表之一，参加中国人民政治协商会议第一届全国委员会会议，1954 年 8 月当选为中国基督教三自爱国运动委员会常务委员。赵紫宸一生著述甚丰，涉及神学、教育、文学、诗词等多个领域。代表作主要有《宗教哲学》《学仁》《耶稣传》《基督教进解》《圣保罗传》《神学四讲》等。此外，他还在《真理与生命》、《青年进步》、《生命月刊》、《真光杂志》以及《教务杂志》（Chinese Recorder）等刊物上发表中英文论文 150 篇左右。本社论是赵紫宸针对日本侵略东北代表《真理与生命》杂志撰写的声明，这篇声明是基督教界发声较早的一篇。从内容可以看出，针对这一突发事件，基督徒期待国际力量的援助及国际社会道义的谴责来化解矛盾，虽有与日经济绝交的倡议，但更多的表现为一厢情愿的"义愤"。随着日本帝国主义侵略的深入，这种"义愤"已经无关痛痒，大部分基督徒也逐渐从反战主张过渡到以各种形式为抗日服务了。

日本帝国主义，乘世界各国不易兼顾东方问题的时期，乘中国空前洪水的灾难、兴不息的内争，用武力侵占中国的国土，杀戮中国的人民，违反世界和平的公约，蔑视人类共同的幸福。我们痛心疾首，恨恶此种违逆公理、蔑视人道、破坏人类文化的罪恶！我们因为国家蒙最大的耻辱而丧心悲痛，因为基督所主持的正义被人践踏在铁蹄之下而哀悼忧惶，为此我们做基督徒的应当：

一　将此次事实之真相，宣告于世界信众，并连合世界信众，特别是日本的信众，一致反抗日本帝国主义侵犯中国，扰乱世界的罪恶。

二　为中国政府与人民恳切祈祷。求上帝赐予团结的勇猛，同心的智慧，以对付国家当前的危难，也为世界一切主持公理者祈祷。

三　彻底觉悟基督教对于中国民族精神上的贡献。因此而加紧信众人格的训练，以备国家的需用。

四　本耶稣的精神，提倡对于日本经济绝交及国民绝交。中国基督徒要主张凡是中国人民，在此压迫与耻辱之下，绝对的不与日本人民有任何的合作。我国并不恨恶日本人民，但我们要日本人民知道我们对于日本帝国之罪恶痛心疾首。深愿日本有觉悟的分子也起来主张公道，使其国家表示诚确的悔改。

五　本耶稣的精神及信徒自己的理解参加救国运动。

（原载《真理与生命》，1931 年，第 6 卷第 1 期）

基督徒对于日本暴行应有之表示

沈文鸿

编者按

　　沈文鸿，浙江慈溪人，曾任浙江舟山"浸礼会高等小学"校长。这篇文章预估了时局的严重性，同时认为对于日本不顾公义人道的侵略行径，除向国联申诉，并与日本经济绝交外，迫不得已，唯有一战，因为帝国主义是耶稣和平主义最大的障碍。这篇文章是在九一八事件之后，基督徒明确表达武力抵抗意愿的代表作之一。

　　此番日本乘我国天灾人祸交迫之际，突然进兵辽吉，强占我国土，焚毁我官署，杀戮我军民，噩耗传来，举国愤慨。夫日本之所以不惜违背国际公法，破坏东亚和平，悍然实行其武力侵略政策，其意以为列强正闹着经济不景气，自顾不暇，中国又忙于内乱，更无抵抗能力，此诚千载一时之机会，故甘冒不韪，以图一逞。国人激于义愤，咸愿与日本决一死战，政府虽尚力主镇定，然长此相持不下，势必有破裂之一日。到那时因迫于环境，或竟饥不择食，与第三国际携手，于是世界第二次大战便不可幸免。作者非故为危言以耸听，观于列强暗中竞增军备，正在跃跃欲试，干柴烈火，一触即发，故世界大战实随时有爆发的危险。

　　在此紧急关头，我基督徒团体尚未闻有若何表示，或以为基督教机关向来不谈政治，故不愿卷入漩涡，致有违耶稣和平之旨。然基督徒同为国民一分子，国家存亡，休戚与共，当此国难临头，断不能再安缄默；即不欲取悦于人，作盲目的附和，然为维持正义人道计，亦应有所主张。吾人体耶稣和平之旨，对于敌人不取报复主义，然对于危害人道破坏和平之公敌，则亦绝不姑息。耶稣一生对于假冒为善压迫平民之法利赛人及文士，始终不与妥协，因为此辈系阻人进入天国之障碍物，故无论如何非铲除之不可。今日兵蹂躏我东省，吾人虽不主张用武力解决，但为正当防卫计，在军事上自应积极准备，以固吾圉，勿使日人再有得寸进尺之举；一面向国联申诉，请求主持公道，勒令日兵退出占领各地，以保障远东和平，如果列强肯出而仗义执言，则日本纵极蛮横，亦必惮于国际舆论，不敢一意孤行。同时实行经济绝交，使日人感觉痛苦，幡然悔悟，取消其侵略政策，此实我国现今对日唯一之利器。日人倘能鉴于自身所处地位之不利，戢止其侵略野心，化干戈为玉帛，固吾人之所愿也；万一日人执迷不悟，必欲贯彻其武力政策，则吾人为求民族生存计，为维持世界和平计，亦惟有出于一战，即使不能取胜，然为争正义人道而战，虽败犹荣。若坚持无抵抗主义到底，此乃亡国之民毫无自卫能力者不得已之消极举动，我国纵极软弱，然尚未至亡国地步，犹可背城借一；况且处处表示退让，非特不能阻止事态之扩大，且足以启敌人轻视之心，以为吾国易欺，必将长驱直入，至于退无可退之，时犹终必出于一战，到那时大势已去，即欲图最后之挣扎，亦有所不可能矣。

总之，吾人以耶稣主义的立场而论，极端反对战争，凡可以避免战祸，保障和平者，无不愿竭全力以赴之。顾今日最足以为和平之障碍者，厥惟帝国主义，因为帝国主义以武力为工具，以侵略为目的，有强权而无公理，故帝国主义一日不除，世界便一日无和平之望。吾人不独对于国外之帝国主义应一致声讨，而对于国内之帝国主义亦当同在铲除之列，世界之耶稣主义者及与吾人表同情者，联合起来，共同奋斗，誓不与帝国主义者两立，而抱与汝偕亡的决心，以达吾人日夜所祈求之世界永久和平之宏愿。

（原载《野声》，1931 年，第 2 卷第 2 期）

抗日声中的无抵抗主义

——我对于无抵抗主义的感想

应远涛

编者按

应远涛，供职于中华基督教青年会全国协会，抗日战争期间撰写了大量描述青年会进行战区服务的文章，在青年会出版的青年丛书中翻译了《时代转变中的上帝》《山上的基督》《海伦·凯勒自传》《近代科学与宗教思想》等著作。本文的矛头直指教会中的无抵抗主义，认为无抵抗主义是在已经亡国的情况下，如印度的甘地所提倡的，而对于一个主权国家，这无异于无能、懦弱的表现，为国际社会所耻笑；何况基督教的精神除宣扬爱仇敌外，还有爱自己同胞、爱公理的责任，也有战胜强权的责任，抵抗强暴，做正当的防卫，是每个基督徒应负的责任。

日本侵略中国的野心，蓄之很久，这一次的爆发，以及伴着这种爆发而俱来的种种暴行，简直是当中国是一个已失却了自主权的国家，可以任意地侵占劫掠，为所欲为，一此而可忍，孰不可忍？在这时候，凡属一国的国民，——尤其是平日受国家供养，负有保守国土之责的兵士，——都有团结一致，奋力抵抗的责任。假使任令少数日本军队自由地侵入我国领土，如入无人之境，而完全不敢回手，不敢抵敌，却美其名为"无抵抗主义"，这种懦弱的畏惧的行为，简直是吾国民族史上的奇耻大辱，且将被外人视为无用的懦弱民族，此而可忍，孰不可忍？须知中国不是印度不是高丽，而是自主的国家，对于外侮，当然有采取正当抵敌手段的必要，怎么能采取已经亡国的人民的"无抵抗主义"呢？甘地以亡国英雄的资格，牺牲一切来提倡无抵抗主义，固然是用心至苦，爱国最觉热烈的，但是我们应当记着：甘地是亡国以后，处在英帝国主义的重重压迫之下，才始倡为这种主义，以谋应付的。假使今日的印度还是自主的国家，我想印度人和他们的领袖甘地，决不会采取这种消极的无抵抗的办法。现在我们以未亡的国家，而采取已经灭亡的国家的无抵抗办法，那岂不是太无能力，太不振作，而自堕威信的一种弱者的举动吗？

我们做基督徒的，对于此次事件似乎应当以爱心为前提。但是光是爱了仇敌（日本），而忘记爱了本国的同胞，——特别是处在日本压迫之下的东三省同胞，这怎么能够说得过去呢？我想以公正为怀的耶稣，也决不愿意日本如此的便宜，中国如此的吃亏的。做基督徒的固然应当爱人，但同时也有保卫自己，和战胜一切强权的责任。假使我们有意地爱护日本，而使日本侵略的野心愈益发展，那我们岂不是辜负了战胜强权，和拥护公理的责任吗？所以我们以为抵抗强暴，作正当的防卫乃是每个基督徒应负的责任，——无论这种防卫是否出于武力！光是提倡无抵抗是无济于事的，是亡国者的行为，是懦弱者消极的举动，——是不适合于一国国民性的要求的！

（原载《野声》，1931 年，第 2 卷第 2 期）

写在《战争与和平》之后

邱运熹

🖋 **编者按**

　　本文写作时作者为燕京大学宗教学院学生，其时日本侵略中国东北已经两年多的时间，当时基督教界讨论最多的是战与不战的问题。本篇文章的立场明显是反对武力抵抗日本侵略者的，他主张一种彻底的"唯爱主义"。作为当时教会界颇具权威的《真理与生命》杂志，能为一个学生发表一篇长文，可见这篇文章的影响力。作者在是否利用武力这一点上，观点明确：他主张一种超无抵抗的唯爱主义，做无抵抗的救国运动。之所以如此说，他认为谈武力抵抗的人只是迁就环境，非发自内心的觉悟；九一八事变后，全国愤然，之后便冷淡了，"一·二八"事变后又是如此。对于环境的迁就，只能起到一时的功效，而不能永久；如果没有内心的觉悟，也只能是空喊口号，没有实际行动，信仰与生活脱节。恰如作者所反问的，那些主张武力抵抗的人又有几人是真正去战场的，同时作者还征诸秦汉以来的中国历史说明自己的唯爱主义观点。这篇文章无疑在当时的教会界代表了部分信徒的主张，尽管不是主流，却是颇有思想深度及说服力的一篇。

一

　　在上期的《真理与生命》月刊上，我写了一篇短文，因为是从思想紊乱中搭记下来的感想，无有命题，等到草成之后，才冠上"战争与和平"等字样，今日回味起来，倒觉得十分鲁莽。为什么说是鲁莽呢？第一，就是我自己还没有一种坚定的主张。既无主张，也就没有方法来应付目前的问题与事实；既无方法来应付目前的问题与事实，怎么谈得上我是赞助战争或是拥护和平？第二，就是我自己还不配称为有所主张，试想我的才智，我的学力，以及我的作人，做事，思想，生活常在矛盾的现象中混日子过，哪里够得上高谈主张？有这两个理由，所以我把平日搭记的感想拿来发表，且又用了一个"战争与和平"的题目，实在是鲁莽。话虽如此说，然而鲁莽并不是绝对的错误：而且目前的问题与事实，逼着我不得不有鲁莽的地方。明白点说，就是目前急待解决的问题，和急待应付的事实，叫我必须注意，叫我不能够在象牙之塔里面安心睡觉，此其一。既是外来的问题，必须思想，发生的事实，必须应付，那么，像我这样一个不中用的人，也就不能以"无有主张"或是"不配有所主张"相推诿，此其二。我既必欲思想之，我既必有应付之，自自然然，我的思想就陷入了矛盾的现象；所谓矛盾现象，就是几个月以前所说的话和几个月以后所说的话，有根本上冲突的地方。即如我在《真理与生命》第七卷第一期所写的"一个基督徒之自述"一文里面，我是站在基督徒的立场上说，应以武力抵抗强暴无理的侮辱与侵略。可是我在"战争与和平"一文里面，却又说基督徒不应赞助战争。前后矛盾，俨若两人！嗟夫！岂徒单是思想矛盾，抑且生活苦闷！朋友们只知我说话矛盾，不像个人，他们岂又知道我心中如焚，苦闷万状。所以我有感想，就必搭记，既已搭记，就必欲与知音者诉说诉说，既欲与知音者诉说诉说，就管不着它鲁莽不鲁莽，此其三。关于第一层是客观环境的条件所逼成，关于第二层是主观良心的要求所驱使，关于第三层就产生了思想的矛盾和生活的苦闷这一回事；而也就引起朋友们的误会与批评这一回事。

在我，并不是没有想到朋友们看了我那篇"战争与和平"不会对我这个人发生误会而且批评，不过是他们对我所发生的误会与批评直不像我预先猜度的那样罢了。我所猜想的是：（一）我无非一个大学的低年级学生而已，我的底蕴和这个不长进的样子，人家全知道。在学识上无建树，在事业上无成绩，在生活上无奇异特出的地方，我如今要表示有个主张——谈"唯爱主义"——人家一定要带着几分看不起的讥笑，说我不自量力。调一个方法来说就是这个主张我不配谈，如果要谈亦无非自弹自唱，白费气力，没人理会。（二）就算我配谈吧，我的言论能博得人家的同情，事情并不在此解决了。人家岂不十目所视十手所指说，我是欢喜"唯爱"的人，看我究竟爱了什么人，行了什么爱人的事？调个方法来说，就是暴日现在要攻打热河，我倒主张不用武力抵抗，看看暴日要来侵占华北，我主张武力抵抗不主张？又看看假如有人打我的左脸，我让不让右脸给他打，有人要抢去我的东西，我可拦阻不拦阻他？我直口中说"唯爱"，到底行了"唯爱"没有？在我的意见，以为如果我主张"唯爱"；那么，当前的困难，莫过于这两个问题；然而朋友们却不从此处批评我。

朋友们是怎样的批评我呢？——与其说是批评，倒不如说是忠告。——（一）他们以为谈"唯爱主义"是不可以的。怎么说是不可以呢？就是如今中国所处的环境，除了用武力自卫以外，并无自救的第二法门。试想日本处心积虑，算算盘盘要来逐渐蚕食中国，我们不给她一两回教训，她能够觉悟吗？试想我们中国屡次的丧失土地，不图谋收复，而且敌人来侵，我们就将几万方里的山河拱手奉送，也像个民族的样子吗？试想我们将来一旦亡国大家都做人家的牛马，然后才主张要用武力来做独立的革命运动吗？况且国人无论朝野上下，都一致决心武力抗日，此种气慨，多么壮烈！我这个人倒是好生不识时务，偏偏要跟着唯爱主义者的后头呐喊，不怕引起人家的反感！历来社会上的人士就说基督徒不爱国，假如我还是思想要避免流血的话，即刻是要被人家骂得狗血淋头似的。况且武力抵抗原是出于不得已之一途，所以说谈"唯爱主义"是不可以的。（二）他们以为谈"唯爱主义"是不可能的。怎么说是不可能呢？就是人类自有历史以来，其演进的程序是经过战争的阶段。不特是经过战争的阶段，而且战争的方法，器械，等等东西，更是日新月异巧妙非常。即使人类的好斗的恶根性能以日渐减削，也不知道若干年以后，才可以实现和平，废弛武力的世界；何况历史上的证明，往往指示我们说那个世界尚远呢。所以说"唯爱主义"这一个最高的理想，作算能成功，也该在三五千年之后，今日欲来提倡，实在是不可能；万一要提倡，除了自己吃亏以外，没有一些盼望。他们正不愿中国吃亏，所以反对我谈"唯爱主义"，而以"不可能"三字为忠告。

朋友们批评我的这两段话，实在是中肯，我真十二分的感激不尽；然而我所感激他们的地方，却不是因为他们所持的理由，壁垒森严，圆满充足。我所感激他们的地方，乃是因为他们这样一提醒我，却叫我对于问题和事实，能够多有机会作周详的观察。不特如此，且更叫我思想"唯爱主义"的真谛，以及实行时当前的困难。关于朋友们所指出的这两点意见，我在后面还要作一个解答；兹为叙述方便起见，我还得把我自己所猜度的难题和他们所给我的忠告，加以比较，来看看这个是非得失的道理。我自己认为主张"唯爱主义"当前发生阻碍的有两点：（一）就是我还不够资格谈这种主义。（二）就是我还不够能力谈这个主义。所谓我还不够资格，乃是因为我不过一个无名小卒，才智品德毫无成就。所谓我还不够能力，乃是因为我空口说白话，能讲不能行；即欲勉强行之，种种牵挂顾虑，义务职责把我捆住。叫我迟疑。这两个难题，是在在以"我"为中心，以"我"为出发点。是用自己的眼睛返转来看自己，是着重内省的工夫，是要用一番思想在苦痛中体验出觉悟。是小心翼翼探求真理而欲重新估定我的人生态度。朋友们给予我的忠告，也有两点：（一）就是国家现况若此，谈"唯爱"是不可以的。（二）就是社会人心若此，谈"唯爱"是不可能的。所谓不可以者，是因为纵尔谈他也无效果且有妨碍。所谓不可能者，是我们理想中的世界时机还未成熟。这两点意见，在在是以"环境"为中以"环境"为出发点。是要用自己的眼睛睁开往外头看，是著重观察的工夫，是要就着这个环境而来想方法迁就他。是激激昂昂从事于宣传组织造成一种公众的舆论。这个比较清楚吗？我提出的难题是根本的彻底的；从自身的觉悟做起，而推及中华民族整个的醒警！是从内心发出力量来改变环境。我的朋友们提出的难题，是暂时的不彻底的。他们只要迁就这个环境，是用环境的力量来改变我的人生态度。因此之故，我相信谈"唯爱"，将脚踏实地一步步做去，成功虽慢却有意义。他们不相信谈"唯爱"，乃从半空中做起，虽在救国运动的功劳簿上可以记下一笔账，然而环境一改变，工作也就立刻停顿了。虽然轰动一时，却非常态！历来国人的救国运动冷一阵热一阵，正是因为走在迁就环境这条路上，而不走在内心觉悟这条路上。

二

我在头一段曾经提到：目前急待解决的问题和急待应付的事实，有逼着我不得不有鲁莽的地方。同时在结尾处我又提到：历来国人的救国运动冷一阵热一阵，正是因为走在迁就环境这条路上而不走在内心觉悟这条路上。岂不是矛盾吗？不是的。我所谓迁就环境这条路走不到头者，乃是说国人不肯再进一层思想，走向第二条路——内心觉悟的路。由内心的觉悟这条路走到解决问题与应付事实。我所谓之"问题与事实"，又乃是含有历史性质的广义多方面的，绝非专把握住一种环境而从半空中做去。说到此处我就还得把我所谓之"问题与事实"加以叙述明白。因为迁就环境并不能解决问题应付事实。迁就环境更不能叫内心觉悟。只有内心觉悟能解决问题应付事实。内心觉悟且能改造环境，打破环境迁移环境。我在下面就要指点出来所谓"问题与事实"究竟是哪一回事；"迁就环境"究竟是哪一回事。

□□□□□"武力抗日"这种空气弥漫海内；数月之中，各地抗日会的组织钢盔运动，飞机运动，棉衣运动之举行，风起云涌。当然这是一种很好的现象，更是一种很好的精神，我不敢加以半句讽刺批评的话。然而我所以往前追问的，就是：日本侵略中国，至少也有四五十年的历史，在此四五十年之中，我们整年整月的作被压迫的弱小民族，为什么独于今日才认定目前的问题与事实，含有严重的意义？此种回答，一定是：日本现在倾其全力攻打热河，考察热河的形势，实为中国北方的屏藩，热河一失，平津不保，中国指日可亡。九一八一役，我国不予武力抵抗，丧地万里，一二八一役，我十九路军抵抗，精神上得了很大的胜利，榆关失陷之后，暴日的野心，更加显露，故此热河方面，必用武力抵抗。抵抗的用意，不一定担保热河不失，不过叫日本知道，强占人家的土地不是一回容易事，须得牺牲性命金钱，才能夺去。不过叫日本觉悟，中国人不是可欺负的，中国人有团结有决心抵挡强暴，护卫公理。所以说目前之问题与事实乃最严重。

我现在要从中日关系上指点出几个被日本拿去的地方，其形势重要正如热河。同时更指点出国人那时节的愤慨激昂认为严重了不得的问题与事实。已往的事不谈，朝鲜台湾的割让，暂且当满清政府办的。只以九一八来论，沈阳锦州算是我国最要紧的地方吧？山海关算是最要紧的地方吧？当前年东北失陷之时，全国不是大为震动吗？各学校，各团体，各机关，不都游行示威，贴标语，呼口号，上南京请愿出兵收复失地吗？热心爱国志士，不也投笔从戎并且打了几个中央的官吏吗？在日兵留学的学生不也一批一批的回国来参加救国工作吗？只要我们回忆回忆，就可以想见那时的情景。问题与事实的严重，有过于当时的吗？然而日本拿去东北以后，稍事休息，国人亦因环境的转变，激昂紧张的空气，也就渐渐消沉下去了。一二八上海事变，外面的刺激引起国人的反应，抗日的工作因之又加紧起来。等到时过境迁，大家又忘了这一回事。于是等到本年元旦榆关失陷热河吃紧，抗日工作，乃又紧张。我可以推测将来热河的问题，告一段落，无论失败成功，国人抗日工作，亦必中断休息。如欲唤起，除非等到日本侵占华北的时候。这是什么缘故呢？不外我所说，我们的救国工作无非迁就环境而已！我敢说，如果我们只是迁就环境从半空中做一种救国运动，也或许有一时的效力，也或许可以写一本报告书，自己称赞称赞自己的功劳；其实并救不了国家！二十年来，中国之不能自救，亦莫非若此！

我现在要进一步说我所认为重要之问题与事。□□□□□农村破产，经济凋敝，军阀猖狂，商业坠落，政治紊乱，交通梗阻，……一切一切，国人全皆知道，我都不说。我要说的还是说我们学生自己，青年本身的问题。自从"五四"以来，青年被认为国家优秀份子，将来的主人翁。没有人不敬重青年，没有人不对青年存着盼望。青年人本身亦自命不凡，往往以救国救民为己任！往往批评政府不好，自己上了台，一定办得好；往往要唤醒民众，到民间去。我所谓之"问题与事实"就在这里。让我们各人取面镜子来照照自己的样子吧，看看我们配不配称为"当代青年"。我们爱国是很热心的，不错，我们甚至自动不考书，不要学分来做爱国工作。我们甚至在百忙之中还要写标语，编爱国文艺，实习救护，慰劳前防将士。一方面看来，我们实在是好青年；国人全知道我们是好青年。我却要在反面指点出我们的弱点来。弱点是什么？弱点是：我们外表上做得冠冕堂皇，其目的乃在迁就环境博取声誉；而行为与生活却一团糟。我们吃饭的时候，敲碗敲碟摔杯摔盘，浪费粮食，作贱东西。我们在寝室内，唱歌唱曲，呼天呼地，吵闹不堪。我们在图书馆，高声谈话，缠绵细语。我们在学舍里居住，夜以继日，扑克麻将；还有蜜丝伴着。我们欠厨役的钱，欠斋夫的钱，欠车夫的钱不给。我们口口声声说组织民众亲近民众；其实我们并没有给民众的好印象：民众最恨的第一是兵第二就是学生，所以称兵丘八称学生为丘九。呜呼！中国四万万同胞，受教育者不过百分之二十，青年学生不过百分之十。以此百分之十的小数目，要领导民众，唤醒民众，其事工已极困难困难。国家之盼望又全系在青年身上；而青年本身尚犹睡梦未醒，则国家又怎样可救！则救国之工作，又安得不冷一阵热一阵，耗些气力，无有效果！所以我说，我们今后的救国工作，必须从内心的觉悟做起，一步一步往前进行，成功虽缓却有意义。所谓内心觉悟，就是"唯爱主义"着重的，用自己的眼睛反转来看自己，从自己实行耶稣的教训，小事上做去，推而至唤醒民众，感化仇敌，建立和平的天国在地球上。这种内心的觉悟，不独基督教的宝训，更是我们中华民族本来的面目。我们这个民族，爱好和平不善斗争，凡事反求诸己。可惜西洋文化，传入中国，就使我们的眼睛往外看，却好处没看得，征服自然的好处没看得；所看得者无非迁就环境而已。

陆志韦先生说，中国人的习惯是"自扫门前雪"。但今日，门前雪不但不扫，且各倒门前灰哩。最是中肯的话。刘廷芳先生素来看重青年，以为青年人唱高调是应当的，青年人如不唱高调，必无高调可听，因为四十岁以后的人只会唱低调。刘先生的鼓励青年，自是很好。在一曲音乐演奏之时，高音，次高音，低音，次低音，应调协和谐，唱得才好听。然而音乐的演奏，不是自唱自听，却要唱给别人听。要是老是如此重要重复演奏，不独会唱哑了喉咙，其实听音乐的人，都要不高兴走开了。再从青年本身来说，专是唱高音，其间无快慢抑扬高下，实在唱得没有意思。如今不是唱高音的时候了，在开会的秩序中尚有其他目录呢。讨论我所谓之"问题与事实"暂止于此，往后，我就要将朋友对我所提出有两点忠告，加以解答。

三

朋友们所给予我的批评：（一）是谈"唯爱"不可以，（二）是谈"唯爱"不可能。关于第一点，正是说"唯爱主义"不迁就环境，盖一般舆论，以为目前之环境如此，应付而不迁就之必视为捣乱分子，不爱国的份子。可是我已经说明迁就环境之难收果效，因为不是出于内心之觉悟。故于此处，我对于这一点暂不解答，留在后面再说。我现在对于第二点，却就要摇唇鼓舌的了。说"唯爱主义"之不可能，我亦每每想到。我和吴耀宗先生通讯时，就顾忌到这一点；我和徐宝谦先生谈到"唯爱主义"时亦提到这一点。显而易见的就是在眼面前"唯爱"的社会还不可实现。然而我们做基督徒的人总有一种信念。这种信念是维系全世界的人心，是人人共同希望仰慕的。此种信念为何？就是说上帝是天父，人类皆弟兄。由此种信念推得的原则，当然是人类应平等，自由博爱，无所谓国际种族阶级之分。世界好像一大家庭，和和睦睦，战争之事，绝不应有。即有纠纷，也由家人共同裁判，断定是非，决不至于闹到流血。那么我们既然有此信念，此信念如果不是指着另外的一个世界，——死后的世界——当然是现实的这个世界。此信念不单是我们今日所抱定，乃是由耶稣指示我们，二千年来，圣贤名哲传递广布，背着十字架冒险前进以迄现在。此信念绝不至于在我们的时代，地域，半途断绝，必可绵延以及永远，直到目的达到的那一日。我想大家对于这一层，都看得清楚不加否认吧！要是我们否认这种信念，看它是乌托邦莫须有之事，那么，至少我们信仰的宗教，不是专讲来世果报的，就是一种死的制度，习惯，时髦的消遣资料，申引言之，就是我们没有宗教。我以为这是一个绝大的试探，是基督徒思想当前的一个绝大的试探。不要以为我这个人是浮动轻率，思想生活老是矛盾的，其实我倒爱用理性，不愿算糊涂账的人。说到此处，我希望我们基督徒各人考查一下自己的信仰，是不是还带在生活里面。

我们信基督教是持有此种信念，而又大家共同希望仰慕这个世界的来临。那么，我们对于这个信念，不单单保留之实行之，我们且要给它传开推广，这才算尽了基督徒的本分。基督徒人生目的何在，就在盼望这个世界，等候这个世界，努力为这个世界作工。我们能够说，须得三五千年以后才可实现吗？耶稣自己都不知那个时候，他只叫我们准备努力，因为究竟是什么时候，只有上帝知道！现在要问的就是我们准备没有努力没有？"唯爱主义"标了这个名号，就在提醒我们为这个二千年来普天下信徒共同仰望的天国。而此天国实现时之当前阻碍就是魔国。——以暴力压迫他人的国家。——所谓魔国即是世界上一切罪恶的集团与组织。这个组织不推翻，天国就难实现，唯爱即不易行。现在姑且退一步讲，我们对于人类"和平"的这一个盼望总没有完全放弃吧！我们怀疑和平在今日不可能，我们总相信和平他日可能吧。只要大要承认这一点，那就好说话了。我们既然相信善终可胜恶，战争必废除，和平必实现，在那个日子，我们不知道，然相信不疑总是真的。那么，和平在将来的实现，它本身不会自己实现，总要努力追求才可以实现。然则追求和平实现的责任，谁应背负起来呢？是政客官僚吗？是佛教徒吗？是人本主义者吗？还是基督徒呢？试想耶稣的教训，流传至今，二千年来，不是有保留宣传下来，我们怎么知道这个福音呢？那么，我们如不将这和平的福音保留宣传，将来的人又怎么能得着这个教训呢？如此说来，我们谈"唯爱"的立场，并没有差。我们是要迁就这个环境呢还是从内心觉悟来改造这个环境呢？

说到这里，我就要写一段关于我近来的生活片断了。我的思想是最矛盾，我的生活也就最苦闷。怎么有此矛盾和苦闷呢？乃是因为思想"唯爱主义"的真谛。在我对于"唯爱"未加思想之时，我的生活并不苦闷，我也就主张；暴日来侵，枕戈以待，绝不畏惧，绝不屈服。及至我对于"唯爱"深深思想之后，我就主张不用武力抵抗暴日，而生活也就苦闷起来了。我没有思想"唯爱"前，我主张政府且须用武力收复东北失地，然而我也不过是口头喊着"武力抗日"而已。其实我不会，而且永远不会拿枪杆上前线去抗日。我赞成武力抗日，反正是叫别人上前线去自己至多不过写几张标语，呼几个口号，募一点捐款而已。我乐得迁就环境，做个热心救国分子，还可写报告表示自己的功劳。我真心满意足，以为尽了国民的责任，不曾作更深一层的思想。及至我反复思想"唯爱"的意义以后，我才恍然大悟，觉得我是错了。于是我就开始重新思想，人生的态度与真义。我越想就越苦闷，就越看出我这个人的弱点。我的眼睛返过来看了自己认识自己以后，再往外头看。于是所得的印象和以前就大不同。平日我们不是说基督徒学生运动有六条共同遵守的公约吗？公约自公约，究竟遵守没遵守？"唯爱主义"提醒我叫我重新估量自己。我就觉得我在燕京，求学，生活实在舒服，我又看出海甸的一个老乞丐，十分可怜。我有什么权利尽量享受快乐呢？我的同胞又有什么罪过应当受折受磨呢？我就开始对于我的周围的邻舍，加以留意且亲近之。遂决定跑到成府小饭店里用饭。一方面是尝试尝试所谓贫民生活的滋味，一方面借以打听打听社会的消息。开初行之，我犹豫好久。天又冷，路又远，哪有在学校包伙食方便，同时，好像怪难为情似的上小饭店吃饭。终究良心驱使我，叫我去，这样就在外面跑了一个月了。朋友们说我太苦了，劝我回学校包饭，的确，我砰一下，轻了三磅，我这才心中暗暗吃惊。因为外头所吃是烧饼，面，白菜，我于是改过方针一个星期在校内吃几天校外吃几天。那么，我在外面吃饭，就结认几个工人几个农人。从他们口中得了不少教训和新闻。据说海甸和成府，没饭吃的人不多，只要有点气力的人即可赚钱。燕京清华实在养活穷人不少。我又到海甸去跑，就打听那地方只有一个讨饭的老头。那老头年纪七十一岁，名叫刘三。从前是个剃头匠，瞎了眼不能生活，妻子就跟人跑了，现在是一个孤人，讨饭度日。我就奇怪，燕京慈善团体年年办好些事业，何以对此老头，恩不及惠？后来我就知道燕京在那儿办了一个老人院，专为女人，刘三就不能享受的了。我心里不知不觉就思想，"如果我谈唯爱，应当如何对待那个老人"？平日我们唱"天下为公""……使人不独亲其亲，不独子其子，鳏寡孤独皆有所养。"平日我们读古人书，五十可以衣帛，六十可以什么，七十可以做什么。平日我们讲解圣经："因为我饿了，你们给我吃，渴了给我饮，我作客旅，你们留我住，我赤身露体，你们给我穿，我病了，你们来看我。我在监里，你们看我。"现在，这个可怜的老头，需要我的帮助，我难道袖手旁观吗？

我思想好久，就记起刘廷芳先生的一句话；他的大意："真正爱国的人，绝不口头说得天花乱坠，却一个人不言不语，自己努力去干。他觉得武力抗日是对的。好，一个人去投军！何用着口里嚷，在后方嚷！"我实在相信这个话，于是决意尽我的力量在物质上帮助那个老年人。我便一个人跑去看他，当由两个木匠朋友引我到那老人的地方。真能叫我心中感动呵！那老年人，可怜的老者，从没有人注意他，看顾他，安慰他，他第一次感到与青年谈话的快乐，他那枯竭了的眼泪，流在皱皮的脸上。我呢，从也不曾去安慰过这样的孤独的人；不由得我也有泪欲坠的了。呜呼，中国到处都有这样没人视护的老人呵。平日对于社会问题不加留意，内心觉悟，不加审察；怎能救国？或有人说，中国现在是一个非常的时候，在此非常之时代，一切皆不要紧，只有武力抗日要紧。我就要问，武力抗日是长期还是短期？若是长期，那至少是十年二十年；我们对此目前，即须应付之事实，所谓农村破产，工业不振……种种衰症，不当努力干吗？立国的根本，不能稳固，又焉成一个国家？所以我就引耶稣的话来解答"唯爱主义"的可能性，只要有人对它忠心：耶稣说"所以你们要警醒，因为那日子，那时辰，你们不知道。"

<h1 style="text-align:center">四</h1>

以上所言，皆是从理论方面说明我的意思，现在要就着事实，来解答

"唯爱主义"今日行之，是可以的。我认为今日谈"唯爱"究竟可以不可以，乃是着重人的问题，而不是着重主义的问题。所以当前之困难，还是我自己所提出的那两点。（一）我不够资格，谈这个主义，（二）我不够能力谈这个主义。我现在要对我的朋友们发一个问难，就是说："你们主张武力抗日，曾不曾思想一下，你们够资格谈这个主张吗？你们够能力谈这个主张吗？你们还是只口头宣传这个主张，还是要实行这个主张？"呜呼，我若是一个士兵，我若是一个非基督徒，我若是放弃公理和平最后胜利的信念，我岂不高谈"武力收复失地，"我岂不高唱，"努力杀贼"，我岂不决志参加前防军队作战！无奈我是基督信徒，又立志宣传和平的福音，现在岂可不谈"唯爱"而迁就环境，以获好名？呜呼，朋友们，你们只知我的思想矛盾，却不知道你们的生活比我更矛盾呢？然而你们所以不觉察而认为满意者，正是因为你们的眼睛是往外观看，并不曾返转身去看看自己呵！

站在"唯爱主义"立场上来说话，第一句就是："日本，你不讲公理，侵略我们中国，实在是太野蛮，不配称为现代文明国家。你现在应当觉悟，好好儿的退出我们的东三省，你有什么意见，尽可用外交的方法，和我们的政府交涉。"然此乃不能行，日本决不会自觉，好好儿退出东北的，不但不退出东北，而且要进攻热河。第二句就是："中国，我们要万分忍耐，我们也要彻底觉悟，好好儿的努力勉励，建立我们立国的基础，目前热河问题，武力抵抗，尚须审慎，不可作孤注之一掷。若全国上下，内心真有觉悟，丢了热河不要紧，将来还可以拿回，若全国上下内心尚犹未有觉悟，则侥幸能保热河，亦无补益，徒自陷入更大的困难而已！武力抵抗，我且以为下策。"然此不能行。因为中国已计划武力抗日，中国上下，一时尚难内心觉悟。既然内心不能觉悟，丢了热河，直无盼望。关于中国不可以轻易武力抗日者，请参看独立评论第三十七号，丁文江先生的讲词，还有一篇"今日中国之两线希望"。他们虽是主战，立论是很稳健的。

我现在要从历史上略略指点出，我们这个民族是爱好和平，注重理性的。我们用武力斗争不过人家，我们却立国五千年，我更相信，我们这个民族，从今日大大觉悟，不久即可复兴，但复兴之道不靠武力。中国有可靠的历史的时候，当自周秦。秦非汉族，乃是西戎。他统一中国之后，即被同化，而为中华民族。有汉一代，匈奴为患，高祖屡战失败，遂与议和，开公主下降之礼，然而终究汉朝得了胜利。东晋偏安，五胡割据华北，当时殷浩为相，欲出兵收复失地，王羲之上书强谏，后果失败，然而五胡并未灭亡中国。隋唐版图之大，文物之胜，可以称颂，可是杨氏李氏不是胡人后裔吗？其他如元如清，在在都表示我们中华民族的不能消灭，此民族所以能立于今日，全是靠中国的文化。这样看来，我们就不要太悲观了。我记得梁漱溟先生曾说过，他的大意是："中华民族是一个有理性的民族，一向就吃了人家的亏。现在也吃亏，但要紧的问题，还是救中国要人人有最后的觉悟。"他不相信感情能以救中国，以故感情的激昂无非迁就环境而已。请看梁先生的"村治论文集"即是"中国自救运动及其最后觉悟。"呀！"唯爱主义"岂是空谈非武力抵抗，真乃存有伟大的希望在前面呢？我们既然有了"和平必得最后胜利"的这一个探险的信念，我们不妨更进一步探险，相信中国不用武力抵抗日本，可以由他途径收复已失的山河！

走笔至此，我要表示我对于"唯爱"的态度，及应付目前环境的办法。"唯爱"一词，其狭义似乎专指"和平运动"，其广义则包括实行耶稣的教训。广义的，凡是基督徒都应勉励遵行，我现在亦正欲尝试，看看我配不配做个真基督徒。如我们所着重讨论者，即指"和平运动"。我要先说反对"唯爱"者的意见，然后说别人主张"唯爱"的意见，以后再说我的意见。

反对"唯爱"的人，有二个绝大的心理错误。这二个错误是什么呢？就是：他们以为凡不主张用武力抵抗日本者，即是不爱国，即应受攻击，即应受裁判！此其一。凡是不主张武力抵抗日本者。无论欲履行何种爱国工作，皆不与其合作，亦不欲其有何帮助。此其二。我想他们是持有偏见。此种偏见与我与你与他，皆无妨碍，与国家社会却有妨碍。

主张"唯爱"的人，意见也不一样。归纳起来，大约有两派。第一派是吴耀宗先生主张的。他的意见在《唯爱》小刊物上可以看得见。他也是中国唯爱社的主席。他觉得"唯爱主义"的极轨，乃是彻底的超无抵抗。但是不敢主张。除了耶稣伟大的人格，也实在没有谁配主张。所以他就退一步主张："有人要打你的右脸，你要转过头来，不让他打，但是不要用武力对付他。"换句话说即是"对日不合作"。所谓不合作即是不买日货，对日经济绝交，凡是不悖乎"唯爱"精神的方法，皆尽量采用。第二派即是徐宝谦先生，张雪岩君，蔡咏春君主张的，他们的意见似是要走那一条更彻底的路向，即是完全仿效耶稣的方法。他们认为不合作亦不好。从理论一方面言，实在是当如此，我也曾这样想过。我和吴耀宗先生通讯中就略略提及，但是实在太难，我们都不配这样主张。

我自己的意思是：在今日的情形下，各种抗日工作皆可被动的参加，但是不主张用武力抵抗亦拒绝受强迫军事训练，同时自己进行认为应作的救国工作，从本人内心觉悟做起。捐助义勇军是应当的，抵制日货。是应当的。因为，当前的困难就是你，自己不买日本货而要他人卖日本货吗？你劝人家买日货或是阻止人家不买日货吗？我想决定是不会的，既然不会，那就用不着说不赞成经济绝交了。有人说，因为要贯彻主张，所以就不捐钱慰劳伤兵。我看这也倒不必。我们切不可太小气如同那反对我们的人一样。更不应意气用事。我愿意去看护伤兵，慰劳伤兵，救助爱国志士。这个动机，不是赞成武力抗日。乃是看这些悲惨的事，凡有仁心，即应帮助，何况是主张唯爱呢？如果我对于那些冰天雪地里朋友们，没饭吃没衣穿，能不恻隐于心吗？他们是爱国为国，采取了错误的途径，是因为他们对于"唯爱"未加思想，我们若不闻不问，那么，既不能感之于前，又不能救之于后；"唯爱主义"恐怕没人相信了。

我的思想，走到了这一步，我就自己作个准备，什么准备呢，就是：被动的参加抗日工作，拒绝受军事训练。如果这样进行，必引起人家更大误会，也或许要遇见极大的困难，然而我觉得应当如此做，哪怕学校给我开除学籍呢！有一个朋友听见我这么讲，就责备我的态度不对。他以为我不参加军事训练却愿意抗日，那直等于说，自己不打，叫人家上前线去打。其实他误会了。所谓"叫人家上前线者"究竟何指？是要士兵上前线吗？不是的，士兵他们自己要上前线去。是叫同学上前线吗？试想同学听我的指挥吗？老实说吧，我有品德指挥同学，我就可以实行唯爱的了。上前线不上前线，乃是个人自由的决志，人家不能强迫我受军事训练，怎么我能吩咐人家上前去呢？况且我还是劝他们主张"唯爱"。朋友们不主张唯爱，自可各行其是；但如果他们遇见困难我们却仍愿帮助。除非他们完全拒绝我，那没有办法，我只好做我的"爱国运动"了。还有一句话：就是：你受军事训练，即表示你决意上前线抗日吗？未必，历来学校学生受军事不到三个月，就完了事。我直看透这一回迁就环境获取好名的事！我从前也受过军事训练，也查日货焚烧之，我激昂慷慨的事都干过了。我如今才认识这个干不通！我今年二十八个年头了，转瞬即至三十。我的光阴消磨不少目前如不自己把握住，还是糊糊涂涂，盲从附和，我直可以说是国家没有盼望的人了。呜呼！我对于这个问题，苦思旬日，才觉到这这一点，决不放弃。我愿意自己多有灵性的修养，有活泼的生命力，来推动我这个停滞不前的人生。我也希望国内基督徒和我一同对于"唯爱"多加思想，尝试实行。我知道我不配谈"唯爱"，但愿保持内心这一点光明，不至息灭。深望师友读此文者，多赐指导，不胜感激。最后我就引徐宝谦先生的话，来作我的结论。徐先生说："基督教是以出世的思想做入世的事业。"我就说："基督徒持着超无抵抗的'唯爱主义'做积极无抵抗的救国工作。"

二，二十五，一九三三，北平。

（原载《真理与生命》，1933 年，第 7 卷第 5 期）

基督教与抗战

幼　之

✍ **编者按**

　　幼之，当为张幼之，曾任中华圣公会鄂湘教区牧师，并于1925年在湖南岳阳创办岳灵小学。本文发表于日本侵占中国东北近3年之后，文章的写作主要针对教会内非战的声音。本文认为抗战的精神与基督教的精神是一致的，同时抗战恰恰是基督教精神的一种实践，因为基督教是革命的、入世的、要求真理正义和平的，而抗战是制止残酷行为的，为真理和正义而奋斗的，通过武力征服暴力的战争。随着日本帝国主义侵略的深入、全国抗战的全面展开，早期教会中的非战声音已经越来越弱，连坚持唯爱主义的吴耀宗等人也都放弃了早期的一些反战思想，但教会中仍存在部分只做祷告、灵修，只求来世天国的思想，本文对此予以批判。

　　神圣而伟大的抗战，到现在已经有两年十个月，战争的区域，也蔓延到十八个省份，人民抗敌的热情是日益高涨，军队作战的力量也是愈战愈勇，总之光明胜利的前途，已经离开我们不远，在这里同时有一件值得注意的事情，就是基督教也随着战争的火焰，广播到全国的每一角落，基督教在中国已深切的获到广大民众的接受，不过一方面事实虽然如此，而另一方面仍有着不少的人，对基督教与抗战的合作怀疑，一向在非基督徒的心目中，认为基督教是懦弱空虚的宗教，和平主义是不适合现在大时代的见解，和一向在基督徒心目中，认为战争终究是残酷，罪恶，以武力征服武力的方法终究是不对的见解，仍然存在，这一种歧视，实是一个当前的严重问题，也是我们要争取最后胜利，实现真理的一种阻碍。所以基督教与抗战这一个问题，实有加以讨论的必要。

我们首先应该明了基督教是一种怎样的宗教，可以分开三点来说：

基督教是革命的宗教 从历史上及旧约上，可以知道，基督教的产生是在一个被压迫的民族犹太国中，在三四千年以前，以色列民族，受到埃及民族的高度压迫，不堪痛苦，起来反抗，要想建立一个自由平等和平安乐的国家，那时以色列有一个民族英雄，摩西，在西乃山上拜受耶和华上帝的神命，号召同胞，结誓立约，就形成了现在的基督教，他所订立的十诫，就是要在以色列民族中，改革出一种新的精神，培养出一种新的力量，来向着恶势力奋斗，这实是含有浓厚的革命意义，和民族自决的精神，后来耶稣一生，就本着这种精神，无时无地不跟恶势力奋斗，从不肯妥协，屈服，这在新约书上，可以找到不少的事实例证，甚至到钉死十字架时，仍旧毫不畏缩视死如归，这一种伟大崇高牺牲奋斗的革命精神，告诉我们说，基督教是革命，而不是懦弱的宗教。

基督教是入世的宗教 在世界上，佛教，回教，基督教三大宗教中，基督教所异于他教的，就是入世的，而不是超世的，在新约书上，耶稣说，"我来是召罪人悔改"，又说 "我来是叫人得生命"，这意思就是说他要将世上一切的人，从罪恶中拯救出来，使他们得到安乐，耶稣一生到处传道，医病，就是在贯彻他的主张，他教他的门徒，要行道不要单单听道，要爱人为人舍己，我们看一看现在世界上，基督教所办的医院，学校，是占有如何重要的地位，在我国这次抗战中基督徒协助政府对救济上，医药上，教育上所有的供献，更是如何的伟大，这尽足以表现基督教是入世，而讲求实际的宗教，并无一点空虚的地方。

基督教是主张要求真理正义和平实现的宗教 在前面已经提到过，基督教在欲建立一个自由平等和平安乐的国家，实在就是一般所谓天国，但是所谓和平，并非妥协，更不是屈服，而是真理正义的实现，所谓天国，并不是上帝的乐园，新约上说 "要建立天国于地上"，所以天国也者实是消灭一切罪恶的大同世界，在耶稣未降生之前，还是一个神权时代，以色列人自认为上帝的选民，他们梦想着天国降临，更以为只有以色列人，才能得入上帝之国，而后来耶稣降生，极力的打破他们这种观念，新约上说，"世上一切凡信靠他的人都能入天国"，把狭义迷信的思想，引入天下为公的大同主义，现在世界上侵略的恶势力，逐渐扩大，强权代替公理，整个人类的生存保障全被打得粉碎，基督教的要实现真理的和平主义，正是最迫切的要求了。

其次要讲到抗战是一种什么样的战争，也可分为三点来说：

抗战是制止残酷行为的战争　在抗战三十四个月过程中，我们从文字记载上，传闻中，或者亲身的经历上，都知道敌人在占领区中，对我们同胞所施行的惨酷行为，可以说是无所不至了，我们无幸的同胞，不分男女老少，被他们奸淫杀害，真不可以数计，敌人的空军，滥无目的的轰炸，使我们后方无片地安静之土，相反的，我们对俘获敌兵的宽待，我们神勇空军到东京，虽未受到一点阻碍，仍旧不投一枚炸弹，只散发希望唤醒他们迷梦的传单，这足可以证明，抗战所产生的惨酷，全是敌人一手造成，而我们只是在制止这种惨酷罢了，再进了一步看，在抗战之前，敌人对待我们东北四省的同胞的暴行，也一样是惨绝人寰，那时他们并未受到我们的抵抗啊！这足可证明即使不抗战，这残酷行为仍然在发生，而抗战实是给敌人一个最好的教训。

抗战是为真理和正义而奋斗的战争　这一次的抗战，固然是求全世界四分之一的中华民族的独立生存，不过此外还有一个更伟大神圣的目标，就是要求真理正义的实现，从抗战中所得到的世界上各国的同情与援助，就很明确的证明了抗战的影响不单单是我们一国了，日本侵略军阀们的野心，是永无止境的，从朝鲜进而东北，得到东北，又要希望攫取华北，以至整个中国，假如不加制止，使他进占中国，他又要会对南洋以及全亚洲有所企图，甚至侵略的恶势力，会蔓延到全世界，不但中华民族不能求得独立生存，即全人类也永无安静和平之日，这种罪恶的造成，即世界真理正义的泯灭，所以我们抗战，即欲使世界上一切弱小民族，都能得到独立生存，阻止这种罪恶的伸张，为真理正义而奋斗，抗战是罪恶的一句话，实在是决对错误了。

抗战是以武力征服暴力的战争　武力是和平的保障，这是任何人都承诺的，没有武力，就谈不到和平，在这次抗战未发生前，我们领袖召告国人说，"和平不至绝望时期，决不放弃和平，牺牲未到最后关头，决不轻言牺牲"，这意思即谓，我们并不是不想以和平方法去制止侵略，求谋和平，而后来敌人的贪得无厌，和武力的示威，使我们深深觉到，和平的方法无效，而牺牲已到最后关头了，敌人的武力告诉我们，假使我们无所准备，那么它可以很快的灭亡了我们的国家，夺去了我们的主权，使我们连用和平的方法的机会与能力都要失去，因此我们不得不从事神勇的斗争，所以这次的抗战，实是制止侵略的唯一有效的方法。

从上面两方面看来，基督教与抗战，不仅是没有敌对的地方，而是有着密切的连带关系，我们可以简括的说，基督教与抗战是有着同一目标，就是在求真理正义和平的实现，基督教的理想天国，和总理在三民主义中所说的大同世界，实是不谋而合的，其次基督教与抗战，也是有着同一的精神，就是牺牲奋斗的革命精神，基督教所以成为世界上最伟大的宗教，和抗战能够延长久远，而愈战愈强，都是靠了这种精神，再进一步看，基督教与抗战，还有着同一的因素，就是"爱"，翻开新旧约全书来看，就可以找到包括了全部基督教教义只是一个爱字，耶稣说，"要爱人如己，要彼此相爱"，甚至说，"要爱你的仇敌"，基督教的出发点就是"爱"，再看一看，我们的抗战也是为了爱我们的民族，爱我们的国家，爱世上一切弱小的民族，才起来作勇敢牺牲的保卫战斗，在抗战中一句最神圣的口号，就是说"正为爱我们的敌人，所以要去纠正他们的错误"，在事实上，我们宽待俘虏，空军散发传单，都是中华民族伟大的爱的表现。

基督教与抗战，即有这许多同一之点，所以基督教的目标，正是我们抗战的目标，基督教的精神，也正是抗战的精神，假使说，基督教是一种思想，那么抗战就是这种思想的实践了，有一般基督徒，只知道灵修，祈祷，听道，传道，而忘记了去参加抗战，实行主道，以致使人认为基督教是空虚，懦弱，逃避现实出世的宗教了，也有一般从事抗战的人，凭了一时的热情，去参加抗战，而并没有基督教的牺牲奋斗的精神，和坚韧不拔的信仰，以致一遇阻碍，略遭小败，就会对战争畏缩，对最后胜利怀疑，现在一批宝贝组织中的汉奸，有大多数都是曾经参加过抗战的人，就因缺少这种精神和信仰，而向恶势力妥协屈服了。

因此我们更知道，基督教对于抗战的影响，也实在很大，我们抗战已经是离开胜利不远了，也是今后的牺牲努力更要重大和困难了，在这种千钧一发，危险困苦之时，我们更都需具有基督教的坚韧不渝的精神和信仰，才能去应付这更重大的难关，中国的基督徒同胞，在这个时候，所负的使命，更是如何的重大，就是说，不但自己本着基督教的精神和信仰去奋斗，更应将这种精神和信仰广布到全国的同胞，我深信基督教的广播全国，就是奠定了抗战胜利的基础，而抗战获取最后胜利，也就是奠定了基督教天国实现的基础了。

　　光明山上，基督军人，大家振作精神，应趁暮天未曾黑暗，赶紧奋勇战事。居高临下，全力猛攻，扫荡仇敌万千，当知信仰便是凯旋，因它征服世间！

　　　　　　　　　　　　　　　　——普天颂赞第三二七首。

　　　　　　　　　　（原载《华东联中期刊》，1940 年，第 6 期）

基督徒对于战争的态度

曹新铭

✎ 编者按

　　曹新铭，1949 年前曾担任珠海斗门浸信会福音堂牧师，在张亦镜去世后，接任《真光杂志》主编，著有《勤劳的人生》《天国主义》《我为什么跟从耶稣》等著作。本文乍一开篇，便亮明态度：从耶稣和使徒的教训看，基督徒应该反对战争，建设天国；不动刀，也不怕刀；要用智能以保护善良，制裁凶恶。之后文章对这一立场进行了详细解释：基督徒反对人杀人的战争，然而在这一魔鬼横行的世界却不能避免战争，所以只能想办法应付，在此过程中，基督徒最好不参与杀人的战争，而做救人的工作。但如若良心无碍，也可参与战争，理由主要有：作为一个国家的国民，是有义务上战场操戈杀敌的，战场上的牺牲与金钱的牺牲、时间的牺牲、性命的牺牲具有同等意义，只要目的是施行仁爱，维持道义，拯救人类。何况爱仇敌是有条件的，当爱仇敌与爱亲友和良善不能兼得时，只能抵抗仇敌。基督徒主张和平并不代表纵容罪恶与暴行。只有制裁暴行，才有可能换来基督徒所期许的和平。最后，从天国建设计，世间的天国当然是善人日益增多而恶人日益减少，相反人间变为地狱，何谈天国建设。

　　在这恶势猖獗，战祸连结的当中，我们基督徒对于战争，应抱何种态度，这是许多人的疑问。因为在这个时候，任人鱼肉，既不甘心，赞助战争，又似乎与良心违背；所以对于战争的态度，就难于抉择。但是我们若查考《新约》教训，和耶稣与使徒的精神，就可以断定基督徒对于战争的态度，——也可以说是基督徒对于应付战争的精神是：反对战争，建设天国。不动刀也不怕刀。当运用智能以保护善良，制裁凶恶。

基督徒对于战争的态度，为什么也可以说是应付战争的精神呢？因为世界就是一个大战场，人生是逃不掉战争的；也可说，人生就是为着应付战争而来的。因为人自有生以来，就须要与大自然的天灾战争，与禽兽蛇虫战争，与软弱疾病战争，与愚昧无知战争，与贫穷困苦战争，与一切罪恶战争，无论是在属肉方面，或属灵方面，都无时不在战争之中。因此，基督徒对于战争，既不能逃避，而必须应付，所以"对于战争的态度"，也可说是"对于应付战争的精神"了。

基督徒既然逃不掉战争，而须应付战争，为什么又要反对战争呢？这所要反对的战争，乃是指人杀人的战争。因为人都是上帝的儿女，人和人应当联合起来，相爱相助，共同除掉天然的祸害，共同发展物质的效用，共同谋求人生的幸福，共同享受世界的安乐，换一句话说，就是为建设天国起见，就不能不坚决的反对这种人杀人的战争。

耶稣之所以不受群众拥戴为王，组织政府，与罗马对抗，耶稣之所以叫彼得收刀入鞘，并告诫他"动刀的必死在刀下"；和耶稣之所以不求天父差遣十二营天使来保护他，这都是他反对人杀人的战争的精神。耶稣传道的时候，也曾屡次声明：他来不是要杀人的性命，乃是要救人的性命，他来不是要审判世界，乃是要拯救世界，所以基督徒本着耶稣的精神，是反对人杀人的战争的。

但是，基督徒虽然反对人杀人的战争，而在这个魔鬼操权的世代，却不能避免这种人杀人的战争；所以基督徒，也就不能不起来应付这种战争了。基督徒应付这种战争的精神就是"不动刀，也不怕刀"。换一句话说，就是我们虽然反对战争，但是我们并不惧怕战争；我们虽然不动刀杀人，但是我们并不怕为人所杀。我们看耶稣和使徒们，当时的精神就是这样的。虽然有威吓、贫穷、流难、患难、虐刑、死亡、摆在他们面前，他们却能从容奔赴，甘之如饴。所以基督徒本着先圣先贤这种精神，在这魔鬼操权的世代，虽不动刀，也是不怕刀的。

基督徒虽然不动刀杀人，但却不能不运用他的"智""能"来保护善良，制裁凶恶。因为基督徒，既蒙上帝分别赐给各人的智能，就不能不善加应用，基督徒既负有救人救世的职责，就不能不尽本分。我们看，耶稣的医病赶鬼，耶稣的斥恶励善，耶稣的宽恕淫妇，耶稣的清洁圣殿，都是这种精神的表现。所以基督徒虽然不动刀杀人，但不能不运用他的智慧能力，来保护善良制裁凶恶。

照这样看起来，基督徒能不参加杀人的战争，而做救人的工作，那是最好不过的。但是在某种特殊情形之下，为运用智能以保护善良，制裁凶恶起见，又为自己的良心所许可，那是可以持戈杀敌，效命疆场的。因为自己倘若本来有能力，可以持戈疆汤，捍卫善良，制裁凶恶，而自己并不出此一任凶恶摧残善良，这种行为，是不能算为合理的，所以在这种特殊情形之下，基督徒也是可以动刀的。其中理由试举如下：

1. 国民的义务 基督徒因为上帝的子女，但也是国家的人民，照《圣经》的教训，人民在不背信仰上帝的原则上，应服从掌权的人，应尽国民的义务；因为一切权柄，均为上帝所赐与，而自己的国籍，也是上帝所命定。人民对于国家，有当兵的义务，所以自己的良心若觉得无疑，是可以操戈杀敌，效命疆场的。

2. 牺牲的教训 圣经里面常教训信徒要有牺牲的精神；这就是要信徒为福音牺牲，以施行仁爱，维持道义，拯救人类的意思。虽然这牺牲二字，是泛指一般的牺牲，如牺牲金钱，牺牲时间，牺牲性命等；但是信徒上战场的宗旨，若纯粹是为着施行仁爱，维持道义，拯救人类；那么战场上的牺牲，也是包括在内的；因为这种的牺牲救人，与其他的牺牲救人，是具有同样的价值的。

3. 爱敌的意义 《圣经》里面也诚然叫信徒爱仇敌，但敌人诚能受爱的感化，则有价值，若敌人不能感化，则反有纵敌行凶、犯罪之嫌。而且《圣经》并没有叫信徒爱仇敌就不须爱亲友、爱良善的人；若仇敌且须爱，则亲友良善的人更须爱。所以若凶恶的仇敌要杀害信徒的亲友和良善的人的时候，在爱仇敌与爱亲友良善不能兼得的情势之下，是应当保护亲友和良善，而抵抗仇敌的。

4. 和平的主张 基督教是极端主张和平的，这是稍懂基督教义的人，都能承认；但是基督教的主张和平，并不纵容罪恶与暴行，而且还要裁判罪恶与暴行。因为若不维持公义，与推行人道，就根本没有和平之可言；但是维持公义与推行人道，是必须制裁罪恶暴行的。所以基督徒要完成他世界和平的使命，是当在他智能所及的范围内，起来制止罪恶与暴行的。

5. 处变的办法 基督徒在世，固有救人灵魂的本分，但也有救人肉身痛苦和死亡的职责。因为建设天国的工夫，是必须如此进行的。在世界上若要天国实现，必须善人日渐增多，恶人日渐减少。倘若一任恶人疯狂地杀人杀害善人，则恶人日渐增多，善人日渐减少，这样下去，不但天国不能实现于人间，而地狱反管辖了世界。所以基督徒为建设天国计，有时是可采取不得已的权变的办法，就是用武力来制裁恶势力，以维护善良的办法。

若不用武力，而可以达到福音救世的理想，固然是最好的，但在这罪恶纵横的世代，是不许我们完全不恃武力的。当托尔斯泰的小说流行，托尔斯泰理想传布的时候，曾有一班崇拜托氏理想的人，组织了一个"托尔斯泰"村，以实行大家劳动，各尽所能，各取所需，无政府，无警察的生活。这种理想生活，起初似还可以勉强过去，但是后来歹人的偷窃、抢夺、骚扰一天一天的多，叫那村庄的人不能安居，甚至不能生活下去，所以不久那理想的村庄就解散了。可见为维护善良，制裁凶恶，在这个世代，是不能完全不需武力的。试想我们现处的每个城市或村庄，可以一日没有武力来维持治安么？其实，一点钟①没有武力维持治安，也不可能。所以理想是理想，事实是事实，无论理想怎样高妙，事实是不能不管的。基督徒要实行救世的主张，应付一切的困难，不可不善于运用其智能，也是为此。

（原载《真光杂志》，1938 年 7 月，第 37 卷第 7 号）

---

① 意为"较短的时间"。

中国的抗战与中国的和平

毕范宇

📝 **编者按**

毕范宇（Frank Wilson Price，1895—1974），生于浙江省嘉兴，美国美南长老会传教士，汉学家，上海国际礼拜堂牧师，并长期担任金陵神学院宗教教育教授。1951 年在控诉运动中被控诉，后被驱逐出境。从 1923 年在美国获得学位后重返中国到1952 年被迫离开中国为止，他在中国工作长达 30 年之久，在中国的教育改革、乡村建设、教会发展，以及普世教会运动等方面均有不同程度的参与。他还是孙中山《三民主义》一书英文本翻译者，著有《金陵神学院史》、*Religion and Character in Christian Middle Schools of China*（1929，《在华教会中学的宗教与道德教育》），*China Rediscovers Her West*（合编，1939，《中国对西方的再认识》），*We Went to West China*（1943，《华西行》），*The Rural Church in China*，1938 and 1948（《中国乡村教会，1938–1948》），*As the Lightning Flashes*（1948，《电闪雷鸣之时》），*China-Twilight or Dawn*（1948，《中国——黄昏？还是黎明？》），*Marx Meets Christ*（1957，《当马克思遇见基督》）等著作。

完成于 20 世纪 40 年代抗战时期的基督教作品已不似东北九一八事变、上海"一·二八"事变、七七卢沟桥事变后，数量如此之多，反应如此之强烈。文章展现了当时的抗战现状及作为一名国际人士对未来的憧憬。文章肯定了中国在构建世界和平方面所做出的努力，这不仅仅在国内，同时也在中国的周边，包括东南亚与印度；不仅仅在战争期间，也在战后世界新秩序的构建，甚至对未来的中日关系也提出了憧憬。该篇文章颇具国际视阈与预

见性，在当时人看来似乎是空谈，但 70 年后回过头来看，却多成
为现实。

　　我们现在正处在一个为争取和平的新世界而奋斗的大战争浪潮之中，
这个战争，可以名之为中国的战争。十一年前，日本向东三省的进攻，便
是侵略者向国际联盟以及廿世纪的和平机构挑衅的第一炮。这是一个最卑
污的，凶暴的侵略巨浪，一个把我们这一代所有的人民都卷入其漩涡之中
的巨浪。而中国便是其第一个被侵略者，中国是第一个国家——在五年半
以前——向人类的敌人，挺身应战，第一个国家看到全世界的道德濒于沦
亡的危境；第一个国家，向全世界发出民主主义危机的信号，一年前的今
天，美国和英国参加了太平洋战争，他们不能坐视日本强盗的侵略行为而
不顾。中国再不孤军作战了，他所奋斗的目标，已成为全人类奋斗的目
标，为争取自由，为争取正义而战，不分畛域，不分族别，所有的同盟国
家，自东至西，无不并肩前进，打倒强暴，高唱凯歌，同向大同世界之路
迈进——那中国先圣先哲所梦想的大同世界。
　　中国在这次战争中所表现的英勇精神，毋须我来辞费，中国在为保卫
其自身以及为保卫一个和平的进步的世界文明的大事业中，已经尽到了，
并且还在尽他所担任的任务，中国已使百万日兵为之解体，使日人企图剥
削和利用占领地区的计划，为之粉碎，为同盟国家，建立了陆地上以及空
中的反抗根据地。这便是作战中的中国，——永不可侮的中国，永准备着
予侵略者的迷梦以打击的中国，自由之魂，亚洲之光。
　　并且，像中国的报纸在这个重大的纪念日所说的，中国决为世界的和
平，不辞全力以赴之——为一个理想正确，组织完善，眼光远大，基业永
久的世界和平而奋斗到底。蒋委员长在先锋论坛报上发表的论文中说，中
国对于水深火热中的亚洲人民，只有义务，没有权利，此论一出美国，中
国各方面，皆引起广泛的讨论，社会上的领袖，国民党的党员，学校的教
职员学生们，以及一般民众，都一致拥护蒋委员长的宣言，中国绝不以亚
洲的领导者自居，而只是作大合作中的一份子。中国的人民也读了罗斯福
总统，华莱斯副总统，丘吉尔首相，和威尔基的言论，他们已经开始研究
并讨论战后的各种问题，研究如何建设新中国和建设新世界的问题，从中
国在这次战争中所起的伟大作用，他们正在推向到和平的新世界中，中国

必须起的伟大作用。

让我向各位简单地报告这思想的种种趋向，这并不是代表哪一方面的正式报告，只是一个生长在中国的美国人——一个把中国作为他的第二故乡的人——他对于中国上下，友谊厚笃，并且知道一点中国对于和平的希望及理想。

中国相信这是一个打倒帝国主义的战争——以任何面目出现的帝国主义，在任何地方出现的帝国主义，中国认为在新的世界中，不容有任何国家或种族间的偏见和歧视存在，不容许任何国家或民族可以违反其他国家或民族的意志而奴役之，不容许十九世纪肤色①，阶级等偏见的余毒存留其残余，中国本其固有的社会民主的传统，向新世界和平的缔造者，提出这个基本的要求。

中国要争取亚洲各民族的解放，并扶助其争取民族的自决的权利。孙总理在廿年前便保证中国的国民说，当中国得到了自由与解放，必须继续为世界上的被压迫被剥削的民族的自由与解放，继续奋斗到底，"我们须济弱扶倾，方是尽我们民族的天职"。联合国必须证明他们自己无条件的拥护这一目标，让美国，英国，苏联，荷兰，以及所有的同盟各国，向中国以事实证明他们诚实地决心放弃帝国主义，终止殖民地的剥削，永无反复。

中国完全拥护罗斯福总统所提出的四种的自由。宗教的自由，这不幸地曾载于不平等的条约中，今后将重由宪法保证，这在廿五年的宪法草案中已经载明。中国的领袖及人民对此原则，亦已深信不疑，中国将来必产生一种崭新的民主政体，这个新民主政体，一方面有其自己的历史背景，其民族的创造力，以及其特殊需要为背景，同时又与西方近代最优良的民主思想与经验相交流。中国将求其本国内的民生主义及社会福利的实现——孙总理的第三个主义——并促进战后国际间经济的合作。中国在这种种方面，有待于国际上的协助的甚多，中国所要贡献的也正多。

不平等条约的束缚以及所有外人在华的特权都已取消，当胜利到来之时，中国相信香港台湾琉球群岛，以及东北都必将归还。中国的边疆数省在中国的主权统治下，得享受相当的地方自治权，但不得受任何外来的政

---

① 原文为"色肤"，应为"肤色"。

治或经济势力所左右，安南，马来，缅甸以及泰国，必须得到自由，不得成为威胁侵略或危及中国西南生命线的据点，南洋群岛不得为任何一国或国家集团所独占，必须自由开发，以谋其当地人民之福利，同时也便是全世界的福利。

中国对于所有的毗邻各国，并伟大的印度民族，切望建立具有非常重大意义的互相交惠的友好关系。中国虽知道印度问题之内中复杂性，并其国防在整个同盟国战略上的重要性，

但对印度的解族运动，怀着强烈的同情，并以感激之情接受印度领袖甘地去年六月对蒋委员长所申的印度对中国的奋斗的同情与援助的保证。甘地说："吾人所采取之任何行动，皆将以不妨害中国，不利日人之原则为准绳。"中国认为，战后和平的目标，必须包括一个不为他力的胁迫而起草的，不为他力的胁迫而施行的自由印度宪法，并由联合国家给予确实保证，印度必须自己打出一条出路，方能更亲切地领会自由与统一之代价，方能向全世界表现其民族真正伟大之处。

中国愿亲眼看到日本海陆军的机体全部毁灭，使日本之领袖及人民得以确切领略失败之教训。过此期间后，日本应得到外来协助其生产，而非使其陷于饥馑。中国对日本无报复之意，因报复乃与中国固有道德观念相悖，且报复之结果，亦仅足以种未来战争之祸根也。中国深信日本野蛮之性，非由生而俱来，故在和平状态下之日本民族，对于亚洲，对于世界，仍有其贡献之余地也。但是我们必须绝对限止日本，德国或意大利之军事独裁之死灰复燃。只有把这个危险连根铲除后，联合国家才能卸下军备所加于人类之重扼。

中国已准备委身于战后国际间之合作，于战后太平洋及全世界之集体安全，为世界大同之实现，而作必要之牺牲，建立超国界之国际立法及司法机关，复活国际联盟或其他类似之有效的国际机关，以保持此次因合作而所得之收获，于自由大同世界共同意志之促进与实现。中国的领袖，特别重视国际警察的重要，尤以国际空军为要务，以维持国际的秩序。

我想在未来的和平议席上，在未来的和平世纪中，我们必定能看到中国是一个伟大的安定势力，在讨论世界的各项问题中，在世界新秩序的缓慢而艰难的缔造过程中，中国将带来她的丰富的礼物——她的醇美的哲学与文化，一个对人类前途的温情的憧憬；一种农民和劳动者的意识，（因

为其四分之三的人是农工）；一种合着诚挚的理想主义和实用的常识的人生观，一种对弱小者亲切的同情；一个国际主义的宣传的见解；一种乐观的精神——这些，正是这个残酷试探过去之后，我们所求之至殷的。但首先，我们必得把一年前在太平洋大战……（其中有两个字看不清）的敌人全部肃清，中国的抗战，便是联合国家的抗战，必须获胜而且不久也必将获胜，中国的和平便是联合国家的和平，必须实现，而且不久也必将实现。孙总理说："革命尚未成功，同志仍须努力。"今天中国对同盟国说："世界革命尚未成功，同志各国仍须努力。"我们也努力，直到世界全人类的正义、自由、和平的大宪章成立之一日。

（原载《基督教丛刊》，1943 年，第 3 期）

我们的十字架就是我们的希望

赵紫宸

✎ **编者按**

作为中国基督教思想家之一，赵紫宸并没有将日本的侵略单独作为中国国难的诱因，他认为中国的军阀、党阀、学阀与日本一样均是帝国主义的组成部分，他们让中国人始终处于国难之中，好像没有任何希望。在他看来希望在于用十字架的牺牲精神拯救人心，通过这条途径，中国的希望由普通大众、有为青年、所遭受的苦难、有觉悟的知识分子共同谱写。这条路不但是窄而直的，也是长而远的，非一时所能奏效。从这一点上说中国的希望不在备战、不在物质发达、不在外交的胜利、不在地大物博，因为战争无论胜负，都是吃亏，外交总要依赖于人，地大物博总避免不了被侵略，只有背负十字架精神的人才是唯一的希望。

圣诞过去了，新年又过去了。在圣诞节的时候，悲痛愁苦中，我们还唱着"在天上荣耀，归于至高的上帝，在地上平安，人间有善意。"悲痛中有压不死，灭不尽的喜乐；因为我们相信公理虽被蹂躏在铁蹄之下，总有一日会起来，得彻底的胜利。在新年里，我们应当快乐，但在暂忘悲苦的快乐中，我们时时觉有一缕悲意钻透了我们的心。茫茫前路，何处是光明！天地都昏黑了。可是我们不低头，也不能低头；我们向着卞尔弗里山，看见阴森森黝黑中，立着一个十字架，架的顶上有光辉，忽然有万丈的光辉！

你知道十字架的来源么？十字架是罗马的刑具，凡是反抗罗马的，无论是君王，是奴隶，一被定罪，都可被钉在上头。罗马国绝对不把罗马国的国民钉在十字架上；罗马国将十字架保留着给反对罗马而被罗马所摈弃，所蔑视，所征服的民族。换一句话说，只有罗马的奴隶才能有资格承受那惨无人道的十字架的死刑。在当时只有人上架上去，谁也不知道怎样才能叫十字架的影子横在罗马的道路上，截断了罗马的凶焰。可是有一个木工的儿子，一个有血气的青年，心中立志不作奴隶，心中立志要做王，将自由甘心舍去，一直跑上十字架，流了血死了。从那时起直到现在，十字架便从卑污羞辱中挺起来，变成了普世民众得解放的象征。这是一件奇妙的事情；因为犹太人看十字架是绊脚石，希腊人看十字架是愚拙的表示，独有见过那挂在上头的圣者的，才知道这其间有奥秘的福音。有一群青年人恍然明白了。他们便背了十字架在民众中流汗流血，叫民众从他们的夫子，和他们自己的死亡中，寻找蓬蓬勃勃的新生命。其中有一位才学的，名叫保罗，他说，他大声的向民众说："我在你们中间不知道别的，只知道耶稣基督，并他钉十字架！"

那凶暴恶狠的帝国主义总不过是凶暴恶狠的杀神。你们若要分别出什么是帝国主义，什么不是帝国主义，那么我可以给你们一个辨析的秘诀。这是极易不过的。凡是凶暴恶狠剥夺人权的杀人不眨眼，流血不怕腥的人，党，阀，国，都是帝国主义的代表。这些东西四面围绕着我们。他们的方法是将十字架放在民众——无论是自己的同胞或是他国的百姓——身上，并且把这些民众成千成万的钉死在上头。他们却磨牙吮血，都像眼睛火赤的战场上的野狗。凶残贼害是他们的心。他们预备着愈弄愈大的凶残暴杀去抵抗愈弄愈大的凶残暴杀；所以他们整日整夜地居住在凶残暴杀的威吓之下。他们一点都不知道什么是和平，什么是安宁。你要和他们讲平安，他们总想平安是红颜色的和血的颜色相仿佛。他们的术语是"与其是你先杀我，毋宁是我先杀你"。杀来杀去，甚至于今日的朋友就是明日的鱼肉。他们在我们面前掩住了一切的光明，要我们永远没有希望。可是那些骷髅地见过胜利的青年，绝对的不那样。他们愿意效法那木匠的儿子，为自己制造了很笨重的十字架。并且他们绝对的不肯将这些十字架放在无知识，无抵抗，无团结，无钱财的多数的老百姓身上。因为钉死老百姓是帝国主义者的不二法门。可是在那憔悴的加利利人的血里受过洗礼的弟子们，是与帝国主义者背道而驰的。这些眼睛向上的青年们说"与其把民众钉死，毋宁把我们挂在十字架上罢。我们知道凡丧掉生命的，必要得着生命，凡肯为民众受苦受难任劳任怨的人，才能将民众救出来"。这些人清清楚楚地看见那二千年前的愚拙是最彻底的；若没有二千年前的愚拙，我们绝对地不会有今日的自由与平等。而今日所有的不自由，不平等也只有这愚拙的十字架会制服会消灭。

今日的中国，内受军阀，党阀，学阀的压制，外受强邻暴国的宰割。遍地是毒蛇猛兽。前路茫茫，那样便毫无希望么？三十年来，民众希望立宪，请愿请命，失望了！希望革命革命成了，而来了要做皇帝的魔君，又失望了！希望武力统一，今日这个天杀星占胜利，明天望那个丧门星奏凯旋；总算账还是民众滚在血坑里，又失望了！希望北伐，希望统一，居然也像成功了，忽而奔流直下三千尺，又在大人先生们的权利地盘的算法里，算尽则耗而失望了！没有被警觉的人们，在绝望之中，还很可怜地举头想望，望真命天子来，□□□□□望有统盘计划的大力者来，而不知谁来谁不来都是一般；因为谁来都是自私自利的，而自私自利的，只有每况愈下而已矣。前途茫茫，南方不要有希望了么？不，不。谁来都可以，只要他们把权利地盘，子女玉帛，狗马玩好放开，把公道拿出来。只要他们能把自己钉到十字架上去。向人家望着是弱者不能忘情的事。但是向自己望一望，决然奋然的说，"我来，我能为"的在那里呢？拿撒勒人的徒弟们，知道么？今日的中国正急需你们的福音。人们非你们的宗教，人们又不能不有你们的宗教；你们就应当脚蹈地，头望天，举起十字架，去为民众作实在的建设。除此以外，一切都是假！

中国的问题是人心的问题。青年们决不看轻物质的建设，物质的文明。不过在过渡时代中，一切都要改革，一切都要依赖那革命者的公心；所以在一切轰轰烈烈的革命中，必须要有扶植公心的人们，和这些人们的工作。大多数的青年们还在道听途说，不景气地度死日，镇天价闹苦闷，又镇天价想吃现成茶饭。醉生梦死的，哪里会下决心去团结而创造，而开辟路径。人家造空气，他们去仰鼻息而嘘吸；人家造地位，他们去安坐享成。所以要做教员的甚多，因为有学校在；要做洋行小鬼的不少，因为有公司在；要做医生的实繁有徒，因为人们总会生毛病；要做官的竟车载斗量数不清了，因为有政府，有党部，有秘密的社会。都是要饭的！不然也就是被利用的了！要饭的人拥挤了就只有乱，就只有反。在有组织的社会里这种坐享的办法是最好不过的；可是在中国这种办法便不是道儿。然则谁会创造呢，开辟呢？谁会建新村，广教育，开边疆，等等呢？谁也不会；因为谁也不肯负那犹太人看作绊脚石，希腊人看作愚拙的十字架！可是中国的希望，也是全世界的希望，就只在十字架，与那被钉十字架的身上。

设使中国有足数的人肯负十字架，肯被钉死，中国就有希望么？希望在哪里呢？

第一：中国的希望在中国的四万万数千万的民众。中国人坏到极点，是真的；可不过坏的是政客们，学阀们，军匪们，党贼们，沾染流毒的堕落的人们而已。其余的人们，满抱真心，满钟神秀，与哪一国的民众比，也比得上。所差的就是我们的民众不曾得历史的解放与知识的陶镕罢了。这些民众有坚忍耐苦勤劳忠厚温柔诚实的性格，最配永久住在亚洲大陆上作主人翁。他们现在只须要有爱他们的人们去为他们的缘故背负十字架。他们是中国的最大多数，最没有知识与钱财。他们的缺点成了中国最大的两个问题，就是教育与实业两个问题。教育分两件事，一是给他们知识，一是建立他们的人格；知识在科学的灌输，人格在宗教的陶镕。因此今日在教育上所急需的，就是科学与宗教。科学能使人知道事物的因果，自然的律令，并能由知而征服自然，开发利用。宗教能使人集中精神，一方面建立至公的人格，一方面以统一的人格去谋求公众的利益。当代的知识阶级大都一知半解，以为一切宗教都是迷信，而不知人的生存必须要意义，更必须要有安心立命的确信与努力。一般自作聪明的学者，把宗教打击，而不能找出一种东西来代替宗教。国民党似乎知道宗教可以集中信仰与能力，所以强迫人们学习基督教的办法，在总理遗像前读遗嘱像读圣经一般，静默三分钟像祷告一般，鞠躬致敬像拜上帝一般；殊不知宗教是生活中演化出来的，而不是三数人可以随时造作的。因此这些替代品毫不发生效率。无物代宗教，那么还是回到宗教上去才能集中人的心志。民众要教育，便必须要有科学与宗教。谁能把这些东西输入到民众的生活里去呢？谁愿在无路的民众中去作简单生活，创造中国的新生命呢？前面有许多许多的十字架，谁肯走上去被钉了呢？

同时，民众必须要有饭吃；谁能为他们谋求经济的解放呢？中国的民众是中国最大的希望，因为他们有一个统一的文化生活背景；若有爱国爱人的青年们能脚踏实地去造新村，办教育，辟利源；一小段一小段的着实做去，那么五十年后中国即可以无敌于天下！铁拳头绝不能打碎了我们温柔坚忍忠厚诚挚的民众！

第二：中国的希望是在于中国的青年。老大的中华决不能于一朝一夕之间成为簇新的国家。须待许多人愿意将自己放在民众的祭坛上做了牺牲的火焚祭，然后中国方才有更新的改变。现在有许多青年，觉悟到这一点；也有其他的人们觉悟到这一点，所以甚至于失望了，还在那里不灰心。不过青年是血气刚，情感丰，性情急，而没有万不可缺的经验与知识的人们。他们到了无领袖的时候，便像一群无牧人的小羊，乱奔乱投。徒作无谓的牺牲。他们先被学阀利用了，得了错乱的思想，蒙了甜蜜的欺骗，便自鸣得意，以致受教育而打骂师长，任意捣乱而成了中国人民中最可怜的一部分人。学阀于是乎把他们丢弃了！政阀来利用了他们，又杀了他们；无办法，亦只可把他们丢弃了！军阀来利用了他们，又屠宰了他们；无办法，也只可将他们敷衍一番而丢弃了他们。党阀来禁锢了他们的思想，迷醉了他们的心志，以利诱，以势胁，以所谓"主义，主义"那些巫术来笼络，也一旦无办法把他们丢弃。于是乎青年们得了被愚弄的习惯，染了任所为的恶毒，泯灭了是非，损失了清白，使"丘九"的尊号便作了一个新出现的阶级的徽章。青年们一事未成而骄矜到了三十三天之上；一筹莫展而粗暴甚于荒岛的生番；一物不知而无事不要处在领袖的地位而响导四万万人民！今日中国好像凡是党，凡是阀，无不要利用青年。可是经过一次打击，青年们也得一次深切的教训。中国有大希望，就在其中一部分有觉悟而自立的青年。他们中间还有三个大弊病。第一是好大。因为好大所以必须要加入党，弄那统盘改造的计划。其实这是最大的错讹。中国的救法，只可以一部分，一部分，一小段，一小段，做去的，一涉伟大的笼统就只有私斗争权，贴标语，呼口号！民众毫不沾一些光。第二是好急。一个中学毕业生就要做大官，一个大学毕业生，刚出学校的门墙，就要治国平天下，其志不可及，其愚也真不可及。可是中国的事无不要有长久恒忍的决心去干办。第三是好人不负责任。好人不负责，旁观批评，逸气凌人；而同时则卖力气的人皆有别种用意加杂在官样文章的底子里。

因此青年们所组织的机关，几乎没有一个不像一个腐化的政府。因此，间有心志高洁而努力参加的青年，不免再三碰钉子，而灰心伤志渐渐的噤若寒蝉了。然则怎样呢？中国的希望在青年，青年的行为却又如此！

青年人！负起十字架来引导着自己与自己的同志们，一小群，一小群的去作切实的学问与改造社会的工作。

第三：国人的痛苦是中国的希望。中国民族是一个自顾自，不管公事的民族。家里有家长，家长在，门前大树好遮荫，小子们在树影子里乘风凉就够了。国里有皇帝，有官府，皇帝官府在，谁会知道去扫他家门前的雪呢？中国的黔首，被愚弄了二三千年，怎能一朝一夕之间变聪明了呢？人虽多，不团结，民虽众，无组织；一盘散沙，是中国致命的弱点。原其所以不团结的缘故，则不外乎民众无政治社会的兴趣与习惯，有自私自逸的风尚与暗弱两种恶毒。但这两种险症都可以补救的。教育实业是一种补救法；切身的痛苦又是一种补救法。譬如人的身体，平日无病，便无痛苦，一旦有病，痛苦便来了。人病了，若一点没有痛苦，即一点没有警告，那就太危险了。现在国难方殷，强盗国破坏了世界和平，侵占了中华国土，使我国人受着至深至切的创痛；这痛苦便是极凶的警告，好像说"中国啊，中国，你若不快快的设法，医治你的重病，你就有死亡的危险啊！"。国人此番的痛觉比从前敏锐了好些；一定要起来彻底的整理诊断，施以救药。这就是痛苦所给我们的大希望。只要我们能感觉痛苦，我们就有危险中的希望。怕我们麻木不仁；那才无可救拔了。今日国内的京粤之争，即是一种麻痹的表示；好在人民不必全靠那些大人先生们。人民应当急起直追，不再让人卖，让人屠宰，应当组织切实而建设的小团结，由此而谋求出路与救法，细碎的真金可以因火的锻炼而得纯洁的团结。痛苦来了，痛苦即是十字架；谁肯告奋勇去被钉在上头呢？

第四：中国的希望是在于各界中少数有觉悟的分子；尤其是青年中少数有觉悟的分子。从这些人中，我们在千难万难之中已经仰瞻了努力拒寇的马相伯，无援无助的外交家施肇基，兵尽援绝而捍卫国土的东北义勇军。从这些人中一定还会出许多不求名利，不谋高位而专心民众工作的领袖。有人说，高丽不会出甘地，一出便杀，一千个甘地也不能存在。这句话似乎可信。但又有人说，中国也不能出甘地，因为党阀军阀，同样地仇视他。这句话我不敢信；与其信这句话，毋宁信我们少数人中可以出甘地这一流的人物。譬如胡适之若然要做甘地，谁敢杀他呢？张柏龄若然异想天开要做甘地，谁能抗拒他呢？我们的甘地是对内的。此外，像贺川，像托尔斯泰，像罗曼罗兰，娜丁甘等等也未必难出。这些是少数人，一个人有千万个人的勇力。一个国家是多数人民的爱国心所维持的，也是少数有勇猛，有知识有人格的英雄所引导的。现在中国已经有这少数的人；我们睁眼观看，就可看见晓庄的陶知行，定县的晏阳初特立独行的顾子仁，那一流人。他们与其余的同胞们有点不同；因为他们有科学的精神，爱国的诚挚，宗教的信仰。与他们同心而在作他种工作的人们正多着。这些人为他人留面子而不讲求自己的面子，直对事实作真贡献，并没有作欺骗人的主义的宣传。在这兵匪扰攘，灾难频仍，强权侵迫，公理无存的二十年中，这些人耐着性子为中国好好地建造国家的基础。青年们啊，打破你们的迷信罢！赶快团结起来，在枪林弹雨中作无声无臭无名无利的真工作，引导着人民向前到光明的路上去罢！

以上四端，乃荦荦大者。中国的希望就在这上头。我没有说中国的希望在于备战。我没有沿袭成语而说"十年生聚，十年教养"。因为现代的战争是必须有现代的物质文明，现代的工商业化的社会作后盾的；必须有长久的，科学的，道德上的训练；更必须有国际的拼命的军备的竞争。等到一切都预备好了，还要全国全民的动员。然后乃拼孤注的一掷；胜亦是吃亏，败亦是吃亏。我也没有说中国的希望是在外交的胜利；因为外交是有条件的，是依赖外国的。不但如此，我也没有以国际的舆论，国民的外交作吾们的希望。至于靠自己，我未尝以中国的地大物博，天然富厚为希望。有物而无人，虽有大地，富产，亦适足以资寇仇的侵略。我所说的是：我们的希望是在于人；"其人存，则其政举，其人亡，则其政息"。我所说的是：我们的希望不在于大人先生们，更不在于左党右党红党白党，此主义，那主义，这统盘的计划，那完全的政策；我们的希望是在于有志之士在各地方各界中作小团结小建设的工作。这并不是不赞成大规模的改革，统一的政府，以及种种奇形怪状的主义。更不是劝大家不要按照自己的看法去参加政治的改造。我所提起的是彻底的建设，是卡尔弗里的十字架。

这条路不是太长么？是啊，这条是长路。舍长路哪还有路？通到生命的路，不但是窄而直的，亦且是长而远的。前几天，我与一位外国朋友谈天问他说："中国人断送了东三省，日本人攘窃了全满洲；你想我们中国还会夺还所失的土地与主权么？"他想了一想，回答说，"时光是帮中国的"。他的意思是中国总有那一天不过那一天还远着呢！过了一两天，我得一个有志的青年的信，其中说："请你不要忧愁。这所损失的，二百年后，我们一定能够夺回来。"真难得！这两个爱中国的人绝对的不肯认五分钟热度是会发生效率的。是啊，这条路是长的，长，所以路的两旁，都立着些笨重狞恶的十字架！

但是我们信若是我们争气的时候，公理是在我们这方面，公理是真的勇敢的力量；世界上最高层的人民的公论是在我们这方面，而这公论是制胜仇敌，是夺盗贼的气，惊帝国主义的心的威权。我们冒险去发扬民众的潜势力；同时，等待着，五十年，一百年之后，我们的子孙一定要看见全世界的巴比伦—帝国主义—的沦亡！在今日呢，拿撒勒人的从者，信众中的青年们啊，你们只有凄惨的十字架与十字架上的残酷的死亡！你们再也不会有称心称意的快乐了；你们要快乐就只可以在那威严的上帝，以十字架所给你们的劳苦、忧愁、创伤、悲痛、黑暗为快乐。因为你们若真的服事同胞，为他们建立新生命，那么你们应当将你们的痛苦当作你们绝大的荣耀、无上的欢喜！谁也不能夺去了这种伟大的光辉！十字架要压迫你们，却更要给你们自由、生命，以及后来的复活的荣耀！现在你不知道别的，只知道耶稣和他钉十字架。将来，将来是没有人知道的，是一卷封闭的书，是一卷被七个印所严封的书。"我看见一位刚勇的天使大声传呼说：'有谁配展开那卷书，揭开那七个印呢？'……有羔羊站立，像是被杀过的……这羔羊从坐宝座的右手里拿了书卷。他既拿了书卷……（信众们）就俯伏在他面前，各执琴，各提盛满了香的金炉。这香就是圣徒的祈祷。他们唱新歌说：'你配拿书卷，配揭开七印，因为你曾经被杀，用自己的血……买了人来叫他们归于上帝。'"天上、地下、地中、海水里有万众的呼声说："亚门，亚门。"

（原载《真理与生命》，1932 年，第 6 卷第 5 期）

从基督教的立场说到反侵略运动

邓述堃

编者按

    邓述堃（1895—1977），湖北江陵人，曾任中华圣公会浙江教区主教。1917年，毕业于圣约翰大学，在安庆中华圣公会天恩堂任会长两年，此间被选送美国哥伦比亚大学深造半年，获哥伦比亚大学社会教育硕士学位。1919年，任南昌市中华圣公会宏道堂会长直到1950年4月被推选为中华圣公会浙江教区主教。1926年夏，参加中华基督教青年会代表团出席北美青年协会主席穆德在芬兰赫尔辛基举行的世界基督教青年代表大会，会后赴美国弗吉尼亚圣公会神学院（VTS）作为一名特别的学生在1926—1927年资深班攻读神学两年。1939年夏，受闽、赣中华基督教联合会的聘请担任江西基督教农村服务联合会代理总干事，将其职能转为抗日战争大后方难民救援工作。建立难民营，组织并资助他们开荒自立，建立织布厂，并专门设立难童教养院，收养流离失所的孤儿，教他们读书识字，掌握技能；建立医疗卫生所为难民提供治疗，如聘请当时医术水平很高、工作极其认真负责的美籍康医生和医学院毕业的潘维圣医生负责医疗诊治。1950年，中华圣公会神学院授予其荣誉博士学位，英国圣公会神学院授予其博士学位。1949年后，参与发起中国基督教"三自"革新运动。

    文章认为宗教追求的救世目标总与侵略者的倒行逆施及一己私利相矛盾。基督教的立场是主张和平的，但这种和平是建立在人类平等的基础上，日本的行为无疑破坏了这种平等，所以奋起反抗捍卫和平是正当的。一切侵略战争都出于一个国家或民族或集团的私利，而基督教的十字架殉难精神则主张杀身成仁，争取正义的胜利以挽救世界。文中提及中国的国民外交协会为响应在伦敦召开的世界反侵略运动大会，约定全国各地自 1938 年 2 月 6 日起至 12 日结束，举行反侵略运动周，规定宣传周的第一天是宗教日。

世界上任何宗教，总以救世成仁为他信仰的出发点。所以举凡一切无人道的残杀，或非理的侵略与战争，在宗教的人道观上，都是不容许而加反对的。兹单就基督教的立场而论，对于现代侵略的战争，都是认为极大的罪恶，痛加反对的。因为基督教本是一个主张和平的宗教。基督教来世时，曾自称为和平的君主，来世特传和平福音。故其最大的使命，就是要使人间存留善意，地上都得和平。并要教导人们彼此相爱如弟兄，在平等自由互惠的原则上联络起来，共同谋求人类的进步，及世界大同的实现。举凡一切侵略残杀及强暴的行为，在基督教的人道主义上，自不相容。因此一般以嗜杀为能事的偏狭国家主义派，对于基督教，不免视同仇敌，尽量压迫。因他们这一派的国家，是以民族血统和武力为号召的，以谋一个民族一个集团的利益。至于全人类的幸福或利益，则未尝计及。他们的力量是一种离心力，一种破坏的，私己的，残忍的，或分裂的力量。故希特拉的口号"凡有德意志血统者跟随我"。墨索利尼的口号"若非意大利法西斯主义者，不能跟随我。"史丹林的口号"若不是劳动阶级不能跟随我。"日本人的眼光中，也只有太和的民族，或皇军的威力是他们称道的。这都是一种自尊自大的破坏力量，来把整个的世界，割裂分赃，摧残殆尽而后已。至于基督则一视同仁，他说"凡要跟随我的人，就要克己背负十字来跟从我。"十字架是什么？是一个代表基督教中心信仰的记号——即杀身成仁，舍生救世——但那些国家主义者，是藉着武力来侵略弱小民族，破坏世界和平的；而耶稣却是藉着十字架牺牲流血的精神，争取正义的胜利来挽救世界，进入大同。所以说：基督教可认为世间一种伟大的和平运动。对于国际间的一切侵略战争，和以强欺弱的残暴行为，皆认为极大的罪恶，绝不相容的。

同时我们要认清基督教虽然是一个主张和平的宗教，但他所主张的和平，是以人类平等为原则，在互相亲爱的条件下共谋和平的幸福。凡一切苟且偷安与恶势力妥协的和平，是基督主义所不能相容的。基督曾说："我来不是叫世上太平，乃是叫世上动刀兵。"那就是表明基督耶稣，不与罪恶势力妥协的坚强立场，这种立场，是常与世间一切的残暴罪恶挑战，站在对峙的战线上。因基督的主义是宁愿牺牲受死，而不在恶势下屈服的。所以当日基督在世时会在圣殿中赶出一般卖牛羊鸽子及兑银钱的奸商，也就是表明他疾恶如仇，不与罪恶妥协的决心。

今日全世界的基督教徒，不分国界种族，在他们的宗教信仰上，都是一致主张公理正义反对侵略战争的。比方现在日本军阀以高压的手段派遣大军压迫我们，侵略我国的土地，轰炸我们无辜的民众。这一切强暴的举动，照日本一般基督教信徒看来，也都认为是违反正义，不合人道的。所以在他们的言论中，也都表示反对的态度。前年有一位日本有名的宗教家贺川丰彦，到济南演讲。但在他演讲前，他先用很诚恳的话，向中国人认罪，因为他觉得他们日本国中的军阀，在中国所造成的罪恶，实在使他觉得心如刀刺，痛恨万分。他并且说："我要是不向你们在上帝面前认罪，我就不配在这里讲'十字架'的道理。"可见基督徒不分畛域国界，都站在和平阵线上反对侵略战争，与一切强暴的侵略行为斗争。我想基督耶稣设使今日还在世间，他亲眼看见日本帝国主义者对于我国这种强暴的侵略或种种惨无人道的行为，他一定不忍坐视，定要加以猛烈的攻击，并且要领导我们这四万万五千万的受压迫民众，来进行一切解放运动，俾可得到完全平等自由的幸福。所以在现阶段的中国，处于强暴势力压迫之下，我们凡属基督信徒的，或非信徒的同胞，应当一致效法耶稣为正义，真理，奋斗的精神，努力参加我国一切救亡运动，并联合国际间一切爱好和平的份子，加强我们抗战的力量，来消灭一切不合人道的战争，与强暴的侵略，俾对侵略者，实施有效之制裁，促成真正之和平。

这次在伦敦所召集的国际反侵略运动大会，其中主动份子，多为基督信徒，以故我国国民外交协会，为表示一致响应，热烈赞助起见，协定全国各地，自二月六日起至十二日止，举行反侵略的运动周。且规定宣传周的第一日为宗教日。其用意是要我们大家以宗教的立场，来提倡世界和平，并要本着坚强的信仰，与百折不挠的精神来同一般恶势奋斗，俾正义所产生的和平，在国际间得永久成立，而促进世界大同和天国实现。

（原载《圣公会报》，1938 年，第 31 卷第 5 期）

基督徒对于东省事件态度的剖解

张祖翼

✐ *编者按*

张祖翼，生平待考。

本文写作于东北沦陷整整三个月后，作者观察了国内各基督教团体及个人对于此事件的态度，同时还放眼于日本基督教界以及欧美教会界对此国际事件的反应。本文除了将国内基督徒的抗战立场加以区分外，还以平和派、侵略派区分了日本基督徒的态度，以同情派、批评派区分了欧美基督徒的回应。在结论部分还提请读者注意各派之间立场的融合以及各派群体的构成问题。

绪　论

自从暴日以武力侵占东三省以来，刚巧已过三个足月了！在这三个月当中，东三省的形势一天严重一天，而国内的抗日救国运动也一天扩大一天。但是号称主张公义，爱好和平与维护人道的基督徒对于日本这种侵略的野心，残暴的举动，威胁的言词和诱惑的手段究竟抱着什么态度呢？这是全中国的非基督徒所注目的。因为照一般非基督徒的成见看来，基督徒总没有民族思想的，也不能反抗日本的，更不会爱国救国的。其实全世界的基督徒——无论是中国的，日本的，美国的，或是英国的——正因为他们的民族地位各有不同，而所得的宗教经验也互相差别；于是他们对于日本帝国主义的态度就大有出入了。

现在我们为了要明了全世界基督徒团体及个人对于东省事件所抱的种种态度起见，就不得不把他们在报章杂志上，公开谈话中与私人通信里所表示的各种意见，搜集拢来，作一种客观的剖解。这样，基督徒对于暴日的态度与论点也可以大白于天下了。

（甲）中国基督徒的态度

中国的基督徒对于这次日军强占中国领土，残杀无辜同胞，破坏东亚和平的暴行，不外抱着下面的两种态度：

（一）抵抗派 这派的基督徒以为中国政府与人民——无论是基督徒或非基督徒——应当一致起来，反抗日本的武力侵略，制止日军的疯狂暴行，以获得正义，而维护人道。但是这一派又可分为下列两小派：

（1）武力抵抗派 这一派主张基督徒非但应当抵抗日本强暴的政策，并且也可以用武力抵抗杀人如麻的日军。他们所表示的意见如下：

"日本这次在东三省的暴行，完全把它的原形显露出来了！它的真面目实在好像是二十世纪文明世界的怪物：它是帝国主义，资本主义，武力主义三位一体的魔鬼；它是无法无天，随手杀人的疯人；它是黑夜潜伏，乘火打劫的强盗；它是张牙舞爪，狼吞虎噬的猛兽。……"

"如今中华民国的圣殿已经成为贼窝了！辽省人民的家宅已经变作荒场了！我们应当快去赶走日本的强盗啊！我们应当速去解救东北的同胞啊！空口说爱国就是假冒伪善的，终日做祷告不能吓退日兵的。乞怜于国际联盟会，真如同病人去请鬼郎中。哭诉于日本的基督徒，又好象石子抛在大海里。上帝！上帝只帮助那些能够自助的民族。天父！天父只保卫这种能够自卫的国家。"

"在圣架宝旗底下的弟兄们！我们怕敢与恶魔战争么？我们真能为公理战争么？如果非武力不足以保障世界的和平，为什么基督徒不可以借用武力呢？如果非战争不能够实现人类的正义，为什么基督徒不应该参加战争呢？我们别再为绝对无抵抗主义者所愚弄了！我们别再为极端和平主义者所麻醉了！我们要使被掳的得释放。我们要叫受压制的得自由。我们要做刚强的人。我们要用臂膀施展大能，把那狂傲的人赶散！我们要拿起上帝所赐的全副军装，抵挡仇敌！这样，我们就不愧为制止强暴，维护人道的基督精兵了！……"（见十月份《野声》反日运动特刊"新文社同人告全国基督徒书"）

"耶稣非但不是一个绝对无抵抗主义者，却是一个努力奋斗主义者。他曾多次愿意聚集犹太人，发起民族革命运动（参看路加福音十三章三十四节）。他曾经以武力赶走圣殿里的经济侵略者与强占圣地者（参看马太福音十一章十五至十七节）。他曾吩咐门徒买衣服买刀，以武装自卫（参看路加福音二十二章三十六节）。……"

"同胞们！我们所要反抗的仇敌乃是日本的军阀——帝国主义的爪牙。我们所要打倒的对象就是日本的政府——帝国主义的本身。凡是站在反帝国主义一条战线上的人们——无论是基督徒或是佛教徒，无论是三民主义者或是社会主义者——都应该团结起来，一致扑灭这种东亚的怪物！"

"同道们！我们——耶稣主义的信徒——虽不是国家主义者，也不是武力主义者；但正为了爱好人类和平，维护世界公道起见，我们就该快快组织十字军，全体基督徒武装起来，努力奋斗，牺牲到底！"（见《野声》反日运动特刊"耶稣主义是不是绝对无抵抗主义"）

"我们主张以武力剔除世界的暴行，当然不是基于狭义的爱国心，甚至可以说并不是有什么国界的成见。此次日本的暴行，并不是因为我们是中国国民，出而反对，就是世界任何国民，即日本国民凡属基督徒，均应反对，因为他们的暴行，是世界人类的极大罪恶。……"（见《兴华报》第廿八卷第四十期"基督教义与非战主义"）

"所以我们基督徒，无论是任何国的国民，为争中国民族的生存，谋日本人民的解放，拥护世界的和平起见，势不能不联合全世界爱好和平的民族，共同与日本（暨）任何国的军阀抗衡，誓不下旗息战。……"（见《兴华报》廿八卷四十五期"世界和平几将破裂声中的基督徒"）

"国家受此奇耻大辱，最后惟有出于一战，以争回我国人人格。"（见《同工》第一百零五期"记阎宝航君演讲日人在东三省暴行真相"）

"日本此次举动，破坏了维持人类的一切公理与道德，犯了人类无可赦免之罪恶，无论谁人，都可得而讨伐之，况我疾恶如敌的基督徒呢？……耶稣是和平之君，这扰乱和平的日本，岂不应当起而驱除它么？由此看来，我们在上帝面前，可以大胆说：上帝啊！你是审判人类的，请你今日裁判我们的是非曲直，求你按你的法律，施行惩罚。现在我们要起来，拿起你所赐给我们的全副军装，去抵抗那残害人道的恶魔。求你增加我们的胆量与力量。阿门！……"（见《新生命》第四卷第十期"基督徒与抗日救国"）

"暴日的侵略，已经到了头上，呼吁于邻邦而邻邦不睬，求救于国联而国联无法。在这种情形下，我们必须挣扎了，拼着血和泪去力争世间的公理。"（见《青年友》第十一卷第十一期"我们的呼声"）

"如日本一再执迷不悟。得寸进尺，国际联盟不能保持和平，主张公理；为死中求生计，只有全国武装起来，对日宣战。"（见《女青年月刊》第十卷第十期"山西汾阳基督徒救国会宣言"）

（2）非武力抵抗派　这一派主张基督徒不应当用武力对付日本的暴行，却可以提倡对日不合作运动或厉行经济绝交，以促日本的觉悟。他们的言论如下：

"吾人临此大变，究竟如何应付？鄙人等以为唯一的办法，为联合全国民众，实行对日不合作。吾人之主张计有下列三点：（a）所有活动皆绝对采取非武力手段，避免一切暴动。（b）经济绝交，厉行抵制日货。（c）除两国间人民谋根本解决问题应有的一切关系外，断绝其他一切关系（如雇佣私人及团体交际等）。……"（见《野声》反日运动特刊三十三页）

"主张非武力抵抗，以促日方觉悟，……"（见女青年会全国协会"告同及会员书"）

"在此危急存亡的秋，共图挽救，对日采取不合作主义，实行经济绝交之……"（见《同工》第一百零六期汉口青年会代电）

"努力与日本经济绝交。……商实业界一齐动员，切实抵制日货……不消几年工夫，就足以制它的死命。……"（见《女铎报》第二十期第六册"抗日救国的认识与努力"）

"本会运动须用和平方式，如舆论之攻击，同情呼吁，以及经济政治方策之裁制，均可采取；惟不涉及武力。"（见《中华归主》第一百二十二期"基督主义和平运动会简章"）

我们国人能在日人暴行之下，用经济抵制的方法，如此抗拒，给他们一种严厉的教训，确是可喜可贺的。长此以往，我们至少也可以希望他们能有相当的觉悟。……我以为我们应该再进一步的，"在这一条路上去努力，务使日人所雇用的一切华人与他们完全断绝关系：做苦力的不为他们搬运；做厨子的不为他们制饭；做西崽的不供他们役使。总而言之，我们要使他们对于日常生活感受到种种的困难和不安。这样，他们或许还有彻底觉悟之一日吧?"（见《上海青年》第三十一卷第四十八期"向抗日救国各团体进一言"）

（二）不抵抗派 这派的基督徒以为一个人做了基督徒就不该与暴日作对。他们既然竭力反对武力抵抗，又不明白主张经济绝交。所以他们很拥护政府所采取"不抵抗主义"。但是从他们的行动方面看来，也还可以分成两小派如下：

（1）呼吁派 这一派主张基督徒不必起来抵抗日本的暴行，只要向全世界基督徒，非战公约签字国和国际联合会呼吁和平，要求正义，而又在上帝面前为国难祈祷，就使中国转危为安，出死入生了。他们的言论和举动如下：

"请电全世界基督教团体及日本全国基督教协进会，主持公道，立予制止暴行，并促撤退日兵，以维世界与东亚和平。"（见"香港基督教联合致协进会电"）

"贵会救国热忱，百倍于我。可否仰借大力，作两方面之呼吁：一则通电海内外中国教会，长期联合为国祈祷，在神父前，认罪求恩，恳以神力铲除贪污邪恶，大施救赎，停止祸怒，并予彼凶应得之报，俾知宇宙之间，确有真宰；一则通电全球各国基督教会，说明中国被祸真相！请其代祷上主，并联合请求各本国政府勿为日本宣传所惑，勿为日本外交所诱，无比主持公理，裁抑暴行，予中华以正义之援助。"（见"张之江致协进会电"）

"吾人痛心国难，正谋合理解决。复据香港，广东，北平，保定，锦县，苏州基督教教会联会，上海传道联会，厦门基督教任职会，山东临青公理会，湖州监理会，南京金陵神学院，南京妇女节制会，上海美华浸会书局全体，及张之江先生，范定九先生，曾信光先生等函电纷来，请即通电日本与各国基督教协进会及国际联盟，请一致主张公道，反对以武力解决国际纠纷，一面请日本协进会敦促日本政府从速通令撤兵并请本会通告全国教会，一致为国努力，同心为国祈祷。经于九月廿八日，召集紧急常委会议，通过下列各案：（a）致电国际联盟；（b）致电世界基督教协进会；（c）致电日本基督教协进会；（d）致书全国教会。……"

"吾人对于政府以此次日本称兵东省事付之国联公决之办法表示同情。……"

"当此国家多难之秋，凡我同人，尤宜勤恳谦诚，祈祷于上主之前，或公开会集，或私自修养，为人为己，为家为国，痛心认罪，迫切祈祷，出于诚心，持以坚忍，以祈上主俯听，大施拯救之恩，期奠国家于长治久安之基，进世界于公理和平之域。"（见基督教协进会"为日军侵占东省事敬告全国教会书"）

"同人等自闻沈案发生以来，莫不义愤填膺！连日召集会议，讨论对日办法。兹议决致电日内瓦女青年会世界协会，国际妇女协会与国际妇女和平自由同盟会，请其主持公道，维护和平。复兴中华妇女节制会，中华女子参政会等联名致电国际妇女参政大同盟以及日美主要妇女团体，请其要求各国政府遵守非战公约，着令日军撤退，恢复原有状态。……拥护国府将沈案诉诸国联，请求世界公断之政策。……"（见女青年会全国协会"告同工及会员书"）

"本协会已联合沪市各团体，共谋应付，并致电穆德博士转欧美基督教团体，宣布真相，同时并电日本青年协会，共谋维持国际正义，保障世界和平。当此国事紧急之会，我青年会同仁，自应根据正义和平，与坚决不饶之精神，联络各界，采取有效之方法，以为政府后盾……"（见青年会全国协会"告全国青年会同人书"）

"此次贵国日本无故出兵满蒙，事前既无宣战之预兆，显系违背凯洛格和平公约，破坏世界和平。请贵会同志，一致敦促贵国政府，即日撤兵至原驻地方，并永远避免此等暴行事件之发生，实所盼祷！"（见《野声》反日运动特刊"中华妇女节制会致日本妇女节制会电"）

"同人等渴望国际和平与亲睦之心，当为贵国（日本）信众所共谅，万希贵国信众与同人等努力同心，一致进行，促使满洲局面早复原状，世界人民更加亲善，斯则古先知'毁兵器以为犁锄，不复习于战争'之言，容可见于今日矣。"（见《中华归主》第一百二十期"北平基督教合会致日本基督教同盟电"）

"日本甘冒不韪！乘人之危！……不顾世界公理，一无人道主义。幸我国府，保持和平，不加抵抗，只求国际联会，主持公道，出为调解，免致酿战祸。但谋事在人，成事在神。我基督徒应当为此国难恳切祈祷，如同希西家在大敌压境的时候，进上帝的殿，哭泣祈祷，得蒙上帝应允，转祸为福。张之江先生为此国难请全国基督徒同心切祷。我杭城教牧领袖等于本月（十月）十五日集议，决定请众教友每日午间，在家为这国难恳切哀求，得能化危为安，遇难成祥。"（见《新生命》第四卷第十期"杭城教会为国难祈祷宣言"）

（2）静默派　这一派以为基督徒是应当抱绝对无抵抗主义的。他们相信武力抵抗与经济绝交都可以致日本人的死命。那是违反人道主义的；所以基督徒不应该采取这些政策的。况且在他们的眼光里，基督徒是没有国界的，中日是可以亲善的。他们想日本无论怎样强暴凶恶，我们为了基督的缘故不应该看它是我们的仇敌——即使仇敌，我们还是要爱它！如果日本这次犯了大罪，上帝自己会惩罚它的。若使中国人自己错了，这是上帝用以警诫我们的。一切赏罚之权既然都在上帝手里，那么我们打电报，发宣言，奔走呼号，抵制日货究竟有何益处与效力呢？因此他们对于爱国运动，绝对不愿参加，而对于东省问题，一味默默无言，静待上帝的审判。我对于这班基督徒，无以名之，就名之曰"静默派"吧！

（乙）日本基督徒的态度

日本的基督徒，如果真正信奉耶稣为"和平之君"，对于这次日军强占东三省事件，应当一致反对的。在事实上却未必尽然！从他们所表示的意见看来，我们不妨把他们所抱的态度分做下列的两派：

（一）平和派　这一派基督徒对于东省事件认为抱憾并希望和平解决中日问题。但是他们只求全世界基督徒为次失共同祈祷，却并不发起什么运动，以督促政府撤兵。他们的言论如下：

"我侪对于此次事变认为我基督徒平生所主张之兄弟爱。世界和平等精神，未能贯彻，有以致之。念兹苦心，至为负负。愿此后更能努力于东方平和之贡献，以保持世之和平。"

"切望正义与友爱之观念深入当局之心，俾速谋时局之收拾，将中日间祸根扫除净尽，冀保世界平和。"

"吾侪根据以上宣言除自勉外，并望全世界在主里之兄弟以及和平团体，共同祈祷，努力以成。"（见《中华归主》第一百十二期"日本协进会大会对满案之表示"）

（二）侵略派　这一派基督徒是拥护日本帝国主义的。他们以为这次日军占领东省，非但能保障那边日侨的利益，并且要拯救中国人民脱离兵匪的压迫。所以他们反对国联着令日本撤兵的决议案。他们的理由如下：

"依吾人在满多年及实验，以此次日本撤兵案诚属无谋之举，实不啻将三千万良民送于暴戾无道之兵匪，供其蹂躏。以在满基督教徒之立场，不容忍默如此之悖道，出于诚意反对撤兵案。"（"满洲基督教青年联盟声明"）

"依天父之恩宠，凡我在奉之基督教徒，平素尽瘁于国际平和者，对贵联盟赠以声明书，关于此次满蒙不幸事件之发生，表示受神之委，而现卒直之意义。

按此次事变之原因乃中国军阀依多年计划的实行排日行为之结果也。日本军的行动不外保持条约上正当的利益，取自卫的态度而已。"

"现今之满蒙仅赖少数之日本屯军维持三千万民众之治安。当此兵匪频仍，出没无常威迫良民，危及生命财产。"

"近忽要求将日本撤入附属地内，实无异将满蒙陷于水深火热之中，倍呈混乱也明矣。且当此在齐齐哈尔及锦州集有数倍于日本军力之旧军阀，盛示敌意之际，竟强令日本撤兵，不平之讥在所不免。况日本此次之行动以实现此地成平和乡为责任，即全世界亦应以满腔热忱感谢。"（见二十年十一月十八日《东三省公报》辽宁通信）

（丙）欧美基督徒的态度

欧美的基督徒对于东省事件差不多都主张和平解决的（参看《中华归主》一百二十二期美国加拿大宣教会来电）。他们相信舆论可以胜过兵力，强权终会屈服于公理的。但是在他们中间我们也可以找出下列两派：

（一）同情派 这一派基督徒对于九一八所发生的不幸事件都表示相当的同情。但是因为他们的对象不同，又可以分成两派：

（1）同情中国派 这一派对于中国极表同情并能仗义执言，而对于日本的武力侵略，破坏和平，很是担忧。他们所表示的言论与行动如下：

"日军攻占沈阳时，余适在辽。余历访当时当地目击其事者多人，均证实此事乃日军于事前缜密布置，实行侵犯的计划。中国方面绝无启衅行为。日人乘中国水灾惨重，各国不暇注意之时，出此举动，已引起极深之恶感。……余又证明日人竭力煽动华人组织傀儡式的独立政府，全由日本军事家操纵；并另寄誓文，证明曾访问东北重要华人，无不坚称日人曾多方劝诱，请其领袖独立政府。中国人民于愤激之余，采取经济绝交之方式，非政府所能制止。东方全体民众，亟望国联与非战公约签字国有所举动。……"（见《同工》第一百零六期艾迪博士通电）

"对于中国水灾及中日形势表示深切同情，并联合其他国际团体促进世界和平。"（女青年会世界协会覆中国女青年会全国协会电）

"希望国际亲善得以实现，并对于中日问题表示同情而代祈祷。"（美国女青年会全国协会致中国女青年会全国协会电）

"对中国全体同工表示同情并在祈祷中想念诸位。"（中国女青年会全国协会在假美国干事致中国同工电）

（2）同情日本派　这一派以为日本占据东三省乃是要找一条出路，以图生存。中国既然地大物博，而自己也管不了，不如让给日本去治理罢！还有些同情于日本的基督徒说，在满洲的中国军阀压迫自己的百姓与日本的侨民太厉害了，所以引起了这次不幸的事件。但是这些话只在私人谈话中可以听到，却未见在报章上公开的表示出来呢！

（二）批评派　这一派基督徒对于日军的强暴行为与中国的反日运动都加以批评的。他们相信日本武人的愚笨政策迟早终要失败的。他们以为中国学生的轨外行动反足遗害国家的。他们认为这次不幸的事件是由于中日两方误信"爱国主义"为一种高尚道德理想的结果。他们中间也有人批评基督徒不可拿圣经来证明对日宣战的是非，因为他们觉得基督的道理是不适用于战争问题的。这班基督徒的言论我公开演讲中听闻过，也在私人通信里看见过的，他们大概是大学里的教授，所以最欢喜批评。

结　论

上面所提起的各派基督徒对于东省事件所抱的态度虽只根据我个人所搜集的有限材料而定，但都用客观的方法分析的。至于这种的分法，无非为了读者利便与明了起见，并不能够说是完全正确，永远不变的。所以末了，关于中国基督徒的态度方面，我还得向读者声明三点：

（一）武力抵抗派的基督徒当然也采取不合作运动，经济绝交和其他非武力抵抗的方法。至于他们所反抗的乃是日本的军阀和资本家并非日本全体的民众。

（二）不抵抗派中的呼吁派同时也赞成或容易变成非武力抵抗派的，甚至后来也会加入武力抵抗派的（参看《微音月刊》第一卷第七期范定九的"我们对东北惨案的责任"）

（三）现今在中国的基督徒当中，除了静默派以外，要算非武力抵抗派的人数为最多，而他们的势力也最大。讲到他们所积极提倡的有组织运动就是大规模的对日不合作运动与中日问题研究会。

——一九三一，十二，廿二，于上海

（原载《女青年月刊》，1932 年，第 11 卷第 1 期）

基督徒对于国难态度的分析

陈晋贤

✎ **编者按**

　　陈晋贤，曾为金陵神学院教员，《金陵神学志》编委。

　　本文为一综述性文章，针对九一八事变后，国内各基督教团体及个人对国难的态度，作者收集了大量文献，并将这些立场分为抵抗派、不抵抗派、稳健派三类，同时详细罗列了这三派的立论基础及种种表现。虽然文章描述成分较多，缺乏具体分析，各派之间的严格区分亦容易造成一些误解，但其全面细致的梳理工作无疑对于人们了解抗日战争刚一发生时中国教会的种种反应具有一定的参考价值。

　　我国自去岁九一八与今年一二八受创以来，举国上下的人，在思想上，都受了极大的刺激；基督徒当然也不是例外。不过在基督徒的思想历程中，在表示态度时，特别要感受困难，因基督徒有他们特殊的立场，比方说：基督而一贯的精神在爱，做基督徒的当然要效法基督的精神，主张爱的方法，但这种爱的方法，和一般人所主张的战争的方法，是冰炭不相容的，同时我们基督徒也是国民的一份子，对于日本这次侵占我国土地的暴行，既不能毫无表示，更不能绝对主张不抵抗，而一人所主持的武力抵抗主义，又是我们平素以爱为怀抱的基督徒，所不敢赞同的，于是矛盾的心理，就产生了，如果这种矛盾的思想，在基督徒的心中，一日不铲除，则对于我们基督徒的信仰上，和生活上，都要发生不安的现象，而且中日问题不是一日可以解决的问题，也不是局部的问题，乃是我们全国需要长期奋斗的一个问题，这种问题，所给我们全国人民的印象，是非常的深刻，我们做基督徒的在这样情形之下，如果不能使我们的思想和这种事实打通，如果我们对于这种事实不能表示一个正确的态度，那么我们无论对于宣传福音上，或施行宗教教育上，就不能确定我们的方针，这是何等危险的事啊！因此我就搜集了自九一八以后国内各教会机关所发行之中文刊物，数十余种；将各种刊物中所有之国难论文，加以整理和分析，编成基督徒对于国难态度的分析一文以供基督徒思想上之参考。至本文所根据之材料，乃教会刊物 35 种，计 74 份，共有论文 176 篇，内有通论 110 篇，通电以及个人通讯 44 篇，国难祷文篇 11 篇，文艺 11 篇，这些论文在教会性质上的分配，有属于全国性质的教会机关，有属于各公会的，有属于教会学校的，也有属于基督徒个人的编辑的刊物，至于这些刊物在出版地域上的分配，东至上海，西至山西河南一带，南至两粤，北至北平，故以下所分析的基督徒对于国难的态度，可以代表国内各方面的意见。

基督徒对于国难的态度，可分为三种：第一，抵抗派，而抵抗派又可分为两派：一即武力主义派，一即非武力主义派；第二，为不抵抗派；第三，为稳健派，兹将各派的主张分述于下：

一 抵抗派 日本此次侵略中国土地，杀戮中国人民全国基督徒，大多数均采抵抗的态度，但在抵抗的方法上可分为两大派：

A. 武力抵抗；其主张是：

1. 日本的暴行，是人类罪恶的表现，我们当以武力铲除这种罪恶"我们主张以武力剔除世界的暴行，当然不是基于狭义的爱国心，甚至可以说并不是有什么国界的成见，此次日本的暴行，并不是因为我们是中国国民，出为反对就是世界任何国民，即日本国民凡属基督徒，均应反对；因为他们的暴行，是世界人类的极大罪恶"。（见于华廿八卷四十期"基督教义与非战主义"）

2. 日本的暴行，破坏世界和平，为维持世界和平计，不得不武力抵抗。"所以我们现在大声向全基督徒高呼：为了保障和平，全世界的基督徒都应起来高呼打倒，穷兵黩武的日本现政府，和一切无人道的军阀。非到人种正义的实现，我们势不下旗息战。"（见华北公理会月刊六卷二期"帝国主义与基督徒"）又"如果非武力不足保障世界和平，为什么基督徒不可以借用武力呢？如果非战争不能够实现人类的正义为什么基督徒不应该参加战争呢"（见野声二卷二期"告全国基督徒书"）

3. 武力抵抗不是主张暴力，乃是消灭暴力"我们主张备枪，并不是主张暴力，正是消弭暴力。按力学原则，两力平均，则两力相消，惟有一方无力，才能显出对方的暴力。若是对方明知我有相当的抵抗力，他绝不施行他的暴力"（见于华廿八卷四十期"民众要武装起来"）又"况且处处表示退让，非特不能阻止事态之扩大，且足以启敌人轻视之心，以为吾国易欺，必将长驱直入……"（见野声二卷二期"基督徒对于日本暴行应有之表示"）

4. 武力抵抗乃出于自卫，而不是侵害他人。自卫是上帝赐予人类的特性；而且上帝只帮助那些能够自助的民族，天父只保卫那些能够自卫的国家。"虽然，在耶稣的理想的天国，尚未完全实现以前，即在今日的大凌小，强欺弱，众暴寡的世界中。自卫的战争，是不违反基督教义的。因为自卫是上帝赋予人类的本能；自卫是生存唯一的条件，自卫是生存应尽的义务；不能自卫是柔弱，是懒惰，是放弃义务，是助桀为虐"（见河南中华圣公会会刊第四十四期"基督教与战争"，参见华北公理会月刊五卷八期"至少"，又同期"中国基督徒对于日本出兵东三省的认识及准备"，又该月刊六卷三期"自卫是爱护和平"）

5. 武力抵抗为的要使人类彼此的接触，基于正义人道上。"我们要想人群间的接触往来，以人之所以为人的共同性作标准，那必须与军国主义者对抗。所以我们上海的将士与暴日周旋，实乃为人群间的接触往来"不以武力的强弱作标准为抗战的。（见华北公理会月刊六卷三期"自卫是爱护和平"）

6. 从基督徒整个的教义来看，并非绝对的非武力抵抗主义。"照耶稣在世的时候，完全采取非武力抵抗，但此中有时代关系与处境的关系。并不能认为教义就是这样，若是照旧约以色列人历史，摩西，约书亚，大卫等都是毕生在战争之中。如果断定基督教义就是非战主义，那么除非将旧约完全焚毁，试问谁敢这样武断？若说，旧约时代，是野蛮时代所以战争，现在时代不同了，试问现在的人类除了物质文明进步，道德方面，比旧约时代进步几何？恐怕强暴兽行一切的不人道，比旧约时代更加厉害"（见兴华廿八卷四十期"基督教教义与非战主义"）

7. 基督的不抵抗主义对个人言，是可以的；但对国家言，对受托之责任上言，就必须抵抗的。"基督这样的教训只是关乎个人不抵抗的一方面，并不是叫人受着帝国主义的侵略，也白白把国人托己保守的国土不抵抗地拱让与人……若是我身为将士，有守土之责，这是国人托我代为保守的，不是属我个人的，则一丝一毫也不能让给别人，这是基督的正确意义"（见《卫道》卷三第一册"不抵抗主义经文的意义"）又"主张不与恶人作对的主耶稣可以供罗马兵士侮弄，可以受十字架的残刑，然而他却不愿见'父的殿变成贼窝'所以用武力来洁净圣殿"（见野声二卷二期"在国难中基督徒应有的觉悟和态度"）。

8. 日本侵略我们的土地，杀戮我们的人民，这是我们无法忍受的事，故必须抵抗，"况且耶稣所用的无抵抗，也仅以个人所能忍受的事而说，如多行几里路，连内衣也脱下来等类的情形，耶稣并没有说'凡砍你右臂的当转过来，再让他砍你的左臂'，因为臂膀被砍，是超出我们容忍力所能容忍的范围了"。（见紫晶三卷一期"日本占领东三省后宣教师应有的态度"）

9. 武力抵抗是迫不得已，急不容缓的方法，"比方有一只老虎要吃人我们不能不合力把这只老虎打倒，为的要救人 …… 所以我以为为救人，——中国人与日本人——的缘故，我们便不但要起来自卫，我们还是要尽力去抵抗这只吃人的老虎——日本帝国主义……经济能够彻底的绝交，不合作办法能够切实的做到，自然是很有力量的；但是我总觉得缓不济急"。（见野声二卷二期"对于反日的意见"）

B. 非武力抵抗派，非武力抵抗派的原则是唯爱，非武力抵抗的方法，是不合作运动，这派人的主张是：

1. 耶稣绝对主张非武力主义，他充满了爱的精神，我们既承认是他的门徒，而去作反乎他精神的事，是极矛盾的，我们如果主张武力，最好不要做基督徒"我认为他（耶稣）所发明的原则，（爱的原则）是世界上唯一的希望，因而我称自己为他的门徒。朋友们！你怎样呢？若是这是我愿意为真理流自己的血，不愿为任何事体流人的血，这种信仰你以为如何呢？"（华北公理会月刊六卷二期"国难时期基督徒的信仰问题"）

2. 主张武力而以耶稣的教训为根据乃大错，乃误解了耶稣的话："倘你要主张与日本开战，请你不要用耶稣或他的言语来维持你的意见……路加22：36上的'刀'有二三点意思却非常明了：第一，'两把刀'当然不是充分的军事预备，但耶稣说这就够了。"第二，当兵丁来提拿耶稣的时候，彼得就拔出刀来，耶稣斥责他说："凡动刀的必死在刀下。"第三，耶稣一生并没有留下一个杀人的榜样，耶稣曾用绳子作成鞭子来赶牛羊，却没有打过人，况且一根鞭子，既不是刀，又不是剑，更不是机关枪，怎样能杀人呢！"凡有人主张与日本开战，还不如不引耶稣的榜样，或他的教训为优。"（见金陵神学志十四卷二期"给野声主笔张先生二封信"，并参见该志第一期"世界基督徒与中日问题的危机"）

3. 耶稣的爱仇敌，是广义的，是要天下的人都当彼此相爱，这样天下就太平了。"所以彼此相爱，是爱仇敌的广义方面；爱仇敌，是彼此相爱的狭义方面。两方面的总和就是爱，爱是一切行善之本，就是耶稣道理全部的精神，""更就其爱的能力方面来说，尤其是先要以强爱弱，以富爱贫，"（中华归主 121 期"对反对爱仇敌论者的一个答复"）又"耶稣不是只要某人或某国爱仇敌，他实是要天下皆爱仇敌，天下个个皆爱仇敌，则天下平"。（卫道 3：1"释爱仇敌"）

4. 我们的目的在求和平，和正义的实现，我们采取的方法，应与目的一致，所以武力的方法，决不是达到和平目的的方法，"吾人相信，非武力的方法，爱的方法，其改革社会之力，千百倍于武力；吾人相信爱的革命性，与有我牺牲性，不但为改造社会的元素，且应为未来社会的基础，吾人相信目的与手段应当一致，因为否认武力为达到理想的社会所必需的手段，"（女青年月刊 10：10"今年的圣诞节"）又"因为武力的手段与爱的目的是两不相容是互相消灭的"（见唯爱二十一年二月份"吴耀宗覆马庆选"）。

5. 我们相信战争是永不能止息战争，我们既恨战争，惟有用和平的方法，来消弭战争，"恨战争爱和平，确为基督徒的共同趋向，不过我们应以和平之组织，替代战争之组织，造成和平之机关，以便在国际间，偶有困难时，即可利用以截止其发生。"（金陵神学志 14：1"世界基督徒与中日问题的危机"）又"我们更决然地说：除非我们敢实行耶稣的教训，永远废除武力，不怕误会，不避讥消，用种种方法，使爱的原则实现于社会与国际的关系，则武力的迷信，永远没有破除的时候"（女青年会月刊 10：10"今年的圣诞节"）。

又"战争包含仇恨的心理，无论谁胜谁负，仇恨只有增加不会消灭；仇恨一日存在，则战争的可能，也一日存在"（见唯爱二十年十月份"吴耀宗覆鲍哲芝"）。

6. 战争所造成的惨祸极大，所以反对战争的方法，"今日大半有学识的人，都认以战争解决国际纠纷之办法，何等愚拙，要知战争之发动足以摧残一般人类之个性，和扫尽一切物质上之享用，在攻守胜负两方都受有莫大的苦难，她的影响，可波及全世界传达至后代，有名的英国政治家曾说：我们如不灭战争，则将为战争所灭，战争实在是一可憎的事实"！（金陵神学志14：1"世界基督徒与中日问题的危机"）

7. 武力是造成今日世界局面的一个重要原因，所以须反对武力，"至终决定了这个纠纷的根本原因，究竟不是复杂，乃是简单的，我们又不必考查许多书籍，又不必跑到东三省亲自调查，他的原因，并不在野心的日本，又不在软弱的中国，乃是世界各国所信仰的所依靠的武力主义；就是以武力为实行一个国家政策的工具"（华北公理会月刊6：2"我对于现今时局的感想"）

8. 人格有无限的价值战争是摧残人格的利器；惟有爱才是保障人格，发展人格的最善方法，"耶稣相信每一人格均有无限的价值，虽然有时以严词厉斥害人的罪恶，或以伟大而清洁的人格，对付虚伪的组织。可是他没有仇恨和杀戮的心……我们可没有见到他害人身，流人血，以顺遂自己工作利进的欲望"（金陵神学志14：1"世界基督徒与中日问题的危机"），又"人有无限向上的可能，只要任用爱的精神改变他的环境，改变他的心境，一个有害于社会的个人，或团体可以变成一个有益于社会的个人或团体"（见唯爱双月刊二十一年二月"唯爱的定义"）。

9. 惟有爱才能消灭阶级的斗争，国际间的不平等，而实现世界的和平，"我们的主张：1. 以人类爱的意识消灭阶级之冲突，2. 以人类爱的意识消灭国际间之不平等，3. 以人类爱的意识改造世界一切文化"（野声2：2"我要向世界民众说几句话"）

10. 爱是永不失败，爱能得最后的胜利，"呀！今日是我们爱心与不法的事之决战期了！在今日你能保守你最后五分钟的胜利吗？那胜利就是不失去爱心……主说，惟有忍耐到底的必然得救，但看你能否忍耐了"，（兴华28：48"天灾人祸下的一个基督徒之呼声"），"天下最大的力量是精神的力量是爱的力量拿武力与唯爱比较唯爱是大勇武力是怯夫"（见唯爱二十一年二月份通讯其二）。

关于非武力抵抗派所主张的不合作运动的原则和办法，可参阅二十年十月出版之唯爱双月刊，此处恕不另述。

二 不抵抗派 这派的人并不表示任何抵抗的态度，故归入不抵抗派，他们的主张是：A 中日纠纷听候上帝的裁判，所谓伸冤在我报仇在我让恶人得着他们自然的结果罢！（参见信义 19：50 "基督徒怎样对付国难"，又见自理报 21：90 "国难中之教会责任"）

B. 不必直接与日本为难，不妨尽力将日本在中国的暴行对外宣传：或诉之于国联，或诉之于非战公约的国家，更重要的，即对世界基督徒宣传，请求他们本着公义，来解决终日纠纷（参见各通电）

C. 当在上帝面前恳切祈祷忏悔 "吾国大难临头，国人当痛切认罪，竭诚悔改，希冀挽回天心，俾吾国转危为安，化险为夷……"（信义 19：50 "为国认罪"，参阅兴华 28：39 "天灾人祸"，又 28：48 "天灾人祸下一个基督徒的呼声"）

三　稳健派　这派人既不赞成武力抵抗的方法，而对于非武力抵抗的方法虽表示同情，但终以为此非救国根本办法，也不赞成绝对消极的不抵抗主义，因为这派的人以为抵抗派的主张，无论是武力抵抗，或非武力抵抗，都是只看事实的一方面只看见别人的短处，至于不抵抗派似乎也太不负责任了。所以他们的主张，是一面要努力参加不合作运动以期促醒日本；同时更当在上帝面前为日本为中国为全世界的基督徒痛切忏悔我们的罪恶，更应从此加紧我们基督徒救人的工作。（参读真理与生命 6：4 The National crisis A call & repentanne，又二十年十月出版之燕京大学团契声 "为日本事件致契友书"，又兴华 28：49 "和战成问题吗？"）

现在再从以下九种意见上来说明这派人的主张！

1. 中日问题，乃长期的问题，所以须有长期奋斗的精神。"我们当各人在自己的可能范围以内，积极的预备，作长期的奋斗。当知爱国不是一种署理的天职，不是暂时负责，便可卸任的。救国也不是片时所能成就的工作，无论这次表面上国际解决如何，根本上救国的奋斗，信徒当人人献毕生的时间与精力，无此决心，前途将遇更悲惨的经验。"（真理与生命 6：2 "基督徒今日为国难的奋斗"）

2. 对于中日问题，基督徒固然要有热烈的爱国心肠，但更要有冷隽的头脑，来彻底研究这问题的真相故有国情研究班之组织的建议，"须知感情固不可过事抑制，为理智亦不可疏忽故今日应付此重大问题，在使热烈感情与冷静头脑互相调剂，相辅为行，庶免畸轻畸重之弊"。（见信义 19：44 "诚博士的救国指导"，参读真理与生命六卷四期 "信徒对于国事第一步的工作"，又信义 19：50 "各教堂宜急设国情研究班"）

3. 日本此番暴行，其罪固在日本，然亦中国政府与人民的腐败有以致之，所以救国的工作，还在整顿内部以谋自强，"民国肇造，垂二十年，此二十年中之政治，能予吾人以乐观者有几：武人之跋扈，党派之互攻，政客之拨弄，……无一非构成外侮之因"，"但同时深维救国之道，端在自强；更觉自强之道，不仅在军备之充实，尤在国事全部之发展，……"（见信义19：44"诚博士的救国指导"，参读兴华28：42"如何解决东北问题"）。

4. 救国尤须救人；中国的问题，不是事的问题，乃是人的问题。（参看信义报20：6"救国尤须救人"，又广州培正中学出版之论道第一期"青年与宗教"）

5. 救国的工作，必须有道德上的根据，基督徒与非基督徒，均须有修养人格的工夫。（见真理与生命6：5"基督徒如何实行救国的工作"）

6. 人格救国，不尚空谈，乃重实际，"我们的希望不在于大人先生们，更不在于左党右党，此主义那主义，这统盘的计划，那完全的政策，我们的希望是在于有志之士，在各地方各界中作小团结小建设的工作"。（见真理与生命6：5"我们的十字架就是我们的希望"）

7. 基督徒往要作这种救国建设的工夫，必须有刻苦奋斗的精神须能背负十字架。（见真理与生命6：4"我们的十字架就是我们的希望"）

8. 基督徒要救国须从下层工夫做起，"不要再向国府大门前进立刻翻转身来走到乡下去，远远地深深地踏入山之村，海之角，穷乡与僻壤去宣传国家大事去提醒一班还在幻想真命天子下凡的迷梦"，（见微音1：8"下野罢！通国学生"）这种下层工夫就是唤起民众组织民众的工夫，"我们当彼此勉励，卧薪尝胆，在各人所在的地方，唤起民众，组织民众在力所能的场合上，作抵抗日本的运动，因为只有这个态度是积极的，是我们自己能负责的，是有实效的"（见紫晶3：1"日本占领东三省后宣教师应有的态度"，参阅兴华28：50"基督徒与传道士救国的方法"）。

以上是各方面基督徒对于国难的意见的分析。兹特将基督徒国难论文编成索引，附录于后。以供阅者诸君研究之参考。

一九三二年四月写于金陵神学院图书馆

（原载《金陵神学志》，1932年，第14卷第5期）

三 基督徒救国观

基督徒与传道士救国的方法

李彦林

编者按

李彦林，1934—1937年任河北定州基督教堂牧师，1949年任卫理公会山海关教区长。

九一八事变之后，齐鲁大学神科救国团在山东济南周边农村开展了一系列救亡图存宣讲活动，每5人一组，共5组25人进行了6天的宣讲，共有1万多听众聆听了救国团的宣讲。作者认为此次宣讲最大的收获在于培养了农民本没有的国家意识，而这一点是任何空喊口号，静坐祷告所无法做到的。在政府没有组织武力抗战之前，每个信徒从自身做起来，下到基层宣讲救国知识及理念，是一条有效途径。

自九月十八号到如今，世界人类莫不关心中国之被欺受辱，特别是我国国民更为此事疾首蹙额，报纸上二分之一都是登载这一件事，人群中大宗谈话的资料亦莫不取于斯，全国上下任何人只要他知道有国的没有不起来想救国的方法，施行其救国工作的。然而我们为基督徒的和作传道士的，虽信望将来有一个极美备，极舒服，极公义，极快乐的天国为吾等存留，但我们千万不要忽略这地上的国，你若果那样作，我就要在耶稣那里告你，说你反对他所教给的祷文，因为他要我们这样说："愿你的国即是天国降临，愿你的旨意行在地上，如同行在天上，"这都是让你先造好了你眼所能看见的地上国，然后才能盼望那看不见的天上国。你若是袖手旁观不去救现在的国，而只盼望将来的国，那我就说你是不负责任，认你是废物，像扁嘴的鸭子一般，寡会吃，不会拿，既然如此，我们自然也得急速起来去救国，是刻不容缓的，但是怎样去救呢，投军荷枪与日本打仗吗，假若到了时候也可以，我是极端赞称的，然而目下政府不下命令，我们是没法子的，上南京请愿吗，这未免太俗气，也不见甚么效果，去殴打外交员吗，这更是没价值的举动，贴标语喊口号吗，不用，党部对此作的非常周到而极端热烈，唉呀，这可怎么好呢，难道我们就没法救国而尽吾为国民一份子的责任咧吗。

正在我一筹莫展的时候，忽然我校（齐鲁大学神科）救国团由大会决定一个救国的方法，这方法也就是我今天所要奉献与诸位基督徒和传道士的救国方法，此法为何，即到乡间去唤起民众是也，这一次我们的工作地是济南东龙山镇的周围各乡村，师生二十五人，共分五组，宣传了六天，效果之佳之大，实出吾人意料之外，每日自早十时出发，至下午五时始归，一日每组可宣传两三个村子，那样五组一日至少可有十二个村子的民众被唤起，每至一村，先见庄长，请其敲锣聚众，平均每次演讲有听众二百左右，这样算起来，我们这五组在六天的工夫，至少宣传了七十个村子，听众按每村二百人就是一万四千，而且他们都决志应许将所听再传给别人，那样至少藉着我们这次的宣传可有三万人民被唤起，知有国，知爱国而极积①尽他个人所能的去救国。

从这一次的宣传中我查得了中国乡民是如何的可怜，是如何的无知，他们泰半还是以这次日本的蛮横像中国的内争一样，他们到如今还是抱着"谁当皇帝给谁纳粮"的主义，诸位呀，你看这是不是中国的最大危险，这是否表示中国的国基立在沙土上了，诸位基督徒与传道士们，你还打算怎样去救国呢，这不是顶天立地，名正言顺最高最妙而且最有效的方法吗，此主义正和耶稣的主义相同，"我来不是要受人服事，乃是要服事人，"你快起来去服事那些比你知识浅的同胞们，将你所知道的国事，急速的告诉他们，此方法正合孙总理的遗嘱，"欲达到此目的，必需唤起民众。"

若再从他们的欢迎我们和听了以后的决心立志上说，我觉得更应用此法救国，每至一村，皆争前恐后的给我们搬座备茶，每演讲时皆倾心静

---

① 应为"积极"。

听，讲完彼等皆起誓说："我们一定要起来为国效忠，一旦我国与这万恶滔天，蔑弃人道的魔鬼狼群宣战时，我们一定听政府的命令尽国民之天职，宁作战死鬼，不为亡国奴。"然而这一点点的效果只是我们二十五个人在六天所作的，二十五个人用六天的工夫能唤起三万民众，若我国四十万基督徒与传道士均一齐动员，努力作去，不满一月，可将全国乡民完全唤起，诸位你不要以为我这是作梦，你可以好好的算一算，你算完了，恐怕你还要说我拟的日子太长，因为我怕是有各样的耽搁和阻碍，果是丝毫无阻本来一礼拜就可成功的，只是看你肯否真正牺牲和全国信徒有无若大组织而定，但是我有十二分的信仰，若果我全国的基督徒与传道士完全的，一个不丢的，一齐起来去作，这个成功是近在咫尺。诸位信耶稣的人们，当此国难临头的时候，请你不要只在那里垂头丧气的祷告吧，你要起来作一点实际的事情，不可把任何事都交托上帝，而你丝毫不动的在那里呆着，那不显得你太懒惰而私心了吗，恐怕上帝也要对你说："哼你这又恶又懒的仆人。"快快起来，将上帝的公义宣传到世界上，以使那残暴者销声匿迹呀，你若不起来救国，恐怕你是既然得罪了己国，又得罪了上帝。

（原载《兴华》，1931 年，第 28 卷第 50 期）

基督徒今日为国难的奋斗

刘廷芳

🖋 **编者按**

　　刘廷芳（1891—1947），浙江永嘉（今温州鹿城区）人。中学毕业后，入读上海圣约翰大学，后赴美国佐治亚大学学习，获学士学位；之后在纽约哥伦比亚大学获硕士学位。1918 年，从耶鲁大学神学院取得神学学士学位。1920 年，在哥伦比亚大学获得教育与心理学博士学位。在美留学期间，刘廷芳曾担任留美中国学生会主席。回国后，曾任北京师范大学教育研究科主任，兼北京大学教育系心理学教授。1922 年，刘廷芳参与组织中华全国基督教协进会，并曾担任中华基督教教育协会主席。从 1921 到 1926 年，刘廷芳出任燕京大学宗教学院院长，同时兼任燕大校长司徒雷登的助理。刘廷芳还曾被按立为公理会牧师。1925 年 3 月，孙中山逝世时，刘廷芳受邀主持了孙中山的安息礼拜。1927 年，刘廷芳获得密德伯利大学和奥柏林大学荣誉博士学位。除在多个教会团体及教育机构任职外，刘廷芳还与其他几位基督徒知识分子共同创办了"生命社"，出版《生命》和《真理周刊》杂志（后两刊合并为《真理与生命》），还独自编辑了基督教文艺季刊《紫晶》，参与编辑出版了《普天颂赞》诗歌本，在这些刊物上，他发表大量有关宗教教育、心理学以及神学方面的论文，对中国基督教文字事工做出很大贡献。刘廷芳于 1947 年 8 月 2 日在美国新墨西哥州一家长老会疗养院病逝。

　　本文是作者针对《真理与生命》杂志发表的有关日本侵略的社论所做的补充，其中包括以下几点：（1）为国难的奋斗应该是积极的、长久的、需要实力的；（2）救国并不是片时就能成就的工作，而要提高实力；（3）为国难的奋斗表现在不要耗费、加强体力、加增智力、头脑清醒、维持壮气、心中安定等多个方面。

东省惨剧爆发，已匝月了。惨痛之中，本社同人曾开会讨论我们信徒应当取的态度。赵紫宸博士在本刊上期所撰的社论中所提出之五点：（1）对全世界宣传事实真相，（2）为政府及世界一切主持公论者祈祷，（3）加紧信众人格的训练，（4）提倡对日经济绝交，及（5）本耶稣精神及信徒自己的理解参加救国运动。实代表本社同人的公见。一月以来，察各处教会领袖及信众的表示，益征所见皆同。这四星期中日人在东省的凶焰，日增无已，而世界舆论却渐趋一致，反对日本凶暴的侵略，同情我国不轻易起衅，与信任公道裁判。今日局势，依旧险恶，前途结果如何，尚难测料。我以为做基督徒的应当认定我们要图存必须奋斗，基督徒在这时期中须作先知先觉，力行实践的倡导者领导国民去奋斗。我们须看清楚：

一，这次奋斗，是积极的奋斗。

二，这次奋斗，不是暂时的奋斗。

三，这奋斗是需要实力的奋斗。

积极的奋斗，是刻不容缓的。一月以来，发电，草宣言，贴标语，批评，攻击，反对，痛哭流涕，开会，宣传，全国响应，这是民气未亡的好征象，然而这一切都不是积极的奋斗。譬如经济绝交，不用日货，若全国一致实可以制敌人的死命，以促其觉悟，然而这依旧是消极的，凡消极的奋斗，是不能解决问题的。要彻底实行不用日货，必得积极提倡国货。要提倡国货，必得要制造国货。经一番调查之后，知我们日用货品在市上销行者，百分之中，日货占很高成份，尤其是摩登生活所需要的物品。其原因虽甚复杂，而主要之原因，在未尝积极提倡国货。未能积极提倡国货，多半是因为国内无货。此后国人应当积极的制造国货。

我们今日应当不务空言，事无论大小，择实际可行，实际当行的，各尽心力去实行。除却全国人人积极的奋斗，中国无生存的希望。

这番的奋斗，不是暂时的。十余年来，国民受一番刺激，作一番反应，刺激稍轻，便安然如旧，停止奋斗，或奋斗懈怠。事过境迁，神经便麻木了。五分钟的热忱，已成惯事。这一番的时势，却不容我们如此了。我们当各人在自己的可能范围以内积极的预备，作长期的奋斗。当知爱国不是一种署理的天职，不是暂时负责，便可卸任的。救国也不是片时所能成就的工作。无论这次表面上国际的解决如何，根本上为救国的奋斗，信徒当人人献毕生的时间与精力。无此决心，前途将遇更悲惨的经验。

这番的奋斗，是需要实力的。我国民的实力，在今日实在单薄得很。培养实力，是当前奋斗的要领。培养实力的方法很多，随便的举几样人人能行的：

（1）不要耗费——不仅金钱而已，时间，精神，一切都须特别的宝贵。不浪掷。不乱用。一方面必须研究生利之法。

（2）要加强体力。无论赴前线执戈御敌与否，瘦弱的身体，在这种奋斗之生活中，是不能有重大贡献的，这是说饮食起居生活上当实际改良。这一次东省当局大难临头，还有在舞场戏馆，赌场酒楼，过晨昏颠倒游嬉荒荡的生活，中外知者都引为大辱。此后全国人民除非日常生活彻底改良，守规则道德的生活，一切"卧薪尝胆"，"生聚教训"的标语，适足增诳语欺人之羞。

（3）要加增知力。这就是说人人必须努力学问，努力劝学，努力助学。现代的奋斗不是不学无术的人所能参预的。以无知的民众去监督无知的政府，或以无知政府引导无知的民众去奋斗，都是以盲率盲，结局是堕入无底火坑。对于东省形势及一切事实尤其应当设法研究，而民众教育的普及，在这奋斗期中，尤须加工进行。全国教员与学生，尤宜实事求是，努力教育的工作。全国信徒与宣教师，更宜在这一方面努力。

（4）要头脑清楚。平日则泄沓因循，临难则忙乱，无所措手足，这是最可怜的情况。记者十余日前过首都，谣言满城，说上海兵工厂已被日兵占据，日兵已有四千上岸。某学府教职员中竟有终夜未睡，在政府服务的上级职员也有终日忙碌检点行李预备出走者。其实这一切都是谣言；京沪相隔如此之近，连首都之知识阶级都至于如此仓遽慌忙。试问举国如此，何能奋斗？

（5）要维持壮气。国事至此，实足使人推心泣血。然而哀痛虽是当然之事，不能节哀的人却不能奋斗。愁眉蹙额，垂头丧气，一天到晚说"如之何？如之何？"的人决不会奋斗。这样的人，在现在状况之下，与终日攘臂疾呼到处作无目标的奔走的人，一样的无用。现在的情境，应当严肃，却不应衰萎。我们不应效仿小儿女状态吞心饮泣。有的时候，应当作壮士的豪歌，沉痛之歌，爱国之歌，奋斗之歌。要把坚忍不拔，至死不渝之精神，用悲壮之音乐，歌唱出来。以激起天良，以维持壮气。人人应当彼此说勉励激劝的话，小作叹息失望之谈。

（6）心中要安定。奋斗之人，心中不可忙乱。死中求生之人，必须有一种坚定的信仰。这信仰不是听天由命的一种懒惰偷安。这信仰是心中清楚的信。信在这宇宙之中有主宰，他是正直公义。信公道与正义，必得最后的胜利。信凶虐与蛮横惨酷，终久必受失败，有此信仰，虽刀斧在前，能心地泰然。有此信心。才能在大难临头时，依旧去奋斗。有此信心才能百折不回，不为困难所屈伏。有此信心，才能继续不停的奋斗，直到完成奋斗的目的。

有此信心，才配称为基督的信徒。

有此信心，才能救中国。

（原载《真理与生命》，1931 年，第 6 卷第 2 期）

国难中教会的使命

刘廷芳

🖋 **编者按**

　　作为中国基督教界及基督教教育界的领袖，刘廷芳博士面对日本发动九一八事变后国内的现状，提出基督教界不得不面对的两个使命，言简意赅，却有的放矢。第一个使命是坚定正义必将战胜邪恶的信念，第二个是痛责中国固有的罪恶。这两条看似大道理，实则是教会所忽视或没有勇气面对的。

　　国难临头，举国沸腾。在这悲愤哀痛的景况中，基督教教会有何贡献？

　　信宗教的人，平素都以宗教为安心立命之本，有组织的教会向来也自负救世之任。到了这样具体的情景，宗教的真相，便要在足蹈绝境，目寻生路的民众面前显露出来了。人人心目中都充满了救国的问题，无论对于哪一种组织，哪一种机关，都要问：这组织，那机关，对于当前的国难：有何贡献？有何使命？

　　东省事变发生以来，全国人民对于各种社会组织，都起了查问的态度。譬如政府，是不容说的首先被质问。学校与一切教育的机关，也受了很彻底的质问。国家岁费千百万，养士数十年，如今对于国事有何贡献？学生与职教员，很觉得这样的质问，有切肤之痛。因为教育界总觉得自身所负的责任很大，而贡献不能餍人民之希望，有许多人此刻在悲痛中觉悟，要进一步研究教育界当前的职责，与将来的使命。这样的自觉，实在是这次国难中一件很好的收获。

　　教会在现在情境之中，有这样的觉悟否？教会似乎很沉寂。教会倘若以为外界无严重的质问，便自安适，这是更可痛心的事。因为外界若对于教会无多质问，这显然证明教会对于中国大局无切实贡献，因此人民看为无足轻重，不值得质问了。

到底教会向来对中国国事有何贡献？

这问题说起来不是一二句话所能尽的。在积极一方面说，教会在中国百余年来事工上的努力，对于改造的贡献，有良心人不能一笔抹杀的。但此刻的问题是：日本对于中国欺凌扰乱侵略吞噬，种种行为所构成的形势之下，基督教教会有何贡献？有何使命？目前有何事可做？这是教会全体当细心研究的。

教会的使命举其大者有二：

教会第一个使命是坚固国人的信仰。强权欺凌，煎逼到忍无可忍的地步，人之信仰，如飓风下的树木，不仅摇动而已，差不多要连根起拔了。在这种苦痛之中，日日耳所听见的，目所看见的，使人几乎不能信宇宙间有公理，不能信善恶有分别，不能信和平有可能，不能信有神。

教会的使命在今日，便是要给予这信仰的单薄的心怀坚信的力量。

教会要用毫无犹豫，毫无疑惑，有力量，有胆量的口音教训国民，要人人记得宇宙之间是有公理的，公理必能得胜。宇宙之间是有神的，神对于这样践踏公理的行为，不是漠不关心的。我们必得信，我们的信仰不会落空的。

信心是必须培养的，教会的责任不仅是撒信的种子，教会的责任是不避酷日寒霜，浇灌已撒的种子，尤其是在这样狂风骤雨之下，无论未长之青苗或已长将熟之重穗，都需要保护。时时刻刻的照顾，是十分紧要的。

教会第二个使命是痛责中国的罪恶。我们若信宇宙之间有一位神，倘若这神是公道的，正直的，他决不会对于日本的强横，没有最后的制裁。但是倘若这神真是公正无私的，他对于中国今日国中之罪恶，也不能不秉公惩戒。国必自侮，然后人侮之。我国当局，其中贤者忠者仁者智者固然不是无人，然而腐败者，黑暗者，误国害民者，自私自利者，只知有家不知有国者，贪婪淫欲者，残害同胞者，间接直接卖国者，其数岂不是可以车载斗量？哪一个机关，哪一个组织，哪一个政党没有这样的人？哪一天没有这样的行为？倘若神是公道的，对于强敌的横蛮固然不能漠视，对于国内这一切罪恶，又岂能偏袒？

倘若国内的罪恶不除，国民不能痛改前非，如此腐败的集体，纵使没有外祸，也终有自溃的一天！

在现在急难的时候，说这样的话，似乎是下井投石。然而我们却不能做糊涂人，自欺欺人。因为在今日的世界，人是不能欺的，结果只欺了自己，这样自欺的行为，便是自杀。

美人艾迪近来在华演说，有一句话说得十分沉痛，他说："你要救中国这是可能的，你要保全面子也是可能的。然而在今日之中国，你要救国，又要保全面子，这是不可能的。"这句话真是不客气的话，听见使人不舒服，然平心而论，却是药石之言！

我们要得救，必得老老实实的自认过错。我们不是待错了日本人，日本欺凌我们，完全是他们的强权无理。我们却是待错了自己的国家。我们如今不是举国一致的，自己擦清了眼睛，看见自己的罪恶，举国一致上下齐心的忏悔，决志痛改前非，求新的生活，洁净的生活，中国的前途，是永远无希望的。

教会两千年来所负的使命，是与罪恶奋斗，百余年来在中国，也未尝不努力的。但这二十年来对于政界的罪恶，曾否有一度放胆的痛责？曾否尽他的天职？

说起来是十分惭愧的，也是十分痛心的。教会不但没有尽他的天职，作先知先觉的训迪，教会中却不少向政界威权，作献媚求荣的丑行！

政界中奸盗邪淫，无所不为，痛责他们的是谁？不是讲公义清洁的教会，却是反基督教的共产党！竭力呼"打倒贪官污吏，铲除土豪劣绅"的是谁？不是了解神旨，宣传圣道的教会，却是不信宗教的青年国民党员！无论他们所痛责的，是否另有作用，无论他们所宣传的是否出于真心，他们至少有这样的胆量，至少有鲜明的表示。

教会曾否有把他与罪恶奋斗的使命，鲜明清朗的表示出来，到处宣传？

教会今日一方面当坚固国民的信仰；一方面要痛责国内的罪恶。

坚固信仰使人民不至畏葸，不至自馁，不至失望。不自馁，不失望，是奋斗者最低必得有的程度。

痛责罪恶使人民能彻底觉悟，真心悔改，能除去了病根，能充实了新的力量，才能奋斗。

腐败的手腕，决不能杀敌，贪婪的眼睛，决不能看清大局，污秽的心怀，决不能抵抗强权，罪恶的国家，绝不能奋斗而得胜的！

这样的使命，不是临时的使命，是永久的使命。不单是在这几天几月风声鹤唳的时候必得宣传，是日长月久无时可以停止的工作。

教会在今日的中国；应当做旷野的呼声，有古昔先知忠直的精神，疾恶如仇，奉上帝的命，时刻警告国民。

教会在今日的中国，应当追随教主的圣踪，如同当年他在加利利海滨，看无数人民如失群无牧的羊，时刻安慰说："不要怕，只要信！"

我们所谓安慰，不仅是安慰教会中束手无策心焦眼花之几位热心教友，我们所谓安慰是包括政界商界军界学界多少努力奋斗的国民，他们日日对着伤心的时局几乎要绝望了。有一位很努力的国民前天对我说："我的神经二十年来痛得要失去知觉了。"这样的经验，在今日可以说是很普遍的。

我们所谓痛责，所谓警告，也不是专指痛责警告政界中执权的人而言，也不止专指军阀财阀而言，是指全国国民，连那些日日讲爱国，唱口号，摇旗呐喊，那些可爱的，可敬的，义愤填胸，立志杀敌的青年都包括在内。

读者若觉得这些话是太空泛的，太迂远的，请看下文这一封信。这封信是一位大学教授，写给他的同事的信。曾经登载在燕大学生抗日会所出版的刊物火把上（见火把第二十二期）原信如下：

希白兄

你有悲愤，我现在给你一段新闻做材料。你看见之下必定要咯出血来，所以要看时得请校医在身边才好。

买日货的女学生与不接中国客的日妓

我前天得到一位亲人来信，其中有一段，读之令人发指。兹摘录于下：——

报载北平严厉的禁日货，人民究竟如何？天津的女学生尚是偷着买须藤洋行的毛绳子。（有买一磅送一磅，送二磅，以至送四磅的事，须视其人如何定。如系穿制服挂校章，肯叫其照相者，送四磅。）竟有（河北○○的学生）被其拍照与小鬼妓女（在辽的一个不接中国人的妓女）相同装在一块，搁在铺里！在余买一镑送一镑，时常听得有，并且都是学生（大都是○○及○○的）你们看天津的学生不是都死了心了吗？真是气死人。——。

这一段信是从原信抄下来的。其○○都有校名，为存心忠厚起见，且不告诉你。

地山

试问如此的国民去抗强权的日本，有何希望？

教会，教会，你的使命！莫忘你的使命！

（原载《真理与生命》，1931 年，第 6 卷第 3 期）

基督徒救国的根本良策

张海松

🖊 **编者按**

张海松，曾任中华圣公会鄂湘教区主教。

本文是一篇逻辑极其简明的演讲词，而且目的极为明确，代表了大部分信徒依靠信仰救国的主张。首先作者认为爱国须有方，救国须有道，不然只会误国误民，用良方须找到病源，中国国难的病源不在外而在内。此外人有病怕不知病，更怕不治病，治病可通过社会的改造和人心的改善两点来完成，要完成这两点就要找良医来医治这已入膏肓之病，这个良医便是耶稣基督，依靠他可以清心寡欲，心正而后身正，身正则左右正，左右正则国家正，国家正则天下平。

圣经：圣马可福音书七章十五至二十三节："没有从外面进去的能污秽人，惟有从里面出来的才能污秽人。"

引端：诸位听了将才所读的这句经言，都知道救主的立言的用意，无需鄙人在此赘述，不过要在今日今时的我国情形之下，读了这句经训，实觉有一种特殊感想，这种感想，不敢独私，愿供献于在座诸君，想必诸君也许予以同情。我的感想，是今日中华基督徒，要在这样国难的时候，应当如何爱国，如何救国？换言之：就是"基督徒救国的根本良策。"试分述如下：

（一）爱国有方救国有道。今日中国的时局怎样？是人人所知的。今日真是天灾人祸，内忧外患，同时向中国下总攻击令的时候了。今日的国难，是自有历史以来所少见少闻的。我们为国民的，可说是不幸生在这样国难时期之下，也可说是幸生在这种国难之下，因为英雄固以造时势，而时势亦可以造英雄；凡为一国国民的，当他国家国难重重相压迫的时候，而仍不发出一种爱国心，竭力想法子去救国的，那就不配称为一个有热血的国民，凡是一个真正有热血爱国的国民，当他想法子去救国以先，若不先去审查国难的来源何在，那就不是一个有知识爱国的国民，因为爱国有方，救国有道。若救国不以正道去救国，那救国的好心，实足以害国，若爱国不以正当的方法，那爱国的，也实足以误国，犹如良医在开方下药以先，是必先要诊断病源，否则就不是救的大国手，乃是杀人的庸医了。照这样说来的基督徒救国的根本良策，乃是先要诊断中国国难真正的病源。

（二）中国国难的病源不在外而在内。语云："物必先腐，然后虫生之，人必内虚，然后病乘之，人必自侮，然后人侮之。国必自伐，然后人伐之。"救主说："没有从人外面进去的能污秽人，惟有从人内面来的才能污秽人。"又说：因为从内面——人心里发出，恶念，苟合，偷盗，凶杀，奸淫，贪婪，邪恶，诡诈，淫荡，嫉妒，谤讟，骄傲，狂妄，这一切的恶念，都是从里面出来，并且能污秽人。可知害人祸国者，大概是由人内面所发出的各种心灵上的病菌。要治疗这种病源的方法，就是要提倡管子所说的："礼义廉耻，国之四维，四维不张，国乃灭亡。"试问中国今日的社会，对这四种美德，是不是破产了呢？我们读过中外历史的，岂不觉着，凡是一个朝代，或是一个国家的兴盛富强，都是因为有圣王贤臣良民，如中国的尧舜禹汤文武周公孔孟，以及那时人民。凡是败亡贫弱的国家，无不是因为有昏君奸臣乱民，如桀纣等。这样看来，管子所说的，四维不张，国乃灭亡，是不错的，因为道德破产的，无论是个人是国家，未有不灭亡的了。

（三）有病当知病。人有病固然危险，然而若不知道他自己有病，那更危险了。如昔扁鹊过齐，齐桓侯客之，入朝见曰，君有疾在腠理，不治将深，桓侯曰，寡人无疾，后五日，扁鹊复见曰，君有疾在血脉，不治将深，桓侯曰，寡人无疾，后五日复见曰，君有疾在肠胃间，不治将深，桓侯不应，扁鹊出，桓侯不悦，后五日，扁鹊复见，望见桓侯而退走，桓侯而使人问其故，鹊曰，疾之在腠理也汤熨之所及也，在血脉针砭之所及也，其在肠胃酒醪之所及也，其在骨髓虽司命无奈之何，今君疾在骨髓，臣是以无请也，后五日，桓侯体病，使人召扁鹊，鹊已逃去，桓侯遂死。嗟呼！吾中国今日之有病，有以异于此乎？许多人的道德破产，而故作正人君子，堂堂领袖，以为无病，不肯求治，可惜可叹。

（四）知病当治病。有病是危险，不知病更危险；不知病虽是更危险，但知病而不肯治病是最危险，如同今日宗教机关，提倡道德，以治中国国难的病源，人多觉着这是迂阔远于事情，不合时代的落伍者，应在打倒之列，这是何等的可惜。

（五）解救国难病源的方法：可分二点，1. 社会的改良，2. 人心的改善。昔梁惠王问于孟子曰："晋国天下莫强焉，叟之所知也，及寡人之身，东败于齐，长子死焉，西丧地于秦七百里，南辱于楚；寡人耻之，愿比死者一洒之，如之何则可？"孟子对曰："地方百里而可以王，王如施仁政于民，省刑罚，薄税敛，深耕易耨；壮者以暇日修其孝悌忠信，入以事其父兄，出以事其长上，可使制梃以挞秦楚之坚甲利兵矣；彼夺其民时，使不得耕耨，以养其父母，父母冻饿，兄弟妻子离散，彼陷溺其民，王往而征之，夫谁与王敌？故曰仁者无敌，王请勿疑。"又曰："君仁莫不仁，君义莫不义，君正莫不正，君一正而国定矣。"今日社会中为首领的，则大大不然，党同伐异，排除异己，未免私心用事，倘若这二十余年中，我国上下人民，都本着范蠡十年生聚，十年教养的计划，吴其为沼的话，早已实现了。

（六）中国病重须请良医。中国国难的病病在膏肓，非请起死回生的大国手不可，这国手是谁？乃是救主耶稣。他是人类的大医王，不但能治人身体的病，也能治人心灵的病。□□□□□。

（七）今日中国国难惟一的救法。现在中国的病，似近痨病，乃是年高，为儿女子孙不肖，忧虑惊惧成疾，这病一不能表，又不能泄，也不能多补，是要用天然的疗治法，要见日光，要吸新鲜空气，要服滋养品。甲，要见日光——因为光是杀病菌的，约翰八 12 救主说："我是生命的光。"救主的真光，可以除灭我们人生的罪恶，就是国难病源。乙，要吸新鲜空气——新鲜空气，可以排除一切肺内污秽，约翰二十 22、23 救主向门徒吹一口气说："你们受圣灵，你们赦谁的罪，谁的罪就赦了。"圣灵能消除一切污秽罪过。丙，要服滋养品——若身体消耗太多，身体就软弱，所以必定要服滋养品，才能增加力量，以抵抗外界来的病菌侵袭，约翰六

55 耶稣说："我是生命的饼。"我们能与主基督同化了，我们就能得胜一切。

结论：总而言之，今日中国国难的病源，是由于人民内心所发出的罪过来的，若要挽回国难，必要消除罪过，要消除罪过，必要请医治心灵疾病的大国手——救世主耶稣，我们靠着他可以清心寡欲，然后心正则身正，身正则左右正，左右正则国家正，国家正则天下平，这样救国，岂不好吗？

（原载《圣公会报》，1934 年，第 27 卷第 9 期）

基督教徒应全体动员了

张雪岩

✒ **编者按**

　　这篇慷慨激昂的文字发表于抗日战争即将胜利前夕，文章号召几百万基督徒全体动员起来，保国卫民，争取抗战最后的胜利。同时文章还阐述了这种动员的具体措施，包括动员的执行机构和法则，涉及教堂、医院、学校、文化等方方面面。这篇动员文字直言，基督教虽然在抗战中发挥了慰问、救济的作用，但这远远不够，尤其是基督徒队伍中一些迷信的、吃教的人遮蔽了教会发挥其应有的作用及彰显耶稣的真精神。

　　这几天紧迫的战火，已震荡了沉闷的人心，清醒了梦中的迷人，炽燃了爱国的热肠，政府动，军队动，人民也动，出钱出物，救济流亡的难民，慰劳驰援的和作战的将士，自动的捐，自动的献，自动的带着钱物往前线上跑，如疾风，如潮涌，是抗战史上的壮观，是转捩战局的机扭，更是锻炼民主的良机！民众由危疑震撼中产生直感了，觉得国家是他们的，苦战的军队和流亡的难民都是他们的同胞，他们的痛苦和需要，就是自身的痛苦和需要，保国卫民无分前方和后方，为赶走敌人，保卫民族复兴的基地，民众自己动起来了，军民在精诚团结的要求下合一了，携手了，天寒要衣给你衣，吃饭无肉赠你肉，受伤救护你，有病医疗你，一团热血一条心，这是敌人的炮火给我们烧炽成的，是争胜的必要条件，是成功的重要武器。悲观笑逐颜开了，想逃的转回脸来以财物的奉献随驰援的军队上前线了，这样自觉自助，必能得人助天助，中国必胜毫无疑问，但宝爱培养民众自己动员的力量，却是十分要紧的。

　　在这个民众动员的大洪流中，基督教也由其信仰的"爱"泉中喷出了一股热流，成立了天主教基督教，慰劳救济会，这是适时之举，也是信仰的实践，但在全国人民积极动员之下，只以陪都为限，并限工作于慰劳，救济两项，未免太狭小，太不够，天主基督两教在中国有数百万教徒，哪个不是上帝的儿女，哪个不是皇帝的子孙，谁不拥护真理，又谁不钟爱国家，救国爱民是大家的事，不应仅限陪都一城，只由几个人来负责，应当趁时发动全国教会的力量，配合国家总动员的意义，使全国数百万信徒，不论男女老幼，赶快一体动员起来，报效国家、共争胜利，使基督教所主倡的真理正义彼此相爱的和平人间得在中华国土发扬出来与中国五千年立国的大同仁爱哲学融为一体，导历史流向于正轨，为人类创互助互爱的新文明。

基督教的团体在抗战期间，虽然不无贡献，如基督教负伤将士协会，伤兵之友社等组织，都有不少勋劳，但究非教会全体动员，整个力量未曾献出，所以对过去的些微劳绩，不但不必自满，倒是应感不足，趁此紧急时期，速将数百万基督徒的潜力发动起来，坦坦白白朗朗爽爽用"动员"二字振发教会的朝气，勃兴国人的义感，有人小心翼翼的怕"动员"二字，或启疑窦，所以不敢坦白用之，这种想法，实是杞人忧天，可怜得很。我们是三民主义的民主国家，政府又是实行三民主义的革命政府，一开战就发全民动员，迄今不动，应感愧对国家民族和政府，现为大义所迫，不得不动，又复疑神疑鬼，岂非庸人自扰。所以我们主张单为配合国家总动员的法令，基督教徒应当来个全体动员，慰劳救济，不过是动员工作中的一两个项目，急迫重要的工作还多的很。这样做正是为国家效忠，为政府声援，全国民众不分阶层，不分职业，都因此一起本战时需要，自动动员，出钱出物又出力，争献国家，岂非政府所愿！增加抗战力量，发动全面反攻，军民合一，政府人民一体，又岂非促胜利早临！使国际声誉日隆！

说实话，基督教徒中存在不少迷信的，吃教的，及以基督教为烟幕的份子，这些人障蔽了基督教的真理，曲解了基督教的教义，使自由难伸，正义莫扬，愚蠢与虚伪，阻挠基督教的前进，禁锢了它的真诚勇敢，但侥幸的很，创党建国的革命圣哲孙中山先生就是奉行基督教的忠实信徒，伦敦蒙难，虔诚祈祷，毕生努力，百折不回，都为了实现合乎自由平等及互爱教旨的三民主义新中国。□□□□□。蒋公因为虔信宗教，所以对国也是特别依界基督教的人才，忠勤从事善表信行的虽不乏人，但辜负领袖属望，违反国族利益者亦颇有人在，贪污案中就有基督徒负责的公务机关，这不但违反基督教"非以役人乃役于人"的牺牲服务精神，简直是丧尽天良的宗教叛徒，也许是这些人怕全国基督徒动员，因为真理正义的旗帜一张，他们怕挞伐。不过他们的私心和违反天道的言行，是挡不住的前进的十字军的，基督教是犹太乡村青年以彻底自我牺牲的革命精神所创立的，其"爱人如己"之中心信仰是从人间，不合理的生活关系中感悟出来的天道，他说爱人即爱上帝，他最高的企图，是在地上建设天国即实现互爱的社会和自由平等的人间，这就是他所追求的最后真理。他觉得凡违反自由平等和爱人原则的事件，不论是个人的言行，或团体的动作都有害天理，非消灭不可。

国家正在危急关头，不论为民族的生存或为人类的自由，以宣扬真理正义标榜于世的基督徒，应本爱自由和平的信仰动员起来，踏着拿撒肋（耶稣的家乡）那位义人的血迹，以牺牲无我的精神冲上义战之路，动员吧！全国的基督徒，这是实践十字架信仰的最好的机会，让那义人在你的行为上复活，救民族救国家并救人类。

为了着实，笔者特建议基督徒动员办法如下：

一、机构。这个动员机构应由中华基督教会全国总会负责倡导，并组织之，这是中华基督教会应尽的本分，责无旁贷，不必客气。动员范围，应以全国基督徒为对象，不论城乡教会，学校医院及其他基督教之工作机关团体，都应一体包括在内，达到全体动员的目的。

二、法则。动员办法应本国家动员法令斟酌草拟之，工作方面，亦应与总动员委员会取得联系，以利进行。

三、事工。动员工作，可以基督教现有之事业性质定其类别，大要如下：（1）教堂。全国教堂应一律在负责的牧师和传道人的领导下，一起动员，除每周例行的祈祷灵修集会外，每天都应有分组爱国宣传和动员工作的讨论，每个教堂的全体信徒，不论男女老幼，应先出钱献财，以作表率。再开劝募挨家劝募，距离前线近的教堂，可自组慰劳和救济队，就地直接献给作用的军队或救济难民。必要时，教堂可作救济（所），难民收容所或儿童保育院之用。牧师和传道人的另一工作，就是组织民众，为作战军队做军输，指导路向，并备茶水等之急要工作，做到军民一体。（2）学校，不论基督教的大中小学校，都应在中华基督教总会的号召下动员起来，已届兵役年龄的学生首先响应知识青年从军，一洗基督教麻醉落伍的耻辱，基督教的青年学生应以自己的生命效法教主青年耶稣献给为国家为人类争取自由的大目的，成仁取义是基督徒青年的天职，莫逃避，莫迟疑，起来吧，将十字架的义旗高举起来，不能从军的，可组织劝募队，课余之暇和休假期间，应广泛出动，分别劝募，都市的娱乐场所，饭馆，商店，银行，工厂，富绅巨室和达官阔人的住宅，都是基督徒青年学生劝募的对象，为国家喊，为国家求，为国家哭，为国家跪。（3）医院。医药救护需要最迫切，基督教的医院应一致动员，组织救护队，训练民众，训练学生，从事救护工作，离前线较远之医院，亦应起来积极做此工作，以备全面反攻时的需要和准备①，距前线较近的，应就地酌量情形，立刻参加工作。（4）文化。近来军事的失利，大家公认症结在政治效能欠高，民众过于不负责任，见恶不讲，以致政府受欺蒙，贪污流行，法令失效，近几天因为舆论相当负责，政府得力不少，扫除贪污，已下决心，重要案件，已渐得判明，士兵生活及新兵待遇，负责当局，已一再声明，尊重舆论，彻底改革人心已因此渐得其平，政府威信亦因此益见稳固与提高。

　　耶稣是仗义执言的青年，他骂当时横霸的权贵，骂贪污的官僚，骂不仁的富绅，他也骂虚伪怯懦的文人，为改正社会风气帮忙政治进步，基督教的文化人应在耶稣的义气和仁勇上动员起来，以春秋的笔法挞恶，以扬德的文字励善，俾政清官廉，士勇民忠，奠民治之基，固强国之位，基督教的文字机关与负责文字工作的人们，猛醒吧，以遵义之笔，唤起国人大公无私之精神，人人献给为国家争赓民族自救的大目的，为帮忙政府树立威信，应积极拥护法令的推行，不论官吏或人民，守法者誉，违法者伐，绝对固守真道的岗位，为真理效忠，为正义效命，绝不在人情面子的敌人面前退缩，更不与玩忽法令者的威权妥协，只有一个致胜的武器，即"守死善道"！这就是耶稣精神，醒悟吧，别再浪费笔墨和纸张，写印些无病呻吟的呓语，多写印"上帝救主"一类的名词，不一定是真宗教，更不见得蒙悦纳，因为耶稣严格警告过"凡称呼我主呀主呀的人，未必都得进天国"希特拉也求过上帝，东条小矶都在拜佛求神，但都遭白眼了，强盗念

---

① 原文为"备准"。

佛是侮辱神佛，行为要紧，耶稣为此曾提出一个爱上帝的标准的办法，就是给口渴的穷人一杯水喝，就算真的爱上帝，他也说不爱弟兄而言爱上帝是骗人！现在何时，难民等救，士兵待慰，受欺压的穷苦人们待解放，基督教的文化人，动员吧！为真理说话，替正义做声，洗刷吃教的耻辱，撕毁洋奴买办的罪状！今天再不在救国爱同胞上积极动员，那么是国家的罪人，对不起政府，对不起领袖，更对不起所信的宗教。

（原载《田家半月报》，1945 年，第 11 卷第 13、第 14 期）

抗战中基督徒应做些什么?

谢扶雅

📝 **编者按**

　　作者认为基督教信仰是超民族、超国家的，基督徒之所以奋起抵抗日本侵略者的暴行，不仅仅因为其对民族、对国家的侵略，更在于侵略者对于世界和平和公义的公然侵犯。基督教对于维持正义、和平、博爱也肩具着不可推卸的责任，这种责任对外来说要呼吁国际社会的同道，谴责日本的暴行，声讨日本的侵略行径，对内则尽一个公民应尽的责任，民力是抗战得以胜利的持久保证。

　　自然，基督教是反对战争的，因为战争摧残生命，破坏文化，发生各种不道德行为。然而基督教的最高目的，是在建造正义自由博爱和平的天国，应竭全力为正义自由而奋斗，应对于博爱和平有威胁或仇视的行为加以制止。准此原则，最近日本军队在平津一带的侵犯和暴力，不但中国的基督徒对之应即起而抗击，即全世界的基督徒也应同表公愤，共起阻制甚至日本国内的基督徒，亦无不应一致抗议，设法遏止这种暴举。

　　基督教是超国界超种族的。中国基督徒之所以赞成本国政府这回起而抗战，倒亦不如一般所宣言的"发动民族战争"，而有其更高的意义与见解。日军在平津一带的攻略，在我们看来，不只是日本国的军队对中国民族和国家肆行侵略，不只是中日两国的问题，乃是现世界上一种恶势力对于人类努力向上，联合奋斗中的正义自由博爱和平，加以强暴的破坏与摧残，使世界倒退至野蛮时代，使人类堕落到与兽类为伍。因为华北的暴行，表现着这种凶恶，所以凡是一个基督徒，尤其是日本的基督徒，应该如何痛心疾首，披发缨冠，合唱着"站起站起为耶稣"之歌，一致起来，抗击和扑灭这种恶魔的行动。

中国的基督徒，在这时候自应立即全体奋起。我们所应做的，不外两途：一是对外，一是对内。对外：因为基督徒是国际的，超种族的，所以我们应向我们在世界的同志同道声告这种不幸事件的经过，并陆续地布闻以后的发展。我们自然见闻较切，自然应有尽先的发言权，千万不要让他方面捏造事实，颠倒是非。我们也应当公诉诸全世界的同道，——为天国共求推广的斗士们，要求一致声讨，以彰显神的公义。对内：因为基督徒虽是一个耶稣信徒，同时也是一个中国的公民，所以凡是国家在抗战时期命令你做什么，你无理由违背。基督教素来注重下层民众，所以我们今日尤应本着耶稣的爱和牺牲精神，投身到下层去工作。因为中国的抗战，与其谓恃军力，勿宁谓恃民力。民众的抵抗力能持久，能坚固，必可操最后之胜利。在这意义上，工厂里的一小工人，农村中的一无知农妇都是极关重要，极有力的一个抗战员，我们应与前线的士兵一样加以重视——或者甚至还要宝贵。这样基督徒今日工作的对象和范围，非常广阔而繁重。平时基督教界，本有"穑多工少"之叹，现在机会和工作更平添了几百倍，每一个基督徒应如何加紧努力，做十个人或一百个人的事，才能救度这个奇厄，扑灭这个燃眉断脰的凶灾！

（原载《广州青年》，1937 年，第 24 卷第 32 期）

四　国难与基督教

抗战八年来的中国教会

余牧人

📝 **编者按**

　　本文写作时离抗日战争胜利还有半年，作者本应该看到胜利的曙光，规划战后的重建，但恰恰相反，他从黔桂路上的战争失利，开始反省这背后军事、政治、教育上的不足，尤其是反思全面抗日战争八年以来，中国教会在改善这些处境过程中，无所作为、力量涣散、软弱无能的境地。本文首先总结了中国教会在抗战过程中经历的不动和被动两个阶段，同时总结在不动和被动两个阶段中部分教会团体主动在做的工作：（1）难民的救济与服务；（2）军人服务；（3）基督徒的救国运动；（4）国外宣传与联络工作；（5）边疆服务工作；（6）教会内部的训练与讨论工作。提出当时摆在教会面前的严重问题："但凡认识清楚摆在中国教会面前的严重问题的人，大概都知道要想目前的中国教会再开创什么新工作来应付战时社会各方面的渴望与急需，或负起这时代的道德精神生活的领导责任来，实在是有些心有余而力不足。"这些问题包括"庄稼多，工作少"；教会力量不能集中；缺少最高领导人才。这些缺陷与社会的迫切需要之间形成恶性循环。本文最后一部分提出了中国教会日后工作的路向：（1）加强组织；（2）加强战时战后工作的训练；（3）加强服务，尤其是不为人所重视的农村的服务工作；（4）加强福音的宣传及文字工作。本文既是对当时中国教会抗战努力的反思、总结，也是对战后工作的展望，对于读者了解抗日战争时期基督教的各项事工具有一定的资料价值及学术意义。

一　引起我写这篇文章的动机

去年冬季，黔贵路上的战事，一时突呈危急，使整个后方发生抗战八年来空前的一次惊惶，当时我们的军队既被敌人追逼得有退无进，我们的国家也被盟国友人批评得无辞以对，我们处在这两面夹攻的穷境之下，也许会灰心丧气；幸而我们并不是自甘堕落的民族，各方面的刺激，却给了我们一个反躬自省的机会，使我们因此更加坚定了努力自强的决心。

最先使我们全国上下省察到的，当然是军事上政治上教育上种种足以使抗战陷入危境的缺点，现在在这几方面已经有了不少的更张，并且还在继续的改善，黔贵路上的战事，因此得以化险为夷，但我们全国的基督徒，尤其是我们教会内的同工们，由于这一次的刺激，对于本身的责任或使命，是否有较一般人更深切更彻底的觉悟呢？我们曾否反躬自问一下：我们对于战时中国社会各方面所期望及需要于基督教会的，是否已经竭尽了我们的力量？我们是否已忠实的遵行耶稣基督的教训，努力实践他所托付我们的神圣的救人救世的使命？

抗战八年来的中国教会，对于国家人民，当然多少有些贡献，但当我们看到战时中国社会上仍然充满着的贪污，自私，奢侈，淫佚，以及种种残忍的不公道的罪恶情形，良心上便不能不深深的自责，我们尚未能尽职，我们知道这些罪恶，才是使抗战陷入危境的真正原因，才是使国家民族趋于衰落的惟一病根，这是我们教会同道应该努力去挽救的，可是我们教会内大多数的同工同道们，至今仍然是默默无声，或是自顾不暇。我们看到战时中国社会各方面的罪恶黑暗，却无勇气去指责，也无能力去挽救，我们看到逃难同胞的流离失所，听到被压迫被剥削者的呼救求援，却因为自己也陷于苦难的境地，自顾不暇，惟有装聋作哑，我们明知道遍地充满着痛苦无告的同胞，呼天不应的寡妇孤儿，他们真如同失了牧人的羊群，渴望着耶稣基督的福音去安慰拯救他们，整个的中国社会，都亟待着基督教会去增高道德的势力，充实人民的新生命。然而，我们回头看到教会内部的力量分散，茫无头绪，形成了软弱无能的现象，除了疾首痛心的忏悔，还能有何作为！虽然我们教会在这几年来也做过一些工作，但是大部分的教会工作，都是很显然的已经与战时中国社会的实际需要分开或脱节了，因此也就形成了中国教会目前软弱无能的现象，这个缺点，是我们无论如何也不能替她掩饰的。

古人有言："前事不忘，后事之师"，我们要想使目前的中国教会由软弱无能变成刚强有力，远者且不去谈，但就这抗战八年来的教会状况，作一番检讨，实在是有益的，而且是必要的。也许可以使我们从这最近的已往的得失中，觉察到今后应该如何改变，才能愉快的胜任耶稣基督托付我们的使命和责任，这就是我写这篇文章的动机。

二　战时中国教会的动态

抗战八年来，中国教会的动态，大概可以分为这两个阶段来说：

第一个阶段是"不动"。抗战初期，只有一部分教会的教育机关和极少数的教会工作团体，从沦陷区迁到自由区继续工作，大部分的教会联合机关和工作团体，都集中在有外国租界的特别区域内，或仍在原地不动，在可能范围内维持原有的工作，沦陷区内的各地教会，只有极少数的传道人迁到后方工作；大多数的传道人仍然未离开工作地点，或在战争时避往他处，秩序恢复后，重返原地工作，邻近卷战区的各地教会，也有些在平日的工作之外，加上救济难民与服务负伤将士的工作，至于后方各地的教会，在抗战一二年后，依然一切如常，战争的洪涛，似乎并未激动她，只有经济问题，因为物价陡涨的缘故，后来才给了大部分教会工作人员一些烦恼与波动。

第二个阶段是"被动"。在太平洋战事爆发以前，中国教会的现象，除了一小部分稍有变动，适应战时中国社会的局部的需要之外，大部分都是靠着特殊环境勉强维持现状，没有什么变动。但自太平洋战事爆发后，情形就大大的不同了，沦陷区和租界内的各教会团体，都失掉了向日的特殊的屏障，西宣教士都做了俘虏。除中国信徒自立的教会外，各宗派的教会都被强迫着合而为一，在一个新成立的所谓"中华基督教团"的统帅之下，与日本教会特派的牧师合作。这时候，在沦陷区具租界内的各教会联合机关和教会工作团体，才分出她们一半的重要工作人员，到自由区来设立办事处，和她们分途工作，我们对于这些教会领袖们的措施，虽然觉得他们未免有些迂缓；但对他们支持教会工作的苦心，却是应该谅解，而且也是值得钦佩的。至于自由区的教会现象，因为：1. 由沦陷区迁来的各教会联合机关及工作团体，2. 由沦陷区迁到后方各地的西宣教士，人数忽然加多，工作也就加多了，工作也就加多了，又因为英美既与中国成了同盟国家，英美教会对于中国自由区的教会工作也更加注意，而自由区中国的教会对于抗战时期的服务工作，也比较以前加多了，尤其自去年十二月以来，因为各方面的需要，教会方面不但加强慰劳救济工作的力量，并且开始进行随军服务的新工作，但这些变动，大半都是由于外力的逼迫与要求，被动的成分居多。

三　战时中国教会的新工作

战时中国教会的动态，就大体上来说，已往还只有不动和被动的两个阶段，真正的主动，只有期诸来日。但在不动的阶段，并非完全不动，也有一部分教会工作团体在做着战时中国社会需要的各种工作，在被动的阶段，也正有一部分教会工作团体在主动的开创新事工，以推广宣教工作，辅助战时中国的新建设，现在且就个人所知道的一些教会的战时新工作，择要略述于后：

1. 难民救济与服务　上海南京武汉及其他大城市的教会，当该地成为前线的后方时，都曾经做过难民的收容救济工作。到沦陷时，因为有特殊的环境或超然的地位，教会区域也曾成立安全区，做民众的避难所，在战时救济工作方面，确有极大的贡献，多少人的生命，赖以保全，其他后方各地的教会，如湘西的桃源中华基督教会，曾设立难民服务处，开办难民工厂及学校等，有计划有组织的从事难民服务。但大多数的教会，因无此需要，故也无此工作。

2. 军人服务　抗战八年来，教会对于军人服务，有：A. 全国青年协会军人服务部的军人服务工作，近来不但在国军中有工作，也在盟军中有工作。B. 基督教负伤将士服务协会的抢救前线负伤将士，送至后方医院的工作。这是高伯兰牧师（当时任中华基督教会全国总会西总干事）等当时目观在战线后方有无数的负伤将士，因无人抢救，多至枉死，遂到处奔走宣传，募集捐款，号召同道，所开创的一种新工作。曾救了不少的负伤将士，对抗战贡献实大。C. 伤兵医院的服务工作。因为军事委员会曾命令各伤兵医院，邀请当地教会，对负伤将士予以精神安慰，有些地方的教会，因此得在伤兵医院从事宣道，娱乐，教育及代缝衣袜，代写家信等工作。D. 伤兵之友与新兵之友，这是教会与政府及社会各服务机关合作的工作，对伤兵和新兵的卫生营养方面，施惠不少。E. 公谊救护队，这是英国公谊会的同道，自动的组织的汽车救护队，在我国各战场上从事抢救负伤将士的工作。

3. 基督徒的救国运动　抗战第二年，冯玉祥先生等曾在武汉发起组织基督徒救国总会，并在各地设立分会，武汉沦陷后，又迁移到重庆，从事全国基督徒献金救国运动。

4. 国外宣传与联络工作　抗战以来，教会内的中西领袖们，间接或直接的为中国向盟国宣达善意及从事联络工作者，颇不乏人，尤以自盟军加入缅甸及我国西南战役后，教会内的中西同道在联络工作上，更多贡献。

5. 边疆服务工作　战事发生后不久，中华基督教会全国总会便应政府的约请与协助，成立边疆服务部于成都，在川西之理番及西康之西昌各地，设立服务区，从事医药，教育，布道及其他服务工作。这是教会在抗战时期中最有创造性最有建设性的一种新工作，对教会，对国家，都有莫大的贡献。

6. 教会内部的训练与讨论工作　可述者，约如下列：A. 一九三九年后，金陵神学院曾在华西方面，联合各公会举办乡村教会义工训练会多次，及在川滇各地召开教会工作人员进修会及战时中国教会事工讨论会数次，虽不能说是新工作，却是针对着战时中国教会需要而举办的。B. 全国基督教协进会，曾于一九四三年秋季，在川陕各区，召开战后中国教会建设座谈会，对于战后中国教会的工作计划，颇多新见解与新建议。

四　摆在中国教会面前的严重问题

无论是沦陷区的教会或自由区的教会，现在同样的都是处在勉强维持现状的景况之下，到处只看见在缩小工作范围，减少或合并各种工作，这样的减缩工作或合并工作并不一定是不好的现象，但凡认识清楚摆在中国教会面前的严重问题的人，大概都知道要想目前的中国教会再开创什么新工作来应付战时社会各方面的渴望与急需，或负起这时代的道德精神生活的领导责任来，实在是有些心有余而力不足。这严重的问题，也是沦陷区和自由区的教会所同有的，这严重的问题的形成，大概来自以下几个原因，也可说是问题：

1. 庄稼多，工作少。各教会的工作人员，尤其是传道人，向来旧有稿多工少之叹，但在战前的教会，所谓工作人员少，乃是对扩展宣教工作的力量不足而言。近年来，沦陷区的教会，除天主教会外，已无一西宣教士；自由区各教会的西宣教士也是大见减少，最近更是大批的被召回国。本国的传道人，除去年老退休的和因生活逼迫而改变工作的以外，所剩无几，神学院的学生逐年减少，新增的传道人极少。在此种情形下，虽想维持各地教会工作现状亦不可能，遑言扩展工作，应付战时中国社会各方面的新需求。

2. 教会力量不能集中。教会本来是一个最有组织的团体，而且在一主一信之下，应该能发出最大的力量，挽救这个罪恶的社会，领导人群进入光明。无奈我们中国的教会，被从西方来的宗派和经济的背景所束缚，虽到了最近这人力财力俱感恐慌的时候，依然是各自为政，彼此忙着做些叠床架屋的重复工作。慢说合一，连切实的合作也尚未能做到。沦陷区的各教会在形式上虽已合一，但这完全是被动的，强迫的，究竟能有多少作为，我们尚难推测，至于自由区内各教会的现状，只有各宗派的小组织而无全教会的真正彻底的大团结，力量不能集中，要想让耶稣基督那足以拯救全人类全世界的能力，从我们这散漫的教会团体中完全施展出来，恐怕不可能。

3. 缺少最高领导人才。中国教会不过一百余年的历史，为时甚暂，培植出来的领袖人才本来不多，才识德望兼备，足以为全国教会信徒敬服的领袖人才，如余日章诚静怡等一般的人，更是凤毛麟角，战时中国教会最大的问题，也许就是缺乏这样的领导人才，倘使现在有这样的最高的教会领袖，有远识，有计划，有毅力，品德足以受人尊敬，才干足以发动及率领全教会的同工同道，同赴耶稣基督所启示的人生目标，我相信今日的中国教会，必将有一新局面产生，其力量也将不止是能应付战时中国社会各方面的期望与需要，目前也许有这样的人才，不过我们要想在这散漫的教会现状之下，请他出来，施展他的抱负作为，又是何等的困难啊。

现在我们一方面看到上述的中国教会内在的问题，一天比一天严重，一方面又看到战时中国社会各方面对于基督教会的期望与要求，一天比一天迫切，社会的需要愈迫切，教会的应付力量也愈见感觉不足，因此教会的软弱无能的缺点也就更加暴露出来了。我们能说这不是中国教会目前最严重的问题么？

五　中国教会今后的工作路向

在耶稣基督里面，本无问题，教会是耶稣的身体，本不应该有什么，更不应该有如上所述的严重问题，其所以有问题而且严重，乃是我们信徒未能完全遵守耶稣的教训与立场而造成的。我们要想解决目前的严重问题，惟有重返到耶稣基督里面，完全遵守他的教训与立场，来矫正我们教会今后的工作路向，现在我们且从以下四方面来略说一说我们教会今后的工作路向应该如何：

1. 应该加强组织　中国教会，目前只有各个宗派与各教区和堂会的组织，在下并无地方的基本组织（指以家庭为教会组织单位而言），虽有也是很少很薄弱。在上也无真正有权有力的全国性的大团结，中国基督教协进会，到现在还不过是一个代议机关而已（请恕我直言），基督教是主张自由平等的宗教，当然不赞成有什么由上而下的专制独裁的组织，但也不能无最高的组织，以指导全教会的工作，发展全教会的力量，我们今后应该积极的实现基督教会的民主组织。第一希望各公会加强合作的组织，努力推广家庭教会的工作，巩固地方教会根基，发展由下而上的健全的教会机构，其次是希望现在由各公会合组的全国基督教协进会，不但能成为足以代表中国信徒意见的代议机关，也能成为赋有实权真能指导全国教会事工的执行机关。

2. 应该加强训练　就战时及战后的教会与社会的需要而言，目前应该加强以下各方面的训练工作：A. 分批调集现任教会工作人员（教牧师及一般职员），予以短期进修，使受新的训练，能担负战时战后教会各种新工作的实行指导及训练义工人才的责任。B. 成立中国教会平信徒训练团，分队赴各个教区中心，召集区内各教会的男女信徒，开办短期的训练会或进修会以提高信徒的灵性生活，培养信徒服务教会社会及国家的热诚与能力，成为教会合用的义工人才与国家的良好公民。C. 供给训练材料与办法，协助各地教会就地举办教学慕友训练工作。D. 加强各教会学校宗教教育，劝导青年信徒献身主工。E. 加强神学教育工作，多培植政府教育机关，培养更好的行政领袖和服务人员。G. 特别注重信徒的家庭宗教教育工作及儿童的宗教教育工作。

3. 应该加强服务　教会的服务工作，就是布道工作，二者合则相成，分则各有缺憾，耶稣当日传道时，一面教训人，劝人悔改信福音，一面服务人，使病人得医治，使饥饿者得食，使被人欺凌压迫者得释放，使忧伤无告者得安慰拯救，所以二千年来的教会，虽以宣传福音为惟一工作，但都是同时用劝导和服务的两种方法，以达其目的。我们希望教会今后在服务工作方面：A. 注意服务是传道的方法。由各种服务领人归主，使人得救才是我们的目的。B. 教会的服务工作。应该是主劝多于被劝，不失去领导社会的责任。C. 应该多注重创造的工作，不必事事以模仿西方各国为已足，况且东西情势不同，文化思想悬殊，张冠李戴，实不相宜。即以最近倡导的随军工作而言，虽因英美的牧师工作而引起，但若行之不慎，结果未必能收英美随军牧师工作的同样功效。D. 在一切服务工作上，当始终遵守耶稣基督的立场，就是不单靠着用金钱食物去解决人生问题，不使用只能蒙蔽一时的计谋，不凭借及使用上帝以外的任何权柄势力。E. 多做些雪里送炭的工作，少做些锦上添花的工作。例如慰劳军队及救济各大城市收容的难民，当然是教会应该做的工作。但还有那最大多数的被困在游击区及战线后方的广大乡村中的遭难的农民们，他们是国际间有争议感的人士所称为对中国抗战最有功劳的无名英雄，他们平日除了为抗战尽量的出钱出力出粮食以外，还要忍受层层的剥削与压迫，一到了战祸临到时，他们除了向深山野墺暂时逃避，大都不能远走，乱后回到被毁的本村庄，满目荒凉，缺衣少食，有多少救济难民的团体曾到这些穷乡僻壤向少人去的地方去安慰过他们，去救济过他们呢？耶稣基督生平最爱这些少人顾惜的贫苦大众同在，最爱做不为人知的善工，我们教会如果能分出一部分力量，专到游击区，战后后方，甚至后方各地的广大乡村中，在大多数因战祸遭难的，因征兵征役征粮而遭强暴剥削的痛苦的，以及因儿子或丈夫出征的农民中，去做些安慰救济的工作，不也是体贴了耶稣基督的心么？何况是这样工作，无论是对于战时或战后的国家及教会，都有极大的贡献。F. 对于教会已往的如前面所提到的各种服务，以及今后应该在各大城市中努力的服务工作，我们自然不能漠视，但从教会的立场来说，我们宁可多做虽无人知而确实急需的工作，宁可多在贫苦大众中间工作，宁可多在增强道德势力与造成正义舆论方面工作。

4. 应该加强宣传　耶稣基督的福音是需要宣传的，但须与服务工作配合起来，才能发生拯救或改造人生与社会现状的功效，我们希望今后宣传福音的人，能够言行一致，使劝导工作与服务工作同时并进，或密切合作，我们当祈求主多感动他的儿女们，自动的应召，各从本家本乡起始，宣传他的福音，劝人悔改，领人归主，加强教会实现天国在地上的力量，及永生的盼望。我们更希望文字布道工作，今后能与口传及实际服务工作，同样的普遍，深入人心，使社会的道德势力一天比一天加强。

六　最后的几句话

我写这篇文章的动机，已在前面说过了，目的只在于教会同工同道们检讨已往，策励将来，使教会能名副其实，成为有力量的救人救世的团体，个人所见当然有限，而且未必尽得其当，但若因此引起大家的注意能做更进一步的商讨，则亦可收抛砖引玉之效。

最后，我们都知道中国教会，无论在战时或战后，仍然需要英美教会同道们在人力财力上继续予以协助，使中国教会能早日达到自立自治自养自传的地步，我们希望英美教会的同道们，不因战局的影响，突然减少对中国教会的同情与协助。

我们中国教会的同工同道们，虽然处在这艰危的抗战时期，当然也不会忘记我们是上帝的儿女，是耶稣基督的门徒，无论得时不得时，我们都要坚守我们的信仰，宣传耶稣基督的福音，我们深信只要靠着那加给我力量的主，凡事都能做！这也就是解决摆在我们教会面前的严重问题的惟一秘诀。

（原载《基督教丛刊》，1945 年，第 9 期）

抗战期间基督教文字工作追述

郑新民

✎ **编者按**

　　郑新民，曾任中华圣公会宁波教区牧师，其母亲即是圣公会信徒。

　　本篇文字写作于抗日战争结束之际，对于抗日战争期间中国基督教的文字出版状况进行了总体回顾，是人们了解该时期基督教文字事工不可多得的珍贵资料。作者虽非教界名流，却做了踏实的文献工作，其文主要贡献在于：（1）详尽呈现了抗日战争爆发前后中国基督教出版物的数量及各阶段的兴衰、始末；（2）介绍了各刊物的特色、关注的主要内容及针对抗战所做的调整；（3）分析了抗日战争期间基督教文字出版事业所遇到的问题。

　　民国廿八年冬不揣冒昧参加应征李提摩太悬奖征文，题为"怎样促进中国基督教的文字事业"，对这问题发生兴味已十数年，但以多年僻居甬江之滨，见闻锢蔽，全国教会中英文书报苦不易得，其间又为身弱而滞废，以学习的态度，知其不可为而为之的精神，大约用去半年光景，竟把那三万多字的论文缴卷，自知文字粗糙，思想浅薄，见闻偏陋，理解自难圆满周精，但出乎意料，竟谬承爱戴而录取了。当时第一二名名额保留，拙著系第三名中之首名，全国教内人士对此题之发挥于此可见一般。（拙著后刊真理与生命第十二卷）

　　该文首将我教文字产量简述一下，借知以后出版消长的张本，书籍方面一九一八年（第一次世界大战息鼓）统计已出版三千五百种，迨一九三三年经过凡十五年，新增不多，这谅与战争的巨大损耗有关。迄一九三九年，经过仅六年，新增达二千六百余种。查一九三七年教会出版机关及信徒个人出版共约三千种，杂志方面一九一八年中英文七十三种，一九三三年二百十一种，一九三六年，二二三种，此乃历来最高之发刊记录，次年仅一四〇种，出刊大减，战事方面，平津沦陷，上海成孤岛，津浦、平汉两线半失。首都竟不能保，国命垂危，民心惶惑，交通四滞，生活已大蜕变，教会对此文化事业自难维持原状了。

嗣后直抵和平降临，教会对此工作的贡献，在产量方面很穷乏，在沦陷区域此灯已到"将残"，内地以成都昆明为中心，在可能中文字同工已尽其力。和平后不久其工作即东迁，在教会诸复员工作中是不能遗忘的。

兹就其出版计划，重要书籍杂志出版及停刊，及销售供应等情形简述如下：

第一、文字工作会议及东西两区出版概况

基督教文字工作已被团体及著作家注意了，并且相当重视。一九三三年七八月间在牯岭莲谷召集全国基督教文字事业会议，到会十四人，通过中国基督教文字事业三年计划，组织基督教文字事业促进社（简称文进社）及基督徒作者团契。一九三四年七月在北平燕京大学召集第二次基督教文字事业会议，到会十二人，讨论各种事工，发刊文讯（共出过三期），嗣后国情日趋紧张，教会机关团体策谋应付非常，基督徒著作家星散各地，聚集困难。迨一九三八年冬世界基督教宣教事工协进会在印度玛都拉斯举行参议会后，我国教会在文字工作方面亦受了感奋，并加重注意起来，一九三九年李提摩太悬奖征文首题为"怎样促进中国基督教的文字事业"，谅因战事影响着作家生活及思想，获得上乘稿卷不多。一九四〇年二月全国基督教协进会召开基督教文字委员会首次会议，决议六项要点，提请全国教会各团体及信徒注意读书，推销并组织巡回书社等事，同年五月广学会发表各种有关宗教书籍著译出版计划，包括（1）圣经注释与神学，（2）灵修，实用宗教及伦理，（3）圣经与教会史，（4）教育，（5）传记，（6）故事，（7）儿童书籍，（8）游戏表演，（9）音乐，凡一二一种，此计划非三五年所能完成，后因战事，竟被延搁了。又同年双十节有全沪基督教文字事业会议，到会四四人，为时仅一日，却颇重要，内十八人为基督徒作者，廿一人为教会团体及文字机关代表，又有基督徒作者五人为特约代表，开会程序有："目前环境与需要的分析，基督教文字工作的使命，出版的计划，发行问题"等报告，讨论发表自由，涉及范围颇广。一九三九年至一九四一年上海基督徒作者团契

颇形活跃，重要的有徐宝谦、吴耀宗、张仕章、钱国宝、章申等。上海渐成孤岛，华东大部分沦入敌手，局面混乱，敌人逐渐注意到教会中的抗日思想并企图根绝亲英美的色彩，检查青年协会书局出版书籍更甚。一九四二年冬太平洋战事发生后教会各书局有个短的时间停业了。

但我们早已看到这，一九三九年广学会已择昆明开设分会，一面把在沪书籍运入内地，一面再版有用书籍，亦出版数种新书。一九四〇年，全国基督教协进会业与成都华英书局接洽妥当，代行出版销售各种书籍及有关文字事业更广多的委托。后青年协会书局、广学会、青年问题社、基督教载社、田家半月刊、圣教书会及华英书局组成基督教联合出版社，印发耶稣主义讲话、人生的透视、基督教与合作运动、青年故事、美满的生命等书，并再版的也有数十种。在杂志方面除复刊女铎及福幼报并发行希望月刊，福音杂志（双月刊），基督教丛刊（季刊），及天风周刊等，显然的对华西、西南、及西北、各处教会幸得这些优等的灵粮可说是得诸抗战之赐。

全国协进会一九四一年，在重庆发刊协进以代中华归主月刊。上海伯特利神学院在贵州独山出版校勘数册，湘南零陵圣公会与循道公会合办平安杂志（季刊），仅印一册，因战事即告停刊（和平后已在桂林复刊）。又伯特利神学院教授苏佐扬君创办天人报（月刊）为造就灵性的小型刊物。一九四一年陈崇桂牧师在东川万县复刊布道杂志不久复停。一九四四年赵君影牧师发刊十字军报，内容相当新颖，读者多是知识青年。以上所提颇琐碎，却可代表自由中国教会出版概况。

且来回看沦陷区域教会的出版物。

一、中华归主月刊——代表全国性的通讯刊物，由刘廷芳君为总编辑后，内容一新，国际教会消息灵通，国内教会重要事工叙述亦多具兴味。一九四一年六月可说停刊了，继其后有中华归主灵修副刊，月出一期，仅四页，内容有短篇经训及教会简短消息，一九四三年，四月后改为双月一刊，篇幅减半，不久亦停。

二、真理与生命月刊——原是学生证道团发表思想及通讯的刊物，十数年来对知识界信徒及青年学子在时代思潮、宗教学术方面的介绍有过相当贡献，原在燕京宗教学院出刊，平津失守，即迁沪托广学会代理，因种种关系，一九四一年秋停。

三、紫晶（季刊）——本刊读者对象为教会各级工作人员及知识界信徒，尚未为一般信徒普遍的认识，内容有团契、说教、礼拜仪式、歌、祷文、宗教教育教材、静谈灵修、诗、燃起灯来、读书录等，特别对普天颂赞的编成有过贡献，本刊约在一九三八年到第十三卷停止了。它是和真理与生命同时南迁的。

四、真光杂志——卫道著名刊物，一九〇二年创刊，在反基督教运动时期贡献特多，内容有介绍近代基督教思想、解经灵修、青年指导等，一九四二年停刊。

五、他如青年读物——明灯月刊，传道人刊物——道声等均先后停发，女铎与福幼报则迁成都，圣洁指南月刊延至一九四三年三月停刊，时兆月报则迁入内地复刊，迁址数次，直抵和平莅临时不绝。

六、在渝陷区域黑暗中尚有下列星星，微光闪烁，简为介绍如下：（1）一九四〇年一月全国协进会推动的北京基督教书店（Peking Christian Book Shop）开幕，对河北、山西、豫北、山东、关东各处教会输售各种宗教书籍，各方渴求之量甚大，终至无法供给地步。（2）大约同年（？）在天津有基督徒福音书室（Chrisian Gospel Book Room）之设，发售灵修书籍，彩印布道单张数十种，又出基督徒布道刊二册，内容充实丰富有用。（3）一九四一年在沪有一部分同工组织灵工社，联络教牧，并设灵工书店于麦特赫司脱路，出版新书数种，并经售灵修书籍。又发刊灵工报（季刊）。（4）一九四二年春赵世光牧师等因为暂时不能赴南洋传道，在沪组立灵粮刊社，发行灵粮月刊，圣经函授科教材，启示录讲义，为义受逼迫的人，及少年读物——灵奶双月刊（不久停刊），影响华东一带教会颇为普遍而深刻。（5）信义报（周刊）在华中一带服务教会可谓久而耿耿，战事起后改为月报，但内容仍颇丰富优良，汉口撤退后改称为纯基督教刊物，仍每月一发，内容已成穷乏矣。据云后迁内地复刊。（6）通问报——拥有久长历史，销行广时，达数万份，为教会各界所周知，国军离沪后尚图努力维持，嗣因环境关系，将其有关国事部分消息忍痛割去，后改月刊，经济支绌，又编为双月刊，季刊，终至无定期状态，内容几为上海教会通讯刊物，然其苦心挣扎，不绝如弦，王完白医师及胡尹民牧师等努力系之，可谓难得也。（7）其他有王完白医师主编之生命月刊，一九四一年二月创刊，向知识界布道及栽植由福音广播电台听而受感之慕道友，销路不广。宁海内地会曾发刊灵餐季刊两期，对乡村教会颇有可用，惜未继续出版。宁波伯特利教会曾自一九三八至一九四〇年发刊微声不定期刊约十期，内容有经解，培灵，见证及教会消息，困于经费亦未延续。

七、英文教务杂志（Chinese Recorder and Educational Review）又名中国基督教运动报（Journal of the Christian Movement in China）。迄一九四二年在沪停刊，已有七十三年历史，它是中国教会现存期刊中最年老的，它对中国教会的重要性比量实超过世界宣教杂志（The International Review of Missions）对世界宣教事业的贡献。有一个时期它曾做过基督教道与中国思想、道德、文化沟通的调和者，中国基督教历来几个重要运动及中国国是问题均有过不能磨灭的贡献，介绍基督教思想，勖勉事工，报道环球教会动态及各种消息，在抗战期间它站在有国际性的地位，道中国教会所不敢道，对各国宣教会及各级工作人员及中国教会各级能阅读英文的领袖实是不可或少的读物。

八、一九三九年（？）全国协进会刊行英文广播周报（Broadcast Bulletin of National Christian Council of China）为抗战期间速递教会消息的临时刊物，内是摘录该会每日日夜间广播的消息，借补教会定期刊物因交通阻滞不能按时到达之缺，内容简赅叙述全国教会各种事工的消息很普遍，颇具兴味，有时也提有关中国教会的国际教会消息，两刊均停于西教士跨进集中营之前。

九、英文中国基督教会年鉴（China Christian Year Book）中文的第十三期，一九三六年十二月出版，此后近十年未见续刊，其缘原因约有两端：（1）英文的较中文的重要，或阅读者以英文为多，（2）由战事而来的各种阻碍。英文本第廿期，四九〇页，刊于一九三七年腊月，第廿一期，四三八页，刊于一九四〇年十一月，第廿二期，刊于一九四二年一月，仅一五〇页，内容亦限在一九四〇年至一九四一年闻事，此三书为数微小，其内容却甚重要，抗战重要期时间教会各种圣工之进行，变革，迁移及新事业之兴起，均有详细的记载，为战争大时代中教会有价值的史料。惜一九四一年至一九四五年的尚付阙也。

第二、出版物内容一般

愈后，教会书籍方面的出版愈少了，故且较为详细的提及定期刊物的续刊与停刊，今试根据中华全国基督教出版物总书目第二续编（上海广协书局编印）作简略的分析，藉窥书籍方面的内容。本续编搜集一九三九至一九四一年出版物，内有一部分系一九三六至一九三八年补编所遗漏者，亦有廿九种为再版者。

分类书目及出版种类：

哲学，伦理学，（家庭方面）	四十一种
宗教，圣经，教义等	五百八十七种
社会学，教育等	三十四种
自然科学	一种
有用的技术	三十六种
美术	八十一种
文学	一种
历史，教会史，传记等	二十七种
布道及主日学挂图	二百种
注音字母及盲人用书	一百种
一九四一年出版新书	三十六种
	共计一千一百四十四种

这个数目似应加上圣经出版，对于各种圣经出版核计更难，出版处有四：即中华圣经公会，苏格兰圣书公会，中华浸会书局及北京新旧库，印发新旧约全书、新约附诗篇、新约全书及三散本福音书等，多是重印，不是新出。惟中华圣经公会有边疆苗语蒙古语等译本六种，有新约全书，诗篇及马太马可路加等福音书，又北京新旧库有新译新约全书，及新约附诗篇颇堪注意。

太平洋战事爆发后在沪圣经一度被封，后在沦陷区交通较便者稍可购阅，在内地分设成都华西坝，重庆保安路，昆明北门街，西安东关，广东曲江，武溪南路等售经处，圣经公会在百般艰难中多方设法运输，大量圣经入内地，供应一般饥渴慕义的读者；又在内地进行印刷，分地出售，其贡献教会需要诚是劳苦功高。

这一千多种书籍在数字方面自属不甚精确，但亦相差不远。这些出版于烽火连天时，稿件多有在战前著作者，虽然以为纯战事时期的产物，有些实是准对或预备战事而著译者。兹为企求更了解这些书籍内容起见，约为分述如下：

（1）除圣经研究与教义阐释等类外，首推教会历史及名人传记，据青年协会书局销售报告：近年来售出名人传记为数最多。下提各书均在百页以上者，有林仰山的教会史三册（尚未完卷），罗金声的东方教会史，彭彼德的基督教思想史，郑启中译基督教史略，贾立言的源远流长，近代教会史，王治心著的中国基督教史纲，中华基督教史课本，连警斋译黑河英雄探险记。Wu Sheng-Te, Ch'en Tseng-Hui 合编的教案史料编目，其他尚有使徒之时代，基督教史要，英勇的奋斗，两广浸会略史等。名人传记更多，比较内容充实的有尼赫鲁自传，居礼夫人传，耶稣的故事上下两册，伟人信仰的故事，查麦士传，亚士贝立传，师达能夫妇功成传，古约翰生平，西洋圣者列传，郭显德牧师行传全集，施约瑟主教传等，中国教会在热诚的考虑着以往近二千年的基督教运动及古圣先贤有所取法，并借此企求将来的远瞻，踏上正路。

（2）其次，如青年丛书，非常时丛书（内分三类：第一类为非常时的认识，第二类为非常时的基督教运动，第三类为基督教思想的新趋势。）海慎宗教丛书及胡德勒罗克宗教及道德丛刊等，有些可说是我国抗战及第二世界大战的预言，促醒信徒及早预备；有些是计划教会新的事工及记述，非常时发生的运动，并介绍近代基督教各种新思想，内容精彩，说话有力，足可表示信徒在战争时代中的新精神。

（3）教会事工与生活研究——基督教企图荷负艰巨的救世重任，自身检讨是不能少的，北美平信徒远东调查团名为重新估计差遣会的海外工作，对中国教会却应视为自身觉悟之成熟时期。一九三八年在印度玛都拉斯召集世界基督教宣教协会参议会以"教会"为惟一的课题，先进及后起教会均觉十分重要，差会设法让宣教区域教会自立自治自养，各国后起教会亦觉时期已届，跃跃欲试，在这种情况下产生了中国基督教前进运动丛刊，玛都拉斯大会丛刊，教会与社会——教会及其在社会的功用（铎夫特吴德汉合著，谢受灵译），教会合一的研究，朱敬一著的一个实验的乡村教会，又如许多套基督化家庭的用书及二三十种义工训练材料等也有相当关系。用另一种眼光来研究这问题的在数年前已出了一本工作的再思（倪柝声著），随后有石天民译的基督和祂的选召会（中西基督福音书局出版），杨绍唐的教会与工人（天津基督徒福音书室出版），这几本书均是根据新约圣经来研讨这问题的。

（4）其他，研究圣灵问题，有价值可读的书籍各书局多有出版，这是反映着企谋解决中国教会中，普遍发生的灵恩问题。一般率领灵恩运动的领袖（？），似乎少去问津这些可作南针的书。讲道方面用书增加了数十种，有数种是培灵会或奋兴会的记录，多是名牧宣讲的，宋尚节博士名下也有数种。灵修书籍每日可供阅读的有竭诚为主、荒漠甘泉、胜利的生活、山中日祷、蒙恩回忆录、遵主圣范、日用经光，大时代之灵修日程（郭中一著），隐藏在基督里、虔修日程。圣经注释简单的有林辅华牧师编著数种，陆德礼的歌罗西注释（圣教书会）、何赓诗的基督耶稣的启示（启示录注释）、李荣芳的旧约次经与外传等多是卷幅繁多，内容详尽的。小说方面有美蛾出走、雨后斜阳、天晓得、康小姐、阿黄、女铎小说集及世界著名小说选数册，多是翻译品，仍少本国信徒的创作。此外，应用技术方面如医学、护科课本、药物学、病理学、疗治学及国民健康用书等，亦出版三十余种，有数种卷幅颇为充实。

第三、推销与效果

书籍销售与交通邮递关系密切，一九四二年后孤岛上海与内地运输交通几告隔绝。一九三七年七月战事爆发后，一般人对战事消息十分留心，甚有如痴如狂。一般信徒阅读宗教书报，冀得灵性慰藉竟超过平日，也有类似情形。又许多非基督徒追求内心的需要，平素漠视宗教的今亦改变态度，即基督教书报竟多喜研读，如福音书及布道但张在难民区所，军队中及伤兵医院内，感觉供不应求。这样，我教文字方面的供应较平日为多为急，这是出乎我们意料之事。出版界同工鉴此景况，在运输交通阻滞与缺乏下，各方面支付骤增，仍竭尽心力，将藏放在上海的书报运输内地，后来各海口被敌军封锁，曾设法由宁波入内地，稍后此仅存的海口亦无法通运，或由香港、或由海防、西贡，其艰苦卓绝可由下面一段通讯中读悉。

加拿大联合教会的已故安德生牧师（Rev. Albertson）在途中不息的将一百箱药品及四十七箱广学会珍贵的书籍（包括该会全目录中所有的各种书籍），出海防去昆明广学会书店，这些书籍已平安运抵昆明，从海防达昆明足足费了六个足月工夫，该书店经理孙庆云君作简略的报告，叙述该事的经过："安德生君于十月十日遽然逝世，葛乐福医师（Dr. Crawford）就从成都飞南开（Nanki，时在十一月十五日）来协助我，约有一百苦力帮同装运，现在百分之九十生病，已有五人死亡，（在全个旅途中苦力已有三十人死亡）。葛医师一到就病，孙君患疟疾并发厉烈的沙眼。我们常在户外露宿，炊烹也由自己担任，我们与苦力共同生活，食用亦简陋，我们的苦力多瘦弱不堪，（后来他们多从云南回山东去）……爬山越岭，跋涉深水，多么艰苦！沿途风景绝佳，但多是危险地带。我在此地随时能丧失生命，疾病、土匪、及其他不测的危险。谚云：不入虎穴，焉得虎子。何等的危险啊！"（广播周报第五卷廿期，一九四一年一月廿七日）。

他如运输圣经，类似艰苦的事颇多，兹举销售情形一则，颇使我们感奋。北京基督徒书店（Peking Christian Book Shop）于一九四〇年一月开幕，据全国协进会华北区文字工作委员会报告称，该书店开幕初揭，各地闻讯前去订购者挤拥，河北、山西、东北各省及朝鲜等地均有不绝的购阅者，读者知识阶级如青年学子，把这些难得的书报视为稀珍，儿童节省糖果费而来购书者有之，甚有年老者跋涉长途专为购备宗教读物，这些精神上与知识上饥渴的情形于此可见。（广播周报第五卷册二期，一九四一年四月廿一日）。

书籍的出版对读者不应抱注射式的态度，以为书出书店门槛便"算了"，这是失败的政策我们与读者应有交往，启发其求知欲，为期长时期的交易者，如能得其研读的感想或批评，从而改进之，其业务的发展有望焉。教会书局中比较在那方面注意的有汉口信义书局；在期刊方面此事更为显然，如从前的生活周刊及今日的文汇报多得助于此。田家半月报对这事有相当的注意，兹将其效果简述如下：本报一九三七年在山东发行有订户四万份，迁长沙后减至二万份，移四川出版初期尚有一万五千份，迄一九四一年七月统计，减至九千另四十九份（内有三十六份尚能寄入安徽省内）。自迁长沙后订户分散仅在十九省份内，以前是遍全国的，连东北也有少数。迁长沙后其读者知识程度的调查，小学的占百分之五十七，中学的占百分之三十八，大学的仅百分之五。读者年龄自十六岁至廿五岁者为最多，他们百分之六十是在农村中工作的。通讯询问的提及健康组织的足有半数，其次是讨论生计问题，再次是提及科学及婚姻问题等。本报许多读者是非基督徒，已有百分之十二因读本报而加入教会为正式基督徒，有百分之十已在准备做基督徒，他们常去函询问如何加入教会；但亦有些读者建议我们不要宣传洋教，因为我们已有本国的宗教，如孔教、道教等，有许多读者诚恳的建议要该报编印田家百科全书（Farmer's Encyclopedia），因人才经济及时局关系难以应命，这些事对我们教会文字界十分有兴味，亦为有价值的挑战。（广播周报第五卷册一、四十六期，一九四一年四月

七月，第六卷第十一期，同年十一月）

抗战期间我教会中有许多圣堂夷为平地，或仅留破垣残壁，各级学校及医院的建筑被焚毁或损坏；教友星散，集会停顿，甚至失其信仰虔诚；教牧出走，圣工消于无形，此乃有目共见之事，亦其荦荦大者也。而关系整个教会知识及灵命的文字工作，宣传教义，报导各种消息，启发信徒知识，思想，培育教友灵智道德，厥工亦甚伟也。鉴于战时饥渴订购，供不应求，即是明证。一般同道对此事似乎视而不见。自一九三六至一九四二年间，定期刊物自二百二十三种而络续停刊，几至完全闭歇地步，书籍方面仅广学会据其总干事朱立德君报告：

年份	出版新书数	再版书数
一九三六	九三种	一七九种
一九三七	九三种	一〇五种
一九三八	七一种	一八六种
一九三九	九五种	三八六种

这四年间，新出及再版书籍每年平均得三〇六种，其他尚有大小出版机构七十处，其中如青年协会书局产量亦颇可观，迨一九四二年左右而都停顿下来，这在教会的文化事业方面是不能小觑的一件事。虽迁至内地有数种书籍出版及再版，定期刊物亦有数份，这仅为不绝如缕罢了。际此教会事工复员，并图新展，记者以此项事工相当重要，故不计文字工拙，爰草此文，其中遗漏难明之处甚多，如照出版物总书目第二续编所载，即战前书籍亦有数十种在内，记载出版书报，截止于一九四一年，其一九四二至一九四五年两区出版书报上文虽曾提及，遗漏谅多。据出版物总书目第二续编可查再版书籍仅二十九种，而据朱立德君报告，仅广学会一九三六至一九三九年已有八五六种，再加其他出版机构，再版书籍亦必较此为多。这样欲求研究的精确，实非易事，愿海内能文同寅能补充而完成之。

编者按：以上大都叙述沦陷区的情况，后方的出版情形，希望读者们指教我们。

（原载《基督教丛刊》，1947 年，第 17 期）

经过"国难"的基督教

吴雷川

📝 **编者按**

　　吴雷川（1870—1944），本名吴震春，祖籍浙江杭州，出生于江苏徐州，中国基督教思想家、教育家，中国本色化神学的开拓者之一。1886 年考取秀才，1893 年考取举人，1898 年考取进士，任翰林院庶吉士。1903 年，曾短期担任江北高等学堂的校长，1906—1910 年，任浙江高等学堂校长。1910 年，因办学有殊绩，晋授翰林院编修。1911 年后，任浙江教育司金事，还曾被当地民众公推为杭州市民政长，但未就职。1912 年，赴北平任教育部金事，后升任参事。1915 年接受圣公会洗礼，加入基督教。1922 年起，任燕京大学兼职教授，1926 年起，担任燕京大学副校长。1928 年，任国民政府教育部次长。1929 年担任燕京大学校长。1934 年，辞去燕京大学校长一职，继续任教于燕京大学宗教学院和中文系。1941 年，燕京大学被日军占领后，吴雷川辞职靠写作收入为生。1944 年，吴雷川于北平逝世。吴雷川的基督教神学思想因其儒教文化印痕，而被称为"折中的神学"。代表作有《基督教与中国文化》《墨翟与耶稣》等。

　　本文写作于九一八事变一个多月之后，东邻入侵带给这位燕大校长更多的是对于中国教会的反省，教会究竟给中国带来哪些精神，绝对不是国兴时分功，国难时分谤，如果这样与其他哲学、思潮无异，而是要真正发挥基督教在平时的先知先觉精神，具体来说有两点：一是努力阻止国内的兵争；二是努力改进一切不良的制度。反躬自省是中国教会领袖们在国难甫一发生时，几乎共同的观点，随着"国难"的加深，自省似乎变得无济于事，思考更多地转到抗战还是非战这一问题的争论上了。

一个国家发生了很大的患难，凡是在这国内的一切人物，一切事业，都要普遍感受着患难的影响，有剧烈的震动和变化。宗教是一种在社会上活动的事业，当然也不能例外。

中国在近数十年来，内忧外患，循环迭起，到了此次日本侵占我东北的疆土，蔑视我国的主权，我国家平时即毫未研究对策。一旦事变爆发，内审国情，外观世变，遂至穷于应付，几乎不能保存独立国家的资格，真可算是大难当前了。在这国难期中，我们都希望全国人民，不但是要敌忾同仇，更要明了致此患难的根本原因，总是由我自召，有了这种觉悟，才能注意到惩前毖后，使未来的患难不再发生。如果宗教在社会上活动的功用，是要领导社会，唤起人民的迷梦，尤其是基督教，曾经不断地高唱能救中国的论调，那么，在此时期，将怎样引领人民觉悟呢？

要想基督教能引领人觉悟，不能不察看基督教的本身是否已觉悟，或觉悟到怎样程度。近年基督教在中国，遇见别种文化进展，宗教被人厌弃，大受攻击的时候，就渐渐地畏葸不前，缄默无声，这固然是可耻了。但如在国家多难，人心恐慌的时候，或许有一部分人转而欢迎——如近来艾迪先生到中国各地讲演，听众很热烈的参加，并且有许多人听了讲演之后，就愿意研究基督教的——于是基督教中人就借此夸张兴奋，我以为尤其可耻。因为受人攻击而不知反省，见人欢迎而不去考察他的动机，这就可见基督教的本身，只是蹈常习故，随外境为转移，毫无所谓自觉了。古人说："国家兴亡，匹夫有责。"这句话的意义，不是教人在国家既兴或既亡之后要大家分功或分谤，乃是教人在平常无事时，遇着国家有什么缺失，个人都知道反躬自省，因而共图改进，国家就可从此振兴，这才是对于国家负责任的办法。正如孟子形容伊尹的话说："思天下之民，匹夫匹妇，有不被尧舜之泽者，若己推而纳之沟中，其自认以天下之重如此，故就汤而说之，以伐夏救民。"伊尹因为以先知先觉自负，所以他的反省十分深刻，他的进取十分勇猛。基督教既当自负能救中国，中国的兴亡，从基督教本身上说，当然有莫大的责任。然则以往的当反省的是什么？未来的当进取的又将怎样？这显然是基督教受试验的问题了。

以基督教的教义而论，他是提出公义与仁爱两点，作为真理的两个标帜，也就是上帝的两种性德，教人要服从真理，效法上帝的完全。至于教主耶稣牺牲服务的精神，更是配称！万世师表，受人崇拜。这都是无可訾议的。但基督教流行世界，已经过千九百年，而其已有的成绩，迥不能与人的理想相副，这不能不说是教会和信徒莫大的缺欠。教会只知偏重组织的形式而忽略精神，又好为神秘的宣传，而不顾事实的改造，以致屡屡错过机会，终至丧失其领导社会的资格。试看艾迪先生在他所著的《宗教与社会正义》一书上说："君士但丁为罗马皇帝时，教会权柄超乎政治之上，以其地位及能力而论，大可左右宪法，改良制度，使社会上不平均的现象日益减少，惜其时教会中信徒，已丧失社会的观念与热心，耶稣之教训与精神已隐灭殆尽，所以竟不能利用此机会，至于一无成就。"我们试想，假使在一千五百年前，基督教会就能根据教义，提出改良社会上一切不平等制度的主张，更经过长时期的演进，其造福于全世界当何等伟大！又如中国近年有不少的基督徒执掌政权，假如他们都能按照基督教的道理立身行事，中国也何至成为现时的景象？所以我们当知：基督教在国难中受严重的试验，所有以往教会和信徒的失败，是决不能否认的。

然则未来的改进当怎样呢？类如教会当怎样改良？信徒当怎样训练？在这里姑不具述。我以为：基督教如果觉悟以往的失败，现实所应当注意的工作，至少有两点：

第一　努力阻止国内的兵争。民国成立二十年来，如果不是因为国内不断地的①战争，弄成国力空虚，民生凋敝，何至有这次日本的侮辱？所以要杜绝外侮，必得止息内争，这是对症下药的方剂，是必要注意的。现时宁粤两方的争执，也许因为有外患的压迫，不得不顾全大局，暂时求得解决的方法，不至破裂。但是军阀的势力依然存在，说不定外患稍平之后，内部又起纷争。因此：基督教的人们，应当对于这一点，预谋防范的办法。类如：（一）结合同志，发表宣言，说明在国内无论有何项政争均不得动用武力。（二）如有发生动用武力的事，必要联合同志，实行请愿阻止，虽因此牺牲性命亦所不惜。（三）传道者专向农人和工人宣传内争的罪恶与祸害，劝他们一致反对，尤其是得着机会，要向兵士和铁路上的工人宣传，为釜底抽薪之计。这样的工作，正是合乎公义与博爱的原

---

① 应去掉"的"。

则的。

第二 努力提倡改革一切不良的制度。耶稣一生唯一的目的，就是要实现他所理想的天国，在他的天国里有新制度，我们试从福音书中去推寻，就可看出如废除阶级制和私有财产制，都是天国里最重要的条件。须知耶稣在世传道，绝不是空唱高调，乃是先要改变人因袭的观念，使他们到了制度实行改革的时候，能够安然承受，不致阻挠与恐慌。所以改革人心，固然是预备天国降临的重要工作，而天国的实现，要必等到各项制度都已改革，工作才算完成。在预备天国降临的时期，是要有许多人奋斗牺牲的，但等到，天国实现，那时所有的人，都自由地得到幸福，这就是基督教拯救人类的大功了。近时英国葛嘉尔主教，在他的讲演集——名为《基督与社会》的——书里有一段话说："要使人有道德，固然不是在议院里立法就可以办到底，但一国的法律和制度，与人民的道德有莫大的关系。这也是大家所公认底。法律完备，可以使人民易于为善，法律废弛，也必使人民易行不义。所以法律和制度若首先改变，则人心的改变必更能收效。反过来说，人心若起了变化，法律和制度也必随着起了变化，这也是自然的结果。"照这位主教所说虽然改革人心与改革制度同为重要，但我们至少可以说：若是传道者对于改革制度，加以提倡或赞助，比较宣言改革人心，自然是更切实际，因为这项工作，更是能促使公义与仁爱早日实现的。

我很希望经过国难的基督教，能切实觉悟，改进他的工作，并且各个基督徒也都奋兴起来，共同担负这责任。

二十年十一月于北平西郊朗润园

（原载《真理与生命》，1931 年，第 6 卷第 3 期）

基督徒与国难

王梓仲

✒ **编者按**

　　王梓仲，1895 生，天津人，1949 年前，曾任华北基督教公理会牧师、华北基督教联合会总干事，1949 年后曾任中国基督教三自爱国运动委员会常务委员、北京市基督教三自爱国运动委员会主席。在抗日战争期间，曾拒任日军召集的华北中华基督教团特邀委员，被家庭教会人士讥为"吃教者"。

　　本文讨论的中心围绕基督徒该不该参与战争这一问题，而讨论的基础在于《圣经》的经文。虽然作者罗列了正反两方的经文基础，但本文的观点明显倾向于一种积极的抵抗。只要这一切的动机出于"耶稣那样恳挚的爱"，手段可以是武力，可以是经济，也可以是自己的生命。

　　近数年来，我们做基督徒的，有很彻底的觉悟：就是我们不但是基督徒，也是中华民国的国民。那从前奉洋教的观念，与做教民的思想，都洗涤干净了。这实在是教会的进步，教友的觉悟。然当此国难临头，国际间发生冲突的时候，一般做基督徒的心中，常常有了一些疑难问题；如对于国难，做基督徒的，应有何种表示，而对于侵略的国家应持何种态度等等。

　　（1）基督徒的两重责任

　　若是我们只是中华民国的国民，那样问题就简单的多了。但是我们同时，也是基督徒，所以我们的责任，是两重的：一方面我们做国民的，有我们常负的责任：对于国家的律，秩序，有维持之责。

　　我们做基督徒的对于这样国民的本份，没有什么不可以同意的，亦没有什么不可以拥护的。所以耶稣在世的时候，曾有人问他，纳税给该撒，应当不应当，耶稣回答说："该撒的物当给该撒，上帝的物当给上帝。"这样的回答，并非巧辩，也非是设辞，乃有它的真理在。因为我们做基督徒的，无论对于上帝与该撒，都有我们当尽的责任。耶稣手中所拿的银币，就代表该撒的政府，因为它的存在，社会有秩序，人民享受了安宁，得以发展个人的生活。人民所付的税，就是秩序安宁的代价，所以耶稣说，这种义务我们当承认，并且也是我们的本份。

但该撒不是上帝，所以我们对于上帝，有我们对于上帝的义务：为我们对于他的信仰，对于他的崇拜，对于他的团契，是任何该撒，所不能干涉的！基督徒在此两重责任之下，有时发生很严重的问题；因为对于国家的责任，有时与信仰的责任，发生冲突。在罗马帝国时，政府令基督徒敬拜该撒的偶像，干涉他们信仰的自由，基督徒宁死不从，虽政府焚彼等之身，碎彼等之骨，驱逐彼等于斗兽之场，彼等仍不屈服。因为他们视信仰，高过一切，故能奋斗到底。

那样我们看看，现在的国难是否与我们的信仰有冲突？据我看，不但没有冲突，而且应当奋斗。因为此次日本出兵东三省，不但破坏国际公法，并视人道正义为无物！所以我们无论从国民的立场或信仰的立场，皆当奋斗。

（2）基督徒奋斗的方式

在此种情形之下，我们做基督徒者目前的问题，不是奋斗不奋斗，乃是奋斗的方式。换言之，基督徒是否可用武力去奋斗？历来基督徒，对于此问题的看法，甚不一致。有的基督徒，以为无论在何等情形之下，不应当用武力。此派基督徒，称为和平派（Pacifists）。可是还有一些基督徒，则以为若为正义人道，武力是可用的。此两派的主张，皆能引用圣经的教训以为证。赞成用武力者，常引马可十一章十五节至十八节，耶稣用武力驱逐殿中做买卖者之事，并云在路加二十二章三十六节，耶该曾吩咐门徒买刀，虽未说明买刀作何用途。而和平派所常引之经句，则在马太福音五章，登已山宝里的几段教训：

第一段为马太五章二十一节至二十六节，耶稣引证旧约说不但"不可杀人"而且不可向弟兄动怒。因此和平派以为经有明调，不可杀人。无论在何等情形之下，不得杀人，就是国家为治犯人处以"死刑"也属不当。同时有若干经学家，如 Mackenzie 者，则以为"不可杀人"（Thou shalt not kill），按旧约的本意乃"不可谋害"（Thou shalt not murder），因此"死刑"与战事上的杀戮，另为一问题。

第二段的经训，在马太五章三十八节至四十二节。此段经意最要点在"不要与恶人作对"，若从字面上讲起来，则为极端的不抵抗主义。但有若干经学家，以为要了解此段的经意，万勿忘却它的背景，此段经意不过对当时的犹太人说，你们不要用"眼还眼，牙还牙"的精神对付你们的对方，要有宽容仁爱的心。"不要与恶人作对"，也许是暗指罗马政府而言，因为耶稣不是提倡什么政治的革命，不过用上帝的道，改革人心。人心改，则政治不成问题，所以对于政府没有什么对抗。又如在四十一节"有人强迫你走一里……"按希腊的原文……（impress into one's service）"强迫"在那样就是说，若政府抓你的夫，你当尽力去做。所以统观此段经训，无非使基督徒，宽容仁爱，并非毫无限制的无抵抗主义。

第三段经训在马太五章四十三节至四十八节，耶稣说"要爱你们的仇敌"。然对于此段经意，有三点我们当注意（一）按 Macgillivary 的注释"敌""非指寻常仇敌言，乃云除爱我者以外之众也"。与孔子的泛爱众同义。（二）此段经意之论点，乃以个人为立场的。（三）耶稣并未曾将"仇敌"与"不可杀人"连在一起，不过他的门徒约翰，则有此意。"凡恨他弟兄的，就是杀人的"约翰一书三章十五节。

统观以上各派所引证的经句，各有各的理论，然耶稣基督的精神，非任何经句所能代表。我们若从耶稣一生的事工与教义来看，耶稣是以"爱道"为处世原则的。所以无论何派基督徒当认清此点。然耶稣所讲的"爱"是积极的，不是消极的，更不是极端的无抵抗主义。所以耶稣的十字架，是爱的积极方面的表现，不是无抵抗的象征。若耶稣基督，一味的不抵抗，他大可以避身乡间，又何必定意去耶路撒冷去寻死呢？所以耶稣说"爱仇敌"（Love your enemies）并不是说"容忍仇敌"（yield to your enemies）是积极的，不是毫无限制的不抵抗主义！因为我们若以毫无限制不抵抗主义对内，则国家一切的组织，社会的秩序将成瓦解，是直接的与恶者妥协，间接的助纣为虐，更谈不到"爱仇敌"的精神了。若以不抵抗的主义对外，不但不能促使恶者觉悟其非，恐怕更增做恶者的气焰。在历史中这样的事实是有的，如 Armenia 与土耳其即其例。Armenia 的基督徒，常常容忍土耳其回教徒的残暴，论理回教徒当变为仁爱，然其结果适成其反。至于今日，土耳其时有惨杀 Armenian 人之举动。然欧战时比利时实为欧洲一小国，与强德对抗，何异螳臂当车。然竟不顾一切与德对抗，以促德国之觉悟。德意志军国主义的打破，比利时实有其相当之功绩。不然，若一味的不抵抗与罪恶妥协，而反说是爱仇敌，未免侮辱了耶稣的精神与教义。

固然我们也当同时认清，只用武力，特别是带有侵略，或报复彩色的武力，永也不能解决任何问题。所以现在我们做基督徒的，无论对于国内国外的奋斗，不只在方式，也在我们的动机。我们应问，是不是有耶稣那样恳挚的爱？若有，我们奋斗的方式，也许是武力，也许是经济，也许是自己的生命！

记者按。此篇文字，颇有讨论价值，希读者注意。

（原载《真理与生命》，1932 年，第 7 卷第 1 期）

国难中的国庆

梅贻宝

📝 编者按

　　梅贻宝（1900—1997），天津人。少时入南开中学，1928 年在美国获博士学位，回国后在燕京大学任教，历任燕京大学教务处主任、讲师、教授、文学院院长，成都燕京大学代校长，美国爱荷华大学东方学教授、香港中文大学新亚书院院长、台湾东海大学教授等职。著有《大学教育五十年》等书。

　　本文由国民党当局取消 1932 年国庆庆典说起，痛揭民国以来政府的软弱，群众的水深火热状态，以及当权者在抗日事工上的不作为，号召群众自己团结一致，从身边做起，抱乐观积极的态度，坚定"大信"与"小信"。"大信"即是信创造能胜过摧残、爱护能胜过损伤、公理必战胜强权；"小信"即坚信宇宙虽大，人力虽微，人力却不是无足轻重的。而这两点是基督教本有的精神，也是在国难时期基督徒应该宣传和践行的。

　　九月二十九日天津大公报登载着一段简短消息如下："行政院通令，国庆不庆，各机关一律照常办公。"我们读过，不由的发生许多感触。

　　所谓国庆，即是民国纪元前一年十月十日，武昌起义，推翻满清专制政府，建设中华民国的纪念。按常情来讲，一个国家，每年一度，庆祝他的肇始，既然纪念已往的事迹，亦借以振兴民气国魂；本来是很自然，很有意义的举动。事到如今，竟连这一些点缀，亦都取消，岂不凄凉也！

　　转而想来，民国成立以来的二十一年中，又有哪一年少了内忧外患？编起民国史年鉴来，这二十一年，倒有多半属刀兵战乱的岁月，少数是平安无事的时间，当道的争权夺利，小民们火热水深。其中夹杂的一段"国民革命"，亦没有改变了这每况愈下的过程。甚而有人说，国民革命的伟人们，称得起与众不同的，"革命尚未成功，同志已经富贵"，他们的权力争夺，已经进化到明争硬夺的程度。小民们当然是水益深，火益热了。回忆到中学读书的时候，学校因为国庆，大加刷新，悬灯结彩，烟火牌楼，无一不备。牌楼柱子上并挂了一对对联，夜晚由背面燃起电灯，煞是好看。可惜这位编对联的先生，不清不楚的在文里引用了"粉饰太平"四个字，全校议论纷纷，不以为然，这是民国四年的事。现在回想起来，到要算不幸而言中了。

由此以观，国民对于国庆本就没有庆祝的兴致。二十年来，愈庆愈无可庆。普通一般，不过得一个凉爽的秋天，寻点休息娱乐；少数有心人，愈发的增些个伤感而已。国事推演颓堕，直到去年九月十八，竟发生丧权失地的大不幸。国人方感振奋，政府犹在颠顿。辗转经年，消极的仍不见有所抵抗，积极的亦看不出任何振兴。一纸通令，不庆国庆，在政府固然是表明心迹的应有文章，在国民则只见其软弱无能，画蛇添足耳。近数年来，若不是各地党部劝告催逼，又有哪个要庆祝国庆来？

国难本来就使得吾们感受莫大痛苦，国难中偏又挤进来国庆，其间的动荡，冲突，与刺激，实有不堪言喻者。瞻前顾后，绝难应付，亦最足令人悲观。虽然当此情景，乐观固然不可能，悲观亦大有未当。乐观悲观的内容，固然各不相同，他们都是一种态度，而且是易生流弊的态度。乐观说"终归会好"，悲观说"早晚必糟"。据此推论，改善无从，努力亦都白费了？我们基督教中的同道，尤不应灰心丧志，流入悲观，更不得饱食终日，空唱乐观。我们应当加倍努力，愈发的奋兴，解除国难，振刷国魂。使国庆纪念有对象，有价值。前段文字，多有对政府不满的话，其实国民若能健全，政府又怎敢泄沓。现在政府既不能号召民众，大可由吾们民众自行团结，谋内部的建设，作长期的抵抗。吾们虽然不容易有全国一致的联合，至少亦可以分区分地，各就其职务范围去加紧努力。最近西北建设了伟大的灌溉用渠，江淮灾区筑成可观的堤工，其余如修路，如办学，如地方自治，都屡有所闻。可见吾中华民族还蓄有雄伟的生力，在千难万苦的环境里，还能挣扎，还能多少收效，这绝不是垂危待毙的征兆。我们应当意志坚强，勇气增加，在尽我们普通本分以外，更尽一份分外的力量，兢兢业业，效国尽忠。作学生的读书要加倍努力修读，作教员的要特别用心教导，其余各界亦都奋勉上进。一切事工全能紧张活跃，蒸蒸日上。同时再加以注意国事，热心公益，以免全国散沙，各行其道之弊。无论其政府如何衰颓，一个国家真能有这样焕发的民气，他的前途是光明的，外力是不能摧残他的。简言之，我们对着这国难中的国庆，既无可乐观，亦不得悲观，所应采的态度，可谓之为努力观，或改善观。

努力观重视人类的努力，认他为能减少罪恶，避免灾害，增加幸福，促进价值。这样的态度，个人采用，能使他奋发有为，民族采用，能救国家出患难得健全。国难中吾全国同胞尤当认定这是吾们的南针，而崇信基督教的人，自己认定外，更应传扬提倡。因为这样的态度，立在两个信念的基础上。信念不坚，但是态度，那态度必不能现为事实，不过虚空的观念而已。这两个信念，没有现成的名称，姑称之为大信小信，以区别之。而两个信念，都属乎基督教的根本教义。

所谓大信，即是信创造能胜过摧残，爱护能胜过损伤，公理必战胜强权。全宇宙都是建设的助力，自然是厌恶空虚的，生命是趋向于发展繁茂的。真美善是正，假丑恶是反；积极是常，消极是非常；正居主，反属宾。用基督教说法，即是上帝是良善的，天国必要临在世上。所谓小信即是信宇宙虽大，人力虽微，人力却不是无足轻重的，在自然各种势力势均力敌的一煞那间，人力竟能左右一切，影响万世。俗语说种瓜得瓜，种果得果，亦可以表示这个人世经验中的因果律。古人立行，不以善小而不为，不以恶小而为之，亦可说是根据这个信念。新约书上记载那耶稣的话说，你们应当以善胜恶，你们应当警醒，你们应当勤于工作，因为你们的天父亦在工作。

这两个信念，相辅相成，缺一不可。只有大信。便流于懒人的乐观，诸事听其自然，上帝负责包办一切。这亦就是反基督教的人们说基督教是麻醉品的根本原因，其实这并不是基督教的全文，乃是其中的一段。可惜一般基督徒自己便常常断章取义，借此得些空头的安慰。反而言之，若只有小信，人们虽有努力而缺乏目的，失掉归宿；其努力亦只能自成因果，而没有更深的意义了。基督教说天国必要来临，而同时又说人们应努力向善。主祷文指导基督徒们祈求，"愿上帝的国降临"，这"愿"字绝不是空洞观望的意思，而有催促基督徒们奋兴实现天国的效用。两个信念具备而产生的努力观或改善观，方才是应有的态度。西谚所谓天助者自助。这样的努力是有意义的努力，是能持久的努力，是坚韧不拔的努力。虽然他目前的对相，被当时环境的势力所迫，不能达到；他自问所行是公是义，就可以认定，终究必要实现，不曾徒然。

自从国难发生以来，吾人若干感触，渐渐的都归结于这两个信念。以为这两个信念坚定，对国事奋斗方才有他的基础，方才不怕折磨，方才能谈忍辱负重，长期抵抗。认清这两个信念，决定努力观的态度，当然更能救援人们脱离醉生梦死，漠不关心的罪辜。对国难我们应该如此，对国难中的国庆更该如此。所谓拨云见日，全看吾人努力如何。这样信念，虽不是信基督教人们的专利品，确是基督教根本教义的一部分。基督徒们一方面要自己认得清，信得坚，知所适从；一方面亦要努力宣传，唤起国人，这亦可说是基督徒对于国难的一种供献了。

行政院的通令，"国庆不庆，各机关一律照常办公"，骤然开来，仿佛前一半很醒目，像煞有介事，后一半平平无奇，完成文气而已。但是细加推敲，如果本文所论，大体尚合，则结论竟然相反。国民们不但今年无心去庆祝国庆，就是已往几年里，亦未尝有若干的心肠。所以"国庆不庆"的这句话，可说是废话。"各机关一律照常办公"这一句，除去若干语病外，倒是大可注意。大体上这是很合乎努力观的说话。只是不应限于"各机关"，全国民众都该为国事特别努力一天。若说到政府各机关，"照常"两字却万分要不得了，似应改为"特别"或"加班"字样才合适。虽然，国家的官吏以及民众一般既以松懈为常，亦惟有盼望在国难方殷的时期，大家一致，不但要特别努力，而能以"非常"为常，改"常"而得其真常也。国人盍兴来诸，基督徒盍兴来诸！

（原载《真理与生命》，1932 年，第 7 卷第 1 期）

非常时期之教会经济

单伦理

编者按

单伦理（1905—2001），山东人。曾获神学学士，一生与培正学校结缘，在退休之前都在培正学校工作。

抗日战争历经数年，教会经济大受影响。太平洋战争爆发前，差会所设立的教会和靠基金维持的教会，因为经费来自海外以及战前在银行的积蓄，所受影响并不大，但对于靠信徒捐款的自立教会来说，教会自养便遇到不小的困难，经济萧条，民不聊生，居无定所，信徒人数下滑，这一切都让教会的奉献大幅下降。为了教会的延续，教会的经济难题不得不成为教会牧养工作的重中之重。面对这种情况，停办教会违背福传宗旨，裁员降薪对于半志愿团体的教会来说似乎又没有多少空间，所以作者认为解决教会经济最有效的方式还是教友的捐款。一方面依赖富足而热心的教友支持，同时也可向教友贷款，捐赠物亦不限于金钱，另外虽然裁员降薪不可能，但可在教会实行薪金平均制，节约开支。

社会上，任何一种组织都不是随随便便成立的，他们都有其认为至善至正的目的，为达此目的而不能不有所活动，有所工作；既要活动，既要工作，紧接着，一个主要的问题来了！他们不能不用钱。或多或少，钱是一定要用的，如果缺少了钱，他们的工作，即有中辍受阻之虞。俗语说，兵马未动，粮草先行。这是对于任何团体工作时皆能适用的一条定理。教会自也不能例外。平时，教会的经济，是来自教友的捐输；三毛五毛，涓滴而成江河，集腋而成皮裘。经济有了来源，自然一切工作均有无限发展的可能了。

平时，太平年月，所谓风调雨顺，贸易兴隆之候，再加上天下升平，匕鬯不惊，每一个教友，每一个家庭，都是衣食温饱，绰有裕余，你请他们捐输一些金钱为教会之经常费用，教牧一呼，教友百应，不数月日，即成巨款，那真是容易到万分，因为在他们的生活中是有余，而非不足，所以，在他们，对于这一项金钱的支出，并不感觉若何的困难呵！

可是来到非常时期，情形就不同了。所谓非常时期，这里须先加一种解说。旱魃肆虐，淫雨为灾，以致五谷不收，人民不得一饱，这是非常时期；世界不景，生意萧条，商业失败，以致仅堪维持，或不堪维持，这也是非常时期；有敌国外患，步步侵略，战端既启，全力以赴，节衣缩食，犹恐不能御侮，这更是非常时期。处在这种非常时期，教牧要想向教友或同情教会事业的人，得一笔捐款，那真是谈何容易。这时教会的收入，与往者相比，诚有天渊之别了。

目前中国的教会，我们可以将之分作三种：一是差会所设立的教会，他们的经济可以不发生问题，这里是非常时期，差会则仍是平常的时期，只要国际汇兑能通，教会事业即可照旧进行。二是有基本金的教会，他们大部分经费，并不靠教友的捐（输），他们银行中有基金，生利息，或乡间有地亩，城市有房屋，每年每月均有收入可得，这样他们的事业亦可照原定计划进行，不受影响。三是靠常年经费自养自给而无基金的教会，他们所蒙的损害特大，因为他们既无固定的款及来源，而募捐又极艰难。在平时，当然不发生问题，一遇非常之变，就不能不受莫大的打击了。本文所说的非常时期之教会经济，即指后者而言的。

一所这样的教会，来到了非常时期，究竟应当怎样措施呢？自然的趋势也有三种：一是即刻停办。教会的工作者，上自教牧，下至传道干事，以及助理人员等，均另谋他业。有人说，传道不必一定要专业，在他种职业中，也可彰显上帝的真理，耶稣的救恩；现在非常境遇之来临，吾人改业可谓正适逢其会。一是裁员减薪。凡是非常时期，政府各机关，无不实行紧缩政策，裁汰冗员，减低薪俸。教会经费既感困难，不妨仿行。一是缩小工作领域，节省金钱。例如应支的灯油费不支，应开的布道会不开，应作的一切事业，皆可以停顿不作。纵然作，也要把范围缩小，只要礼拜日的聚会，不间断；这就够了。苟延岁月，以待非常时期之度过再说。这三种当中，我们采哪一种呢？教会是一种和平的组织，两千年以来迄未中断，借着这种组织的活动，改造了不少的社会弊端。我们绝不能因一时经济的拮据而将历代圣徒所要发扬光大的教会而无形取消了。如果说裁冗员，减薪俸，第一，教会根本即无冗员之可言，每一个人均有每一个人之宣传事工，往日需要若干人，非常时期，依然需要若干人，甚至还需要得更多。因为人遇到非常之变，宗教性才易于滋长，这正是我们宣道的好机会，岂可说裁员？那么减薪吧，一个教会工作人员，平时每月平均说来也不过三四十元，一家一饱尚成问题，又试问从何处去减？至于缩小工作范围也有困难。夜间的查经班，可以不开，以节省灯火之资，那么怎样培养教友呢？改在白日，教友又是否有空余的时间呢？上三者，既为吾人所不取，我们不能不另谋补救之道。下列数者，并不敢谓为万应灵方，不过略贡一己之愚，为各同道之参考而已。

1. 虽然处在非常时期，教会的经常费用，仍是仰赖于教友们的捐（输），这一点，我们须肯定的认清楚。因为，在过去，教会既无基金之筹措（姑无论基金办法之利害何如，）在今日，自也不能于短促的时间内，获得大批的基金；而且一向均为自养自给，与西差会断绝了经济关系，更不能于此时表示懦弱取消自立而归还于西差会。（西差会之经济援助，我们故可以本基督徒有无相通之意来接纳，不过我们却不能据此视为固定的经济来源。）所以，归根究底的说，我们既要办教会事业，经费一层，自仍须靠赖自己的教友。

2. 大前提既经肯定，我们是要靠赖教友。那么，我们靠赖哪些教友呢？为求实效起见，募捐的通启，不能不先置诸富足而热心的教友之前，贫穷教友的输将，自为我们所欢迎。一个穷寡妇捐两个小钱，固然是善举，可是她连两个小钱都没有的时候，教会即不能不向那些拥有资财的人来筹募；不过这些拥有资财的，却不要是当年的"法利赛人"而是急公好义的真基督徒。如果说一个教会的教友，都是贫穷的，这我们根本不能相信；如果说富足的教友，都不肯输将，都是守财奴，这我们也不能相信。如果有，那是我们过去宗教教育的失败。

3. 教会的经费，是靠赖捐款。但如果因某种情形未能捐（输），而教友却肯免息贷给教会，不急于要教会偿还，也未尝不可。不过，在非常时期，有一种困难，银行邮局提款均受限制，教友纵欲有大笔捐款，也不可能。所以遇此种情形教会应呈请政府特许通融支取；或划入教会账目中。

4. 金钱是一切贸易的媒介，因之一切事工之进行均靠赖之。不过在非常时期我觉得教会收受捐（输），不必一定要金钱，米石物品均可。因为教友之剩余方面，各有不同；某教友之金钱特少，你请他捐款，他在心理上非常不愿，但将他田中之土产拿出一些，则不感觉什么。商人也是如此。不能捐现金，捐货品亦可。所以教会不必每次捐款，均例行公事样写捐单；收集物品开卖物会，也是募捐法之一。

5. 其他较贫教友，我们也不能不给他们捐（输）的机会。可是这里须切忌使人增加生活无着又来讨债的反感。我有过一次这样的经验，一个朋友，薪金打了四折，维持家用尚且不可能，又来了一个类似讨债的捐款通启，不由得使人顿感不快。向贫穷的教友，或不限于贫穷的教友，只可报告教会的事工，末后暗示他们任何人的捐助，无论多少，出于乐意，均表欢迎。这样，一个有两文钱的穷寡妇，自会乐意捐其所有了。

6. 教会的开支，能减则减，不能减，亦不必勉强。例如教会中之灯油茶水，不能减，减则显示对人冷淡。教牧的薪金，平时收入尚且不足，一到非常时期，百物腾贵，如何能减？减则必至改业。然而，所有教牧薪金平日不必相等，在非常时期却又不妨划一。有的教会，对于教牧待遇往往分为三六九等，留洋能讲英文者，支最高薪，大学毕业能讲英文者，支次高薪，其大学或神学毕业而不能讲英文者，支再次薪，逐步升为教牧者，支下薪。固然，其所种者多，收获者也应多；然而这种原理，应用之于教会薪金之支配，则未免不宜。现在非常时期来了，大可来一个"均产"，不妨一律；或均等，或依其家中人口之多寡而定其收入。这样，总计起来，我想，总可以节省一大笔经费开支吧。

作者虽曾参加过一度的教会工作，但对于教会经济实情，却仍是隔膜，不大清楚。处此非常时期，教会有岌岌不可终日之势，五中有感，遂信笔书之。上述种种容有隔靴搔痒门外汉之病。然而，我相信，教会当局能以基督之心怀与艰苦奋斗，难关是不难度过的。因为上帝的手一定引领扶持我们的呵！

（原载《真光杂志》，1938 年，第 37 卷第 1 号）

国难中的信徒经济责任

罗文清

✑ **编者按**

　　罗文清，曾任中华基督教崇真会牧师。

　　这篇文章与《真光杂志》同年初发表的单伦理的《非常时期之教会经济》一文正好形成互补。单文提出要解决教会的经济难题必须依赖教友的捐献，而本文所谈恰恰是教友如何节流开源，在国难中增加经济收入，在承担国民责任的同时，承担教会义务。作者在文中借鉴约翰·卫斯理的观点，鼓励信徒尽力赚钱，尽力省钱，尽力捐钱。如果每个信徒均如此行，教会必能渡过经济难关。

　　"每一个罪人，都有双重的人格；每一个基督徒，却有双重的责任。"这是庞荣琦牧师在新会城一个晚上布道时，说的一句隽语。他的解释是：基督徒不但如同世人一样的要尽其为国民的本分，还要尽其天国子民的本份。他们向国家社会有责任，向教会又有责任，所以谓双重责任。

　　这话是很实在的！尤其是在此国难严重当中，基督徒所负的这双重担子，更加重大，更加显而易见，且更加刻不容缓的要负着。所以每一个基督徒，大概都已感觉到这双重责任之重大，非容易应付。例如：一个基督徒，在此劝销救国公债的时候，各人在营业上已经按着各地的情形销售了当购的数目，尽了为公民之本份，及至教会也被分派了，教会——尤其是浸信会——是没有恒产的机关，平时教会的一切费用，都是由信徒负责。如今教会所负的救国公债，自然又要信徒负责筹措。而所谓信徒，就是那些当地的民众，既已尽力购买地方所派之数目，又要为教会再尽本份。照理教会就可以免了，但因为神的缘故，教会要顺服圣经的"当得的……给他上"的教训，为的是要叫神的名不被人误会。只好又自己甘心情愿地负责，这不是显然的双重的责任吗？

还有什么难民的赈济，伤兵的药饵衣服，前方救济……等等，在社会上这一类的捐（输），最多只及于富人或中上的人家，至于比较贫苦一点的，便很少捐到。但教会则每逢这一类的捐（输），辄当仁不让，必尽力（且过力）输将。因为社会上的平民，或稍为富足的人，每每可以因他们没有什么组织，不属什么机关，不属任何团体，办理劝捐的人，自然容易挂一漏万。而信徒则不论贫富一律不能苟免，其原因：第一就是因他们为是爱神而又爱人的。因他们是一个很有系统的组织团体，易于办理，且为社会人士所易注意。至于教会内之办事人，则因其本身是受过真理的感化，对于这一类的捐输，自然不待别人之勉强而先自进行，见义勇为的干去了。在撰者所住的城中，以上所说的捐输，在好些吃饱穿温的教外人，尚不知有所谓什么捐，而教会中之贫苦教友，早已把养生不足的钱捐送到前方去了。这显然又是信徒双重本份的第二个例。

至于本教会的堂中经费，如油灯火烛之消耗，茶水扫寻之糜费，信件往来之邮资，牧师教师之薪俸，每月又需负担。他如布道大会之用费，传单通告之印刷，论道小册之购备，在在非财不行。其尤著者则教会所办之慈善事业，如孤儿院、安老院、医院、及学校等等之费用，尤为年费不资。凡此种种皆是教外之人所未尝负责，而为基督徒所独捐者，此又是信徒双重责任之第三例证也。

信徒既然在责任上领了双重的轭，然而在力量上若没有加倍的增进，那么不久就必身心疲乏，财力两枯，甚至影响信心！因此信徒即要打醒精神，仗着那加给我们力量的基督，用坚忍不磨的心志，存着欢喜快乐的心，与满有希望的念头，负起这第二重的轭，因为知道这第二重的轭是为神而负的，如同"第二里路"是为神而走的一样。因此信徒——

第一要尽力赚钱 凡可以多赚钱财的生意，多得钱财的事业，多有利益的经营，以及什么可以赚钱的工作，信徒都不妨努力做去。凡公公道道的职业，不犯国法，不悖圣经的工夫，也要竭力去干。凡可以得钱的光阴不可白白空过，勤勤谨谨，夙兴夜寐，尽力赚钱，越多越妙！我看许多信徒贫穷没有多大能力为神做事，是因为他们懒惰，没有尽心尽力去赚钱。阅者如果你的贫乏是因为你懒惰，没有看种神所付给你的健全身体，努力去作工，那么你的罪真大。保罗说："若有人不肯作工，就不要吃饭。"我们不可因吃饭而作工，乃是要因作工而吃饭！更要为神为人而作工。所以我说信徒要多作工，多赚钱，越多越妙。

第二要尽力省钱 不但要尽力赚钱，更要尽力省钱，把所赚的钱节俭下来。除了必需的日用生活费用之外，凡是无谓的浪费一概节下。所以，信徒不但不应和世人一般，出入电影之场，往来跳舞之院，以及流连于酒楼茶室之中，（因此不独破费金钱，且耗尽精神，白度光阴。）就是饮酒抽烟，（不只鸦片，连平常人惯食的熟烟，或纸烟，或旱烟筒，或水烟。）也不可。因为信徒的钱，不可以白白浪费了。要积聚下来。一个善于赚钱的人，若不会节俭，实在等于一个不会赚钱的人一样。赚一元用一元，赚百元用百元，多多钱财，到手即尽，终底也是穷人，也不能为神作什么。所以第二要尽力积财。

为什么要尽力赚钱尽力省钱？圣经不是说不要贪爱世界么？保罗且说："贪财是万恶的根源，"如今说要尽力赚钱，又要尽力省钱，不会悖乎圣经的教训么？是的，所以还有——

第三要尽力捐钱 人若只知赚钱，又只知积攒钱财在地上，为自己多置田产，自然就是不对；但我却不是主张这个，我主张每一个信徒赚钱积钱，是要他们有多量的财力为神做事，为别人谋幸福。因为我不是为钱财而叫人赚钱积财，乃是为神为人而叫人赚钱积财。动机不同，自然目的互异，故此每一个爱主爱人的信徒，应将尽力所赚得的，尽力所省下的，又尽力捐上，以"不为明日虑"的态度及信德，悉数献到神的手中。最好每礼拜每月（最迟三个月）结束一次，把所赚的带到神的面前献为馨香之祭，为主使用，自然荣归上主，而益及人群。中国的信徒苟能人人如是，教会的经济是不成问题的。爱主的同道们起来，同负此第二重责任！

原来这尽力赚钱，尽力积钱，及尽力捐钱的三段讲题，乃是约翰卫司力所讲过的。（不过内容不同）据说当时有一个爱财如命的乡下佬，因为耳闻卫氏之名，久欲亲聆雅教。于是直由乡中走出伦敦，要听卫氏讲道。无巧不成书，适值卫氏讲以上的论题，第一段讲得落花流水，尽力发挥。乡下佬正中心怀，乐得眉飞色舞，暗地极口赞扬："果然名不虚传。"讲到第二段，乡下佬更加听得乐不可支，坐在位上几乎要跳起来，自己口对心说：少年人委实使得，委实有才。及至讲到第三段，乡下佬如同从半天掉下来，垂头丧气懊悔之极，叹了口气道："谁知他所讲的到底还是自己弄糟了。"郁郁不乐地遛了。

哦！像这样的人，今日亦正不少。

（原载《真光杂志》，1938 年，第 37 卷第 9 号）

国难期间基督徒急于求解的两个问题

《真光杂志》编者

✎ **编者按**

　　本文重申了基督徒战争期间最关注的两个问题，一个是爱敌的问题，一个是当兵的问题。这两个问题在这篇文章中都得到了明确答复。对于爱敌问题，文章明确提出"爱"需要有界限，比如人类的仇敌不同于私人的仇敌，人类的仇敌好比魔鬼，不可爱；爱仇敌是以不屈服于恶势力为前提；爱仇敌不能纵容敌人，更不是舍人救己；仇敌需爱，善良的人和亲属更需爱；牺牲是有限度和时间的，是以能感化敌人为前提的。而对于当兵问题，文章认为应顺从信徒个人的良心，不可强求，也不应逃避。

　　中国基督徒，在这次的国难当中，对于基督教的爱敌问题，和当兵问题，已经引起了不少的疑难与争论；其中主张抗战的固然不少，但是主张积极用爱来感化敌人，作为进攻利器的也不乏人。——不过主张用爱的人，我还没有看见他们拟出一种有效的具体办法；我也相信在这种情势之下，这种办法是拟不出的；拟出了，也是不能实施的。兹就作者个人研究基督教道，及观察历史与社会实情；所得对于这基督教的爱敌问题，与当兵问题之愚见，试述于后，以为今日中国基督徒的参考。

（一）基督教的爱敌问题

　　《圣经》中论到爱敌的问题，最使人注目和误会的，就是《马太福音》五章三十八到四十二节。这段经文载着说："你们听见有说，'以眼还眼，以牙还牙。'只是我告诉你们，不要与恶人作对：有人打你的右脸，连左脸也转过来由他打。有人想要告你，要拿你的里衣，连外衣也由他拿去。

有人强迫你走一里路，你就同他走二里。有求你的就给他；有向你借贷的，不可推辞。"若照这段经文的字面笼统直解，那就不是爱敌之道，乃是害敌之道，并且是害一切人类——连自己也在内——之道！所以若不根据整个的基督教道，和历来的社会实情，简直是谬解《圣经》了。现在试将作者愚见，举述于此：

（1）私人的仇敌，与人类的蟊贼，要分别清楚。这里所指的仇敌，乃是私人的仇敌，并非人类的蟊贼。私人的仇敌可以尽量用自己的爱心来待他，但是人类的蟊贼，就不能这样对待他；因为若这样待他，那便是牺牲众人的幸福，以满足少数恶人的欲念，是违背爱敌真理的。换一句话说，人类的蟊贼，就是魔鬼；对待魔鬼，是可以姑息的么？

（2）爱仇敌不是怕仇敌，也不是屈服于恶势力。我们要知道，爱仇敌，不是怕仇敌，更不是屈服于恶势力之下。爱仇敌，正是要积极地推行人道和正义。所以我们若舍弃了人道正义而不顾，反向恶势力屈服，那不是爱敌之道，那是卑怯与屈辱的劣行。

（3）爱敌不是纵敌。《圣经》只叫我们爱仇敌，并不叫我们纵容仇敌，我们若用爱敌的美名，作纵敌的行为，那是罪恶；因为爱敌与纵敌的宗旨和结果，恰恰相反。比如我们对于儿女，只能爱他们，不能纵他们。我们对于仇敌的爱心，最高不过如爱儿女一样；所以我们若纵敌妄为，就不是爱敌之道。

（4）仇敌且须爱，那么亲属和善良的人更须爱。《圣经》叫我们爱仇敌，并没有叫我们不要爱亲属和善良的人；若少数的仇敌且须爱，那么多数的亲属和善良的人，不更须爱么？比如一个疯狂的仇敌，无端要杀害我们一家的儿女，我们可以任凭他吗？若然，我们就不但不是人，而且也禽兽不如了；因为禽兽尚且知道爱护它的子女。

（5）牺牲，是舍己救人，不是舍人救己。《圣经》中所论牺牲的道理，乃是指牺牲自己，以拯救他人，并非是牺牲了他人，来拯救自己。倘若我们牺牲了多数的亲属和安分的平民，以餍仇敌的恶欲，做自己爱敌保身的勾当，那还成得为人吗？照《圣经》的教训，就是叫我们最好能保存自己，又能拯救他人；若不得已，那只有牺牲自己以救他人；若是牺牲了他人，而救了自己，是违反《圣经》教训的。

（6）牺牲是有限度的，也是有时间的。照《圣经》的教训，是不能随便牺牲的，所以牺牲是有限度的，有时间的；若不到牺牲的限度和时间，是不可妄自牺牲的。牺牲的限度，是要能达到感化敌人和造福人群的目标，若不能达到这目标，是不可牺牲的。若感化敌人和造福人群，两者不可兼得，那只有牺牲敌人，而求造福人群。牺牲也是有时间的，若不到相当的时间，也是不可牺牲的。所以犹太人屡次想加害耶稣的时候，耶稣都设法避开，必须等到最后的关头，然后从容就义。所以我们若有牺牲的精神，也要学效耶稣。

（二）基督教的当兵问题

看了上述基督教的爱敌问题，当兵问题似乎不成问题了，但仍照作者鄙见，叙述一下：

（1）若是良心不许可当兵，则当随从良心的自由。人所求的是自由：在家庭中要得相当的、合理的、自由；在国家中也要得相当的、合理的、自由；在宗教信仰上，也是要得相当的、合理的、自由；所以我们的良心若不许可我们当兵去上阵杀敌的话，还得随从良心的自由。而且服从国家，拯救人群，也不一定要做到当兵的地步；即如在战争的前方后方，服从军人，拯救伤亡，救济难民等，也是在在需人的重要工作。（在法西斯主义下的基督徒，是没有自由的，其中乐意当兵和勉强当兵去侵略人的，固然有，但是宁死不肯去当兵的，也不能说无。勉强当兵去侵略的人中，也许有在中途为良心所责，而自杀的。）

（2）非到万不得已，是不可采用武力的。一到用武力来解决问题，双方所受的损害，人类所遭的摧残，都是厉害到无法补偿的；所以为维持正义起见，非到万不得已的最后关头，是不可妄用武力的。

（3）要和平，必须维持公义；能维持公义，才有真正的和平。基督教是主张和平的，但和平必须维持公义，没有公义，是不会有真正的和平的。所以基督教一方面主张和平，一方面也要维持公义。不过维持公义的力量，不只是靠法理，也须靠法理背后的武力。所以在这奸恶的世代，基督教还不能不拥护法理背后的力量。

（4）基督教仍然承认现在国家行政的权力，是上帝所给与的。基督教虽然相信将来有一个天国的实现，并且努力促其实现，但在这天国没有实现以前，还必须靠现在政治的力量来维持治安；所以基督教也相信现在国家维持治安的力量，是上帝所赐给，用来护善罚恶的。这道理保罗说得最明白，可以参看罗马书十三章一至七节。也许反对一切武力的人，认为这是保罗把基督的道理说坏了，但在事实上，处天国未曾实现的今日奸恶世代，可以一刻钟取消政治和警察权么？

（5）耶稣和使徒们，都没有禁止信徒当兵的明训。我们看耶稣医治百夫长仆人的病那段事，（路七1—10）只见耶稣力赞百夫长的信心，而并没有对百夫长说，你这样有信心，就不该当兵了。我们看彼得见百夫长哥尼流之美德、信心、和得着圣灵，就为他一家的人施浸，（徒十章）却没有吩咐他此后不可当兵。其实耶稣和正盼望多些这样良好的军人；所以施浸约翰，也只劝告军人不可以强暴待人，也不要讹诈人，却没有叫他们不可当兵；保罗也常用精兵来做比喻（提后二34 弗六10—17 提前—18）以勉励信徒，都涵有这可以做好兵不可以做坏兵的意思。虽然耶稣曾对彼得说过，"凡动刀的，必死在刀下。"（太廿六52）这是在另一种适合情形之下可以适用的，并不是指反对一切良善势力说的，正如耶稣对使徒们说，"没有刀的要卖衣服买刀。"（路廿二36）也不是主张无论何事，必须采用武力说的，是另有用意的。

（6）基督徒当运用智能以护善制恶。我们所有的，都是上帝所赐给我们的，（太十一27）凡是上帝所赐的东西，均当善加使用，所以上帝所赐给我们的智慧和能力，也须用得适当。因此，我们的智慧和能力，不但不可用在害人的事上，就是藏起来不用，也是当受刑罚的，（太廿五24—30）所以上帝所赐给我们的智慧和能力，当用来护善制恶。除非我们的智有所不及，力有所不逮，是不可任凭恶势力猖狂，扰乱治安和平，叫安分平民遭害的。耶稣为淫妇解难，（约八3—11）是用智救人；耶稣清洁圣殿，（约二13—16 太廿一1213）是用能救人，这都是我们所当效法的。

（原载《真光杂志》，1938年，第37卷第10号）

国难动荡中我们当怎样纪念今年的圣诞节

徐宇强

📝 **编者按**

　　徐宇强，母会为中华基督教约老会，曾为广东西江德庆约老会福音堂的传道主任。

　　国难时期的圣诞节尤其让人反思以往张灯结彩的庆祝方式是否适当，本文认为之前的类似方式是短暂不长久的，是劳民伤财得不到实益的，国难时期纪念圣诞节最妥当的方式应是效法耶稣，效法他的牺牲精神、入世精神、服务精神以及他对上帝的爱。

　　流光有如快箭似地一天一天的飞逝，转瞬间而一九三九年的圣诞佳节，又已到了目前了。在平常的时候，我们到了这个佳节，都不免要为着送圣诞礼物咧！组织诗歌班咧！表演白话剧咧！等等事情来忙着庆祝，以纪念救主耶稣的道成肉身。可是现在这国难动荡中我们就用不着这样的纪念圣诞节了。第一：因为这样的纪念，是至暂不久的；兴高采烈的志趣，欢欣的心情，张灯结彩的辉煌，五颜六色的灿烂，悠扬悦耳的歌声，光怪陆离的景象，等到圣诞节一过去，这一切的一切也就跟着消失于无形，而归之于乌有之乡了。唉！在这惊天动地的佳节里面，我们拼尽了九牛二虎的力气，消耗了无数的光阴与金钱，才博取了三五天底欢欣的情绪，未免是太不上算了呵！第二：因为这样的纪念，是得不到什么实益的；丁兹国难方殷，灾民遍野的时候，我们正宜苦心焦思，鞠躬尽瘁，以挽救这空前未有的劫运，又岂可以滥用我们的财力和物力，来再干这形色上的无多大实益的事情么？因此，我在这国难动荡中遭逢了这一九三九年度的圣诞佳节，纪念的方法，就不得不更新一下子从前那古老的花样儿了。

　　兄弟以为纪念今年的圣诞节最妥当的方法，就是效法耶稣；以耶稣为我们人生的楷模，以耶稣为我们人生的准绳；以耶稣的志趣为我们的志趣，以耶稣的精神为我们的精神；在我们每天的生活动态里，完全效法基督耶稣。

1. 效法耶稣的牺牲　记得有一个笑话。某地有个财主，为人甚是悭吝刻薄。从不肯拿一个小钱帮助别人。一天，他的朋友劝告他："你这样有钱，应当拿些出来做点善事，救济救济那些流离颠沛，无家可归的难民呀！"他答允了。第二天，他碰见了那朋友的时候，用手拍两边空空的衣袋说："我昨天听了你的话，已把所有的钱都花完了。"朋友问他怎么的花法。他道："我给妻子三万元；给长子二万元；给次子一万元；给大女儿八千元；给小女儿五千元；这样！我七万三千元的存款，岂不是完全都给予别人了吗？"

这虽然是一个笑话，但却可以知道我们很多人所说的牺牲、克己，完全都是虚假的，并不是真实的。然而耶稣的牺牲，就不是这样。他是上帝底儿子，他在天国里与天父同位、同权、同荣；他受着千千万万的安琪儿的颂赞和事奉；他在那里满有喜乐和荣耀；但他因爱我们的缘故，便把这一切都牺牲了，毅然地降生到世上来，备受人间的痛苦，为人人尝了死味，（希伯来二章九节）正如圣经说："你们知道我们主耶稣的恩典；他本来富足，却为你们成了贫穷；叫你们因他的贫穷，可以成为富足。"（哥林多后八章九节）"你们当以主耶稣的心为心。他本有上帝的形象，不以自己与上帝同等为强夺的；反倒虚己，取了奴仆的形象，成为人的样式；既有人的样式，就自己卑微，存心顺服，以至于死，且死在十字架上……。"（腓立比二章五至八节）呵！主耶稣的牺牲，是何等的牺牲呀！我们平常布施了一个小钱，便说牺牲；做了一点儿服务的事工，便说克己；要是若果与主耶稣比较起来，真算不了什么呀！所以我们应当效法耶稣的牺牲精神，竭力地帮助和拯救别人。

2. 效法耶稣的入世　好逸恶劳，舍难就易，就是人们的常情。所以碰见了患难，便畏首畏尾；看见时势过于险恶了，便抱着"明哲保身"底古训，高蹈远走，蹑迹山林，去度那"众人皆浊我独清，众人皆醉我独醒"的隐士生活了。但耶稣却不是这样，他的眼睛是前瞻的，不是后顾的；他的精神是奋发的，不是颓唐的；他在天上看到人类陷于水深火热的罪恶里面，没有方法挣扎得出来；所以按着上帝所定的时候满足了，便为女子所生，并且生在律法以下，要把律法以下的人们救赎出来，使我们得着儿子的名分。（加拉太四章四至五节）所以我们也当效法耶稣的入世，倚靠从上头来的大能大力，领导人归向上帝，信靠基督，以同蒙福音的好处。（哥林多前九章二十三节）

3. 效法耶稣的服务 耶稣在世上传道三年的短短时光中，从没有得过一天空闲的机会。他的一双手无日不在帮助和服务别人。瞎眼的，他叫他们重见天日；哑巴的，他叫他们言语玲珑；耳聋的，他叫他们听觉敏锐；瘸腿的，他叫他们步履便当；饥饿的，他叫他们饱腹而归；长癞的，他叫他们肌肤洁净；被鬼附着的，他叫他们得释放；死了被葬在坟丘里已经四天的，他叫他复活过来。他多时要和门徒休息的机会，可是众人却拥挤他，至他寻不着安歇的地方。他为服务人类而降生，也为了服务人类而受死；他的一生可算是完全消耗于服务人类的事工中。如他自己说："……人子来，不是要受人的服事，乃是要服事人；并且要舍命，作多人的赎价。"（马太福音二十章廿八节）所以我们当殷勤不可懒惰，要心里火热，服事人又服事主。（罗马十二章十一节）

4. 效法耶稣的爱神 耶稣除了爱人类以外，也竭力地爱上帝；他是上帝的儿子，他爱上帝，正如上帝爱他一样。他在十二岁大的童年生活中，便知道以天父的事情为念。（路加福音二章四十九节）到了年纪既长，便以实行上帝的旨意，完成他的事工为果腹的食物。（约翰福音四章卅四节）他因爱神的而顺从，而忍苦耐劳，而惨死于十字架的木头上。他爱上帝的心情，实在是最完全的。所以我们也当效法他一样地尽心、尽性、尽意、尽力、爱主我们的上帝，（马太福音廿二章卅七节）听从他、顺服他、称颂他、荣耀他！

末了！盼望我们在这国难动荡中纪念今年的圣诞节的时候，大家都能够不敷衍、不循例、专心致志、躬行实践地效法救主耶稣的牺牲、入世、服务、爱上帝的精神。在今年圣诞节起首，凡事效法耶稣，以效法耶稣来纪念今年的圣诞节。"但愿赐忍耐和安慰的上帝，叫你们彼此同心，效法耶稣基督。"（罗马十五章五节）

（原载《真光杂志》，1939 年，第 38 卷第 12 号）

在国难期中庆祝圣诞的我见

严玉潭

编者按

　　严玉潭，毕业于南京金陵神学院，后被派往安徽马鞍山运漕镇美以美会福音堂传道。

　　抗日战争历时多年，每年圣诞时基督徒都很矛盾，如果敷衍了事，好像不符信仰精神，遮盖了上帝的荣耀；如果欢庆圣诞，肯定不符国难氛围，每当此时基督徒报刊中总有文章关注"国难中的圣诞"这一话题。论者一致的观点似乎是圣诞节必须要过，但庆祝的方式要转变。本文便主张将庆祝的资金留作救济的需要，同时要利用圣诞节大力宣传基督，因为在非常时期，基督能贡献给国人的既有大无畏的牺牲精神，还有基督是真理所带来的信心。

　　举凡信奉基督的中国人，到了基督圣诞这一天，都是要整齐衣冠兴高采烈地携男领女到教堂里参加庆祝的盛典，歌颂赞美，抵掌言欢。然而教堂里面的男女传道，及教会学校里面的男女职员，当圣诞之前的几多日，就大肆筹备，扬厉铺张，直等着快乐圣诞佳节之降临。于此良辰美景，赏心乐事之日，举行庆祝，谁都要喜得怒放心花！

　　本届圣诞，不旋踵间又得翩然而至，真是驹阴易逝，岁月如流，记得去年此日，又忽临到今朝。可是仔细一想，我们中国的局势，大有今非昔比之慨！半壁山河，已成破碎；飞机大炮，到处肆虐，不但我许多文化机关，俱成灰烬；而一些徒手平民，也被轰炸伤亡，有的是血肉横飞，有的是残肢断足，疾心痛首，惨绝人寰！这样严重的国难，前方死亡踵继，后方遭炸无已，任何人的生命财产，除了上帝以外，谁也不能知道将来究竟；一切的一切，除了上帝以外，绝没有其他的保障。不倚赖主的和信心薄弱的人，值此全面遭难的时期，都把自己的生命线，犹之临深渊，履薄冰一样，也如同一发引千钧一样。那么，我们中国国势既如此，我们中国人心又如此，当此救主圣诞佳节，我们信主的中国人，到底是庆呢？是悲呢？是喜呢？是忧呢？是仿照往昔那样铺张呢？还是敷衍以过呢？这个问题，也正是值得吾人研究的问题。铺张既属不必，敷衍却也不能，这是笔者的愚意，谅也为多人所同情。我们无论是国民，是教民，值此国家民族存亡绝续的关头，应惜物力，以为国用；少说话，多做事，不讲外表，只重实际，这才是救国的良策，也是处世的方针。当这圣诞节，若是鸦雀无声，寂然无闻，不但是遮盖了主的荣耀，也是失了人的信心，我的意见，就是：

一　移祝资为救济的需用

到了救主圣诞这一天，我们不是不庆祝，没有表示，也不是如同平常礼拜一样，讲一篇道，唱几首诗，就算尽了庆祝的能事。我们当这国难严重的时期，不是要表面上庆祝，要从实际上庆祝；庆祝的真义是什么？请看《马太福音》二十五章三十一至四十六节。（文长不录）进行我们庆祝的对象，乃是基督，所以我们的庆祝，应即实行基督的遗教。就是要秉着他的爱心爱神爱人。"凡为我的缘故给一杯凉水小子喝的，就是爱我了。"近一年来，又不知有几多同胞受伤，他们即使有医药疗治，可是食物用品，自难周备。要知一个人在无病无痛的时候，缺乏什么需要，尚没有什么关系，惟有负着病痛的人，感觉什么缺乏，那真是极其可怜！不说别的，我们设身处地，凡是患过病的人，都知道这样的苦楚。还有在战区受飞机炸弹威逼逃难的同胞，或是房屋被毁，无家可归；或是逼近战区，有家而不敢归；衣裳什物，弃之罄净，只落得扶老携幼穿着单薄衣裳几个人，远远地逃命，这时天气寒冷，风餐露宿，煞是可怜！挨饥受冻，自不待言。

这些为战事受伤的，和被迫逃的同胞，谁不是上帝的儿女？我们爱主的人，自应当在这庆祝纪念的时候，把我们救死扶伤的心意，趁这个机会表现出来，博爱的精神，振奋起来，就是把我们所要送的节礼，贺片，筵席费，炮竹钱，统统节省着，另外于这一天特别的献捐。聚沙成塔，集腋为裘，一方面慰藉受伤的同胞，一方面用以救济逃难的人民，这样我觉得才是真正的庆祝救主，而救主定然喜悦我们这样的作。

二　趁机会宣传基督

世界残酷暴虐，大逆不道，就是因为没有基督在他们心里。基督的主义，是自由、平等、博爱；他主张人忍耐和平，绝不是要人侵犯人家什么。他训示门徒说："有求的，要给他。"他是要人牺牲一切，不是要人侵夺人家一切；他是要人抱利他主义，而反对利己主义者；他向一个少年财主说："你要变卖所有的，周济穷人。"所以残暴的行为，掠夺的勾当，都是基督反对的，但是我们中国到了这非常的时期，正需要基督的是：

甲、基督有大无畏的精神　一个人若要瞻前顾后，贪生怕死，那就恐怕要"见可而进，知难而退"了！这样的人希望他与患难周旋，他舍不得妻子儿女，舍不得生命财产，舍不得这里，舍不得那里，畏首畏尾，恋东恋西，结果，什么的工作也不能做，他只有息隐家园，说些不兑现的空头话。若是一个人有了基督在他心里，什么都不怕，真是置死生于度外，"宁以义死，不苟幸生。"人若注重灵魂的永生，就不怕肉体的死亡，但灵魂之其所以得永生，还是依赖基督的救赎，所以欲救灵魂，非赖基督而不可。

乙、基督就是真理　我们心里有了基督，就有大无畏的精神，更要知道基督就是真理，他自己曾说："我是道路、真理、生命。"基督是人类的模范，也就是善的最高标准。一个人心里有道德、有真理，决不做那卑污的事，害人的事。更不能做那丧心病狂的事，卖国求荣的事。所以我们正是要急急地宣传基督，更是要大声疾呼的宣传，叫基督在我国每个人心里，鼓起勇敢，激动天良，我们宗主的人，于此庆祝纪念的时候，也要感觉得在这时候，我们传基督的责任，是何等的重大；传基督的工作，是何等的紧急？

我以上这两点意见，可以说是非常时期当前的急务，也正是基督所认为适宜的要件。虽然是人心不同，各如其面，我想实地爱人救人（就是爱主爱神）的主张，谅也为诸位所同情。若果于此圣诞，"肆筵设席，鼓瑟吹笙"，不但徒费了经济，也枉费了精神，究于爱神爱人有何影响？在此时期中有何裨益？凡是真正信主的人，决不乐而为此。

（原载《真光杂志》，1939 年，第 38 卷第 12 号）

基督徒在国难当中应整理的世界观念

《真光杂志》编者

编者按

　　这篇写于七七卢沟桥事变之后的编者评论，较全面地阐述了基督徒面对国难所应该重申的世界观，对于经受战争苦难的信徒个体来说，这样的文章应该能起到灵性慰藉的作用。这些世界观包括客旅的人生观、地上财产的虚空论、世界的罪恶充斥说、祸患侵扰的必然性等多个方面。这些对待世界的看法本来是基督徒们所应素习素稔的，但在此战争时刻，显得尤为重要。此时《真光杂志》的原主编已经去世多年，文章应该出自时任主编曹新铭之手。

　　基督徒对于世界的观念，是已经具备的，不过我们是软弱的，我们是善忘的，所以在这国难当头，灾祸不知何时降临的时候，应该重新整理一下，以振起我们这种素具的世界观，来应付目前的患难。下述四点，就是我们整理世界观所不可少的：

　　（1）旅客的人生　　人生如客旅的观念，这是稍有思想的人，都能感慨到的。李白的桃李园序中的所谓："天地者，万物之逆旅，""光阴者，百代之过客，""而人浮生若梦，"等语，可以代表一般人的观念。不过他们只有这种观念，而没有灵性归宿之所，所以人生的感慨倍多。而我们基督徒则不但有这种观念，也有灵性归宿之所。主耶稣将要离开门徒的时候，曾应许他们说："在我父的家里，有许多住处。""我去原是为你们预备地方去。"（参约十四1—4）我们既有这美好的希望，摆在我们面前，所以我们虽具旅客的人生观，却不像他人咨嗟叹息的趑趄不前，乃是奋勇欢腾的奔跑前程。我们在这奸恶的世界，与罪孽患难相周旋，乃是走天国的路，所必经的阶段；我们过了一天的光阴，或遭了一次的灾难，就是表明我们又进了一段的路程，离我们的天家又接近了一段的路程。

亚伯拉罕奉神命离开他的故土吾珥，进入神所应许给他世享的迦南，但亚伯拉罕并不以吾珥为他的家乡，也不以迦南为他的家乡，他乃是在应许之地，居住帐篷，度旅客的生活；他所等候的，乃是那有根基的城，是神所建造的永远居所。（参来十一 8—10）不但亚伯拉罕——信者之祖——度着这样的人生，就是经中所载，一切的先知圣人，也无不视人生为客旅，而慕那更美的家乡；并且他们都是存着信心，凭着应许，从远处遥见这更美的家乡，欢迎这更美的家乡，奔赴这更美的家乡。（参来十一 13—16）

这种人生观，乃是我们基督徒所素具的，现当暴日侵略，人生前途，不可预测的时候，这种属于人生真理的观念，就更觉适用了。

（2）财产的虚空　人生既然如客旅，那么财产的虚空，乃是必然之势了。神对那无知的财主说：“无知的人哪！今夜必要你的灵魂，你所预备的，要归谁呢？”（参路十二 15—21）我们的生命，何时会离开世界，还不知道，我们所有的财产，怎能决定自己可以享受呢？

《箴言》书中说：“你岂要定睛在虚无的钱财上么？因钱财必长翅膀，如鹰向天飞去。”（箴廿三 5）这不是说钱财真会长翅膀，如鹰飞去，乃是说，在这奸恶的世界，劳苦所得来的钱财，不知何时会遭遇不测的损失，如鹰飞去无异。

人的生命，既不能决定能否有机会享受财产，而财产的损失，又不知于何时遭遇，所以财产对于吾人之虚空，是可以断定的。尤其是在这暴力侵略，全国遭难的时候，更显明这财产虚空的真理。我们基督徒对于这真理，既经早已认识，所以当这国难关头，我们的事业不能进行，我们的财产遭遇损失，均宜听天由命，付之度外，不必太过关怀，因为这是必有的事。

（3）罪恶的充斥　我们不要看错了，以为世界愈文明，罪恶愈减少，其实是世界愈文明，罪恶愈增加的。因为现在的世界，不是耶稣为王的世界，乃是魔鬼操权的世界。所以现在之所谓世界文明，并不是真（精神的）的文明，乃是假（物质的）的文明；在这所谓文明的幌子之下，是隐藏着许多狰狞的恶魔的。我们以前，以为奸淫邪盗，杀人放火，就算为逆天大罪，到了现在，炸弹毒气的大量屠杀平民，却算为平常的事了。以前个人与个人之间，失了信义，还为众人所唾弃，现在国际之间，任意撕毁盟约，破坏协定，却不以为希奇了。

这种世界罪恶之愈演愈奇，愈演愈凶，乃是圣经所明示，也是我们基督徒所素稔的；所以我们今日看见日本军阀，向我们这样无理的，残暴的侵略，乃是这世界所必有的事。不过这事恰巧临到我们身上，我们就倍觉诧异而已，相信这种罪恶的侵凌，也会临到别的民族国家中的；因为这是世界必有的事。在直的方面查历史，在横的方面观全球，何时何地，不有这种罪恶的惨剧呢？所以我们不要以为希奇，而怀怨恨的心。也应当知道，这是人受罪孽诱惑，不顺从上帝以抵抗魔鬼所结成的恶果。

（4）祸患的扰害　世界既有了罪恶，世界就必有祸患，世界的罪恶愈大，世界的祸患也愈重，这是自然的程序，也是自然的定理。世界既充斥了罪恶，我们想在世界上找一片安宁之土，哪有可能呢！人的一生，所经的灾祸，真是不可胜计，由疾病疢病，以至于天灾人祸，一生不知经历几许！我们基督徒早已知道，这一切的祸患，是必有的，是由罪恶而来的。

这一切的祸患，既是必有的，我们就不必惊异；既是由罪恶而来的，我们就要制裁罪恶。制裁罪恶的惟一办法，就是宣传福音。因为宣传福音，有极切实雄厚的制裁罪恶的势力——

1. 可以叫人知罪悔改　　2. 可以叫人崇善好义

3. 可以叫人敬神爱人　　4. 可以团结善义的力量

5. 可以制裁残暴的行为　6. 可以促成天国的实现

照这些效能看来，可见无论是促成国家的兴盛；增进善义的能力，抵抗暴力的侵扰，制裁罪恶的凶横；为自己计，为国家计，为世界计，为子孙计，都是有密切关系的。

结　论

基督徒对于世界的观念，既有正确的见地，对于生命的存亡，财产的得失，罪恶的蔓延，祸患的增加，能够认识清楚；则不致灰心，不致丧胆，不致怨尤，而在心灵上必能得着很大的安慰，在身体上，必能得着应付的能力。不过还有一件重要的事，就是救国救世的制裁罪恶的要图，乃是宣扬福音。这宣扬福音的重责，已经放在我们基督徒身上，我们在这国难期中，是更要为这事努力的了。不过我们当知道，所谓宣扬福音，它的方式，不只是用口讲，也可以用钱传，用力做；在行为上，在工作上，尤其是在这国难的前方后方，种种服役上，都是我们宣扬福音的机会。只要我们善于利用时机，尽基督徒本分，则无处不敞开福音之门哩。

十月一日于编辑部

（原载《真光杂志》，1937年，第36卷第11号）

战时传道人的工作当如何去做

杨惠福

✎ **编者按**

　　杨惠福，江苏扬镇区浸礼会传道人。

　　战时的传道工作遇到哪些障碍，该如何进行，作为战时的传道人必然要思考这类问题，但此类文章并不多见，本文对战时传道人的工作提出了五点要求：（1）找战时聚会的地点；（2）教会作为难民收容所，一方面服务前线，一方面可传播福音；（3）进行救济的工作；（4）要注意逐家布道的工作；（5）开设查经班。文末作者补充了两点，亦颇为重要：一是为《真光杂志》的生存做倡议；二是鼓励信徒加强信心的根基，这其中显明了作者对于战争的态度：祈求上帝止息战争抑或藉由中日战争乃至世界大战，促耶稣再来审判。

"所以你们要灵巧像蛇，驯良像鸽子……"太十章十六节。

　　假使诸位不健忘的话，还可以记得一九二七年，教会一切工作所受的打击，从那一次的损失，得了很多的教训，对于战时工作的方式，实在有改变的必要。目前的信徒以及教会的童工，又碰着此次的战事，所谓在救亡和非常时期的过程中，同工当觉悟如何去应付这非常时期的工作。

　　自卢沟桥的事件发生以来，继着的上海战争开展着，以及广州和沿海一带，所遭的侵袭，除了北方的工作首当其冲外，其次即上海区的教会受着极大的损失和无形的牺牲。因交通的阻滞上海与内地的信息完全迷糊，彼此间的工作失去重心和联络，有几处教会已经因环境艰难而停止聚会。对于战争的前途，和时间的长短，我们无处去测度，那么教会的工作，是否即因此受阻碍而停止工作？回到一九二七年所得的经验，就明了教会的圣工没有一日是可以停息的。

战事发生后，各地美侨，因受政府（美国）的通令，限于最短期内，所有一切侨民离开中国境内，否则即不负生命保全之责。各地西国同工们，有些不知所措的离了各该工作的地点，教会也如失慈母般的惊异着，前途的工作，不知如何去进行。从这一点上，至少可以学习两种教训。一、教会的一切——如经济，教育等……当追求"自理""自传""自立"的进行，中国的教会要"自立"起来！现今不是再依赖的时候了！二、经过此次的风浪，就可以知道有多数教会是真能站立得住的呢？

来吧！我们谈几个具体的方案！

一、找我们聚会的地点——这是指战区以及靠近战区的一些教会而说的，自炮火发动了以后，倘教会是在危险地带，当迅速的找一个合宜地点，作为聚会之用，并且通知每位信徒，按时聚会，在可能的范围内，指导教友做救济工作。

二、教会变成了难民收容所——不单战区的教会有这样的难处，在非战区的一些教会也有同样的情形，将教会变为临时难民收容所，或是后方伤兵医院。因为救国救民的工作，我们也不当人后，倘若将教会作为收容所，教会的负责人，与当地的政府以及慈善机关联合起来，籍着他们不但可以做成共赴国难的善工，并且也是宣传福音的机会。（指引教友们来协助一同去做）

三、救济的工作我们不可不做——上面的情形，是别人来找到我们而不能不做的，现在是我们当自动的做起来。

a. 捐款——除了公开的捐款外，在教会也应当以身作则的购买救国公债以及救国储金。

b. 做棉背心——在可能的范围内，每教会的妇女传道会，应当起来做这种工作，至低的限度，每个姊妹要亲手的做一件。

c. 慰劳——将我们所捐来的钱，食品，衣服……送到伤兵医院去，同时也可以传福音给他们。

d. 开夜校——在非战区的教会有多少的失业失学的青年，我们也当利用这个机会，开夜校，一方面给他们以知识，一方面也可和他们研究圣经。关于教授的问题，也可搜罗教会相当人才，负责进行。

e. 救济失学儿童——流离失所的儿童，无力读书的儿童，难民的儿童……我们都该设法救济，这件事很容易去做，只要有几个人负责，与难民收容所合作，就可以成功的。

四、要注意逐家布道的工作——因为每天常有警报的原故，开堂布道的工作，无形中有一些难处，但个人布道，还可进行。最好的工作，莫如逐家去看望人。这种工作，在乡间教会是最好的。

五、开查经班——复兴会，培灵会……没有法子开，我们当注重对内的查经的奋兴，以安慰信徒提醒众人在真理上更加热心。

其他的工作：如壁报和矿石收音机，都可做宣传战事消息的工具，地下室，教会的左近，有空地的话，应当预备一个地下室，以便危急时，作为邻居躲避之用。以上很简单的提到了几点，有的是我们试过，别人也曾实行过的，也有些是在进行着的。筹划着的，但各处教会情形不同，但愿我们会适应环境。

（一）爱护本刊——《真光》是本会在华的文字宣传唯一的刊物，我们当在可能的范围，竭力的去介绍，投稿，宣传代祷，……最低的限度，不叫它停刊。

（二）加强信心的根基——关于此次的战事，很清楚的说：我们不愿有战争，但也不惧怕战争，因着多人灵魂的丧失，以及无辜人民的受害，站在传福音的地位上说，愿意恳求施恩的主，有一次止息，以便将福音传开。倘此次中日战争，而引起世界大战，促主耶稣再来，这也是我们信徒所愿意的。但在这样艰难困苦中，传道人当起来，不停止的做工，做忠心守望者，按着正义分解主的道。使信徒格外加强信心，火热的服事主。

（原载《真光杂志》，1937 年，第 36 卷第 12 号）

国难中的宗教经验

石中康

✍ 编者按

  石中康，生平待考。

  本文是《圣公会报》的征稿文章，作者是一名普通的基督信徒，他在文中将其在抗日战争初期的宗教经验进行了细致入微的呈现，实为不可多得的个案研究资料，可用以分析抗日战争过程中普通信徒的心路历程。某种程度上作者的个人经历也是抗日战争过程中教会的心境与遭遇的真实体现，一方面对于暴日的行径表示愤慨，并表示与之抗争之决心；另一方面又往往为自己侥幸避险而归功于上帝的恩祐，同时祈祷公义的上帝惩治日本的暴行，惩恶扬善。抗日往往只停留于表决心，诉诸信心，而在具体行动上无太多组织，或无能为力，有些时候明哲保身成为第一要务。

  认识基督只有五六年的我，自从伊的饱血输进我的心坎，心理上和精神上，顿时就有了改变。目前我还只是一个年未弱冠的青年，是谈不到什么宗教经验，也不能述些如何令人满意，包含宗教修养的论说，只不过把我自九一八事变起直到目前的经历，用拙劣的笔法，吐露些久经年月的积□。

  关于国难的呼声，早在我信基督前，已抑起这悲伤的呐喊。但我这儿所要记的，就从东北举烽写起；在那时候我正是一个十多岁的小学生，因为我的父母都在上海，所以我从小生长在外婆家，而外婆家又是个佛教意味浓厚的人家，这时起我就受到佛教的熏化，也可以说是我初次受宗教的陶冶。太外婆是个受过四书五经洗礼的老年人，她的宗教观是非常良好，一半也是由她优良的物质所造成，在花园里她培养了许多花卉，在她窗前可以望到院园内，她每天早上起身就要灵修，研究佛经，平时常召集邻近的老婆婆，无论贫的、富的、残废的，都来到家里互相讨论点经典或者家务和国事，俨然是一个老年团契会。那时我是个天真灿烂的孩子，她很喜欢我到她的房间里去，她总是像位儿童教育家模样，讲点修身之道给我听，并不谈神讲鬼一般的迷信，使我领会不少。她平时很喜悦做公益的事情，她出了很多的钱，赈救饥寒，修桥铺路，像这类的善举，真是不胜枚举。再说下去，她也是很开通的，我记得有一天的下午，内地会有二位女传道由我外婆陪进来和她谈话，谈些大约是关于宗教吧。我的太外婆很诚恳的和他们讨论，可惜结果总没有接受主耶稣。在她将要离开世界的一夜，她对在旁的人说"我离开世界的时候，你们切不要恸哭。大家只要默默的拿香好像送神的样子，因为我是要到天堂去，所以你们不必悲伤……"这样的短短几句话，就可看出她宗教的修养，已到什么程度，可惜她没有认识真正的主，所以我对宗教的第一个认识，就是以为做好事，静静修着，为人慈善，就可以解决人生最难解决的问题；所以我小时，看到乞丐就掼个铜子给他们，平时偶然到寺院里去走走，就很热诚的对菩萨叩头。有几次同学中信基督陪我到内地会的礼拜堂去——严州，远桥边——我所得到的，只不过几本福音书，几张红红绿绿的花片，或者在圣诞节吃几块蛋糕，数颗糖果，而真理的奥秘，还不能获得。"一二八"沪战爆发后，我父母亲和弟弟都在上海，一时信息断绝，我外婆忧愁万分，急得手足无措，只好东向菩萨西求娘娘，结果求得几张上上签，才算打消我外婆的烦恼，给予点小小安慰，这事情到现在想起来使我哑然失笑。

终于"一二八"平定后，也就是我小学毕业的那年，离开这美丽，恬静，风雅，峻秀的富春江畔，把纯洁的小灵魂带入了这万恶堕落的上海；因我在乡下没有学习过英文，所以在父亲和姑母商讨之下，把我送进宣道会的守真学校。这时赵世光牧师正在这里工作，起初我对基督教就抱"这是外国人文化侵略，洋人道理"的主观，所以非常硬心，有时找难处故意和讲道的人辩论。当时还有一班同学附和我，因此先生往往为之话塞，但我的心中终得不到半点平安，一天下午静思之下，上帝指示我，是个沉沦于罪孽中的人，流了一夜眼泪，弃邪归正，接着在十三岁那年，就受了洗礼，生活改变了。到底是怎样的改变，非能用笔墨所写得出，但是自己觉得比从前显然不同了。如此得胜生活过了一年，这阶段中，居然会同教友们到翼缘区布道，记得有一次约了同学远远跑到上海郊外去传福音，真希奇，不知是从那里来的力量，在众人面前有胆量去唱诗，讲道真如圣经上所说"主的灵在我身上，因为他用膏膏我，叫我传福音给贫穷的人，差遣我报告被掳的得释放，瞎眼的得看见，叫那受压制的得自由，报告上帝悦纳人的禧年"（路加四章18—19）做到这里忖起已别了两年快的上海，就引起我无限的悲愁和怆伤。我记得前年春天，住在江湾，自己的田园；每天早上在看圣经或祈祷，是何等恬静，是如何安宁。门前一片茸茸绿草，场的四角几个绣球花，加上一排高高的意大利柏，篱笆上满布着的红白的蔷薇，现在已被敌人炮火所吞噬了，目前只能成我想象的幻影。在深夜看到现在和往昔的处境感受到沉痛的怀念，但是圣经上记载着"耶稣说，狐狸有洞，天空的飞鸟有窝，人子却没有枕头的地方。"（马太八、二十）所以做服务社会的人，物质待遇，并不是怎样的优美，而且像我们青年人应该锻炼自己，养成一个能忍劳吃苦的人，才能担负起艰难的重大工作，所以我觉得现在生活条件虽没有从前良好，我从圣经里和上帝处，可以得到安慰，并指示我这是最好的锻炼机会，更引导我走上积极的真理道路。

守真堂读了一年觉得年级太低，于是次年暑假就考入华童公学，这时真有高昂的气概，觉得自己如何了不得，常常做不正当的举止。起初我做了一点错，或说了一句谎，良心就受责备，一次一次，好像钓鱼人竿头的食饵在引鱼儿，以后司空弄惯，于是心中充满了污秽，连礼拜也不愿去做。首先隔一星期去一次，后来一连几个星期也没有去，偶然去做礼拜，也不过找几个朋友玩玩哄哄热闹。当初讲道的人，或可给我点刺激，泛起少许感触，但不能深刻在脑海中，瞬时变为乌有。照外表行动看起来简直不像个基督徒，实在没有基督精神，更不能作宗教上的辩论会，辩论的题目终是逃不出宗教与国家。

在华童读了一年半，又走进教会办的东吴附中，在这二三年的中学生活阶段里，对宗教观念忽冷忽热，如同海洋里的波涛，高高低低，心中善恶两军永远对峙着。在宗教上得不到精神上的帮助和安慰，而去贪恋世界上的虚荣，礼拜堂代以电影院，圣经换作小说，主的安慰代以友人的同乐，心想要救国首先要排斥宗教。上帝好像用慈仁的手，教管自己的子民，生了半年的病，回到家里才有与主再相亲的好机会，但是我还是忘恩负义，对宗教抱着冷淡的态度。我用近视的眼光看到很多的信仰主的人，他们口是心非，不能用言论去配合行动，全然是假冒伪善的人，所以我对基督教发生了疑惑，难道这样就算是主的信徒吗？照这般人的外表看来，难道比得上其他乐善好施的宗教吗？到现在我才恍然大悟，不应该看常人的榜样，乃应仿模为真理，公义，世人钉过十架的耶稣。

"八一三"上海发生战事的早晨，我和父亲，佣人从江湾绕道虹口公园抵达租界，路上经敌军搜查，在刀锋下，生命的危险，可说是千钧一发，危至极矣！这时到最危险的关头，又想到每时每刻在照顾我的上帝，因默默的祈求主时我脱离凶恶。我忖到"耶和华呵！你救我脱离我的仇敌，我往你那里藏身……"（诗篇143：9—11），才使忧心大放，终算主的恩典，使我脱离虎口，进入主替我们预备的安全地。经过了不少周折，没有遭遇任何的危险，才回到我的故乡宁波。在乡下居了半年，这时有很好的机会与主相亲，就是每逢礼拜可到镇头上去听福音。我虽有时软弱，但我想到主说"疲乏的，他赐能力软弱的，他加力量。就是少年人也要疲乏困倦，强壮的也必全然跌倒，但那等候耶和华的必重新得力。他们必如鹰展翅上腾，他们奔跑欲不困倦，行走却不疲乏"（以塞亚四十章廿九，卅一），我很希望做一个对国家民族有供献的人，我须要困苦，贫乏来磨炼我，才能显出主的精神，造成伟大的人格，所以我喜乐试炼，经上记着"我的弟兄们，你们落在百般试炼中，都要以为大喜乐……"（雅各一、二）。

有许多人对我说中国已到最危险的时候，为和平真理而战争，到底战争结果是怎样，是否会灭亡？但我是很坚决的回答他们，现在的中国人在各种建设上求进步，而且处处事奉真理，正义，而敌方违背真理与魔鬼勾当，无恶不作，所以我可以拿圣经来做仲裁的人，指出敌我的成败："那一邦那一国不事奉你，就必灭亡，也必全然荒废"。

——四月八日完稿于宁波浙东中学

（原载《圣公会报》，1939年，第32卷第12期）

国难当中应有的安慰

张之江 演讲　谢培恩 笔述

编者按

　　张之江（1882—1969），字紫珉，教名保罗，河北盐山人，西北军五虎将之首。张之江 18 岁应童子试，补诸生。1903 年，清廷组织常备军在各地抽遣子弟入伍，张之江入伍。1914 年，张之江辗转跟随冯玉祥，任上尉参谋。1918 年，受洗加入教会。1918 年 6 月，张之江升为十六成旅第二团团长，驻防湖南常德。九一八事变后，张之江与人积极筹组"中华基督徒信行救国十人团"。

　　该文系作者在抗日战争全面打响之际在广西贵县教会的一次讲道，和其他论文强调战争态度及救国策略不同，本篇讲演强调了信徒们内心的慰藉问题。没有了东北三省乍一沦陷时期教会界的义愤填膺，有的只是对当时生死存亡状态的默认与领受，唯求内心的平静与解脱，并藉此影响其他民众，进而发挥基督徒在社会上应有的职责。在作者看来，国难中信徒的心理慰藉至少有以下几个方面的来源：（1）信靠基督，患难越大，耶稣所显慰藉越大，其他苦难均无足轻重；（2）将所得安慰去安慰别人；（3）受患难是为别人得安慰。而要实现这些安慰，不能靠坐而论道，还要起而行道，在基督的带领下，做一个好工人。平心而论，该篇讲稿所强调的心理慰藉在当时抗日战争全面爆发，人们内心惶恐的情况下，只是信徒群体自我安慰的说辞罢了，很难落实到具体行动中，被动的心理慰藉的效果到底有多大也值得怀疑。

　　感谢主！想不到在这国难当中，有机会到贵县来，与各位兄姊一同聚集、一同研究圣经，这机会是特别的，是不容易得找的，深望我们同心何意，来接纳主所赐的恩典。刚才所读的几节圣经，是保罗寄哥林多教会的，当中最值得我们注意的，是这"安慰"两个字；因为保罗看见哥林多人在患难当中，需要得着安慰，故寄信去安慰他们，今日我们在这国难严重当中，照样需要得着安慰，虽然今昔各人所遭的患难不同，而其需要安慰乃是一样。然而怎样才可以得着安慰呢？无疑地须要倚靠上帝，我们看见有些信徒，他在国难当中，现出一种忧愁、惧怕、痛苦，极感不安的态度，这是表明倚靠上帝的欠缺；如何艰难痛苦，即或生或死，而这倚靠的心，必成为安慰的泉源，使人有恃无恐，兹值国难当中，故把这几节圣经，再分三个要点来研究这安慰问题。

（一）在患难中需要寻求得着安慰。我们前几点中所听见的飞机声，炸弹声，就以为是我们极大的患难么？我想今日我国的同胞，不知几多在水深火热之中，不过各人有各人的患难不同罢了；有的是在东方，有的是在南方，有的是在西方，有的是在北方；有的是无家可归而漂流无定，有的是无饭可食的饥饿难堪，有的是无衣可穿而寒冷彻骨，这不是需要得着安慰么？更想前方忠勇的将士，不论在河南、河北、广东、山西、他们不问敌人如何凶恶，自身如何危险艰难，只有向前牺牲，抵抗到底，他的患难和痛苦，是不可以言语形容的，此外还有附带关系的患难痛苦，更是不可尽言；这不是需要得着安慰么？我曾亲眼看见很多伤兵，没有帆布床来抬，只用老百姓的门扇来替代；又因缺乏药品，以致几日才能换药；又曾在河南亲眼看到有些难民，狼狈逃往汉口，他说："因汉口离前线远，免受危险惊慌。"哪料现今汉口也成为沦陷地，他的患难痛苦，又是怎么样呢？这又不是需要得着安慰么？然而在这患难当中，所需要的安慰，决不是平常时候的一样，不是衣的问题可以解决，不是食的问题可以解决，不是住的问题可以解决，不是行的问题可以解决，因为在患难当中，是需要精神上的安慰，若想得着这精神上的安慰，非倚靠上帝不为功。保罗在腓立比人书三章七八节说："只是我先前以为有益的，我现在因基督都当作有损的，……因我以为认识基督为至宝我为他丢弃万事，看作粪土，惟要得着基督。"我们倘若倚靠上帝，看万事如粪土，有这样的观念，在这患难当中，金钱失掉不以为意，房屋的焚毁不伤他的心，他乡的漂流也不觉孤苦，这不是在消极方面得着安慰么？还有在积极方面呢？那就因着基督在心里，患难愈大，而基督在心里所显的安慰更大，我们岂不应该要得着吗？

（二）我们要将所得的安慰去安慰别人。我们不应该徒受上帝恩典，不应该白白得着安慰便算了事，须要将所得于基督的安慰去安慰受难的人，负起使命，为上帝为世人来服务，然而想负起这个伟大的使命，必须效法基督要有与基督同受苦难的精神，基督为要救我们，为要安慰我们舍弃了天堂荣位，钉身于十字架上，试想基督所受苦难，是怎么的苦难啊！若我们把自己所受的苦难，比较起来，真是不可同日而语了。保罗说："我们既多受基督的苦楚，就靠基督多得安慰。"可惜我们不知自己愈能受苦来安慰他人，不肯受苦，推却应负的责任，就要因为这样不与基督同受苦楚，将来必不能与基督同得荣耀，并且虽欲推却苦楚，而苦楚到底要临到身上来。

（三）我们受患难是为别人得安慰。保罗说："我们既受患难呢，是为你们得安慰，得拯救，我们得安慰呢，也是为你们得安慰，……"试想保罗无论受苦，无论安慰，总是为别人的原故，真所谓"忧以天下，乐以天下"。倘若我们有保罗那样精神，总是为他人来着想，就是想令多数同胞归主，想多数同胞得着安慰，那么在这非常国难当中，就是我们非常机会，在这非常痛苦时期，就是我们非常快慰时期，"因为知道你们既是同受苦楚，也必同得安慰"。

以上所说是个根本原则，现在再说到一个实施的方法，我们怎样去安慰他人呢？试看《马太》九章册六至册八节所说：耶稣看见罪人如羊无牧，就为他们关心，为他们设想。比方今日空袭时，铁路有些工人，听见警报而不识得逃避，以至被敌机扫射，这不是因为无人指导所致么？又如今日野外有人私赌至被县警捉将官里去，这岂不是因没有人警戒他们么？在我们眼前这类事情实在很多，故耶稣说："要收的庄稼多，作工的人少，所以你们当求庄稼的主。打发工人去收他的庄稼。"然而不但求打发别人，还须我们自告奋勇去做一个工人，并不是必要做工头，只做工人一份子就好了，"以身作则，责无旁贷"，这样才可以领人归主，这样才可以令人得着安慰。我再说一句话，今日我们国家受到非常侵略，故全国要总动员，你要去作你的工，我要去作我的工，在中央领导之下，基督徒也须要总动员，在基督领导之下，努力向前，不可徒望他人去做，也须自己去做，更望不可只是听道，也要去行道，效法使徒保罗，忘记背后，努力向前，不达目的不休。愿主使我们信徒得着保罗所得的恩赐，在这非常国难当中，多多去安慰他人，使真道推广，天父得着荣耀，阿们！

一九三九，一，十五，写于贵县信爱会

（原载《真光杂志》，1939 年，第 38 卷第 3 号）

民国廿七年青年会救济难民工作概述

袁访赉

✍ **编者按**

　　袁访赉供职于中华基督教青年会全国协会，曾撰写《余日章传》，该书由上海青年协会书局 1948 年出版。

　　本篇文章是作者在 1938 年为中华基督教青年会年鉴所作的综述性文章，通过此文，读者可直观青年会在当时所从事的社会救济实况，尤其是难民救济的一些细节，其中包括收容难民、疏散难民、难民福利、组织生产、卫生管理等诸多方面，涉及长沙、香港、广州、南昌、上海、西安、天津、厦门、北平、杭州、苏州、贵阳、福州、重庆等多个城市青年会的难民救济工作。从这篇综述，我们可以从一个侧面管窥中国基督教会在抗日战争时期在社会救济方面所发挥的作用，当然我们也应该从整个抗战时期社会救济的角度定位教会所做的工作，这在综述中也有间接表现。

（为民国二年中华基督教青年会年鉴而作）

　　溯自卢沟桥事变演成全面战局以来迄今已阅二十余月。各地民众之惨死于日军炮火炸弹枪刺之下者，无虑数百万人。其幸而不死者则扶老携幼，跋涉长途，向安全地点奔逃。据一般的估计开战以后，人民之抛离家乡向内地避难者约有三千万人，其中衣食两缺，非赖赈济无以为生者至少当有数百万人，亦可想见难民问题之严重矣。幸赖政府当局于艰苦抗战之际，不亡民痛指拨巨帑，厉行赈济而地方团体及西国人士，亦尽心竭力，协助救扶。至全国青年会在战事发生后，即以救济难胞列为非常时期主要服务之一。其工作方式随各地的情形而异，大别之，约可分为下列四种：

（一）受地方政府的委托，办理全区难民之牧容及遣送事宜。（二）与当地社会团体合作，负责经营难民收容所。（三）联络当地基督教团体，进行一般救济工作。（四）为战区难胞募集捐款及救济物品。

在二六年年鉴中，笔者会将初期战局中各地青年会的救济难民工作，作简要之记述；其中华北方面包括北平、天津、济南、开封等市会；华东方面包括上海、杭州、南京、苏州、宁波、南昌等市会。其他远离战区之处而有难民问题者，如汉口、长沙、广州等市会，对于救济工作，亦有卓著的贡献。至二七年内，因战局之进展，难民问题的重心亦随之而转移。本文专述二七年以来全国青年会之难民救济工作。

按二七年的主要战役为徐州附近和武汉附近的两次大会战。这两次战役所包含的战区，深广各达数百里，乃至千余里战区内的无数城镇，几无一不受日军炮火的摧残和飞机的轰炸。因此向内地或安全地点避难的民众乃愈益众多。至如粤汉路重心之广州，长沙等地，亦成为日机轰炸的主要目标，因空袭而受伤或家室被烧的难民，也亟需予以救济。因此，本年中的救济难民工作，乃成为华中和华南两区市会的重要任务了。兹将二七年以来各市会所担任的救济难民工作撮要录后：

长沙　长沙青年会会应湖南省政府的委托，主持全省的难民救济工作。当二七年秋初，由江苏、浙江、安徽、汉口、江西诸省逃亡湖南的难民有七万多，长沙市内约有四万。在省赈委会主持下的救济难民工作，因了当事者缺乏经验的缘故，成绩殊不能令人满意。省主席张治中氏乃请长沙青年会总干事张以藩君担任这件工作。张君初以该会人员稀少，碍难承担如此艰巨的责任，会经再三婉辞，后来终于难却张主席的盛意，乃允于十月份起试办三个月。这时军人服务部适有一个支部移到长沙，遂请该支部的人员协助进行，一面又得到地方各公团的自动参加帮忙。到了第一个月终了，成绩居然很好。各收容所的难民每天能得到规定发给的伙食费，没有一人向隅，而政府的经费却节省了四万余元。教育、卫生、生产等工作也办得很有成效。及至武汉陷落，长沙的难民急需疏散到内地去。这本是一件非常困难的工作，但因组织严密，准备周到，三天之内，四万难民都有秩序地退到安全地带了，其时间离长沙大火只隔一二天！及大火后，张君又受委任办理灾民的救济。到最近长沙青年会因会务忙迫，无力兼顾，始将政府振济工作的责任拢脱了。至于该会固有的抢救空袭者，和招待空袭灾民等工作则仍照常进行。

香港　七七事变后，香港的难民已经不少，及战事延及粤南，难民逃到香港的更形拥护。香港青年会同人对于难民的服务，自始以全力从事。他们一方面组织难民服务团，征求有志青年，分头赴难民营工作。有几个难民营，是由青年会主持，有些则由该会派员协助管理手续。他们并分区办理难童教育及调查全港难民状况。另一方面，他们对于别团体，如"香港难民救济会"，"紧急救济会"，"露宿救济会"等，亦皆参加组织，担任一部分事工。该会对难民服务，注重教养兼施，单以旧衣一次，二七年内由该会征集散发的有十余万件。

广州　广州在未陷落前的一年多中，是日机空袭的主要目标，人民罹难者指不胜屈，至于丧失家庭和工场，或受伤残疾以致无法谋生者也不在少数。广州青年会会征集男女青年组织服务队，分头访查受难者之家属，予以救济。其救济方法注重恢复难民之生产力，如贷予经营小工商业的资本及借款购置被烧之生产工具等。这种救济费多由当地和外埠基督教团体及妇女团体所捐助。

南昌　南昌青年会的战时工作，除致力于服务伤兵外，并加入当地基督教难民救济会，总干事蔡智博君任救济会的书记。新近该会在永丰县组织一个"工业营"（Industria Camp）可收容难民八百人，专事促进难民的生产事业，由许士琦君为主任，并拟在滕田继办第二营。

上海　上海青年会本年仍继续担任管理四个难民收容所，即上海国际救济会的第三收容所和第六收容所，及广东旅沪同乡会的第一收容所和第二收容所。各所管理严密，教育程度日形提高，生产效率亦大见增进，故有模范收容所之称。例如卫生工作组，分为医务，护士，公共卫生，个人卫生四项，规划极为完备。关于生产工作者有粮草，纸花，刺绣，裁缝，制草绳等部，并有木匠、竹匠、皮匠、篾工、电工等，可谓应有尽有。

西安　西京青年会于战事发生后，即联络各教会组织基督徒国难服务团，进行祈祷，训练，救护，收容难民，征募棉衣及捐款等工作。新近该会鉴于战地难民日渐增多，特筹划一种难民生产救济计划，其内容系在陕省渭北产棉区，设立手工纺织厂，招收难民制造土布，以供需要业已募得经费万余元，供开办费，是又一种具有建设性的救济工作。

天津　天津青年会于二七年冬季，会参加全国基督教协进会救灾会天津区分会，担任该会总务组的事工。该救灾分会共计募集赈灾四万五千余元，用以救济河北省十七县的灾区难民。该会又与天津女青年会负责天津市内的救济工作；同时为谋彻底救济计，更举办难民工读学校二所，延请专门技师担任教授，女工有缝纫，刺绣等科，男工有糊信封，制纸盒等，学成者每日可得工资三四角。最重要者为针机地毡科，现方在试验中，将来发展时，可收容多量的学员。

以上是代表青年会关于救济难民的一些具体的事工，其中包括收容和疏散巨数难民的艰难工作，施行难民教育和福利的多方面的程序，以及为难民谋生产工作的建设性的计划。其他在沦陷区的市会和在西南新兴的市会，虽或人员稀少，经济支绌或事工繁杂，应接不暇而对于救济难民，仍就可能范围中作相当的协助。例如杭州青年会在难民遣散以后，仍有救济贫童的工作；苏州和厦门两会仍以救济难民为其主要的任务；桂林和贵阳两会的总干事皆在当地救济委员会担负重要的职务；福州青年会对于招待难民也有很多的贡献；北平青年会仍照常举行冬赈工作。此外，全国青年会军人服务部除参加长沙的救济工作外，也在豫省各地兼事招待过境的难民。这里要顺便一提的，就是重庆青年会联合当地各界所组织的重庆红十字会救护委员会。该会在二七年八月至十二月间，在前方各地所救治的受伤和患病将士，数在十万人以上。此事虽不在本文范围之内，但与救济难民同属人道主义的工作，故附带的加一述。

读了以上的记述，可以想见这次战事对于人民的影响是怎样深刻而普遍，而青年会在民族遭受烈火洗礼的时候，在怎样努力地尽它一部分的责任了。

（原载《同工》，1939 年，第 181 期）

五 国难与基督教教育

宗教教育者应如何应付国难

赵紫宸

✎ **编者按**

　　时任燕京大学宗教学院院长的赵紫宸始终认为国难的原因一在日本侵略，二来自中国民族的衰弱，而衰弱的根源一言以蔽之就是自私，即缺乏公德。在此国难时期从事宗教教育者的重要责任在培育青年人的人格，这一重任虽迂缓，却不可或缺。文章认为应该从改良家庭教育、用耶稣的精神实施宗教教育、为青年寻求救国出路、以耶稣的精神去民众中营造救国的心理等方面采取措施，使宗教教育更好地应对国难。另外，值得注意的是，赵紫宸在这篇文章中肯定了正当防卫的必要性和意义，认为自卫的抵抗完全根基于公理与人道。中国要保持国格，维护自由，捍卫主权，坚守土地，是应当采取自卫措施的，是基督教所必须应许的，而且在此长期的抵抗过程中，更为重要的是要有彻底的卫国卫人道卫公理的意识作为其精神力量，这便是耶稣的道理。赵紫宸的战争观是随着战争的逐渐深入而不断变化的，这篇文章明显与前面那篇《真理与生命》针对日本侵略的社论有所不同。

　　国难当头，前途茫茫，吾教中负宗教教育之任者，应当作何等事？吾国今日所以有国难的原因，不外乎两个，一是日本军阀的野心，一是中国民族的衰弱。中国民族的所以衰弱的缘故，不止一端。这半年来，在各报纸上，已有许多人发表文字，指出中国积弱的由来。一言以蔽之，便是自私。补救的方法，即在培养人心，破除其自私，而建立其公德，使国人由此而彼此团结。今日的中国，国内能团结则存，不能团结则亡。我们的仇敌正在用金钱，用势力，引诱我们国内各种失意失业的人们，作唱高调，争主义，破坏团结的行为。国家的危险甚于累卵。我们信奉基督而作宗教教育的人，在此种大难中，虽然知道杯水车薪，无济于事，然而我们不能不秉承耶稣的圣训，不能不抱"一息尚存，此志不容稍懈"的决心，去培养青年信众们的人格。我们明知这件事是迂缓而久远的；不过在中国长期奋斗的程途中，这是必须要的一件事。然则基督教的宗教教育应当怎样办呢？

（一）我们要彻底地改良家庭教育。这句话初听是迂远而不切实的。可是我们若问中国人今日为什么这样内讧内争，自戕自杀，我们不能不归咎于中国家庭的腐败。一个人在未离家庭之先，已经得了自私，欺诈，依赖，不协作，等等习惯。到了社会上——社会是一个扩大的家庭，——自然就勾心斗角，利己损人，只知有自己的福利，而不顾国家的大计了。因此，基督教若要救中国，就当努力去教育未离家庭的儿童。基督教若要救儿童，就当设法实施家庭中的宗教教育。中华基督教协进会提倡五年运动，计划中有家庭的宗教教育一项。从此以后，我们应当有长期的计划，加深的工作，不但要讲耶稣，而且要将耶稣的教训与国家的需要打为一片，冶在一炉。

（二）我们要用耶稣的精神实施民众的宗教教育。中国的力量在于其大多数民众。自从东北被暴日侵占之后，民众对于国家表示了极大的力量。尤其是在上海的战事中我们可以看出民众的权势。大难临前，贩夫走卒都能敌忾同仇，努力御侮。车夫小工都会节衣缩食，冒险履危，参加御侮的工作。那些不识字的人中，居然会有与敌同亡的民族英雄如胡阿毛这一流人。即如土匪流氓都团结起来。故上海战事一起，十六七万失业的人充塞街衢而巷斗抢夺之事，一无所闻。不但如此，人民中间的阶级异同，一切泯泯，所有的事，即是同心自卫，抵御强寇。东南的民气，较前已大有进步。但是他处民众，虽视有前进，尚都是目不见，而不闻，不关心事国事的。基督教应当本其素持的主张与计划，努力帮助中国去指导民众，教育民众。不过我们对于过去的民众宗教教育，觉得太空泛，太不关心国事。从今以后，基督教在民众中不但要使宗教与人生打成一片，并且要使宗教教育与公民教育连为一事。不知道国事，不努力国事的耶稣弟子，是耶稣的罪人，是中国的废物，是圣教的障碍。也许有人要问基督教怎样去叫人爱国呢？这是极简单的事。譬如我们的仇敌要用金钱买民众去作傀儡，作间谍，作卖国的事，他们若因受了基督高的宗教教育，宁死不肯如此做；那么我们的贡献就有了不能磨灭的证据了。譬如民众见了轻巧便宜的日本货知道是日本货，心虽愿得而志不能屈，毅然不买；因为听了耶稣的道理的缘故，而不与暴弃公道，残杀同胞，侵夺国土的仇敌发生经济上的妥协，那么我们的民众宗教教育就的确的有意义了。

（三）我们要激发青年，为他们开救国的出路。前几天有一位热心的青年基督徒到我这里来，问我在国难之中，青年基督徒应当做什么？我说，国家的前途我不能逆料；但据我所见，青年的基督徒应当纠合同志，去开边，去做农村改造，教育改造等等工作。青年们要结合同志，择定地点，实施民众的思想与生活的改善。同时，青年们应当在这些工作上磨砺自己的信仰，宣传自己的宗教。宣传当然是要紧的，但是宣传基督教，散播耶稣的人格与精神，不单要依靠口说与文字，并且——这是更重要的——要靠具体的事业与光明的行为。青年们现在不应当想吃现成的茶饭，不应当想享受乐利得大薪俸享大名誉，有大排场。所以克己是根本的救法。能够克己，便能够加入教会，与一班同志到农屯小镇小城中去做建设的事业。若有五个大中学毕业生，愿意平均得每月二十元的薪水，在一个地点作宣教与改造的工作；同时若有教会愿意冒险试验，每月拿出一百多块钱来，叫这五个人得遂所志；那么极伟大的贡献便可由此开始。这五个人若在乡间生活，同时合作养牛羊，种果木，或创办他种小规模的实业，他们的经济一定不会闹饥荒，他们的事业，一定可以得实现。这话虽为设想，但总须是可以试验的一件事。青年们中间一定有英隽雄杰之士，可去做此种建设的工作。基督教宗教教育者，从现在起，更要提倡这种工作。我国家的前途诚难逆料；不过将来中国的社会制度要如何改革，政党的政策要如何改变与实施我们都可以不问，因为无论如何，我们这种根本的建设工作，是不会被推翻的。我们要知道，青年们做具体而不是空谈主义，任意捣乱的积极事业，一方面虽要降低他们的生活程度，但另一面却增高了民众的生活程度。青年们因此有了出路，国家亦因此有了出路。

（四）我们要本耶稣的教训去在民众中创造救国的心理。现在我国最普遍最不景气的心理是破坏与打倒的心理。这也是弱者与失败者不容易免的精神状态。破坏打倒，为事易，为时短，一转瞬间，高堂大厦便可变为灰烬瓦砾，一月之内，东南的沪北吴淞便可成为鬼市荒墟。弱者只能为其易，故镇日价喊打倒。但也有打不倒的，打不倒的而仍旧呼口号，甚而致于推诿责任，躲在租界里发骂人的通电，那就真是失败者的心里了。但弱者自弱而不将其萎靡的心理传染给他人；失败者自失败而不将其绝望的心理分散给他人；弱与失败，原不致于祸国。一旦弱者传其弱，失败者播其失败，一人如是，一国如是，国家的祸害，便不堪设想了。军人临阵，一人畏怯，足使全队覆殁。国家临难，万众一心，足以转危为安。所以上海战事发生后，十九路军士的神勇，对于全国人的精神有莫大的贡献。坏气象与好精神都可以遍传的；在今日中国，我们急需的是一种艰苦卓绝的乐观而自信的精神。基督教是危难中的希望，是永久不失望的；基督的信徒应当努力去遍传这种积极的福音。

中国今日的外患内忧，重重叠叠，将我们包围压迫，使我们看不见光明的将来。但是外患是风火病，内忧是痨瘵症。痨瘵的危险甚于风火病。原其内忧的症结的所在，有愚，穷，私，弱等等。有此种病，故中国的政治社会，都有不团结，不协作，的景象。一党之外无他党，一人之外无他人；革命的之外无他事，破裂之外无他道。于是乎自乱自戕，莫有底止。其实呢，在中国国难之际，我们必须要维持政府，督促政府；维持政府，才可以内有团结而外不中敌人离间的毒计；督促政府才可以使执政的人们不卖国，不丧权，而为全民众保全自由与国格。政府应有统盘的计划。人民一方面要作政府后盾，一方面可以作小结合，去实地的发展社会，改造社会。一个国家断不能永远的革命的；若此党要革彼党的命，此派要革彼派的命，生生相仇，世世相杀，那么国家只有削弱而已，只有灭亡而已。基督教中的宗教教育家在现在中国应当努力在民众中创造积极的责任心与团结力。

基督教主张公理人道，她的寇仇是强权，是残暴，是剽窃同类的人格自由，破坏国际公约的魔鬼。暴日侵占东北，压迫东南，一切所为，莫不与基督教的教旨绝对相反。暴日的寇盗行为，不但予中国以莫大的危害，并且使世界文化、受激烈的打击。同时，中国虽因不自振作，使暴日有可乘之机，然其自卫的抵抗却完全根基于公理与人道。中国要保持国格，维护自由，捍卫主权，坚守土地，是应当的，是基督教所必须应许的。在此长期抵抗的时候，中国须要有彻底的卫国卫人道卫公理的意识，作其精神的力量。基督教应当在此时教育青年引导民众，使他们对于公理道德有清楚的认识，使他们知道人类失去自由与主权，即不足以为人类，人群失去团结与互助，即不足以为人群，因而奋起，捍卫国家，与残暴的鬼魔顽抗；那么基督教对于中华民族就有极伟大的贡献了。基督教绝对的反抗一切伪。而今暴日事事以伪为手段。宗教教育者应痛心疾首的教导青年，使其主持真，因为惟有真，乃有前途的光明。基督教主张爱，绝对的反抗一切凶暴残杀，标夺强占，剥削人国人权的行为。同时，基督教自古有卫道殉道的伟烈，故自知有责任要维护一切正义公平人道自由而牺牲自己的人民。在这时期，宗教教育者要祈祷要慷慨激烈的鼓铸勇敢牺牲的志节。人无自由即不成人；国失主权，即不成国；基督教须本耶稣争人格，传天国的精神，努力使人爱自由，争国格。这就是耶稣的福音。耶稣要救人出罪恶，罪恶的大者莫过于使人为奴隶。耶稣要救人出苦厄，苦厄的大者又莫过被人宰割屠戮压迫制伏。耶稣的弟子当有真，有爱，有大无畏的奋斗精神。耶稣的弟子应当参加战争与否，是一个仁者见仁，智者见智，意见各殊的问题。但是抵抗强暴，维护人格，至死不变的一端，乃系耶稣道理的中心。勇奋猛斗的精神乃是耶稣心灵的要素。若宗教教育者教人软弱退避则大错特错矣。今日须主张，须实施者，惟有自奋自强，不屈不挠，因为舍此即不是耶稣的教训，亦即无生命的道路。

二一，三，十，燕东

（原载《真理与生命》，1932 年，第 6 卷第 6 期）

由国难回想到基督教教育

袁伯樵

编者按

袁伯樵（1901—?），浙江人，1928 年获金陵大学文学学士学位，曾任安徽萃文中学首位华人校长，之后曾担任金陵女子文理学院教授、金陵大学教育系主任。

本文是一篇极具现实批判性的文章。开篇便提"六十年的政治，无日不在国难中"，之后更提出所谓的"国难"，不仅在于日本的侵略，还在于中国民族里的自私、偷安、贪污、不贞、卑鄙所积储起来的"国难"。谈到教育他更直言"大学校长不为一党一派的走狗，而道德文章俨然为一国之师表者有几人"，基督教学校的教育概莫能外。为了改变这种状况，作者认为必须采取两种措施：一是当设立专科学校，重视生产教育，改变消费教育的现状；二是信仰与生活应当打成一片。

最近《申报》的六十周年纪念刊词里，有几句话："如曰今日之所遭受者而为'国难'，则此六十年中，殆无一日非'国难'。"六十年的政治，无日不在国难中，其言确而且真；然我们如能俯首扪心作一番同的回忆，所谓六十年来的国难，不独政治一方面而已！大凡全国人民，普通所表示之自私，偷安，贪污，不真，卑鄙等行为，无一不代表着真切而深刻的国难。教育为一国命脉之所系，一国之繁荣与否，与教育有直接的关系；根据我国高等教育的统计：自民国成立以来大学及独立学院，已由四校而增至五十九校，约有十五倍；大学教授由二二九增至六二一二人，约有二十七倍；学生由四八一增至三三八四七人，增加七十多倍。二十年中大学教育如此蓬勃的进步，照理说来，国势该有相当转机，不当如此的给人凌夷了！然而事实呢！大学校长不为一党一派的走狗，而道德文章俨然为一国之师表者有几人，细察今年各大学的风潮迭起，其原因以贪鄙与引用私人者为多，这二样，是一而二，二而一的，目的都是在贪鄙的一点上；所以中国的大学教育，教授之学无专长，不能切实的为国家在学术上道德上有伟大的贡献，学生之肤浅苟安，都可不谈，只就校长的为人贪鄙的一点，势力之所及，已足以代表深刻的国难了。吾国数千年来，以农立国，土地丰厚而广阔，人民百分之八十五为农民；然因政府提倡无方，人民墨守旧规，晚近以来，农业之不振，将伊于胡底；以农业立国，而农产物尚不能自给，米棉木材，皆须仰给于外人。回顾全国青年，正在醉生梦死中，只知政治为利薮而趋之如鹜，舍国家命运所系的农业于不顾；观乎教育部最近关于留学生的统计，我们知在去年七三〇人中有三分之一是学法律的，至于学农科的只有二十分之一，换言之，全国青年的狂热，皆倾向升官发财的一条路上，大家在那里做热烈的官梦，所谓："一登龙门，身价十倍，娇妻华厦，旦夕可待。"殊不知全国青年，若不向富厚的土地上去觅出路，结果农业之衰落，与日俱进，直接则影响于国之生计，间接则影响于国库之收入，国库既穷，而为官者虽欲贪污亦无物可贪矣，势必国破家亡，同归于尽而后已；所以全国青年，不在根本的问题上去觅出路，而只有做官的狂热，也是国难之一种。

这次日人倾全国的武力，并吞我东北，杀戮我上海无数无辜的人民，确实是一个严重的国难；然而我以为国难的真意，倒不在这方面，老实说，中国之大，死了一些人不算一回事，每次内战所死的人，恐比此还多，东北虽失，若人民与政府均能振作有为，不三年而失地可复；所谓真的国难，却在我守土者，为欲保全个人的实力，虽拥数十万大兵，而终于不抵抗。沪战正急之时，执政者虽大兵近在咫尺，置强敌于不问，还终日勾心斗角，在那里预备内战，结果虽经三十二日的强烈抵抗，仍不免因后援不济而退，此即是真的国难。"推诿责任，躲在租界里发骂人的通电"，这种弱者的心理，也是真国难。在上海大战正烈之时，全国人民，都敌忾同仇，努力御侮；而抗日将士，更能视死如归，以一当十，军心民心之振作，为有史以来所未有，而南北执政者，不知利用之，光大之，犹兢兢于权利地位之争，将有为之民心，予以消杀到不可挽救的地步，此亦真的国难。因为要从事内战，扩大地盘，安插多数走狗，闻辱国密约已经签定，全国一心一德爱护祖国的热忱，百折不挠，视死如归的武力，将转而消磨，奔走呼号的反对政府（上海学生打郭的事果已开始）了。痛哉！痛哉！又何一而非国难。

观乎此，今日中国无一事不是国难，亦无一刻不在国难之中。痛哉！吾人对此覆巢之卵，究能用何术以保全之？我宗同道，秉承基督的圣训而为之设校教育，平时素以挽回国家之颓唐，拯救社会之危亡为己任，际此痛定思痛的时候，当沉重的想一想我们当用什么新方针以应付此危难的局面？作者敬就管见所及，述之如次：

一　当设立专科学校，以重生产教育。中国整个的教育，是消费多而生产少的，基督教教育，当然也包括在内，这话怎讲呢？我们试将全国的学校作一个分析，不但学文商理法等科的不能去生产，就是学农与工的，也只有了一些从西洋抄袭来的学理而无实际生产的技能，况且我们基督教学校中，尚无工科之设立。就中学而言，基督教学校以设立普通科者为最多，文理商次之，但其最大的目的，则为预备升学，间有学力与经济不足，无力升学者，则流为教员；但是无论升学与不升学，结果同是一个不能生产；这是无论负大学教育之责者，与负中学教育之责者，都不能否认的。最近有一位法国留学回来，而现在在那里办理职业教育的朋友，告诉我说："我们的学生，一批一批的毕业出去，名虽为职业学校的毕业生宽裕者，只得向大，实际既无特殊职业技能，而自己又不愿到职业路上去，就是愿去，社会又不欢迎，结果经济学这条路上跑，等到大学毕业了，职业问题仍是无法解决，就是有了职业，这种职业，能为社会增加生产否，还是一个问题。"这段话颇为深刻，中国今日的教育，是蠹鱼式的教育，花了若干年光阴，吃了若干本书，得了学士文凭，这就算学业告成了；至于生活的技能究竟在哪里？不说旁的，就是每个人做事上，所必不可少的最低限度的条件，今日的教育，也不能给予。然最无救药者，莫过于学生之思想不彻底，而自视太高，毕了业，到了社会，他便觉得，他已在另一阶级上了，他理当为消费者，人家应当烧好了现成饭给他吃。就是吃现成饭罢，他还须选择一些热闹的城市才行哩！譬如每年多少的大学毕业生，他们没有一个人不喜欢到现成的地位上去，最好是到政府机关，其次也须做个商人，当个教员；否则情愿失业，而决不愿到社会上，自己去找一件有价值而独创的事工，用他一生的心血精神光阴，供给人类社会以一点新贡献的；就是做商人当教员罢，还须在那些北平天津南京上海等大城市哩找生活！这些都是事实，读者尽可自己看一看，因为他们的心理既是如此，他们的职业大抵是消费而不是生产，因为生产难，而消费容易，自然趋之者多。有人要问当教员的不是生产吗？作者以为今日在中国当教员的，还是消费，因为学生既到了社会上来作一个消费者，教育这一种职业，还不是消费吗？

所以今日中国的教育，整个儿是消费的教育，我们基督教教育也是如此。

同时我们看一看，中国的社会呢；土地那么大，荒山野地那么多，农夫的锄头柄上，农村儿童的脑袋里，暗闷无光的草屋里，矿山之穴，长江黄河之底，淮水大海之滨，无处不需要我们负教育之责者，教育出一些学术高深的学生来，到那里去生产。茫茫大地，何处不是青年托身之处；芸芸众生，那个不是青年的工作者。况且今日中国的问题，不是政治没有人负责，乃是负责的人太多，所以弄到今日对权利争夺之惟恐不足，对责任推诿之惟恐不尽，东三省数千万方里，拥大兵数十万的张学良，能于一昼夜之间，让之无余。对敌人之丧国密约可订，而宁粤之携手则不可能，此种局面，长此下去，无论我们负教育之责者，将政治学研究得何等高深玄妙，国难问题，总是无法解决的，因为今日中国已到了生产落后，经济破产（生产不足，事事仰给于外人，因此财源外溢，人民生计乃至穷迫，是自然之理）。而全国青年更将因为倒置，目的都齐向于政治上，殊不知生产教育为因，而政治之治平为果；俄国今日政治之所以日趋于稳定，乃五年计划成功之果，而五年计划之所以能成功，乃以生产教育设施为之因。若将因果倒置，中国的问题，恐百年后，还是今日一般的糟糕，我们全国的教育家，全国的青年们，若能将我们的目标，集中在百分之八十五的农民的生活上，教育上，农具农产物的改良上，渔业森林畜牧业之发展上，东北西北边防之垦植上，黄河淮水长江之疏浚上，我们能一心一德的，尽十年工夫，将上述的问题，给他解决到百分之三十，全国的财富，或可与今日的列强相等；国家财富既充，人民便得安居乐业，不但不必争夺地盘，即实业之发展，教育之提倡，亦可迎刃而解。赵紫宸先生有一段话："前几天有一位热心的青年基督徒，到我这里来问我，在国难之中，青年基督徒应当做什么？我说国家的前途我不能逆料，但据我所见，青年的基督徒应当纠合同志，去开边去做农村改造，教育改造等等工作。"这段话真与我的意思，不谋而合；可是怎样去开边，怎样去改造农村？怎样去改造教育？这都是训练的问题，我们给青年有生产教育的训练，然后才能使上述问题得以解决。我们基督教学校，百年来已开中国新教育风气之先，我们际此国难当头的时候，可以对中国生产的教育，做一个更大的贡献。作者以为我们基督学校，（其他学校亦同，）在今日之情形之下，整日的在那里谈什么政治经济法律……等，都是空到无以复加，我们再不当在歧途上跑了，我们应当走到中国所急需要的生产教育的一条路上来。

至于生产教育的范围与办法，应当集合专家作详密的研究；但是作者要附带一个条件，我所谓生产教育，是实际能增加国家生产力的教育，理论固不能没有，而技术亦不能忽略，今日的农科等，只谈学理而不求实际的生产技术的，都当驱之于大门之外。

至于中学方面，更应增设乡村建设人员的训练所，今日中国乡村里因为种植方法没有改良，生产力年复一年的减少；因为没有组织合作的能力，所以土匪横行；因为没有受过教育，所以易于被人利用；因为没有医学常识，所以许多人都冤枉地死了。中国今日的国难，不在日本之侵凌，乃在这百分之八十五乡民缺乏知识。国民党高唱着下层工作，这一步虽想到而终究没有做到，这种工作是建设新乡村的急先锋，其辛苦过于一切，只有那真正的青年基督徒，才能切实的走到这条路上去。我们办基督教中等教育的人，应当看到这点，应当去增设这一类的学校，他的程度大约相当于高中，课程则为国文，算学，教育学，社会统计学，社会调查学，农艺学，畜牧学，医学常识，森林学，耶稣的人生哲学，以及地方自治。目的在训练一些有脑手并用的青年，去作农民的领袖。这种工作，非常的重要，吾宗同志，早当见及之，如一旦此事功，于农民的福利固大，而吾基督教的坚厚的根基，即由此立定。吾宗同志，应为此事独成立团体，以资负责进行，全国信徒，亦应为此事输将，以期有成。

二　信仰与生活应当打成一片。今日我们为基督徒者，最大的耻辱，莫过于信仰是信仰，生活是生活。耶稣的仁爱和平，尽可讲得天花乱坠，而一注意到他们的生活，简直卑鄙得不可言喻。基督教救国论，尽可高唱入云，试看国民政府中不是有多少基督徒吗？而他们的自私与贪鄙，简直开有史以来未有之先例。无怪一位基督教作家，大声呼着："不相信基督教能救国了！"

基督教果不能救国吗？基督的崇高伟大的爱，与那彻底的无条件的牺牲，不能救中国的国难吗？中国正需乎此，有此便没有国难了，可惜基督还是基督，我们还是我们，基督与我们不能打成一片，这便是我们的致命伤。

今日中国的社会，已黑暗到极度了，若长此而下，噬脐之祸，迫在眉睫，近年来虽高唱着信爱忠孝仁义和平，结果反成为信不信，爱不爱的一个反常而乱离的社会，这八个字何等伟大吓！可惜这八个字，始终只成为小学生手臂上，与衙门里大厅上的装饰品，一班大人先生，虽口口声声的仁义道德，其实一走下了讲台，所言已置之九霄云外。

最可怕者，在中国今日教育制度中，简直无法养成急公好义洁身自爱的国民，学生们的学业虽无专长，而所谓 Squeeze，所谓夤缘，耳朵里已听得烂熟，心窠里已筹之有素，而正在那里狂热的前进呢。

中国近数年来，整个民族的廉耻心大公心，被自私心剥夺得体无完肤，前数年社会上一班人犹兢兢业业于名誉二个字，而今日竟贪鄙可以成公司，贿赂还有人保镖，因此江河日下，昔日之所谓廉耻者，今日已成为公开的尊荣，国民道德全体的总和，已如瀑布般的在那里向下流泻了。

我们清夜扪心，好似在中国的文化里，找不出一种极度强烈的人生哲学来，可以挽救今日已沉在死荫里的民族。吾宗同志，在此狂澜已倒的环境中，是否承认基督的人生观，为含有极度强烈性的人生哲学？果也，我们应当将我们自己的信仰，来彻底洗涤一下，更能将基督在我的家庭里，我的言行上，我的事工上，充充满满的表彰出来。

到底所谓"国难"，是中国民族里的自私，偷安，贪污，不贞，卑鄙等所积储而成的。我们若能将基督的信仰与生活打成一片，更将此生活发扬而广大之，则前途希望必大。

前面已说了一大篇，一得之见，苟能供同道之研究，则心愿足矣！尚祈诸同道有以指正之也。

（原载《中华基督教教育季刊》，1932 年，第 8 卷第 3 期）

基督教教育与国难教育

🖋 **编者按**

　　针对日本帝国主义的侵略，中国知识界、教育界纷纷予以表态，倡导一种国难时期的教育方案。1936 年 1 月 6 日，上海文化界救国会便通过了由陶行知起草的《国难教育方案》，在此基础上，基督教界亦纷纷针对国难教育提出自己的方案及看法。《中华基督教教育季刊》在 1936 年（第 12 卷第 2 期）辟专栏讨论了基督教教育与国难教育问题，本节选取了多篇代表性文章，藉以展现当时基督教思想界各方观点。其中林景润在《基督教教育与国难教育》中指出基督教教育是应付国难最适当的教育，因为国难一方面来自帝国主义的侵略，主要则因自身过于懦弱无能，国人营私心重，伪善胆小。愈受教育，这种现象反而愈发加剧。基督教教育则旨在培养博爱、牺牲、服务的人格，其教义以建设天国为目标，以人类一家做出发点。这是因为真正的基督徒相信有唯一主宰存在，这个主宰是公义、仁爱、大公无私、乐善厌恶的。所以善必终胜，恶必终败。张仕章在《基督教教育对于国难教育的贡献》一文中提出，基督教教育对于国难特种教育的唯一贡献在于精神训练，即为世界和平而奋斗的精神，为人类正义而牺牲的精神，为民族生存而团结的精神。陈子初在《基督教教育对于国难教育之贡献》一文中指出基督教教育应在勇于牺牲、乐于服务、忠于爱国三点上努力，才会对中华民族复兴的教育有极大的贡献。江文汉在《基督教教育与国难教育》一文中主张国难教育在非常时期应有三项，即非常的课程、非常的训练、非常的组织，基督教教育在此三点上，还需注意发扬人格教育、思想自由与独立的训练、培养民族的信心。王治心在《我对于国难教育的意见》一文中认为物必自腐而后虫生，国难的原因在于自由太多、科技落后、自私自利，所以国难教育应该注意团结合作、研究科学、培养国家意识三个方面。基督教虽崇尚和平，但先要谋求自强，有抵抗侵略的力量和决心，扫除和平的障碍。徐宝谦在《基督教教育与国难教育》一文中直言基督教教育与一般教育在课程、设备、管理、训育各方面无显著区别，它的特殊贡献在精神和态度，在国难中，这种精神和态度表现在自我反省、培养民族自信心及唯爱的和平主义精神。他强调救国的任务非一时的口号和兴奋努力所能胜任，更在于平日人格、志愿、学问、能力的长期修养和准备，然后才能为国家社会造福。吴耀宗在《基督教教育与国难教育》一文中首先分析了基督教团体与个人对于国难模棱两可态度的成因，比如政教关系、救国手段、畏惧与惰性。对于这三点吴耀宗认为宗教与政治无法截然两分，在救国的手段上对于各种运动都应积极参加，即使主张不同，也应有限度地合作，或通过行动表达自己的主张。畏惧和惰性是认识不清和缺乏修养。童润之在《非常时期的基督教教育》一文中认为基督教教育应该中国化，而在国难的情势下，应该实行一种自卫的教育，这既符合一国国民的要求，同时也不违背基督教的精神，即注重体格训练，改进精神训练，注重生产能力与特种教材。

林景润（1897—1946），字琴雨，福建莆田人。莆田哲理中学毕业后，1916年入福建协和大学政治系学习，后转美国芝加哥大学深造，1919年获硕士学位，后又先后在哈佛大学、哥伦比亚大学、耶鲁大学深造，获得哈佛大学名誉博士学位。回国后任福建协和大学教授，1928年任社会科学系主任，不久任福建协和大学校长，同时他还创办了琴雨幼稚园、捐办小学等，1946年病故于美国。

张仕章，中华基督教青年会（具体机构待考）干事，一生致力于基督教和社会主义的调和，是中国基督教社会主义者代表人物。

陈子初，1919年前后开始担任苏州晏成中学校长，系该校首任华人校长。

江文汉（1908—1984），湖南长沙人。1930年毕业于金陵大学历史系。1935年获美国宾夕法尼亚大学历史学硕士学位。1947年获美国哥伦比亚大学哲学博士学位。曾任中华基督教学生同盟副主席兼东南亚学生同盟副主席、中华基督教青年会全国学生救济委员会执行干事。1949年后，历任中华基督教青年会全国协会副会长、中国基督教协会第一副会长，代表作有《中国古代基督教及开封犹太人》等。

童润之（1899—1993），著名社会教育家，毕业于金陵大学农科，1926年夏赴美留学，获加州大学教育学硕士学位，1928年回国。1929年初，在无锡江苏省立民众教育院任教授、教务主任，编著教材《乡村社会学纲要》等。1938年夏，任省立教育学院代理院长。1941年初，受邀回桂任广西大学农学院院长，讲授"中国农村经济"。1943年去重庆，任国立社会教育学院社会教育系主任。抗战胜利，回无锡筹划复院。1950年1月，原来设在苏州的国立社会教育学院迁至无锡，与江苏教育学院合并，改建为苏南文化教育学院，童润之任副院长。1956年，在南京教育行政干校讲授教育学，1963年赴南京师范学院外语系任教。

基督教教育与国难教育

林景润

基督教教育是应付国难最适要的教育。切实表现它的效能是救国救世的基本工作。基督教教育机关此时实负有极大的使命和责任。

国难所以到这严重地步，一方是因为帝国主义者的急迫侵略，一方是因我本身过于懦弱无能。帝国主义者受政治经济欲的驱使，用武力来威胁我们。我们的守土者斤斤于名位地盘的保持，或不能临难不苟，或竟流为汉奸，以致国土日蹙，国命垂危。国内则因政治不修，百事不振，经济崩破，灾乱频仍；加以民族意识薄弱，社会精神溃散，外患愈深，丧志堕落愈甚。而归结在于国人营私心重，为善胆小的病根。

我们传统的教育，对于这病根的销除恐不能为力；对于公心的建立和义气培养未必有多大的贡献。从来一般人承认天下是一姓一家的私产；读书是为出仕马上锦衣，和荣宗耀祖的门路。行为则以"安分守己"或"明哲保身"为常则。新教育设施以来，此种恶念反有变本加厉的现象。受新式教育愈高的个己享受的欲望也愈大。他们利用其优越的智识和地位来窃取公家，剥削民众。所以结党分脏，立派营夺的风几乎到处皆是。社会上遇有灾患，他们则首先图避在租界寓家了。其能见难任侠，赴义丧失只有于市井绿林中未受过书本教育的阶级里求之呢？

基督教教育以培养博爱，牺牲，服务的人格为中心工作。其教义是以建设天国为目标，以人类一家，做出发点。所以反对弱肉强食，和互相残害的战争事件而最励信徒为正义真理奋斗，虽至牺牲个己生命亦所乐为。对于穷苦受迫负重的民家则必扶助救援使得丰富的生命。三千来基督徒所以能负此济世使命的，则在其根本信仰宇宙间有惟一主宰的存在，而且这个主宰是公义，仁爱，大公无私。乐善厌恶的。所以善必终胜，恶必终败。凡人从这原则立身行事即是与上帝同工，共参天地化育于无穷。这种信仰，和能应用这信仰于社会国家问题上的人格，不但是解除国难的最急需条件，也是理想世界所能造成的要素。

现在帝国主义者所以敢长驱直进中国的，并不是全因为我们战争的机械不坚，倒是因为国人肯为正义公道奋斗牺牲的人太少。国内上下交互争利营私，以致任何建设事业的推进都极迟慢，受教育者人们大部分皆为自己计谋，所以穷苦愚散的民众没有人顾及，和领导，他们也就不能发生集团的力量出来，无怪九一八前虽有东北精壮的军队，新式的飞机，也徒供敌人利用做多占我们的国土的工具。许多华北人民只给敌人收买做要求自治的傀儡。就论到个整地大物博民众的中国反为争权者分割散至不能对付小敌。我们应觉悟国人的私心未变革，大公义勇的人格未建立，一切国防的政治的或经济等的建设，都无从着手。而最能变革人心的要推宗教。基督教教育若切实发扬他的效能，与青年以高尚有意义的人生观，合理适情的社会观，坚强而富有原动力宇宙观，是最基本的国难教育。

不但如是，现在中国的受迫是无辜民众受强暴侵害的实例。我们应本基督教的扶弱济危的精神与恶势力奋斗。中国的受屈是东亚大战，并或是第二次世界战争的导源。基督徒应本爱护人类，维持和平的使命，负起有力防止之的责任。所以基督教教育对于此时的国难的根本解除有极密切的关系和使命。我们平时或可以读经和举行崇拜做基督教教育的内容。个人间的言语行动的检点做信徒行为的表现。现在时势我们应为同胞和人类的呼声唤醒了，我们要整个的教育基督化，并要将教义实施于国际，政治经济上各大问题上。所以中国实施国难教育是基督教教育机关实施基督教教育极大的机会，我们应以最大的勇气执行我们的使命，来消除国际及阶级间营私凌弱的罪恶，民族间轻视仇恨的心理，求天国实现人间。

基督教教育对于国难教育的贡献

张仕章

"国难教育"就是一种准备应对国家大难的教育，所以有人称它为"非常时期教育"，也有人说它是"特种教育"。关于这种教育的方案，我会看到陶行知先生所拟而经上海文化界救国会通过的《国难教育方案》（见《大众生活》一卷九期与生活教育三卷一期），北平学联会新定而向全国发表的非常时期教育方案（见《大众生活》一卷十六期）和教育部所制而经行政院认可的特种教育方案（见三月廿六日申报）。其他关于《国难课程教材》以及《国难教育方案实施办法》也已经有许多学者研讨过了（参看《大众生活》一卷十四期至十六期，《生活教育》三卷一期，《大众教育》创刊号等等）！那么，基督教教育在国难时期中还有地位？它对于国难教育能有贡献么？我觉得基督教教育对于国难教育只有一种特殊的贡献。那就是"特种教育方案"内所提起的第二种基本目标："改进精神训练"。我乃发现在全中国的基督教学校——自小学至大学——都应当特别认真地训练学生，使他们具有为世界和平而奋斗的精神，为人类正义而牺牲的精神，又为民族生存而团结的精神。

耶稣会对众人说："一粒麦子不落在地里死了，仍旧是一粒；若是死了，就结出许多子粒来。""凡要救自己生命的，必丧掉生命；凡为我丧掉生命的，必救了生命。"这种牺牲精神的教育可以根除洋奴汉奸们的贪生怕死与卖国求荣的心理，又可打破军阀财阀们的独断独行与自私自利的迷梦。耶稣也教训我们说："凡一国自相分争，就成为荒场；凡一家自相分争，就必败落。""不与我相合的，就是敌我的；不同我收聚的，就是分散的。"但"不敌挡你们的，就是帮助你们的。"这种团结精神的教育可以指导民众认清世界的公敌，分辨国家的友人，消除党派的分争，结成联合的战线以促进反帝反战的运动，而完成救国救世的使命。所以我确信基督教教育在国难时期中的贡献也仅在这种"精神教育"。

但是我们要实施这种非常时期的国难教育，就非先打破基督教中遗传的成见不可。这种成见就是说耶稣基督是一个绝对无抵抗主义者或不参战主义者；而基督教也是绝对不干涉政治问题的或不赞成社会革命的。我既然查不出这种谬误的遗传信仰究竟在《新约》里有何根据；所以我也不必在此引经据典地证明耶稣是一位极端反帝国主义与反资本主义的社会革命家！而基督教也是一种真正主张公道，除灭强暴，建定平等自由的大同世界的宗教。但若我们不愿抛弃这种的遗传成见或不能突破这层心理的障碍；那么我们断不能实施这种非常时期的基督教教育。因此，它对于国难教育就毫无贡献，甚至在非常时期中要完全失去它的地位了！

基督教教育对于国难教育之贡献

陈子初

外患日亟，国难日深，全国上下，在此危急存亡之中，图谋生存，乃提倡国难教育，以唤起全民族之精神，争取世界民族之地位与主权，及国土之完整。此确为日前当务之急，但国难教育之成效，全在乎方案之能提纲挈领，切中窍要；否则不过一种响遏云霄之高调而已。

吾国民族占全世界民族之大多数，然以力量而论，则萎靡不振，精神涣散，此实因过去之教育对于民族的真实力量少有切实的训练。即在乎少下切实工夫。现在国难教育之实施，即应以全力积极灌输吾中华民族最需要的根本力量。此种根本力量是内心的；不是物质的；是潜藏的，不是浮表的；是磨而不磷，涅而不缁的；放之则弥六合，卷之则退藏于密。而吾基督教教育对于此种民族根本力量的培植，实负有重大的使命。果能根据基督教教育的特色，即勇于牺牲，乐于服务，忠于爱国的三点上努力，切实的做去，我深知吾基督教教育对于国难教育——中华民族复兴的教育，必有极大的贡献。

所谓基督教教育乃以基督的精神为出发点。基督的精神是无我的，（路九：廿二至廿五）奋斗的，（徒廿一至廿六章林后四：八至十二又十六至十八）刻苦的，（太十：十六至廿三，又路四：一至十四）坚毅的，（路廿一：十四至十九，又路十二章）威武不屈的，（太十：廿八，又彼前三：十四）济弱扶倾的，（路十：卅至卅七）积极牺牲的，（约十五：十三）勇往直前的，（路九：六十二，又腓三：十三至十四）精神团结的，（约十七：廿三，又林十二：十二至廿六）。试问此种精神是否吾中华民族复兴的先决条件。若不积极培殖此种精神，则国难教育是否能有切实的效力。此种精神的熏陶至完成时期，在整个民族的力量，犹如制成一种充满了爆炸性，利器攻坚摧敌所向皆靡，在国民各个人的力量即培植了一种忠心爱国的原动力，实践蒋委员长所提倡之十不主义。已往之世界史宗教史亦在在可以证明基督教所灌输一种奋勇迈进，不避艰险精神的效力。我故曰基督教教育对于国难教育实具有莫大之使命，莫大之贡献。

基督教教育与国难教育

江文汉

近来各方对于国难教育的讨论，非常热闹；大家都感觉到国难期中，我们应该有个应付国难的教育，那便是使教育能够帮忙大众达到中华民族解放的使命。总括各方面的讨论来看，国难教育的实施，在学校方面应该注重以下三项：第一是要有非常的课程，使学生除普通的课本外，对于国家的危机，能得到真切的认识；第二是要有非常的训练，使学生演习战时必要的技术，如军训，救护，运输，紧急集合，及防空，防毒，消毒等等；第三是要有非常的组织，使学生自动的组织救国会，国难宣传队，时事讨论会，养成集体生活的行动与纪律。

基督教教育，在此非常时期中，除了尽量采用一般国难教育的内容以外，还要注重三点：第一，基督教教育，要将一向所提倡的人格教育，作更大的发扬；基督教的精髓，就是服务和牺牲两点！国难期中，正需要养成一班能为大众服务能为正义牺牲的青年。第二，基督教教育，要格外看重思想自由与独立的训练，根据各国的经验，施行国难教育时，最不可避免的危险，就是思想统制，基督教教育原是建立在信仰自由的原则上的，我们绝对不可让统制的狂热，斩伤了青年思想自由发展。第三，基督教教育，要努力培养民族的信心，现在中国的国难，如此严重，许多没有志气的青年，容易走上颓废和灰心的路；基督教应该运用它所特具的希望与喜乐的福音，去抬高民族自救的情绪。

我对于国难教育的意见

王治心

要谋如何实施国难教育，先需知道国难所以造成的原因。鸦片战争，甲午战争，便是中国弱点的暴露，给帝国主义垂涎的起头。物必自腐也而后虫生之，我们不能尽怪帝国主义的侵略，我们应当追求我们积弱的原因。最显著的有三点：

一，中国人的个人自由太多，团结的力量非常缺乏；所以一遇外患便无力抵抗。

二，中国人对于学问的研究，向来注重形而上的义理，看轻科学为形而下的技术，是以科学落后，不能与世界各国抗衡。

三，中国人自私自利之心太重，读书人只知道谋自己的升官发财，图丰富的享受；所以弄到读书人不肯劳苦，劳力人不会读书，形成了只知有己不知有国的毛病。

对症发药，便应当改革这三种积习，做国难教育的标准：

一宜注重团结合作的训练，养成有纪律有秩序的精神。实行军事管理，俾一般青年，进能执干戈以卫社稷，退能操劳役以服务社会。

二宜努力研究科学，迎头学上去，不但希望在科学能有相当的准备，而且能够生活科学化。

三宜普遍地灌输国家意识，有牺牲小我的决心，谋大我的发展。

基督教是主张世界和平的，然而应该知道要求和平的实现，必先要扫除和平的障碍。同时要积极地谋求自强，有抵抗侵略的力量与决心。对于扰乱世界和平的帝国主义，不怕牺牲，期望真正和平的实现，这便是我们基督教教育界所应当担负的责任。

基督教教育与国难教育

徐宝谦

基督教教育与普通一般的教育，在课程、设备、管理、训育各方面，未必有任何显著的区别。它所应有的特殊贡献，是在精神与态度。如果基督教教育对于此点没有贡献，作者以为不如趁早停办。

就国难讲，基督教教育应当提倡、表彰下列几种态度与精神。

一、使受教育者明白国难之所以构成，一方面固然由于各国的侵略，然我国人之不振作、不合作、自私，实为其主要因素。所以，救国当从自救自强着手。

二、使受教育者认识本国文化之伟大，历史之悠久，遗产之丰富，籍以恢复民族固有的自信力。使之急起直追，担任艰巨。不但从事救国运动，且将发挥中国民族对于世界和平固有的使命。

三、使受教者知道一个民族要图自强，要恢复其自信力，不必以损害他国仇视他族为条件。使他们知道世界，所以纷纭扰乱，正是因为人们不明白这个道理。

四、使受教者知道我们不但不应仇恨别人损害他国，遇有相当机会时，反而应当帮助我们所谓之敌国敌人，使他们也能走上公义、友爱、和平的道路。

五、使受教者知道自卫的战争，在理论上固然可以成立；然在实际上，纯粹自卫的战争，历史中例子甚少甚少。况且凡是战争，没有不与仇恨报复的心理，虚伪的宣传，及杀戮的行为相连的。因此，"以战止战"，是决不可能之事。

六、使受教者知道仇恨报复的心理，既然不能救国，我们应当于战争制度之外，另找救国的途径，以期打破国家的难关，根本解决国际间的难题。据作者个人的信念，深觉联合各国同志（包括所谓敌国），作成国际阵线，共同反对恶势力，扶植善势力，是今日一种切要之图。

七、最末，使受教者深知救国的任务，各标语口号及一时的兴奋努力所能胜。必须平日对于人格、志愿、及学问、能力，有长期的修养与准备，然后才能为国家社会造福。尤须胜过私欲，终能为民服务为国牺牲。

鄙见如此，敢以质之高明。

三月、于黎川

基督教教育与国难教育

吴耀宗

基督教里的团体和个人对于国难的问题，一般的说，向来是持着一种不大清楚的态度的。除了若干认为基督教团体和个人应当绝对的参加救国运动的以外，其余有的模棱两可，既不肯积极的参加，也没有积极的反对；有的在原则上似乎是不反对，但在事实上是反对的，比如在若干基督教学校里面，自然还有的是绝对的反对的。

所以有这样的情形，我以为是由于下列的原因：

（一）基督教与政治的关系的问题　国难的问题和政治是分不开的。一般传统的意见认为宗教是灵性的事，不是世俗的事；宗教的任务是改革人心而不是改革社会，所以宗教不要干预政治，当然也不必顾到国难。不但不必，也是没有用处，因为根本的问题不在那里。

（二）基督教与救国手段的问题　救国运动是要参加的，不过要用合乎基督教精神的手段。有的人是反对武力的；因为一般的救国运动主张用武力，所以也不肯参加。还有的人对于主持救国运动的个人思想和行为有不满的地方，所以也持着消极的态度。至于怎样去发动一种合乎基督教精神的救国运动，这问题似乎还没有多少人注意到。

（三）畏惧与惰性　救国运动是要抗拒强权的，同时也要改变现状的。这样的举动，当然容易对个人的地位或生命发生危险。即使不是这样严重，那些抱着"多一事不如少一事"的态度的人，便很容易找些口实，作为不参加或反对这运动的理由。

我个人对于以上三种情形，是有着这样的意见：

（一）宗教和政治是绝对分不开的。基督徒个人不但可以参加救国运动，也可以参加直接的政治工作，至于基督教团体，它不应当变成一个政党，也不必与某一政党打成一片，但它可以从超然的立场，去参加一切对于政治有直接关系的工作。

（二）我们对于别人所提倡的运动，除了那些我们认为是绝对反动的以外，都应当积极的参加。猜度别人的动机是一件危险的事；由吹毛求疵，而因噎废食，更是不值得的。但这是叫我们放弃个人应有的主张。我们和别人合作自然是有限度的，不过，我们不应当因为对某事的主张不同，便对一切的事都不合作。还有，假如我们不满意于别人所提倡的运动，我们还须用别的方法去表现我们自己的主张。

（三）畏惧与惰性都是由于认识的不清楚和修养的缺乏。这是现在我们基督徒病根所在的地方，希望我们大家努力。

根据以上的意见，基督教教育应当包含了国难教育。国难教育应当是什么？可惜现在还没有人从基督教的立场拟出一个国难教育方案。因此，我只好把陶行知先生所拟，由上海文化界救国会发表的国难教育方案介绍给读者。这方案有些地方也许我们不能完全赞同，不过它给了我们一个很好的观点和轮廓，至少可供我们参考。

附国难教育方案　陶行知拟

一、国难教育之目标

甲、推进大众文化。乙、争取中华民族之自由平等。丙、保卫中华民族领土与主权之完整。

二、国难教育之对象

甲、教育大众联合起来解决国难。乙、教育知识分子将民危机之知识，向大众广播。

三、国难教育之教师

甲、前进的大众。乙、前进的小孩。丙、前进的学生。丁、前进的教师。戊、前进的技术人员。

四、国难教育之非常课程

有计划的非常生活便是我们有计划的非常课程。

甲、政治经济军事之演讲讨论。乙、防卫作战技术之操练。丙、医药救护之实习。丁、交通工具运用之实习。戊、国防科学之研究。己、大众教育之研究推广。

五、国难教育之组织

甲、成立学生救国会及学生救国联合会以实施学生国难教育。乙、成立教师救国会及教师救国联合会实施教授教师之国难教育。丙、成立各界大众救国会及各界大众救国联合会以实施大众之国难教育。

六、国难教育之文字工具

甲、拼音新文字，易认易写易学，应立即采取作为大众普及教育之基本工具。乙，用汉字写作时也须将它写成大众易懂之大众文。

七、国难教育之方法

在行动上取得解决国难真知识，立刻把它传给大众，使它在解决国难上发生力量。甲、推动报纸杂志戏剧电影说书人无线电播音积极针对民族解放之宣传。乙、变通各校功课内容，使适合于解决国难之需要。丙、运用县市乡现有组织及集会，宣传民族危机及解决国难的线路。丁、推动家庭店铺、组织国难讨论会读书会。戊、开办或参加识字学校，使此种学校对解决国难发生效力。己、长途旅行，唤起民众组织起来救国。庚、必要时游行示威。

八、从事国难教育同志应有之基点认识

甲、中国已到生死关头，我们要认识只有民族解放的实际行动才是救国的教育。为读书而读书，为教育而教育，乃是亡国的教育。乙、中国已到生死关头，只有武力抵抗才是生路。丙、根据目前的阿比西尼亚抵抗意大利及历史上被压迫民族独立解放运动的经验，中国不但可以抵抗，并且可以久战，获得最后胜利。丁、中国的国难，不是少数人可以挽救，我们必须教育大众，共同抵抗，中国才能起死回生。戊、我们知道孤立不足以图存，必须联合世界弱小民族及世界上以平等待我之民族共同奋斗，才能够翻身。己、我们应该知道东北问题，华北问题，那都是整个中国的问题，而不是一个地方的问题。庚、我们应该知道集会结社言论之自由，为表示民意，认清路线，共同行动之必要条件，我们必须拼命争取才能发挥国难教育。辛、我们应该知道，国难当头，大家都应该加倍努力以求国难之解决，故主张国难不止，决不放假，当然我们是坚决反对提前放假。壬、我们应该知道教师的责任，不仅是指导学生，而且要与学生参加救国运动，同过救国生活，共受救国教育，故我们主张教师要与学生大众共休戚，决不可袖手旁观。

（二五年一月六日经上海文化界救国会通过）

非常时期的基督教教育

童润之

本刊发行的第一个目标，是"贯彻基督教教育之中国化"。所谓"中国化"是适应中国的需要，谋中国问题的解决。凡不能协助解决中国问题的教育，就不是中国所需要的教育，基督教教育当然也不能例外。所以这个"中国化"的目标，不独是本刊的目标，向且是我国一切基督教教育的目标。

中国的问题固然很多，但当前最大的问题是如何解脱困难，如何渡过这个非常时期。它的问题不是如何图强以侵略他人，而是如何自卫以防他人的侵略。基督教固然反对战争，但不反对维持正义与救护同胞。牺牲一己的幸运而谋大众的福利与安全，这是自卫教育的理想！也就是基督教教育的真诠！眼见大难将到，不知策己励人以应付这个大难，徒徒空喊和平，或效犹太民族之不自求振作，徒望弥赛亚降临来复兴王国，这种怠惰心理，固非一个良好国民所应有，尤非一个忠实的基督徒所当存。基督教教育如果要协助解决中国当前的问题，必定要积极实施自卫教育；因为这是中国现在所需要的教育，而且是最切合基督教本义的教育。

非常时期教育的内容，教育部已经规定三个要点：（一）注重体格训练，（二）改进精神训练，（三）在知识与技能方面注重生产能力与特种教材。体育是教会学校一向所注意的，但大都是选手式与贵族式的体育，不合目前的需要；今后应注重普遍化与实用化，以使各个受教者能在体力上有自卫卫人的能力。精神训练亦向为教会学校所重视，今后应加重民族意识的培养，及国民精神的陶铸。至于生产训练则为多数教会学校所疏忽，半因教会教育偏重在升学准备，半因教会学校学生大都代表有产阶级。今后应特别注重学生劳动服务及生产训练，以矫正以往的文雅习气，而适应当前的需求。

基督教是富有社会性的，所以基督教学校也当社会化。以往的学校大都是寺院式的，与社会不发生关系，久已失却学校的主要功能。非常时期的教会学校，除训练在校学生外，应负起推进一地社会事业之责；如组织民众，训练民众，改善民众生活！提高社会文化等工作，均应努力进行。

关了校门来办教育，这种教育固然不适于非常时期的需要，也不合乎基督教教育的精神。

（原载《中华基督教教育季刊》，1936 年，第 12 卷第 2 期）

基督教中学在抗战时期应有之贡献

张文昌

✎ 编者按

　　张文昌，曾担任之江大学教育系主任、国立师范学院附属中学校长，该中学成立于抗日战争这一中华民族救亡图存的艰难时期。中学教育对于全面人格的养成、供给社会需要之技能与人才均具有举足轻重的作用。在作者写作的年代，基督教中学人数占所有中学人数的1/10，其在青年人格培育、知识教育、技能培训等方面无疑发挥着重要作用。按照本文的分析，抗日战争时期的基督教中学教育却存在一系列的缺点，比如贵族化、僵硬化、反健康，而这些缺陷是无法适应战时和战后中国的需求的。文章认为大破坏之后的生产建设、大抗战后的国防建设、大团结之后的精神建设均需要基督教中学教育在方法和内容上做出相应的调整，具体措施在于基督教中学教育的平民化，加强健康教育、科学教育、试验教育、人格教育等若干方面，如此才能在抗日战争期间及战后发挥基督教教育应有的作用。

一　绪言

　　第一次欧洲大战，美国在战事之末二年因德国潜艇政策击沉美国商船Luthtania而对德宣战。威尔逊总统下全国动员令，征发各州的青年。E. C. Moore在其所著之《大战对于教育的教训》中说及当时发现美国青年有五个大缺点：（一）百分之二十九体格不及格，（二）百分之十四是文盲，（三）有许多青年不知道怎样唱国歌，（四）更有许多青年不了解为何美国要参加战争，（五）大多数青年对于史地知识非常缺乏。因此美国教育家们引此为美国教育之耻辱，在战时及战后竭力弥补此种缺陷，故于战后，即一九一八年全国中等教育改造委员会修订中学七大目标：体格健全，常识丰富，公民训练，家庭良好分子，职业知能，休闲良好习惯，人格陶冶，以谋改进基本信念。二十余年来美国中等学校，无论在行政与课程及其他设施方面皆守此为规范。此为欧战时美国因战争而受到之刺激，亦可谓美国中等学校在欧战时之贡献。

素称教育普及的美国在二十余年前尚有如此之缺点，则我国今日教育缺陷之多，自在意料之中。从事教育者在此大时代内应精密地检讨我国教育过去之缺点，方可以谈到现在与将来之贡献。

根据教育部公布之最近统计，民国二十二年度全国中等学校学生有五五九、三二〇人。又据中华基督教教育会在一九三五—三六年度之基督教中学统计有五三、六七三人，故基督教中学学生数约占全国中等学校学生百分之十。此比例虽不甚大，然亦未可忽视。在此抗战时期内，全国公私立各级学校受害皆巨，尤其沿海沿江各省。然比较言之，基督教学校因产业尚为第三国友邦宗教团体原设立人所有，故数量之总和上受损较轻（亦有少数教会学校损失绝大）。且因私立之敌，有校董会及设立人之援助，恢复亦较容易，所以现在中等以上各基督教学校类皆迁至安全地带，本政府原有之办学方针及基督教宗旨，继续开办，对于整个中国之教育上，自有其巨大力量，如等善自为谋，则贡献之大，实未可限量。

二　过去教育之错误

在前段已说过我们必须知道战前教育①之缺点，才可以知道病源所在而加以治疗与改革。我们应坦白承认我们过去的错误，尤其是过去基督教教育之错误。

（一）贵族色彩　在目前中国能有机会受到初等教育者已属少数，何况中等教育。廿二年度的教育统计，全国只六十万中等学校学生，占人口万分之十二点五。此少数宠儿能走进中等学校之门，大抵来自小资产及小

---

① 原文为"有"，应该为"育"。

资产以上的阶级。物质生活上的享乐很强，而自身之生产技能却非常薄弱，甚至一无所能。手脑不能并用，劳心与劳力分家，回到农村社会已不惯，挤在都市里又无出路。民族资本受不平等条约之索缚与摧残，生产机关已濒于破产，农村经济更日趋于崩溃，大抗战以后，工业农村破坏迨尽，学生之就业出路，更加困难。一个普通中学毕业生简直除升学以外别无出路，然而有力量升学者究能有几多？

上述情形，基督教中学更属显明，因为收费本已较高，校舍则洋楼，服装尚时髦，食用以舶来品为尚，因学生大抵来自资产与小资产阶级。但资产阶级本属少数中之少数，小资产阶级受此抗战影响后，靠房产与田地及其他恒产收入者因焦土而变为赤贫。基督教教育之本旨，固在谋训练中国青年有高尚人格，能牺牲自己为大众服务为宗旨。以前有不少教会学校是培植贫寒子弟的"孤儿院"，而今却有意的或无意的变成公子小姐的"俱乐部"！岂设立基督教学校之本意？

（二）硬化　教育贵与生活合随时改进，随时生长，以引导社会日趋于理想之境界。此所以有"教育即生活"，"教育即生长"，"教育即经验之改造"等原则为近代教育家所遵循。惜我国教育近年来因提倡中央集权过切，未免矫枉过正。当局者想以自上而下之法令可以改进一切之教育，制度之改变认为可以解决一切之困难。一般社会人士，对教育之认识更易不清，希望过甚，失望亦愈甚。甚至有认中国过去一切之失败，皆咎在教育；复兴中国，亦只须在教育上有办法则其他亦可样样有办法。此种主张，无论重视教育，或轻视教育，皆失之太偏，忽视其他社会机构之因素。其实如经济，如政治，与教育皆有连环之因素，偏见之结果，当局者便可心血来潮，朝令暮改，从事教育者只可死版服从，动辄得咎，毫无伸缩余地，驯至教育本身则日就麻痹而硬化。别的不说，单就课程与会考两点，已足桎梏全国青年，生机日蹙，自动日少，影响于民族身心之健康，实非浅鲜。其实际程度亦未见提高，对于现今民族生死关头之抗战非常需要，反未见能适应，对于战后之贡献则更见毫无准备。

基督教学校本属私立学校之一种，理应在遵守政府办学之大体与在水平之标准上获有自由试验之余地。但一般教育行政人员心目中，有一成见在，以为教育学校之程度必逊于公立学校，不要说设施之试验自由，即在法令范围以内亦往往督促私立学校者较公立学校者更严。私立学校教职员亦甘落人后，或孤掌难鸣，或人微言轻，或无勇气，不敢在行政上，课程上，方法上做试验，使人相信教会学校亦有实验教育之人才、计划与能力。

（三）反健康 近代中国教育对于健康似亦觉悟其重要，所以教育目标列为第一条，学校内对于体育卫生似亦日加注意。又政府对于推行军事训练与童子军训练亦颇努力，何以说反健康呢？如仔细检讨则失望之处颇多。体育只是少数选手在运动会中夺锦标为学校争名誉，至于一般学生之体格如何？则无暇顾及或马虎过去。故大多数学生不能文武并重，体格柔弱。医药方面校医则兼职太多，得学生信仰者更少，学校能聘有专任看护及有医药设备，与疗养室者更属少见。卫生则更是纸上谈兵。厨房、厕所、饭厅、寝室，睡眠时数，饭食营养，性教育及各种卫生习惯之养成更少人注意。军事训练太重形式，求检阅时得一好评，而于实际战术之研讨，军器之使用，则又谈不到。如此而望能达健康教育之目的，真是"俟河之清"，如此而望训练能尽兵役制国民，不啻"缘木求鱼"。前几年中央航空学校招生，许多高中毕业投考而因体格不及格不被录取者达百分之九十以上，即为良证。

基督教学校对于体育训练比较普遍，此为过去之事实，但近年来，因课程之拥挤，会考之压迫，各学校为自己之声誉计亦拼命使学生填鸭，预备会考，应付过量之功课，体育普遍化只成口头禅。事实上，下午四时后尚有上补习课，与室内读书之学生；晚上"开夜车"者亦有，最后一学期因准备会考而停止体育课者亦有，与一般公立学校相差无几。运动会中能得锦标者靠少数只愿运动不愿学业之"选手"以点缀而已。

三 战后中国社会之需要

战争在另一方面看亦有相当价值，战争如巨火，冶生铁于洪炉使渣滓尽去而炼成纯钢，战争又如外科医生之手术，脓溃皆去而新肌可生。故在历史上观，战争往往为一民族起死回生之枢纽，使文化上、经济上、政治上、及一切社会组织上受一大刺激而起急性的新陈代谢作用，如内在能力可以胜过此困难者，则反可因此复兴民族，此孟子所谓，"无敌国外患者，国恒亡"。我们且来试看战后之中国社会如何？当然我们的大前提是根据各方的观察中国有无限的人力、物力、精神之团结,国际之同情,抗战到底的决心,后方建设之积极,政治之渐上轨道,我们以空间去易敌人的时间,则最后胜利必属于我。

(一)大破坏后之生产建设　据经济学者李权时之估计,单在上海,去年八一三以后之损失为四,四五〇,三八四,五六二元。报载江浙两省农村损失达七千万元。若再加上华北、华南、常见诸省之损失,其数字必甚惊人。故战后经济无论公私均必更感困难。中国既普遍的得国际之同情,则招引国际之投资,以谋恢复亦必容易,加上近来政府在西南诸省之积极建设的基础,则必更便利。此后建设必由政府统筹全局,作有计划之开发与生产。此时必须有大批各级之技术人才,试问此种人才,若无现在之准备,则何从供给?

(二)大抗战后之国防建设　此次抗战,我国之最大弱点即在武器上之幼稚,故无论人力物力损失颇大。闻一周年来战场死亡已达八十万人,将来到战事完全结束,更不知要牺牲多少忠勇将士。现沿海沿江一带之国防工事已被毁迫尽,海岸被封锁,钢铁厂、飞机厂、大造船厂,均付阙如。近代武器如坦克车、重炮、飞机、非仰给于人不可,海军力更等于零。所以沿海沿江诸省牺牲最大。战士之训练与补充,机械化部队,化学部队,空军战士与空军设备及海军之建设等经此次大抗战后更觉需要。此种机械的与人员的国防建设,为复兴民族必要工具,今后中国教育者应负起选择,训练大批国防科学家及英勇战士之责任。

(三)大团结后之精神建设,此次我国为生存而抗战,精神上最大值收获即为全国一致之大团结,过去一切政治上之纠纷,主义上之歧异,政见上之出入,皆已一扫而空,团结御侮,结束二十余年来分崩离析的局面,而实行"兄弟阋于墙,外御其祸"之古训,给敌人一大失望,给友邦一大欣幸。但我们须知道团结不过是精神建设的初步。第一我们还得有信仰,信仰我们这次的抗战必能胜利,建国必定成功,暂时的失败决不灰心,决不动摇,决不屈服。第二我们必须认清,惟有国家之自由平等,乃有个人之自由平等,离开了国家的立场,个人的财产、幸福、生命、毫无保障,所谓"皮之不存,毛将焉附"?在德意的犹太人,最近倍遭压迫即为最显著的例子。第三我们须明白抗战必须与建设同时并进。战后之建设不能凭空开始,必以战时之建设经验为依据;抗战若无建设以补充物力,则决不能持久而达到最后胜利的目的。所谓建设，不单限于军事，凡农业、工业、矿业、金融业皆须同时注重，开发后方，罗致人才。最后一点我们须明白，抗战的最大力量，除军事与经济的力量外，在国民的心理与人格。我们团结，我们信仰，我们爱国，我们建设，倘无健全的心理与人格为基础，则一切必归于失败。各地汉奸之多，即为心理的错误，与人格的缺陷。幸此种汉奸大都为朽腐卑劣分子，时代早已落伍，热血青年，鲜有人愿出卖灵魂与人格者。过去教育未完全失败在此，将来教育之最大希望与责任亦即在此。此最近教育部之所以积极注重各级学校导师制度之推行，原因亦在于此。

四 基督教中学应有之贡献

我们既分析过去教育之缺点，及战后中国之需要，则今后基督教中学应作何贡献，可以很清楚地指出来了。

（一）平民化 过去教育之大病在贵族色彩，战后之中国社会经济更感困难，一般家长必不堪如此之学费负担。故今后各级学校之应尽量平民化，乃为当然趋势。基督教学校之收费应力求低廉，学校经费之来源应从设立入董事会，校友及政府方面力求补充。同时对于贫寒而优秀之子弟应多设免费额，工读额，务使清贫子弟有入基督教学校之可能，恢复二十年前之情形。

还有学校内之生活，在不妨碍卫生与健康之原则下，应力求简单朴素，以贯彻平民化之教育。衣则布衣与制服；食求简单与不吃零食；住则不必洋楼，如原有校舍已毁，复兴时应改造简朴实用，明爽坚固之茅屋，或中西参合的校舍。

半工半读的制度在战后的中国必甚需要。一则因学生家庭经济困难不能供给大量学费，二则因战后之职业学校经费，设备扩充必感拮据，三则在大破坏之后，建设需要孔急，故中下级技术人员比高级人员更大。如能实行半工半读制度，采取半天，半周，或间周，半月之轮替办法，一面在学校求学理上之知识，一面到实际工场里去求技术之经验与应用。职业界方面有类乎艺徒制之学生参加，可以增加效率，吸收未来之有用人才。此制美国教育家陶格拉斯氏 H. R. Douglas 在其所著（一九三七年出版）之

《近代美国中等教育》Secondary Education For the Youth of Modern America
一书提倡最力，对于失业问题之解决在此，对于战后中国教育之出路亦在
此。基督教学校过去太重普通教育，欲挽流弊，亦在乎此。

（二）健康教育　健康教育之实施，可分积极与消极二方面。消极方
面：（1）应请求政府乘此非常时期毅然废除会考制度（一校之力量有限，
应联合各校，或由教育会社，创为舆论，进行请求）。（2）减少上课时间
与课程内容。战前高初中课程每周上课时数虽已减至三十一与三十小时，
但课程内容上嫌太多，且不适合非常时期之需要。故应再求减少，一切以
能适应抗战期之切实应用为主，尤注意体格之锻炼，与课外自习之充分。
教育部最近办国立中学，将上课时间减为每周三十四小时，且学科训练集
中于上午，下午则集中于体格训练，生产劳动训练与战时后方服务训练，
诚得其道。国立中学尚不照教育部前颁之课程标准，那末其他学校又何必
呆板遵守呢？（3）减少因考试记分而引起之紧张与刺激。竞争应在本人之
进步上着想，不宜不愿个别而做勉强竞争，致发生骄、妒、怨、欺之心理
病态，致造成人格教育上之严重问题。

积极方面：以养成健康的中国公民为目标。如（1）性教育及性知识
之指导与纠正，（2）个人之健康习惯之养成，（3）医药常识及救护技能之
训练，（4）军事训练与童子军训练之加重等皆是。同时学校内之卫生与体
育设备，校医看护之聘任，每日二小时运动之普遍，睡眠之充分，膳食营
养之注意，课外活动之提倡，个别诊断与指导等皆为身心健康上所必需者。

（三）科学教育　科学为建设之基础，科学人才训练尤为当务之急，
而科学人才之养成应在中等学校内打定基础，故中学训练目标之一，即为
"培植科学基础"。然科学基础之能否培植，十分之七八在教师，十分之二
三在图书仪器。学校在训练优良科学教师，及整理恢复与扩充已遭破损后
之科学设备，应认识最基本之办法。基督教学校对于科学教育之师资与设
备，虽非过劣，亦不尽善，自然宜急起直追。此次因战事而损失图书仪器
者亦重，故更应加倍充实，向国内外募款以谋复兴，同时对于有科学兴趣
与能力之学生应竭力鼓励其升入大学之理、工、农、矿、医诸院系，以期
深造而为国用。此层不宜缓至战后，揆诸前述抗战与建设并重之原则，对
于科学人才之训练，在战时急宜进行。

（四）实验教育　过去学校受政府种种法令之限制，绝少自由，私立

学校尤然。其实教育是生活的指导，其设施应时时根据需要而加以改进，而改进之办法即在乎实验。教育如硬化则必无进步可言，时代落伍，效能低下。欧美各国凡私立学校必较公立学校多自由，故我基督教学校应力争此种学术上之自由而有实验教育之机会。所谓实验教育，不是好听的名辞，实验应有人才，应有经费，应有计划，应有可以控制之环境，应有精密测量的工具。现中等教育之问题最多，在抗战时期之中等教育问题尤多。例如教法应如何改进可以增进学生之自动与兴趣；课程应如何改编以适应抗战时期之需要，尤其是关于史地自然公民等科，以切合学生之需要与加增学习知晓率；其他如学级编制方面，如何推行春秋季合班之复式教学，使少数人班次可以开课不致不经济；如何推行葛雷制 Qary Schcol System 以充分利用教室、实验室、工场、图书馆，与操场以达经济之目的，使二校能合在一校；如何改用季制 Quarter System 以替代学期制，使六年教育学可以在五年或四年内完毕。其他如自学辅导法 Supervised Study Method，社化教法 Socialized Recitation Method，减高初中圆周制为一贯制，半工半读制，健康教育，生产劳动，社教推广等皆可自定计划，在小范围内可以控制之环境下作试验，如有所得，再行扩大，而谋贡献。我基督教学校同仁中不乏受有专业训练者，幸勿妄自菲薄，机会正多，贡献亦无尽也。

（五）人格教育：养成健全之公民人格为中等学校训练目标之一，更为基督教学校中心目标所在。然我人应深自惭愧，我人过去对于此目标，宣传多而尽力少，立案以前只知用勉强方法宣传教义，立案以后，限于政府法令不能采用必修方法，改用商业式的招揽手段，徒知一时之奋兴与刺激，以达到可以报告之数字，使设立人心中快慰，而经济来源不致发生问题。不知纯正之宗教信仰，在于人生生活上之经验与体念，决非用注入式，或刺激式，或利用式所能收效，所能持久。以严格的宗教眼光观之，亦欠诚实与恳切，有不择手段之讥。其实最有效之宗教教育即在有力量之基督徒教师之人格影响，师生间人格之接触，潜移默化，乃最自然化纯正之宗教教育，亦人格教育。我国古来之所谓师道，所谓春风，所谓化雨，亦在乎此。我国今日在抗战建国所需要之国民品格莫过于不自私之自我牺牲精神，团结之博爱精神，不妥协与不屈服之大无畏精神，此即全部基督教教义之中心，亦耶稣基督之人格表现。不但是正义与士气之人生哲学，更加上宗教信仰之活力，由神力而来之灵感，方可以遇任何威胁，利诱，困难而不变的金刚不坏之身心，此点如有成功即为基督学校之最大贡献，可以超迈前述之一切。必做到基督教学校绝对不产生汉奸，基督教学校毕业生有显著之高尚人格，否则又何必有此基督教教育？

末了让作者引最近中国国民党临时全国代表大会所通过之抗战建国纲领之关于教育者四条，作本文之收束：

第廿九条　改订教育制度及推行战时教程，注意国民道德之修养，提高科学的研究与扩充其设备。

第三十条　训练各种专门技术人员，予以适当之分配，以应抗战之需要。

第三十一条　训练青年俾能服务于战区及农村。

第三十二条　训练妇女使能服务于社会事业，以增加抗战力量。

（原载《中华基督教教育季刊》，1939年，第15卷第1期）

六 战后教会工作

战后的中国基督教会

罗运炎

✍ **编者按**

罗运炎（1889—?），江西九江人，1914 年到 1920 年任职于九江南伟烈大学，曾赴美国鲍尔温学院、雪城大学、密西根大学留学，获得雪城大学博士学位，回国后曾任《兴华报》主笔、中华全国基督教协进会负责人、中华基督教文学会会长、全国禁烟委员会主席等职。

这篇文章提出了战后中国基督教会建设的两个重要方面：一个是战前就已经提出但悬而未决的问题，即教会"国产"；一个是战时新发生的问题，即沦陷区教会的重建及信徒的生计以及大后方教会的管理问题。作者尤其提到一点值得研究者反思：战前的基督教会是一个没有生根的、经不起暴风雨打击的教会，重建的教会须痛定思痛，成为有能力医治精神创伤，有能力改革人心转移风气，有能力主持正义抵抗强权，有能力推动民族解决、民权伸张、民生康乐的教会。

关于战后近来问题，各方都在注意研究，并且时有方案发表。例如战后国际的，政治的，经济的，社会的，种种建设问题，各国朝野人士。莫不积极的在那里未雨绸缪，以免临渴掘井。回看我们国内，最近亦是风起云涌的有人专为战后建设问题作缜密的设计。这种现象，确是值得欣慰。因为我们不仅是要抗战，还是要建国，何况"凡事预则立，不预则废"。所以我们要在今日研讨战后建设问题，不但不为多事，而且确属需要。

战事结束以后的中国，当然是要建成一个崭新的中国，为适应这样崭新的一个中国起见，在谈国内战后各种事工建设的时候，同时也自然要引起教会人士关于教会重建的主意。这里所说的教会，当然是指有形的，而非无形的教会而言。在未研究战后教会重建问题之先，似有两事我们应该记忆。那两件事呢？第一是教会战前早应解决而未解决的种种问题，第二是教会在抗战期中所发生的种种变化。

尽管我们对于战前教会的见解各不相同，但有一事，谁也不能否认，那就是基督教会在中国虽有一百三十多年，对于中国现代教育，卫生，社会改良，服务，等等，不无相当贡献，但在中国人眼中，仍不免带一点外国色彩，误为"洋人教会"。而一考其内容，基督教会之在中国本土，也的确是没有生根，或说没有变成"国产"。原因固然繁复，但不平等的条约束缚，不能不算症结之一。现在不平等的条约既经废除，新的平等条约复经批准，今后中国的基督教会既与条约完全脱离关系，其地位，根本与前不同，将与国内其他教会一律看待，有同等的义务，亦有同等的权利。但要取得这种地位，教会还得经过立案手续，变为法人，否则无法取得法律上的保障，享受法人应享的权益。

上面说的是战前早应解决而至抗战时际始获解决的一件事情，现在我们要问还有什么事情是在抗战期中起了变化而须予以调整的。

抵抗侵略七年的战争，的确在中国历史上是件最大的事，它给中国人生活各方面的变化非常重大，而在教会方面所引起的变化也并不小，我们只要一思，战前的故乡如何，战后的故乡如何，便不难知道几年来教会所遭遇的损毁到了若何程度。经过了七年的长期抗战与破坏，不但物质上需要建设与复兴，精神上，心理上，也须有所清涤，有所整理。这是关系沦陷区的情形说的。大后方呢，无论哪一个省里，市里，县里，乡里，都有从沦陷区辗转流徙出来的同道。抗战一旦结束，他们大都是要重返故乡的。方其出来的时候，差不多都是无计划的，匆忙的逃难，一旦回去，谁不争先恐后，早睹故乡田园。那时思乡之心，必倍切于今日，那时，交通情形，势必空前拥挤，而各人的储蓄，亦将通统匮竭。所以战后的第一问题，就是如何复员各地的教会工作人员，及救济一般的同道，使不致届时无所措手。其余如何收拾，如何整肃沦陷区的教会，及加强后方新辟的教会等等，都须我们及时准备。

战后的中国，既是一个独立自由平等的国家，就给我们教会问题的解决造成了许多有利的条件，我们若是根据教会战前各项待决的问题，及抗战期间所发生的某种变动，一一调整教会内在的因素，我想教会的前途，一定是光明的。至于如何建设新的教会，以期适应新的中国，奠定"国产"教会的基础，我们不必高谈阔论，只要一问"新中国所需要的是怎样的一个基督教会？"便可以知其方向。据我个人的观察，新中国所需要的一个基督教会，是有能力医治精神创伤的教会。有能力改革人心转移风气的教会。有能力主持正义抵抗强权的教会。有能力推动民族解决，民权伸张，民生康乐主义的教会。

总之，战前的中国基督教会，确是一个没有生根的教会，经不起暴风雨的打击，战后的中国基督教会，痛定思痛，若不改弦更张，重奠稳固基础，势必归于淘汰，这是笔者所敢断言而又不忍言的。至若重建"战后的中国基督教会"详细办法，笔者一时无暇通盘筹划，即有亦不敢闭门造车。惟望我教行政当局与神学学者共同不断的贡献意见，务期在不久的将来，有具体的方案提出，以供全国各公会的参考！

（原载《基督教丛刊》，1945 年，第 11 期）

战后的中国神学教育

张伯怀

🖋 **编者按**

　　张伯怀（1899—?），山东人，于浸礼会受洗，毕业于齐鲁大学、多伦多大学、芝加哥大学，1927 年至 1936 年曾担任齐鲁大学文学院院长、神学院院长，还曾担任过中华基督教会全国总会边疆服务部主任。

　　说到战后基督教的重建工作，当时大部分论者的目光都聚焦在有形教会的实体以及制度的重建上，至多延伸到各项社会事工的开展，关于神学反思的文章并不多见。在这篇文字中，作者提出了战后神学教育的若干设想，包括神学的本位化，其中包括神学机构、神学课程、神学政策等多个层面的本土化；神学教育应培养教会意识，其中包括信仰基础、教会团结、普世意识等多个方面；神学教育当有实事求是的决心，包括依照实际规定课程内容、以学术造诣作为延聘教授的基本条件、神学院的生活当有实验精神等。这些设想很值得当前中国教会在做神学教育时加以思考。

　　八年的抗战把中国的神学教育已经摧残殆尽，战前十几处神学教育机关，硕果仅存者只有华西协和神学和金陵神学的一部分。本年度两校学生的总数不过三十余人。较之战前全国学生数目约在十分之一。在同一时期中基督大学被迫而停顿者则有之江，岭南两校而已。其未曾停办的各大学之学生数目则较战前增加由两倍至五倍不等。相形之下神学教育问题的严重性自然不问可知。

　　最近欧美同道们对于战后的中国神学教育，曾有相当的讨论。但是研究的结果和意见尚未曾见到，国内尚未有专门团体对本问题作具体的检讨。本文只是将个人的蒭荛之见供给将来研究神学教育问题者作为参考。本人离开神学教育虽已八年之久，但在这八年中对于中国教会和中国社会却得了一些前此未有的认识和了解。因此对于神学教育能以站在比较客观的立场上着想。

一　神学教育当积极的本位化

"本位教会"——最初称"本色教会"——的口号已经有二十几年的历史。但是要有本位教会必须有本位领袖，神学是教会领袖的出处，非有本位化的神学不能造就本位化的领袖。

"本位化"并不含带排外主义，也不须要标榜国家主义。若是神学教育而走向狭义的国家主义之路，那是奴隶化而不是本位化。真的本位神学教育是以造就能了解国是，适合国情，在中国社会中因应自若的教会领袖为目的。

（甲）神学的行政机构本位化。国民政府成立之后教会大学及中学的行政早已本位化，校长均为国人担任。神学院虽然也有几处是由国人担任院长，而大多数尚未能完成此项手续。今后的神学教育必须请有学识，有道德，有经验的中国同道主持其事，并且须要有相当的自由运用其职权。

（乙）神学的课程本位化。适应国是的教会领袖，除了对于教会经典，历史，制度，典章之外，总重要的是了解国情。换一句话说是要切实的明了中国文化。神学教育必须以中国文化为主要课程之一，使神学生明了中国文化的历史背景和中国文化的现代潮流。关于实用神学课程如会牧，辩道等课程均应以试验的态度自编教材，不应该抄袭西方的现成课本。至于教会音乐，宗教，艺术，教堂建筑，崇拜仪式等均应更积极的向着本位化的大道进行。

（丙）神学政策本位化。每一处神学院必须有健全而负责的董事会主持神学院的政策，而董事人选亦须过半数为负责任的中国教会领袖。关于校舍之设计，人员之延聘，课程之厘订等重要事项之决定，均有由国人自作主张之必要，为促成本位化的实现，神学的经费来源不应专靠国外同道来供给。须有大部分来自国内，方能进退裕如。

二　神学教育应培养教会意识

教会是一个比较广泛的组织，神学院是一个比较团结的机关。像许多其他教会机关如医院学校等，神学院也有缺乏教会意识的危险。很成功的神学院可能有很淡薄的教会意识，神学生对于现实的教会可能的不了解，不认识，乃至于不甚关心。过去在中国神学院教授竟有人根本不隶属任何有组织的教会，这些不正常的现象均应予以纠正。

（甲）培养教会意识的信仰基础。中国已往的宗教多偏重个人主张。"修仙"，"成佛"，"参禅"，"悟道"都是个人的修养，个人的造诣，不需有团体的生活为其因素。基督教的信仰是重在团体。信徒们并非各自为生，乃是互相联络有如人身之四肢百体。健全的信仰生活只有在信徒的团体生活中可以实现。"信徒的团体"或是象征的说名之曰"基督的身体"，"上帝的全家"；"上帝的国"，或是具体的说名之曰"团契"或"教会"，或表显着这一个意义。神学教育的基本任务便是将此信仰根深蒂固的培植在未来的教会领袖思想中。

（乙）加强全国教会的意识。基督教的本性是联合的，团结的，统一的。保罗说在基督里面不分是犹太人，希利尼人，自主的，为奴的，乃是合而为一的。中国所需要的教会也是一个团结一致，能以抵抗风雨，应付需要，改善国民生活，完成"中华归主"的使命的教会，中国的神学教育应当加强这种全国一体信徒一体的信念。基督教在中国的成功不容许我们在中国重演宗派角逐，会别竞争一类的悲剧，未来的教会领袖必须意识到中国基督教会应当是一个不可分化的集团。

（丙）培养普世教会的意识。以政治生活为经纬的国家组织，是教会组织很方便的一个范畴。一国之内的信徒组成一个教会团体是一个合理的举动。但是基督教的真精神是超越乎国家民族界限的。全国化的教会之可认为是教会发展的一个阶段。历代的教会领袖都是在引导教会超脱国家民族的限制而向着普世教育的目标进展。教会必须实现天下一家的集体，信徒的生活才能达到丰盛而健的境地，教会对于世界文化与秩序方能作有效的贡献。教会对于以往的世界问题和国际纠纷之所以未能防之于前或制之于后，正是因为她自己本身是一个支离破碎的团体。今后的神学教育必须惩前毖后，特别注意到此种意识的培养。

三　神学教育当有实事求是的决心

宗教生活中"崇正尊古"的成份相当的重。阐发宗教信仰的神学教育自然不免有守旧的倾向。"诗云"，"子曰"，"经上说"一类的口吻对于儒家的学者，犹太人的教法师，和基督教的神学家都有相当的魔力。能够一口说出"你们听见有吩咐古人的话说"，而紧跟着说"只是我告诉你们"的革命思想家是绝无仅有的先知先觉。战后的神学教育应当有"好古"而不"泥古"，"守真"而不"守旧"的作风。

（甲）依照实际需要规定课程内容。神学课程的内容不应当"遵古"。更不当"千篇一律"。当先确定教会所需要的人，然后依照实际情形厘订其不同之课程。简单的说，教会所需要的人才约有五类：（1）教牧人才，（2）开荒布道人才，（3）教会事业的干事人才，（4）教会学校的导师人才，（5）宗教思想家与作者。这都是神学院应该负责训练的人才。牧师及干事人才，除了基本的经典历史等课程之外，应有关于近代政治，经济及社会问题的研究，以便将宗教的原理应用到实际的人生之上。此外社会福利，社会行政，人事管理，教会经济，群众心理等科目均应为必修。开荒布道人才应以民族学，文化人类学，边疆语言学为必修科目。学校导师人才应修习教育原理，青年心理，婚姻问题，职业指导，宗教与科学，宗教与政治一类的功课。思想家与著作家应有严格的哲学训练，文学研究，宗教比较学的认识为基础。并须能运用科学方法，站在基督教的立场上研究中国的经史百家，站在中国立场上解释基督教的文化与史乘。

（乙）以学术造诣为延聘教授的基本条件。基督教对于沟通中外文化，增进国族谅解，实现大同主义，创造世界思想，负有特殊的使命。要完成此项使命，神学院应当不分畛域，将各国各族各宗各派的神学家会于一堂共同探讨互相砥砺。以便使未来的教会领袖有与世界名儒硕彦直接发生关系的机会。

在这一点上中国教会的复杂背景倒是试办此种神学教育的良好凭借。

（丙）神学院的生活当有实验的精神。耶稣说"我是道路真理生命"。基督教是一条生命的大道，不是一部抽象的哲学。所以神学教育的真正成功，不仅在阐发教理，宣传主义，创造学说，而在表彰基督化的生活。现代人的心理是着重实际的。基督教的主张必须有具体的生活为表证方能取信于人。因此神学院必须使学生有机会实习他们所学的道理和主义，才算完成了她的使命。

第一点，神学院以内的生活，应当用作实行基督化生活的实验室。院内师生员工之间的关系——无论是社交的，经济的，权利的，义务的——应当试行神学课室以内的主张。假设某一种理论和主张在神学院以内试验的结果是行之未通，那么就可暂缓予以宣传。神学院的生活不能实现基督教的主张，而希望在大的社会中谈基督教与社会改造，未免有点自欺欺人的嫌疑。

第二点，神学院应于其所在地划定一自然社区，为其实验区。院内的生活终究是一种特殊关系。在院内可以实行的主张，在复杂的社会中未必也可实行。正像医学生于实验室工作之外必须加以实习，医院神学生也必须有实验社区为其服务社会拯救人类的实习场所。而且这种实习是应当在严格的督导之下来作。过去依靠各教会牧师的督导办法，未免失之太宽。

最后的话，希望神学院对于招生之资格宜严，对于教课之内容，对于成绩之考核宜认真，使人们觉得神学是一切学问中最深刻，最严格的一门。如此方能提高神学教育之地位，转移社会之风气。（完）

（原载《基督教丛刊》，1945 年，第 11 期）

抗战后教会的复兴工作

汤 因

🖊 **编者按**

　　汤因，中国基督教史家，中华全国基督教协进会图书管理员。

　　该文虽对于抗日战争的艰巨性与长期性少有估计，但对于抗战中教会所表现出来的弱点以及战后中国教会所要开展的工作进行了详细憧憬和布局，从大的方面说共有两点建议，即教会合一和教友健全。作者认为这两点是中国教会战后复兴的关键，具体来说复兴工作包括开办教堂与合作社、创办俱乐部、组织演讲会与座谈会、开展小学教育与识字教育、开设流动书馆与巡回演讲团、灵活使用教堂、深入乡村，同时注重训练干部、发动教友等多个方面。

　　基督教在中国，且有一百多年历史，现在拥有五十多万信徒。它的进步正应方兴未艾，不幸得很，它所有的基业，这次几乎全被战神摧毁。它的信徒与各种机关都四散流亡了。

　　在不幸之中，我们得见了教会前途的曙光，——就是合一的现象。这确使我们的愁苦的面容里，透出来丝丝的笑意。如果真能完成合一，那便是抗战给予中国胜利的副产品之一，我们基督徒应当为这事郑重祈求。

　　合一不是企图消灭各宗各派，乃是联合各宗各派在共同的信条之下成为基督徒的统一阵线。这个基本的组织是各教堂，组织的单位是各教友。我们应当尊重这个单位。全国会议与各宗各派的大会，都应当由教友大会产生。

　　在这个伟大的时代里，我们应当发起一个中华基督教会十年复兴运动。为推行这个运动，再制定两个口号：

各教会合一起来！

各教友健全起来！

教会的复兴有赖于各教会的合一。而健全的教会实有赖于健全的教友。五十万众基督徒如果能在灵修与生活上健全起来，这真是一个可怕的力量！它能充实自己，也能摇撼中国整个的社会。

教会是教友集体生活的组织，是社会集体生活的模范组织。我们应该起来健全它 使它能叫人满意。

复兴教会的工作应注重：

（一）教堂与合作社　在教会里我们应当建设教堂，也应当开办合作社。牧师应当终朝寻找每一个亡羊，到教堂里来再接受神的宏恩，也应当帮助每一个拉撒路能解决当前的生活。我们无须像拉撒路那样的身前进天堂，虽然在必要的时候我们应该有宁愿饿死不肯失节的精神。因此我们绝不能不采用与推行好的经济制度而饿死礼拜堂中来饰词灵魂重于肉身。当牧师在探望教友时要先问，"你们有吃的没有？"（太 15：32）在讲道后也当说，"我不愿意叫他们饿着回去。"（翰 21：5）我们应该利用各种合作社解决每一个教友的生活问题，并且将剩余提成捐助社会。

身体与灵魂是二而一的。当身体工作的时候无法叫灵魂单独去休息，当身体睡眠的时候也无法叫灵魂去做工：分头活动，至少在人类迄今还没有这样的经验。因此我们所寻找的亡羊是需要灵修的，也是需要生活的。我们一提到灵修，就应当提到生活。换句话说，我们应当在神前献上健康的身与心。

（二）俱乐部　人是动则思静，静则思动的有感情有趣味性的动物。比较起来，青年人好动，老年人好静。为适合他们各阶层的性趣，为防止他们染上社会上不良的习惯，我们最好先有一个正当的娱乐组织，训练他们各种有益身心的游艺，使他们各个人能与一个以上的游艺发生浓厚的兴趣——或□，或癖。并且可以在娱乐里组织他们，使他们在娱乐里与教会发生团契。

（三）演讲会与座谈会　世间的学问是无穷的，个人的见闻是有限的。教会应当按照需要组织各种演讲会与座谈会。在演讲会里可以听到新的消息、知识、与意见。在座谈会里可以讨论与解决人生与生活各项问题。养成参加与会的习惯，也是当今社会所需要的啊！有了这样的组织，并且养成参加的人员，举凡社会上的一切纠纷，都可以拿到座谈会里来讨论；一切新事件，都可以开会演讲。如此可以使每个人与社会发生密切的关系，并加强个人的社会性了。

（四）小学教育与识字教育　要健全每一个教友，教育是重要工作之一。在起初基督教为教徒办学校，渐渐兼为教外人，再渐渐因为经济关系，乃忘却初衷，而依靠以营业了。据中华基督教教育协会一九三七年度的调查统计：大学校计廿三所，学生共七，〇九八人；一九三六年度的调查统计：中学校计二五五所，学生共五三，六七三人，内教友九，六〇五人。中学所附属的小学学生计二六，三七三人，校数未详。独立小学向无统计。这个统计明明告诉我们，中国基督教教会到现在为止始终没有注意到小学教育与教友教育。自己办学校不能使自己全受教育，似乎有点失策。不注重小学，似乎忽略基本教育。

在复兴期始，我们毫不犹豫的恢复开始办学校的宗旨与目的。我们应使每一个教友家庭的儿童能享受小学的基本教育，每一个已成年失学的教友受到识字教育与补习教育。在此十年当中我们应当做到不许再有一个文盲的基督徒。我们宁愿少栽培几个博士，不能增加文盲。我们的中学应当注重工、农等专科，应当注重生计教育。我们情愿少栽培几个学士，多增加若干各种职业学校的毕业生。

占据基督教学校几十年的英文课程应从中小学与职业学校里全部抽出来。截止现在受过基督教中等教育的学生，辛辛苦苦的读了十年英文，结果，对英文还是个门外汉，只能充当洋行里的小伙计，海关里的办事员……，对本国历史，不能详述历代重要的大事；对地理，不能绘一张各省的交通与出产的地图；对中文，不能写一封通顺的书信，就连学士，甚而至于博士，除开英文，也是同样的可怜！很老实的说，以往的基督教中学只不过是英文教育，大学是预备西人助理与翻译教育。这也是基督教文字事业不能推进社会的结症之一。外国宣教会应当对这个严重的错误表示同情，将英文排到大学里去，排到语文系里去，或者另设英文专修学校，照这样做，非但可以充实学生的各科程度，还可以不致引起社会上再度发生"基督教文化侵略"的风潮。

（五）流动图馆与巡回演讲团　（1）基督教至今只不过办了几个很好的大学与中学图馆，他们没有注重流通图馆。我曾经向沪江大学的沪东公社建议组织工人流通图馆，发起一万册，募捐运动，可惜因抗战而未能实现。我们今后应当组织大规模的流通图馆，将所有的图①尽量深入基督徒各阶层。我们应当配好各种应需要的文库，或邮寄，或车送。每一所教堂应设立一个分馆，使每个教友都有借阅的机会。

（2）全国总会机关应组织巡回演讲团，常年应各教堂的请求而出发演讲。讲材的内容应包括各科的。

（六）活用教堂　在无力建造更多的房屋时，教堂便是教友一切活动的所在。神是无所不在的，我们不能将神范围到每个小小的教堂里。我们的教堂绝不能在平时关锁，到每逢礼拜开放数次专做集体崇拜之用。如果有人实在要一个极幽静的所在与神交通的话，我以为还是到山上去，水边去，旷野去；在深夜里，在清晨里，独自在远离尘嚣的大自然里，求一求神的启示，听一听神的招呼。在这里应远胜过人造的一切的礼拜堂。我们如能从自己的心灵里起肃敬，则到处都可以崇拜。如此教堂也可以活用，活用才合乎经济的原则。

（七）到乡村去　以往基督教文化是城市的，举凡学校、医院、青年会……都集中各大城市；现在应到乡村去。乡村已有了被摧毁的教堂、学校、医院……我们应努力在焦土上再建起来。城市已被摧毁的教堂、学校、医院……暂时搁起来，将这一宗复兴的经费拿到乡村去建设。我们应当身列其境的住在乡村办乡村建设的运动。我们应抱有像基督道成肉身的牺牲决心从具有现代化的方便的城市里跑到乡村与乡民共同甘苦。我们绝不要在乡村里将自己造成一个像租界式的环境，也不要造成特殊阶级，无论在生活的任何方面。我们建设新村是要改善全部村民的生活的，不是少数村民的。我们不造成一个拥有自己终身不能直接施用的巨资的村民，也不使村里有一个乞丐。

要推行复兴工作，先应注重：

（一）训练干部　牧师及教会机关工作人员是推动这个复兴运动的干部人才。我们要训练与加强他们，使他们成功铁一般的队伍。这个干部是以教堂为单位的，各教堂的牧师、执事、与教员都应当受训。总会应当开办干部短期训练班，并令全国同时分别集中举行。十年复兴运动应该分期

---

① 此处应为"图馆"。

完成。这个训练班也应当分期举行。

牧师今后不能再像老夫子那样的自尊与呆滞，也不是如酸先生那样的垂头丧气。他不要自以为是万能，虽然他对于教堂以外的活动应该努力协助，但切忌包办。他应当时时发觉每一个教友的生活、灵修、特长、与特性。他应为失业的教友设法介绍工作。他应当很虚心的并很诚恳的请求有特长的教友将他的特长贡献给教会的复兴工作上来。他应当知道他同教友一样是复兴教会工作人员之一，不过他是名义上的负责人罢了。他自己应该有很好的日常灵性修养，但不必以此在嘴上勉励教友遵行。各种礼拜与灵修会的举行须按需要，最好任教友自动签名参加，不必滥行，不必勉强人人每次加入，以免流弊，以免生厌。牧师人才的得失，整个教堂区将受很大的影响。因此，总会也需要设立一个巡回参观团，籍可考查成绩，与纠正不力份子。

（二）发动教友　我们不应轻视一个教友的力量。我们应发动每个教友站在岗位上兼做向社会推动基督的使命与工作。我们不应依靠几个奋兴家与布道家所开的几次布道会的效果为满意。我们相信如果每个教友都为推动基督在社会里活跃起来的力量是远胜过前者的。我们要发动教友首先要使每一个基督徒成为某一个教堂的教友。我们不应使一个基督徒不与一个教堂发生联系。教会里所办的各项事业，应以基督徒为中心。复兴教会的责任应放到每一个教友的肩上，所以先以训练他们为向社会推动的出发点。无论什么运动应从本身做起才能不失掉它的重心。才不致于死气沉沉，或如昙花之一现。无论什么运动如能顾到生活问题，才能得到对方深深的同情，才能脚踏实地，不致于空谈。

最后我们要想基督教在中国生根，先要使他能在基督徒的生活上生根。上面就是试拟如何能使它在生活上生根的程序大纲，也就是教会复兴工作的原则。这个太简陋的草则，尚祈高明指正！

在规定的，复兴期间内，教会的中心工作是健全本身，应将全副的精神放到整理本身上去。对社会只能用余力去兼顾。对整理本身的复兴的工作，我们再高声呐喊：

（一）到教堂去——使每一个基督徒能做一个教堂的教友。

（二）到工作地去——尽量使每一个教友能有工作，不致失业。

（三）到合作社去——使每一个教友或家庭能做一个社员。

（四）到俱乐部去——使每一个教友都有一个以上的正当的娱乐嗜好。

（五）到识字与补习学校去——使每一个失学教友都能得到识字与补习教育。

（六）到小学校去——使每一个教友的儿童能进小学。

（七）到演讲会与座谈会去——使每一个教友能养成听讲与开会的习惯。

（八）到图馆去——使每一个教友能养成看书与研究学问的习惯。

上面可名之曰"八到"主义，是包括男女老幼各阶层的。

（1）见拙著全国基督教图馆第二期调查报告，载中国基教会年鉴，第十三期，民廿六年。

（2）见沪东新声，第四期，民廿六年。

（原载《圣公会报》，1939 年，第 32 卷）

战后中国教会应做什么工作

🖋 编者按

　　1944 年年中，《基督教丛刊》第 6 期组织了一个题为"战后中国教会应做什么工作"的专栏，尽管部分文章只是冠以"战后"的名号，谈作者自己对中国教会的一贯看法和主张，但也有作者提出了基于实际、兼具远见的规划和建议。这里选取六篇短文，希望读者阅后可以对比战后中国教会的实践，乃至对当今中国教会的现实加以思考。这六篇文章分别是郭中一的《战后中国教会当火速进行的要务》、余牧人的《战后中国教会应该做的工作》、方觊予的《战后中国教会应从事于基督化社区建设实验》、林启方的《战后中国教会应注意三方面工作》、张仕章的《战后中国教会应当改进的工作》、王建新的《战后中国教会应注重劳工福利事业》。这些作者的生平有些在本书前面已经做过简介，有些则无从查考，其中郭中一曾在金陵大学、燕京大学宗教学院、纽约协和神学院就读，担任过武汉基督教荣光堂牧师；方觊予毕业于燕京大学宗教学院，后留校任教。这一系列文章提到了教会合一、教会自立、事工结合、基督化社区、务工人员牧羊等若干主题，至今一些主题仍被中国教会所关注。

战后中国教会当火速进行的要务

郭中一

　　这是向世界大同前进的唯一大战！虽然有大多数人仍然抱着历史重演的观念，以为二三十年后必然又来一次世界战争，我们却认为这是最大的也是最后的世界战争，因此我们的教会在目前要对战争尽最大的力量，在战后要对和平作最有价值的贡献，中国教会在战争平息后所当干的事是什么，为了篇幅与时间的双重限制，请容我粗枝大叶地将愚见列举如下：

壹　战后当立刻进行的

一，新调查与新调整　我国教会状况，自从二十五年前曾有一次详细的调查（印成中华归主一巨册，一九二一出版）以后，就再没有新的，全国性的统计，这当然是首要工作，不能再延缓的一件。六七年来教会财产的损失，工作人员的增减，固然要列表造册，巨细不遗。更重要的，对这二十几年来由军事，政治，教育，交通，农业工业商务的新发展所造成的新情势，不能不有极明晰的鸟瞰，以便重新调整各项工作，以为重新规定今后百年大计的根据。原有的工作如医药，学校，布道等事，怎样继续，不能不加以调整，新兴的工作，如向边民，荣军，工业区，大学区的布道工作，怎样布置或扩大，又不能不有一个通盘的筹划。像这样造大的工程，自当由全国协进会主持，各方面协助，才可以达到目标。或许还要在两三年内筹备一个划时代的全国大会，才能够策励将来。

二、派遣国外访慰团　我复员宗西友相继来华传道，已有一百三四十年的历史，今后仍须大大地借重他们。我国抗战七年，虽然饱尝人间含有的艰难痛苦，但欧美各国这次所受世界大战的灾祸，也极严酷，凄惨，中国教会在战后立时遣派由六七位重要而优秀人物组成的代表团，遍赴欧美各教会慰问，并答谢他们过去对我国布道的热忱，确是情理兼到的举动。他们顺便到罗马到苏联的教会访问，也是极有意义的事体。代表团并可乘机从各先进教会领教，关于教会对战后的世界和平所负的新使命之内容，以及中国教会所能担任的部分等等。

三、促进国人对基督教之认识　未曾认识，怎能信奉？古人只赖口传，后人加上笔传，现时更可借着报纸，电影，广播以宣传。发行刊物，编译书籍，我教会在这方面已大加努力，已大有成绩，今后更宜大量编辑，大量发行良好的宗教书籍，已为人人所熟知的事实，不必再加鼓吹。我所要特地指出的一件，是多年盼望而未实现的教会日报，战后非办不可。纵然在实际上，因为人才经济两项的困难，不能立刻创办，在起初二年不妨暂且发行三日刊，后来再扩充为内容丰富的日报。此外在暑期寒假中按着精良的方案，开设适宜的宗教讲习班，以为一般中学及大学教职人员研究之用，未尝不是简易可行的事工。

四、加强布道人员运动　添设神学院，充实神学课程，广征传道人才，便利教牧进修，这些都要火速地，切实认真地做去，在各区各堂训练大批义工，实行培养，联络医药界，教育界，以及党政军各界的热心同道，使他们在证道事务上多尽力量，都是令教会活泼有力的妙法，万不可缓的举动。

贰　战后在短期内宜促其实现的

一、战后五年或十年之内　在东西南北的大中心城市如南京，成都，广州，西安（或洛阳）设立规模宏大的宗教图书馆，及宗教文化博物院。宗旨是将整个基督教横的纵的各方面，文，史，哲学，科学，艺术各有关部门，尽量介绍于国人的眼前，使不出国门一步的同胞，能有对基督教在东西各民族间发达状况的概念。

二、从速设立大同世界文化研究院　这次的世界大战如果对人类有刻骨铭心的教训，如果有改造世界秩序的效力，必是根绝人类的战意，供给人类一世界和平的新基础。但以后怎样施行，怎样使人类有彻底的了解，互助，亲善的境界，还要仰赖多数道德高尚，才识卓越的学者，思想家，不断地，集团的，研究，发扬，修正，指导才行。基督教在这方面的贡献，怎敢自行菲薄，教会如能在中心地点如武汉区域，设立一大同世界文化研究院，礼聘国内外第一流学者讲授钻研大同世界的文化之性质，方向，实施方法等等，这样才可企求人类的新时代之来临！

郭中一，卅三年三月植树节于成都。

战后中国教会应该做的工作

余牧人

根据中国教会的现状来说，我觉得战后或今后中国教会应该做的工作，约有下述两方面：

第一、矫正教会本身所有的偏弊，使宣教事工不致再受内在的妨害，得着健全的发展。目前中国教会本身所有的偏弊，亟宜矫正者，约有以下几端：

（一）教会的组织制度，今后虽不必完全中国化，也不能再继续的西洋化，必须使它日见"基督化"，中国教会的组织，应该以家庭教会为单位，实现由下而上的教会组织，以奠定中国教会深固广大的根基，所以今后应该特别注重家庭布道工作，多建立家庭教会，为大教会的磐石。教会制度，应该是建立在基督的完全之爱上，不能以钱财，权势，名位为依据，今后应该根据中国固有的伦理情谊，与基督教的伦理情谊，以创立教会内真正平等公道的制度。这样也能帮助国家建立真正的民主制度。

（二）教会的布道，医药，教育，三大事工，今后虽仍须分工，但须加强其合作的关系。布道工作之收效，原不及医药，教育工作之速，医药，教育工作之受社会民众欢迎重视，亦较布道工作为易，教会从事医药及教育工作，原为辅助布道工作，实现基督救人救世的教旨；但据以往情形看来，这三大事工，合作的关系很少。而且有些教会太偏重医药及教育工作，布道工作太少，因此医院和学校虽多，教会却毫无根基，这种畸形的发展，今后亟应矫正，从事布道工作的人，当然应该藉着医药及教育工作，宣传福音，领人归主，从事医药及教育工作的人，也应该同时负起宣传福音的使命，竭诚协助教会工作的责任，在彼此分工合作的关系上，尽力加强加密，使基督的福音能够健全的发展，以造成健全的人生与健全的社会，倘使在一个公会内，这三大事工尚不能合作，又怎能希望不同宗派的教会合作与合一呢？这是中国教会今后重要的工作之一，教会本身若不健全，必不能帮助社会群众达到健全的地步。

第二，是奋兴全国宣教工作，促进中华归主运动，使教会根基得以巩固。中国教会，不但是对于战后的中国，负有精神建设的重大使命；即在目前抗战时期，也是迫切的需要教会派遣大批工作人员，到前线，到后方，甚至到沦陷区去，从事安慰，救济，与振奋人心，及为真理奋斗树立精神堡垒等重大事工。但我们要想负起这重大的使命，成就这重大的事工，今后必须：

（一）求主奋兴教会，而且先从奋兴我起，第一世纪的使徒们，能够造成五旬节的伟绩，树立千万世的教会根基，乃是由于他们痛切悔改，完全顺服主命，同心合意的在一处恒切祈祷，等候圣灵降临，毅然背起自己的十字架，为主道作见证。我们今日中国教会的同工同道们，自省是否奋此精神呢？否则我们今后当以此为第一重要工作。

（二）扩大布道运动，使各域各乡的男女老幼，都能听见主耶稣的福音，加入教会，与我们同心合意的为神国事工努力，以实现地上的神国。目前中国信主的人，在八百五十人中只有一个，中国人口，有四分之三在乡村中，社会也有四分之三的地方是乡村，因为教会过去多重视城市工作，所以乡村布道工作很少，乡村中尚未信主的人也多，我们要想中华归主，今后必须注重乡村教会工作。多领乡村人民归主。

（三）选召青年信徒，立志献身主工，主耶稣曾对门徒说"要收的庄稼多，作工的人少，所以你们当求庄稼的主，打发工人出去，收他的庄稼"，这种"庄稼多，工人少"的呼声，现在到各城各乡，凡有教会的地方，都能听到，而且都是十分迫切，所以中国教会今后必须努力选召青年男女献身主工，并且要使他们受到健全的宗教教育，还要多给他们参加教会工作的机会，量才任用他们，鼓励他们，提携他们，更要好好的待遇他们，使他们能够将全身全心奉献给主用。以往有许多曾在教会工作的人，及许多有志为主工作的人，现在已经离开教会，我们应该将他们找回来，这也是一件很重要的工作。

总而言之，战后或今后的中国教会应该做的工作，虽然有上述的两方面，其实只有一个目标，就是如何能使耶稣基督的福音，完完全全的在中国实现出来，我们今后要改良教会的组织制度，要力求教会各项事工的合作，要奋兴教会信徒；要扩大布道运动，要选召为主工作的人，要注重乡村教会工作，要建立家庭教会，都是为要实现这一个目标，就是当今教会内一班有识之士，所倡导的教会合一，教会自立，自治，自养，自传，等等运动，其目的也不外乎此。古人有言："行远自迩，登高自卑。"一切高尚的理想，都必须从近处小处做起，因此，个人愿意在这篇短文中，脚踏实地的向教会同工同道们，贡献一点意见，作检讨的资料。

战后中国教会应从事于基督化社区建设实验

方贶予

我虽然还不是教师，却是一位有血性的基督徒，素来对于基督教颇有一些理想和抱负。从前在西北从事教育建设事业，也是本着建立天国在地若天的动机而出发的。四年来的经验，使我感觉到个人能力的薄弱，基督徒要在中国建设途中有具体的贡献，要在人间建立天国，非有团体的力量和具体的计划不可。过去的教会多半注意于教友的灵性方面，而忽略了社区环境和生活的建设。宗教只是一些传统的仪式的行动（其出于心灵和诚实者又另当别论），而未能在生活上表现出活泼生动的势力。因此，教会便和社会脱了节，有些地方，甚至和一般庙宇同在淘汰之列。这不能说是牧师一人之过，整个教会当局应该负全盘责任，因为过去教会组织的方针和计划，实在是太薄弱，太散漫，太不健全了。

撇开组织问题不谈（因其有关教会合一和自主问题，这里不能详论），只谈教会方针和计划。这又可分为个别的和整体的两方面。个别的方针和计划应以整体的方针为依归，易言之，全国上下的方针应当是一贯。方针不一，但亦无需过多。最重要的莫如"基督化社区建设实验"，就是要以教会为社区中心，而把该社区变成小小的天国。这种实验说来容易，做时却极困难。内中包含若干先决问题。必须这些问题得到相当解决，方能做得恰当。这些问题是什么呢？列举数项如下：（一）教会经济的独立，和自由筹募支配与运用；（二）教会范围的缩小，和工作的集中；（三）实验区域之划定；（四）政府的认可和协助；（五）有信仰，有毅力，有远象，有才能，有灵感的领袖；（六）有同心协力，坚贞卓绝，埋头苦干的工作人员；（七）工作范围计划和步骤的厘定并逐次推行；（八）教会当局的远见和热情，而时予以多方的督促，策划，考核和鼓励。诸如此类，种种等等，都是应该在战争结束以前积极准备的。

在这种实验区内，应以教会活动为中心，学校次之，医院又次之。学校也不是普通的学校，而是一种家庭化的学校，借以实验基督教"爱的教育"和"创化的教育"。医院也不是普通过期不纳的医院，而是一种有求必应的医院，以实验基督随时随地医病救人的福音。教会应有灵修，阅览，娱乐等等设备，供教友及社区民众灵修阅览或娱乐之用；礼拜堂的门不可"虽设而常关"，应当时常是开的，作为教友或民众日常灵修崇拜参观的场所。尤其重要的是教会应该有各种宗教教育和社区建设的涉及和实验，例如崇拜仪式实验，灵修方法实验，圣歌圣乐圣剧实验，基督化家庭设计，环境卫生设计，家庭崇拜设计，基督化节日和礼俗设计，基督化生产及经济机构设计，小团契组织及生活方式设计等等，至于内容，这里不能详论；要在因时因地制宜，针对实际问题谋求具体的解决方法，本着基督爱神爱人的原则，以实现天国于人间。这种基督化社区建设实验，从前虽也有过，但是目标不甚明显，内容只是片段零碎和散漫；既无统一的实验计划，又无政府切实的援助。所以中国基督教会只有一些星罗棋布的脆弱的据点；有的教会且有自身不能继续维持生命的危险。为补救这种危局，教会应当变更策略，以其致力于全国归主运动，毋如从事于某村，某街，某城，某镇基督化的实验；以其呼吁或宣传天国的降临。孰若本着在基督里面的上帝的爱，以表证具体的活跃的人间的天国。这样，才能使宗教和人生打成一片，才能使基督和中国人发生关系，才能使教会成为推进天国的原动力。不然，今后的中国教会终不免沦为历史的残迹了。

我认为战后的中国教会，当以基督化社区建设实验——天国的实验——为当务之急，因为（一）它是基督教福音的表证；（二）它可以对于国家有确实具体的贡献，而不陷于不着实际和空泛；（三）……它不只靠口头宣传，且也靠行动宣传；不只靠口头申辩，且也靠实际生活来表现；（四）它可以做全国甚至于全世界教会的模范也可以是中国教会对于普世教会应有的贡献；又可以做"中华归主""普世归主""主旨得行，在地若天"的准备，促进天国降临在人间。因此，我们要祷吁：

"我们在天上的父，愿人都尊你的名为圣，愿你的国降临，愿你的旨意行在地上，如同行在天上，……因为国度权柄荣耀，全是你的，直到永远，啊门。"

三月八日晚于华西神学

战后中国教会应注意三方面工作

林启方

基督教传入中国，大体说来，经有一百余年的历史，在过去，教会的经费由外人捐助，人才由外人供给，事业由外人主持，我们自己是站在享受的地位。对于教会应尽义务方面，努力的地方都未能尽如人意。这原因倒不仅是因为自己没有能力，大半还是"依赖性"没有完全去掉，在战后，中国算是强国了，强国应当有她本色的教会。在行政，人才。经济，及事业等方面均应有所表现。外国教会能有今天的成就，原不是十年八载可以做到，所以我们对于战后中国教会应做的工作不敢希望太奢，笔者愿意在这里发表一些浅见，聊供教会先进的参考。

一　本身方面

（一）团结——我们不必讳言，在过去，中国教会的团结力不够。组织散漫，派别太多。对外，各行其是，漠不关心。甚至互相猜忌，简直失掉了基督精神。对内也难免意见分歧，同床异梦。把教会当做争权夺利的场所。这现象虽然不能说到处皆是，但似乎是相当普遍。战后的中国教会的本身须在团结方面下功夫。

（二）人才——教会中，人才不算少，但是教会的事工门类很广，所以教会里头的人才尚需充实。教会须在各大，中学罗致一般有志为教会服务的青年，培植他们。到了他们毕业之后，再训练他们，使他们能志向坚定，信心稳固，愿意在中国乡村服务。于是可以使中国各乡村小镇都有中坚份子。此外，更需要罗致比较专门，尤其是关于译述，著作对于世界政治，经济，文学等方面有修养的人才。

二　社会方面

战后的中国教会对社会服务工作须负起全盘的责任，如医院，学校，出版事业，慈善事业，须有整个具体的计划。务使其办理认真，内容充实，而且须普遍于各地。过去中国教会对于文字事业似乎没有极力提倡，我希望战后中国教会对于文字事业方面须费最大的努力。由全国教会的名义、出版日报，杂志（儿童，少年，妇女，音乐，体育，……）用文字的力量，教育大众，使基督教的精神于是不知不觉中深入人心。

三　国际方面

战后中国教会不应仅做外国教会的附庸，她必需有她独立的性格与能力，够与国际间的教会并驾齐驱，通力合作。基督徒不仅须懂得圣经，并且须懂得国际时事的大势。教会须与时代相配合，于是才有生气，才有力量。

以上三方面的工作，看来不外老生常谈，可是做起来，就非易事。所以笔者简单提出，希望引起有志于战后中国教会工作的同道们的注意。

战后中国教会应当改进的工作

张仕章

七年来的艰苦抗战已踏入最后胜利的阶段。百年来的中国教会也走到自立改进的时期。因为经过了这次烈火的洗礼，教会正可以思前想后，弃旧换新；更应当勉力奋进，以完成天国的使命！

但在抗战胜利以后，中国教会应做的工作当然很多——真所谓"千头万绪"，无从着手，我却以为它首先应该注意改进运动。至于这种运动的基本工作也可分为两方面来讲。

（一）对内的工作

自从不平等条约中的传教条款废除以后，凡是完全殖民式与纯粹西洋化的教会都已根本动摇，势将倾倒。这正是中国教会自立改进的绝好机会，所以我想它在战后应当赶快从事下列两种对内的工作：

（一）解放工作　现在大多数的中国教会还是处处受着西方差会的束缚，不能有自由的发展。但我相信在这次民族解放战争以后，中国教会也能从落伍的神学思想，陈腐的古老教条，无谓的宗派主义，因袭的教政制度，与专断的经济势力底下解放出来了。因此，我很盼望教内新进的觉悟分子会及时起来领导这种解放运动，积极推行各种实际有效的工作，好使中国教会在精神与物质两方面都能达到自由独立的地步。唯有这样的教会才能效忠于中华民族建国的大业。

（二）改造工作　中国教会获得解放以后，就该着手内部改造的工作。它非但要在教义，教仪，教政，与教产方面提出调整改进的计划，而且对于教士与教徒方面更要做一番彻底澄清的工作。如果这种"清教运动"不能成功，那么全部的改造工作也是没有希望的。因为目下的教会难免还有善棍，恶徒，教阀，奸商，洋奴，汉奸等混杂在内。这些腐败分子便是教会前途的障碍，也是改造工作的阻力。我们若把他们完全廓清了，那就可以谈到如何吸收西方教会中最可宝贵的宗教遗产，又怎样发扬中国文化中最有价值的道德元素。因此，中国教会便可贯通古今，融合中西，而造成一种真正充满东方风味的耶稣主义教会。只有这样的教会才能适应新时代的需要，也能促进新中国的建设。

（二） 对外的工作

中国教会的内部一经解放改造以后，就必变成社会上一种强健活泼的宗教团体。所以它就能担负天国的使命，也当努力推行下列两种对外的工作：

（一）社会福利工作　过去的中国教会太忽略了社会上劳苦大众的福利事业。战后的中国教会就应当特别注意兵士们，工人们与农民们的福利工作。他们在抗战期内都是劳苦功高的英雄，将来在建设时期中还要仰仗他们的大力。所以他们在复员后应该多得安息，大享幸福。教会就当趁早提醒政府，要为他们规定具体适用的福利计划，更要联络其他的社会服务团体，共同实施真正有效的福利工作，好使他们的生活有保障，精神得安慰。因此，他们就会改变以前厌恶教会的态度，也愿意到教堂里来听信耶稣的福音，筑成教会坚固的基础。从此中国教会的根基就永远不会动摇了！

（二）文字布道工作　战后的中国教会对于上流社会与知识阶级更须多多注重文字布道的工作。以前基督教文字工作的经济多半依靠着外国的捐款，而且它的政策也大概取决西国的教士；以致糜费很大，效果极小！今后中国教会就当自筹经费，自定政策；又须废止教会的八股，改变说教的口吻，更应多出版些基督教文艺的书籍，少发布些迷信教派的单张，还要多创办些宗教文化的报章，少翻译些神学理论的书本。这样的文字工作才能引起青年学生的兴趣，深入知识阶级的心底。也唯有这样的布道方法才能感动他们，促使他们走向耶稣主义的旗帜，变成天国阵线的精兵！

总之，战后的中国教会应当痛改前非，努力奋进，先要对内发动解放与改造的工作，再要对外推行社会福利与文字布道的事业。然后它对于建国的工作，才有伟大的贡献；否则像它这样的宗教团体迟早要被人吐弃，将来的命运也只有日趋衰落了！

一九四四，三，一五

战后中国教会应注重劳工福利事业

王建新

中国教会以前太看重了特权的阶级，而忽视了劳苦的大众；所以基督的福音一直还不能深入社会的底层，凝成教会的基础。这是一种何等危险的景象啊！

在这次抗战中，教会已可看出劳工阶级的伟大力量和他们的特殊贡献了。他们赶筑军事的工程，修建交通的要道，开发作战的资源，增加生产的事业。所以在支持抗战与获取胜利方面，他们的功劳实在也不下于前线浴血搏斗的将士。况且将来建国的大业更要靠他们来完成哩！因此，中国教会就该彻底觉悟，把视线移到他们身上竭力推行劳工福利的事业。

照我看来，战后教会应先注重下列几种福利工作：

（一）劳工礼拜堂——中国教会应另建劳工教堂，专供劳工们来做礼拜，听福音，好使他们心灵上得安息，德行上有进步。

（二）劳工寄宿舍——教会应在工厂，矿场，车站，轮埠等附近地方建造住宅，专供劳工们寄宿之用，好使他们起居安适，生活方便。

（三）劳工俱乐部——教会应为劳工们组织俱乐部，好使他们在闲暇时得到正当的娱乐与社交的生活，不必再多①赌窟，妓院，酒馆里去消遣。

（四）劳工托儿所——教会应为儿女众多的劳工家庭设立托儿所，好使他们的婴儿幼童在父母工作时也能受到相当的照管与必要的教育，不致流浪街道。

（五）劳工疗养院——教会应为劳工们创办疗养院，好使他们在疾病时免费的诊治或廉价的休养。这对于疗养男工的肺病与看护女工的生育方面，尤其是必要的。

（六）劳工补习学校——教会应为失学的劳工们设工余补习学校，好使他们非但能识字阅报，而且也能在工作技能上与生活方法上得到改进的知识。

（七）劳工顾问处——教会应为男女劳工们成立顾问处，好使他们在

---

① "多"，疑是"到"字。

工作上，法律上，婚姻上或信仰上所发生的种种问题都能得到专门顾问的指导，不致误入歧途。

耶稣说，"工人得工价是应当的"。他又讲："凡劳苦担重担的人可以到我这里来，我要使你们得安息"！所以战后的中国教会应当本着耶稣的劳工福音，以推进劳工的福利事业。倘使它真能注重这方面的工作，那么它不仅可以打定自身的根基，而且可以和调和劳资的冲突，化除阶级的斗争。因此，将来中国社会的安宁，也更有保障了！

（原载《基督教丛刊》，1944 年，第 6 期）

九年来本会工作报告

陈文渊

📝 **编者按**

陈文渊（1897—1968），福建福州人，1930 年获杜克大学哲学博士，曾任福建协和大学心理系主任、代理校长，1936—1948年，任中华全国基督教协进会总干事。曾担任过卫理公会华西年议会会督，是 4 位华人会督之一。1951 年初，陈文渊在上海被捕，成为基督教界"控诉运动"的靶子，1959 年获释，1968 年去世。

本报告是中华全国基督教协进会 1946 年的工作报告，总结了协会过去九年来所做的各项工作。因为这九年恰在战事期间，工作多与抗战相关。报告共分抗日战争初期、第二次世界大战时期和战后三个时段。其中抗日战争初期的工作主要从战时救济、精神提高和加强合作几个方面加以总结；而在第二次世界大战期间，因为协会工作重心迁往重庆，协会构成亦发生重组，这部分主要对教会生活与事工委员会、基督教教育委员会、基督教医事委员会、基督教文字事工委员会、基督教社会服务委员会五个部门的战时工作进行了梳理总结；最后一部分则简要介绍了战后协会的困境与过渡时期进行的重建工作。

自前届年会到现在忽已九载有半，这九载的时光，真是风云变幻，危机四伏，本会在此两次年会之间，可区分为三大时期：（一）抗战初期，（二）第二次世界大战和（三）战后建设。每一时期本会都有其特殊的工作贡献给全国教会与民众。本报告只能略述几年来重要的工作，很多挂漏，自属难免。

一 抗战初期本会的工作

前届年会闭幕不久，继有卢沟桥事变和八一三上海事件，以及全国一致为国家生死存亡共同奋斗。在这非常时期，国难临头，本会为应时局需要，除例行工作外，特以战时救济及非常时期之服务工作为中心。对于人民在战时所受的痛苦，首先向欧美教会报告，并由海外募得巨款及时救济国内难民。所以，因有本会之呼吁，才有美国教会援华救济会之组织及在国内设立该会之顾问委员会来进行救济事工。到了国军自沪撤退的时候，本会发动基督教前进运动，揭橥三大目标：（一）战时救济，（二）精神提高和（三）加强合作。

（一）战时救济

本会首先组织战时救济委员会，厘订救济原则，为后来各地救济团体所采用。救济工作之范围亦逐年扩大，在那抗战初期本会至少推动下列四种救济的工作：

（1）难民救济 本会呼请各地信徒和西教士联合组织救济机构；并由本会拨予款项，凡受战祸影响，需要衣食，住宿，医药，不分信仰，不分种族，均一视同仁。后来本会扩大范围，资助建设计划，冀能使受助者能自助自立。同时又在各地组织救济联合委员会，俾能通力合作。

（2）伤兵服务 抗战初期本会义务干事高伯兰博士，由前线视察归来，报告目睹我国负伤将士之惨状。救济委员会即命高博士飞往汉口，向我国当局表示教会对于负伤将士，愿尽绵薄力量。因此在二十七年基督教负伤将士服务协会即在汉口宣告成立。不久汉口陷落后，即迁渝独立办理。

（3）难童救济 二十八年因中华慈幼协会之请及五万元之资助，本会即在沦陷区发起难童救济工作。美国教会援华救济会及英国援华会援助巨款，因此难童救济事业在沦陷区二十多个城市中设立。开始三个月，该会由伦敦会教士史慕尔（Rev. E. A. Small）负责。公谊会石恒励教士，霍德正医生襄理。后来史教士离职，即由霍德正负其全责。汤全生教士协助办理，并视察各地难童收容所。

（4）德国难民救济 欧战发生后，被纳粹国家驱逐出来的欧洲难民来到上海。虽然大多数是犹太人，其中不少是基督徒。他们有本教会的介绍来到本会。因此本会为谋救护他们，特在协进楼设立免费英语学习班。同时也给他们各种的便利和资助。全国各地教士也极踊跃认捐来救济他们。二十八年七月基督教欧洲难民救济委员会在沪成立。但是后来本会的款项交给信义会救济委员会办理，因为他们与欧洲难民已经取得很密切的联系，并且可实地调查他们的需要和明了他们实际的状况。

（二）　精神提高

（1）全国奋兴布道　二十六年本会发动全国奋兴布道大会，特请美国龚斯德博士担任演讲与中国基督教领袖组织布道团。可是八一三事变发生，龚博士不能来沪，因而转到小吕宋。三个月后，龚博士回来了，在香港，长沙，汉口和重庆领过大会。

（2）青年与宗教运动　青年与宗教运动本为全国基督教青年协会所发动。二十七由本会与男女青年协会及基督教教育协会合作，共同发起。除了几个中国领袖外，又请了齐鲁大学的美籍教授罗天乐博士来加强。可是那时只在贵阳，昆明，重庆，成都四个地方举行。

（3）世界基督教大会　二十七年世界基督教大会，本定在我国杭州举行：因中日战争突发，该改在印度马德拉斯，我们本可选派六十个中国代表及十个西国代表。可是在那非常时期，人才与经济都是极度困难，结果本会派选三十七个中国代表和十二个西国代表。中国代表在大会中贡献殊多，特别是他们对于日本代表的容忍的态度，表现基督徒友爱精神及大国民之风度，深得各国人士的赞许。他们回国带了大会的报告，在各地开了区会，详述大会经过与将来的希望，把各地教会之精神都奋发起来。后来中国沿海各省虽被敌人封锁，可是有了这个大会，全世界的基督徒团契还是联系未曾断绝。

（4）世界基督教青年大会　二十八年八月第一届世界基督教青年大会在荷京举行，本会协同世界基督教学生联合会，全国基督教青年协会，全国基督教青年协会，全国基督教女青年协会，选派代表男女青年二十七人。这二十七个代表都是吾道中后起之秀，参加大会为吾国争光不少。大会总题为"胜利的基督"这种重要的题目，对那侵略竞争，风云紧急的世界是一个提醒，一个挑战。大会闭幕即在欧战爆发的前夕。中国代表回来，还在中国组织"荷京团契"，每月开会一次，继续讨论大会许多紧要的问题。

这些具有宗教性及世界性的大会，对于中国基督教前进运动，有不少的策动力。对于提高全国精神，本会刊行大会丛刊及其他重要刊物，风行各地，为战时的一种精神食粮。

（三）加强合作

（1）区会及区办事处组织　这不宣而战的中日战事，慢慢延长和扩大，使二十八年的年会，不能举行。国内正在严重国难时期，各地教会应该加紧合作。因此为了代替大会，并加强各地合作的力量就有区会议的举行。二十八年二月先在四川成都举行，正值参加马德拉斯世界基督教大会中国代表取道滇缅路归来，报告大会情形。同年三月，在上海开华东会议，四月在香港开华南区会议，五月在北平开华北区会议。二十九年又在昆明，贵阳开特别大会。

为进行本会工作及促进各地教会之协调，正在日军深入的时候，本会在北平设一办事处，由柏乐五先生主持，在成都由李美博女士及孙恩三先生主持。后来重庆也设了区办事处，孙恩三先生即调往重庆。韩时俊陈明新两干事由沪前往襄助。二十八年六月复在香港设一办事处，本会指派三个名誉干事主持；董惟诚为执行干事，舒活为事务干事，富义德为文书干事。

在抗战时期，交通困难，时局不靖，这种区议会及办事处的效力很大，藉着他们的集思广益同心合力，可说人力物力和财力都集中起来，来应付当前艰巨和扩展天国的疆域。

（2）西南各省工作咨询会　战事范围愈大，沿海一带均经蹂躏，西南各省便成为全国首要省区，为抗战和民族复兴之根据地。这中国大后方，沃野千里，地域辽阔，若能广开布道之门，实在机会甚多，前途无限。由本会干事李劳士之提倡，在沪成立西南各省工作咨询会，集合吾道同志热心工作及负有启发大后方之志愿的人士在一起，共同研究。结果就有在西南僻壤内迁之国立大学内学生布道的工作。

（3）国立大学学生布道　这是教会和男女青年协会一种合作的事业。二十九年本会在沪成立边区大学学生布道委员会。第二次世界大战爆发后，新的委员会就在成都成立，请金陵女子文理学院教授师以法女士任主席，那时有工作区六：（一）沙坪坝，有大学生五千人；（二）乐山，有二千一百多人；（三）城固和古乐坝（陕南），有三千六百人；（四）广西良丰，有一千五百人；（五）遵义和湄潭（筑渝间），有一千五百人；（六）坪石（粤北），有四千人。本会工作人员多系男女青年会干事及大学毕业生，其中有三人是受职牧师。

（4）华西教会状况的调整　二十九年本会和金陵神学院共同发起华西教会现状的调查，特别注意教会机关及工作人员西迁后的状况及需要。主办这种调查工作者有力宣德会督及陈见真会督。调查结果，刊有两种报告；一是《教会西迁记》和《大后方的教会》。

这些特殊事业并不碍及本会经常工作。本会教会生活与事工委员会，在鲍哲庆博士领导下，进行组织全国各地协进会，加强本会的基础。后来该委员会由陈见真会督领导，提倡全国布道运动及教会生活情况的调查。在这时期中教会与校友的运动也就发动了，由吴高梓先生人全国执行干事，并在上海，重庆组织分会。这种运动极受各地人士的热烈欢迎与赞助。全国宗教教育委员会在这时亦极活动，和本会工作密切配合。基督化家庭运动有管萃真女士主持，在各地组织委员会并刊印基督化家庭运动周的刊物及其他宣传材料。

基督教教育协会由缪秋笙与葛德基博士主持。在此艰难时期还能组织分会。二十七年在香港召集基督教大学校长会议及全国高等教育会议。此时该会对着当前工作有一大问题，就是各大学因战事影响不得不迁徙，而许多学子不得不流亡各地。这样救济，实是当前急务。

基督教医务委员会首先由王吉民医师任执行干事，后由朱功宏医师担任。在这时候该会对于教会医院尽力资助，供给各医院医药器材。又觉得战时我国医师的缺乏，特向英美教会请求增派医师来华协助。二十七年有许多从德国逃难来沪的犹太医师，该会安插他们于各地教会医院，不但逃难的犹太医师得到安身工作之所，而教会医院也因之而加强。为要使教会医院在内地通力合作，该会在重庆设立一临时办事处，请包让医师为主任，策划推动，成效至为卓著。

二　第二次世界大战时本会的工作

美国珍珠港事变，引起了世界全面的战争，同时本会的方针和工作也不得不随之而改变。日军攫取上海进入租界，本会在上海工作根据地也因之而动摇。可是本会委员会高瞻远瞩，早作准备，于二十九年五月间即已组织一个临时紧急委员会于华西。一旦上海与内地隔绝不能行使职权时，该委员会可立即实行委员会之职务。因此在二十九年十二月本会在渝成立。同时通电上海同人报告经过。并得国际基督教宣教协进会，北美国外布道和英国教会联合会来电表示赞助。

此时中国由单独抗战，进而为联合国之一员，与各同盟国并肩作战。我国地位与前者不同，而本会的处境也与前不相同了。重庆虽为战时首都，种种设备均不完全。交通困难，人才缺乏，经济短绌，物价高涨，住屋难寻。且又不时轰炸，所见者尽是败瓦颓垣，满目疮痍。在这样环境中挣扎奋斗，本会的工作在这时期真是风雨飘摇之秋。可是为应时局的需要，除了原有三委员会外，又加了两个委员会。这样的增加并不违反本会的宪章。

（一）教会生活与事工委员会　此时在华西有了宗教教育促进会执行干事邵镜三博士，本会请他担任本委员会执行干事，因此宗教教育工作成了该委员会的重要工作。三十二年在成都与金陵神学院共同举行全国教会工作人员退修会。同时又和金陵神学院合作提倡城市和乡村教会等事业。不久吴高梓干事回来四川，教会与校友运动得以迅速进行，渔社工作得到极热诚的社长凌宪扬先生，在着推动。该委员会最卓著的工作还是青年献身运动，有五百八十个优志青年，报效基督，愿终身为教会服务。虽在极度艰难的时期，基督化家庭运动在李美博和吉爱梅女士领导下继续进行。为应教会的需要，本会设立了教会法律顾问委员会以便给全国教会关于纳税立案等问题的咨询。

为供给全国教会灵修的材料，石恒励博士主编了英汉读经日课，分发给全国教会。至于各地之退修会或夏令会该委员会也竭力襄助材料之供给。在世界纷扰之秋，烽火遍地，该委员会坚强了各地同道的信仰，提高了他们的精神。

（二）基督教教育委员会　该委员会的同工有葛德基，马鸿纲和高凤山在四川促进基督教教育的工作。我们首先把基督教高等教育委员会重新改组，又召集基督教大学校长会议，中等学校教师退修会，在时局极度紧张的时候，继续不断的进行。三十二年又设一个基督教大学战后计划委员会，草拟战后基督教大学方案。同时也设了一个战后基督教中等教育设计委员会。三十四年派遣专家访问团，访问四川二十一个中学，与师生讨论教育生活等问题，关于各校宗教生活的情形，该委员会也作过很详细的调查。

该委员会在这时期最大的贡献还是基督教中等学校的救济。没有这种的救济恐怕许多学校不得不关闭，许多好的教员不得不离开我们。就是大学方面受了英美援华会的资助，也由于该委员会的努力，至于各大学内迁时所遇的种种困难，该委员会无不予以有力之襄助。

（三）基督教医事委员会　此时本会得到了包让和老恩赐医师为该委员会执行干事。三十二年中国医学会在重庆开全国代表大会时，中华博医会（同时为本会之医事委员会）重新改组。派乔锡天为书记，老恩赐为干事。三十三年老干事同时也是我国卫生署的专员，周游全国，视察教会医院，医学院及护士学校。

三十三年卫生署请我们和英美教会当局与我政府之卫生事业三方面共同合作。我政府与联合国善后救济总署部都愿意以医药器材至少在六个月之内来补充教会医院。该委员会又请求英美教会立即增派五十个医务人员来华服务，并请我国驻防各国的大使馆给与便利。我政府也向我们请求多多培植护士人才，该委员会由各救济团体得到巨款，救助了大后方的六十一个护士学校。

（四）基督教文字事工委员会　在抗战期中不但物质缺乏，而精神食粮更形匮竭。本会有鉴及此，因而增派这委员会来策动后方文字机关协力合作。基督教联合出版社之立即是该委员会之成果。那时在内地宗教读物非常缺乏。本会募款与成都华英书局合作，翻印各种书籍。至本会所提倡与金陵神学院及天主教合作之翻译经典文字运动，也是在该委员会领导下而产生。

首先担任委员会工作的干事为孙恩三先生，由他的努力，在重庆成立了景社，那是与天主教合作的团体，进行翻译基督教古代经典。同时徐宝谦博士，由沪来蓉接受翻译主编的责任，在成都就成立了载社，不幸得很，徐博士的计划尚未完成，而他赍志永别我们了。同时该委员会得到广学会干事德如乐为执行干事。

（五）基督教社会服务委员会　（1）三十一年本会救济委员会在重庆恢复工作，由徐维廉先生任执行干事，那时救济团体很多，本会只办理各团体所不及或不能受理之救济，以及教会同工的救济。在胜利消息传来重庆时，该委员会立即电汇巨款到上海、北平、广东和福建等地，以便救助该地教会同工。

（2）三十二年本会与新生活运动促进总会共同组织战时服务委员会，由徐维廉先生主持，专对壮丁及病兵服务。在各战区设立新兵健康站，又在筑渝路上救护了二万四千多个的伤兵。河南旱灾，该会救了不少的妇孺，美军进行训练我国士兵时得到该委员会不少的帮助。所有费用由我国政府及英美援华会供给。该委员会的工作深得我最高当局和驻华美军的赞许。

（3）在日军深入内地时，我国政府鉴于士兵生活之痛苦及精神之萎靡，数次请本会发动提高士兵生活与精神之工作。那时政府就有军事委员会士兵生活辅导团之组织，由本会干事等负责推动。由该团派出三个战区视察团，研究及考察士兵生活的改善，以资政府军事当局的参考。

（4）三十三年黔桂紧张，我们联合在渝基督教团体募集数百万元和各种物品，派遣干事驰在前方慰劳前线士兵，以奋发他们的精神，天主教也加入合作。全国慰劳总会发动募款，本会负责经募，在两周内，超出所定原额以上。

（5）第二次世界大战发生，各地教会所受的影响至大。尤其是欧洲的教会。他们在华的人员及工作，因母会供给断绝，因此成了"孤寡的差会"，前途非常黯淡，生活清苦，工作不绝如缕。本会由国际基督教宣教协进会得到巨款在后方救助了一百二十个的团体。同时世界信义会也得了款项资住九歌属于信义会的团体。关于这种工作本会与信义会取得密切的联系。

上面是所举出五委员会的工作，尚有许多未尽的地方。本会在抗战期中对于教会及国家贡献，不揣冒昧，略述一二如下：

（一）**精诚团结**　本会干事部分不避艰苦，在交通极度困难，旅行非常危险的时候，访问各地教会同工，且到了许多前者所未曾岛国的地方。使各地同道有精神一致，主内一家之感。同时又常开区会及教会工作人员研究会借以集思广益，联络感情。三十二年在渝召开之扩大执行委员会几乎成了全国代表大会。因参加该会有了十六省的代表。本会继续不断地发出通讯，周刊，月刊沟通消息。晏理干事主办之英文世界教会消息，引起各地人士的注意，本会由欧美从飞机送来的书籍杂志无不转送各地，以便轮流阅读。三十二年又刊印国内西教士名录及国内教会，及基督教团体一览。本会在上海，汉口，成都，重庆均有星期日晚上播音，报告国内基督教动态，因此在世界纷乱的时候，吾教的同道，还是可以精神一致，消息灵通。彼此互相祈祷，藉精神相联系。

（二）协力合作　本会提倡合作，因此先由本会与各团体合作。如提倡为中国祈祷大会，为同盟国祈祷大会，胜利和平感恩大会，本会莫不与各教会团体共同努力。至布道大会，圣诞节，复活节的音乐大会虽由本会主持，同时也都得各地教会的合作。且有许多共同必须解决的问题，前此素不与本会合作的教会，组织了临时合作委员会。与本会共同研究及进行许多的事工。

（三）继续事工　本会在大战中所从事的事工能继续不断，吾人不得不感谢上主。同时也不得不想到执行委员的精明。本会不但专求自己的工作可以在千钧一发的时代继续不断，也尽量鼓舞同道及各团体得以在自由之区继续他们的工作。宗教教育委员会，田家半月刊，高等教育委员会，广学会，圣经会，圣书公会陆续地都到后方来。使我们觉着"吾道不孤"。全国男女青年协会更与我们协力合作，共同奋斗。因此我们的工作不至于断绝，中国基督教的运动，也如长江大河，"逝者如斯，不舍昼夜"。

在这期中本会在上海的同工，处着万分困难的环境中，靠着神的能力，应付一切。缪秋笙博士竭力支撑，对于英美同工在集中营给予了许多帮助，对于沦陷区的教会也给予了相当的助力。到了胜利的时期，许多同工由内地东返，复得同聚一堂，共同为主驰驱，此中大有神助，我们实在得感谢仁慈的主宰。

（四）国际联系　在世界大战中，许多文化经济及政治的团体，莫不受到影响，而不能取得联络。但是基督教的团契是完整而不断绝的。三十二年印度教会派来亚伯拉罕教授到了重庆访问本会，同时在金陵神学院授课，并旅行各地，得到各地教会的欢迎。印度基督教协进会开年会时我们派了三个友谊代表参加。三十二年本人赴英美访问被邦教会同道，又偕葛惠良博士参加在加拿大及美国所举行之十个"战后中国教会设计讨论会"。三十四年国际基督教宣教协进会干事德惠廉博士访问我国，后来又有葛惠良博士代表北美国外布道部来研究战后中国教会问题。这些访问，彼此互通声气，使国际间的基督教运动得到联系，未始非促进天国的一种好方法。

三　战后建设期中本会的工作

在广岛长崎下落的原子弹把第二次世界大战霹雳一声就告结束了。羁居内地的各同道和各机关莫不额手相庆，计划还乡，各地都在复员，本会也于三十四年把重庆的办事处结束了。三十五年二月在上海举行扩大执行委员会，听取在自由区和上海本会工作的报告，同时委派本会工作人员。

战后初期是一个过渡的时期，在这时期中不免有许多脱节的地方，所以在这青黄不接的时候，本会的工作不免有很多的困难。本会目前最大的问题恐怕是人才的缺乏。本会前教会生活与事工委员会执行干事邵镜三博士辞职，在南京主持基督会的总会，徐维廉先生被为卫理会派回昌黎。扩大会议闭幕后，缪秋笙吴高梓两干事出席国际基督教宣教协进会，鲍引登干事退休携眷回国。本年十月间葛德基也偕夫人归国。老恩赐医生在胜利后即回岭南大学医学院。本年四月间耿元学干事由渝来沪，在本会负责总务事工，可是五个月后便接受了沪江大学的聘请。

可是本会的工作已逐渐恢复，首先开始的还是救济委员会，由艾克沛干事主持。自二月至现在该委员会从美国援华会得到了国币七万万元，由英国援华会拨助了七百三十万元。这些巨款，由十八个省区各教会团体来分配。台湾，甘肃，海南岛，东北九省也都有这救济团体的组织。这种款项分为两类：一是为救济教会同工。这一年来至少有一万多个教会同工受了资助。还有一类是普通救济，凡因战祸而受到灾害，不分宗教，种族，均得资助。还有对于教会小学教师的救济我们拨了二万万元。至于英国援华会的捐款则用于湖南，云南等地旱灾的救济。该委员会对于将来的计划筹有的款作为教会工作人员子女教育补助金及资助神学院中的教师。

对于因欧洲战事，来源断绝的差会，这种救济工作尚不能结束。现在尚有二百另八人（西国教士），中有男女老幼，还是要受本会的资助。虽有二三计划回国，但因交通困难，一时还是行不得。该委员会重新改组，在本年度至少需美金七万二千元。

（原载《协进月刊》，1946 年，第 5 卷第 9 期）

第二部分　天主教

一 宣言及倡议

中华公教信友宣言

🖊 **编者按**

　　中华公教进行会于 1914 年就已成立，但是直至 1935 年才召开第一次全国教区代表大会，其总监督为于斌主教。中华公教进行会是在政府立案的天主教组织，代表全国 260 多万信众在社会上发表意见，其意见在天主教中颇具代表性。九一八事变之后，中华公教进行会发表宣言，倡导天主教信徒与全国同胞一起，为救国奋斗，表达了天主教信徒愿为国牺牲的决心，号召信友服从政府指挥，不轻举妄动，有利于全国上下在混乱中保持有序、稳定。

全国同胞公鉴：

　　月余以来，日本在我国不抵抗之下，以武力占掳我土地，欺侮我人民，不图挽救，国亡无日矣。值此危亡之秋，凡我同胞莫不振奋，以谋救国。

　　我公教同人，其爱国乃良心上之责任。谨与全国同胞戮力同心，以纪律及牺牲之精神，努力奋斗，共赴国难。

　　我公教同人信仰天主大父，敬告全国同胞，亦宜祈祷天主，伏祈造生管制万有之主，惠赐眷佑。凡祖国之完整、权利、和平、进步，加以维护。天主乃万善之原，我国人民，与夫世界人类，危急之间，盖无不呼吁天主者。

　　同人等主张：国民须求团结，政府须谋统一，思想须归一致，私人不宜自由行动。我等谨当服从政府指挥，诚意服从，谨守纪律。随时，随地，任何牺牲，亦所不惜。谨此宣言。

中华公教进行会全国总部

（原载《公教周刊》，1931 年，第 138 期）

及时兴起！组织中华公教救国义勇军

味增德

编者按

  味增德为《公教周刊》的主编和主笔之一，同时还担任《研求真理》《流声机》等期刊的主编。作为福建《公教周刊》的主笔之一，味增德在抗日战争期间撰写了大量天主教与抗战的相关文章，倡导信友抗战爱国。

  此篇文章写于九一八事变之后不久，文中描述了事变之后全国上下救亡图存的热潮。在这种热潮中，作者倡导天主教信友作为国民的一分子亦当尽国民的本分，因为爱天主与爱国密不可分，作者呼吁成立中华公教救国义勇军，行动起来，以体现天主教的爱国精神。九一八事变之后，在天主教文字事业中较有影响的《公教周刊》主笔能够向信友发出这样的倡导，使信友们很快获得如何应对战争的指导，一定程度上推动了天主教救国的各项事业。

  我反对战争，我痛恶战争；因为战争是最穷凶极恶惨无人道的一回事呀！血肉纷飞，生命粪土，枪林弹雨，奔向死途，是何等野蛮黑暗悲哀的景象呢？所以我赞成和平，希望和平，时时刻刻在祈祷和平呀！因为和平才是做人的环境，才是生活的空气哩。呵！平安过日，万事乃可如意和进步也。

  然而这回暴日横占东三省，淫威焚杀，一步进一步，使人以难堪，是可忍，孰不可忍呢？迫上梁山，我们安能得和平？所谓我不欺人，人欲欺我；我不杀人，人欲杀我，弱肉强食，软涂深掘，真的，欲和平，其可得耶？是的，不能不起而武装准备，有备无患，前哲之言也。至不获已时，公理不能胜强权，国联大会失其信誉，非战公约失其效力，制裁横暴无方，那么非出于之战，无以图存，非出于一战，无以救亡。是则各省各地各界义勇军之成立，积极训练，作战前战时应做的事情。风起云涌，热烈在做，岂但经济绝交，抵制仇货已耶。事有必至，理有固然。或问曰，尔天主教会信友如何表示呢？我们信友必应之曰，我们信友，固亦中华民国的大国民也，义务与权利，负担与享受，与国中一切国民，同是同胞，同是一律平等也。或在信友们，受过教会相当的训诲与提倡，尤见热心实行，因为爱主与爱国爱人是相互关系的；因为未见不爱国不爱人，而能真爱天主者也，因为真能爱天主，也能知道应爱国与爱人哩。又当今教宗又在时常指令信友们，要服从合法政府，听命合法政府，受合法政府的指挥也。是故我们信友的，现在已好多就各人的地位环境力量热烈参加各项的爱国运动也，惟特殊例外组织尚未获见，故本刊爱急大声疾呼提倡组织中华公教救国义勇军之言，及时兴起的是公教的精神，爱国的表现。有志之士，团结起来罢！进进！做做！

（原载《公教周刊》，1931 年，第 135 期）

为日祸敬告国人书

马相伯

编者按

马相伯（1840－1939），名良，字相伯，晚年号华封老人，近代著名政治家、教育家、社会活动家、宗教学者。原籍江苏丹阳县。马相伯出生于天主教世家，受洗名为若瑟。9 岁入私塾，11 岁读五经，14 岁肄业于徐汇公学。20 岁被罗马教廷授予司铎职，24 岁译著《数理大全》，31 岁宣教于徐州，1876 年离开耶稣会，投身清政府的洋务事业。马相伯从 36 岁至 56 岁的 20 年间辅佐李鸿章，担任多种角色。甲午战败之后，马相伯在痛苦思考后重返教会。马相伯对中国近代教育贡献至伟，他 64 岁时创办震旦学院，后震旦学院的外籍教员改革校政，马相伯为避免师生冲突，66 岁时为复旦公学筹集经费。67 岁奉命赴东京办理留学生事宜。70 岁担任复旦公学校长。1912 年（72 岁）代理北大校长。1925 年，凝结着马相伯心血的辅仁大学在北京创立。马相伯的这种经历被方豪评价为"以一身而关系四大学府，在中国近代教育家中，亦为仅见"。辛亥革命之后，马相伯出任南京道尹，后又任参议院参议、大总统府高等顾问，后因反对袁世凯称帝，退隐上海，专心著作。78 岁时著《国民照心镜》，87 岁时著《致知浅说第一卷原言篇》，商务印书馆出版。88 岁时著《灵心小史》，90 岁时续著《致知浅说》，又译《四圣福音》。95 岁时著《徐文定公与中国科学》，96 岁时著《童鲍斯高圣传》。民国初年，马相伯就国教问题之争倡导各教联合以争信仰自由，从而平息了教争之祸。抗日战争期间，马相伯虽日益年高，却为抗战不遗余力。九一八事变之后，马相伯先生以 90 多岁的高龄，积极主张全国抗战，奔走呼号，担任全国各界救国联合会委员，在上海领导青年抗战。他还力倡保甲制和兵役制，推进地方自治和伸张民族正气。"一·二八"事变之后，马相伯发起中国民治促进会、江苏省国难会等。自1932年11月起，马相伯连续4个月发表了12次国难广播演说。1936年3月，被任命为国府委员，搬至南京久住。七七事变之后，马相伯从南京搬至桂林风洞山，后搬至越南谅山，于1939年11月4日因受风寒发生气管炎症逝世。

马相伯先生在91岁（1931年）高龄写下这篇文章，指出日本侵略中国的根本原因是国人自己不自强，国家不注重国防设备，民众吸食鸦片，军阀混战，是故马相伯倡导国民应对日祸的根本在于自赎自救。他沉痛地指出当时的民意就是"立息内争，共御外侮"，公开谴责政府的不抵抗主义，希望政府聆听民意。从这篇文章可以看出，马相伯虽认为形势固然已经十分严峻，但是倘若国人能够及时警醒，抗战依然有望胜利。

痛改前非—共赴国难
自赎自救—复兴邦家

今日举国为日祸志哀。余虽老迈，亦一国民，天责所在，义不容辞；抒己见以助国人。

际此天灾人祸外忧内患迭乘，国人应晓然邦分崩离拆而不能守，即所谓应自伐而后人伐之。为今计，最上策只有自赎自救之一途耳。惟求目前种种太不幸、强半自作孽不可活。言财尽耶，财尽于岁费数万万之军饷，然而国防毫无设备。言民穷耶，民穷犹年耗费数千万之鸦片，然而河防绝不计及。由是祸乱猝发，十六省胥成泽国。强邻幸灾乐祸，大军入寇，于是我山海关外领土主权已蹂躏无余矣。鲁虽未已，孰为庆父？人心未厌乱，故天祸中国。试静思之。湖北伐湖南；广西征广东。本是同根相煎迫，宁有得失之可言。而二十年内战循环，如出一辙。悲夫！国家贫弱，至于此极！政府无紧缩之策，民间有奢侈之风。国民道德，日益堕落；国民生计，日益困苦。况复祸乱当头，追怀以往历史之光荣，先民缔造之文化遗产，授吾侪以好文明古国。我后世子子孙孙，虽不能发扬光大祖业，亦应克绳祖武，不失为一泱泱大国，然后始不愧立国于天地间。今后国民，各抱决心，痛改前非；自赎自救，群策群力，共赴国难。则十年生聚教养，终有自强振作之一日。乃若古哲成汤卫文修己自责，亦庶几上回天心，挽救国运；盖非先恢固有民族道德之精神，绝无忠实肯牺牲为国之国民，可断言也。国民如无责任心则已，有则请立即誓从今日起。自赎自救，以赴国难。

抑有进者，日本明治维新以还，民智民德之猛进，令人刮目相看久矣。三岛小民族自负有亚大国民，东攘西夺，已非一日。其处心积虑，以谋占我东三省领域，兹近三十年。专家设计，神秘进行。乃我大梦未醒，卧榻任人酣睡。两三年来，始稍注意。（如专设日本研究社诸团体是。）彼知我而我不知彼，兵不待决战而成败自定。此次日军占我辽吉诸名城，直不啻探囊取物。而我实际丝毫抵抗而忍受，又何异束手待毙。山河坐失，无泪可挥！彼日人发挥其日耳曼第二之凶焰，昭和甘效威廉第二作戎首。前者暗偷私窃，今则乘火打劫。最近之暴行，如抢我银行，劫我民众等，早置国际公法非战公约于不屑道及之列矣。此种行径，形同国际强盗，实系如曩日之德国，对世界之一种威吓。种种暴行，今日可施之于中国东三省，安知他日不依法炮制，对付英美德法诸国乎？故国际间有不满意于日军暴行之公论，非必见好或示惠于我也，抑列国自卫所应采取之政策。国人宜对主持正义者表示好感，然一味仗人执言之恶习不根本剔除，断然无能自赎自救，幸加意焉！

嗟我民国主权在民，所望真正民意，彻底充分表现；立息内争，内御外侮。老迈如余，伫望我父母之邦永久如磐石之安；故不惮费口舌，将自赎自救之大义，为我邦人君子剖陈之。惟最令人痛心疾首者，我国今日，尚在勇于私斗，而怯于公忿状态中耳。希望今后非国民之公意，对内绝对不许枉费一枪弹；对外必要不许吝惜一枪弹。我国民其猛醒！我国民其亟起！

（原载《南星杂志》，1931 年，第 1 卷第 4 期）

马相伯泣告青年书

马相伯

🖊️ **编者按**

这篇文章写于 1931 年九一八事变之后。马相伯分析国内国外对于侵略事件的态度之后指出，只有采取自救、有效的救国方案，才能真正救国。他认为青年人在当时采取请愿、到东北援助马占山部队等的救国方式并不能真正起到救国的效果，真正有效的救国就要使全国上下团结一致，同仇敌忾。为此，马相伯提出了他的仿古制保甲法，将全国民众用这种方法组织起来，号召青年做此种唤起民众、组织民众的工作，以此有效地救国。马相伯提出此种方法是在对政府采取不抵抗政策失望之后，试图采取动员民众的方法来救国。很多事实表明，抗日战争时期很多基督宗教、社会团体都以自发的方式进行自组织、社会动员方面的工作，有力地支持了全国的抗战工作。

迩来全国青年怵于日寇方张，公理沉沦；国家危亡，迫在旦夕，多自动奋起，从事于抗日自救之工作。有发起捐助马占山将军者，有组织抗日援马团赴黑投效者，有成群结队络绎于途，纷赴南京请愿者，亦有断指喷血或更以自杀呼吁国人觉醒者。悲壮激昂、可歌可泣。老夫闻此，诚不胜钦佩仰慕赞欢之至。不过老夫认为今日之事，徒凭热血，终无补于国难。救国在于实践、奋斗，尤在于有效之实践奋斗。所谓有效之实践者为何？暴日逞其帝国主义之野心，挽大炮长枪，以强占我土地、屠杀我人民、掠取我财帛。其穷凶极恶，□□□□□质言之，即可称为国际大盗。何以言之？□□□□□彼日本则不仅强占我土地，甚且对于我男女老幼都视同草芥，以屠杀快意。而表现于一个民族、一个国家，则吾人称日本为国际大盗，殆无不当。故我国对此着着迫近升堂入室之国际大盗，问题不在于战与不战；而在于如何战，而在于如何获得有效。盖彼国际大盗挟强强之海陆空军备，以临我民穷财尽之弱国；我虽决定抵抗，而军备食量，都仰赖于他国，抵抗岂其易言。换言之，贸然应战，实为得策。故如何奋斗、如何使奋斗实践而有效，实为吾人目前最迫切最严重急待解答之二大问题。今日我国家自救之唯一方法，不为向国际联盟与非站公约求助乞怜乎。然而自九一八以至今日，历时已八旬有余矣，求助于乞怜之结果，果何如者？国家之为物，本与日本同其臭味，同其实质。眼看日人之攫得我东北半壁河山，大好宝藏，其食指早已怦怦然动，早已存染指于并分一杯羹之打算。我与虎谋皮，问强权以公理安在，是诚为世之大愚，是徒足自耻屈辱。自贻伊戚，不求自助，而求助于人，欲以此而侥幸立国。此种心理，诚为亡国之象征诚为极可痛心之现象。青年诸君，今日之所为者，亦不为向南京请愿乎，不为赴黑投效乎？此种工作，又果为践实奋斗，果为有效之践值奋斗乎？青年诸君于此问题，亦曾一次沉着考虑否？国家义兵二百余万年耗百分之八十以上之国币，民国以来，兵连祸结，无日不演阋墙之惨剧。然而外侮骤临，即望风退却，崇朝之间东北半壁河山尽沦敌手。对内徒言镇静，高唱不抵抗；对外亦徒乞灵于木偶之国家，陈诉呼声，捉襟见肘，窘态毕见。学生诸君赴京请愿，一而再，再而三，络绎而去络绎而返，除照例听得"中央已有准备，已有最后决心，人民应信任政府，拥护政府"之教训而外，东北失地，固犹是也。政府无能出兵、无暇出兵、无决心出兵，盖为愿然之事实。青年诸君之跋涉请愿，涕泣陈辞即泪尽继之以血、血尽继之以死，亦为徒然，亦又奚益。次之，马占山将军以绝域孤军，抗强不屈，疾风劲草，大义凛然。此尽责之军人因为我人所应爱戴，所应援救。但吾人今日之责任，不仅为救马占山，而为救我整个国家、整个民族。故吾人与其徒致钦崇于马占山，不如人人投杀而起，以马占山自期，使人人都为马占山，抑且我沿海沿江，暴日兵船早已密布，浪人匪徒随处尽有，架词栽祸，随时随地都可以爆发。九一八之祸变，然则吾人究俟其已失而后收复之乎，期趁其尚未占取而善为保守之乎。故吾人今日应在抗暴自救之一致行动之下自起，团结各作事先之准备。老夫认为今日最为切要之救国方策，惟有仿古遗训，制办保甲之一法。法联十家为一甲，十甲为一中甲，十中甲为一大甲，十大甲为一团，十团为中团，十中团为一大团，以此推广。先造人丁户口册，法军队之编制，使其行动划一，指导迅速，联络严密，意志坚定，导以对日不合作可。日人批评我国民族性辄谓为涣散之沙粒，吾人今即应以最大之劳力，使涣散之沙粒，凝为坚强之水门汀。老夫言此，固自知其行之艰难。然今日国危势促，吾人已责无旁贷，但使吾人以赴京请愿之精神，从事于到农村去唤起民众；以跋涉长途赴黑援马之决心，从事于组织民众。则集千万家之人力与财力，和千万人为一心，使其有勇知方。则吾人固何有乎目前之国难？何有乎暴日之侵凌？救我国家，新我民族，皆在于此。老夫老矣，环顾河山。怆感无极！自惧年老力衰，无以报国。故于我青年学生诸君期望倍切，老夫深以国以民为本，无负责之国民，国即将无由而立。同时深信自助乃能自救，惟自助乃能打破当前之艰难。求助于人，乞怜于人，皆为徒然。青年为社会之中坚，为国家将来之柱石，望同心同德，作艰苦而有效之奋斗！

（原载《兴华》，1931 年，第 28 卷第 50 期）

敬告属下教友于国难期中应尽的义务特劝救护伤兵灾民事

惠济良

编者按

　　惠济良，法国籍耶稣会会士，曾任天主教南京代牧区助理主教和主教，1933—1946 年任天主教上海代牧区主教，1946—1948 年任天主教上海教区主教，1948 年逝世。抗日战争期间他秉承教廷的训令积极募捐，开放天主教堂设立伤兵医院，支持法籍传教士饶家驹在南京市设立安全区。

　　惠济良主教在九一八事变之后向其属下教友发布通谕，倡导天主教教友效仿红十字会和慈善机构救护伤兵和灾民的善行。为了从根本上促进和平，惠主教倡导教区的各堂口和公所每天在弥撒中念诵为中华民族祈祷和平的祷文，因为只有和平进驻每个人的心中，战争才会停止，战争导致的痛苦才会停止。在此基础上，倡导教区各堂口都能尽其所能帮助伤病和灾民。信徒当在灾难当中保持冷静和忍耐，深信天主能转祸为福。虽然通谕带有较强的宗教色彩，但是天主教爱人、爱国的热情依然洋溢于字里行间，且在灾难面前的信心并由此衍生的有序的应对灾难的行为更是当时全国民众都当效仿的。

　　亲爱的兄弟们，红十字会的目标，便是"在战线上服行爱德的工夫"这个超绝的主义。近在双方允请停战的四小时内，已毅然实行了。但是这项可钦可慕的工作，岂不可使之久延下去吗？在我们的好几座慈善机关内，固有人用祈祷与克己之功，救护伤兵，辅助那没有屋住、没有衣穿、没有饮食的灾民。我们既然同是公教教友，岂不该把这种善举扩充实行吗？怎么扩充呢？便是用我们的"唇舌"并我们的"双手"做去是了。我们"唇舌的工作"就是祈祷，因为人的心。既然完全在天主掌握之中，我们自该全心全力的乞求，求天主把人们的心，转向和平。正如圣教宗庇护十一世所说的，（须使平和的精神，透入人们的心坎，平息他们，而渐渐启迪他们。使皆相亲相爱，犹如同胞一般。）总之须求根据于基利斯督爱情的和平。因为非由基利斯督来的和平，终是暂顷而浮空，自私而假冒的。我们"双手的工作"就是救护，这是本主教在此一年内，第二次替着灾民向你们呼喊了。我深信你们心中富有信德及宏量，必不虚我所希望的哎！目下伤兵痛苦，除了你们的救护和扶助外，没有别的依靠、别的希望了。他们都像躺在叶利谷道旁的被伤人，专等着慈善人去传些油、灌些酒呢。油，就是你们和蔼的情慨；酒，就是宏亮的哀矜。为此吾亲爱的弟兄们呀，我们第一该祈祷，哀求我们和平的天主。是以本教区内的各堂口、各公所，于接到通谕后，每天在弥撒中，当念"圣心祷文""奉献中国于圣母诵"并加"佘山圣母进教之佑""大圣若瑟""圣方济各沙勿略""圣女婴孩耶稣德助撒"并"中华致命真福""为我等祈"各一遍。设有教友，依时地之所许，联成"玫瑰经团"，轮流进堂念玫瑰经，本主教也极表赞成。本主教除许愿往本教区主保佘山圣母前谢恩外，又许愿弥撒九台，以特敬传教主保。并奉为上海之特别保障，圣女小德助撒。第二，该依我们之所能，设法救护伤兵和灾民。在本教区内业已发起种种善举，以减轻伤兵和灾民的痛苦。本主教很希望此种善举，遍行于各总堂内。末了，亲爱的弟兄们，我可做加一句说，当我们心求和平、躬行仁爱的时候，还该抱持依靠天主的心。盖我们岂非是在天大父的子女么？我们在天的大父，全知又全能，常慈善蔼然的俯眷下地，而爱护照顾我们。所以大家仰赖这个无穷智慧、无限慈祥，而又能平息狂风怒浪，及种种扰攘的大父。虽则这些暴动与混乱，使我们流离痛苦，但须知都是天主所欲或准许的。而他仍在天上统御一切，措置一切，使皆转为自己子女的幸福是故。与其妄信种种不平的、有害的，且常哄人的谣言，不如悉心顾命、毅然忍耐，深信天主能转祸为福，将从目下的艰乱中，建设一个更稳固、更和平的秩序。我们众人都该一心一灵为中华祈求，为中华服务，都该望此大难后，中华能成一个更团结、更巩固的大国，并且合同基利斯督，及早恢复一切。因为只有基利斯督是正路，是真实，是生命，而且又是国家与个人的秩序与和平。如是，仁慈天主对于中华的一切深谋，可完全成就了。

　　一九三二年二月十五日　　南京主教惠。由上海发。匡克明录登

　　　　　　　　　　　　　　　　（原载《公教周刊》，1932 年，第 152 期）

华籍主教联名上国联调查团之公函

✍ **编者按**

　　九一八事变之后，国民政府采取不抵抗政策，寄希望于国联对日本的制裁。1932 年 3 月 26 日，国联调查团抵达南京，之后发布的调查报告书却将事变引发的原因归结为中国抵抗日货运动、苏联的共产主义的传播等，希望中国政府做出一定的让步。对此，华籍主教联名致函于国联调查团，用主教们的良心和人格揭示九一八事变的真相，对于调查团提出的事变原因进行辩解，并希望国联进行公正的调查。在公函中，主教们针对国联对于中国的三个可能导致事变发生的认识逐一进行了反驳，其中包括中国是趋于涣散而无自治能力的国家、中国有严重的排外民族心理、中国是造成布尔什维克主义的傀儡。在此基础上，主教们认为，日本蔑视国际公约诉诸武力侵略中国是基本的事实，日本在战争中非人道地、残酷对待无辜的中国民众，中国依旧遵守国际公约而采取不抵抗，国联如果忽视这些基本的事实就失去了其存在的宗旨，主教们代表国人向国联呼吁公正。在这封由诸多华籍主教联名撰写的公函中，可以看到国难之中主教们和全体国民并无分别，他们急于设法使中国免受日本的侵略，同时他们希望自己的信徒身份能够为中国受害者地位在国联的认定增加可信度。

　　我辈署名之华籍主教，目睹冲突延长扩大，致远东破裂，极为痛心。以为挽止此冲突导线之祸孽渊薮，首先，先于一切。应得一公正之见血言论，是以一秉整个的良心与人格联名作证于国联调查团。

　　倘自各友邦转来之消息为可靠，行见我辈呈诉之正义为有力宣传成功造成之几片疑云所蒙蔽。

我辈幸欲先协助打破此疑案。

（一）中国乃一趋于下流涣散瓦解之国家，无自治能力。世界惟有自庆，幸观一其他民族起而理之就序。我辈一本良心答辩此款，以为中国印象竟呈若是之黑暗，乃对方在异邦宣传取得优势之成功。

中国以意见不合致弱，我辈较任何人为尤痛心。但我辈重申今日之表示偌大热诚理我就序者，即前此不惮烦劳之煽动者，此系已经证实毫无疑义者——然而中国，虽冒此挑拨我永远分化——现在犹受其祸——之煽动力，终能再振精神，重获登岸，且在几跳出革命期间长久艰苦之漩涡矣。

（二）中国民族之排外心理不可救药。

我辈竭全力起而反此谗言，请贵调查团幸与详察以下两点：

第一点，我全国一致热烈赞同，珍如国典，奉为政治新约之三民主义。清晰言之，中国涎羡其他民族已获得之效果，并声言为重得已失距离之唯一方法，惟在诚意及友谊之国际合作。其所指示之唯一条件，在自谋立于平等地步，利赖各盟约国，保留中国国际地位与土地完整之安全。

我辈敢肯定此乃大多数人民心理，容或系中国全民心理，无论军、学、工、商。

第二点，关于对某国抵货运动。请贵团幸留意发生之日期，将不难查出，每次兆端，必在横加世界民族所不能忍受一如我华人者之一种侵略以后。固不能视为冲突之理由，况亦极易令其停止："欲汤止沸，惟在抽薪。"

（三）然而中国造成鲍尔希维克主义之傀儡，其他国家进而警备，防止乱事滋长关切世界和平。

我辈亦相信中国不沦于鲍尔希维克首关世界和平，然尤深信莫斯科党对我宣传未有较称兵黩武之邻邦帝国主义侵略更足引为可靠同盟者。在一国内，□□□□□（一则农业国民爱和平，二则无阶级斗争）惟平民之物质恐慌与执政者不堪精神之刺激能引起失望之反动，而鲍尔维克主义是附。

但除可怖战争之侵入，尚何足供给此两种反动者？且惟因此故，惟在此时。□□□□□

□□□□□唯一方法在听中国于和平中，借友邦援助，自行循序发展。

我们既作以上之答辩，且均视为决定者。今当更进一言，我辈之真问题尚不在是。

真问题非关实利，而在道德。

此乃一公理之问题。

我辈永不会相信非理能产生秩序与和平，亦永不相信人与世界之利益能是大规模的不义与侵略及盗匪行为之果实。

我辈非不感觉深痛，目睹各友邦虽大多数与我辈共基督信仰者对此诉案判断之立场犹越出争点以外，争点之基本在道德方面。

争战之基本在此。

是否一个国家，以蔑视庄严的国际签约，犹能诉诸武力解决一个实际的抑或其虚构的争端。

倘是则凡人类所属望于国联者悉扫荡无余。

况论其侵略，非依法之战争。而任何可怖战争固人所共厌弃者，乃竟借此屠杀无辜民众，干犯明文法与性律所厉禁之千百行动。

凡此种种，我民族已受六月之久。在物质上受之，犹在精神上受之。惟天主能知我辈所受之苦痛！然我民族悉置诸度外，终不忍逾越签约，有违已著信用之宣誓。

我民族鳞伤遍体而不惜，坚持听候世界最高法庭——今日各委员显示于我辈目前者——之裁判，此裁判应在国家地位与主权完整上还我以和平。求天主在此公正之讼案中援助我辈。

并求天主援助各委员，俾从事此关系半人类或全世界幸福之可怕争点者，得一公正之调查。

（原载《公教周刊》，1932 年，第 163 期）

九四老人马相伯发起不忍人会

✎ **编者按**

随着抗日战争形势的发展，马相伯看到有很多实际的工作需要人去做，其中最为紧迫的就是对于受难同胞的救济，对于死伤抗敌将士的救护。于是，马相伯在 1932 年 11 月 11 日发起成立"不忍人会"。而在"不忍人会"中最能践行马相伯建立"不忍人会"宗旨的就是雷鸣远神父。雷鸣远神父亲率由信友组成的救护队到前线救助受伤将士，传扬了天主教的博爱精神和中国天主教信友的爱国精神。马相伯写此文号召全国同胞都参与到救助前线将士的工作中。事实上，基督宗教因为其博爱精神使信徒们对于直接参战救国的方式还是颇为犹疑的，但天主教和基督新教在抗日战争爆发后发现抗战救国可以和信仰很好地结合起来，那就是发挥耶稣基督的博爱精神对战争中的难民、士兵进行救助。他们的救助工作是抗战后勤工作的重要组成部分，为抗日战争胜利做出了贡献。

希望同胞效雷鸣远参加实行！

昨报载北平电讯，称留华三十年之雷鸣远神父，响应马相伯组不忍人会，亲率第一批救护队，赴喜峰口上最前线。新声社记者，特往访九四老人马相伯先生，作下列之谈话。（记者问）老先生曾发起"不忍人会"乎？（答）诚然，去岁十一月十一日发起此举，专为救济东北战地暨南方匪区所有被难同胞。委托天津益世报代主办，募得大批现款棉衣，悉数移交津市各界救国会矣。惜余年耄耋，能言不能行。老友雷鸣远神父，有鉴于前敌将士死伤喋血，乃实行表现"不忍人"之仁爱，而组救护队。雷公为国际间极负盛誉之教士，故其亲赴前线，实行工作之举动，当胜于伦敦所倡和平军之纸上空谈。余亦纸上空谈，惟希望同胞效法雷公之实行耳。（问）老先生对目前时势作何感想？（答）昨日读报，汪精卫先生回国后第一次演说，即称，念到前敌抗日将士的劳苦牺牲，随即表示致最深的敬意。同时监察院于院长在国府讲题，亦为慰勉前敌爱国的将士。足征国论统一，全民御侮救国。吾人既知前敌将士，可敬可爱，但因抗日而牺牲者，自然更可泣可歌。为减少忠勇救国死伤将士之痛苦，为表现同胞一致不忘前敌将士之功劳，赴前线实行救护，如雷公所提倡之义举，将来与喜峰口抗日英雄，永留深刻印象，在救国人士心理中。据老人观察，此种救护队，不啻敢死队。因日军暴行，素来不守欧美文明习俗，时常公然违反国际战时公法，例如以前淞沪作战时，轰炸伤兵车，劫杀救护队，沪报均有详细记载。惟在上海方面，尚有各国环视，稍存顾忌，尚且如此。现时在口外非法作战，更无所不用其极。因此，希望全国同胞，不忘前敌将士，一致援助，时常救护，再自执政人员以及平民，对于国家生死存亡局面，一律实行，仿敢死队，到前敌去，到前线去。雷公此行，特一先锋，不仅发挥公教博爱精神，亦符春秋义战"不重伤"古道德。吁请全国同胞，一律参加实行。

按雷鸣远司铎，现任河北安国郊区总铎兼该区公教进行会总会总监理，又系安福真福院院长。此次鉴于宋哲元总指挥，杀敌卫国，殊堪钦敬，特召集教友二百余人，组织前方救护队。雷司铎自任队长，昨日已率第一队四十余名抵平，第二队一百六十名，今早亦可到达，日内即赴喜峰口前线，救护伤兵。又全体队员，皆系我们公教信友云。

（原载《公教周刊》，1933 年，第 208 期）

为募款献机祝蒋公寿宣言

📝 **编者按**

　　在 1936 年蒋介石五十寿辰来临之际，中华公教进行会号召全体信徒捐款购置两架救护机作为寿礼，这样一种行为被中华公教进行会认为是将爱国和拥护世俗领袖结合起来的最好表示。因为爱国不仅是人类的天性，而且是天主教的诫命。作为信徒，就要比普通国民还要爱国，于斌主教将由蔡宁主教祝圣的救护机送给蒋介石就是在一个公开的场合将天主教的爱国、慈善等教义表现给世人。为此，中华公教进行会拟定了详细的募捐、保存、公示捐款的办法。募款献机是一个非常精妙的构思，它在全国甚至全世界范围内表现了天主教爱国、支持抗战的精神。

　　爱国是人类的天性，所以没有一个人不知道爱护自己的国家；就是未开化的民族，他们也很知道爱护自己的国家，所以当看外患侵凌的时期，他们没有不设法抵抗的。

　　爱国不但是人类的天性，而且又是天主的诫令。在天主十诫中既规定了孝敬父母的条例，所谓父母，不只是生身之父母，即所谓代天主执权管理国政民事的长官，也一并包括在内，所以孝事父母，尊敬长官，是天主的严命。家庭有难，受外人欺侮，谁也不堪袖手旁观，坐视自己的父母受人侮辱，自己的家庭，被人拆毁，如果有这样的人，人必不以人类视之，因为那是太无心肝的人。所以教友除了由人类本性而生发的爱国心之外，又加上一层由天主诫命而来的爱国责任。那么，教友的责任，是双重的，是加重的，一个教友岂能不爱国，岂能对爱国运动，不加以注意，不设法极力进行？

　　我们的救世主耶稣，对于国家的急难，也是很为关怀，我们在圣经上不是读到他有一次对将被敌人围攻的日露撒冷，流泪痛哭吗？凡属好的国民，没有不爱国的，凡属一个好的教友，更没有不爱国的。

古人说："国家兴亡，匹夫有责。"这句话的意思便是说国家或兴或亡，不在外人，全在国民自身；国家是我们的国家，我们不愿亡之，谁能得而亡之？孟子不是说过吗：夫人必自侮，然后人侮之；家必自毁，然后人毁之；国必自伐，然后人伐之？如果把他的话掉换过来，我们不自侮，不自毁，不自伐，人能奈我们何哉。

救国的责任，救国的加重责任，是加在我们教友身上的，那真所谓"责无旁贷"了；无论说到那里，那种重大的责任，是逃不开的，这点理想凡是教友，没有不了解的，那么理论方面，我们不必多说，在实际方面，再说几句吧。因为只有理论，没有实际，理论是等于零的。

教友是应当爱国的，是应当拥护长官和领袖的，实际怎么办呢，怎么表示我们爱国的热心，拥护领袖的诚意呢？我们认为除了为国家、长官、领袖祈祷全能天主之外，在物质上也应当有所表示；古人不是有"毁家纾难"的豪举吗？现在可以说是要我们再来表演一次这样的义行；实际我们也已经表演了。因为大家要知道当着我国领袖蒋委员长五十寿辰的那一天，南京的于主教和公教进行会总会长曾经用全国三百万教友的名义，向委员长祝寿，祝寿不是说空话，是要有实际的，那天就以三百万教友的名义，给委员长呈现一点薄礼，便是用五万元，购买两架救护机；对于这个寿礼，不但使受礼者满意称许，就是代表教宗的蔡总主教也特别的降福了而后呈现的，并且特别派于主教，陆总会长参加委员长庆寿大典。所以这个寿礼，意义深远，把我们公教之公，与夫爱国，慈善等高尚的教义，大半表现出来了。全国教友听到了这类盛事，能不欢喜，能不踊跃，能不急速设法把那五万元凑足，俾使我们久蓄胸中的热炎，得一发泄之隙缝吗？所以我们特作以下的恳切请求：

一　各位主教，教区领袖神长，总本堂及本堂神父，选择合适的日期或瞻礼，向教友们特别讲道劝捐，总期每个教友多少得作点献仪。

二　可以分别组织男女募捐委员会；教区的或本堂区的；各委员可在堂门口募捐，更好到各家去走捐。

三　为鼓励大家努力起见，可以分别组织学生，农民，工人等募捐队，向各处募捐。

四　各地公教进行会各级会，所有一切职员会员，亦应全体动员，在指导司铎指导之下，或自捐，或劝捐。

五　所募之捐，先交各区主教保管，然后汇寄上海陆伯鸿总会长。至于各区捐款人名单，当由各该区募捐委员会妥为保存，募捐结束后，将该项人名单汇齐邮送陆总会长编印报告书，以昭信实。

总之，我们不应敷衍推托，应当急起直追，大家的事，应大家办，如此就没有什么难处，所谓众擎易举是也。如三百万教友一起动员，此五万元之数，不谈一蹴而举，希于最短期间，将此五万元捐足，到那时，我们如果在天主前一反省，才觉得我们在这二十五年度确实作了一件伟大事业，那时良心中又该见何等的痛快畅适？教胞们，努力吧！

中华公教进行会总部谨启
二十五年十一月二十五日

（原载《公教周刊》，1936 年，第 8 卷第 38 期）

于斌主教为中日事件告南京区所属教胞书

于　斌

✍ **编者按**

　　于斌（1901—1978），字野声，黑龙江省兰西县人，1921 年毕业于上海震旦大学，1922 年入吉林大修院攻读哲学。1925 年获得罗马圣多玛斯大学哲学博士学位，1927 年获得传信大学哲学博士学位。1928 年 12 月 22 日在罗马晋升司铎。1936 年 7 月 7 日，被教宗任命为南京代牧区主教，同年 9 月 20 日经蔡宁总主教在北平祝圣。1946 年被教廷升为南京总主教，教区扩展到上海、海门、徐州。

　　七七事变之后，于斌向全体信徒直言国家已经到了最危险的时候，在此非常时期，他号召全体信徒加紧为和平祈祷，寻求时局的转机，尽量避免带来大量伤亡的战争。然而战争如果一旦爆发，全体信徒就要听命于政府对国民的安排，或上前线或在后方工作，所有人都当为救国出钱出力，尽国民的职分。在这封公开信中，于斌主教的观点表明了天主教对于抗战的明确态度：和平是一种理想状态，亦是最符合天主教的博爱精神的。所以于斌主教首先倡导信徒进行祈祷；若战争不能避免，信徒当遵《圣经》的教导服从世俗权柄，进行抗战。由此，祈祷和平和参加抗战这两种方案都是中国天主教徒将爱国和爱教结合之后的选择。

亲爱的神父教友们！

　　我们的国家已到了最危险的关头，民族战争随时可以爆发，我公教信友爱国向不后人，远事不必论，只就绥远抗战说吧，红格尔图等处的教胞不是痛快淋漓地实践了我教爱护祖国的诫命吗？现在的危机已不是局部的，全国各地都要受着敌人的威胁。南京教区一市十五县更是重要地带，我们四万人信仰天主的小集团身临其境，该怎样振作精神，以完成教友爱国的使命呢？概括说来，不外以下两种方式：一，祈祷和平，二，准备应战。

世界任何民族一丧失，与其他民族共存共荣的诚意，往往迷信武力，强凌弱，众暴寡，为目的不择手段，与天主博爱人类共济的意旨大相径庭。我们要恳切祈祷，希望全能至公的天主感化人心，早日实现正义范围内的和平。具体办法，普通或个别祈祷外，（一）司铎每日献弥撒要加念求和平祷词。（二）全体教友无论老幼男女，要在神父或其他长者领导之下，做九日敬礼，或举行其他仪式。时间由各会口自择，敬礼中最好能每日望弥撒领圣体，恳求和平之王耶稣基利斯督，怜视人类，免除战祸，使东亚两大民族真能平等互惠，共存共荣，以促进世界和平。如不幸和平因黩武者而破坏，我教胞只有听命中央，起而应战，执干戈以卫社稷，死有余荣。其未能派往前线者，应从事后防工作。须知现代战争，前方与后方几乎同样重要。战端一开，任何人均不容袖手旁观。有钱的出钱。有力的出力。我区各地学校及教士住宅，必要时均应让出一部分，以收容伤残，安抚妇孺。而紧急救护工作亦非常重要。我区各县市会口，即日起，宜购备药物，纱布，绷带，橡皮膏等项物品，以应需要，一方面，宜择适当地点，聘请胜任导师，集中各会口司事，各校教职员学生及其他自告奋勇的教友，加以紧急训练，以增进服务效率。最后，一般民众习于故常，战事爆发，或难免惊惶失措，庸人自扰。各会口不乏有训练的知识份子，宜好自准备，遇机向民众讲说，以灌输防空防毒各种战时应有常识，庶可收沉着应付的实效。

总之，事急矣！势迫矣！凡我天主教信友都当虔心呼吁上主，消灭此东亚浩劫，转祸为福，逢凶化吉。如必须饮此苦爵，则唯有逆来顺受，努力周旋，以善尽国民的天职。天主支配世界，奥妙叵测：或和或战，均含至理，强为善而已矣。

　　此祝

主佑！

南京代牧于斌启

（原载《公教周刊》，1937 年，第 9 卷第 22 期）

中华天主教信友救护总会简章

编者按

　　七七事变之后，很多地方救护工作组织不敷应付，因为伤亡人数增加很快且多。在此种形势下，中华天主教信友救护总会为了解决救护工作中的困难和问题，经商讨制定了《中华天主教信友救护总会简章》。该简章规定了总会的宗旨是捐募药品及现款以接济各救护团体，募捐范围则是全世界天主教信友，该会的所有工作人员皆是义务性质。该会从总监督到各地监督都是以中华公教进行会为基础的，这样一个慈善救护组织的宗教属性不仅增加了其对外的可信度，而且其救护、管理工作也是高效、充满爱心的。

缘　起

　　我国自全面抗战开始以来，全国天主教信友参加救护工作者，甚为踊跃，如抗战后援会，战时服务团，伤亡救济会，种种后方组织，指不胜屈，惟均系地方性质，缺乏联络，因而时处供应不及，吾人有鉴及此，乃组织救护总会，以扩大呼吁，范围，期能普遍捐募，且战事延长，伤兵日多，尤以最近敌机不顾人道，竟向我国非战区域，狂施轰炸，死伤平民难可数计，我人本基利斯督仁爱精神，不容袖手旁观，爰发起此会，以期博施济众，况且海岸封锁以来，各地药品，均感缺乏，大有供不应求之势，如不设法则受伤同胞生命堪忧，本会之提倡即所以设法，向世界各国同教呼吁以渡此难关，兹值南京于斌主教，因公过汉，爰会同武汉三镇，各位主教对本会事宜详加商讨，即日宣布成立，并定简章十余则，分列于左。

（一）本会定名为中华天主教信友救护总会

（二）以捐募药品及现款接济各救护团体为宗旨

（三）本会捐募范围不仅向本国教胞且向世界各国天主教信友呼吁

（四）本会及各分会所征得之药品统由总会正副会长与武汉三镇主教会商支配之

（五）本会与各分会所捐得之现款统交汉口方济会账房收管而由三镇主教指定之代表司铎支配之

（六）本会设会长一人副会长一人由中华公进领袖中选任之

（七）全国各教区主教为本会当然监督

（八）本会总监督由宗座代表任之

（九）本会聘干事及秘书若干人以期进行会务

（十）本会执行工作由常务干事及秘书数人在武汉三镇主教指导下担任之

（十一）本会工作必要时得添设服务员若干人

（十二）本会一切职员均系义务性质

（十三）本会事务所设于汉口特三区鄱阳街天主堂公教进行会内

（十四）本会事务所办事细则另定之

（十五）各地分会之组织得参照总会之简章酌量当地情形组织之并得报请总会备案

（十六）本简章如有未尽事宜由监督修改之

（十七）本简章自本会成立后即生效力

（原载《公教周刊》，1937 年，第 9 卷第 28 期）

中华公教进行会总监督处致
全国公进各级会函

✍ 编者按

　　对于战争难民和负伤将士的救助，是马相伯等成立的天主教救助组织的重要工作内容，随着抗日战争的全面爆发，救助对象增加，救助力量也亟须扩充。中华公教进行会总监督处在 1937 年 11 月 1 日决定在汉口成立"中华天主教信友救护总会"，对难民、士兵进行相应的救济，并倡导全国公进各级分会也效仿总会成立"中华天主教信友救护分会"。在抗日战争过程中，天主教依赖其较高的组织能力有效率地、有序地展开各种战争救济工作，发挥了其优长，以非政府组织的身份有效地组织、动员民众积极参与到抗战救国的工作中来。

　　敬启者：溯自战事发动以来，其为国家民族流血牺牲者，自使人钦迟而垂名青史。然对彼等，已无所施救，惟前线士兵之伤于炮火，战区民众之流难逃亡者，为数之多，屈指难计。医院中充盈呻吟之声音，沟壑内填老弱之尸骸，凄其惨哉，令人悲伤。惟我公教，以仁爱慈善为主义，以救人苦难为怀抱；凡我公教人士，际此国步艰难，同胞倒悬之日，岂肯袖手旁观而不一为援手乎？爰有热心教友，在全国公教最高领袖蔡总主教，及南京于主教，汉口希主教，武昌艾主教，汉阳高主教鼓励督促之下，发起组织"中华天主教信友救护总会"。于汉口发表宣言，拟定简章，共推陆伯鸿陆德泽二位公进领袖分别担任正副会长，聘请干事秘书等多人，于十月十一日正式成立后，也已开始工作。所有救护总会宣言简章，除寄呈国内各教区主教司铎，请求协助进行外，并寄往国内各教区公进各级会，作将伯之呼吁，俾全国教胞力量，集中于最高领袖指导之下，以期收众擎易举，众志成城之功。据此相应函恳国内公进各级会，于接到救护总会各项文件时，希即斟酌情形，成立分会，进行工作。是所声祷。

　　顺祝

公祺！

署理中华公教进行会总监督牛若望

二六，十一月，一日自汉口启

　　附注：现因邮寄不便，此函只在国内各公教报纸刊物上公布，不另行文，统希鉴原。

　　　　　　　　　（原载《主心月刊》，1937 年，第 1 卷第 12 期）

告中国民众并祝抗战胜利

蔡 宁

🖋 **编者按**

蔡宁，原名 Mgr Mario Zanin，1890 年 4 月 3 日出生于意大利北方贝卢诺省（Belluno，与刚恒毅主教同省）菲尔特雷（Feltre），先入贝卢诺教区小修院，受初等与中等教育，后获得政府公立学校的高小和中学文凭，后来升入本省大修院攻读神学，又到帕杜瓦（Padoua）国立大学研究哲学与文学，获得博士学位。1913 年 7 月 18 日在贝卢诺主教大堂晋升司铎。1930 年任圣伯多禄宗座事业善会的总秘书，又得名誉主教衔。1933 年第一任教宗驻华代表刚恒毅因病向教宗辞职，教宗即委任蔡宁为第二任教宗驻华代表。1934 年蔡宁正式来华就任。在华期间代表教宗公开发表支持中国抗战的言论，并号召全体天主教信众从事难民救济、捐款捐物以支持全国抗战。1945 年抗日战争胜利，国民政府为表彰天主教人士在抗日战争中的贡献，特授予蔡宁一枚勋章。1946 年教廷委任黎培里总主教为驻华特命全权公使，蔡宁辞职返回教廷。1958 年蔡宁病逝于阿根廷。

在抗日战争全面爆发之后，教宗驻华代表蔡宁总主教发表了这篇讲话，开篇承认中国的和平遭到了侵略者的破坏，作为教宗驻华代表肯定了中国抗战的正义性，这不啻为中国民众在国际上赢得同情和援助的极为有利的舆论支持。另一方面，站在宗教的立场上，蔡宁总主教指出人们在为和平和正义奔走呼号时，应该看到只有耶稣基督能够带来真正的和平，中国传统社会依靠道德原则来维持和平和正义，在一定程度上是有效的，但是只用道德则是不够的。只有耶稣基督能够保卫中国的民众。这篇讲话虽然带有较强的宗教立场，但是其向中国民众传达的平等、救赎的信息或可使国难当中的民众饱含希望。

《中央社汉市讯》教皇驻华代表蔡宁总主教四月十六日晚播讲，题为"告中国民众并祝中国抗战胜利"，由张茂先博士司铎代播国语，吉司铎代播英文，国语原词录次：复活节的庄严，固是生命，自强——胜利与和平的象征，但现在整个世界，已无和平可言，而中国的和平，又为他人所破坏，所以现在为国家奔走呼号，努力自强不息，争取最后的胜利，以期达到正义与和平，这些有心人，确是恒河沙数，多不可言的。

然而现在所处的时代，何处有救赎，何处有生命，何处有正义与和平，何处有真正的快乐与永久的欢欣，上天这样最宝贵而伟大的赐予，可惜世人不知尊贵，转给他的同类，不特转给者凤毛麟角，而且弃如敝屣，甚至加以多次的破坏，假使没有和平，没有安宁，那么一切事物，名利财产有何价值之可言，实际上，为人恋恋名利与财产，仅只是虚无的虚无，从开天辟地以来，受天主遣使的，只有耶稣基督，他不是明白的说过，而且加以事实的证明：我给你们的和平，不是世界所能给予你们的，我来此世的目的，是要使芸芸众生，得到丰富与美满的生命，我是光明，凡随从我者，即不堕入黑暗的途径，反之，却能得到生命的光辉，（若望福音，八章十二节）我是复活与生命，凡信我者，虽死犹生，谁要饥渴，谁要可怜，谁要和平，请来就我，劳苦者，负重者，你们来我这里，我要使你快娱，因为我是道路，真理与生命，你只要认识真理，真理即可援救你们，凡是实行真理者，即能守护光明，和平与复活的生命。

有许多民众，看到他，听到它的语言，完全了解其中的含义，又有许多人恳求他说，主呵，假使你愿意，请你使我看见，你有权威，请你使我清洁……耶稣治愈了病人，复活了死者，他使瞽者复明，聋者复听，蹶者复直，癫病者复愈，他使面包变多，海浪平息，因此恢复了真正的平静。

因为耶稣带来的，是恩佑和真理，所以他能赐给我们和平与幸福，他也很乐意为此，但这也不是没有条件的，我们须要认识他，爱敬他，以至服侍他，凡信他的，及履善修德者，可听到耶稣说：平安地去吧，你的信仰已救了你，呵中华民族，我诚恳祝祷你认识这个秘诀，深望你晓得天主赠给你的和平，你无须远求，和平便近在咫尺，举目可见，随手可得的，试看你的历史，你的遗传，你的文物制度，你的社会与家庭，便可明白真理之所在，因为那里寓有真理与道德，那里便有救赎与生命，和平与幸福，中国的古圣先哲博学硕儒，诗人哲士，无不从此着眼，无不如此立论，中国古代高尚的伦理，确实是万世的准则，人类理性的表现，不只是亘古不变的原理，而且即是正义与和平的基础，一方面固是中华民族优秀的天赋，他方面却是天主赋予人类特殊的宏恩，这个道理，在中国的古籍，发挥到淋漓尽致，请看大学上，孔子的遗教是何等宝贵，他把获得和平的过程，列成阶梯式的，推演的十分详尽，天下太平，由于国治，国治由于家齐，家齐由于身修，身修由于心正，心正由于意诚，意诚由于知至，知至由于格物，格物由于致知，致知之道，确在真理，所以真理是致知的基础，也是一切的原则，这个是绝对不可忽略的，和平之求得，是要世界上各部分各个人，都站在正义及道德上，斩绝自私自爱，战胜私恣偏情，残暴凶横的人们，是没有和平的，侵犯个人家庭社会公义的人们，是没有和平的，所以要得到和平，须依据正义真理，作为生活的标准，再由个人而至家庭，由家庭而至国家，由国家而为社会，以故第一个不可少的条件，就是思想与真理的和谐，也就是知行完全合一，倘使一家中，人人完善，家庭也自然完善，一切的家庭完善，国家自也完善，国家完善，那么最后社会的完善，自不待言喻了。

但是为维持和平与正义，仅守几种道德原理，似乎是不够的，因为善不可分，当以整个为前提，不然错乱纷争，渴望的和平，是绝对不能得到的，至论男女老少，富贵贫贱，父母子女，智愚贤不肖，统治者与被统治者，在各个的言行上，都有应守的纪律，个人与全体，为了家庭国家社会的利益，应当尽忠服务，服从命令至必要时，虽牺牲自己的性命，亦在所不惜，子女不孝敬父母，是忤逆，父母不善教养子女，亦是弃责，等而言之，国民对自己的祖国，如不努力工作，挽救危亡，实行正义与爱德，也是更可咀骂的。

孔子亦曾承认真理为正义与和平的基础，可是明确的真理，坚定的正义，毕竟在何处呢，所言的安宁与秩序的和平，又在何处呢，这确是和平根本的问题，我们知道和平不是人能赐予的，因为人是有限的，只有在天主那里，和平始可取得，那么天主又在何处呢，子女认识父母，是极准确的事，这样，灵明的人，据智慧之光，亦可认识天主，造物可以认识造物主，经过许多世纪哲人明士的证明，是无可疑惑的，请大家静心体察，凡是万民所归，举世崇拜者，那便是生命，绝对的真理，也便是我们崇拜的天主，因为人的生命，自然要返归他的根源。

欧美各国，差不多都是基督教的国家，多数信奉耶稣基督，在亚洲方面，许多博学明哲之士，亦曾认识他的言行，钦佩他的伟大，便是普通民众受洗入教者，亦为数不少。

但是现在的欧洲，为何尚无和平，即美洲也未见有真实的和平，这个问题，固有相当困难，但是答案却简单，因为一般人士，名为基督教的信徒，实际上却有不同的等差，不尽是真正名实相符的，为此正义与和平不能完全实现，真理是整个的，不是片面的，正义该是完整的，不是破碎的，对天主的信仰，应当是真实的，诚恳的，如此方可讲到和平，和平是一种恩赐，是精神与伦理的保障，但它求得，亦当以道德的修养为基础，这是绝对的真理，这也是公教的教义，天主教是真理的砥柱，绝对不允许有丝毫的错误，它的领袖，就是耶稣基督，他掌握天地一切的权柄，他要使人得救，认识真理之所在，外则舍他而外，在天地间能使人得救再没有一个，基督由死中复活，遗留圣表，令人取法，请人类同基督复活起来吧，但最先当起来的，就是中国可爱的青年，他们代表新兴的中国，他们应当是富强的，完整的，庄严的，整洁的，即是作为一切青年的模范，设能如此自勉自励 将必成为新生命的种子，中国的希望，从此中国得到不可毁灭的援救，耶稣救赎人类，使人成圣，可是在人类中，他特别爱护青年，他的第一个圣招，便要青年们起来，呵，圣慈的耶稣，求你保卫我们中国的青年，保卫我们中国婴孩与幼童，特别是在这个危险期中，请你保卫我们中国无辜的婴孩，因为你曾说过，请他们到我这里来，请你保卫我们中国的幼童，因为你曾说过，败坏幼童，是最可咒骂的，请你保卫我们中国的青年，因为你在纳音说过，青年，我给你说，你起来，他立刻就由死中复活，随他母亲回去，请你保卫我们中国的成年人，因为你曾说过，如你愿得生命，请来跟随我，请你保卫我一切的中国人，因为你说过，我怜悯群众，但是在世界上，没有比中国有更大的群众，主呵，唯独你是达到真理的道路，唯独你是求得生命的真理，耶稣救世之主，你是人人的和平，你是人人的生命，你又是人人永远的援救，亚们。

（原载《主心月刊》，1938 年，第 2 卷第 6—7 期）

蔡宁 1939 年 3 月 14 日致全国主教信件

蔡 宁

📝 **编者按**

作为教宗的全权代表，蔡宁在抗日战争期间总体上是支持中国天主教徒及其他民众抗战的，并号召全体教徒从事难民救济、捐款捐物等社会服务事工。但同时他的立场受制于梵蒂冈对日本侵略者的态度以及他所持有的信仰，时常出现摇摆。1939 年 3 月 14 日，他写给中国的天主教神职人员及信徒的牧函中强调，天主教徒应在抗战中持有一种"不偏右，不偏左"的中立立场，此言遭到从国民政府到普通民众的一致反对，也遭到中国天主教人士的质疑，之后他一度对于上述言论给予澄清。

最尊敬的主教：

我信而坚持，负有神圣职务之人中，无一人对于政治愿有丝毫之参与，一如教会训令所严禁者。

在目前危险的时局下，是项禁令更亟须遵守。因此请各位可敬的主教郑重告诫属下司铎，常以明智和忍耐，埋头于神圣职务。不偏右，不偏左，即表面上的行动也当避免。因为，目前最可怕的事例教训我们，这些行动能给人以攻击教会住院的报复借口，尤其是在农村地区。

迫切又迫切地请你们嘱咐注意并遵守圣教法典和中国第一次公会议关于这些问题所规定的事项。

"在顺境和逆境"，都要小心翼翼，警惕机灵，对鲁莽轻率以致行为不慎的不明智者，应加以训斥。

事关传教区生命，不要因个别人的不明智而贻害整个团体！只有一视同仁的爱德，才能获生获救！

致以最崇高的敬意!

蔡　宁

1939 年 3 月 14 日北京

[原载《公教教育丛刊》（Collectanea Commissionissynodalis），

顾卫民译，1939 年 5 月号，第 454 页。（本文转引自顾卫民

《中国天主教编年史》，上海世纪出版集团，2003，第 506—507 页。）]

公教对爱国的供献

——雷鸣远司铎对辅大公教青年会讲演

雷鸣远 讲演　马在天 笔录

📝 **编者按**

雷鸣远（1877—1940），字振声，受洗名味增爵，比利时人，1901 年来中国天津传道。老西开事件时，他担任天津教区副主教，仗义执言，为中国方面主持公理，后为提高全国民众的民族意识，他召集全国天主教徒创建了中华公教进行会和救国会。1927 年正式加入中国国籍，自称天津人，于该年创立了耀汉小兄弟会和德来小姊妹会。他说一口地道的北平官话，是天津《益世报》的主办人，后在昆明续办，他还是《大公报》的发起和创办人之一。九一八事变之后，雷鸣远与马相伯发起不忍人会，带领一部分同道到山海关、长城一带前线去做救护伤兵的工作；1935 年绥远战起，他率领四百多人在玫瑰菅子救护伤员，任最前线救护队队长。七七事变之后，他虽已年过六十，仍带领三百多同道在北战场上随军队在各处做救护工作。雷鸣远还利用《益世报》极力宣传抗战。他还为残废军人募捐，创办了残废军人教养院以安置战争中的伤残军人。1938 年，雷鸣远被授陆海空军甲种二等奖章，9 月被蒋介石任命为华北战地督导民众服务团主任。1940 年，雷鸣远得黄疸病逝世于重庆，7 月 18 日国民政府明令褒扬。

此文是雷鸣远司铎在辅仁大学公教青年会的演讲。雷鸣远有感于九一八之后国内爱国风潮虽一时沸腾，但不具持续性，因而认为纯粹的爱国情感需要一种"理"的支撑，才能经久不衰。雷鸣远认为天主教的"爱国是善行，不爱国是罪恶"就是这样一种

"理"，天主教的"理"对于爱国的巨大功效已经在爱尔兰、比利时等国家取得了胜利，他希望中国也能受益于天主教的"理"而取得最终胜利。

当九一八事起，一时反日运动普及城乡，救国呼声震荡各界；群起组织团体，联合同志，纷纷向政府请愿，对民众宣传；或捐款慰劳战士，或参加实际工作。种种牺牲精神，令人钦佩，推其原动，全是受了爱国心的驱遣，爱国力量的伟大，竟是这样！然而现在何如。已如高山瀑布流至平谷，不复前此的飞溅澎湃了。可见爱国力固属利器，惟不易运用使之持久，既过其锋锐时期，便可鲁钝不逮铅刀。哀时的人，每叹为隐忧，而苦不明此弛张的因由。

忆者，公教或能贡献一个解释，试看公教的爱国史，每有特殊情形：爱尔兰坚持七百年的奋斗，波兰经过三百年的挣扎，声嘶力竭，亦不屈服，卒能使自由重现，亡魂复返。欧战时的比利时，几致颠覆，终赖团结，得协约国同情，获到胜利。请再以欧战为例，当战争剧烈时，协约国似已拙于应付，福施总司令出而担任巨艰，同时法美各国亦请各主教声援，各主教一言出口，所有公教团体精神倍增，而大部分军心，尤以随营的公教司铎，为之灵魂，卒能奋斗到底，制服强敌。同出一样的爱国，而其力量，何以有时竟这样弛懈，有时却那样紧张，当有值得研究的地方。恐怕所谓爱国，有时只靠"情"的冲动；自来感情用事，大半无坚决意识而乏毅力，鲜有能持久的。这情需要某种主力作骨干，它的唯一骨干就是"理"。此理应是有意识的，真实的，经常不变的，必得到这种"理"以驾御所谓情，才能保持久远，发生效力。

按公教来讲："凡一个国家组成，冥冥中都有天主的圣意。""爱国是善行，不爱国是罪恶。"此"理"一深印人心，渗透骨髓，虽妇人孺子亦不屈服；且将注入血统，传之后世，永不屈服。如愚公移山：我死有子，子死有孙，势非达到目的不止。

那么，完全公教化的爱尔兰，波兰，比利时之所以能有今日，当不是出于偶然的。

（原载《磐石杂志》，1932 年，第 1 卷第 1 期）

公教信友的爱国责任

——在汉口公进会所对武汉信友训话

于　斌

✒ **编者按**

　　于斌在汉口公进会发表的这篇讲话印证了天主教徒与全国民众一起经历国难，天主教徒希望能够在救国的事工上有所贡献。民族的生存需要国民的努力奋斗和坚忍，耶稣的牺牲精神可以为民众提供精神动力。为了更好地做好伤兵和难民救济工作，天主教成立了战时服务团，发挥其传统的服务精神以应对范围越来越广的战事灾难。于斌希望信徒们集中努力于三件事——购买救国公债、虔诚祈祷、态度镇静，他认为这三件事是普通信徒在战时能够努力并有助于抗战胜利的。

　　各位同志，我们大家都是站在一条阵线上奋斗的人。这句话听来好像是带点革命性，好吧，本来今晚我们谈的话是多少要带点革命性才好。中国现在的遭遇，是太困苦！太可怜了！它的严重性是超过以往任何时代，必需经过长期的艰苦奋斗，大家一致起来，挣扎到底，抗战到底，才能化险为夷，才能争取我们民族的生存，争取我们国家的独立自由。天主赏赐我们生在这世乱年荒，危急紧迫的中国，我们应该感谢，因为这正是操练我们的人格，坚守我们的信德的宝贵机会。大家应一致振作起来，效法吾主耶稣的牺牲精神，为人道为正义而奋斗。

　　说到战时服务团，这"服务"二字，本是圣教会传统的精神。耶稣基利斯多所号召我们的，他的一言一行都是为人群大众而进行，因为人生是以服务为目的，并不是以夺取为目的的，况且在国家极度苦厄的时代，我们无代价的直接替国家服务，而又何尝不是间接为本身谋生存找幸福呢？

明白了这个意义，我们对于当前应有的工作，更应该如何的加紧去做，当拿出十二万分的精神来，埋头苦干，才勿愧于我们的职责。自从平津失陷，淞沪糜烂以后，圣教会在各该地的文化慈善等机关，常遭受残忍的敌机轰炸，以致事业上极感困苦。我们目前急须努力去干的，当然是被难同胞的救护事业。汉口是长江流域的经济中心，信友们组织这个教民战时服务团，在人力财力各方面都有相当成就，这是我最感欣慰的。今日贡献下列三事，亟望各位去切实履行。

甲：购买救国公债

在抗战期中，最紧要的战斗力，当然是经济这件事。从事变以后，固然有许多人捐钱献物，毁家纾难。可是还有些人好像是漠不关心似的，这种人实在太对不住国家了。救国公债出卖到现在，销数多半是偏于在大城市方面，乡区村镇方面的购买是太薄弱了，我觉得这种公债，应该有极普遍的销售和购买才好，不单富人该当多买，穷人亦应该竭力去买，因为这是国难的一种纪念，我们的衣袋中有这一种东西，可以时刻警醒我们，提高我们爱国护群的情绪，促进我们向上奋斗的精神，这其中是含有重大的教育意义的，大家切勿忽视，应列为战时服务团的主要工作之一。

乙：虔诚祈祷

在抗战期中，单靠物质的力量是不够的，应该还有一种精神上的工作，这可以说是一种神圣的力量。无论外教人相信与否，但是在圣教会信友的脑筋里面，应有切实的认识与信念，我们应多做祈祷工作，因为虔诚的祈祷，是否有神圣的意义，可以发生意想不到的伟大力量，古史中有不少的例子，犹大民族在旷野中与异端人作战的时候，梅瑟在山上祈祷，举手起来，下面就打胜仗，手放下来，下面就溃败。我们应特别向这祈祷一方面去努力，况且天主是正义公道的真正主持者，我们为生存而应战，为正义为公道而应战因为我们虔诚的感应，天主必愿给予我们伟大的助力，使我们转祸为福。大家应该把这定为日常功课，尤其是妇女与小孩们，从速组织起来，切实履行，他的效力可说是比任何重大的炸弹，还要有力而准确。祈求全国同胞们早日归化，这便是一种胜利的保障。至于今年各处的水旱灾荒，我们便不必怨天尤人，应痛惜我们的罪过，将我们的苦难献给天主，这是信德问题，无论社会上了解与否，我们应各行其心之所安，每日加倍祈祷，耶稣基利斯多，必能允许我们的祈求，抗战胜利，一切痛苦自然解除，国家前途光明灿烂是可预卜的。

丙：态度镇静

在抗战期中，要得最后的胜利，态度必须镇静，严守秩序。切勿遇事慌张，庸人自扰。前几天我在南京的时候，敌机每天都有几次的光临，但是民众们镇静异常，绝不惊惶，找一个相当藏身的地方后，静待警报结束了才出来，这样的态度是很好的。我们了解在军事上既有相当的准备，更不必害怕，更要安静，在战时服务的时候，更要有镇静的精神。从前普法战争，德国俾斯麦出发到前线去视察，回去报告给德皇说："战事虽未结束，但是胜负却已测验出来了，因为前线的总司令毛奇将军态度极为镇静，指挥从容有序，这胜利是属于我们的了。"后来其说果验。可见镇静二字，极为重要，前线是这样，在后方也须要这样，我们平时能多多祈祷，妥行善功，纵有危难来临，因为精神上有了依靠，自然不会遇事慌张的。

以上三事，望各位信友多多努力，互相通功，艰苦奋斗，我因事不能在此久留，不日即便他去，盼望下次再来会时，大家欢心鼓舞齐唱中国复兴的凯旋歌吧！

（原载《新南星》，1938 年，第 4 卷第 1 期）

公教爱国理论的基础

张茂先

编者按

　　张茂先（？—1973），山西省阳曲县人。张茂先在20世纪30年代曾赴意大利罗马安多尼大学留学，归国后，担任过武昌教会刊物编辑，后在太原总修院任中文教授。"文革"前任山西省天主教爱国会副秘书长，1973年逝世。

　　作者先分析了与爱国主义相对立的几种主义，如极端个人主义、国际主义、无政府主义，与之相对应，爱国主义也就有纯粹的爱国主义、以个人利益为出发点的爱国主义、仇恨敌人的爱国主义。作者认为天主教的爱国主义是最为精妙的，爱国对信徒们来说是良心的责任，害国则是违反良心的诫命。天主教的爱国理论具有本性和超性的基础，爱国是人的自然倾向，爱国也是耶稣博爱的一部分。由此作者认为一个天主教徒国民对自己的祖国当有下列的态度：（1）不反对爱国主义；（2）对爱国主义要有真正的见解；（3）负有双重的爱国责任；（4）害国的行为就是犯罪的行为；（5）积极的爱国行为就是立功的行为。作者将爱国和信教合为一体，倡导信徒积极爱国。

（一）

　　说起爱国来，自古至今的各国家，各民族，各个人，莫不以爱国为美德，也莫不以爱国为人民对国家应有的义务的。甚至有人把国家，看成爱的唯一对象，几凡人类的活动，完全集中在国家身上，看作他们最后的宗向，消灭个人的品格尊贵，及其更远更大的目的。这种极端的爱国，就造成了狭义国家主义。它的政策，对外是唯我独尊的，带有攻击性的。对内却是独裁的，暴虐的。

但有些人的主张，却与此相反，举凡一切，皆以个人为起点，为归宿，只求个人的利益，不顾公共好处，不但拔一毛利天下而不为，反而损天下而利一己的事，他却不客气地能做出来。只要与己有利，虽与他人，或国家，或天下人类有莫大损害，他却毫不顾惜，这叫极端个人主义和唯我主义。在过去，虽有过这样主张，但实际上，却没有昌行开，去实施它的，更是极少数，或竟是绝无仅有的了。

还有一种人，他们固然不赞成极端的利己主义，却也不同意各国的爱国主义。他们以为全是人类，不应分彼此的，不应有区域之分，把世界打成一片，组成一个共同的国家，大家同来爱护，那岂不好吗？这种主义叫国际主义，又叫乌托邦。提倡这主义的人，在过去，到很有几位学者，但说起实现来，却是不可能的。因为现在的世界，虽然交通便利，国际化的组织，也日益增多，但各民族间传统思想，言语文化及其他的不同点，还是很多。没有一个民族愿意放弃它的本来面目的。所以它还是替代不了国家思想及爱国主义的。

还有一种威袭爱国主义的主义，就是无政府主义。他们以为政府常是为特殊阶级而设的，顾不到大众的利益。取消了政府，就是取消了特殊阶级的保护者，从此可以自由自在，不受政府的约束，不受政府的间接压迫和诈取。各人谋各人的利益，各人享各人的清福，但是他们忽略了团体及指导团体的需要。

（二）

上述各种主义，都是站在爱国的反面，但各有各的立场。即拥护爱国主义的人们，对立论的出发点，也有不同的意见。

有些爱国主义者，以国家为最终目标，爱国即是他所以爱国之理由，换言之，即是为爱国而爱国，并无其他目的夹杂在内，纯以爱国之行为，达爱国之目的，在爱国行为中，无所希求。这就是无所为而为的主义。

也有以个人利益为爱国的标的的，他们所以要爱国的理由，就是因为国家能给个人以利益，个人不能离国家而生存，更不能反对国家而生存，因为国家与个人有密切的关系，所以不得不承认它的存在，不得不对它有爱护。

还有一种学说，看国家的成立，是因有敌人的对垒。人群因为要抵抗敌人的侵害，保卫自己的利益，才组成团体，由团体渐渐形成国家。依他们看来，爱国就是要恨仇。

天主教对反对爱国的主义，固然摒弃不受，就是对爱国主义错误概念，也不能完全赞同。而天主教自身却有极妙的爱国理论，指导她的子女，并且改正各学说的错误。天主教对爱国主义所有的态度，非特不加阻止，且竭力提倡。从历史上，我们知道，天主教给了爱国主义的真正解释，打倒了爱国主义的顽敌死仇，从许多波浪中，保持了爱国主义的本来面目，未受丝毫沾污，发出灿烂的光辉来，尽量地发展它在人心上的权力，凡这种种恩惠，都是天主教的赐予。

天主教看这爱国行为，不是如同一般人的自由活动，换句话说，不是一个慈善的行为，做也可，不做也可的。比方一个要饭的向你讨哀矜，你给他是善功，不给他并不是罪恶。而爱国行为则不然。国当积极去爱，绝对不该不爱。更不该作有害于国的行为。爱国与害国，是良心的问题，爱国就是满全良心的责任，害国就是违犯良心的诫命。尽了爱国的良心责任，是有功的，违犯了爱国的良心诫命，是有罪的。功罪之间，只有在你爱与不爱而已。虽然，同一爱国，而有深浅之分，同一害国，亦有大小之别。当一个好国民，完粮纳税，善尽义务，是爱国。在国困难之时，奋勇当前，打退敌人，亦是爱国。对国家政令，素不遵守，这是害国。爱国之事有大小，由此而得之功罪亦有大小。大功是天堂的花冠，大罪是地域的火柴。这是天主教确实教导我们的，亦是天主教对爱国主义的道义与理论。

天主教这样爱国理论，是有相当基础和根据的。最重要的，就是下例二者：

（甲）本性方面的基础。造生人类，赋以各种倾向，人性不能随意改变，且当依性之所示，去确实奉行。爱国情绪，就是这样倾向之一。人之本性，指示人当爱国，更进一步，强迫人去爱国，可见爱国是先天赋有的，不是由教育而来的，因为它是先天赋有的，故不可消灭，亦不能消灭。只好让它在心灵上滋长起来，尽量地发展它的权威，开花结实，符合天性之自然。若有人要把自己或别人的爱国心，加以摧残，那不但是相反天性，而且还是徒劳无益的。因为爱国心不是人赐予的，所以也不是人随意可以取消的。

爱国心既是由天性赋来，故人即有依天性之指示，实行爱国之责任，不因无利而裹足不前，不因艰苦而避免逃遁。凡国民对国家应负之责任，当努力去行，凡国民为国家应除之患难该奋不顾身的去消除，凡损害国家的言行，绝对不可做。这样人才能尽了爱国的责任，才能得到良心之所安。

天主教对本性正当倾向，向极重视，而且受耶稣之委托，有解释本性道德之职权，它的解释常正确无误。故天主教说爱国是合理的，吾人就信任她的权威，承认爱国是不能不合理的。

（乙）超性方面的基础。爱国的美德，在古代很被人赞扬过的，但自耶稣降生以后，就升到超性道德的等级上，因为爱国就是耶稣博爱的一部分。耶稣自己对祖国也爱护了。他对本国历史，历史上伟大人物，都很熟习，且向他的同胞竭力宣传。对本国人的恶习，加以指斥，以期改善。他见本国人民怙恶不悛不可挽救，预料不免亡国之患，一切建筑圣殿，将要破坏，他竟痛哭了一场。耶稣在世时，以身立表，完全尽了国民的义务，服从了纳税法律，他因敬重权威，曾受了恶官不合理的判决。这可见耶稣是如何爱国的了。

圣保禄宗徒，很明白的写出公教爱国超性理由来，他说：整个的灵魂要服从于长上的权威之下，因为没有一个权威，不是由天主来的，所有的权威，都是天主立定的。所以反抗权威，就是反抗天主的秩序，要受天主的惩罚。圣保禄的这些话，很明显的教训人们知道服从政府就是服从天主，为爱天主而爱国，这无异是在本性的爱国上，加了一层超性爱的明证。

圣多马斯讲爱德的对象有三，就是天主，父母，祖国。

对造生我们的天主，生养我们的父母，该当敬爱，对供给我们生养死葬的祖国，亦当同样爱敬。天主十诫第四诫，名我们孝敬父母，同时亦命我们孝敬长官。

当今教宗比约十一世，坚嘱公教信徒，要尊敬且服从合法成立的政权。上海公会议命传教士并要尊重保护爱国美德。

（三）

总括上述看来，一个公教国民，对自己的祖国，该有以下的态度：

（一）不反对爱国主义，（二）对爱国主义要有真正的见解，（三）负有双重的爱国责任，（四）害国的行为就是犯罪的行为，（五）积极的爱国行为就是立功的行为。

（原载《公教周刊》，1937 年，第 9 卷第 27 期）

公教信友对于国家的责任

江道源 讲　张景明 记

✍ **编者按**

　　江道源，生卒年不详，江西临川人，1942—1944 年为杭州天主教堂本堂神父。

　　这篇神父讲词深度剖析了天主教信徒爱国的信仰依据，从而使信徒们能从根本上明白为何要爱国以及怎样爱国。江道源神父认为十诫中的爱父母即是倡导爱养育自己的祖国母亲，耶稣也是爱国的。信徒们爱国是要从内心发出的，是以天主为基本的，所以不容苟且。信徒们应当将自卫护国当成自己的良心责任，在实行爱国的工作中还应该用教会的法规作为标准来遵守国家的法律和履行义务。信徒在国难危急的时候从积极的方面来说就要努力参加后方救护工作并祈祷，从消极的方面来说，信徒们不要轻信谣言和当汉奸。

诸位教友：

　　现在我们已经一致奋起，在政府的领导下，抵抗强暴而伸正义了，我们做教友的，固然，并且已经在各自尽自己的力量，做政府后盾，尽国民当尽的责任。但或恐对于爱国的根本道理，庸有不清，敌忾之心多是感情上的冲动，所以今天把爱国的道理，略为阐述，以巩固各位爱国心，然后才可坚持到底，实行爱国工作。

　　第一，信友爱国的基本。我们曾看见在宣传鼓励人民爱国的文字上有"各宜激发天良"这句话，不错，爱国是一种良知良能，是良心上的责任，到底这良心又以何者为根基，从哪里出来的这个良知良能，在外教人则茫然无所置答。要知道，这一点是爱国的根基，这基根打得牢。则不致为威胁利诱所左右，打得不牢，所谓爱国是不会稳固的。那么，我们信友的爱国基础是什么呢？这就是十诫了，我们爱国是本乎第四诫孝敬父母的诫命，按圣多玛斯讲，孝敬父母可分三大端，一是孝敬创造天地神人万物的天主，这道理很显然，天主既是创造我们人类的大父母，理应孝顺敬爱；一是对于生身父母；一是对于父母之邦，就是我生于斯，长于斯，食于斯的祖国。博爱起自己身，上及父祖，下及子孙，祖国就是我们的祖宗遗留。

把我们的宝贵产业，我们要好好的遗留子孙。我们应当爱国，不仅如是；还有更重要的意义：国家的组织是天主制定为吾人求幸福的方式，照圣多玛斯讲，国家就是天主的代表；论到孝敬父母，第一该孝敬的是天主，那么，我们岂可不爱代表天主的国家呢？，耶稣对于耶路撒冷将亡，痛哭流涕，告诉我们应该如何爱国，对于国家的爱情该多少精诚浓厚。

第二，信友怎样地爱国。就是"对于国家我们有该尽的本分么？""有：就是当爱护国家，服从合理的法律，勉尽法定的义务。"要理问答第一三五条这样写着。（杭州教区根据上海会议所草定，参照各教区校改修正，遵宗座代表命令印行的要理问答。）现在我本着这条要理，做个简单的说明：

（甲）当爱国　这个爱，当是从内心发出来，真诚恳挚，准备牺牲，不为利诱，不为威胁，勇往直前，不达目的不止的爱情，因为我们爱国，是第四诫所命，是以天主为基本，所以不容苟且不容假借的。

（乙）常护国　即是保护；人人知道保护自己的身家财产；国家乃吾身家所寄之所，倘外敌来侵犯吾国家，吾当竭力抵抗自卫；现在暴日，灭绝人道，强占吾国土，我们当一致奋起，捍卫国家，这不仅是利害问题，而且是良心的责任。

（丙）不仅有了爱国的心为已足，还要实行爱国的工作　在上引的要理问答中，指给我们两样事：一是服从合理的法律，一是勉尽法定的义务。国民应当服从国家的法律这是毫无疑义的事，然而这法律须是合理的；反之，如果是不合理的法律，我们就不服从；进一步说；我们还要反正它。什么是合理的法律呢？合理的标准是什么呢？在这里我们不能详细解说，只好统括的说：相反天主的就是不合理。再说勉尽法定的义务，这本是同服从法律一条连贯下来的，既然常服从国家所定的一切合理的法律，则举凡法律所加于我们的责任或负担，都要诚心欣悦去履行。但在法定的义务上又加"勉尽"两个字，要照国家的法律理论讲这两个字实在是赘词，在我们公教的法律上可大有关系。所说"勉尽"，可以从两方面解释，一方面叫我们尽力的尽国民当尽的义务，一方面告诉我们尽这义务的限度；要知圣教会法律所加于吾人的负担，不仅在有形的身体和物质，还更加之于我们的"良心"，换句话说：我们要遵守圣教会所定的一切规则，稍有欠缺，对于灵魂的安全是很危险的，所以我们尽法定的义务只限于自己能力所可能的范围内，比如国民有当兵的义务，但因有病"实在"不能在军营中生活或不能作战，那么我们没有当兵，并不算没尽圣教会所定的本分。

第三，国难危及的现在信友当做的事。现在政府已领导着民众抵抗暴日的侵略，我们信友正当在此时表示我们对于国家的爱情，恢复正义，光荣天主。在积极方面，我们应当努力参加后方及救护等工作（前方的工作非大家所能胜任）尽量给国家贡献物力，财力，人力，这不但是信友应当做的工作。还有一件最要紧的工作，就是祈祷天主，赏赐我们克胜强暴。要知祈祷的力量有多大，只看梅瑟张开两臂就打胜仗，垂下两臂就吃败仗，便明白了，这种实例在历史上以及在最近的欧洲大战时，多得很，数也数不清，这里不多引证了。在消极方面，切勿造谣言，亦勿轻信谣言；更紧要的万不要做汉奸，做汉奸就是负卖父母也可说是负卖耶稣，与茹达斯同罪。因为国家是天主的代表，做汉奸就是卖国，还不是卖耶稣吗？汉奸今世后世都是没有好结果的。

（原载《公教周刊》，1937 年，第 9 卷第 27 期）

公教的爱国主义观

牛秉宗

编者按

　　牛秉宗（1897—1979），字亦未，受洗名为若望，亦称牛若望，后被教宗授予蒙席衔，亦被尊称为牛蒙席。河北新乐人，14岁初入教在河北正定小修道院修道，后入北平石门大修道院肄业。学成后回到正定，27岁晋升神父职，负责传教事务。1934年被聘为中华公教进行会总会指导司铎，襄理公进总监督事务，并在于斌总监督外出时，代行总监督之责。同时担任《磐石杂志》编辑。在1936年于斌被任命为南京代牧区主教后，牛秉宗被蔡宁主教任命为中华公教进行会总秘书，兼任全国学校视导。1943年到汉中代理主教及明德女子中学校长，1944年在西安创办《益世报》西北版。1946年应于斌主教邀请，任南京教区秘书长，创办鸣远新闻专科学校和圣三女中。1947年南京正式成立总主教区，牛秉宗出任副主教。牛秉宗当时在北平和天津的很多天主教报刊上都开辟了星期专刊。此外，他在教廷代表公署的支持下创办了四五份刊物，其中对外有《新北辰》，还有《妇女杂志》、《公教学校》和《磐石杂志》，他是这些杂志的实际主编。抗日战争期间他在《公教周刊》《益华报》《磐石杂志》《新北辰》等期刊上发表多篇文章宣传天主教的爱国抗战思想。牛秉宗极为关注国内的天主教教育，曾联合于斌主教推动由教廷代表公署成立全国性的教育委员会。后来到台湾地区依然关注文化教育事业，他和其他专家学者一起创立光启出版社，推动创立静宜大学，为辅仁大学的复校贡献颇多。1963年担任蒙席。

　　作者在开篇指出爱国的理论必须和实事相符。爱国有天主教的真理为依据，爱国虽然是人人都有的观念，但天主教将爱国和信仰结合在一起，不爱国的人就不是真正的信徒。所以天主教徒的爱国比一般国民的爱国标准更高，爱国是义务，必须在统一指导下共同努力。作者认为天主教的这种爱国观念有助于民族凝聚力的形成，这种基于真理的爱国观念鼓舞人们顽强抵抗，时刻奋斗。

一

爱国是一种实事，主义是一种理论；自然，理论为实事之母，没有基于真理的行动，是盲目的，也是不会持之久长的；人既是理智的动物，所以他的行动，必须是理智的，必须受理智的支配。对于某种行动，虽然有时可以凭感情从事，但只靠感情的动作，往往容易走到歧途上去。有时对于某种工作，人或不肯一动手指，往往是知识上的缺乏；对某种正当的主义，人或不肯奉行，也往往是认识的不十分清楚。

汉奸之出卖祖国，盗匪之扰乱治安，推原他们的心迹，大多数是理智上的缺点，因为他们只认识私人的利益，眼前的好处，至于由他们这种行动所生发出来的种种恶果，就在所不计，所谓扒手盗人物品时，只见物而不见人者，便是这个意义的好例证。但这不是为汉奸，盗匪来作辩护，情势是实在如此。所以对于主义的认识，关于理智的训练，是不可少也是不可稍缓的问题。

但是只有理论，主义，而无实事，理论，主义是等于零，是毫无意义的，所以理论，主义，必须与实事相辅而行，换一句话说，必须把理论和主义，求其实现，求其能在实际上发生效力，否则只空谈主义，理论，那便等于担雪塞井，望梅止渴了；坐言千里，终不若起行跬步之为愈；有的人很会高谈理论，宣传主义，但一求其实在，便毫无是处，这是知行不能合一的毛病，这种人的罪恶，更甚于不知不行的人。站在公教立场去批判这种行动，便是所谓"假善欺人"，伪君子；说者谓伪君子不若真小人，有味哉其言也。这点理论的证例，我们在公教的新经上，可以找得到，耶稣不是时常地责斥当时的一般士绅们的伪善吗？"他们——虚伪的士绅——把不能负的重负加在他人身上，自己却不肯一动手指。"如此耶稣乃以身作则，以矫正他们的缺点："先行后言"。这一点似乎和以上所说"先有理论，后有实事"的话，有些冲突，其实不然，因为耶稣不是没有主义，理论而只有行动，只是在未行动之前，不以空言作宣传，而以实行作宣传。

二

爱国不只是伦理界的美德，而且是人类生活需要的要求。无理智的动物，具有本能的冲动，当着外来危险物破坏它的巢穴时，没有不拼命去抵御的；它们虽然没有国家的观念，只有本能的冲动，而亦会卫护自己居留地的安全，人而为有理智的动物，不惟具有本能的冲动，而且具有理智的官能，则其俱有爱国的观念，岂不更高出于无理智的动物。孟子说过："恻隐之心，人皆有之；羞恶之心，人皆有之；恭敬之心，人皆有之；是非之心，人皆有之"；"无恻隐之心，非人也，无羞恶之心，非人也；无辞让之心，非人也，无是非之心，非人也。"如今我们可以把孟子的话掉换一下："爱国之心，人皆有之；无爱国之心者，非人也。"

公教对于一种理论或主义，必先探讨研究它是否合乎真理，所以事前不轻信，既认其符合真理，而又为真理所要求于吾人去奉行，即赴汤蹈火，亦必不辞，已往之见危授命，杀身成仁者，诚不知其几千万，这是公教信士对于信仰笃信笃行之实事，我们在历史上可以找出许多例证的；其所以如此，因为公教的信仰是依据真理的，拥护信仰，即所以拥护真理，抛弃真理而图苟全性命者，必不为人类所齿矣。爱国的理论，既有真理为依据，所以公教人士对于爱国理论的实现，必求其贯彻，必求其实际。

三

爱国心理，既人皆有之，则公教人士亦不能例外，那么，公教的爱国主义，自然与普通一般爱国观念，也无甚殊异，差别。既如是，则写出这么一个问题："公教的爱国主义观"来讨论，岂不是太无意义了吗？

的确，就一般说，公教信徒，亦如一般民众，同是一国之民，同属食毛践土之伦，对于爱国观念，应无所差别；但公教爱国主义，除了一般的观点外，还有她的特殊理论；那么，把这个问题来讨论，也未始不是没有意义的了。

关于这个问题的讨论，过去的公教名人学者，多有很详尽的言论，此地我且引比国马林前枢机主教迈尔谢公的一段话，以见一斑。迈氏说：

> 我们人都有一种感觉：对于共利益的需要和意向，我们须去效忠，这种感觉，实超出个人的利益，也超出血统或党派的驱使。罗马人称公共利益为公家事（Res-publica），这种感觉，就是爱国的观念。所谓国家，并不是仅指一种邻居乡谊，共同事业，或休戚相关的家庭团圆；国家的形成，是由于我们人类精神的结合；这种结合的目标，是要服务社会，所以对于国家，当在领袖指导之下，去保全它，爱护它，如果有时需要流血，也是义不容辞的。国人都俱同一的精神，所以全国的民众，应该遵循着自然的习惯，延长过去的生命，而在同一目标下，增长将来的生命。

这是公教对于国家观念的解释；国家虽以家庭为基础，但其范围却扩大了许多；不限于家庭，也不只囿于近邻，乡党，却是包括着许多精神相合，意志相投，而又从很久的历史习惯而形成的一个大团结；这个团结的目的，在于为社会大众谋幸福，替社会服务；谈到服务，便不能无牺牲，牺牲又是坐基于爱的：没有爱，便没有牺牲。所以公教的爱国有如下的解释：

爱国的观念，是一种内心的秩序的原则，是一个国民有组织的联合。古代希腊大思想家都认爱国是人类最高尚的美德。哲学家的始祖亚里士多德说："抛掉个人的私利，专志去替本乡祖国服务，是世间最高尚的思想。"公教把爱国问题载入法典，不纯全爱国者，也称不起是纯全的信徒。所以公教理论，把一般人爱国的观念提高，且使之确定，实现爱国的理想，是绝对的。这种观念，如果能普遍化，一旦有了外力侵略压迫，必容易激发全国人的意志，竭力去团结，抵抗破坏它的统一的暴力。这里抵抗力量，从哪里得来？为大众利益，绝不惜牺牲个人的利益，生命，这一点又应当作何解释？……除了爱，不能解释公教人的爱国观念，和为爱国而肯牺牲一切；在公教史上，毁家纾难，舍身救国的例子，实在举不胜举，只就爱尔兰复兴的奋斗史，波兰的国家再造史考查推敲，以作了解公教爱国观的一助。

爱国责任，在公教理论下，既属绝对的，所以对爱国不是自由，而是义务，对爱国方式，不能每个人去随便捡取，必须在统一指导下，全国民众，共同努力作救护，保卫国家的事业。

四

国家是个有机体；构成这个有机体的各个分子，便是民众。一个整体的健全与否，固然在于组织这个整体的份子健全与否，但除了这一点以外，还有一点更形紧要的，那便是这些份子中间的联结力。有一句流行的话：单独的中国人，比单独的欧洲人强，但十个中国人，便不及十个欧洲人强。从这一句话可以懂得，只有健全的分体，而没所以联结这些个体的联结力，也无济于事。

为形成一个民族，有许多的条件，如同血统，语言，风俗习惯，历史背景，民众情绪等，但这些条件，都是死的，没有别的一种活力，把那些条件都贯串起来，使之活跃，也是不能成功的，这在我国过去的历史，还不是很明显的事实吗？

"爱国家是制造的，并不是天生的"，这是政治家的说话，但想制造成爱国的民众，必须民众心理中已经有了那样可行性才成，爱家爱国的爱，是与人生俱来的，所以也可以说是天生的；不过这种天生的爱，须加以阐发，须使之活跃；为阐发这先天的爱，自然需要教育，我们民众的天质，未始不若人，但对于国家，则多取漠不关心的态度，这是教育上的缺点，而也是没有认清爱国是自己的责任之所致。

公教爱国主义的观念，是植基于真理的，耶稣说过："我来世的使命，是为拥护真理。"虽说处在今日的世界，有强权，无公理，但只恃强权而不依真理的行动，终究是要失败的，这也是历史教训我们的。所以爱国教育，也应当基于真理之上。

前边我们已经说过，公教人因为拥护自己的信仰，不惜牺牲自己的一切，因为拥护信仰，即所以拥护真理，爱国既属真理，所以凡属公教信徒，只要时势要求，为爱国要牺牲一切，也有所不辞的。A. Ehrenhardt

说过：

> "我们总之不应当忘记了道德上的义务，就是在最困难的情形下也要想出抵抗的方法来。要死是常有时间的。但是生物总含有一种自然冲动（Naturtrieb），譬如快要坠落的人总是手抓草根，于是这也根据在道德世界的自然秩序中，一个民族当生死存亡的关头，也寻找最后的方法来图挽救。纵然这个国家与它的敌人相比，是如何的弱小，然而它总不应当放弃它最后的努力，否则世人就要说它是一个没有灵魂的民族。"（引见民族杂志四卷十一期：全民战争论）

这种勇毅强硬抵抗的态度，在公教史上是指不胜屈，前边业已说过，但公教人的抵抗，绝不只是生物学的，而是出于人类理智的要求的。我们试读耶稣蒙难的史迹，他那强毅不屈的神情，宛如摆在我们的眼前，这是公教人的爱国标准，也是公教人爱国的出发点。根据这种真理，时刻在奋斗，无往不爱国，这便是公教爱国主义观。

二六·一·五日写于故都。

（原载《新北辰》，1937 年，第 3 卷第 1 期）

天主教与爱国运动

消　迷

编者按

消迷，生平待考。

作者针对教外人士对于天主教不爱国的指责，逐一分析天主教的爱国性质。作者先对一些概念做了梳理，例如国家、爱国，之后对为什么要爱国和爱国心从何而来进行了分析，认为每个人基于伦理都要爱国，不爱国的人是因为没有受到爱国的教育。重要的是怎样爱国，对于国民来说，爱国就是要将自己造成有用之才，而从国家的层面来说，造就有用之才的途径就是教育，其中包含爱国教育。天主教在作者看来是公义的、神圣的，天主教徒作为国民的一分子自然应当爱国，此外，耶稣为信徒树立的榜样就是要做爱国的天主教徒，历代教宗、神长都劝导信徒爱国。最后作者申明天主教爱国，就要反对唯己主义、国际主义等敌对主义。作者在这篇文章中注重从天主教和帝国主义、战争的关系，天主教的爱国精神观三个方面阐述天主教不悖于爱国的观点。帝国主义是主张侵略别国的主义，然而天主教以拯救人的灵魂为宗旨，而且是明令禁止侵略行为的。对天主教是文化侵略的工具的指责是一种错误的宣传，传教士的牺牲精神是值得肯定的。天主教是肯定自卫的战争的，而且天主教是褒扬爱国、反对卖国的。从天主教的方面，则应该力求中国化、远离政治化以减少冲突和误解。古今中外，天主教中的历代教宗都有倡导教徒爱国的言论，就中国而言，刚恒毅主教、惠济良主教等天主教人士在抗日战争期间都有爱国的言论和行动，足以证明天主教在中国也是倡导爱国的。所以作者认为天主教的真精神是主张人们爱国的，一切阻碍人们爱国的都不是圣教会的真精神。这篇文章一则延续了非基运动中的辩题，二则以此为基础阐发天主教在抗日战争新形势下的爱国实质。

导　言

时至今日，国运危急，东北沦亡，华北帝国主义侵略的野心欲，至今没有填满，所以得步进步，占寸侵寸地进攻，国内一辈识时忧国之士，都寝不安枕，食不知味地思索应付的办法，一辈热血青年，高喊着救亡的声浪，去唤醒民众一致团结，共御外侮。吾公教人士，往往不参加这种的罢课、游行、请愿、呼口号、发传单，致引起了许多少教外人的误会，以为天主教徒是受过宗教洗礼的，因之对于国家的观念，竟若毫无，对于国难，竟然默默无言，置若罔闻，他们根据了自己的误会，就此辱言吐骂天主教人没有爱国精神，岂不知吾公教人士虽不参与这种联动，但是实际，贡献给祖国许多有力的工作，这是本题应当辩正而申说的，要知道天主教人是否有爱国精神，先当看爱国主义是不是他们的宗教所容许有而奖励的，或是不容许有，而罢斥的；再看以往历史上的事迹，来做证据。为醒耳目起见，我就以爱国与天主教一一分析，先由本身来研究，继参以历史的证明，使我们对于教外人之误会，有正确的定断。

二

国家　国家的定义，多不胜言，几乎每个政治学者，有自己的定义，因之互不相同，各言其义，但就大体而论，亦不难找出他们相同之处，今来说在下面。

先到我国古书里去寻，在说文上，找到"国者邦也""邦者国也"，周礼大宰注上"大曰邦，小曰国；邦之所居，亦曰国"。古时，邦字国字并无区别，互相通用，从此可见了；所以国家亦曰邦家。天子诸侯所治理者，都称为邦国，退而广之，到一切国家的名称。孟子上"天下国家"；史记上"禹会诸侯于涂山，执玉帛者万国"，都是这个意思。再从西方学术源流中去寻寻，亚里斯多德，他是希腊大哲学家，亦是政治学上的"开山鼻祖"，他说："国家是家庭与乡村的联合，其目的为达到完美自足的生活。所谓完美自足的生活，即愉快荣耀的生活"。亚氏斯说，是由国家的主要目的来说明国家的性质，他说得很是简约而完美。徐山禄 Cicero 说"国家是 Respublicaj 大众人，在大众的正义观念下，结成大众化的社会，为谋大众的利益"。徐氏此说，后为葛老祖 Gartius，夏德庵 Wattel，魏顿 Wheaton 等所采用，公元后一五七六年法国大哲学家蒲旦 Bodin 说："国家是支配联合家族最高的行政机关，与家族的所有物，成为联合体。"从上面几个定义看来，我们不难定一结论，就是不外乎亚利斯多德所说的"国家是以家族为单位结合的"。

近代学者对于国家的定义，亦各有异形，英国政治家胡尔 Hall 说"独立国之特征有三：一有威权能与同等国家提携；二有一定的领土；三有完全独立的统治权"。最近美国最高法院对于国家所下的定义，是"由公民联成之政治社会，占有一定的疆土，政府颁行之宪法，须经民众承认，方称有效"。总之，国家是社会之一种，有人口，有规定的土地，有特殊的组织的三大要素；三种若缺一，便不得以国家称之。所以没有特殊最高的行政权力，不得称谓国家，只可说是社会，没有规定的土地，不得称谓国家，只可说是民族，如散居各地漂泊的犹太人。孟子上说"诸侯之三宝，土地，人民，政治"，这个说法，颇与现今政治学家之说相同，不单认定地方为一种界限，并且注重境内所居的人民，与管理人民土地的主权。

三

爱国　爱国是一种理性之动作伦理上正当的行为，不论哪一等人民，对于他们祖国，所应当有的。梅西爱枢机说爱国的热忱是一种美德，袁承斌译的社会讲义爱国论上说："爱国是一种伦理界的美德，要人对于祖国尽一切应尽的义务，要显出一切他所应受的敬意的表记。"原来聚人而成家，积家而成国，国家是家庭的集合，家庭之总汇；爱国家，就是爱家庭，爱自己，所以个人的兴亡，有关家庭；家庭的盛衰，有关国家，俗语说："国家兴亡，匹夫有责"，我想就是这个意思。所以若有人口说爱国，而不知爱家爱己者，当然不是真爱国；因不知爱家爱己的人，无异于父子不慈孝，兄弟不友敬，一家如此，十家如此，百家亦如斯；推而广之，全国都如此，全国的家庭都是反伦悖理，广弃纲常的家庭，这样欲求国家之兴旺，是不可能的。所以大学上说："欲治其国者，先齐其家，欲齐其家者，先修其身。……"也是这种意思。La Bruyère 说："人们当善用青年时代，要因在这时期的研究和工作，使养成一种将来为国家需用的人才。"不错，我们应当善用青年时代，因为青年时代，血气刚旺，爱国种子容易培植，所以负教育青年者，对于爱国种子，当尽量灌输，使他们将来为国家柱石，主人翁时，都能爱国，都能自奋，都能深明强敌的野心，都能抵抗外来的压迫，并且使他们都能贱视强暴的行为，鄙弃破坏和平的武力，使他们对于孤弱无助的同胞，见之生出可怜的同心，因之，使他们将不顾身地勇于救人，乐于正义的行为，所以袁承斌在译的爱国论上说，爱国二字，在意义内，含有奋勇牺牲的意思，的确这种精神在欧洲各国早已发达，他游东欧归后说，他在海外遇到之人民，以千万计，类皆激昂奋发，忠肝热血，谈国耻，则动声色哀叹，闻变法，则额手踊跃，睹政变，则扼腕流涕。梁先生鼓励性的言论，未免略有说之过甚的地方，但欧洲人民的爱国心，比我国至少高出多倍，这是一定的。回顾我国呢，民气向来涣散，如孙总理所说的，虽有四万万人结合成一个中国，实在是一盘散沙，……所以向来不论何国何种人，都可来掠我土地，而奴我人民，但这种没有团结力，如散沙一般的原因在哪里呢，原因是缺少爱国的认识，因之，爱国心也缺少了，但近数十年来，因得教育的发展，民气已渐开通，大众对于爱国二字之认识，也清楚了，又因层层叠叠的外侮，日紧一日，大众的心理，都觉爱国是正当的行为。人类应有的天职，玉不琢，不成器，我们受到外来的刺激就容易产生爱国心，所以我也敢说，外侮为我们是有益处的。

四

为什么要爱国 这个问题是极容易答复的，因为国家对于我们发生过许多的关系，它就是我们生于斯，长于斯，钓于斯，游嬉于斯的地方，在它的土地上，有我们祖先留下来的遗产，有我们的本乡，我们的血土，我的身体性灵，由它酝酿而成，我的学问才能，由它培植而得，它也是我祖宗的发源区，也是我父母现今的居留地，它对我，我们有说不尽的关系，怎么我能不爱它呢？

这种伦理的心情，不论哪时代，哪地方，人人都共有的。梅西爱枢机说："在我们心目中谁都有一种比个人利益，比血统关系，比党派，发展来更得深切的心情，这就是爱国。"在达味圣咏上有一段很好的爱国故事记着："犹太人被掳到剥皮弄 Babylone 之后，他们心中找不到丝毫快乐，分寸安慰，这是什么缘故呢？因为他们失去了心爱的祖土，他们思之念之，心惨难言，痛泣流泪；他们日夜所冀望的，不过是重归旧土，复兴祖地。这种心情思绪，岂不是爱国精神很好的表现吗？"爱国原来是天赋的性律，无异于子女孝爱父母的心，好似同时生产在我的良心上，使得我们认识了它；不得不爱慕，尊重，拥护它。

若有人说：人既有这不得不爱慕尊重拥护的爱国心，为什么仍有许多病狂好利无耻的汉奸，甘心受人利用呢？不错，这种无耻之徒很多，他们大都没有受过教育，至少没有受过爱国的教育。因此他们根本没有想到国家与家庭的关系是什么？这种不智不识的东西，欲求他们爱国，当然是不能得了，所以从理上看来，关系浅薄的事情，教人对之发生极大的爱情，是不容易的。现在有许多不爱国的人，因为他们绝对不知国家与他们的关系，所以要他们纯处于被动的地位，对国家发出爱情，这竟是不可能的事情。但是受过良好教育，或相当教育的人呢，他们良心上天赋的爱国性律，是没有不适用，不发挥的，这就是上面不得不有的意思，要使人人爱国，先当使人人都受过至少相当的教育。使他们人人觉悟国家与家庭的利害，个人的关系，怎样人人都能爱国。

五

爱国由哪里来的　西人论中国者，往往说中国人没有爱国性质，中国人果真是没有爱国性质的民族吗？这是现在当研究的。爱情是人人有的，世界上，一切人生人事唯一的要素，就是这个爱，天下一切事件的成功，也全靠了这个爱，呱呱初生的小孩，性情中最先发现的，也就是这个爱，爱他们的父母，爱他们的亲人，及到悟司发展健全了，爱的范围就慢慢增加，悟司受过教育熏陶的训练后，爱的界限，更增加扩大以到国家了。爱国既是天赋于有国人民的特性，所以是有国人民都有的，因之说中国人是没有爱国性质的民族，是不对的。若说中国人缺少爱国心，这是可以承认的，中国人缺少爱国心的原因在哪里呢？天字第一号的大原因，当然是教育不发达，不普及。第二个原因，是缺少国家观念。中国自古是君主专制国，国者是天子一人的私产，天子一姓的所有物，百姓呢，朝出暮归，所谓"掘井而饮，耕田而食"，服奉皇帝的令诏外，其他之事，都不顾问。所以何怪数千年来，百姓对于国事，毫不关心顾问，因之，爱国的思想，无由使之普遍发达。第三个原因，是缺少外来的刺激，中国自古一统，环列都是蛮夷之族，梁任公所谓"无文物，无政体，不成其为国"。吾民不以他们看为平等国，他们既不得与吾国平等对待而存立，所以吾国常无外顾之忧，常处于百泰平安自尊自大的地位，因此没有外来的刺激，爱国心的原动力，爱国心就不易发生了，爱国心的发生，是由互相倾轧，互相竞争，互相比较，所以对于他族，然后知爱我族，对于他国，然后知爱我国。请看一辈旅居异国的华侨，他们的爱国心如何，闻到祖国遭难临患，动辄集款十万百万，寄归祖国，供它使用。这种慷慨大量的爱国心，较之国内任何人，要超过一层，深透一倍，内地之民，老死不出乡井，目未亲睹凌虐的光景，耳未亲聆失权的事实，习焉安焉，想国家的强弱，与个人的荣辱，无关切身，看国事为无关紧要的事务，但是华侨呢，目睹耳聆，他们由倾轧，而竞争，由竞争，而比较，由此而知自己国力，弱不敌人，因此之，只得到处受人看轻，到处觉到刺激，华侨对于祖国如斯关心，如斯慨然解囊，岂不是因得制造爱国心的原动力——外来的刺激吗？

上述三个原则，因说它们是缺少爱国心的原因，我想虽不中，必不远了。

六

怎么样爱国 爱国绝不是专靠空拳去打，喊声去骂，空拳喊声，不过可以唤醒民于迷蒙，督促政府于实际，这类工作，不说是收不到效果，至少可以说，功效很暂时而微细。真爱国的办法，而且亦是最有效的，就是胡适之先生说的："真正救国的预备，在把自己造成一个有用的人材"，这是很对的；例如我国现今的仇敌，都是坚甲利刃，军备最新式，最充足的国家。要压倒他们的强暴，战胜他们的无理，绝非是我们的赤手空拳，打倒喊声，所能收效的。我们都当希望成为有用之才，他日能用己之长，尽己之能，在自己地位上尽职，这就是为国家效劳，为国家出力，这也是爱国最好的办法，救国最有益的良方。

说到有用之才，哪里去预备？哪里去造就呢？当然要归之于教育，因为教育是开发民智唯一的有效办法，民智既开，民众对于爱国的意义认识了，对于爱国的观念由清楚而透彻了，爱国意义认识，则先前视国事为"度外事""无关紧要"的错谬成见，就可纠正，爱国观念由清楚而透彻，则也得如欧美列强的国民，常以国为个人的国，国事为个人的事，国权为个人的权，国耻为个人的耻，国荣为个人的荣，这样民族精神当然焕发，爱国心的力量，也集众而大了。克柏莱 Cubberley 在他所著的教育史上说："现今，进步之国家认定国民教育，与社会，政治实业的进步，国家的幸福有密切的关系。"确然，教育是国家栽培人才唯一的工具，那么，负教育职的人，对于宣传爱国之使命，是多么重大呢！所以负教育职责，当处处在青年心坎中，播散爱国的种子，使它们的根苗，渐渐长大起来，成为有用奋发的材料，为国家工作效劳，为国家尽忠牺牲，这也恐就是梁任公先生所说："要全力鼓铸之"的意思了。

培植青年爱国思想，要使他们人人都有为国牺牲心，要使他们人人都愿献自己之"血"，"肉"，"生命"于国家，但不必引起他们对于别国发出仇恨心。本国积弱的原因，受人轻视的地方，当然可以讲说，为鼓动青年的爱国心，自奋心。但，对外的仇恨心，对内的自私心，都不可有的。仇恨心，自私心都不是有效的建设工作，不过是一种破坏，一种幼稚病，所以真正的爱国心，照当今教宗庇护第十一所说的，要建筑在正义上，这是负教育职责，当注意的。

七

天主教 要知天主教的定义，先当知宗教的定义，宗教西文曰，莱义翁 Religion，此语西欧各国皆同，究其字源，来自拉丁文动词 Legere，有摘取，寻思的意义，亦有曰，恐来自拉丁文动同 Ligare 有束缚的意思。以新义解释宗教，恐更较确切，因莱义翁的字义，即说造物主与人类的关系，所以总不免有束缚的意思。宗教讲造物主与人类关系。但这个关系是什么关系呢？这是伦理上的关系，因为造物主与人类有造生的关系，若使造物主不造生我，世界上就永久没有我的踪迹，永久没有我的生存，因此，我与造物，不发生关系；造物主既生造了我，我此生存，就对他发生了关系，家庭中子女对于父母，因有生养之恩，所以就有伦理上之义务，就是尽孝尽爱的本分，受造之人，对于造物主，也这样，因得造生之恩，就有了伦理上应当尽的义务，应当做的本分，这伦理上的义务本分，就是伦理上的关系——宗教。

天主教是宗教之一，不过这宗教和其余的宗教不可同日而言，同目而视，因为唯独它①，是圣的，公的，真宗教。在这教内，崇拜的独一无二的造物主，（天主）他是无始无终的，他亦是全能，全知全善的，他亦是赏善罚恶的判官；信他钦拜他者当得救；否则，下堕永火地狱受苦。从这简约数字中，天主教道理之要纲，也可略略窥得一点了。上面我说过天主教是圣的，公的，是圣的，因为这教是至圣的天主亲自立的，所以道理规诫，都由他亲自启牖，亲自宣示颁行。

也因为教中各条规诫，都是尽善尽美，指不出半点邪妄，她令人克己复礼，正人思言行为。也因为教徒坚信真道，恪守诫命，即成善人，至死不变，即是圣人，得享天国。天主教是公的，因为这教是普天下的公教，不拘任何人，愿都可以进，它的传布天下，不分土地，不别种族，当不限国界。它的道理，自古迄今，直到世界末日，绝不改变，始终纯正如一；它的教会，虽然传到五洲万国，但是教会的行政统治权，始终属于唯一的耶稣基利斯督代表，罗马教宗。这些都是足证天主教是公的标记。由上面寥寥数言，对于宗教的意义，天主教道理的内容，也简略做过介绍了。

八

天主教教胞应当爱国吗　国民对于国家有爱国天职，天主教教胞也是国民的份子，为什么可以不爱国呢？就是在超性一方面说，国家是天主赋给国民。天主赋给我们的国家，是要我们爱慕它，拥护它，服从它，圣保

---

①　早期文献用字不统一，应用"她"指代天主教。

禄宗徒岂不是说过吗"一总人都当服从有权的长官，因没有一个权柄，不是从天主来的"。天主教教胞，常以救世耶稣基利斯督的一举一动，一言一行为法则为榜样的！试看耶稣基利斯督，对于爱国的行为，留给我们什么法则，什么榜样？耶稣基利斯督是何等样爱国的，他预见将被敌人围攻，困系的祖国——耶路撒冷，他情不自禁，泪珠粒粒落下来了，圣史们记载这段事实的原文，都很详细，我今抄录于下面，路加圣史记载："耶稣到耶路撒冷，望见那城就哭；他说现在还是你的日子，把不得你认识那关系你平安的事，到底那些事，如今在你眼前隐藏的了。因日子将到，你的仇敌要在城的周围掘壕筑垒，围起你来，四面把守你，又要把你，及在你以内的子民，都倾倒在地，不留一块石头，在石头上，只因为你没有认识，看顾你的时候！"玛窦圣史写着："耶路撒冷，耶路撒冷你残杀先知，又用石头砸死那奉遣到你这里来的人，我多少次愿意，聚集你的子民，如同母鸡聚集小鸡在翅膀底下，你偏不愿意！"圣史记载耶稣望着耶路撒冷哭，向着耶路撒冷发悲愤的牢骚，这种事迹岂不是耶稣留给我们爱国的表样么？他三载传教到处讲道，训诲宗徒教友，圣经上记着有一次他说："谁爱父母过于爱我，不堪作我之门徒，谁爱儿女过于爱我，不堪作我之门徒。"耶稣不许我们爱受造之物，胜过他，但并非不许我们爱国，他不但不禁止，自己反遗给我们爱国的表样。为耶稣基利斯督历尽艰辛，备尝铁窗风味的保禄宗徒，他怎么样懂清楚，爱国精神是人人所应当有的，所以训迪当时教友说："你们整个的灵魂，要服从于长上威权之下。"他又说："服从长官，是要紧的，不但是因为刑罚，也是因为良心。"人民受国家之保障，有应享的各种权利，因此也就有了当尽的义务，如纳税完粮，付捐，尤其如在非常时期中的救国捐，航空捐，慰劳捐，这种义务，都是爱国人士应当尽的本分。请看耶稣基利斯督，也给我们留了完付捐的表样，圣经上记着。耶稣说："责撒尔的就当归责撒尔，天主的也当归天主。"圣保禄宗徒也用同样的口气说过："当完的粮，就完，当纳之税，就纳，当敬畏的，就敬畏，当尊敬的，就尊敬。"梅西爱枢机在神牧公牍上叮咛属下一铎说："特别是你们：我很亲爱的同志司铎，你们该竭尽心力，做爱国主义的守护人，同时也做公共秩序的维持者。"再看刚总主教对于爱国如何劝中华教胞，他说："就以爱国而论，我们也希望中国教友，不落人后，又当不自馁，常在前线，和第一流国民并驾齐驱。……中国公教学生的爱国表现，不当做无益的喧嚣，而当在认真求学，预备为祖国的幸福努力。"本笃会修士，前任中华民国外交总长，陆征祥说："基利斯督的宗教，把爱国当着为律令，所以没有一个纯精的基督信友，不是纯精的爱国志士。"最近，惠主教在中国祈祷之日，上说："耶稣基利斯督不特愿众司铎，导引信友趋赴天庭，且亦希望彼等，指示信友，宜如何爱戴国家，报效国家，彼固亲示人，以爱国之准则也。"

从上面之言，可做一小结论，天主教教胞，是应当爱国的，因为天主教教胞，也是国民的份子，亦因为耶稣基利斯督自己，及宗徒们，以及历来的圣教神长们，都劝我们找正理守好爱国的本分，做知恩有良心的好国民。

九

爱国主义的仇敌与天主教　一切反对阻止爱国主义的进行者，都可以说是爱国主义的仇敌；因为他们的主义，不是站在爱国主义的联合阵线上，确是站在反对阵线上。

唯己主义，国际主义等，都可归入爱国主义的仇敌阵线中；因为他们主张的，到处宣讲的，是破坏爱国主义的生存，与进展。

……

再看唯己主义呢？或称自我主义，它的主张是：以个人的关系，个人的利益，做行事的标准，世界上一切，若有个人的利益，或关系者，都要去做；反之，若无关于个人的利益或关系者，一切都可不顾不管，所以，即使目睹盲者行将入井，若这于个人无关利益的，可任他踏险，绝不加救。这种无恻隐之心，害人害群的毒说，真破坏社会上公众的友爱，生活，和人类间的互助精神的。爱国主义所主张的，完全与它相反，爱国主义讲的是爱人，泛爱到国家全体的国民，不但爱护个人的利益，私人的关系，并且推及到一国的利益，一国的关系，并且有时也能，为爱护整个的国家，而不顾牺牲个人自己。唯己主义的毒说，是近乎绝对行不通的，因为假使这种主义一旦实现，则世界上早已国不成国，社会不成社会，一切公共团体的组织，也都没有了。那时世界上一切，都破坏没有了。所留的，只是个人与个人的争斗，个人与个人的残杀。

再看国际主义，它的主张是：天下没有什么国家与国家的分界。种族与种族的区别，合天下的国家，如一理想大国家，合天下的种族，如一理想大种族。他们信从国际主义者所说的："建设理想大国家"。而成天下大同的世界，这简直都有近乎不可能的事。请看今日世界邦国林立，每邦每国，都有邦主国主，今小小局部的邦国，虽有贤智专门的政治才，欲求一国之治，一邦之安，尚弄到落乱天花，难于应付；若果如国际主义所主张，一旦能联合天下五洲的种族万国，成一整个的大同国家，则请问，有谁能负这执政治理的任呢？况种族与种族因有土地上的关系，人情上的差别，互相竟有根本上的不同，若欲强迫根本不同的种族，在国际大同国领导下生活，这岂是可能的事吗？

……天主教对于唯己主义，也抱对敌态度。因为天主教是提倡牺牲小我，而成大我，命人友爱，友爱到如同自己的地步，命人援助他人的贫厄，救济他人的患难。天主教对于国际主义也抱对敌态度，因为天主教，主张对于国家要尊敬，要爱戴，要拥护，假使这种理想主义有实现的可能，则世界上势必闹成更没有纪律，更没有组织，更没有秩序的局面，这是大大违反大造创世的本旨。从此可知天主教对于上面举出的几种主义，是站在对敌地位上，不特此也。天主教并且它是爱国主义的拥护者，提倡者。

十

天主教就是帝国主义吗　欲知天主教是否是帝国主义，先当知什么是帝国主义，孙中山先生在民族主义第四讲上说："就是用政治力，去侵略别国的主义，即中国所谓勤远略"，他又说："这种侵略政策，现在名谓帝国主义，欧洲各民族都染了这种主义，所以常常发生战争，几乎每十年中必有一小战，每百年中必有一大战争，其中最大的战争，就是欧战。"这种侵略的野心观念，从历史上去寻求，可见几千年前，早已发现过好多次了，并且那种大帝国，包括极广大的土地，极复杂的人民，在东方西方的史乘上，都有过记载，秦始皇吞六国建立东亚第一大帝国，秦始皇后，经过汉，唐，宋，元，明，清，直到现今的民国，还有人维持着这一统的中国，这是东方最大帝国的后裔了。西方亚立山大创建世界大帝国，但他死后帝国就分散了，这是西方最早的帝国。其次要算着罗马帝国，它是欧洲史上最重要，最完备的帝国。这种大帝国，亦称世界大帝国，因为它们都有征服全世界的野心，虽有种种地理上的界限，人种的不同，风俗宗教的不一致，但这些困难，都不足以阻止野心家的侵略，所以今日的帝国主义，也可以说是从前世界帝国主义传下来的一种遗产，一种扩充国家势力的方法，一种侵略他国的政策。总之，今日所说的帝国主义，就是一种政治侵略，欲断定天主教是否是帝国主义，只要看天主教是不是帝国主义，天主教创始犹太，是耶稣亲自定的，宗旨是在钦爱独一无二，至尊无对的造物主，他造化天地，掌管神人万物，命人泛爱众人，无异自己，这是天主教的宗旨，也是教诫之总纲。敬爱大造，是人类对于大造的本分，泛爱众人，是人类与人类间应有的职任。这种泛爱众人的教诫，竟然是直接命我们常怀着博爱主义，抱着救己救人的精神，为人类寻求真正的幸福，为人类争夺真正的自由，为人类废除一切非理的强权，为人类建设世界的和平。这个宗教，并不盘踞土地，并不参与政治，它在各国各地的一切建设，一切成绩，就是各国各地教会的建设，各国各地教会的成绩，它的教务行政总机关，是在意国罗马。这个总机关，虽常驻罗马，但绝对不是属于意国的，它是世界万国公教，神圣的总机关，统管世界公教一切的教务。它的地位，因是耶稣自己建立的，神圣的，所以超过世上一切的国家，在它教会内，握执教权的神职班，都是守贞不娶献身事主，不限国籍，不限阶级，所重的是道德、学问，他们抱着博爱主义，怀着牺牲精神，真是"离乡背井千万里，深入举目无亲地"一句可以略略描写他们的人格了，他们唯一的宗旨，愿望，是拯救沦没于黑暗中的灵魂，引挽溺沉于罪恶中的亡羊。他们这种正大光明的态度，真实的道理，岂可与侵略的政策，同日而说呢？

请听听天主教的神长对于属下的叮咛，是怎样：西元一三零七年，教宗格莱孟第五 Clement 致北京第一位总主教孟高未诺 Montecoiino 教谕上说的，无非是吩嘱"传教士专心布道，与政治商业，完全脱离关系"，天主教从未许过传教事业，为国家政治的工具，所以它禁止传教士，干涉政治，参与国家的政策，它也不容任何传教士，赞助外国的事业，推广外国的利益，它也决不愿接受任何国家，负职保教，而致损害地方人民。

一九二六年教皇致各教区领袖公函上说："历史上证明，任何民族，任何政体，圣教会均可与之适应，圣教会又命我们，尊看并敬重，合法的长官。"上海中国第一次公教大会议，第六百九十四款说："我们不可宣传中国人的缺点，中国的风化习惯法律制度，若非叛反正理，我们不可以言论，或文字去指斥。"同上第六百九十五款上说："我们都可以耶稣特派员名义来中国，希望都尽力赞助中华同胞，绝不愿他们稍受损害……中国不叛反福音原则的正当爱国心，我们应加尊重与爱护"，同上第六百九十六款上说："在中国发现的罪恶，如匪扰等，苟有述叙必要时，当严加分析，勿使全国的人民蒙同样的恶名，于中外发生冲突时，传教士的言行举动，要格外谨慎，严守局外中立，免使政治方面的仇恨，累及传教"，同上第六百九十款上说："传教士都当和地方官长联络感情，礼遇有加"，同上第七百款上说："事件发生，必先设尽方法以求解决，非万不得已，不可请西洋外交官代办"，最近本区惠主教在为中国祈祷之日上说："吾公教对于国家，素来尊重观念，未尝许信友脱离国家关系，反训以圣道，圣事，使彼等富于爱国精神，增高国民生气，焕发国民友爱，彼此互助，彼此缔结，以精忠报国，热心公益，为当行之务"，从上面不少的引证中，都证明侵略政策行为，帝国主义的手段，是天主教所不许，而禁止的。

十　一

天主教与种族观念　天主教对于世界万国的教胞，始终是大公无私，一视同仁，不分富贵贫贱，不别上下等级，所以不论远隔大洋重洋之区遥阻高山峻岭之地，天主教派各国的传教士，布传真光，宣讲福音，使尚未①在异端邪说，或无神主义中摸索的人类，都能同归于天主真教的一牧一栈中。

因之，地球上世界万邦，都有了天主教传教士的影踪，都有了天下纯一的真宗教，玛窦圣经上记着耶稣吩咐宗徒们去传教说："你们当去训诲万民"，保禄宗徒致弟茂德信上说："他愿意一总人，都得救，都认识真道"，他在致罗马人书上又说："都经上说，凡一众信他的人，必不受羞辱，并不分如德亚人希腊人，因为一总的人，同有一个主，他待凡呼求他

---

①　编者按，原文中"尚未"两字应删除。

的人，是大方厚道的，所以无论谁，凡呼求主名者，必得救。"耶稣亲口的教训，宗徒们的遗教，都一致地表示，天主教是始终没有种族区别观念，经文上明明说清"广衍圣教，若天四面包地，无方外遗"。教皇的论旨上，也找得到同样的意思，从前有人提议过，夷蛮戎狄之族是否有接受福音的资格，提议者，以为耶稣救赎之恩，是白种人独享的权利，更有可笑者，我们堂堂的中华大国，前已有历史文化的声誉，竟从前也经人否认过，有接受福音的资格，这岂不是大错大错的理想，荒谬不经的言论，阻圣教广布邪说吗？我们若能读过了教宗圣教会的成绩通论，就可水落石出明了这种理想的错误了，公教哲学家玛利旦 Maritin 说："有人误看基多的门徒，传教士，为国家文化的代表，为殖民政策发展商业的先锋队，这是什么缘故？因为受了轻看有色种邪说的反宣传，这种邪说，为传教进行，真是一个大障碍。"不错，这种毒说，迷惑人心，破坏传教救人的工作，减少智识阶级对于传教士的信心，摧迫无智阶级，向传教士生出怀恨，圣教会，因之受到极大的损失，这种谬说，是为人类的大仇敌。

再看传教士的精神，及历来的事实怎样？传教士他们弃舍了甘饴的家庭，分离了亲爱的骨肉，到他乡异国，去救异种的亡羊，他们饱尝辛苦，饮食艰难，老死不得与家庭团合，与祖国本乡重见，这种精神，岂不值得钦佩吗？他们的目的，是多显天主光荣，以天主的神国传到世界人类的心坎中，他们这种博爱主义，牺牲精神，若不有超性的意旨，谁肯负任呢？他们本有的家乡祖国，好似忘却了，竟然到处就做他们的家乡本国，真如保禄宗徒在格林多书上说的"同犹太人，我就成犹太人，好能救犹太人"。他们这种精神，并不是唯己主义的"福乐之地就是本乡"。但确是"传教之地就是本乡"。这也就是刚总主教所说的："传教士，爱中国，如第二祖国。"孙中山先生深明天主教传教士的有真精神，所以在民族第一讲上云："民族第四个力，是宗教。"又说："耶稣是宗教革命之元首"。传教士再有以德报怨的精神，他们轰轰烈烈，百挠不折地实践，这种精神，完全是因得超性的回头，超性的涵养，实行了保禄宗徒所说的"你们不要斗恶胜过去，总要斗善胜过去"。传教士所求的酬报，不过是希望我们能了解他们的精神，是出于纯正的公教爱德，并非出自政治作用……我们由高主教自己致刚主教一书上，可以窥出，他说"我对于上主，有无限的信赖心，常思天主绝不弃舍我司铎，教区；不过若天主要我司铎性命的牺牲，我亦无任服从"。

汀州德国多明我会传教区，区长，致刚主教信上也有相仿的记载："天主的葡萄园，已蹂躏无余，我们却不失望，仰赖上主的助佑，劳苦或死亡均所甘心，希望难关度过，天主更多多降福。"传教士确实常怀着视死如归的精神，若能愈显天主的光荣，虽舍身致命，亦甘心情愿，这种纯洁的事迹，在天主教已往的历史中去找找，真多哩！不必我去一一扇出来了，总之：天主教是世界万国公教，它对于世界万民，绝对没有宗教歧视，它传教士所有的精神，是神圣的，是伟大的，是值得我们钦赞而同情的。

十 二

天主教与战争 天主教对于爱国主义，是万分尊重的，在上面已言过了，现在要讨论战争二字，是不是天主教所容纳的，国家权利被侵，土地被占时，若在不得已的光景中，即除了战争没有其他办法时，天主教承认这种战争，是可以采用的，理由是很显明的，因为例如敌人举刀害我，我为自卫计，若除了先杀他，没有其他办法，这种杀人是可以的，敌人丧我主权，夺我地土，奴我人民子女，涂我人民肝脑，他们的野心仍不满足，仍思汲汲进攻，在这种耻无再耻，忍无再忍的环境中，被侵略国，依公理，照正义，应当采用唯一的有效手段，就是武力抵抗，这种抵抗，当然不是出于仇恨心，也不是出于报复心，不过为的是公理，正义，圣经上先知依撒依亚说："天下泰安，黄金时代"。这无非是劝我们有求和平办法的余地时，总当先求和平，使"黄金时代"的世界，不破坏，人类的性命，因之，得以保存，蒋委员长在去年轰动中外的一篇演说上说……蒋院长的意旨，很隐讳，很幽默，足见他对于祖国，向来胸有成竹，他发表这种卧薪尝胆的言论，大众已窥出他，历年来对于祖国复兴的苦心了。

圣经上的句意，难非如蒋院长的意旨，有卧薪尝胆，忍气吞声的意思，但是用超性的回头，容忍他人，所以有饥①让他人半分余地时，总先当饶让，这确是圣经上的句意，也是天主教爱人，赦仇的真精神，不过，

---

① 疑为误字，应为"机"。

当注意的，就是上面已述过，在不得已的光景中，天主教也许用战争，夺回我们应有的名分，与权利。天主教有时不单准许这种战争，而且因为这种行为，纯然出自公理，正义，所以也赞颂，鼓励这种正当的举动，圣奥斯丁说过："不当利用和平来预备战争，应当为了求和平，才战"，他又说："致命之成，非由刑罚，实由意向"。

意向为正义，为爱国，而战，而死，这当然可以得到致命荣冠的赏报，吾主耶稣在圣经上也奖励而说过："人为自己的朋友，肯舍自己的性命，人的爱情，再没有比这个，更大的。"吾主耶稣自己，的确为了爱我们，让恶党捕去，为了爱我们，饱受万苦，舍生去命于十字架上，他这个舍身爱人的榜样，岂不是留给我们效法吗？将士们为拯救自己患难中的同胞，保护自己有血统关系的家室，看守耶稣自作牺牲的祭台，而战争，而阵亡，这个死亡，是光荣的死亡，有福的死亡，世上众口称扬他们是救国的英豪，为国捐躯的俊杰，天堂上众神诸圣，在至尊大父前，都口口声声，庆贺他们的盛事壮举，因为他们尽人间最上无比的爱德，当今教宗庇护第十一，在迫于基利斯督之慈爱通牒上说："我等深知保卫教会的战争，及我等人类所有的任何合理战具，皆当应用。"公教大哲家梅栖爱枢机说："为拥护国家的荣誉，为拥护被害的正义计，谁能牺牲性命，天堂上基多将赐以荣冠，为酬报他军事上的毅勇。"袁承斌先生在他译的爱国论上说："圣教会的赏罚，是永远的，来世的，爱国者因了一种爱国的行为，要永远受特别的一种光荣，卖国者，因违反了第四诫的一部分，要永远在地狱中受特别的惩罚。"由上面的观察，我们可以认清天主教对于战争，究抱什么态度，在不得已的光景中，怎样对付，历来天主教的神长，对于这种"不得已的"战争，有过怎样的表示，我想这也是读者所乐闻的吧！

十 三

一点已往的回顾与今后的努力　传教士到处传教，当以传教地为自己的本国，自己的家乡，这我在上面说过了，所以歧视异种，小看外族，是圣教会绝对禁止的，因为这种的传教，是没有懂清楚，吾主耶稣立教的意旨，圣教会托付于传教士的使命，圣保禄宗徒明明说过："同犹太人，我就成犹太人，好能救犹太人。"就是要有传教的真精神，到各地依照各地的情形环境，凡不违反圣教道理，或圣教法律的原则者，均当适从，采取，使当地的教友，对于传教士，不觉得意外的不便，刚总主教也叮咛过在中国的传教士说："我们当在可能的范围内，力求中国化。"圣教法律与国法有异殊时，若无原则上的冲突，一概采用国法，这是可以的，并无违背教理教道的，但人总是人，人类的本性，是很屡弱的，有时在至圣至公至一的圣教会中，恐在所不免，有少数人，或极少的工作人数，他们尽神圣的职分，恐有指摘之处，因之，引起了局外人的误会，什么帝国主义，文化侵略，政治侵略的先锋队，种种侮辱的名称，都加在天主教身上，不错，我也亲耳听过，这种侮辱之言，但是我们当分判清楚，少数人或极少数人的缺点，失职，决不可因此，就说圣教会一总工作人，更不可因之就说天主教是帝国主义……况天主教的真，正，圣，是证在道理上的真，规诫上的正，礼节上的圣，所以不必一总奉教人都是圣，善，后；宗教方得才为真好，请看桥与路，虽说是连带关系的，但桥是桥，路是路，桥的优劣，决不就可说是路的优劣，这是一样的理由，吾公教中若不幸有这种不良份子，害群之马，但决不能因之指斥公教，况这种不良份子的在公教，徒有名目而实际早已置身教外，所谓有名无实的败类，他们行为的优劣，于吾公教有什么关系呢？还有许多冷淡的教友，他们的行为，比之外教人并无异样，有时竟较之外教人，反不如，因为他们，连外教人正人君子的行为，本性的修养，都没有，因此，无怪外教人藉口说："天主教徒，比我们没有好多少"！唉这种字句听了，多么伤心呀！这原是谁的过失呢？不说普通的外教人，就是具有智识的外教人，往往不知分别判断，以公教内败类的账，都写在圣教会的账上，这算是公道的吗？

我再说，虽有极少数的人，好似没有懂清楚圣教会托付于他们的使命，反对新中国的进展；的确，事实是有的，但是我们若读了刚总主教的言论，对于圣教会的真精神，真心迹，我们都可完全明了了，刚总主教说"……我们最大的错误，是把耶稣简明的道理，和复杂的西方文化，混在一起，所以中国人，由怀疑而恐怖，而仇视……我们把圣道，和外国的风俗，习惯，军队，枪炮，杂合在一起；难怪人家的恐怖……以为种种惨祸，都是由我们走错了路，我们传教的企图，遂大受打击，或将一败涂地，不可收拾，我们把现代文化喷出的毒焰，写在良善心谦之耶稣的账上，因为我们讨人厌，耶稣也跟着受辱，这是不可掩讳的事实；将来若再想传教，必须切实效法人子，旅行式的，宣传西方文化式的，布道员，绝不可再有"。

我再说有这种思想的人，是确实有的，请看一九二八年八月一日，圣父电贺中国的和平统一，希望中国的正当要求，及早贯彻，并祝祷国运兴隆，这通电遍传全国后，影响很大，中国外交界，智识阶级，向来以为宗教受列强的政治束缚，今见这意外的通电，都很钦敬圣父之自由，与爱德；表示他们之谢意，外国人方面，也有惊讶该通电话之出人意外，据刚总主教说"连传教士中，也有不明中国演进的实况，固守旧观，以为这通电，是莫名其妙"。不过而这种人们，为数很少，我们所信仰的，是宗教的真实，圣教会的精神。圣教会的精神，不过是在救人的灵魂，绝不应许有一点半毫，含带政治性质的举动，与言论。向昔对于公教有过怀疑者，今读刚总主教的谕论后，中心疑团，可以消释了。

十 四

天主教的爱国精神观 天主教既不是爱国主义的仇敌，又不是帝国主义，并且命人怎样应当爱国，在上面已言过了，现在我举出几章历史上的证据，与最近国家多事之秋，天主教对它的表示，来作为对照。

先由圣教会历史上去寻求，历代教皇的通牒中，有关爱国的，一定不少，可惜我因参考书不多，不能一一介绍出，但是，我就在随手找到的几本书中，摘录几段有关本题的于下，教宗良第十三在通牒中说："性律命我们爱我们，生与死，长与死的祖国，要胜过一切的爱情，一切的牺牲，故凡好国民，为国家即有冒死之险也，不当所畏惧。"当今教宗庇护第十一说："公教会，宣认教导演讲，当尊敬服从合法成立的政权"。他加冕九周纪念日在广播电中再说："余特向为民长者进一忠告，彼等该以公义慈爱为怀，为民众谋幸福"。他又说："余欲劝告民众者，即是彼等服从政权"。他在迫于基利斯督之慈爱通牒上说："圣教会对于发展真实的文明，辅助进步之合法的努力，无时不欣然赞助。极力维护着"。历来宗徒们，与圣教会的超性学士们，圣教会的贤哲名人们，关于爱国也有许多言论。

请听圣保禄宗徒在致弟铎书上怎样说："该提醒革勖脱人劝他们听从掌权的命令"。圣伯多禄也说过"你们为主之故，当服从一切制度，或是君王作元首的，或是大王所委派惩罚恶人，奖励善人的长官，这原是天主的意旨"。超性学士贾益棠 Cajetan 说："我们当尽对于父母与国家应尽的本分，正如我们生存的元首，这就是爱国范型的对象"。圣若翰纳达尔哀是一位法国的热心公教女子，她率领了兵队，在百旦 Patay 战胜英人的入侵，后来圣教会，因她圣德不凡，列入圣品。法国福煦将军，他在欧战时，为祖国做过大劳，有过救国英豪的名声。但我们不忘记他，亦是热心的公教信徒。前清国务总理陆征祥①，他看破了红尘，潜隐修院，专务神工，但他听到祖国的危急，赤诚的爱国心，驱使他写出许多关于爱国，及国难的言论，并且介绍欧西爱国的公教伟人来，给我们做师表，做前导。马相伯老人在国难声中，洋洋大篇也表示过好多次，关于救国的策略。这些都是公教伟人，也都是爱国热烈份子。所以我敢说，大体而论，热切爱护真宗教的信徒，不能不有爱戴祖国的精神，历来公教主教们，关于爱国的言论，也有不少，近代其中最负盛名者，当然首推梅栖爱总主教，看了他的言论，应知我言不当河汉的。梅栖爱总主教，致本国神职班公文上说"可爱的同志司铎们，你们当竭力尽心作爱国主义的守护人"。

他又说"我对于妨害我自由行使神权的暴力，表示抗议"。

他又说"有报恶的志愿，而又尊重正义的秩序者，是爱德的举动，是照公理，纠正不良的行为，是行善功，是正当的行为"。

他又说"人民若不知追究非法行为，不配称为人民，不配享自由"。

他又说"若只有关个人的事情，不妨可以暗中忍痛，以德报仇，但，对于国家的侮辱，因为惹起公愤的，理当偿补"。

他又说"凡有害公益者，不得加以惩罚，否则，君王一律宽赦犯人，庶必遗患社会"。

他又说"圣经是偏向宽赦的，但圣教会知道，在某种光景内，方可宽赦，圣教会对于罪人，须他自己认罪痛悔，定改再不复犯，补偿，补赎（因罪的轻重而定罚）方可宽赦。"

他引证圣奥斯定说过"不补还，不赦罪"。

他又引证基利斯督而说过："我们宗教最大的职分，是以正理昭示天下，基利斯督曾言。我在社会的使命，是为正理作证"。

---

① 原文有误，陆征祥在清朝曾担任中国驻荷兰特命全权大使，民国后赴任首任外交总长。

他又说："你们若服从一种人类的偏情，仍说暴力压迫的举动，是正理，则你们（主教）不配带圣教会给你的戒指，不配带胸前的十字架，更不称做圣教会的人了"。

他又说："爱国的热忱，是一种美德，你们因地位上的职分，当做德行的保护人，与宣传人"。（以上梅栖爱枢机的言论摘录圣教杂志的天主道理下评判之"满洲国"。）

梅枢机这种言论，并非出自激烈的冲动，确是出于纯正至诚，他这种伟论，并非偏于理想，出自私人的观念，确是天下的公理，人伦当有的表示，他的言论，是怎样受人看重，怎样有价值，我们读了各国对于他言论的评述，可以略见一斑了。

各国对梅枢机的评论（摘录在天主教道理下评判之"满洲国"）

1. 德国驻比政治部长郎根与梅枢机接见说"对于你们爱国热忱的正确价值，不能不表示钦佩"。

2. 比王致电教宗"余今向罗马公教元首表示，余对于梅枢机所有的景仰，梅枢机不怕宣示真理，攻斥谬说"。亚尔培

3. 教宗于梅枢机五十年金庆颂词中，有这段表示"你是出于基利斯督精神的勇武，你的勇武精神，使你关于人道主义的战争时，发表种种'用以稳定人心，扶植屈膝的正论'（若伯六章六节）你的灵魂是属下信友，所当奉为圭臬的神牧灵魂"（伯多禄书五章三节）

4. 日本于梅枢机逝死后的发表"日本永久热诚景仰在全球上散播光明的梅枢机，他的死，不但是比国和公教的损失，实是全球人类的损失"。

总之：爱国本身是伦理界的美德，所以饱满爱国精神的人，是值得崇拜，值得钦佩的，圣教会在经言祝文上，关于爱国及国家观念的东西，也有不少，请看周年经上七祈求中第二求说："求为当今帝王官长，祈主赐以四方，宁靖五谷丰饶"。弥撒规程求恩祝文上说"……罪人专恳耶稣圣母，及诸圣人圣女同祈天主，加佑……人民请泰，国土安靖，……"祈求圣方济各沙勿略祝文上说"……望尔转达，赐……更赐中华国泰民安。……"奉献中华圣母祝文上说"恳求怜视，中国亿兆人民，皆尔圣子圣血所赎，赖尔大功之转求，赐之同归耶稣圣心……"圣母进教之佑祝文上说"……并恳切求尔，恒保普世圣教，暨中国帝王士民，及本省信友，常获平安，……"求圣若瑟为中国大主保祝文上说"……又求尔为中国主保，转求天主，怜

视中国未奉教人，……"方言领洗问答上问说"应该为啥人祈求？答说
"为一总人，为圣教会，为教皇，为主教老神父，为官府老长辈……"。

上面举出的经文虽是不多，一定还有许多我所没有想到的，但上面的
几句，我想为表示出圣教会爱国观念，国家观念的重视是已够了，圣教会
与国家，是分不开的，所以圣教会无时无刻不在为国祝祷，为国祈福，看
十年的事吧，刚总主教对于爱国的思想举动，在辅仁大学发表过下面的议
论："你们当爱你们的祖国，你们当严守规则，用心研究学问，准备他日
为国家效劳。"当今教宗庇护第十一于民国十七年，中华南北统一后，即
令中华全国公教教友，一致服从国府，这个通电，在十七年八月六日，北
平革命军人的朝报，新中华日报上早已刊登过了，同年八月八日的新中华
日报，及九日的申报上，都刊载罗马教宗，首以平等同情待中国，这岂不
是圣教会尊重爱国主义尊重中国，国家观念的表示吗？

五年前，暴日侵我淞沪，我十九路军奋勇抗战，死伤不少，本区惠主
教，申令教胞，在战时特为中国祈祷外，尽量救助受伤将士，他的原文上
说："我们唇舌的工作就是'祈祷'……我们双手的工作，就是'救护'，
这是本区主教在本年中，第二次向你们呼喊了，我深信你们心中，大有信
德的器量，必不虚我所希望的。"他又说："当依我们的所能，设法救护伤
兵，和灾民，在本教区内，业已发起的种种善举，以减轻伤兵和灾民的痛
苦，本主教很希望此种善举，遍行于各总报内。"他又说："我们众人，都
该一心一灵，为中华祈求，为中国服务，都该望此大难之后，中华能成一
更团结，更巩固的大国……"因之，震旦大学的一部，广慈医院的一部，
洋泾浜类思小学等……都当时充作伤兵医院，并有教胞及教外的医生，负
职看治，这亦是足证天主教，是同情于爱国的，所以对于爱国的正当行
动，实际工作，绝不落伍人后，而不参加的。今日时局更艰，国运更危，
全国人士，莫不上下贯彻，一心对外，而我公教人士，岂肯落人后步，所
以也下了最大的决心，誓与爱国人士，共同携手，共救危亡，请看数月前
惠主教又出过一通告，为中国祈祷之日，在这通告上说："兹值蒋院长五
秩悬弧令旦，本主教特敦请众位司铎，嘱属下信友，于耶稣君王瞻礼日，
或诸圣瞻礼日，特为中华民国及人民长官求主……"他又说："耶稣基利
斯督，不特愿众司铎导引信友趋赴天庭，且亦希望彼等，指示信友宜如何
爱戴国家，报效国家……"数月前民众献机蒋院长，祝寿，公教教友，也

集款五万元，购机两架，祝寿。当然捐机第一个用意，是表示对于救国伟人的景仰心，但第二个用意，也是感到饱受外患侵迫的祖国，正在缺少这种御敌器具，所以礼物的选择，就认定了这一种。诸如斯类，岂不都是爱国的实际工作吗？天主教在各国到处造圣堂，为使我们常进圣堂，容易修德，活超性的生命，走天国的道路，到处建设学校，医院，老人院，孤儿院，疯人院等种种慈善机关，使我们得到处世立身，需要的才能，并且减少我们物质上的痛苦，这种慈善事业，岂不是完全抱了牺牲精神，为人民谋利益，为国家造幸福吗？这样看来再能说天主教是阻止人民爱国吗？

十 五

结论 潦潦倒倒的话，有说不少了，现来总括一下，做个结局：天主教自古以来从不禁止任何人爱戴其祖国，并且绝对不许任何人，为扩张本国私利起见，阻止某国人民，爱护报效其祖国，所以，若有人阻止我们真正的爱国举动，干涉我们纯正的爱国行为，我们就可判定斯人，是没有圣教会的真精神，因为圣教会证之已往历史，现今事实，怎样鼓励了信友，对于本国当发出爱国心，怎样劝命信友对于合法的政府，合理的政权，应当服从，怎样劝励信友，对于纯正的爱国的运动，实际的爱国工作，应当参加，使得我们现今在世，实享真正的友爱生活，来世得入天国，享受遵守了耶稣爱人的诫命，享得的赏报。

（原载《圣教杂志》，1937 年，第 26 卷第 2 期、第 3 期）

战争与爱国

徐宗泽

📝 **编者按**

　　徐宗泽（1886—1947），字润农，受洗名若瑟，是明代相国徐文定公光启之十二世孙，出身天主教世家。家住江苏青浦蟠龙。19岁时，应童子试，举秀才，崭露头角。20岁时，进耶稣会修道，献身为圣教服务。之后赴欧美攻读文学哲学及神学，留学期间先后获得哲学、神学博士，并晋升司铎。期间曾回国任徐汇公学教授数年。1921年回国在南汇县实习传教工作，成绩斐然。两年后在徐家汇主编《圣教杂志》，兼任徐家汇天主堂图书馆馆长，从1923年秋季起，《圣教杂志》风行全国，成为天主教出版界之标杆。1937年八一三战事之后，《圣教杂志》停办，徐宗泽专心致力于徐家汇图书馆工作。耗二十年心血，收藏志书，使徐家汇图书馆成为国内资料最为丰富的天主教图书馆。在整理资料的基础上，徐宗泽还有颇多著述。其著作有《中国天主教史》《徐文定公年谱》《明清间耶稣会译著提要》《哲学史纲》《心理学概述》《社会学概论》《社会经济学概论》《中国天主教传教史概论》等。

　　在抗日战争全面爆发之后，徐宗泽肯定中国的抗战是出于"紧要关头"的自卫之战，是符合公义和正理的。战争是人类妄用天主赋予的自主权而导致的最大祸患，然而天主还是能在道德、社会、宗教三个方面将战祸转为福祉。在道德方面，战争可以激发人们的爱国心、忠勇心；在社会方面，战争可以促进社会风气的改弦更张、民族的复兴；在宗教方面，战争能够促使人们醒悟。徐宗泽认为国家观念是家庭和家乡观念的扩大，爱国心来源于血统、生活、语言、风俗习惯、宗教。但是天主教的爱国并不主张对别国进行侵略，而倡导与他国平等互助，维护世界和平秩序。在国家处于战争之际，国人应注意国人意志的统一，应具有牺牲心、效劳心，贡献专门技艺、为国家祈祷。徐宗泽在文中反复强调，天主教是反对破坏世界和平的战争的，但是为了公义和正理的战争是天主教允许的。在此前提下，国民当尽其爱国的本分。

此文从天主教的立场肯定了中国抗战的正义性，而且用乐观的精神审视战争，将战争视为国家的转机，而且将天主教徒应对战争的具体方法——陈明，对广大天主教徒而言具有一定的指导作用。

中日之战争已不宣而开始矣，中国之土地已被蹂躏矣，中国之无辜人民已被杀戮矣；当此战云密布之际，颇有人欲知，吾天主教对于战争所抱之观念，对于爱国所当表示之态度者矣；因此，余有此篇论文之作焉。

今夫兵凶战危，古有明讯；人有疑天主教反对战争者矣。夫兵可百年不用，不可一日无备；兵固未尝不可用，惟当视其所用之宗旨为何如耳。战争为一极大之祸患，莫可与之比京，寡人妻，孤人子，伤人父母；扰乱社会之和平，国家之秩序，为公义公理之戕贼，战争所以当用尽种种方法以避免之也；然有时所用之方法至于极点，至战争不可避免，则战争已为紧要，而不能不战矣；蒋委员长所谓牺牲到"最后关头"，惟有拼全民族生命，以求国家之生存，"抗战"而已。

然所谓之"最后关头"，究竟到如何程度，战争方可谓紧要？曰有三种情境：一，一国之独立主权被蹂躏时；二，一国国土之完整被侵略时；三，一国当有之尊敬及光荣被侮辱时；在此任何一情境中，苟一切和平之方法，用之均不得其效，则为自卫计，战争已成为紧要；犹如人与人中，苟某甲欲无理杀害某乙，则乙为保护自己生命故，当抵抗暴力，设为自保起见，无他法，虽杀甲，亦为公理所许可；国家亦然，当保护全民族之生命，故为自卫计，起而抗战，拒战，应战，战争已成为紧要之事，紧要之战争，故必合于公义正理的；公义正理之战争，胜则为惩罚之战，惩罚扰乱公义正理之侵略国也；败则亦有光荣，盖为保护己国之独立与国土之完整，岂非一光荣之事乎；至被侵犯之公义与正理，不伸于今日，必伸于将来，公义之主宰必不放其一毫一丝之过去；否则，强权与暴力可以代替公义与正理，而伦序于焉灭亡；此岂天主上智亭毒世界之意旨哉？圣奥斯定在"天主之城"一书中，论战争之事，De Civitate Dei vol. 19 有同样之意，其大旨可括以四端：（一）公义之战，在抑止仇敌无理之举动；（二）战争为保护正当权利最后之方法，盖战争为至惨之事，惟有至大之义务在，始可受至惨之痛苦；（三）战争之正当，不在于战胜之利益，而在于公义之平安；即用战争以恢复社会之秩序，而永久保存之；（四）战之灾祸，乃今世之一种罪罚，天主许以严罚人民，及清洁人民之罪恶者也。（参观本志第四年第七期二张七百）

准上而谈，战争固未尝不可，惟当要有其最大最正之理由，且有时为保护公义不能幸免者也。既开战矣（国际规例两国开战交战之前须正式宣告）交战之国，能用种种合理的有效方法，制服敌人；使公义得以恢复，和平得以复还也。吾谓合理的有效方法，因为战争所用之方法亦当依性律之所许可，及战时国际公法之所规定，非任何非法之战具，违禁之动作可任意施用也。非法违禁之战法，据欧战前国际公法所载，略有数种：

一，野蛮方法，如虐待降卒，残杀无械之敌军，派人暗中行刺，悬赏购买敌将头颅等等行为，均系野蛮方法，早为世界文明国所禁用。

二，野蛮器械，如毒箭，毒气，红球，重量不满四百格那母之炸弹，登登 Dum Dum 锡裂枪弹，以及投抛毒药于敌国井中或泉，散布瘟疫病微生毒菌等等，均系国际禁用之野蛮方法。

三，失信谎骗，如两方已定约停战，忽然一方突起攻击；譬如假用红十字旗私运兵械等等失信之骗诈。（参观周穉著新国际公法下册十一页商务书馆出版）

非法违禁之战法所以禁止者，盖战争为求得和平之方法，令敌人接受和平之条件；非在残暴凶杀，轰炸非战人士，毁坏公私非战之各种建筑：如教堂庵庙，慈善及文化事业之机关及其他类似之一切建筑物，二十世纪为最文明之世界，科学又最进步，故战争已成为科学化的战争；正为此故，战器战法更当合于文明之国体，不当徒恃器械之犀利而强蛮横行，以暴露其兽性，自失其国格国光也。

说者曰：战争为天下一极大之祸患，争城夺地，杀人流血，军队所至，天地为惨；何至善至慈之天主忍心许此？答曰：天主造天地万物神人，不特保存之，且掌管之，使万物各得其所，故战争亦在天主上智亭毒之中。盖万物万事，天主皆与以一各本有之宗向，使之趋赴之者，如火之宗向（火性）在燃烧，水之宗向（水性）在润泽。除各物有一本宗向外，宇宙间之受造物，无论有灵无灵，天主亦定有一公共之宗向，令其互助以趋向之，以成就天主造世赎世之终向。万物万事之本向与公向，犹日之有自转与公转也；万物万事之循序迈展，是天主亭毒化育之功也。然日月有侵蚀，事物亦有变化，事物之变化，无异日月之侵蚀，莫不在天主上智预知预欲预许之中，战争者，事物之变化，犹其余之一切灾难：如疾病，死亡，瘟疫，痛苦，罪恶等等。此等灾难，至少是天主所准许者，盖无一发之脱落而无天主之准许者也。然天主何以准许之？此乃天主无穷奥妙之上智，非人有限之明悟所能窥测而洞明之也；惟有一事能知者，即造物主之准许必有其超越之理由在也。如必欲以人微小之明悟解说之，则可有以下之说明；即天主造人，与人以自主之权，使之能为善立功，以得永远之赏报；人妄用自主权，则祸患罪恶随之而来矣。战争者是人因私恣妄用自主权而兴起之最大祸患也；盖人骄傲，贪求无厌，强凌弱，众暴寡，必欲蚕食人国，侵略人独立之主权而后快；夫然后而战祸起矣。天主固未尝不欲阻挡此战祸之兴起，但人妄自尊大，不接受天主之警告，永远之严罚，甘冒天下之大不韪，而破坏天主所定之伦序矣。

虽然，战争固为天大之祸患，然天主亦能以之转祸为福也；其福可见在道德方面，社会方面，宗教方面。

在道德方面言，在战争时期，人民倾家荡产，流离失所，社会上一切事业均停顿无遗，失其固有之常态。难民有当救济者，伤兵有当援助者，后援之组织，救国之功绩，战士之需用品，医院之看护员，在在均感缺乏，凡此皆可以激动人心，出其余下之精神及财力，以供给各方面之要需；而人们能多得立功之机会，一新其心身也。夫人修德立功，不被逼到最后关头，冲击其心灵，必无豪杰之行，发显于外；战争时期之能多杰德奇行，正为此故也。至若在前线之战士，冒锋镝，流鲜血，在炮火机炸之下，不怕捐生命，勇往直前，其一种牺牲心，忠勇心，卫国保民心，刻苦忍耐心真使天地为之震动，日月为之失光也。此等道德之表现，在伦理界上，岂不有至大之价值哉？

在社会方面，在战争时期，社会上之一切组织，制度，经济，生活等等发生极大之变动与扰乱。夫一社会之中，人民平日之生活，因享奢侈之乐，未免罪恶之丛集，尤其在都市之中，风化习尚，奢靡无度；有战争而能警戒群众，使之惊惕，因而改弦易辙者，自必不在少数。又一切娱乐之方法，纵欲之机关，亦得暂行取消，以新社会之耳目，战争于社会公共之生活，故不无革新之影响也。扩而大之，战争亦为复兴民族之良机，盖国犹人也，犹社会也，承平日久，则政治腐败，纲纪荡然，旋至灭亡者，史册上见不一见。有战争而政治上之一切腐败之因素，残废之种子，得以淘汰尽净，而一线之生命，犹可灌输以优良之鲜血，而维持其寿命，增进其力量，卒至复兴；所谓多难兴邦，即此意也。

在宗教方面。人生在世莫不有过，过而改之，尚有应受之罚也；有罚所以我人当行补过之工，所谓补赎是也。战争为一极大之灾难，吾人甘心受之，足以补过赎愆，减少将来炼狱之苦，此所以为补赎有益也。世界为我人升天立功之试验场，世界上之灾难为试验我人立功之利器。故我人在战争时，苟能热心修德，自能多立功劳，以得将来天国上之赏报；此所以为立功有益也。战争时有许多无辜人民，或死于非命，或遭遇大患，而恶贯满盈之人，反得优游法外，一若无天主之公义在者。殊不知义人往往为罪人补过，无辜之耶稣为我罪人钉死十字架，以足与吾人一至好之表样；且圣教会有诸圣相通功之超越信道，明示义人之血，足以赎罪人之代价；盖人与人，在超性界上亦有连带之关系。义德之人为耶稣奥妙神体之肢体，而耶稣为共首；一肢体所以能助别一肢体之健全，使耶稣之奥体日益长大也。又战争时，有许多热心及公正之人，在物质及精神方面受极大之损失；此亦天主许之，欲人洞明世福世荣世财非吾人之真福真荣真财；吾人之真福真容真财是天国上之永福；世上之事物不过为得获永福之方法，吾人对于世上事物之价值当有一正确之观念；而此等正确之观念，非任何时人能懂而明之；惟在窘难之中方能醒悟；今我懂悟也，实天主之一大恩典也。

纵上观之：战争为扰乱社会和平，人类伦序之天大祸患，故当极端以避免之；至因一国之独立主权与其领土被侵略而不得不出以战争，则战法，战器，尤当合于国际之法，人性之律，不可为野蛮之举动也。战争非天主所欲，天主不过不欲妨害人之自主权而准许之耳；但此准许亦在天主上智布置之中，故与天主上智不相抵触；天主且能从战争之祸，造福于人也。

※ ※ ※

上节言战争，已概括论之矣；今言爱国，爱国二字是一抽象名词，抽象是无形可形，无象可象者也；故必须以可形可象之具体事实以形状之，然后爱国之意义，方能显现；兹取一事实以明之。

今夫人自呱呱坠地，即与是地发生一种密切之关系；是地非他，即我家我乡所居之地；我家之中，有父母兄弟姊妹子女；我乡之内，皆为比屋而居之乡邻父老。我则生于斯，长于斯，游于斯；一乡一家之中，凡婚丧喜事，礼让往来，彼此皆有联络，以尽其乡情戚谊之关系；农夫则耕田而食，凿井而饮；商贾则懋迁有无，交易而退；士子则诵诗读书，敦品修行，平居之生活，晏如也。及一旦战争忽然兴起，有不得已而离家背乡，携老扶幼，逃往他方者。不幸而我家被强敌占据，我乡被仇人蹂躏，地方上之公私建筑，被敌机敌炮毁灭，家亡人散，饱尝战争之痛苦后，于是思及我平日居于家乡，安居乐业，受国家保护之恩矣；于是见忠勇之战士，赴前线，流鲜血以卫护国土，驱敌出境，有功于我民众者矣。于是见伤兵与难民，而怦然心动，思设法以扶助之慰藉之矣；至若救国公债也，慈善事业之捐输也，前线之救护，军用之种种需要也，我肯量力捐助矣；此无他，盖我知国家之可爱当爱，而潜藏于我心中之爱国心，在此战争时期，乃表显于外矣。

从上述之具体事实，我于是可分析国家之观念，及爱国心之组成者矣。国家之观念由家庭与家乡之观念，扩大而成；盖集家而成一乡一县一国；故国者家之扩涨体也：国之组成，国与国人之关系，犹家之组成，家与家人之关系也；其关系虽有大小疏远之不同，然其理则一也。此关系实为爱家心，爱乡心，爱国心之所由起。家庭之中，因有骨肉之关系，故生父慈子孝，兄友弟恭之爱情；有此爱情故家中之一切大小事情，与我遂有亲密之关系；我家之历史，我家之家道，我家之家风，我家之悲欢事，与我皆一体相关也。因此一体相关之故，故我爱家之心根于我心而自然兴起也。爱国之心亦然，亦由国民与国家在种种之关系上而发生。国家之构成，具有人民，领土，政府及主权四要素。一国之人民，同生活于一国之中，则人民间，如家人间，即有一体团结之关系；一乡一族之人，偶遇于别地，即发生同乡同族之友谊；一国之人遇之于别国之土，亦感到同国之情愫：此即一国人民间之爱国心也。组织国家之人民，必有其所定居之土地，是即领土也。国家之领土，是神圣不可侵犯者，领土为他国占领，国家之独立即被冒犯。我家房屋被人占据一角，我即生不快之情；人民为保护己国领土之完整，爱国之心因即发显也。有领地，有人民而不有政府之组织，则人民未有国家之生活，一国民众而已。故有国家，必有政府；政府为国家之代表，抵御外来之侵犯，维持内部之秩序，有造福人民之责任者也。政府既为人民造福之机关，犹父母为保护子女之亲长，人民岂不当对之而爱戴而拥护乎；是即爱国之心也。一国之主权为一国独立国家之要素，有主权之国家，凡国家所属之人民，领土，政府及人民行为，国土产物，政府产物，均不受他国侵犯或干涉。主权受人侵犯干涉，是犹家政操自外人也。人民为国家独立主权故，所以爱国之心亦油然而生也。

构成爱国心之因素，还有孙中山先生所谓之五种自然力：一，血统；二，生活；三，语言；四，风俗习惯；五，宗教。血统为团结民心最有效力之一物；各民族之中，往往因血统之关系而易于联合起来。共同生活不特能加增国人彼此亲密之关系，且能造成共同利害之心思，因而爱国心亦能激发增进。语言为交通思想之工具，沟通情感，联络意志者也；所以与爱国心有密切之关系。风俗习惯为陶铸爱国心之要素，所谓一道同风，即意志统一而服从政府也。宗教能提高国人之爱国心至至高之程度，能使国人有牺牲心，刻苦心，忍耐心，即使为国而捐躯亦所不辞。

组成爱国心之因素既如上述，然如何爱国耶？曰：爱国非他，即爱我国中之一切人，物，事是也。一国中之人，物，事，此国与彼国不同，各国皆有其特性；故我爱国，爱我国固有之本国特性也。在人方面言，我国历史上之一切有名人与当今著名之人士，有功政，学，社会，人类者，我皆当爱之也。在物之方面言，我国历史上之一切纪念物，以及建筑，产物，出品等等凡为我国者，我皆当爱之也。在事之方面言，我国之历史，文化，风俗，习尚，言语文字，制度，我皆当爱之也。然此只在物质方面言之；最要者是在精神方面，我爱国，在我思，言，行中，当有我国之精神表现，是之谓爱国之真旨。

虽然，我所谓之爱国精神，非崇拜我国，高抬我国，以为我国是天潢之子，具有特别之优长，而排斥他国者也。此种是情感，是偏情，不足谓爱国心；爱国心是合理顺义者也；合理顺义之爱国，不侵犯他国之领土，与主权，不侮辱他国之尊荣，不嫉视他国之进步者也。然与他国并立于世，互相友爱，互相协助，各尊敬彼此之权利，各尽彼此之义务，以巩固世界之和平秩序为前提。

爱国为国人当尽之本分；而吾天主教教友更当加增一重本分，近日上海惠主教通谕为中国祈祷事中有曰："我们是公教教友，所以我们的爱国心，当超过任何国民；我们的公教正因为是天主的，所以对于天主分给我们各人的一部分世界——就是我们的国家——不能漠不关心的，国家是列祖列宗的遗产，是生我养我的母亲，我们有义务效忠国家。"旨哉斯言，教友当爱国家之理由阐发详明矣。

国家当战争之际，人民爱国之心又当有其特殊之性质；依余观之，当有以下之数点：

一，国人之意志当统一也。天下最不能一致者，莫人之意志若，所谓人心之不同如其面者是也。战争为国家生活之变态时期，故欲稳渡此时期也，上下须一心，一德，一意，惟政府之意志是从。所以一国之言论，动作，当有统治，当有一贯。

一，国人当有牺牲心也。战争是国家之一大灾难，无论个人，无论团体，无论公私，在物质与精神方面有极大之损失。此等损失实为最后胜利及真正和平之代价。所以人民当个个抱有此牺牲之心，以表示其爱国心。

一，国人当有效劳心也。战争期内在在需要人力与财力；前线之战士为国捐躯而抗敌，后防之人民安可不尽己之所能所有参与战事之工作乎。伤兵如何慰藉之，难民如何救济之，军中之需要如何供给之，救国公债如何推广之。凡此种种皆爱国心之表示也。

一，国人当供献专门技术也。战争时期，百务待举，需才孔亟，专门人才尤为紧要，故国中凡有一材一艺者，当效毛遂之自荐，展发其之技能。夫爱国莫善于为国家服务，战争期内之服务，为爱国之士更当关心者也。

一，国人当为国家祈祷也。吾人在世需要天主之恩宠，及扶助甚多，尤其是在特别灾难之时；而天主赐人恩宠也，亦要吾人多多祈祷，故在战争时期，吾人之祈祷岂不甚为重要乎。祈求天主保护我国，保护我国之官长，军士人民；保护我国之城市，建筑，及一切的一切。圣经上云：求则得之。我齐盍一心一德，祈求吾国之最后胜利。

※ ※ ※

今夫战争者，实扰乱世界和平之大战患，非天主所欲者也；然有时为恢复被侵犯之公义与正理，战争亦有不得不然者矣。战争亦为激发人民表示爱国心之一好机会。爱国为国人当有之本分。圣多玛斯有言曰：我人在世，有应该报恩的三样本分：一对天主，一对父母，一对国家。当此我国在应战，抗战之中，国人盍一心一德在政府领导之下戮力拒敌，以尽我爱国之本分哉。

（原载《圣教杂志》，1937 年，第 26 卷第 11 期）

公教信友许有不爱国的行为吗

曾宪定

编者按

　　曾宪定，辅仁大学教育学士。

　　作者针对教外人士指责天主教是帝国主义的宣传队的两个原因——仇洋心理的误解和福音上的文字给人的误解——逐一分析、解释，指出来华传教士和教宗以及教宗驻华代表都是支持中国民众爱国的；抗日战争爆发之后，人们根据他们对于《圣经》的一知半解对天主教的质疑更多了，例如天主教是否不主张忠于自己的国家、天主教是否不主张人们反抗侵略，等等。作者指出《圣经》教导人们要爱人如己，所以对于"人"的国家也是要爱的，天主教的爱的基本精神并不是针对国家与国家之间，只是针对个人之间，天主教倡导人们为公义进行反抗。因此天主教人如果有不爱国的行为就是不义，就是违反天主教的诫命。事实上《圣经》中的十诫中的第四诫"孝敬父母"就是倡导人们要爱国，天主教会的诸多圣人、于斌司铎、雷鸣远司铎都是强烈的爱国者。所以天主教徒当有的态度就是爱国。在此基础上，作者还针对与天主教有关的流言做了辩驳：在抗战时期教会内外都有将战争的原因归结为中国人的罪恶的说法，作者借用教宗对中国人的赞扬反对这样的说法；还有人将对中国的战争说成"替天行道"，作者认为教宗已经肯定了中国应有与他国平等的权利，所以天主教会肯定是反对他国侵略中国的。

　　有许多人，总以为公教是洋教，是帝国主义的宣传队，传教士万里跋涉，不辞劳苦，花了许多金钱，许多心血，到底他们是为求什么？他们说是宣传福音救人灵魂，但福音所指示不是尽是要"博爱""服从""听命"……吗？这些岂不是麻醉人心的宣传工具？

普通人的误解，原因大概都是由来自这两点：（一）仇洋心理的误解；（二）福音上的文字给人误解。

兹由第一点先说起：仇洋心理的生成远在甲午战争之前，自甲午之役之后，世界各帝国主义者，因见我们的惨败，也就起了轻视的心理，他们为争取消费的市场起见，对于这积弱已久的老大帝国，便积极的，大肆侵略，虽然他们来时各有各的不同口号如："门户开放""利益均沾""提携""协助"等等狡猾名词，但，结果总是中国倒霉。致我国国势日危，国土日益缩小，一切农村经济，及手工业等，以先都是"闭门造车""自给自食"的。但自帝国主义的经济侵入后，也就起了动摇，而至整个农村经济破产。更有帝国主义者，纵患国内军阀，汉奸，使我国国内连年内战不已，人民陷于水深火热之境，社会不得一日安宁。这些事实都是直接间接的，由帝国主义者所造成。

我们已受了那么大的刺激，对于一切"洋玩意"也就起了反感，甚至生出嫉视，愤恨，仇洋等等的心理。这心理的生成，原不足为怪，是一种自然的反应。但不幸，我们的公教也是传自西方；本来，因仇洋而对此无国际性的宗教，也起反感，是根本上的错误的。这种错误的观念，已无形中深深地印入一般人的脑海里去了。我们要纠正这错误的观念，应该怎样去指正呢？纠正的方法很多，如宣传，解释等等，但这些都不见很彻底的办法；因为他们已先有观念在脑海里，第三者的话，不容易使他们发生信任，故最好的方法，莫如请他们放下心，用冷静头脑去思索一下，或细心地去翻开历史来看看，公教传入中国，远在唐朝就发现景教了，这景教就是我们的公教或称天主教。当时，时辍时起，直到明朝，天主教正式传入中国，距今也已有数百年的历史了，在这么远久之中，我们可以细心考查一下，曾有任何帝国主义者的侵略，有用公教做背景，或做帝国主义者的宣传者否？我们再细想一下，公教在中国数百年中，来华传教的外国教士不知凡几，这些教士们的国籍的复杂，恐怕比任何团体，还要来得复杂吧？但我们细心考查一下，这许多复杂国籍的教士们，曾有任何人或任何团体，发生过政治上的阴谋否？纵使就有过政治上的关系，如利玛窦，汤若望诸公，都不过只有忠诚地服侍中国朝廷而已。我们不但找不出任何有不利中国的痕迹。倒有极力勉励辅助中国发展向荣的美意。我们不用往远里瞧，就拿目前具在的事实来说；如天下公教信友所崇仰爱戴的教宗来说，他在我国北伐成功，统一全国，奠立国基之日，就首先来电致贺。他说："……为达此目的，教宗所切望者，乃中华民国应有之希望，及权利，皆得完全认可"他又谆谆嘱咐中国青年说："尤属可爱之青年，以其祈祷，善言及善工，于其祖国之和平，社会昌盛及发展有所贡献。"

再看首任宗座驻华刚大主教，他给我们的爱国教训是什么？他说："论到爱国，我希望中华的公教信友，不落人后，不要自馁，反要站在前线，最前线，与第一流爱国国民并驾齐驱。"

刚大主教对我国的青年爱国运动，曾有这样的教训："爱国及希望国家的利益，不但为人民的义务，也是天主给与的责任，宗教不但不妨碍爱国，且认隐合于救世主耶稣痛哭耶路撒冷的遗范，把爱国事，看作神圣的事。"我们看了上边的几段话，就可以知道，公教不但不是帝国主义者的宣传工具及其他可怕的"洋玩意"可比。且公教正是指示我们往爱国道路上走的路灯。

二 误解圣经上文学的原因

这样的误解近日来特别多，他们（误解者）以为圣经是我们公教的唯一根据——当然这话是对的——但，圣经上是载着许多麻醉中国人的话吗？如："尔国临格"不是明明叫我们叛背自己的国家，去效外国来通知中国的话吗？这样的错误解释，现只要略有点高等智识的都已知道，我们公教里所说的"国"，绝不是世上的任何国家，乃是日后的"天国"。再如圣经上所说的："你们当受你们的仇人，请施惠那些厌恶你的人。别人骂你，你向他祝福；别人诬毁你陷害你，你要替他们祈祷；打你这个脸，你也让他打那个脸；抢你外衣，你也让他把里衣拿去；只要有人向你要什么，你就给他们什么，有人抢你的东西不要向他要回来。……"像这样的说法不是叫我们公教人，要做到亡国而后已么？"你当爱你的仇人"世上的仇人还有此侵人领土，杀人同胞的仇大吗？这样的仇人，难道我们也应当爱吗？"抢你的外衣，你也让他把里衣都拿去；只要有人向你要什么你都要给他，有人抢你的东西，不要向他讨回来。"若依照这些圣经上的话说起来，岂不是无异在说："有人抢你们的东北，你们也让他把华北都拿去，只要他们向你要那几省，就把那几省送给他；人家把你的国家领土侵略抢去了，也不要去收复失地！"像这样误解是极平常，且极普遍的现象。虽然曾经有多少人的解释了，我们也无妨再来谈一下。

在未说上这个问题之前先解释一下，关于我们圣教会的"爱"字。

的确，我们圣教会的立足点，完全基于一个"爱"字之上当然，这种爱是有理智的，合乎天主界诫命的"爱"。

圣经上明明告诉我们，对于人类的"爱"应该有"爱人如己"的态度去爱。故若要爱人的话，则必须先爱自己，已然爱自己，当然就得先爱护自己的一切环境。这环境是什么呢？最重要的莫甚于生于斯，食于斯，长于斯，生我父母，育我后辈，的国家领土，故我们第一必须先爱护自己的国家，有了国家，才能有容纳我个人的家庭，生活我的社会；然后才能有自己的爱，而爱及他人，这是关于普通的爱的解释。

什么是"爱仇"呢？这点最好先从耶稣为什么要立这个圣训的原因上说起。原来古时的犹太人，因误解了梅瑟圣人的法律"以目偿目，以牙偿牙"而致彼此报复，互相残杀不已，像这样的行为对社会安宁要破坏，对于人伦亦未免太残酷，结果，大家都被笼罩于私相报复彼此仇恨的惨酷空气中。像这样的风势，无论站国家社会的治安上，人道上，人情风习上……都不希望有这种现象。

耶稣为挽救这种误解的缘故，才立了"有人打你的右脸，也叫他打左脸才好"的教训。这里的真意义是叫我要互相友爱，互相礼让。不要互相残杀仇害。换句话说：耶稣立这圣训，是指着私人方面说的，私人的仇怨，应当在不出法律范围之内，得以正当的裁判。耶稣并没有教训我们，关于自己的国家领土。受外人不义的侵略的时候，不要去自卫反要多送他几省，耶稣不但没有教训我们，要做这样事情的道理。反而在山中圣训的真福八端里面，有两端这样教训吾们："嗜义如饥渴者，真福。"又说："为义而被窘者，真福。"说到这里，我们要反问一句：徒然用武力去压迫弱小民族，无故强占人家领土，这样的行为是不是不义的行为？果是不义，那么我们就不能助纣为虐，就应该警醒他们的不义行为才对，为警醒他们，谋两全的方法就是自卫，这自卫是义举，是我们公教信友应有的举动，若被敌人捕住了，像这样的人"乃真福"。

以上所说的，是解释公教所以被人误解的两点原因。现在我们要言归正传。

公教信友许有不爱国的行为吗？

我们可以很爽快地答复：不许绝对不许！不但不许，果真公教人有不爱国的行为，那就是不义，就是违反天主的诫命，也就是犯罪。圣教会里不容许有这样的败类，我们圣教会的天主十诫里第四条很清楚的告诉我们，要"孝敬父母"。应当怎样去孝敬父母呢？这种解释徐文定公说得很好，他说："盍我公教之天条十诫。其中第四诫为命人孝敬父母，其意即可释为爱国，父母不特生养我之父母，是指一切长辈，凡有权于我者，都是父母之阶级，造生蒸民之天地主宰，我唯一之天父母也。所谓天父天母者是。故在家孝亲，在国敬长；爱国家爱人民，皆包含于天条十诫之中，有了天条十诫而爱国爱民之思想，更能正确，爱国爱民之理由更为超越。……故爱国家，爱民族之思想，有其超越的理由，以光明之，所以更形深切。肯牺牲一己而为民族谋幸福……天主命我孝敬父母，也就是命我爱国，故前面所说的不爱国，是违反天主的诫命。"

圣依讷爵，是我们圣教会里，很崇仰的一位大圣人，他对爱国有什么表示呢？当他处于被敌人困围的时候，他曾对兵士们这样说："为国捐躯，比卖国偷生光荣多多了，事至今日，我们唯有竭力抵御，以死报国！"我们崇仰圣依讷爵，对他的爱国行为更应当效法。

圣多马斯说："最高尚的爱德就是爱国。""凡不爱国者就是最大的犯罪。"这样说来，我们公教信友，不独不许有不爱国的行为，且要更进一步的积极地去爱国才对。

于斌大司铎说："本来公教人爱国的精神，就是做模范教徒的精神，纯粹的切实的，公教信徒，不能不爱国，因为能爱护祖国，公教生活才有圆满的可能。……公教人的爱国无是非，积极负责的精神。讲积极，那么一切悲观绝望，坐以待毙等类的消极思想，都应当排除净尽。讲负责那么当仁不让，进取求前的心志，就不能不彻底发挥。"

我们的爱国精神也可以依照雷鸣远大司铎的说法，他说："——死而后已？——不，死了还干！——教友的灵魂不死。"

欧战时法国一位热心的公教大将福禧将军，他说："战事之胜败，在我而不在人，我若不认溃败，虽手无寸铁，全军覆没，也不为败，只须我一口气尚在，仍有胜利之望；若自认已败，虽未发一矢，未伤一兵全军相符，亦是败矣。"我们公教信友，都应当有上面所说的积极的精神去爱护我们的祖国。这样，才配做一位真正的良好教友。

总上所说，前者是说明公教所以被人误解的原因，后段说的是我们公教信友，对爱国应有的态度。

说完了这些，乘这机会来谈谈一些题外的事，这就是近日来常发现的一句所谓："上帝的鞭子"的流言。

有人说："中国现在人心已坏极，上帝要假某国的力量来惩罚中国。所以，他们的侵略中国是替天行道，是上帝的鞭子！"

我们现在来把这几句话分释一下：

一、中国人心是"已坏到极"的时候了吗？中国人最爱和平，这是天上有目共睹的事实。教宗比约第十封对华通电，曾有这样的话："并令将此通牒宣布于伟大优秀之中华民国全体，教宗对于中华时局，始终极为关心，不惟首先对于中华完全以平等相待。且因其有真挚与诚恳之同情，首次躬亲祝华籍主教于罗马伯多禄大堂，今闻内争已息，极为欣悦，并赞谢天主所虔求者，乃中华得享永久而有益之和平，至此和平得现于国内外，而以仁慈公理为其基础，为达此目的，教宗所切望者，乃中华人民应有之希望及权利，皆得完全认可。"

既然藉口为"上帝的鞭子"者，当然就得首先听上帝的圣训，教宗就是天主（上帝）的代表，教宗对我们中国人说是"伟大优秀之中华民国全体"，而侵略我国者，竟说中国人心已坏至极，这话不是完全与教宗的话相反么？教宗既是天主的代表，那么，违反教宗的话就是违反天主！

中国是"礼仪"之邦，向来主张：礼义廉耻仁爱和平的大道为立国之基础。像欺凌弱小民族，乘他人正在天灾人祸之际，用武力强占人家的领土，这样不仁，不义的行为，中国是不会有的，强迫他人做傀儡，谤感他人智识简单的老百姓做汉奸，做卖国贼；像这样无廉无耻的举动，我们中国人都认为是不要人格，不知耻之徒干的事。

中国不缺乏仁义道德，中国人心也没有"坏到极"，中国所缺乏的是强蛮与武力！

第二、侵略他人的领土是"替天行道"吗？

教宗既以"首先对于中华完全以平等相待"且"所虔求者乃中华得享

永久而有益之和平"。"教宗所切望者，乃中华民国应有之希望及权利。"今所谓"替天行道者，竟无辜破坏我国之和平，侵略我应有之权利，适与天主的代表的圣意完全相反。若其渭'替天行道'真是其谁欺？欺天乎！"

枢机墨西爱大主教说："无公义，亦无仁爱。惩办为公义美德之一部，无故惩办则无仁爱。藉口仁爱的盛德，欲肆行不义，而宽赦无道者适得其反！"

最后，我要借圣奥斯定的话来警告敬告公教信友，并借此作本文的结束。

"不为兴战而求和平，然为和平而作战争。"

二月六日写于辅大二宿舍

（原载《公教周刊》，1936 年，第 7 卷第 37、第 38 期）

公教信友与爱国

林少隐

🖋 **编者按**

　　林少隐，生平待考。

　　在这篇文章中，作者有感于九一八事变之后的国难日益深重，认为中国没有别的途径，只有靠自己的奋斗。淞沪十九路军和东北义勇军的胜利表明只有团结才能取得抗战胜利，而作者认为提倡天主教徒爱国运动才能实现全国上下的团结一致，天主教会应该赶紧做真理的宣传，让天主教的真理能够进入所有民众的心理，这样国家才能稳固。

　　在这外患日迫，国内多事的时期，稍有关心国事的人，逢人都右叹左嘘着：中国就是这样屈在人家铁蹄之下吗？国民就是这样不会猛醒吗？说这些话的人其心田都可以说是一个对于国家的兴亡念念不忘的人，但朝夕这样呐喊，未免徒丧口气了。

　　虽然，人们莫不知补救国家的升平，与消除外侮的压迫，必须全国的民心一致，上下无争，这样国家才能安置于地球上，这必然之理，自从满清倒后至今，全国人民的心理上都是这样冀望着。但在这二十余年当中，我们何曾遇着一刻是升平的时候和全国民心一致的表现呢？滚来滚去的，滚到想不着悲痛的今日——东三省失亡的今日。

　　今日已经到了，悲痛的事迹已临头了。我们欲找一刻的时候去准备抵御亦没有办法了，俗语说得好：临渴掘井毋乃太迟。这句话就是现在我们中国极适合的把它挂上身了，这是我们中国人自家的错过，不能怨天尤人的，书上说："木必自朽，而后虫生之，国必自伐，而后伐之。"中国人岂不是这样吗，倘能自变政至今，全国上下一致互相训育建设，那么今日岂有人敢袭我而攻吗？反则我们亦有相当的准备了，未必至到东三省的版图在极短的时期变了异色啊！

现在中国人还有何推诿呢，东三省已便宜地给东洋鬼占去了，同时停战苛刻的条约挟着后方的飞机大炮的威胁送到我们跟前来了，啊！同胞！同胞！此刻我们委实无可为力了，拒绝吗！古都会被侵入了，靠国联吗！他们只有替你叹口客套气就是了，唉！现在真所谓至到上天无路入地无门，进退维谷的地步了，可是唯一办法，只有求诸自己而已。

以上所说的，我们当然不能归罪于全国的人民，因其中亦有不少为国牺牲的志士，过去在淞沪十九路军的勇毅和最近东省义勇军的勋劳，这是令我们可歌可泣的；可惜这少数的团结力哪能替全国去抵抗一国之师呢？所以我们现在需要的就是这个团结力了。

但团结力之所以能够达到相当巩固的地点照平常来拟想是很难的，何况我们中国人素称为一盘散沙的个性吗？所以唯一创始的善法不能不从真理上入手了。

中国人心之所以分歧的缘故，大概都是因为骄宏利禄所羁缚，那么每个都蓄着偏见私利的心肠，而欲各让其心而归于一致，又难之难了。所以今日我们特重的问题就是要打倒那丧心病狂自私自利贻害国家的蟊贼，要实行这问题，必要作一大规模的真理运动，进一步说，就是提倡公教信友爱国运动才好。

亲爱的公教信友们呀！谈到此，我们才说及公教信友爱国的重责，教皇良第十三曾说："为国家最好的朋友，没有过于真公教人。"实在我们公教信友是基多葡萄园里的同工，又好像昔日依撒厄尔天主的义民，所以对于一切的动作必要超过平凡的，何况爱国乃吾人的天责，我们应当准着上主的命令去维持一国的和平，这责任是我们现时积极担负的。

我们要记起刚大主教过去不久在意国米兰大学演讲中这样说"就以爱国论，我们也希望中国教友不落人后又不自馁，反当站在前线，和第一流国民并驾齐驱，因为他们是神圣友爱福音的宣传者，又是耶稣带到地上那个伟大灿烂文明的寄托者"。

亲爱的公教信友：我们已聆听着刚大主教在祖邦是这样嘉勉我们中国教友的爱国，我们扪心回想当如何承受他像慈父心肠般教训呢？今日祖国处在危亡难料的当儿，我们亦当各自担心忘食了，所以目下唯一的问题，就是赶紧真理的宣传，对于公教进行会公教青年会和那文化机关积极扩充于全国。令公教的真理可能浸进那丧心病狂者的心里去。

尤其是现时中国的青年的脑海里都给破坏真理的刊物所深入，至社会人心的腐败一切的一切都是亏乏基多真光的普照，那么国风落了，国基岂能固吗？

亲爱的公教同胞们：赶快起来，起来做一个基多忠实的信徒，本着真理去奋图，不要失望，因为基多与我们偕，任何牺牲，我们是有无上的价值，同时必得到相当的成功。这时刻是我们为上主做一番光荣伟大事业的时刻，是打破那一般无知叫嚣以天主教为亡国教的青年的观念的机会。

亲爱的教胞们：共同努力罢，在不久的将来基多的旗帜要飘扬于中原，基多的真和平要真实现于东亚，同时我们将联合四万万五千万同胞欢声唱起基多得胜的歌调：

Chriotus Vincit. Christus Reguat. Christus Imperat.
基督得胜。基督为王。基督统治一切。

一九三三，六，八，脱稿于香岛

（原载《广州公教青年月报》，1933 年，第 16 期）

公教修士的爱国正义观

吾　虚

✑ **编者按**

———————————————————————————

吾虚，生平待考。

此篇文章是罗马传信部大学（又称传信大学）中华学友会纪念九一八国耻的文字，原文编者认为这篇文章是对非基运动者们指责天主教为"洋人的向导"的申诉状，也是"一·二八"事变的国耻纪念文字。作者在第一部分解释了传信部大学中华学友会纪念九一八国耻的基点，即爱国不仅是人受群的本性法令自然生发出来的，而且天主教中爱的观念升华了人的爱国观念，爱国是天主教的超性要求，所以这个纪念是符合这个超性要求的。作者在第二部分介绍了这次纪念会的背景，即罗马传信部大学尊重国家思想的氛围和传统。第三部分，作者对纪念会的概况做了描述，其中附载了《九·一八国耻纪念敬告全体会员书》和纪念会中的代表性演说辞。第四部分作者论述了九一八国耻纪念会的意义。九一八国耻纪念会就是为了将爱国心推广到全中国以雪耻。为了做到这一点，就天主教徒的教士身份而言，要宣传福音就必须爱国，要扩展基督教的和平，就必须反对破坏公义与仁爱的帝国主义，而与帝国主义斗争的具体方法可参见比利时墨西爱枢机的观点。教士们救济困难的任务亦包括救济肉体的困难，在中国内外交困的状况下，教士们当竭力在各个方面帮助中华民族，彰显其爱国精神。就天主教徒的国民身份而言，天主教会是倡导教士们爱护中国的，教士们作为国民的一分子与国民负有同样的救国责任。第五部分作者讨论了纪念会的标准，即敢于牺牲却反对过激的爱国主义，爱国当在不侵犯他国正当利益的前提下进行。

在第六部分作者讨论了纪念会和中国教徒的关系，即指导全国教徒正确爱国救国，倡导国内教徒组织祈祷救国团，服从政府、组织爱国团体，切实地从救国方针上去做。

从此文可以看出，在罗马留学的中国天主教学生在九一八事变之后表现出强烈的爱国情怀，他们积极地对天主教的教义、教理做了爱国主义的诠释，从而夯实了天主教爱国的理论基础。在此基础上纪念会积极探讨救国的具体方法和途径。

案　言

编者对于吾虚君此稿，狠费一回思量。因这是罗马传信部大学中华学友会举行"九·一八"国耻的纪念文字。以文字言，是有时间性的；以文义言，有万古不磨的真理；以训诲民众言，直到世界上没有国界的一天才可以不必讲。那么，这篇文章，真有大书特书地介绍的价值。

公教进行会与国籍教区的意义，寓对内于对外吧。热心，守规，建设公教事业，帮同神长传教等教内工作，固然是十二分急需的。然而为使一般民众谅解，同情，并彻底了解公教人的诚恳而由衷的爱人精神，更是展施教内工作效能的不二法门。

请看，有"教友为利诱而做洋人走狗"的偏见的先生们。

公教信友的爱国精神，何等伟大而神圣！我们"教友"和"洋人走狗"二个名词，竟常被人拢在一起，冤枉冤哉！教士宣传福音，俱在圣堂中广众之下，何等光明而庄严，竟被诬枉为"侵略者的向导"，真不能令人"心服"！在我们以更伟大的事实作辩证之前，这是一篇申诉状。那么，就把这篇当作"一·二八"国耻纪念的文字吧。

一　传大中华学友会纪念九·一八国耻的基点

世界上只要是有灵动物，都有合群心理的；因为有合群的心理，同时就有爱群的趋向：盖由合群而爱群，乃是自然法令中的总纲。

耶稣曾说过："我到世界上是完成法令，不是取消法令的。"（玛窦经

五、一六）天主教系继承耶稣在世的使命者，与耶稣走着同一的步骤，根基了完成法令的原则，把超性不灭本性的教义贡献于世界。

原来，我们的爱国心理，是不学而知，不虑而能，由合群与爱群的本性法令中自然发生出来的。爱国心既为自然的表现，所以与公教教义不相冲突，乃是显然的事。何况，本性是造物者赋给我们是非的宝鉴，也就是造物者在我们良心中所颁布下的法令；天主教自然对于造物者所颁布下的法令，惟有恪遵无违。爱国系其中法令的一部分，自必也有遵守的理由。

依事实而论，爱国心理非与特公教教义不相冲突，公教非特把这爱国的自然法令恪遵无违，且以发挥光大自然法律的天主教，更提高人类的爱国观念，把它放在爱的诫命中去；因而这爱国观念——由本性界而升入于超性的途径了。所以一个公教教友而不爱国，不得称为切实和纯粹的公教信徒。

罗马传信部大学中华学友会的纪念九·一八，就是表现这本性与超性界的一颗爱国心而已。

二　传大中华学友会纪念九·一八国耻的背景

谁都知道，罗马传信部大学是公教培植神职界人士的国际大学，到此肄业者天下六大洲人无不具备。为此，学生于国籍上的分歧自然不在话下：因为有国籍众多的学生，所以爱国心的流露也有众多的不同。我们可以举出几个例子，足以证明传信部大学不是取缔国家思想，然是养成国家思想的。譬如今天逢到爱尔兰国庆日，一众的爱尔兰学生胸前都佩起三角形的草叶来，表示异当荣幸的态度；明天如遇罗马尼亚的什么纪念日，那么一众的罗马尼亚学生胸前也佩了国徽似的，以表示他们所纪念的意义。可是，除了这种种身上的仪式外，还有选定时刻，纠集了各该国同学，在校中的特别厅内开一种纪念会的；其中，有演说，有唱歌，有静默等等，各随其所纪念而异。学校当局，依着公教培养国家思想的原则，对于合理的爱国心，深示赞同和敬重。

九·一八为我国有史以来最大的国耻纪念日，旅罗同学为不忘我们的祖国，同时也为表示于本性与超性方面的爱国心，所以也开了这一次的九·一八国耻第三周纪念会。

三 九·一八国耻纪念会的概述

传信部大学的避暑，每年自七月中旬始，至十月下旬止；在这时期，学校全体迁移到加斯担共道尔本校别墅内居住，所以中华学友会的纪念九·一八，自然也在别墅中举行的了。别墅内也有特别厅多间，转为各国学友会的会所；我们就选了我们的会所做开九·一八纪念会的地点。

当时出席者除预备领受五品的修士正在行避静神工外，其余会员均各到场。本校华文教授张润波司铎，亦自罗马赶到。上午十时开会，首由中华学友会文牍股股长宣读教宗八一通牒；次秘书代会长（因会长正在避静）报告开会宗旨；随后演说者多起；末由张教授（亦即旅罗中华学友会的监理司铎）训词，意义倍极诚切。今为读者明悉我们当时纪念九·一八的大概情形，把会前的敬告全体会员书，以及开会中演说词之一、记录余下，至其他开会中的一切，为节省本志篇幅与读者时间起见，略而不述。

1. 九·一八国耻纪念敬告全体会员书

诸位同学：最足痛恨，最可耻，最严重的九·一八又来到了！九·一八是我们失地丧权的纪念日，是我们三千万同胞作牛马隶的纪念日，是我们中华民族奇耻大辱的纪念日！

慨自南京条约而后，国耻史就一页一页地开始记录了：如赔款啦，割地啦，租界啦……然而总没有像九·一八这样辱国丧权，把东北四省活生生被人占去的。九·一八国耻是打破以往记录的国耻，更是我国存亡的开头。

诸位同学！我们对于九一八该有何样的感想？我们的心如果还跳动着我们的血如果还奔腾着，我们当如何卧薪尝胆，枕戈待旦地蹈厉奋发去雪耻！固然环境不许我们短剑轻骑，列身行伍，斩将寨①旗，效力疆场；然而救国的途径正多着呢，我们除了本着"爱国不忘求学"的原则，去充实学力以贡献祖国外，我们还有万能的祈祷可拯救这风雨飘摇的祖国。同学们！起来吧！速速为祖国祈祷！九·一八的一天更当格外祈祷，更当格外

---

① "寨"应为"祭"。

恳切祈祷：祈求公义的大父速救这处在水深火热中的民众；祈求中华圣母及中国致命真福，把东北的江山归还我们；祈求救国英雄圣女若翰纳达尔克使我们民族中也有如她那样地勇毅果敢者往前线去收复失地！

诸位同学！东北沦亡迄今已第三周了！山河依旧，而人事皆非，灿烂禹甸，已成了他人的天下，是而可忍？孰不可忍？！昔普法役战，法军败北，割让亚劳二州与普。爱国志士甘贝塔（Gambetta）高声向国民说："呜呼愿吾子孙勿忘今日！"本会今日也愿向同学作同样的口号："呜呼愿吾同胞勿忘今日！"

本会为纪念九·一八国耻，并表示我同胞的民气未死，特于瞻礼五上午十时开"九·一八国耻纪念"。

敬　致

中华国籍同学公鉴

中华学友会秘书处启　一九三四、九、一七

2. 九·一八国耻纪念会中演说词之一

监理司铎，诸位同志：

世界上谁甘心做他人奴隶，做他人牛马的？即不幸做了他人的奴隶，做了他人的牛马，谁不愿早脱此奴隶和牛马的束缚？一个人既不愿做他人的奴隶做他人的牛马，那么整个的民族岂肯做他人奴隶，做他人牛马的吗？

唉！诸位同胞！九·一八事变是我们整个民族做他人奴隶做他人牛马的开端；人家将在我们身上，剥削我们所当享受的权利，劫夺我们的生命财产甚至消灭我们的种族。从前我们把奴隶和牛马生活引以为极大羞辱的，今日也将临到我们身上了！但我们当仔细地审查一下：同是一样的人，同是具有一个灵魂一个肉身的人，同是有理智有意志的人，同是能享自由平等独立的人，为什么我们要做他人的奴隶牛马，使我们的权利被剥削，我们的生命财产被劫夺，我们的种族被消灭呢？不，我们绝不愿做他人的奴隶，做他人牛马；我们有我们的国家：即文明最古，人口最众，历史最久，国土最广的大中国。我们配做大中国的主人翁，却不配做他人奴隶，做他人牛马的。

诸位同志，我们既不愿做人的奴隶和牛马，同时我们的心胸中既怀着天下平等的原则，不许人家做我们的奴隶做我们的牛马，可是我们也要尽心挣扎着使我们终不致做人家的奴隶和牛马才好。要达到这个目标，我们惟有竭力地爱护我们的祖国：因为如果我们的祖国有一天的存在，我们就有一天的不做他人奴隶不做他人牛马；如果我们的祖国永久存在，那么我们就永久不做他人奴隶不做他人牛马。

诸位，讲起爱国，我们的心不由地跳动起来。不错，我们当爱国：在本性方面我们当爱国，在超性我们更当爱国。本性方面的爱国是天性中自然的表现：盖我们都爱护我们所当享受的权利，都爱护我们的生命财产，都爱护我们的种族的；因而一定也要爱护保障我们权利，保障我们生命财产，保障我们种族的国家。如有不爱自己国家的，即间接不爱自己的权利，不爱自己的生命财产，不爱自己的种族。然而不爱自己权利，不爱自己生命财产，不爱自己种族的，世界上找不出来，就是在无灵之物中也找不出来。我们在超性方面更当爱国：超性方面的爱，就是为天主而爱，那么超性方面的爱国，就是为天主而爱国了。天主命我们爱国，所以制立了第四诫，从而若愿恪守主诫，无愧于天主，我们不得不爱国。天主也提倡，激励我们的爱国精神；所以默示圣教会定圣女若翰纳达尔克做我们爱国的主保。天主自己也爱了我们的祖国，赐给我们中国最光荣的文明，最众多的人口，最悠久的历史，最广大的国土。为此我们如有体贴天主圣意的心，在超性方面我们更当爱国。

然我们的爱国必须从爱字上着手的，就是在另一方面当有爱的牺牲。我们的牺牲，就是把各个人一切自私自利的意见，举动，捐除摒弃一致向精诚团结的路上进行。诸位，我们把东北断送了人家，就是我们不肯牺牲我们自私自利的劣根性，没有精诚团结的结果；假使我们再不痛改前非，我们就没有真切的爱国心，我也没有理由去责备人家的不爱国。

我们要团结：我们当有超性的本性的那种团结，超性的团结，就是在早夕祈祷中，我们当共同为祖国求主，使我们的祷声，犹之亚伯尔的血，上升到天主台前呼冤，伏乞公义的天主，为正义而给我们中国复仇，为世界和平而灭削日人侵略的野心，为怜悯我东北同胞亡国的惨痛，而归还我们东北固有的江山，为拯救我中华于饥荒刀兵等的不景气，而赐我们物力财力的充盈，公教前途的进展。本性上的团结就是当养成我们团结的精神，处处当表现我们为公众效劳的诚切心火，处处要陈示我们服从命令的坚定意志，使我们将来或直接组织爱国团，或间接为国家民族谋福利，或在其他合法的爱国者指导之下，真能达到我们为公众效劳与服从命令的目的。

总之我们日常的爱国行为，当与吾主救世之功打成一片，献给全能和仁慈的大父，作我们爱护祖国最诚恳的敬礼，同时也报效他爱护了我国的一片好意。

有了切实的团结，然后可同声同调高唱着昔日墨西爱枢机豪爽的口号："头可断，血可流，祖国的光荣不可丧！"抱着这种精神，怀着这种心火，我们才不致于做他人的奴隶，做人的牛马。

四　九·一八国耻纪念会的意义

九·一八国耻纪念会无疑地是纪念国耻，而纪念国耻中最重要的条款，无非设法如何可获雪耻之道。我们看了以上的种切，可知雪耻必走的路径当从爱国上着手了。盖如果不能真诚爱国，则国将亡之不暇，哪里尚有雪耻之可言？所以我们的纪念九·一八，就如上面所述的，为表现我们本性与超性界的一颗爱国心。我们深信，假若能把我们的爱国心，推广到全中国去，那么非特九·一八的国耻可雪，即凡一切的国耻亦无不可雪的理由。

读者至此，定以为传大修士对于爱国心火未免太激烈了罢？其实如果根基公教教理来评判，你就洞悉这类的武断为谬误！为叛理。最显著的，一个修士即将来的教士，在他的个体人格上，必然具有两种成分：即教士的成分，与国民的成分。因为他是教士，所以当负教士的职责，同时因为他也是国民，所以他也当尽国民的义务。处今百孔千疮，衰落和腐败到极点的中国，如果我们纯洁的天良尚未泯没的话，我们做修士的，无论从教士的成分上着想，无论从国民的成分上着想，爱国总是不可容缓的当务之急。我们为明了这两层意义，就把显著的理由分析于下。

（甲）从教士的成分上着想

教士当负的职责大概说来可分三种：宣传福音（玛尔各经一六·一五），扩达和平（玛窦经一○·一三），救难济困（玛窦经一四·一六），为明了这三种使命对于爱国问题上的关系，我们有逐段观察的必要。

（一）由宣传福音上的观察：教士的所以为教士，宣传福音自然是他独一无二，最重要的使命。耶稣说："你们往普世去，给一切受造者宣讲福音。"假若我国处于欧西各国的地位，对于天主教有明晰的见解和认识，乃当然宣传福音为一问题，爱国为另一问题：只因宣传福音为天主国谋进展，爱国则为人间国谋福利，这两件问题或者好像风马牛不相及的，但在我国因环境的不同，解决这种问题也就复杂起来。视察我国的教外者，只要稍有些智识的，无论政商士农各界，往往以天主教为洋教，为帝国主义的工具；所以入天主教，按他们的偏见，无非当洋奴做帝国主义的走狗。请问一个正直的中国国民，谁愿当洋奴，做帝国主义的走狗的呢？我们无论是教士，无论是教友，固自问良心，我们非洋奴，我们又非帝国主义的走狗。他们以洋奴与帝国主义的走狗等诬谤加诸我们身上，实侮蔑我们中国天主教轻视我们中国人人格最羞辱最惨痛的话。如果我们不把这偏见打破净尽，不把这耻辱洗雪清楚，我们不但不能宣传福音，更不能称为天主教的信徒，不能成为中国的国民。但我们如欲打破这偏见，洗雪这耻辱，当有什么办法呢？自然惟一的办法在乎爱国了：因为惟有至诚的爱国，方能于事实上证明我们并非洋奴，并非帝国主义的走狗。所以刚总主教在米兰大学演讲席上："若不令中国智识阶级和上等社会完全去掉教友为利诱而作洋人走狗的偏见，圣教很难广扬……尤其教徒不爱国家或洋化的偏见，比较任何口头辩论者都要有力。"一方面今日的传教，欲得到伟大的功效，若不与智识或文人阶级发生关系，绝不为功的。前中国外交总长现本笃会修士陆征祥在一九二九年的鲁汶传教讨论会说："传布福音的工作所以未得到更广大的发展，以人事方面观察，是因为没有和中国社会，智识，或文人阶级发生关系。"但假令欲与这些人发生关系，虽在学术和文字方面极占重要地位，而爱国一道，却也不在其次，盖我们毕竟不能冒了洋奴和走狗等名目和他们周旋而发生关系的。从再一方面观察，圣教会近年来对于中国教务的努力，整顿，提倡，已进了最高级的阶段中了：分划国籍教区，培植国籍教士等实于中国的圣教史上，开辟了新纪元。其目的，无非证明我们中国的天主教，是属中国人的，使我们教士教友的非洋奴，非帝国主义走狗等的实情，横断面地流露于国人面前。但假定我全国教区全隶属于国籍教士权下，而于爱国方面仍若无声无臭，不思采用相当的方式，以破除一般人的偏见，我恐中国的圣教必仍陷于无法进展的局面。事实告诉我们是如此：今日全国国籍教区约计二十然于爱国运动尚未显著之前，请问能脱离洋奴和走狗等嘲笑的究有几区？为此由宣传福音上的观察，为中国教士，爱国定是必要的条件。

（二）由扩达基督和平上的观察：从上述，可知教士的最高使命为宣传福音；但宣传福音，如无福音的实效在民间发生出来，则宣传福音亦终归徒然而已。至论福音的实效，除实践福音的生活外，至少在现世，我们寻不出其他更适应的实效来。（因为我们因着圣洗归于死，同他一齐埋葬，是为好像基多藉着圣父的光荣，从死人中复活，我们也在新生命里行走。罗马书六·四）这福音生活尤须以基多的和平为基础的，（又要叫基多的平安，在你们心里作主，你们蒙召合成一体正是为平安。高罗森书三·一六）所以教士宣传福音当以扩达基多和平为目标。倘使这基多和平未得实现，他的宣传福音也就尚未成功。然怎样才能扩达这基多和平呢？我们的教宗庇护第十一在他的即位伊始 Pax Chirsti in regno Christi 的通牒上，指明这基多和平系建立在公义和仁爱上的，因此教士的既欲扩达基多和平则不得不由公义和仁爱等工作上着手实难成功。今帝国主义者挟其黄金黑铁的威力，蔑视我国体，蹂躏我人民，剥削我权利，攫取我土地，何一非破坏公义违犯仁爱的铁证？我们教士为负起我们扩达和平的使命起见，当然与破坏公义，违犯仁爱的帝国主义奋斗，直至打倒帝国主义的罪恶为止，因为帝国主义的罪恶与基督和平不能和洽的。所以依公教的精神和教义，我们亦不能给予它一种容忍的态度。至论与帝国主义奋斗的步骤，我们有比国墨西爱枢机可取法，今摘录其在北国被占时所发宣言数段以定我们进取的方针：

（1）当按真理，宣布帝国主义的罪状："……故现在吾侪主教，有一道德上与宗教上之职务，此项职务迢出其余一切职务，即追寻真理而宣布之。吾侪何幸！既为基多之徒弟，又为其使臣，吾人尝基多此言：余来世界之使命，为证明真理。（若望经一八·三七）"（见比国主教致德奥匈三国主教书作于一九一五年十一月二四日）

（2）在维持秩序上当循的原则："余以一句和平语来给尔等。然可能之和平仅在秩序之内，而秩序以公义仁爱为基础。吾人要秩序；侵略国政府亦应要秩序，即须尊重吾人之主权及其许约是也。人有工作之自由权，有家庭之享受权与尽忠于国家之权。凡规约而破坏上项主权者，丝毫不能束缚良心，诸位同道，余出斯言，无怨恨与复仇之念，盖既为基多之徒弟与使臣，直应以真实相告也。倘余不敢宣言，被摧残之公义仍为公义，或不义虽有武力作后援，仍为不义，用此以屈徇人情；则余指不配带此圣教之戒指余胸不配带十字宝章也。（一九一六年，十一月二十六日在比京古都耳大堂之演词）"

（3）帝国主义者当赔偿由不义中得到的一切，不补还不得罪之数："……自公教之至善言之，以德报怨，岂不更为完美乎？教友岂不应知所宽恕乎？对曰：以德报怨为至善，诚善也，惟只对于个人之私怨而言。然实际上……加于国家侮辱，激起公愤而须要补偿；妨害公众秩序之暴行，不得免罚。国君若因循宽容罪犯，将累及社会之安全；国民若赦宥不义，则应同其罪，福音经固侧重宽赦，然宽赦之条件吾圣教会定之。吾人则效之可也！圣教会要求罪犯须有认过，痛悔，定改等之表示，若罪关不义，尚须肯于赔还，照此圣奥斯定之明训：不偿原物，不得罪赦。然后治以应得之罚，罪人亦须接受之，以补前愆。吾人之仇敌，一旦完成斯项条件，则无可厚非矣。（一九一七年，七月二九日向马利纳 Malines 总教区诸铎长之演说词）"

（4）帝国主义所侵占下之政府，非为合法政府，因而良心上无服从的必要："余忝居主教之位，当此侵略强占吾人土地之政府前，余有切定尔等良心上负有何种义务之责任。此类政府非合法政府。故今后汝等心中不须尊敬归附或服从之。在比利时惟一合法之政府，属吾国王，受其统治，为吾国代表之政府。惟此政府能操吾人之权威，惟此政府有受吾人爱戴与服从之义务。强暴行为之现时政府，其一切设施不生效力；惟合法政府，为公众利益而行之事，人民皆当默准之，由此默准故强占国政府应负一切法律之抵偿……吾人可爱之诸位同道司铎，请善导爱国思想，同时维持公共秩序。（一九一四年圣诞节教书）"

（5）公正报复之精神为一美德："至于吾人对于国仇应持之仁爱公义等问题，一般见解庸有不清，余乘此时机重提神哲学大师圣多玛斯之言于此："立意报复强蛮，以维持秩序而申公义，乃美德之尤者也。故强制强横就范于公义内，即是与强横格斗，亦即为爱主之善举。惟欲妄报仇，逾越公义之范围，认歼除私仇为快意，而将镇压凶恶之意念置之于后，斯为滥用意志，则为恶性矣。（论恶四十一题一节）"

一国破坏他国之主权，其罪之重大，非个人之谋害罪，社会处以死刑者可比拟也……故为公义而报复之精神，为一种美德，仇恨为恶行，二者不可相混也。仇恨出诸破坏，而公义报复起自仁爱，因仁爱而发生驱逐胸中恐怖之勇毅。恐怖一旦消除，则坦白者能知其职任之所在；视破坏真理，消灭公义，与侮辱天主，犹侮辱自身然，其兄弟之危害，视为其本身之危害，爱天主与爱人之双重心火顿起燃烧，因其牺牲之心已决也；宁可牺牲一切，而不愿忍诟受辱，仁爱与热忱实为此种行为之动机。（同上）"以上宣言请阅金思义译陆征祥修士撰以公教立场评判日人侵略东四省事件。

墨西爱枢机所持原则的真实与所抱态度的纯正，早为世界信赖公义与仁爱者所敬羡，所钦仰，尤其是爱国精神的伟大，只要略略考察以上几节宣言，就能显然地明了。故无须我们作任何注解。我们教士如欲依墨西爱枢机的原则，扩展基督和平于今日的中国，当然不能与爱国行动脱离关系。

（三）由救难济困上的观察，因受了原罪的遗累，现世的人类就不能无困难；我们的困难总括起来分灵魂上的与肉身上的两种。不消说教士自当救人灵魂上的困难；可是灵魂与肉身在现世结合成一个个体的人方面，于这两者相形相倚不能分离之下，就形成欲救灵魂也当救肉身的必要。最明显的，肉身为灵魂修德立功的工具，救济肉身上的困难即改善灵魂的工具，灵魂的工具改善，那么救灵魂上的困难也就方便了。罗马公教对于赞助肉身方面，素来极重视，请读圣经可知耶稣传教时最足激动我们心胸的，即耶稣于肉体方面的救难济困诸奇迹；再阅圣教史，圣教救人肉身上困苦患难等事实，又岂能屈指胜数？至近世纪如圣味增爵，圣方济各撒助爵，圣鲍斯高等一流人物，更由救助肉身方面著名的。现今罗马公教，自当今教皇登极后，传教运动的热烈可谓已到达了最高度，而以救我们中华民族亦为其重心点之一。如果根基以上救灵魂同时也当救肉身的理论，那么欲救中国民族的灵魂自然也当救劝改善灵魂工具的肉身，即充实中国物质方面的一切。今日中国民族因外受帝国主义的压迫，内有饥荒刀兵种种不景气现象，已到了国亡家破的地步，从而社会上的扰攘不安，也升入了最高阶段，有心人能不触目惊心？我们教士如果负起救难济困的使命，依着公教纯洁爱德的指示，我们当竭力辅助中华民族百般顺利，无论精神与物质，个人与社会，政治与经济，务使各方面的幸福都达到圆满的程度，另一方面，当今教皇曾说"基多的和平当在基多的国内"，自然我们希望中国得到基多的和平，同时使中国成为基多国化，即发展圣教公义，宣达圣教仁爱，表白自然良知，提起公私责任，造就公教政治经济等人才。我们虽不希望教会参政，但我们却深信能为国家谋真正利益的大政治家，大经济家，必须要求公教政治经济等人才的参加，始能奏效。而这些人才，惟有赖我们教士造成的。

欧洲中古时代国家崩溃，人民散乱，社会瓦解，再经过争斗，贪婪，恐怖，祸乱等等进迫，遂形成无政府状态，公教借其主教司铎修士等以爱德和道德的精神，为人民的幸福，为社会的安宁与秩序，出任巨艰，维持秩序，因而蛮野风化得以改良，被迫民众，得以保护。弱小民族得以解放，而能共同在独立自由平等的幸福路上行走，所以历史家评论说："公教以信仰的一致，平衡了人民分离的行动，又用讲道，公义及爱德的恩惠，屈服了混乱鼎沸各不相下的封建式国家。"既然，今日的中国亦处于同样的困难中，于是我们负着救难济困重大使命的教士，亦当于中国物质昌盛上，分工合作起来，所以在这类观点上的结果，教士也不能与爱国问题脱离关系的。

（乙）从国民的成分上着想

按圣教法典，虽教士应得各该国法律上的优越权利。例如取消赋税，免充兵役和法庭上的裁判等等；然公教徒未剥夺其国民的名分，与其他应享之权利和义务。教士既为国民的一份子，那么他一定也有国民的责任在。

我们明了，一国民族的繁盛，是由全国国民一致努力的总和，所以对于爱国，自然责无旁贷教士亦当负有与国民同样的仔肩。另外，在爱的诚命中天主命众人爱国救国，教士为民众的领袖，引导民众向天主诚命的途径上行走，自己岂能不守这爱国救国的严命的吗？至于英雄的爱国，英雄的救国，为一种美德，教士劝人民修崇高的德行，而他自己对于这应时而又切要的爱国救国，反倒可怠忽起来吗？天主教禁止外籍教士在我国作种种政治上的活动，却没有禁止任何教士爱护我国，更未见申明以国籍教士的爱国为不当。反之，圣教会屡次鼓励我们的爱国心，如教宗良第十三说："惟法命我们对于生于斯，长于斯的祖国要有胜一切牺牲的爱情。且一个好国民，为国家即有冒死的危险，也不应有所畏惧。"当今教宗庇护第十一也说："希望中华公教教众，对于中华之和平发达与进展，皆有所贡献。"同一教宗在他圣教以往成绩的通牒内对国籍教士爱护本国民族的栽培有下列的训词："你们（外籍教士）当尽心陶成他们铎品适宜的圣德……至于甘心为他们本国同胞，连性命也可以牺牲。"上海公会议也规定了外籍教士有爱护中国民族的义务，并有俶护吾中华国民的爱国心责任，于各条款中尤以第六九四款更为显著："我们（指公会议人员）以耶稣特派员的名义来中国，希望尽心赞助中国同胞，绝不愿他们稍受损害……中国人不背反福音选了正当爱国心，应当尊重和卫护。"我们现在不必多引其他证据，盖我们已明悉教士为国民的一份子，从而也当有爱国的任责。

洞悉了以上种种理由，那么从中归纳出来的结论，就是我们公教修士，无论在教士方面上着想，无论在国民方面着想，都应当爱国，尤其处于今日悲惨情状之下，眼见祖国危亡的当儿，更不得不爱国。罗马传大中华学友会开九·一八国耻纪念会，本着本性与超性上一颗爱国心作爱国切实的研究，谁说不当？

五 九·一八国耻纪念会的标准

传大中华学友会的纪念九·一八，既系表现本性与超性界中的一片爱国心，则这种爱国是纯粹的，中庸的含有德性的，出乎至诚的了。值此国难日形尖锐化，深刻化的严重时期国内爱国志士蜂拥而起，其中一定也有抱着与我们同一纯正和至诚的思想的。不过出在教育末得一致的中国，恐有许多不知爱国究系什么一回事，或知所爱国而尚不知爱国切实的措施，因此他一切的举动，未免难能完全适合乎爱国的轨道，为指示以上两种人爱国的途径，所以有以下当解释的种种方案。

我们的爱国，以一爱字为根基，并且亦惟有根基于这爱字上的爱国方为我们的爱国。我们爱国的结晶，就是国家的生存，及民族的福利，换言之，对外，抵抗野心的侵略，企图祖国得到一切权利上的独立自由与平等；对内，统一民众意志，使整个民族获得合理的昌盛繁荣与进展。凡我中华民族都当有这种希望，都该向着这种目标进行，这也是吾圣教视为国民应有的希望及权利，一如教宗庇护第十一说："为和平实现，教宗所切望者乃中华国民应有之希望及权利皆被认可。"（八一通电）本来爱的程度的高下，要看为爱而肯牺牲程度的高下以为断，基多曾说："为亲友而牺牲生命，乃爱情中之最大者。"（若望经一五·一三）所以我们的爱国，无论在超性或本性方面，如果也达到了高级程度，他方面国家的生存或民族的福利遇着危急时，我们也当为国家民族，牺牲我们的生命，即使我们的血流至最后一滴，因为我们爱着这至诚而又纯洁的爱，我们是毫无畏惧的。教宗良第十三说："惟法命我们爱我们对于生于斯，长于斯的祖国，要胜一切牺牲的爱情。且一个好国民，为国家即有冒死的危险，也不应有所畏惧。"

但是我们的爱国当范之以正规，换句话，我们的爱国，不当为过激的爱国主义。刚总主教申戒我们说："公教友的爱国，不要流为发自仇恨，产生仇恨，过激且野蛮的国家主义，他们的爱国思想当发自爱情，产生爱情。（米兰大学演讲）"仇恨是一种罪恶，与爱的诫命背道而驰的，我们希望我们的中国得到一切权利上的独立自由平等，我们企图我们的民族昌盛繁荣进展。固然除了合理的战争外，我们不得侵犯他国他民族与我们具同样的要求具同样的权利，否则我们就成为过激的国家主义者，把万恶的仇恨来破坏我们纯洁至诚的爱；同时我们就成了弃和平，远公义，离仁爱，败人道的罪人。我公教素来遵守天下为公的原则，凡属人类，都由耶稣的血肉救赎出来的，故任何国家，任何民族，不分种族，不分畛域，都有得生存福利的权利。如果我们为本国的发扬，专事扩充军备，以并吞他国为政策，以奴隶他民族为能事，我们就作了偷盗的罪孽，除非我们把不公义中获得一切，全数归还了，我们永世得不到宽宥。

总之，只要不在侵犯他人之例，我们要求国家生存，民族繁荣，从而取消不平等条约，以及举行民族解放运动，甚致以上不达目的即牺牲性命亦有所不顾等等，像这种爱国精神，总归乎纯正而含有德性，亦为吾公教所赞许的。

六　九·一八国耻纪念会与中国教胞的关系

综上所述，可知罗马传信部大学中华学友会的纪念九·一八国耻，无论就原因说，无论就结果说，都与超性或本性界中的爱国心理，抱着密切关系的。因而为我全中国教胞作爱国上的指导，乃是必然的结论了。

值此国家危亡的严重性，已迫到生死关头的当儿，罗马教宗给我们说："希望中华公教教众对于中华之和平发达与进步，皆有所贡献。"（八一通电）刚总主教给我们说："爱国及希望国家的利益，不但为人民的权利，亦为一种天赋的责任之公教，不但不妨碍爱国，且提倡爱国，是迎合于救主耶稣痛哭耶路撒冷城倾覆之遗范，把爱国看作神圣事。"（五卅惨案与中华公教青年书）又说："论到爱国我们希望中国教友不落人后又不自馁反当站在前线和第一流国民并驾齐驱。"（米兰大学演讲）雷鸣远司铎给我们说："公教救国，公教是救国唯一的出路，公教是强国不二法门，现在是真干的时候！"（二三年公教青年月刊）我们听了这些教训，假使不作忠言逆耳者的话，我们总须实践我们的爱国工作才是。

依我们公教的精神与立论，我们爱国第一件工作，就是祈祷。我们深信世界上一切的一切，都在上主亭毒之下，惟上主的圣意是全能的，所向披靡的。为此我们切盼国内教胞，急速组织"祈祷救国团"，以挽回我国的危亡，虽说我们的祷力薄弱无能，但结合于耶稣赎世之功上，企图大父圣意的措施，定克有望。同时我们是天主教教友，依圣教初期某信友与第奥及内 Diogenete 书上的说法："教友系社会的灵魂"，可是灵魂是使肉身得生命而得活动的，那么使中国得到生命与活动，也是我们教友了，因而我们教友也当有积极的爱国运动，以冀吾中国于最近的将来获得健全的生命，与灵敏的活动。其方法依我们看来有两种：其一，立善行善表，服从政政，一致团结；其二，组织爱国团体，务须纠合有纪律肯牺牲的同志，在爱国的前途上进行，列如唤起民众，精诚团结，提倡国货，兴办农村，从事拒毒，研究科学，以及推讨政治，社会，经济等问题，切实地从救国方针上努力做去，盖我们成为中华第一流国民我们爱国的责任也当这样地负起来，否则我们称不起为中华第一流的国民，更称不起为社会为国家的灵魂。何况，我们教友的爱国运动，一面为国家民族造福，以尽国民的天赋，一面表示吾公教精神，收以德化的功效，至于破除偏见，为吾圣教及个人人格雪耻亦属意中事呢。

一九三四，九，二五，脱稿于传大别墅

（原载《我存杂志》，1935 年，第 3 卷第 1 期）

公教之爱国精神

骥　仁

编者按

　　骥仁，生平待考。

　　此文开篇指出救国声浪高涨之时，天主教徒作为国民的一分子也有爱国的天职和义务。接着作者提出了教外人士常常对天主教是否爱国存有疑虑，作者从天主教历史，中国天主教在抗日战争期间的爱国代表人物、行动力证天主教的爱国性质。最后倡导全体天主教信徒当各尽所能为救国努力。

　　时至今日，国难益急，救国声浪，甚嚣尘上；各省新闻报纸，均莫不大载特载的：如何捐助东北义勇军！如何航空救国！国人应如何一致奋起，共赴国难！更有所谓抗日救国会，赈济东北难民会，义军后援会，不忍人会等，救国团体之组织；于此亦足显人民爱国之热血沸腾矣。人民如此爱国，不足为奇。爱国是人民之天职与任务。人民不爱国，使之沦亡，犹若不爱己身，以致自杀，同一罪也。我公教民在国家之范围内，仍为国民之份子。国民应负，闻此一言，不为胆颤心悸乎？我以为公教民之义务。公教民固亦应负之；国民既有爱国之天职与义务，自不待言。

　　人有以为公教民，既入教会，只知爱教，不能爱国，如圣经云："一人不能事二主。"此实大错而特错之谬见。申论公教爱国之精神以前，必须先加纠正，圣教会未尝禁止教民爱国，惟爱国应按圣教之律令，耶稣基利斯督之表率，合于正理正道，无仇外之举动。又有以为公教民罔知爱国，重视教务，将国事掷于脑后；此又大错而特错。兹篇标题，为谈论公教的爱国精神，是对症之妙药，试申论之而纠正之。

　　今夫身抱疾病，当就医而请治之；家属罹险，当冒险而救护之；国家临难，当突危而赴之；理所必然，人人咸知，教民何敢背是？是以圣经处处记载男女英雄，称其报国之德，赞其勇力，美其战捷，悼其阵亡。

且观圣教中外历史，益证公教爱国之精神，教外人有所不逮。追溯第四世纪之茦耳，国家道衰，百姓纷乱，地方疮痍；以是主教参与政事，为民屏藩，民尊之如邑长。主教对于懦民，亦公然以保护职自任。当法兰西之封建时代，天主教实行统治大权，主持战权，牛耳列邦；主教署，架炮武装，形同邸垒；修士院，围高垣，设敌楼，不啻砦寨，遇紧急时，主教修士，戴兜披甲，佩剑跨马，亲率部下，戒备击寇；天主教在此牛耳地位，人民日沐其施，创主命休战日，立骑兵会，救护无告庶黎，抵御强暴徒众。当法兰西之斐理伯奥古斯德王在位时，公教组织十字军，征讨亚耳皮霞人，攻拔培齐爱，克服加加柔，大败联军。十字军历二百载不倦，前仆后继，百折不挠。所到之处，化险为夷，转弱为强；为国家谋幸福，为圣教度自由，诚可谓爱国之健儿。迨至十五世纪，尤足证公教民之爱国精神者，只观法国乡间之一幼女圣若翰纳达尔克。自幼抱爱国大志，以外寇入境，社稷沦胥，引以为耻；故凡耕作牧羊；或在母前学针，或清夜独居卧房时，靡不悬念国务，尝谓人曰："天下兴亡，匹夫有责，妾虽乡女，未敢旁贷。"于是年甫十三，离桑梓闾阎，负戈从戎，居营列阵；以国家当爱，身家何有，悬思不战则已，战则必剧。负戈五载，卒至悚然自惧，不敢从戎，然念及国家既危，投袂自振，鼓其勇气。当是时，女父不允从军。曰："老父宁掷女于河，誓愿突危救国。"卒蒙天主援手，大败英军而归。夫幼女公教之信女，诚保国之女豪也。中外人士，莫不共悉敬仰。今观中国天主教，其爱国之精神，不在教外人以下。自九·一八事发生以来，救国声浪，震撼全国，人民基于义愤，一致奋起。我公教民在此时局，何敢袖手旁观？于是以国家兴亡，匹夫有责之语自惕，本其爱主爱人之心，捐资救国者有之；弃家从戎者有之；赈济战区难民者有之；救护阵上伤亡将士者亦有之；各尽其爱国之天职与任务。再若宗座钦使，刚总主教，通令全国司铎，在弥撒祭献中，每日加念求赐和平祝文；自后我全国三千余司铎，任何国籍，每日皆虔诚求主，赐我中国和平。自上海事件爆发后，沪上热心教胞，益显其爱国之精神，如虹口饶司铎之发起营救北四川路宝山路中间之难民及上海天主教各慈善机关对于救护伤兵及灾民之工作等，皆为我人所共和。又如九四老人所发起之妇女勤俭社，拨款助东北义军难民，筹立施药局及贫民子弟义务学校等。可敬老人，又创起不忍人会，促国人奋起救国。纷纷入会者，屈指难数；大名鼎鼎之雷鸣远司铎，亦欣然加入。最近据北平辽吉黑民众后援会，覆九四老人马相伯先生之函：报告不忍会之雷鸣远司铎，联合公教诸人，组织救护队，往战区工作；后援会聘雷君为总队长，在喜峰口战区一带，发给药品，担架衣服锅饼诸物，以资接济。雷鸣远司铎，为国际间之名士；如此工作，殊属罕闻。今我国民，观此马雷二公之工作，及前代中外为国争光之公教人物，何能谓公教不知爱国？实不知公教蕴有爱国之伟大精神！

中日战事突发至今，已一年又六月，国事日非，民生日艰；凡我教胞，在马老先生诲导之下，亦应一致奋起，共救国难，无力救国者，深望热心祈主，早赐中国和平。至论神父，则以从主耶稣纯朴和睦为本，手不可执械，与敌战斗；但可彰其爱人爱国之情，随军从营；一面鼓励兵将死敌力战，一面赦兵师之罪，施药给食，扶助善终；藉此可表示我公教爱国之精神。尚希全国教胞共努力之！

（原载《我存杂志》，1933 年，第 1 卷第 2 期）

满洲问题评判

——以公教立场评判日本侵占东四省事件

陆征祥

🖊 编者按

陆征祥（1871—1949），字子欣，号慎独主人，上海人。13 岁入上海广方文馆学习法文，毕业后到北京同文馆继续深造，攻读法文、外交学、国际关系学等。1892 年他从同文馆毕业，由清政府总理衙门指派以翻译身份随驻俄公使出使各国。1895 年之后，他担任驻俄使馆秘书、临时代办、参赞等职务。1899 年，他与比利时的培德女士结婚，培德是天主教徒，随后陆征祥也受洗成为天主教徒。辛亥革命之后，陆征祥担任中国政府第一位外交总长。1915 年，受袁世凯派遣与日方会谈并签订了《关于南满洲及东部内蒙古之条约》和《关于山东之条约》。五四运动之后，陆征祥辞去外长职务，改任赈灾督办。1927 年他辞去公职，进入比利时的布鲁日本笃会圣安德修道院修道。1935 年他从修道院毕业并晋为神父，1946 年，被罗马教宗委任为根特圣伯禄修道院院长，1949 年 1 月 15 日逝世于圣安德修道院，享年 78 岁。抗日战争爆发之后，陆征祥虽然身在修院，仍然牵挂祖国。九一八事变之后，为使欧美人士理解中国当时的情势，陆征祥用法文撰写了《根据墨西爱枢机的著述以天主教教义评判满洲之被侵占》一书并在巴黎出版。该书出版以后，陆征祥以"中国前国务总理、外交总长、现本笃会修士"的身分将其寄赠至国际联盟委员国各政界、报界人士，呼吁他们主持正义、维护国际公理。1937 年，陆征祥还致函日本裕仁天皇，希望其促成停止对华战争。1939 年，受雷鸣远和于斌的托付，陆征祥在比利时负责《〈益世报〉海外通讯》的法文月刊的出版事宜，旨在向欧洲民众披露远东事件真相，遏制日本在欧洲的宣传攻势。该报是第一份在国外出版的中国报纸副刊，其宣传在法语国家取得了很好的效果，为获取国际援助和促进中西人民的友谊做出了贡献。本文即《根据墨西爱枢机的著述以天主教教义评判满洲之被侵占》的节选，由金思义将法文版本翻译为中文版本。

弁　言

国际联盟会对于日本军队侵略中国领土的种种发展和扩大情形，加以调查后，便确定了一九三一年九月十八日以后，在中国满洲，日本所有的侵略举动，认为实在的事实。

一个有组织的国际联盟会，虽它的组织法甫经产生，还没有充分力量去强迫一个军备十足的国际侵略者遵守正义；然而，把它所得于国联调查团报告所证实和发现的事实公布出来，却已得到了初步和重要的效果：就是至今他阻止了各国承认既成的事态，也阻止了不义的侵略，冒充正义的行动。

今我约略提及种种往事，和中日冲突的主要事实，再把和本问题有关的，就是比利时梅西爱枢机，在他的国家被占领时期，所发表的言论，摘录出几页来，昭示普世，俾公理得以明着；我相信这是尽着一种正义的天职，——就是我相信为国际和平及秩序起见；我之为此，对于同志众弟兄们，对于我的祖国，即对于日本，和对于欲求利益的人们，（可惜他们做了我国的仇敌）我相信我是略效微劳。

梅西爱枢机所表示的原则，是至论名言，千古不朽，因为这些原则是真实的，凡是背叛真理的人，迟早要受真理报复。所以我把关于这回流血的侵略，及不道德的占领满洲，将公教道理，宣示公布，俾握有政权者醒悟占领人之土地，负有真理之诛求。的确，我之宣布正义，这是做一点直接的，很切实的义务。

在这些摘录以外，我还加上几篇赞许梅西爱枢机所援引的公教原则的公论。我以为不妨把占领国，和被占领国元首的表示，列在前面：其次是罗马圣座，和各协约国，尤其是日本的表示；最后，乃是国联中人的表示。

这些赞许的表示，都是承认梅西爱枢机所取原则和态度，合于真理的表证。他援引这种原则，采取这种态度来，尊敬造物主的公义，激励人的良心，好教他们知道依恃着大造的公义光照下，耐心静候着这公义的来临，知道用有勇气的清醒头脑来行动，好在天主前立些功劳，希望天主早一点制裁。

日本侵占中国领土之往事和现有事实

凡是历史上记载着的国际冲突，往往因着酝酿这种冲突的一方，以为这些事情他人不易捉摸，自信必获成功，而且不会受惩罚，乃至"层出不穷，愈演愈烈"。在没有成立一种有充分力量的机关，足以有效地施行一种国际治安条例以前，必须表出世界各国的公意，庶几至少将一般主张武力者一举一动，及时摘发，布告全世，设法阻止他们的传统计划得步进步，结果必至惨祸连绵，不知伊于胡底。我们研究中日两国间的冲突，不妨把已往和现在的事实追述一下，这些事实都是彰明昭著，不容混饰的，根据着这些事实，对于这扰乱东亚和平，引起欧美各国义愤的时局，便不难下一准确的定断。

一 中日之战：一八九四——一八九五年

高丽在十六世纪时，便已做了中国的藩属，一八九四年，日本借口高丽国王向中国请求予以军事上的正当援助，竟突然调遣大军，强行登陆。是年七月二十五日，日本未经向中国正式宣战，突然袭击载有一千一百人之中国船舶。伊继续着伊的敌对行动，击毁中国舰队，迫中国承认高丽独立，还割让了台湾岛，（人口三百万）和琉球群岛。（一八九五年四月十七日马关条约）

二 日俄战争：一九〇四——一九〇五年

日俄两国都在高丽和满洲争着扩张势力，各不相下，日本便于一九〇四年二月六日召回他的驻俄公使，二月八日或九日夜间，日本未纯正式宣战，便袭击驻在旅顺口外的俄国舰队，击败了俄国海军，又进攻他波尔的海中的舰队。日本因着朴资茅斯条约，（一九〇五年九月五日）得到俄国承认他对于高丽有绝对利益，又让给他辽东半岛和旅顺的租借权，和桦太岛南部的让与权，一九〇七年，日本正式取高丽做他的保护国。一九一〇年更把高丽并吞，改称朝鲜。这正是日本保障高丽独立的结果。

三　一九一五年的二十一条要求

一九一五年五月，日本向中国提出五项要求，共计二十一条，希图攫取在满蒙山东福建，和长江流域等处种种独享的权利，一手攫得中国全部的统治权，尤其是政事，军事，财政，和教育权，要在事实上使中国做他的保护国，他逼迫中国全部接受他的要求。一九一五年五月七日，日本向中国发出最后通牒，迫中国立即全体承认。那时，正在欧战期间，因此中国得不到友邦的援助，作有力的干涉：日本却准备凭藉武力，立即夺取一切依法不能容许的权利。

然而中国仍得将此项要求第五项七条中的六条，和此次交涉脱离，我们只要看一看这六条的内容，便可以明白日本的野心了：

一、中国中央政府，须聘用有力的日本人，充为政治，财政，军事等项顾问。

二、所有在中国内地所设日本病院，寺院，学校等，概允其有土地所有权。

三、向来中日两国屡起警察案件，以致酿成纠葛不少，因此须将必要地方之警察，作为中日合办，或在此等地方之警察官署，聘用多数日本人，以兹筹划，改良中国警察机关。

四、由日本采办一定数量之军械，（如中国政府所须军机之半数以上，）或在中国设立中日合办之军械厂，聘用日本技师，并采买日本材料。

五、允将接连武昌与九江南昌之铁路，及南昌杭州间，南昌潮州间，各铁路之建造权，许与日本国。

六、允日本国人在中国有宣教之权。

日本所提出的其它一切的要求，都是非常苛刻，中国受暴力的压迫，不得不一一承认。

四　一九三一年以后：侵占中国领土

一九三一年九月十八日，日本未经正式宣战，突然袭击中国军队，占据了沈阳。九月二十八日，日内瓦国际联盟会，日本代表宣称日本军队，已经接到了撤退的命令。可是日军非但不撤，却更接连着轰炸锦州，进攻黑龙江，取了齐齐哈尔，又占据了锦州，依着预定计划，次第进兵，占据了东三省全部。次年一月二十八日，日本派兵攻击上海，二月一日又炮轰南京，自二月二十日至二十八日，更在上海大举进攻。到了三月间，日本便就所占的东三省组织了所谓"满州国"，一切措施都由日人主持。至今全世界各国，都不承认这伪组织，日本却单独承认。到五月三十一日，日本才撤退了派往上海的军队。一九三三年，日本复攻热河，取而加入伪国。接着又乘势攻入了山海关，和其它的长城要险。最后，日本军事长官，和中国地方政府，成定了"塘沽协定"，停战言和。

自一九三一年九月二十一日以后，中国不时把日本的暴行陈诉国联，各国对于这回的事变得非常注意，先从调查真相入手。九月三十日，国联理事会期望日军于十月十六日退出满洲，十月十六日美国派代表参加国联。十二月十日理事会组织调查团，委李顿勋爵任调查团主席，克日出发。

一九三二年二月，国联理事会对日本发出通告郑重地声明，所有日本以武力取得的一切，概不承认。一九三二年三月十一日，国联大会，成立一种顾问委员会，便是"十九国委员会"，委托他注意远东事件，敦促日军退出中国领土，要设法把这层办到，必要时，还该迫令遵行。一九三二年十月二日，国联发表李顿调查报告。翌年二月二十四日，国联大会一致通过调查团报告书和提议事项。十九国委员会把李顿报告书审查后，宣告满洲统治权属于中国。一九三三年三月二十七日，日本正式宣告退出国联。

五　李顿报告

日内瓦中国代表在宣传股格洛煦路八号（Rue de la Cloche）曾将李顿报告摘要编订成册，计七十五页（售作一瑞士法郎）。我们且把报告中几句最重要的话摘录出来：调查团先发表他对于中国国民政府努力工作的意见，说中国现政府于建设上，"有种种困难，迟延，各失败，却大有进步""所成就的也很不少"；"假使中央政府，能照此现象维持下去，那么，各省行政，军队，和财政等，要逐渐化为国家性。"（一五至一七页）

调查团承认满洲有完全是中国的性质，人口约计三千万，"其中二千八百万是中国人，或同化的满洲人"，朝鲜人计有八十万，"日人俄人，其及他外国人，（鲜人除外），总计不过四十万人"——"要是没有中国农民和工人陆续前往，满洲也不能这样迅速发展，使日本因此得有市场，粮食肥料和原料。"——中国人民认满洲为"整个中国的一部"，为"第一防线"，为"中国粮食策源地"，和"经济结构的要素。"（一九至二三页）

调查团对于日本所称为引起侵占的口实，找不到什么迹象，一九三一年九月十八日铁道轨上发生的炸裂，也不能证实他惹起了什么损害。可是调查团曾得一种证明。"日本方面，事前确有充分计划，来应付中日间，万一发生的战事"，"中国方面，既没有进攻日军的准备，而且在这时候和在这地方，也并没有危害日人生命财产的计划。"调查团对于日本所自称其辩明他侵略行动为正当的缘由，也一样下了公正的评判；他们提及在朝鲜屠杀华人事件：被杀的一百二十七人，受伤的三百九十三人；他们研究华人抵制日货情形，"知道每一运动发生，总和某项确定事实，事件，或事变有关，此类事件，概属政治性质，且常为中国所认为和他的荣誉和利益有碍。"比方，鲜人的屠杀，满洲的被占，和袭击上海等事。（二七至三五页）调查团查明东三省，自"九一八"事变以后的情形，说：对于一切反日及反"满洲国"的军队，日方往往一律目之为"土匪"，又说："在最近二三十年间，日本曾派人大规模接济土匪，以遂其政治上之目的。"（四一至四七页）

调查团论"满洲国"的组织，说："和日本新政治运动有密切关系的现任或已退职的日本文武官吏，曾计议，组织，和实行此项运动。""在满洲国政府中，日本官甚为显要"；"主要的政权和治权，都操于日本官员或顾问之手。"（四九至五三页）

调查团于被占各省居民，对于这个"政府"的态度，也很明了。"所谓'满洲国政府'，在当地中国人心目中，简直是日人手中的工具。"和调查团会面的中国商人和银行家，对"满洲国""都很仇视"，其中"职业阶级——教员和医师——对'满洲国'也很仇视"。"中国农民——系满洲居民中的大多数——在新努力下受苦，不满意；他们的态度，是消极的仇视。""城市居民的态度，是一种消极的缄默和仇视的混合性。"（六一至六九页）

六 一件最后的事实

我们看了下列的说明，便可不言而喻。

日本人民看见他们的领袖容许一种结果，总是不利于那运用者的政策，这是深是引为遗憾的。

威廉马丁氏在他搜集了所有关于中日冲突的文件，出版一种著名的作品中，论道："现下的远东所有的经历，使我们发生和一九一四年对德事件同样的惊异。……尤其是在一个万行宪法的国家，怎会政府有不能使军人服从的气象呢？"

"在我这两方的情况中，却有同样的解释，而且理由也很简单。便是日本和帝德两国的宪法，其间有显著的类似。这是因为日本在维新时代，是到普鲁土去寻求他宪法上的启迪的，我们可以在东京找到许多日耳曼故帝国的特征。"（"见威廉马丁氏日本反对国际联盟会，"一九三二年日内瓦日报印刷社出版，三三页。Le Jeponcontre la Societe des Nations. par William Martin, Imprimerie du Journal, de Geneve1932 p. 33）

"日本宪法中有一个最奇的特色，便是陆海军两部大臣人选，并不和其它各国一般，由政府首领自行择定，却由两家指派，一家管陆军，一家管海军；这两家这种特权，是历代相传下来的。"

"这海陆军两大臣，对于议院也不再负责了。他们算是内阁部的一份，可是当着内阁总辞职的时候，他们却不必连带去职。因此，每次海陆两相和他的同僚起了冲突，尤其是和藏相，去职不是阁员，却是内阁，这样我们便不难想象几时日本军阀到了一种机会，来要求经费，或是控制外交，他们的势力是多么大。这些情形，便可说明日本政府无力节制军阀，和军阀操纵国事有伟大势力的原因。"（司上三四页）

马丁氏的言论，正是前面讲过种种可憾事件的必要伸述，而且给我们一个解释。现在我们可以对于这些事件下一判断了，关于这一层，只要把梅西爱枢机 Card. Mercier 在当他的祖国比利时被侵占历有四年的时候，所毅然昭告，援引根据天主教信理的原则，阐发一下，便够了。当时的情境，有许多地方和目前扰乱远东的情形，很相类似。

关于正义和爱德在国家受敌人不义的侵占时
所当援引的几种天主教信理的原则

——摘录马里纳总主教梅西爱枢机在他的祖国和他的教区
被占领时（一九一四——九一八）所著的主论

一　天主教教义观察点下的爱国主义

在我们心目中，谁都有一种比个人利益，比血统关系，比党派发展更深切的心情，这便是所谓公众利益；为公众利益而牺牲一己之必要，由此必要而成了志愿。这公众利益，就是罗马所称为"公共事物"（Res publi-ca）。这种心情，便是"爱国主义"。

国家不单是同住在一块土地上的个人，或是家庭的集合，因着想念，或是有了事故，才发生了多少和密切的关系，彼此都怀念着同样的往事，快乐的，或是愁苦的；不，国家是一个精神的团体，大家都该为一个社会组织服务，不恤牺牲一切，在主持分派各人任务的领袖人指导下，尽保障卫护的职责，便是舍身流血，也不得推诿。

因为国民有统一的精神，才能世代相承，在已往时代度着同样的生活，也凭着他们共同的期望，能使将来国祚绵延，永垂久远。

国民爱国，是国家统一和有秩序的基本要素，全国人民所赖以互相维系，希腊和古罗马的大思想家，视为本性诸德中的最高德行 。异教哲学家巨子亚利斯多德也说不关心国事，所谓"俗意之尤"。

基利斯督的宗教，把爱国著为律令，没有一个纯精的基利斯督信友，不是纯精的爱国志士。

天主教的理想，更驾乎异教理想之上，且切实阐明，使人们知道这个理想，离开了绝对的意义，不能实现。这种普通的，不能抗拒的热情，一下，便转移了全国人民一切的意旨，大家努力团结来抵御那威胁着本国的统一和独立的敌人们；然而这种热情，这种奋激，究竟从哪里来的呢？

一到了这时候，大家就要忘掉了自己的利益，专顾大众的利益，而且要牺牲生命，"为国捐躯"，这是什么缘故呢？

既然家庭和个人的福利，是国家组织存在的理由，那么，国家不一定比家庭和个人有价值。

国家也不是一个神道，人民的生命，应该放在他的祭台上作牺牲的。

异教风俗的粗野，和暴虐君主的专横，却曾引导到这种荒谬的见解，——近代的黩武主义，也想使这种谬说复活，——便是以为国家是万能的，国家的专制权，便造成了公理。

天主教的神学家，便驳斥这种谬说，道："和平才是公理，就是说，建筑在正义上的国家，内部的序秩。"正义是绝对的，只因他是人类和人造间，以及人类和人类间关系的表示。

圣奥斯定说，"不应该利用和平来预备战争，只该为了求得和平，才战争"。

因着这个教训的启迪，圣师多玛斯才阐明爱国主义，带着宗教性质。

家庭，阶级，致党，和个人形体上的生命，比较起价值来，都在爱国主义的理想之下，因为这个理想，便是公理，而公理是绝对无上的，进一步说，这个理想，是应用于国家的公理，为大众所公认的，就是国家的荣誉。

实在，只有大造是绝对的。

只有大造，因着他是至尊无上，宰制着一切的事务，和一切的意志。

确认人类有服从公理，正义，秩序，和真理的绝对必要，便含着确认大造的意义。

几时我们弱小的军士们，——我们对他们的英雄气概，表示敬意，——简率地答复我们，说："我们不过尽着我们的天职"，"荣誉需求我们"，他们正是依着他们的方式，表现他们爱国主义的宗教性质。

谁不觉得爱国主义是"神圣的，"损害国家的尊严，是一种亵渎神圣的卑劣行为呢？（一九一四圣诞节的"神牧公牍"，原著五册，六三至六六页。）

二　占领国和他的权力在法律上的价值

我承认在我神牧职务上，应该明白规定你们对于侵入我们的国土，暂时占领了一大部份的强权，应有良心上的天职。

这个强权，不是一种合法的权力。自今以后，在你们心目中，无须有重视，依恋，或是服从的观念。

在比利时国内，唯一合法的权力，便是属于我们君主，和他的政府，以及我国的代表的职权。对于我们，惟有我们的君主是权力，惟有他该受我们心中的爱戴，和我们的服从。

占领国对于公众的一切行政措施，都不生效力，不过合法权力，默认一切对于公众利益的正当措施，惟有这种默认的措施，才有法律上的价值。

被占领的各省，绝不是征服的省份；比利时不是德国的部属，正和加里西 Galicie 不是俄国的部属一般。

然而国内被占领的部份，事实上是处于一种应当忠直忍受的地位。我国各处的城市，大抵已在敌人手中。这些城市降服时，所有承诺的条件，是该尊重的。

特别是你们，我很亲爱同志司铎们，你们该竭心尽力，做爱国主义的守护人，同时也做公共秩序的维持者。（见同上）

按当时占领国的军事长官，反对寄发这封神牧公牍。梅枢机极力抗议，特向驻勃鲁赛领袖公使发出宣言，由后者转达他属下和勃鲁赛各属的神职班，略述如左：

……寄我以前的训令，一点也不取消，我对于妨碍我自由行使神牧职务的暴力，表示抗议。

他们用了种种方法为使我签名于我公牍的修改文，我却没有签名，——此刻他们正设法阻止我属下神职班读我的公牍，使我和他们隔离。我已经尽了我的职分：我属下神职班也该知道他们这样去尽他们自己的职分。（同上七九页）

三　国际审查的请求

梅西爱枢机曾于一九一五年一月二十四日，和二月十日，先后两次请求"组织一种国际法庭，此项法庭的仲裁人员，德比两国，人数当相等，由一中立国代表主席"，（同上，二三一页）目的在使被侵占国人民，对于占领国军队被控犯罪时，得明其虚实，且监察军队对于人民的行动，这两次的请求，都归无效。一九一五年十一月二十四日梅枢机致函敌国公教主教，请其协力促成，此项法庭，表示意见如下：

大德可敬的僚友们，我们要求这种审查，先于一切，为补偿比利时人民的名誉。几部份来自贵国人民，和贵国人民最高级代表的诬陷，把他破坏了。你们也和我们一样，知道那道德的，人道的，基利斯督教义的，和公教的，神学的铁则："不补偿，不赦罪"。

…也许你们要说：这是过去了，忘了他吧，与其火上添油，还不如宽宥了。把你们的力量，和占领国的权力联合起来，他只求在不幸的比国人民的创伤上敷药治疗。

…日耳曼不能把他使我们流出的血，和他的军队所杀戮的无辜生命，归还我们了；但是比国人的名誉，为他们所破坏，或是任令破坏的，他却能补偿。

…果然，占领国说过，而且写过要包裹我们的创口。

但是法庭上是以行为来判断意愿的。

我们不幸的比利时人，暂时受着帝国统治的比利时人，我们所知道的，便是那许下依照海牙和会所订定国际公法来管辖我们的贵国，却不尽了他的任务。

一九一五年十一月二十四日，比国主教们写给德奥两国主教们的公函，见同上二三二，又二三八至二三九页

四　正当报复的精神是一种德行

当着日耳曼军队屠杀无辜的比利时人民时候，世界各国的公教信友，找不到一句话来表示他们的愤慨，如今，他们却找着了慷慨的论调，向着公教昆季们，向着忘却已往上，向着和平歌咏起来。

关于我们对于比利时敌人们正义和爱德的问题，弥漫着许多淆混的观念，现在正是一个好机会，把哲学界和公教神学界卓越的圣师多玛斯信理中的几点，温理一下。

……"有报恶的意志，而又尊重正义的秩序，这是德行的举动。这样所要的，便是在公理范围内矫正一种道德上的恶行，这便是嫉恶，便是作着善工，是正当行为。""可是胡乱报复的意愿，不论或是轶出公理的范围，或是报复的计划，先在歼灭恶人，其次才是抑制恶事，这种行为就不对：在这后者的情况中，人的苦楚，实已变成复仇的目的了。"

那么，在这复仇的义愤中，带着情感，该怎样判断呢？在道德上，报恶的意愿，是否必需全没有情感。

圣多玛斯回答道：不，恰是相反。个人在要做一件事的时候，应当表明道德观念，在这时候，情感当然是危险的，因为那时候情感，确能扰乱他判断的清醒，但是制裁的行动，是一经认为正当，和制裁的道德性一经决定，这义怒的情感，便成了意志的助力，使人有更大毅力，更迅捷地来完成这种义举。圣多玛斯说：这样维持着的情感，是于德行有益的。（De malo，Q. Ⅻ. art. 1.）

……一个国家破坏他国主权的整个罪恶，比了个人犯的，给社会囚人监狱，或是送上断头台的罪恶，是无可比拟地重大得多。

……因此，愿意人们不要把仇恨——一种恶行——和正当报复的精神——一种德行——淆混了，仇恨是出于一种毁灭的本能的启迪。

惩恶的德行，是出于爱德的启迪。勇敢把恐惧驱出了心中，替惩恶的德行开道；驱除了恐惧，凡有正直心的人，便认清了他的职分；他认所有对于真理，对于正义，对于大造的侮辱，和对于他自己一般；他弟兄们的危难，便是他自己的危难；爱天主和爱人的两重爱德的火焰燃着了；他一己的牺牲也决定了：他宁受一切的苦难，却不甘蒙着侮辱而退让。

这便是爱德和热忱，燃着了他的烈焰。

……也许有人要说：你主张的是严格的公理，我们明白了；但是另外还有一个观察点啦。就是基多信友的纯德吧。以德报怨，岂不是更纯善吗？基利斯督的信友，岂不是应该知道宽恕吗？

假使只是个人的罪过，暗中忍受的，不妨以德报怨。

可是，实在……这是对于国家的侮辱，因此惹起了公愤，要求补偿。凡是加害于公众的人们，不能不惩罚就算完事。要是做君主的对于作恶者一律宽赦，势必遗害社会。人民如果不追究不义的行为，也不配享自由。

的确圣经是倾向于赦宥的，但是圣教会知道在哪几种条件下，才可以赦宥，让我们效法着吧。圣教会对于罪人必须他承认自己的罪过，痛悔，定志不敢再犯，假使这个是不公道的罪，还要他许下补偿，依着圣奥斯定的宣告："不补还，不赦罪"，这是谁都知道的（Epist. ad Macedonim 153，a No. 20）；此外还要做补赎，因着所犯的罪，而加以应得的惩罚。

我们的敌人们一经履行了这些条件以后，宽宥的时候就到了。

一九一七年一月二十九日，在马里纳总主教区内，领袖司铎年会中的演说，题目是："目前神牧们的德行"（同上，三九八至四〇〇页，四〇三至四〇五页。又一九一六年七月二十一日，神牧公牍"告我们的军人，"同上，三〇二至三〇三页。）

五　为战争和占领而牺牲的国家所有神职班的职分

（一）寻求真理和正义来昭示国人

战争所有宗教性的结果，是大造的秘密，我们谁也不能知道。但是这里有一个控制战争的问题，就是道德，正义，荣誉的问题。

……目前，我们主教们更有一种道德的，因此也是宗教的职分，比其它一切的职分，还要占先，这便是寻觅真理来昭告国人。基利斯督，我们有特别荣幸，做了他门徒，同时又做他的代理人；……基利斯督不是曾经说过："我对于社会的使命，是在给真理作证"吗？（若望经十三章三十七节）

（一九一五年十一月二十四日北利时各属主教，致德奥两国主教们的公函，见同上二四二至二四三页。）

……我带给你们一句和平的话。

但是，惟有在秩序中，和平才是可能，然而秩序是建立在义德和爱德上的。

我们愿意有秩序……但是那占领国也该愿意着，就说我们的主权和他的行动的尊重。

一个人对于他的工作，该有自由权；对于他的家庭，也有主权。他有权为自己的国家，保留他的服务。

凡是破坏这些主权的法令，良心上不受任何束缚。

我的神昆们，我给你们说这种话，并不怀着仇恨，也没有复仇的心。我给你们说这些，因为我做了基利斯督的门徒和宣传福音的代理人，对你们就负着宣示真理的责任。假使我服从一种人类的偏情，抖瑟瑟地宣告说：那在暴力压迫下的公理，依旧是公理，那由武力扶持着的不义，算不得是不义，那么，我真不配带这圣教会给我带在指上的主教约指了，也不配负着这圣教会给我放在胸口上的十字架了。

（一九六年十一月二十六日，在勃鲁赛圣古堵勒 Ste‐Gudule 堂中的演辞，见同上，三三七至三三八页）

（二）抵抗强暴注意奸徒通敌阻止他们的逆谋

神职班参加，引起战争和占领的冲突，是适宜的吗？主教和他属下司铎们，不是专管人灵魂的神业吗？这两个问题，我们要把他研究一下。

圣教会不是一种纯属精神方面，看不见的社会。信友们在肉身上和灵魂上，都有需要，都冒着危险，不论为现世，或为永世，都是一样。凡是神牧对于这些事情都该关心着。让我们再听一听圣师多马斯的话吧。圣师说："圣教会的神牧们，不可只顾驱逐了要弄死他们羊群内灵魂的狼，便觉得心满意足；他们也应该抵抗使羊群受肉身上痛苦的强人和暴君。这不是说教会权力的代表，该亲自运用物质的武器，却是该运用他们精神的武器，就是说对着那负罪者提出补救的警告，热诚祈祷，如果那人强顽违抗，便加绝罚"（Sumrna Theol，2. 2，q. 40，art. 2，ad I）。

……爱德是一切道德和宗教生活的唯一启迪和指导。

没有一个基利斯督信友的义德，是不有爱德的。

没有义德，也就不成爱德。既然报复的公义，是义德的一部份，那么，没有报复的公义，就不成爱德了。要是假托着爱德上的英勇行为，对着不义的事情，愿闭着眼不去过问，许敌人的罪恶不受惩罚，因为这是敌人的缘故，这便是不明了爱德为个人道德和社会生活，和公教化的人道主义的组织上，为最高必要的权衡了。

……如今占领国意在推翻我国的普通行政，似乎已取着"分治"divide et impera 的口号了。

……赞成这种暧昧方策的人们便是卖国贼。比利时的内政问题，只关着此利时人，只有比利时人的议会，比国政府，比国君主能解决。

诸位领袖司铎们请你们睁开着眼。叫我们的信众不要去看那诱惑读物，参加那诱惑的集会。注意那些通敌的奸徒，阻止他们的逆谋，和勾引青年。我国已经抵抗暴力，现在要抵御诱惑了。爱国的热忱，是一种美德；你们因着地位上的职分，是德行的守护人和讲宣者。（一九一七年一月二十九日对领袖司铎们的演辞，见同上，四〇七至四〇九页，四一三至四一四页）

梅枢机更在其它事态中，指摘那些失职的人们，他的演辞中有下列的话：

在我们的许多弱点中，不时发见了，使我们愧赧的弱点。不要误会，我在刻不是对着那少数的工人们，加以指摘——他们饿得力尽筋疲，冻得或是被鞭扑得僵直，最后，才吐出一句屈服的话来——人类的毅力本来是有限的；我所视为遗憾的，便是对于一般只顾贪利，媚事敌人，向他们告发，给他们做间谍的卖国贼，或是那些利令智昏，不惜残害同胞来发财，却又不觉得羞耻的人。所幸将来在历史上回溯往事，这些污点总要加以洗涤的。

（一九一七年二月十一日神牧公牍："神昆们，勿灰心，"见同上三七三至三七四页）

（三）维持人心，使信众以基利斯督信徒精神忍受国难，不问久暂

梅枢机在他的祖国被占领时期内，不住地提着这一件事，在他的言论中，曾发表过下列的话：

神昆们，你们不能疑惑天主对你们的慈爱：

此刻你们懂不得天主上智所命的，或是所许的一切事情的缘由，和怎样发展……天主要你们相信，好教你们的信德于你们是有功劳的，为天主也是更有光荣的。

……假使你们受了怀疑的诱惑，你们就拿起圣咏来，念几篇，再默想一下；你们的信德就回复了，你们便要在不自知觉中，从事祈祷了。

凡是祈祷的人，便能开明心目。祈祷吧，尤其是要念着那遍卓绝的经文，就是吾主所亲自教我们的那遍"天主经"。

（一九一七年，二月十一日的"神牧公牍"，见同上三八二至三八四页）

（四）依恃天主阐扬天主的公义

一九一八年十一月十一日，那梅枢机所反对，不住向天主的公义伸诉的野蛮武力摧毁了。过了四天，他对于使祖国流血的国难，发表了一书，最后的神牧公牍，得到了宗教性的胜利：

我要用你们的名义，来宣告天主的公义。

……不，神昆们，天主不像我们不忍耐。他的举措是有力的，却也是和缓的。…他知道到了他明定的时刻，才把善恶分明，依着他毫无缺憾的公义，处置那不义的行为。

……普鲁士的军阀喜欢这样挑战，"我们单独和全世界的仇敌战斗，战胜的却是我们？"他们稍为得手，便把他们的同盟一脚踢开，不让人分

享着他们最后的光荣。好在惊骇的全世界人前夸耀："只我，便够了！"

对呀！如今只剩着他们，他们的骄傲！普鲁士的军阀是完全孤立着！

保加利亚，土耳其，奥大利匈牙利，一个个轮流着和他们脱离，就是他们自己的日耳曼人民，也终于叛离了。

他们如今是单独立着，可是这回却在他们的征服者面前哪！他们是打败了，而且一败涂地，全部毁灭了！

那野蛮人的口号："强权胜过公理"，已受了致命的打击。

大日耳曼主义统治全欧的迷梦，如此。此一种使人至窒息的毒气，给一阵风吹散，惟有公理是该受称颂的。……我的神昆们，愿光荣归于天主，归于天主的公义！愿比利时人民，愿各战胜国和各战败国，能永永记念着这个公义。

（一九一八年十月十五日的神牧公牍，"对天主的公义致敬"；见同上六二五至六二八页）

六　对于梅西爱枢机在他的本牧区，和他的祖国被占领时所采取的原则，和他在神牧职务所有的行动，各方面表示的信证

（一）占领国的信证

一九一八年十月十日星期四，梅枢机接见德国驻比京勃鲁赛政治部长郎根伯爵，该部长于谒见时，而交声明书如下：

"贵总主教，比利时敬重着，听从着的神牧，为我们安抚这被占领的比利时。敝部长奉了总督和敝国政府的命，特来为贵总主教声明，当我们退出贵国领土的时候，我们要自然地完全情愿把所有被流放的比国人政治犯交还给你们。他们要自由回家，从下星期一即本月二十一日起，一部份就能自由了。这一次的宣告，谅可使贵总主教心中感觉愉快，敝部长也来向贵总主教作这宣告为欣幸，尤其是因敝部长在贵国居留了四年，对于贵国人民不能不表示尊敬，对于他们爱国热忱的正确价值，不能不表示钦佩。"（同上六一三页）

（二）被占领国的信证

一九一四圣诞节的神牧公牍"爱国和忍耐"发表后，比王致电教宗，其文如下：

"余今向罗玛公教所敬元首表示，余对于悔西爱枢机所有的景仰。梅枢机步武从前光荣的大主教们的后尘，不怕宣示真理，以攻谬论，和以有关于世道人心的正当理由，确定一切不依时效而消灭的主权。——亚尔培。"

（三）罗玛圣座的信证

教宗庇护十一世乘着那一九二四年四月四日，梅枢机晋铎五十年金庆的良辰，对枢机颁发一篇简单的颂辞（Tam proeclara）表示如下：

"……至于你出于基利斯督信友精神的勇武，我们还好说些什么话呢？在你神圣职务上的一切行为中，不是已经彰明昭著了吗？这是你的勇武精神，使你在那牵涉着全世界的不人道战争期间，发表种种"用以稳定人心，扶植屈膝所该说的话。"（若伯传六章六节）你的灵魂，是"属下信众所当奉为圭臬的神牧灵魂；"（伯多禄一书五章三节）在最难堪的悲哀忧苦中，你所有热诚的劝告，给你的惯习的口号，"因着十字架以得光荣"，下了注释，昭告众人，苦难怎样使人进德从善，怎样助人藉此较轻易的步骤，逐渐达到道德上高深的境界。

一九二四年三月十五日，任教宗后第三年，发于罗玛圣伯多禄大堂附近——庇护十一世。

（四）协约国中之一法兰西之信证

一九一九年十月二十三日，法兰西民主国大总统普恩赛（Raymond Poincaré）赴马里纳总堂谒见梅枢机时，发表谈话如下：

贵总主教握有第一级神权的地位，曾以不能磨灭的论调，来表示被侵占的比利时的思想，正和从前在野蛮时代，主教们做城市的保障一样。

贵总主教所做的还不止这样：贵总主教为公义本身的名义而发言，影响震及文明的全世界。

（五）日本的信证

一九二六年一月二十六日，梅西爱枢机逝世。勃鲁赛人士因即组织一委员会推韦雅德子爵 Conmte Carton de Wiart 任主席，目的在刊行一种纪念册，纪念梅枢机的丰功伟业。（一九二七年狄斯美出版 Ed. Desmt-Verteneuil）那时任职驻比大使，现在任国际法庭主席的日人 Adatci 氏，曾将日本的表示，送交该委员会发表（纪念册二三六页），其文如下：

"日本永久熟诚怀着最高贵的同时代人物梅西爱的纪念。他在全地球诸大洲上散布了这么多的光明，他过早的逝世，实为一种很大的损失，不但对于比利时和公教是如此，便是对于全世界人类也是如此。"——M. Adatci

（六）国际国联盟会中人的信证

在梅枢机神牧职务指导下，最纯洁的爱国主义，很自然地联合着一种恰当的，和高尚的国际意义，使他在庆祝他晋铎五十年的那一天上，表示他的要求："愿意那不站在前线的人民，竭力设法教他们也轮着去和前线军士做一起。让我们在尊重每个的主权，因此也就在正义的条件下，成立国际联盟会。这里我们把曾任国联总秘书德鲁蒙氏 Sir Eric Drummond 和日内瓦日报编辑威廉马丁氏，对梅枢机表示敬意的原文摘录出来，似乎是很适宜的。"（纪念册二八九——三三一页）

梅西爱枢机是一个伟大的，和有见识的爱国志士。他的爱国主义，使他扶助国际联盟会，对于将来为他所爱的国家保证和平最好的方法。——国际联盟会总秘书爱立克德鲁蒙。

国际联盟会建立在国家，正义，和信德上。梅西爱枢机是一个爱慕和平的战士，在惨酷的时期内，曾竭力拥护着他的祖国，攻不破的正义，和对于天主的信德。——威廉马丁一九二六年三月二十九日自日内瓦。

结 论

梅西爱枢机所有神牧职务上的训导，在国家被敌人全部占领形势下，却仍能刊布施行，占领国竟不能加以禁阻；无疑地，这不但是因为他有伟大的人格，和英雄般的勇毅和热忱，使他不避艰险，竭力宣传，尤其是因为他的训导，是合着真理，为大造所启迪而出于神权的效能，足以激发普世人心的缘故，所以总有一天，种种事变，会使那侵占国自己，屈服于这种训导之下。

这些话和真理一样，是不容调和的和爱德一样，是温和的，也和正义一样，是坚决的；总之，是百攻不破的。

这是因为这些话完全不杂着仇恨，所以他们表示刚毅果敢的态度，终于达到了目的。仇恨本来是一种弱点，也是一种恶德。

今我敬承天主的圣召，度着修院的生活——不惮大声疾呼，使世人再听一听往时梅枢机震动全世界公正的言论，也正是出于和梅枢机一样的精神，因为这位大枢机的呼声，在感情用事，混乱的叫嚣中，和枪炮轰击的巨声中，能使人们谛听着。各国对于中国往往有不满意的论调：有的说"中国是个弱国"，也有说"中国的声诉是失败了。"我们要回答说："中国的声诉是公义的，岂不见那公义的主持者，决不会没有最后的判决吗？"

一九二八年八月一日，教宗庇护十一世给中国人民颁发了一个有历史性的公电。在这公电中，教宗不侄首先承认中国应享受绝对平等的待遇，更以真挚和特别同情的情意说："他完全信得过这样一个在人数上，是全地球最大的国家，一个识得大体，和光辉素著的古文明国所有正当愿望，和一切主权，该完全予以承认。假使中国能在正义和秩序的道路上维持下去，不会不得到一个远大的前程。'在一九二八年上所视为实在的情状，不会因着所发生的不义而动摇，使从此以后，中国人民，变得应该受苦的。将来天主要就在我们衰弱的情境中，造成我们的力量。

我们要凭着这种力量，专向公理进行，效忠于爱德和义德的需求；将来要就在这样的力量中，建立了和平。

陆征祥拜启　廿二年十二月圣诞节

再者此刊物到时，恳分神送《益世报》及《主日报》各一份，并恳转致主任，如能从速译成中文，以广流传，最妙刊成单行本，插入二老相片分送，以期普及，缘梅主教在欧战中四年之维持苦心，抗议毅力，对敌勇敢气概，百折不回之精神，大可灌渝在我全国民众脑海中，实为目前至急之办法，以五秒钟之爱国热，一变而为五十年、五百年、五千年之爱国性，在此一针之刺入骨髓耳。尚祈大酌进行，是为至祷，大局幸甚，民国幸甚，一切务恳便中陈明主教而行，尤感。

此请　雷鸣远大司铎日安。

祥又及。

录自《圣教杂志》第三十二卷第五期

（原载《磐石杂志》，1934 年，第 2 卷第 5 期）

天主公教的抵抗主义

袁承斌

🖊 **编者按**

　　袁承斌，生平待考，编辑有《圣经学概论》等著作。他在抗日战争期间较为关注国民教育问题，著有《宗教教育之比较研究》等书。

　　此篇文章是作者应《磐石杂志》爱国专号邀请撰写的，撰写初衷是为了回应非基运动中对于基督宗教的指责和信徒不清楚对于抗战的正确天主教立场。作者指出所谓耶稣的爱敌原则只是倡导人们应当相互友爱，但是当自己的生命受到危害的时候，应当因自卫和公义进行抵抗。在个人层面，天主教倡导爱仇敌，但是在国家层面，天主教为了正义、人道应当抵抗。

爱仇是否不抵抗？

　　"磐石"编者要我为爱国专号写一篇文字，因一时找不到相当题目，搁到现在。昨日整理公教青年第三期稿，得周君健龙"一封公开的信"和友人讨论公教不主张不抵抗主义。因而联想到九一八后有一位朋友，他是中学教员，也会因福音上"有人打你左脸，你连右脸也转过来由他打"的一句话，发生过公教是主张不抵抗主义的疑问。同时国内反宗教刊物上。我们也常见一些，引福音上这段文字，证实帝国主义者利用传教为他们的侵略工具，传布福音，即是教养一般，殖民地的顺民，基多教是不抵抗主义……我就撰定了这题目，以充磐石的篇幅。

　　"你们听见说过：以眼还眼，以牙还牙。但我告诉你们：不要和恶人作对，有人打你右脸，连左脸也转过来，由他打。有人要同你起诉，为拿你的里衣，连外衣也由他拿去。有人强逼你走一里路，你就同他走二里。有求你的，你就给他。有向你借贷的，不可推辞。你们听见说过：当爱你们的邻人，恨你们的仇人；但我告诉你们：要爱你们的仇人，为那逼迫你们的人祈祷"。玛宝经第五章第三八节以下。

我们看了上边一段话，不禁回想到九一八以来，军政当局的言行，和近来一部分所谓日本通者的意见。他们似乎正在照了死字面，实行福音上的教训！

我们现在第一先要阐明罗马公教对于这段文字的见解。第二再一述罗马公教原则下的抵抗主义。

一，"断章取义"不是忠实的讲书法。耶稣说过："有人打你右脸，连左脸也转过来由他打"。但耶稣在盖法衙内，受恶奴打了一个脸之后，没有转过来由他打那个脸，反提出了严正的抗议。看见耶稣自己首先就没有实行他自己的话。原来史家不论他是否信仰基多教，是否信耶稣是天主；但至少对于耶稣真诚的人格，是从没有人怀疑过的；耶稣决不是一个行不顾言的骗子。现在耶稣的"行"既然没有照他先前的"言"，可见"打右脸要转左脸也由人打"的话，是不能照死字面解释的了。

原来当时犹太人的风俗习性，近如我们贵国，也是勇于私斗的，他们根据了古经上"以眼还眼，以牙还牙"的话，睚眦必报，常有互助残杀的私斗。所以耶稣有上面引的一段教训！耶稣的真意，只有教人们要互相友爱，互相礼让，不要互相争奋，互相仇害。又因当时犹太人语言文字和欧人普通所称近东小亚细亚诸民族的语言文字，喜欢用反激的过甚其辞 Paradoxisme 的语法，有习惯用对此式 Paradoxisme 句法。耶稣讲道，自然也只能照当时人普通的语法句法。所以福音上记录耶稣的言语，如前面引的一段，在我们看来未免似乎可奇；但明了了当时的社会状况，和文字的语法句法之后，便觉没有可奇，且很自然了。

以上是关于玛宝福音上一段文字的注解。现在要讨论罗马公教对于爱仇不抵抗的立场。

二，罗马公教最大的规诫是"爱"字。爱天主，为天主爱人。仇敌是人也应该爱，自己是人，当然也应该爱。所以不准自己残害自己的躯体，（圣教会的禁鸦片和其他毒物的原因在此，不只是法律问题）不准自杀。

爱人，所以不能伤害人，不能杀人。但在遇到受敌人袭击时，为保卫自己生命，（但只在保卫自己，使敌人不能伤害自己的条件内），也可以伤害或杀死敌人。

公教主张正义。"嗜义如饥渴者乃真福"。所以我的权利，我的生命财产受到不义的侵害时，我在正义的立场，为爱讲正义，应该抵抗他人的侵害。我之抵抗不只是利权问题，但只因正义的立场，也应抵抗的。所以他人的利权，受到第三者不义的侵害时我在可能范围内，也应见义而起，扶助他人的抵抗。

公教主张爱仇，爱仇是要仇人为善。所以不能长养仇人的作恶，不能默认他扶助他多为不义。所以公教徒应站在可能范围内阻人作恶犯义。有人在侵害你的权利时，你如放任他，是等于默认他，是等于扶助他作恶，多为不义。所以你必抵抗，所阻止他的不义行为。

公教主张社会秩序，承认统治权是代表天主统治社会的，人的生命财产利权是受社会组织的法律保护统治的。所以人不能自杀，也不能杀人。任何人犯罪犯法，须受法律的制裁；自己不能制裁自己，也不能制裁他人。所以公教不准私相仇杀，不准在法律外的私人报复。其实福音上耶稣的教训，也只指私相仇杀一类的事情。所以上面我们提出的公教主张抵抗的理由，除受到敌人袭击，当场可以，且应该抵抗外，其余为私人方面都应诉之法律求神圣法律之保护，在法律内作合理的抵抗。

除上述可以且应该抵抗的条件之外，为私人一己之涵养，在不长人恶的环境下，公教却也主张要忍辱不较，宽赦仇人，爱仇，为仇人祈祷。这也是福音上教训的真意。

以上是在个人方面，罗马公教关于爱仇和抵抗主义的正确立场。至于团体国家的利权，是团体内每一份子的利权。罗马公教的主张，为保护团体的利权，除上述为正义，为不长人恶的立场而应该抵抗之外，公教徒也应本爱人的爱德，不能使人受损害，不能因我一人之故，而全团体的利权受损害。所以团体内每一份子，都有"竭力保护公共的利权，抗拒敌人的侵害"，的责任和义务。每一份子都应存："团体的利权，不能因我一人而受侵害"，的心，任何牺牲亦所不惜。

所以遇到国家的利权名誉受人侵害时，公教主张抵抗的理由是：为保护国家利权，自然应该抵抗，为爱德也应该抵抗。为真爱仇，不长人恶，不助人为不义应该抵抗，为正义人道更应该抵抗。所以公教原则下的抵抗，是一种人人的责任，人人的义务。能抵抗而不抵抗是不尽责任，不尽义务，能抵抗而不抵抗是违犯爱德，能抵抗而不抵抗是助人不义，自己不义。能抵抗而不抵抗是一种罪恶。

公教的主张：不但自己团体国家的利权，受人不义的侵害时，应该抵抗，但他人的国家团体，他人的利权，受到不义的侵害时，公教为正义，为人道，在可能范围内，也应该见义而起，扶助人共同抵抗。

这是罗马公教原则下的抵抗侵略主义。我们读了比国马林城枢机迈西爱的言论，我们看了普世钦仰的比王亚尔培一世的抵抗敌人，我们可以说：只有公教的精神才有真真的抵抗，为正义为人道的抵抗。只有公教教徒，才能真爱国，为卫护国家的权利，抵抗敌人的侵害，真能有任何牺牲，亦所不惜的抵抗。因为公教的爱国，公教的抵抗，是根据基多爱人的诫命，是基多的训谕！

公教因为爱仇，所以要抵抗！

（原载《磐石杂志》，1934 年，第 2 卷第 5 期）

天主教与战争

圣诞节献词

甘雅各 著　赵石经 译

🖋 **编者按**

　　这篇译文作者是上海教区甘雅各（keorney. S. J）司铎。作者先是考察了天主教在历史上对待战争的立场和态度，着重强调第一次世界大战以来天主教逐渐形成了一些对于战争的共识，即只有正当的战争才不是罪恶，当然天主教界对正当战争成立的条件做了说明。作者认为天主教是赞成公正的战争的，但是仍然尽力避免战争。接着作者对于与战争密切相关的军役问题进行了探讨，认为天主教的立场是用豁免神品阶级的方法使教众在不得已的情况下参与战争，但是更倡导他们用非武力的方式保卫国土。但是作者认为只要国家遇到危急关头，那么所有国民都当服从国家。作者还讨论了天主教的实际的和平工作，天主教为世界和平确定了一些原则，既不赞成极端的国家主义，也不赞成极端的国际主义，但是努力推动国际联盟的建立以确保世界的和平。虽然当时国联并未实现其成立时想要达到的效果，但是作者相信天主教依然是世界和平的伟大助力。

　　美洲内战，牺牲了七十万人的性命，拿坡仑战争，牺牲二百万人，前次世界大战，死八．三六一．五九五人，伤二一．一三九．九九三人。所以我们不要奇怪教宗本笃第十五世称欧洲大战是"可怕的残杀"，"恐怖的鞭挞"，"害人的灾祸"，"无畏无谓的屠戮"，"残酷的恶剧"，"欧洲文明的自杀"。这种战争，除却了违反宗教理性之外，又使仁人君子，观到未来世界大战的可能，不由地要惊心动魄起来了。我们草就这篇含有历史性质的论文，先得把我们天主教对于战争，和兵役的学理陈说一番，再加以实际和平工作的研究，作为结论。

I

唯理学家白颜德 M. Bayet 在他"初世纪时的和平主义与天主教主义"的一篇论文里说："天主教初兴时代对于战争和兵役有两个矛盾的观念：第一，战争常为一种罪恶，兵役是不道德的，因此教友不得参加；第二，战争能成为许可的，兵役在道德上纯属正当。"因此一个教友，虽在太平时期，也得良心坦白地从事工作，他援引君士坦丁皇帝归正的两桩事实作为根据；三一四年亚尔拉斯公会议会曾颁一种新学理，肯定兵役为正当，那么战争也自然正当的了。他以为，君士坦丁皇帝曾经宣言说："天主教如果要获胜利，应当运用其势力，使教友一致拥护罗马军队的武力。"

白氏本来是个反公教著作家，他把一切问题的焦点，都拉杂一起，那么他评论初世纪时圣教会对于兵役的态度，未免要说得太含混了。我们要知道，这个兵役问题，在罗马外交帝国的教难严重时期，是很难解决的；这为当时的教友有背教，或至少为他们娇嫩的信德，是很危险的，所以直到圣教会把这个问题明白规定为止，在服务兵役的教友的良心上是桩正当的举动，而人们说有两个矛盾之点，明明和圣教学理不能相容，是不正确的。事实告诉我们，起初三世纪时光，在罗马军队里有许多的教友军官和教友士兵，圣教会并没有把他们当作叛徒看待。并且其中有许多是为主捐躯的圣人，圣教会确把他们抬举到祭台上受人恭敬呢！

名人代尔多良固曾坚决地主张兵役和教友生活是根本不能相容的，同样的意见在拉克当司，和奥利日纳的著作里面，都能寻到，他们这种极端不容的见地，仍是因为君士坦丁皇帝归正后在罗马军队里有许多外教礼节，为教友背教的危机，是极端严重的；但圣教会在那个时期所以不加禁止的，也只是因为有陷教友士兵的良心于不安境遇的危险呢！这在教难严重，邪神敬礼浓厚的空气之中，数见不鲜的事。几时环境情势变易，使和平与战争可依照圣教原则调解的时机到来之后，圣教马上着手进行工作的。第一个完成这项工作的，便是圣奥斯定，士兵圣玛尔定领洗之后，马上拒绝从军，他对罗马皇帝说："我现在做了基多的士兵了，我以后再不能打仗了。"但这个热心新教友所做的，似乎比较圣教会来得严格一点了。在罗马帝国骚扰倾覆的时代，圣教曾作什么举动？蛮族成群结队的侵入罗马时代，圣教完全抱静观态度，听他们洗劫，丝毫没加抵抗吗？有一种举动在现代人的眼光里看来，是不雅观的，就是当时有许多主教和修院院长随着封建制度的君长之后，时以武力保卫他们自己的产业，教宗们自己也曾乘机强迫世俗君长用武力保卫圣座产业，使蛮族不得劫掠，末后，教宗们又宣讲十字军，东征回教徒，以保全圣教文化。我们处在二十世纪的人的眼光里看来，圣教这种尚武精神似乎有点不应该，而不知当时恶劣的时势实强迫圣教首领不得不采取这种武力呢！但圣教历代以来在实际上确是主张和平的伟大机构，我们暂引几个最显著的例证以见一斑：

公元后四五一年，教宗圣良因罗马人民，元老院和皇帝瓦伦登的请求，而与匈奴酋长亚底拉 Attila 议和于罗马城外，亚底拉撤兵回去。四年之后，教宗圣良又把罗马由汪大耳首领盛帅利克 Genserie 之手，救了出来，不遭焚毁，教宗雅特益第一世，因为查理曼皇帝颁布了过分严酷的诏令，不但把叛国，杀人纵火的人，处以极刑，而且把一切拒绝领洗的撒克逊人，格杀不论，而向他提出严重抗议。本笃第八世（一〇一二——一〇二四）曾制定世界和平计划，并出命令使以后一切争端不用武力而依法律解决。乌尔朋第二世于一〇九五年勒令全世界教友国，遵守"天主的休战" Truce of God 协约，以保持教友中光荣的和平。依诺森第二世（一一三〇——一一四三）曾调定英格兰和苏格兰间的争执。依诺增第三世（一一九八——一二一六）曾五次排解法王斐理伯奥古斯多 Philip Augustus 和英王间的争端，其中有四次获得相当的和平成绩。鲍尼法爵第八世（一二九四——一三〇三）曾调解英法两国间的争端，并令法王斐理第四 Philip The Fair 尊重英法两国间的和平盟约。若望第廿二世（一三一六——一三三四）曾调停英格兰和苏格兰间的战争；而且勒令法王斐理伯第五休战。本笃第十二世（一三三四——一三四一）屡与好战君王周旋调解，其结果，因着盟约的效力，使英法两国间的百年战争，滞缓十年爆发，其余教宗如格莱孟第六世，乌尔朋第五世和额我略第十一世，在第十四世纪时光，都曾竭尽其斡旋英法和布尔公第三间的和平能事。教宗欧才第四世（一四三一——一四四七）曾尽平生精力于恢复欧洲和平，因着他的居中调处，而法王查理第七 Charles Ⅶ 和布尔公爵斐理伯第一 Philip The Good 于一四三五年签订亚拉斯 Arras 和约。他的继任教宗尼古拉第五世，加理斯多第三世曾自愿为英法两国间的调停员，西克斯多第四世（一四七一——一四八四）曾努力恢复英法德意，西班牙五国间的和平。依诺增第八世（一四八四——一四九二）说："保持和平是宗徒职务之一。"他也曾积极活动，以达其目的。就是那个有名的亚历山第六世也曾于一四九三谕令西班牙和葡萄牙停止新大陆流血的战争，同时制止英德丹麦三国的战争，以保全意大利的和平。

自第十六世纪以还，教宗们的居中调停不见出现，不是因为教宗们在和平的伟大立场上失掉了他们调处的兴趣，却是因为各国贪图他们政治上的完全自由，而实际上拒绝圣教间接干预国际政治。一六四八年韦斯发利亚和约 The Treatis of Westphalia 因为不顾教宗依诺增第十世的代表的反对而擅自签订，故有一部分经教宗公然处罚，这项条约便成了现代欧洲政治的完全世俗化，消除许多高尚的道德观念，专尚国家主义，使国家政治的最高机关处理国际事件得完全自由的因素，今日之下我们正在食它的恶果呢？

自从上项条约签订之后，教宗干预国际政治工作，便暂时宣告停止了，到教宗良第十三世时代又继续活动起来了。当时德国首相俾斯麦向西班牙驻柏林公使建议组织世界和平法院，以调处德西两国间关系嘉禄林群岛的争执，提议后三星期，柏林和马德里同被教宗邀请签订条约，一八八五年十二月十七日，双方均表满意而争执便告解决。一八九〇年三月，教宗良第十三世又因葡萄牙的请求而再度调停英葡两国间的冲突，一八九一年五月，双方都允签订和约。一八九〇年，比王雷奥玻尔请求教宗调解比属刚果和葡萄牙间的争执。一八九八年沙俄尼古拉第二 Czar Nicolas II 设立海牙和平会，请求教宗良第十三世援助，教宗立即答复，并坚主这种永久的国际制裁机关设立是极端需要的。邀请书，便于一八九九年，四月六日发出，但因意大利反教宗政府的要求，而梵蒂冈被邀请人的名字竟遭涂抹，且海牙和平会的第六十条规程，把教宗在永久的国际制裁会的参加，置之例外。一九〇九年巴西，玻利亚，秘鲁都请教宗庇护第十世做法律和经济的裁判员，教宗便派代表出席讨论，本年九月八日，三方代表满意，到一九一〇年八月十二日而和约成。一九一一年，庇护第十一世公然赞成美国加尔纳其的国际和平基金会，并致书驻华盛顿宗座代表说："你应当推进和平，抑制好战性理以避免战争危险……这是真正的伟大经营；我们一切都得对着这个目标进行，就是我们不能直接完全达到这个目的，也得建树个光荣的努力，使我们得为公共幸福的创办人和保护人。"一九一四年，教宗庇护得悉奥国已向塞尔维亚致最后通牒之后，马上致书奥皇方济各若瑟，要求他"勿以全欧人民的鲜血玷污他晚年的功绩"，奥皇置之不理，教宗又召见奥国驻梵蒂冈公使，使上书请求，但仍属徒然，教宗又促驻维也纳钦使进见奥皇，设法斡旋，钦使遵令等了好久，而奥皇竟不与接见，几时欧洲大战宣告爆发，而教宗逝世了！

II

天主教对于战争的超性学理。近几年来，天主教负责的发言人对于战争的惨事发表了许多的言论，他们都持之有故，言之成理。其中有几个人竟说一切战争，除却了自卫而抵抗侵略的行动的战争外，都不得为公正。我们暂且不论战争的公正不公正，而只言战争的有理没有理，特地在现代的情势之下，从事战争，造成空前的灾祸而往往缺乏相当的理由呢！

我们讨论战争，也绝对不可以赞成那些极端和平派的主张，因为战争如果是种本来的恶事，像奸淫，侮辱天主等一样是根本的恶事，那么，理由无论如何充分，环境无论如何严重，战争的性质，无论是侵略的，或自卫的，公正不公正，总不得宣战；因为目的无论如何好，总不能使所用方法成为公正。天主诫命禁止杀人，也并非是说，战争一定违法的，更不是说杀人者必当依法处以枭首极刑，或是一种恶意的屠杀，却是说："人不得无故杀人。"所以战争的道德问题，总归于"怎样战争常为公正"的一句话可以解决了。圣多玛斯是圣教历史上最伟大圣师之一。他曾根据第四世纪时圣奥斯定大圣师的学理，而把公教历代以来对于战争的学理汇集成编，他解决"战争常为当受天主惩罚的罪恶"，因为玛窦经廿六章五十一节说："人以剑伤，以剑被伤"的一个难题，引用圣奥斯定论"百夫长的佣仆"的演说辞作为根据，圣奥斯定说："如果圣教法律是绝对禁止战争的，那么，为兵士们救灵的劝告，应当在圣经里晓谕他们知道，教他们抛弃兵械，并和军队完全脱离关系了。但圣经讯论却给他们说：'你们应当餍足饷酬。'Luc. III, 14. 所以圣经并没有禁止那些餍足饷酬的兵士们为他们号令的人战争。所以由国家领袖宣布为保卫国家和公共利益的战争，只要他的用意正当，就不是罪恶；反之，则战争，便是罪恶。"圣多玛斯接着说：使战争正当，只要有三种条件：

（一）必须由国家领袖的权力才能宣战。他的意思就是战争不是任何私人可以宣布的，必须要由管理国家的人为保卫国家或省区而认宣战为必要的举动，才可以宣战，我们都知道国家领袖用武力消除内乱，或处罚捣乱份子，是法律认为公正的举动，那么，用武力抵抗外敌，以保卫国家，也是理所当然的了。

（二）必须有正当的理由。这就是说，攻击的人，应当视战争是种恶事。因此圣奥斯定说："战争常得定断为正当的，若使要为国家雪耻，或为收复失地"。

（三）宣战的宗旨应该正当。圣奥斯定说：教友宣战不为贪欲，不为残杀，而只为求得和平，剔除恶孽，推进公义的，这种战争都为正当。相反，若欲肆意侮辱，或采取残酷的报复手段，存心称霸等，都是使战争成为不公正的因素。所以圣多玛斯总而论之说："谁无任何正当的权力而以剑伤人者，将要被伤，就是说将来必受处罚。但若因国王权力，或判官，如若这判官本来是个私人，而人视之为有天主权力的而以剑伤人，那就不应该受处罚了。"圣奥斯定又说：对邻人宣战以压服他，或对一个没曾攻击我的民族宣战以打倒他，专想称霸，不讲情理的，那在正义立场上，与盗劫何异？所以他说："这种侵害人者的好大喜功，实为国家的最大不幸，因此好大喜功的心意，而他们作恶更形果敢，他们所作的恶事就成为国家内心的劲敌了。"从此看来，圣奥斯定并不是个极端主张和平的；因为极端和平主义，只能增张侵略无辜者的野心而已。圣人又说："宣战是为保障和平"，圣多玛斯继续说："我们应当和平"，就是说，我们宣战应当谨慎将事，这样，那么，你攻击他人，就有和平的收成了。

除却了上述三个理由以外，圣多玛斯因为见到战争问题日形复杂，又外加四个理由，使战争成为公正：

（a）一切避免战争的和平方法完全失败，或不可能；（b）有成功的合理希望；就是不使人民单清遭难，而对于现在或将来不获一点利益；（c）战争中所受的灾祸不得较大于从事避免战争的灾祸；（d）国际公法仍得尊重保守。法国枢机主教万尔典 Cardinal Verdier 曾发表最激昂的论调反对战争说："战争是由强权构成的，其不能避免的结果，就是毁灭人类生活，增累国家最惨重的灾祸，并且这在事实上，不宜争其谁直谁曲；因为胜者不一定是理直，败者不一定理曲。原本地说，胜利多属于技术较精，势力较强者，并且往往幸运居半，犹如决斗本为一种愚鲁而不合情理的举动，因为此种举动不能给人以理直理曲的证明。战争的灾祸，因着科学昌明和现代化的战术而日形严重了，并且破坏能力正在长足进展，至于无穷，既然如此，我们应当说：'战争除非为正当的保卫行动之外，都不得成为正当'，作为永久的镌语。"

但无论如何，公教历代相传的普遍学理，常根基理论和性律而主张攻击或自卫两种战争，如若一切相当条件，都已完备，是可以使得的；因为如若许个人以武力抵抗武力，那么一样也得许国家以武力抵抗武力了，因为国家是个人的集团。若性律给予个人以保卫自己本身的权利或洗雪所受耻辱的能力，那么国家最高领袖反没有更高尚的权力在必要时采取攻击战争，以保卫他们的权利或洗雪耻辱吗？不过若要采取攻击战争，那么他们有的权利应当是确实的，自卫战争，却只须他们的权利，是似确的就够了。在一定不公正的战争之中，那么虽则就在自卫的当儿，也不得把敌人杀死；因为你是个不公正的侵略者。

公教赞成公正的战争，是确信无疑的；公正的战争时期，通国的城市乡镇都能听到战鼓助兴的声音。公教也有时不但不因人们爱国的狂热而昏迷其道德上裁判的眼光，而且显明坚决地向教友们宣讲他们应当为国牺牲的重要任务；祝圣军旗，几时教友咨询以怎样完尽其公正的高尚使命，那么，公教直接痛快，毫不置疑劝告他们应当各个成战争的英雄！它又不但包扎伤兵的伤处，并给死者行最后的圣礼，而且还派随营司铎和兵士们同入战壕，鼓励他们忍耐勇敢，谁愿领圣体的，则给他们送圣体。

如果这种举动引起极端和平派的反感，那么公教救护员自动的临上双方阵地的举动，更将引起多么大的反感？几时司铎们站在敌对方面的阵线上，为他们本国将士施行圣事，各求天主赏赐能获胜利，那时教宗虽则时常发言，但仍保守中立，虽则忧伤抑郁，而仍为双方从事血战者的公父。请问教宗保守中立，是因为他是个投机份子呢，还是因为人们不愿以曲直，诉诸在世界基多代表？世界大战时，教宗曾受双方无情的指责，因为他没有运用他道德上伟大的力量，以压制此方或对方，但教宗确始终拒绝改变其态度呢，这种同样的指责，现在仍以同样激昂的老调高唱着呢；有些好奇份子，还很蛮横地指责历代教宗，不容忍虐王，干预国王政治，国王有违反道德的举动，便把人民对于国王所宣忠信的誓愿解散等事实，近代教宗们已经做到使国王在加冠时宣立保存教友信德的誓愿的地步，而公教也和已经承认的国际最高法庭接近了；在这个法庭上，各国所发生的争执，都得以有效的方法，处理解决。公教曾显明地申明它，除非有冲突的一方面的邀请，总不顾，且不能与闻纯粹的政治问题。但几时遇到直接攻击公教权利的举动像俄国，德国西班牙的公教，那么它便要提出严重的抗议了；余者它也觉得今日之下有领导好战的人们归向天的重大任务了。但在任何普通原则之下，公教总是厌恶战争，谁欲启衅，应负一切惨重的责任。

<h1 style="text-align:center">III</h1>

天主教对于军役的学理。笪伯莱利 Taparelli 在他一一六二年所著的"性律论"里说："谁首先提倡强迫入伍推行征兵，便是人类的祸首；因为其余一切国家都要起而效尤，保持均势。"枢机主教加斯巴利诠解教宗本笃第十五世的和平报告书说："在圣父眼里看来，只有一种实际办法可以遵行！就是各个文明国家，共同赞成取消军役的责务。……强迫入伍，是百余年来一切毒害社会的灾祸的真原因。"既然如此，那么，天主教对于军役问题，在今日情势之下，究竟抱什么态度？

一九三三年五月，有张通告：根据着道德理由，知照法国各州长赞助鼓励"拒绝从军运动"；几时从军的命令传到了，反对的人便宣言他不能奉命，因他认以为这有引起不公正战争的可能，同时他也给我们几个理由说：（一）战争是可畏的，不人道的，所以是不道德的。（二）战争既属不道德，那么，一切准备战争的工作也都不正当。（三）既然一切军队都是激怒其他民族的举动，那么，制止战争最好最迅速，最简单最根本的方法，便是组织个普遍的拒绝从军运动团，不但在战争时期，就是在太平时期也应当有。如果我们打了败仗，被别的国家毁灭了，那么，我们的牺牲将要警告人民的良心使取消战争。

公教评论这个学理如下：公教常要求豁免神品阶级从事战争，不是因为是天主的命令，却认此为一种特别权利，是因为流血的屠杀是和神品阶级的地位，完全不相宜的，但公教还准许他们用别的方法在保卫他们国土的工作上加以援助呢。更有甚者，公教为避免建树不服从的榜样起见，特给与反神品阶级的国家的神品阶级以豁免，譬如法国要求通国皆兵，在战争时期都得共上前线作战，于是公教便把法国的神品阶级豁免了。公教的确承认战争是可畏的，不断的设法避免的，它也从没有承认战争一定常常是不道德的，强迫仲裁的国际机关，如果不照战争的性律从事，那就要成为空设了；但为获得这种成效，必须得全世界的同意，才能有有效的仲裁，和相当的处罚。我们现在离这种组织，还似太远哩，人类性理是永久不变的；最好的法庭尚须警察维持秩序，况其他乎？所以我们只论未来战争给予文明的危机！这种危机给予我们最严重的责任，固是使各国都由国际仲裁排解一切争执；但国际盟约承认现在战争权利的确依旧存在着，所以备战的权利也不能不有。就是一个国家没有战争的权利，而只得自卫，那么，也得作相当的准备；政治既有权利规定什么是保卫国家的主要工作，那么为国民的，只有接受政府依法规定保卫国家方法的义务了。原来不服从上司命令，在道德立场上所有的影响是很大的；一个团体中如有一人无正当的理由，不服从上司的命令，那么这个团体的力量便要因着这一人的言语行动而削弱，一个国民无正当的理由，而在关系国家生存的立场上，拒绝服从法律，那么，国家的力量，也要因着他一人的言语行动而削弱了。所以教友有服从军役的重大义务。一九三三年，正月廿七日法国公教进行会的总主教委员会发表宣言说："爱国是公教由天主第四诫命令教友的一个责任；就是一个真教友应当服从其本国正当的法律，从军法律和其余别的法律完全一样，而且这个责任能成为特别重要；一则因为有许多内外的利益，都得由武力保全，二则因为遇有叛变的严重事故发生，那么，谁都没有袖手旁观的权利了，在这种问题上，寻常的个人，不能做合格的判官。"因为寻常一个人，怎能完全通晓政府必须宣战的一切理由呢？只有更高级的法律，就是天主的法律，能许或能命我们不守国法，也除非所命的事项是显然与天主法律相抵触，那么，我们总得良心坦白地服从国家正当的法律。有许多和平主义者主张，以不抵抗主义对付强敌，是种道德上的责任，并且这是以"善胜恶"的惟一途径，但他们这理由，是不很充分的；他们说这有耶稣圣经的训谕，但公教确不能接受这种和平主义的圣经学说，因为公教的超性学士们常竭力主张以武力抵抗武力，且有时能杀死危害人生命的刽子手，这是人类生存的性律。致命圣人，是自己甘心情愿为信德而许人杀害自己生命的，但他如果愿意，尽可以保卫自己。他如果不愿意得致命的花冠而如此做，也不犯什么罪，不抵抗不过是种劝告，并不是个命令，完全像那"去分施你一切所有的，而后来跟随我"的话一样，但劝告不为群众却为个人而发的。因此，"人击你的右颊而旋以左颊"，"贼取你的斗篷而给予敌衣"的训言，是耶稣依据性律劝人与人和好，非为国家而发。

公教人的良心应当和天主启示的客观律站在一条直线上的，特地在道德生活上，只有一条主观的法律，就是人的良心；就是天主的命令在他良心上不很显明，或者他陷入于不能制胜的错误的境遇之中，也不受客观律的裁制；只要人的良心认以为这是天主的圣意所在，而准着做的，那么他的认识在客观方面，虽则错误，而在主观方面确仍无罪。聪明的教友好比一种乐器，发了不入耳之音而经客观的标准改正之后，就会有明朗的态度了；他对于圣经论和平主义的个人主张，如果不参考圣教公共的诠解，那么，在客观方面比较他不参考最高法院的决定而私自诠解国家法律所有的个人主张，未必更有效力。还有一事，我们不能忘掉的，就是我们拒绝接受一九三一年载在马辛刀旭 Macintosh 案中的独裁主义。这项独裁主义是这样规定的，就是"谁不先期宣誓接受国家用任何名义宣布的战争，不得为美国的市民"！这就是斯德望代加端 Stephen Decatur "不论公正不公正，只要为国"的错谬格言的影响。有几种光景之中，战争是显然不公道的，在这种光景之中，我们得用宗徒们"宁听天主不听人"的话对付了。因着这点，我们不赞成拒绝一切军役是保持和平的实际道德方法；这是使人民意见分歧的原因，因为大概人，都不赞成这种似可以得和平，而反使国家因不抵抗而遭受敌国蛮横侵略的和平主义的。我们很愿意和平，同时也努力从事于一切正当的和平方法；但这绝对的和平主义，不论其价值如何，我们总以为和正当的爱国运动有所抵触，外加这是不服从正当法律的一种护身符，是国家分裂的导线，催促国家陷于一切战争和外来侵略惨祸的严重危机。总之一句，几时国家临到危急的关头，每个国民，不问其胜任不胜任，受过教育不受过教育，都有其天赋的权利和责任，为自己决定什么法律应当服从，什么法律不应当服从。如果一切法律都不肯服从，那便不是人类的正当的自由，却是无政府主义了。

IV

天主教实际的和平工作。在"教务回忆报"上讨论实业问题载着一篇论文名字叫做"天主教应当视为对付普通原则，而不当视为解决特殊问题的机关"是讨论天主教的和平计划的。在这篇论文里面，没有什么神奇的方式，也没有什么起死回生的妙药，足以挽救这患病沉重的世界，改变其面目，而使众人都努力归向基多，不过完全是迎合现代人们的思想的一种坦直的解释罢了，他要个个教友准着他的主张，终身在和平的光明大道上努力迈进，是办不到的。教宗庇护第十一世看到世界所崇拜以解决和平问题的非公教原则已被人吐弃，永不能成就，便于一九三三年的圣诞通牒里，依照公教信德，为世界和平建树了又清晰又显明的基本原则：

（一）生存于世界的人类从哪里来？来自创造世界的主宰，他曾照自己的肖像造我们人类，给与自由理智和不死不灭的灵魂。

（二）在生活大道上前进不停的人群将往哪里去？归到造物主那里去；这人类大家庭是全能天主亲手造的，应当回到他哪里去，听他的审判。

（三）但人类的还有一点比众不同之处呢，为实现人类深刻而超性的团结，我们应当瞻仰加尔瓦略山顶，在那里耶稣拓着双手，作怀抱全世界人类的姿势，他的圣身圣血点滴地流着，以救赎人类中最起码的一份子，就是践踏圣血的人，也在被救之例。所以一个教友不应当说：是属于一个特别的族类，超越其余一切族类，却应当说：一切人类都是兄弟，我和他们受造于同一的天主，共达同一的目的；一切人类无论是善是恶，是黑种是白种，黄种，红种，或棕色种人，都是耶稣基多所钟爱，都是耶稣基多圣血所救赎，所以在这里，无论是犹太人，希腊人，外教人，奴隶或自由民，我们都是耶稣基多的肢体。这耶稣妙体的神奇而超性的学理，是为团结世界人类，推进和平最伟大的例证，一切人类都得了解，耶稣先教训了我们，圣保禄宗徒又继着他发扬这端道理说：谁领过洗礼的便是耶稣妙体的一部分，耶稣是我们的头，这真是一种最高尚最神圣的观念，使全世界一切教友民族，虽则有种族阶级的不同，确能紧紧地联合起来成功一个躯体。

天主教这种思想并非大诗人唐德 Dante 的幻想；他曾主张全世界民族

应当有个帝皇保全世界民族现世的利益，而教宗管理他们的神业工作。这也并非国际的共产主义；像汪特魏特 Wandervelde 所说的："为实现人类团结，而使一众国家都隶属于'一人之下'，那是可恶的独裁主义，是种恐怖而残暴的帝国主义，只使人心沮丧罢了。"慕斯端登 Chesterton 解释这个问题却很有卓识，他说："要是我们要为国际人民，先得为本国人民。所说的国际和平，是各国之间所有的和平，并非把一切国家都消灭之后所得的和平。"想象这庞大无垠的人类在界限消除，国家灭亡之后，都是一帝国，或一民主国的人民，那是种抽象的观念，使人茫无的从，离实际太远了；因为人并非是抽象东西，却是个有灵的实在动物；他生存于某一家庭，某一部落，某一乡镇，某一城市，某一省区，某一国家。凡关系人类性理，和人类历史我们都知道，凡关系宇宙的生存和庞大复杂，以及民族的相异和需要，我们也都认识；这种各大陆间的人种和地理的差异，以及同一大陆上各民族的习尚，思想，生活的不同；文化，艺术，智识，文字的特色；群众所感觉的痛苦，过去的光荣，制度言语，教育等，都能使各国间便利的交通和经济提携发生严重的困难，使国家畛域分得如此显明，好像是人性和现世生存的环境必该如此的。无意中形成个和缓的强制的国家主义。教宗良第十三世说："性律教我们热心地爱护产生我们，长育我们的国家，以致于每个好国民虽为本国牺牲，也不顾惜。"不过极端的国家主义，或类似的极端国际主义是天主教所弃绝的；譬如巴黎公教大学的哲学方针论上说：国家主义，如果把国家利益的主要职务看作如最高尚而绝对的，那便是种危害的错误……将使外教势力重告复活，而祖国或国家便是应当崇拜的惟一菩萨了。

　　教宗本笃第十五世根据教宗良第十三世的学理，而向全世界呼吁说："我们请求国家当局为着公共利益而互相谅解，并以正义为导向，仁爱为伴侣，由磋商的途径解决一切使他们分离的争执。"正义和仁爱为现代的政治家，的确是保持均势的坚强伴侣；没有正义仁爱而要希望永久的和平便是幻想，但请记着，单清正义犹不足以有和平；因为正义不调济以仁爱，便是地狱，正义虽则是建设和平的主要基础，但若没有仁爱的超性水泥是丝毫不能为力的。所以教宗庇护第十一世对于这点常不断地宣言说："在基多以外，没有真实的和平。"教友的本分，是应当尽其所能试行各种方法求得和平，引导人类国家归向和平的君王，教训一众的教友或外教人，只以责撒肋的归责撒肋，而不以天主的也归给他，乘着适宜的时机，力劝他们不相仇恨，而相爱护如同一的在天圣父的子女，如同一的耶稣的弟兄。各阶级的教友在新近几年中，固曾在实际上努力工作祈祷和平的，那么，如果这新世界的大火还没有延烧到我们身上的时光，我们没有权利说天主已有一部分垂听了全世界人的祈祷吗？

欧洲人常指责美国人首先提倡国际联盟会，而自己却拒绝参加。其实这国际联盟会，不是威尔逊的主见，却是教宗本笃第十五世在他末年指示于美国总统的。在第十六世纪时光，耶稣会超性学士苏亚拉 Suarez 写着说："全世界各国社会，当着各国都放弃其以武力干涉正义的天赋权利时，都主张有个仲裁机关以保持正义。这仲裁机关，要切实地规定各国的权利，并在他的掌握有强制各国遵守盟约的必要方法。"现在国联的弱点已经教宗庇护第十一世在一九二二年披露过了，现在的国联也犹之乎中世纪封建时代的同盟组织；因为现在的国联，不但没有充分的制裁，而且它的进行的计划都属空泛，因此它鲁莽地从事调处工作的成效，比较六世纪前封建时代的同盟组织，也不能有什么优越的地方，因为它的生活原则和基多训谕大相径庭的。今日之下，教宗不得交恶国双方的请求，不能，也不愿居中调停，因为他是国联中不需要的份子！怎么，从事世界和平的真实同志们还不能明了，教宗在各国境内都有数百万人民属他一人权下，因此他的判断应该是共证的呢？他的权力能给予国联奄奄无生气的制裁以一种道德上的力量，足以控制亿兆人的良心，使怙恶不悛的人们，不致纵情肆欲去多行不义呢？那不是保障世界和平的一种伟大助力吗？从事世界和平的同志忽视这点，所以世界虽则渴望和平，而真实的和平终不见降临呀！

（原载《圣教杂志》，1938 年，第 27 卷第 2 期）

公教的国民外交

张茂先

✑ 编者按

　　作者坚信世界仍是爱护真理的，在此前提下，中国应该能够获得其他国家的支持，罗马教宗的支持就是最有力的证明。作者反思天主教在抗日战争爆发后做了很多，其中收效最大的就是国民外交，于斌主教的努力和结果就是这方面的代表。天主教教会因其与西方国家的密切联系可以因外籍人士的来访、在华外籍神职人员而对西方各国做同情中国的宣传。作者认为国民外交的工作在以往是零碎的，今后需要组织化，为此作者建议应：（1）组织一宣传机关，专门做对外宣传；（2）利用天主教内的许多慈善会，向外国会员或会社进行宣传；（3）有声望的教友可以赴外国进行宣传；（4）与侨居外国的天主教徒联络，进行相关工作；（5）向各国天主教文化团体投稿，扩大宣传范围。作者坚信天主教的国民外交将有助于"抗战建国"的最后胜利。

（一）阵容的透视

　　中华民族是爱好和平的，从历旦上，心理上，习惯上看来，他们为和平而做的努力牺牲忍耐，虽然没有到最高峰，不能复加的程度，但与其他民族比较，那就不可同日而语了。"和为贵"不但是我们祖传的，光耀的信念，即与我们接触过的东西各民族，也都这样恭敬羡慕；虽然他们不一定是要来遵奉这"先王之道"，但也不一定是拿这"和平"的高帽子专门来欺骗我们。和平的倾向，是人类的生性之一，那么，爱好和平的流露，可说是自然的现象，绝不是骄妄的病根。

杀人的利器，不是人人都赞美的；反之，不赞美或咒骂杀人利器的，虽不能说是人类的全数，但占着绝对的居多数，这是谁都承认的。但是我们知道，自从原祖犯罪之后，对人类的劣根性，不敢取完全乐观的态度。果然，不幸得很，世界上竟发现了专门讲求杀人利器的人，专门在杀人上打主意，结果那些素来以和平自夸，不以武力作和平后盾的人，就只有吃亏，就只有被人侵略，被人践踏！

"反抗"，这是侵略者的自然回音，于是大家就高呼起来，虽然我们武器的准备，未免觉得晚了一点，但，"亡羊补栈"，谁都知道还有些用处；迫不得已走上反抗的途径！名正言顺，哪个赶来反对；因此广大的同情，就弥漫了整个的世界，都在鼓励我们，援助我们，替我们呐喊，给我们撑腰，没有不愿我们得到最后胜利的。是的，我们该得到最后胜利，不然，世界上就没有公理了，世界毁灭的日期，也许就要到来。敌人侵略的不义，暴行的残酷，桩桩都是反对真理的；假使全世界爱护的真理能够失败，世界还有什么存在的价值。有人说：中国的抗战，保护了欧洲的和平，但中国的胜利，都要全世界来支撑。谁都愿意站在真理一面，不愿把真理抛弃；更不能来反对！但，谁来下手，作实际保护？这就成为问题了；当然，这次是我们的切身之事，不能把责任硬放在人家的肩膀上，不过我们发出请求，没有人会拒绝的。真理正义的破坏者，是人类的公敌——公敌的打倒与消灭，是任何人都乐意干的，大家起来！反抗到底。

有的人以为援助中国的人多了，不免要分子复杂，良莠不齐；也有人带着孤僻脾气，因为素来彼此不能相容，这次也许完全不能合作；他们的态度，就是"他来我就不来"！他们各有各的立场，在平时本来难以非谁的，在现状下却是错误。中国的"抗战建国"，立场简单，意志坚决，对国际的声援，并不分取舍憎恶，反而不管主义与民族的歧异；只要肯来援助，即表欢迎，理由固很明确；因为中国以三民主义立国，奉为至宝，对其他的主义，及由主义而形成的阵容，很愿取不偏不倚的态度；除非是其中一个不顾信义、助桀为虐的起来，那就自当别论。我们欢迎任何一国的援助，是在交友，不是合股。

国际间流行的两个思想集团，相互诋毁攻击，各自逞能，各显神通，闹到不可开交，很受人们的注目；不过亦不必看到大重①，除"杨""墨"之道外，大有人在。不入于"杨"的不一定就应该入"墨"；而不入于"墨"的，不一定就应入"杨"。杨墨之外虽显然似乎还没有第三个强有力的主义，但，许多人因了本性的理智，及公教的指示，未必就依附其中的任何一个；反而揭起义旗，大张讨伐，以期打倒异端邪说为止。其中最令我们钦佩的，就是罗马教宗，它所代表的耶稣基多应受赞美于无穷之世！

站在公教的立场上，如此看来——中国的抗战及世界大势，或者不致错误了吧！

（二）我们做了什么？

有些朋友，不管是善意的或恶意的，常来追问，你们做了些什么？就是我们自己亦常这样自问着！一方面表明我们努力上进的心迹；一方面还可策励警惕我们自己。

一般的国民义务，及慈善救护等事业，我们虽未做到尽善尽美，但，也未落人后，这是众目昭彰的事，大家都要首肯的。不过成功最大的，也许会被人忽视过去，那就是我们向外宣传，也可说是公教的国民外交。

人人谈起天主教来，总觉得是与外国人有关系②的一个教会。不错，在中国的天主教是由外国传来的，但，他们都归于一牧一栈，都是耶稣的神羊，用真理正义与博爱的锁链，结成一个不可分解的固体，他们是休戚相关的同胞，也是耶稣神体的肢节。站在这样的信念上，把我们现在被恶魔蹂躏的情形，和盘托出来，告知他们那同情之泪，定是不期可得的。于斌主教在欧美工作了数月，得到意外的成功，就是铁一般的证据。他们看了于主教奕奕的风采，听他的演讲，读了他的论文，都在钦佩歌颂，瞻仰步法。不可忽略的右派，稳健派，都随着主教转到了中国，来参加这人类正义胜利的战争！

有一位外籍的教会朋友，他返国时，要我在他留别册上署名，"请将中国兄弟姊妹受的蹂躏，告知贵邦人士"，这几个字，引出了他泉流般的眼泪，他一定不负所望，把成千成万的人们感动起来，做有利中国抗战的实际行动。像这样平凡的国民外交，成功的效能，并不很低，每个中国公

---

① "看到大重"疑为"看得太重"。
② 原文为"与外国有人关系"。

教信友，都有这样的机会，尽他们神圣的爱国责任。

　　散居在中国的外籍神职人员，虽国籍不同，但对中国的同情却都是一致的；中国的善良风俗，领袖的言行——尤其与宗教有关的，他们用尽能有的宣传方式，送到世界各个角落，如宣传福音那样热烈！提起新生活运动及蒋委员长的几篇宗教道义的演讲来，欧美人士多有普遍的深刻的认识，有时比中国人还要更关心些。这可说是一般传教士宣传的成效。

　　倭寇想用野蛮的方法，屈服中国，但竟得其反，他们残暴奸淫，杀人放火的行为，不但使中国人屈强团结起来，而同时世人心里，发生出不可消灭的憎恶，传教士眼见的事实，确实得到该国人士的信任！倭寇虽善于作狡猾的宣传，也抵不过真实的报告。受过耶稣精神陶育的传教士，散在全国各地，他们一片慈善心肠，寇军的暴行，定逃不出他们的洞察！同时倭寇也没有方法禁绝教士作实情的报告；更不能阻止由报告而来的对我们的同情！

　　但绝不要误会，以为我们在利用神圣的教会，来做政府的宣传工作，因为站在教会的立场上，卫护真理正义，攻击罪恶暴行，是能做而应做的工作；假使我们陷落在如敌人那样不堪设想的罪恶深渊，当然亦得不到由教会而来的称许。因为我们的态度，如此光明正大，我们的话，才有更大的力量，更可见公教的国民外交，在这样一个环境内，是如何的重要了。

（三）　新的发展计划

　　我们做过的，本不算少，但应做而尚未做到的还是很多。我们做过的，与现在国家需要于我们的，两相比较，离均衡的程度，确实很远，只有努力上进，才能不致于妄生此世。固然，也许我们努力，不会和国家的需要，完全配合起来，不过在可能的范围内，尽量发挥我们的力量，才能符合"有力出力"的标准。

　　过去所做的多是零碎的，散漫的，至说系统的组织，我们不会不承认有点缺乏，至少数感觉到不足，我们不是说，个别的友谊没有用，零散的宣传当取消，反而我们相信，友谊的力量，在宣传方面，比任何的文告，还要大多几倍；不过友谊不能是普遍的，因而能得到的援助，也就不免受了限制。再说，个人有时因了环境，性格，学识等的影响，多次未能充分的做来。而有组织的团体，却是有机性，可以负责进行，推广扩大，不受地域及人为的限制。

到现在，我们要追随于斌主教的表率，并且受他指导，重振旗鼓，再接再励：在尚未发动以前，谨就关键所及，呈现几个意见，以便采纳：

（一）先组织一宣传机关，专做向外的宣传，收集各种有关公教抗战的书报，转赠各国公共团体及个人，翻印教宗及中华主教们同情中国的通告或论文，编辑各种传单及小册子；更好用各国文字写成，以便畅行各国。

（二）在公教内有许多慈善会，普遍全世界，在中国当有不少分会，各以本会团体或个人资格，致函各外国会员或会社。

（三）素有声望的教友，专赴各国联络感情，讲演撰文，当能受到欢迎。

（四）本国的宣传组织，与侨居外国的公教信徒，取得联络，相并进行工作。

（五）尽量以照片，论文，供给各国公教文化团体及报章杂志，请其刊布。

以上所言，多就组织方面着眼，至说资料的选择与内容，是在因时制宜，不可局限；我们现在所急切需要的，是组织的成立！但亦不可专属意于全国性的组织。发现之后，各地方再听从指挥，因为有许多事，是要各地方分别办理，不能统一进行；别一方面却因为总部不便指挥。假使个人及地方团体，竭己所能，尽量做去，将见公教的国民外交，前途有莫大的希望，成功的伟大，必非现在所可预卜，贡献于"抗战建国"的成分，当不可限量！我们以此干去，我们有把握地等候"最后胜利"的到来！

（原载《新南星》，1938 年，第 4 卷第 10 期）

公教与战争

严弥格

🖋 **编者按**

　　严弥格，生平待考。

　　此文要讨论的中心问题是天主教是否绝对否认战争，还是在某种限度内认可战争。作者依据《圣经》和圣徒的观点认为，为了维护国家安全的战争天主教会是支持的，天主教传教士也有制裁强暴的责任，教士们可以用言论和救护工作来参与战争。

　　有人说，战争是文明的破坏者，历史上每次战争，生命财产的被牺牲，文化事业的被摧残，何可胜数！崇拜战争的武力主义者，却说战争是文明的创者，人类生存必付的代价。无论战争是文明的或野蛮的，横直这些都是战争的本质，本文所要讨论的是公教和战争的关系。公教是不是绝对否认战争，或是在某种限度内认可战争？这是本文所讨论的核心。

　　公教的爱人原则是爱人如己，爱仇人，侵略国土的敌国是仇人，却不当爱，因为圣经上耶稣教训人们不得逾越法律范围以外的私相仇杀，并非不许抵抗侵略国土的敌军。爱仇是要仇人为善，不是助仇为恶，遇敌国侵略本国权利时，若忍辱不制止，那么敌人便会得寸进尺了，这不是助长敌人作恶是什么？圣多玛斯说："宣战国须有避恶从善的动机，且须不为侵占领土，残忍杀戮而战。盖正当战争之目的，在乎获得和平，讨伐不是作恶而是扶助良善。"又说："利益报复强蛮，以维秩序而申公义，是一种美德。"可见不制裁强暴的侵略是失德，是罪犯。公教徒在维护国家或社会秩序与正义的范围内，是可以对敌军作战的啊。质言之：为维护本国领土完整，主权独立，可以而且应当和对方作殊死战。圣师奥斯定也说："不为兴战而求和平，然为得和平而作战。"这样看来，为了维护国家安全，保持国家和平的战争，圣教会历来就主张的。

以实例来说，□□□□□那时欧洲公教同志，为了夺还圣地，组织十字军，□□□□□战役凡七次，前后历时几二百载（一〇九六——一二七〇），虽然不是每次都打胜仗，但此种敌忾同仇，奋勇杀敌，视死如归的大无畏精神，却值得我们敬佩啊！同世纪，法国才一度被英军糜烂，国家危在旦夕，天主命一平易仆质的村女——圣女若翰纳达尔克，——将兵救国，打败英兵，解乌良的围，查理第七正式接了法国的王位。按圣女为一娇弱牧羊女子，奉主命救国，现在法国还奉为国母呢。"我是奉天主的呼召，来承行他的使命的"她屡次这样宣称，非然者一个十七岁的娇弱女子，怎能统帅三军，完成这种重大任务？当英兵围困某城围困得水泄不通，她曾写了一封名正言顺的书信，大意说："还我山河，释我勇士，我来不是人的指使，乃是天主的指使。"这是多么悲壮的语气啊！由是观之，公教不是绝对信认一切战争都是非法的，罪恶的，在维护国家安全，社会和平的原则下，是可以和对方作战的。中世纪欧洲同志，为了收复圣地，曾七次总动员。法国危如累卵之际，上主亲命圣弥额尔天神示圣女兵法，嘱领兵杀敌，卒复法国。

抑尤有进者，不仅公教信友在可能范围内，可以参加战争，有守土卫国的天职，即公教传教士亦有制裁残暴的责任呢，因为圣教会不是一个纯粹无形的团体，教士固然要尽心照顾信友的神灵事务，如牧童之照顾羔羊然。但信友形体上之需要与危险，亦当照顾的。圣多玛斯尝说："圣教会内管理教友之教士，不当仅以抵抗伤害人神灵之豺狼为已足，犹当起而反抗令人受形体痛苦之侵略者与暴虐君王。"遇有不幸的战争发生时，圣教会的主教神父，虽不必亲执干戈以抗强敌，但却能以其言论制裁强敌，如欧战时比国被德军占领，比国枢机主教墨西爱所著的欧战中之通牒全集前国务总理现本笃会修士陆征祥在东北四省被占后所著的在天主教道理下评判之"满洲国"都是以言论文字制裁强暴的具体表现。此外在不幸的战争发生后，健儿在最前线杀敌，教士却可担任救护工作，长城之役，中外闻名的雷鸣远司铎组织救护队，到最前线去救护那浴血抗敌的忠勇将士，便是一例。

（原载《我存杂志》，1935 年，第 3 卷第 4 期）

教会与战争

春 荣

🖋 **编者按**

　　春荣，生平待考。

　　作者先是梳理了中古和现代的义战理论，之后着重指出现代战争因其扩展至全国民众而大大增加了战争造成的损失，又因国与国之间的联系较中古密切，国际和平就成了公共产品。因此《巴黎条约》仅将战争作为违反条约的惩罚措施。国联的宗旨即是将战争可能性降至最低，这与本尼迪克特十五世的公断机关的想法颇为一致。虽然这样的努力仍然未实现，但是天主教信徒仍须努力。

　　有义战么？由过激的和平派如 Tolstoi 看来，则以为没有。他们所依据的理论，就是圣史及最初教友们的成训。在事实上，战争这事，未经耶稣所排斥，也未为教会诸先进所非议。如果战争不为最初期的教友们所看重，就是因为古时的罗马军团，与现代的军队，实有大大的分别。在罗马军团中，时时显出强暴行为与及淫乱行为。而异教的仪式，又常时逼迫当兵的教友背教或致命。许多人都选了致命这一途。

　　中古的神学家 Agustinus，Thomas，Suarez 等，曾将义战的条件切定。

义战的条件

　　Suarez 说："如果没有正当兼必要的理由，则没有义战。论到此正当而兼充分的理由，就是除战争外，无他法可以将被侵犯的权利补救的时候。"

　　所以战争而欲被人容许，必须具备下列三个条件：

第一，须权利已被侵犯。在道德上说，战争只堪视为惩罚的方法。欲行惩罚，必须对方已犯了重大的过失。由此说之，除极少有的情景两方面均绝对的不明白外，在同一战争里，同时断不能两方面都为义而战。

第二，此侵犯行为须属重大，并须能与由战争而来的灾患相比拟。若为得到轻微侮辱的补偿而与兵戎，以致丧失许多生命，诚属无理，且兼犯罪。

第三，战争既是一种可怕的方法，一国政府如欲兴兵，必须该政府有重要理由相信可操胜算，并相信被侵犯的权利，除战争外，更无其他方法可以得到解决之道。所以在此情景里，必须待对方固执的拒绝用和平方法解决争端而后可。所谓和平的方法，就是：友谊的直接交涉，或第三国的参加，或国际上的仲裁。

依上所言，义战的当事人，实负有伸冤及罚罪的任务。因此故，他该有正直的意向。就是说，他该以依止公道恢复平和为职志。即使他有向对方要求赔偿损失与及索取安全保障之权利及义务，此只能于实现及巩固和平之目的内行之。

此种关于战争的理论，显出因何故教会在事实上，或理论上，不能将战争取消。抑且因为人类的邪僻，与及个人权利之缺少国际机关的保障，教会竟视战争合于理性及神性；并视善意之战争者为弱者之护士，天主之助手，罪恶之报复人。

现代的义战概念

中古之义战理论，仍适用于今日。但须注意到现代民族之生活的新条件。

现代战争，较之往昔，杀人更多；因为不是两方面职业军的格斗，而是两国以全民众全资产作孤注的火拼。此等战争，在两方面，均有重大的损失。败者于战后一无所存，而胜者也不能得到相当的赔偿，以抵消他的损失。所以一国政府于事变之来临，务须再三考察是否严重，是否值得宣战。如非严重，即不宜轻启兵戎。倘然值得宣战，又不必顾前虑后。

战事如火灾一样，无人能预知其损失的程度。当一九一四年德国向法国宣战时，以为战事易于速了，岂料竟延及全世界呢。所以宣布战争，即无异于将无限大的责任自加于身上。

现代生活的条件，使一总民众在一切事上都极关联。所以此民族与彼民族如有争执，其他民族一定感受影响。国与国间的战争，在某种限度内，竟有国内战争之可厌恶的性质。今各国既利乐于维持平和，此平和即应视为公共物品。任何政府，不应以自己的权威扰乱之。

此等观察，足使明理的人们将属于政府的作战主权，一任国际机关决定可否行使。因为此国际机关既能表示公意，又能保护私益的缘故。

巴黎条约

一九二八年八月廿七，列强在巴黎签非战条约。他们宣言，不因解决国际间的不妥协而预备战争，也不以战事为国家政策的机械。从此后，战事只许视为国际间的制裁方法。不有战事则已，如有战事，只用于讨伐违反誓言而侵犯他人权利的国家。

此种理论，与中古时代的经院派论调，大相类似；因为彼此均视义战为一种制裁的方法。然而有一异点：即在中古时代，无国际政治机关的设立，审判职权，由作战者之一方面实行之。到了现代，事乃大异，国际机关，颇称发达。审判职权，可交由公断人或无私的衙署执行之。在完善的警察国里，各公民不抛弃其自卫权利，只将其运用之权付于社会领袖之手。今在国际联会，事理也是一样。各国家不抛弃其安全的挂虑，当将作战之权，交由国联会决定行使；因为国联会善于辨别公道及非公道，并善于注意两方面之意欲而解决一总的争端。

国联会的使命，在发展入会诸国的平和合作关系，并在缩减争执及战争之可能性于最小的限度内。

有一种事实，足使吾人感着兴趣者，就是国联会的制度，与教宗 Benedictus XV 的意旨相暗合。当一九一七年八月一日他致书于各强国时，曾表示他的志向。他希望各国以公理威力代替军队暴力；并希望他们创置一公断机关，用平正态度，审断一切。如有不肯将国际事件提交公断，或提交公断而拒绝执行其决定者，则由公断机关依规律制裁之。

在教宗的通知书里有要点凡三：一，强制的公断。二，国际的制裁。三，依照数率，缩减军备。

十余年来，加入日内瓦大会内诸国，竭力求此计划之实现，但迄未能成功。

我们该随着他们的奋勉。他们大多数已经承认海牙国际法庭的审判权；他们的少数亦已批准仲裁约章。但我们不该忘记平和是道德界内的事物。而教宗 Pio XI Ubi Arcano Dei 通牒内也说："平和一事，不独当标示于约章上，尚该深深刻在人们的心坎里。"

公教中人，该努力扫除世界上民族的误会。如果他们能遵从教宗的指示，一方面定能求国家的安全，一方面定可得外人的了解。

（原载《北辰杂志》，1931 年，第 3 卷第 7 期）

抗战与公教信友

白　荷

🖋 **编者按**

　　白荷，生平待考。

　　作者批驳了对于抗战采取超然的漠不关心的态度和立场，指出中国的抗战不是纯粹的政治斗争，还有人道的成分在其中，天主教的"公义"也不许天主教采取这种态度。天主教与国家的存亡唇齿相依，中国的抗战具有维护世界和平的性质，因此救国是天主教徒的天职。日本帝国主义的唯我、强暴与天主教的博爱、公义是相对立的，所以抵抗才是真信徒。爱国要有实际行动，所以天主教会应该参加爱国救国的工作，这种爱国的工作同时也是传教事业的时代任务。

中国人目前的中心任务，是"救亡图存"，这谁能否认？

由于抗敌怒潮的澎湃，"起来！中国的公教徒，我们要热狂地，捐起救亡重任，步入大时代里"。这样的呼声，普遍地在每个公教组织里震荡着。事实的需要，正义的促迫，中国公教徒又哪能不起来呢？

很少的一部分同道，认为抗战是政治动作，公教既非政党，故尔应拒绝①参加。

另外，又有人以为公教乃是超国界的宗教。既称为"公"，则应是全人类的教会。其立场是超然的，所以不应当以此民族的利害，以敌对彼民族。这种观念的实际效果，是对中国抗战取观望的态度，或者说是漠不关心。这样观念都是欠缺正确的。

---

① 原文为"直接"。

毫无异议，政党彼此间的竞争，相斗，公教会是应当站在神圣的超然立场，绝对守中立。但是，中国抗战是否单纯政治斗争呢？日本悍然不顾地侵略中国，杀掠人民生命财产，摧毁文化，以最残忍的手段威胁中华民族的生存，中国在最艰难的环境中，以极度的牺牲，起而抗战，保卫他自己；这怎能说是单纯政治斗争呢？

公教的"公"字，是大公无私的"公"，正义的"公"，合理的"公"。为了真理正义，我们才讲"公"字，现在倭寇不惜做人类的公敌，和真理正义作对，公教会既是主持真理和正义的，我们站在公教立场，对于中国的抗战而袖手旁观吗？

是的，我们承认公教不是一个政治集团。但是，我们确不能否认他有一种莫大的，潜在的力量。能推动政治正常的前进。其实，公教所以能成为人类救星，乱世砥柱，时代先导，岂不是由于这潜在的力量吗？

五千年文化的中国，遭遇着空前的浩劫，我们不应本着耶稣救世的博爱精神，发挥自己力量，挽救她的危亡吗？"拔一毛而利天下不为"，这是一种什么道德？

我们要清楚的认识："唇亡齿寒。"中国人沦为奴隶，以中国人为基干的中国教会，也必受到影响。"皮之不存，毛将焉附。"在恶魔统治下的地狱，岂有容耶稣正义的可能？显明的事实：在中国区域内的圣堂，修院，主教神父等（不分国籍）日寇不是尽量的摧残轰炸与杀害吗？我们如果苟安，妥协，贪心无厌的日寇，却不会客气的，这原因很简单，就是因为我们是正义主持者。倭寇"某支那通"在报告蒙古情况一文中说："要肃清支那人在蒙古势力，（指内蒙古言）是必须要铲除天主教。天主教无异我国（指日本）开发蒙古之最大障碍。"这些话的用意，大家可以一望而知。

我们要更进一步的认识。中国今日之抗战，固然是求民族的生存；同时也为世界和平。这是真理与恶魔的战争，和平使者与战神的战争。在今日我们参加这神圣的战争不但是为保国也是为保教，保护真理，这不仅表现我们是中华民族最优秀的儿女，这更证明我们是耶稣忠实的信徒。假使不否认中国国民有救国救己而抗敌的义务，那么，我们则更有为正义良心而抗敌的义务了！

吾主诏示我们，为他徒弟的精神是彻底的，绝对的。耶稣为救世的真理而"杀身成仁，舍生取义。"我们虽然不能完全师法吾主，但至少是

"君子有所不为。"耶稣不是告诉了我们吗？"你们只要求天国及其义德，其他一切自加于尔。"为了真理去奋斗，虽遭不测之祸，公义的天主自有其公义的办法。"善有善报，恶有恶报。"这虽是一句俗语，但却有真理在"假若我们仍然裹足不前"，耶稣会向我们说：小信德的人哪！你要我还向你说什么呢？

中国这样遭受暴敌的侵略，袭击，这是正义与真理横遭蹂躏。我们负广播与卫护真理的公教徒，又岂能漠不关心？

为平和奋斗，为正义作战，这便是我们护卫真理的义务。爱德的实践。爱国，救国这便是我们的天职，这是义无反顾的任务，没有考虑的余地。

进一步的说：我们对倭寇的侵略，应有什么态度与表示，雷鸣远院长说的最痛快淋漓。他说："我们打倒残暴的强盗，万恶的魔鬼——日本军阀——因为他是唯我主义，帝国主义者。他只知为己，不知为人。只顾自己活，不恤他人死。他为了营求自己的饱满，所以才用武力来侵略，抢夺，杀戮，侮辱，蹂躏我们中国，这是强盗不义的行为，恶魔政策，他既破坏和平，摧残道德，无异与全人类宣战，更可说与天主宣战。我们以公教立场与之不共戴天，非铲除消灭他不可。

因为我们公教是'为人主义'，'利他主义'者。我们主张博爱，仁义，与唯我主义的帝国是正相反对的。所以抵抗敌人，是我们天良的表现，不抵抗，不是中国好国民，不抵抗，就是不仁，不义不是人，更不是公教真信徒。"

"纸上谈兵"，"口惠而实不至"，究有何益？爱国救国必须实践实干。天主教救护总会发的一篇公告，有几句足使我们惕励的话。

"民族精神，不应只存于内心，而要表现于外。表现于外，又不是只在口头或纸面上的空洞的好听话，须有具体的，实际的行动。现在最流行的两句话：'有钱者出钱，有力者出力'。但希望这两句话，不只是流行的话，而要有实际的收获，不然的话，有力者往安全地带跑，有钱者向外国银行存款，那岂是民族精神，又岂是民族精神的表现"？

公教会参加爱国救国的工作，不仅合理，而且应当。但，我们认为公教徒参加抗战御侮的工作，还有更大意义在。

一件事业的成就，在某种意义下，是需要有成熟的时机。那么，新中国大时代的到来；无疑地，是中国公教会奠定新基业的来临。我们现在正逢划时代的巨流，今后是必要步入一个新阶段。

圣父比约认公教进行会是到处绝对需要的，这是他对现时代有深刻认识的表现。圣父三令五申，命我们负传教责任的，积极推动所属教友，尽可能的到广大外教区域里，随时随地做福音宣传。假使公教不负救人拯世的责任，那纯洁的优秀的中华儿女，不将受到恶魔的欺侮吗？恶势力逐渐增加，就是公教势力的削弱。

人世间，只有正教真理永远常新，亘古如一，但古往今来却没有不变的人事，宇宙间的一切，原就是一个动，日日在动，始终不息。时刻在变，时刻求前进。按"物竞天择，适者生存"的话，宇宙间的一切随时代而激荡，而变化，而改进。过去的一切不能应付现在，于是须要设计新的方法，而把旧的淘汰下去，再产生新的，这新的一切，过了相当时日，于是又在变化，时代是前进了，如果旧的仍滞留在这新时代里，那就是腐化。公教真理固然是万古不变的真理，但在事业建设的方法上，是必须时刻在变化，时刻求前进。

"传教事业"本身原无新旧的区别，惟因时代的演进，社会要求的不同，"传教"的方法，有顺应环境改善的必要。传教事业基本原则，——使命与目的，——无论新旧是分毫不差的，不过，在运用上有些变通罢了！

"准诸新时代的需要，运用合理的方法，做现代的需求，运用合理的方法，做现社会最迫切的工作。"

这是我给"新传教事业"下的定义：且举一个具体事实，加以解说：

创办医院为民众解除病苦，这是济世活人的善事。但是办医院，只是单纯的为民众治疗疾病，是不够的，这是旧办法，必须积极地注意到民众生活，习惯，风俗，所有的疾病现象，而加以普遍地预防与治疗。换句话说：要注意民众整个医药卫生问题。有"新色彩"的医院，他好似一颗明星，在医院所在地的民众，都被其照耀，都得到充分的卫生知识，而养成卫生习惯，疾病在这里总不会有多大寿龄。

话说的太远了，返回来，我们认为中国公教积极参加中国抗战工作，不但为尽爱国责任，同时也是"准诸时代的需求，做现社会最迫切的工作"，以完成传教事业的时代任务。

我们要知道，贫弱的中国遭遇空前的浩劫，是需要大量正义的援助，以助其"自力更生"。我们以莫大的精神与物质力量，助中国之更生，这一方面是实践耶稣救世的博爱精神，还可以说，公教超然的势力与精神，更深入中国社会的各阶层。这岂不是扩大的传播福音运动吗？于此我大胆的说：凡是忠于耶稣的真信徒，在现在都应当贡献自己所有的力量，（公共的与私人的）准诸社会的现势，环境的情况，以新姿态来参加壮烈的抗战，我们在最高领袖指导之下，大家一起走上中国解放的建国大路。

我们要救己，

我们要救人，

我们要救国，

我们要传播天国的福音！时候到了！

于五，四，傍晚

（原载《益华报》，1938 年，第 2 卷第 22 期）

四 天主教救国论

国难刍议

马相伯（华封九三老人）

🐟 编者按

　　马相伯在这篇文章开篇即提出人民自治才能救国，他认为没有自治正是使中国陷于内患外辱的根本原因，中国应该学习华盛顿的建国方法，《美国联邦宪法》对于人民、政治、土地都有具体的规定，如能按照其民治办法重建民国，则各种内忧外患都能解决。

　　国难非他，国民遭难耳！东北及沿江海，人民被害千千万万；财产损失千千万万：故今日之呼声，非国民自救不可！欲自救，非民治不可！或曰：治人者乃政府。须知执政者亦人民；则人民何不能自治？

　　千九百二十年七月十二日，美总统威尔逊致国会书，尝谓："林肯言：'正义造成力量'。吾人既深信之，便当实力以赴之。余得天赋之信心，即民治主义今当受最后之试验；其主义之纯洁与精神之魄力，实大无穷！今将表曝于世人；人人奋斗之日至：其不奋斗者，当绝之于斯人也！"

　　千八百七十年，德攻法，法帝被虏，为城下之盟，责赔兵费为空前所未有，度非四五十年赔偿不罄，而德国所债之师，亦不尝离境：其势如我长江与东三省，必致抱虎而卧也。法国爹爷出而奔走国内，不五六月而召集国民会议；不二三年而偿兵费。初募国债二十五亿法郎，而应募之额竟至七十五亿；继募集国债三十亿，而应募之额多至四百余亿，试思法国人民，素无团结自治之能力，能如是乎？故欧战，法胜德：即以其人之道还治其人之身！

　　欧战时，日本因以增富增强，法顾问实道献策袁项城曰："国中划一特区，地大如日本，民数如日本，由顾问等指导自治二三年后，区内之富强，不如日本者，惟于是问！"云云。又谓日本每一人口可得熟田十亩多，而犹曰人口过剩！今按江苏不知能得一二亩？

问何谓民治？曰：整个人民，乡邑归乡邑，州郡归州郡，家家户户，自出财力，自出心力，以自治也。（注一）大抵不外用政事以统一人民利用土地，乡党则出入相友，守望相助，疾病相扶持；国内交通则愿出于其途，居处则愿藏于其市，水火工虞农牧，又皆能以科学智，而通功易事焉。

问民治初步如何？曰，际今国难，欲团结，必先效孔孟救正人心，人心之坏，今视春秋战国五代而更坏；坏为空前未有之坏：救正之法，亦当用空前未有之法。仅以儒佛道之法，未免太迂太晦；故莫如径用天条十诫！古训"天生蒸民"：民众既是天生，便是上天之子；（注二）上天便是生民之父母，父母岂可不爱敬？爱敬不但以心以口，又当以行事。故一诫钦崇造物主于万有之上，二诫毋造物之名以发虚誓：三诫守来复之日，用以节劳，用以听道，使知人生之要；四诫命知在家敬父母，在国敬长上；五诫毋杀人，以保生存权；（注三）六诫毋行邪淫，以保生殖权；七诫毋偷盗，以保财产之养生权；八诫毋妄证，以保名誉之处世权；但财色尤关风化故九诫毋愿他人夫妻；十诫毋贪他人财物；□□□□□苟能奉行天条十诫，则文化可化民俗，而宣传可达五洲，盖欧美皆重十诫故也。

抑欧美之立国也，以殖民制，故民有开疆、拓土、自治之心理，今五大洲，遍其属地。我自秦始皇帝以来，即闭关自守，只知以色食行媚于一人；其获行媚之报，图穷而匕首见矣，内患日甚，外侮日益，邦分崩离析而不能守！无论爱我与仇我者，举世异口同声，责我有内讧之历史，无自治之精神；但我国既改民国，何不效华盛顿以建国乎？

效华盛顿二三郡为一州。每州以保甲法，由乡而县，县分东西南北四乡，乡分东西南北四区，区分十家为小甲，百家为中甲，千家为大甲。每大甲以登记法，为驱除不良分子及征集胜兵者。

民不用命，久矣！绝非用学校法可使由之；惟当法古人，以兵法部勒子弟；拿破仑一世，尝行之。今部勒子弟，士工商则以下午五时至七时，或六时至八时，农则以上午五时至七时，或六时至八时。盖习兵法，乃有探险冒险之精神，与运用体质之精力。如斯，则士农工商可不废其业，而举国皆兵。不然，虽养兵千万，能胜海陆空之国防乎？

　　既联数州，则当法华盛顿立‘州联宪法”；宪法宜简，多至三四十条而至矣。试举其要，略加诠释。

　　（一）对于人民　人民有"天赋人权"：即身体自由权，财产所有权，居住权，营业权，言论刊刻集会等权，信仰"无邪法害人"之宗教权。男子，年十八至四十，有担任征兵之义务；十八岁后，或中学毕业后，有练习一年兵操之义务。女子，十八岁后，有练习护伤及修理军器之义务。

　　人民职业，十之九为生产者，十之一为生产之指导者：析言之，农牧居十之七，工虞十之二，专门技士与公务人员十之一。准此，人民应受职业教育之训练。各县分立农工商专科学校；州郡联合设立大学。

　　人民有选举权，有被选举权；惟应推本地之老成人，年在四十岁以上者，为代议士；而任用青年，有专门职业者，为法定秘书。各地之议士，名额应无定，免选举时，有竞选贿选之积弊。（案：美国竞选，滥费无算；比国由共和改为虚君制，说者谓即避免三五年改选一次之负担云。）至于出席全国国民代表大会者，用抽签法推定，以限制出席人数：俾免议论盈庭，无所折中之陋习。

　　（二）对于政治　总统及部长，须本国人弱冠后，曾受中等以上学校之教育，于本国社会上之有经验与未受刑判者。亲民之官，亦然。各用本郡本州人。中央部员，必用本部科学考取法。取后，学习行走三年后，始食部俸，以资格升迁，无过犯，不得撤革降调。二十五年后，得告老；告老仍食半俸。一切俸饷，会计独立。开银行支票，各人领取，以绝吞饷之弊。不得国民同意，不得称兵，招兵；犯者以大恶不赦论。行动，开拔，俱有专司；不得借民房，及民船，民车等，更不准行使军票强拉夫役等等。

　　（三）对于土地　大山大水之傍，须有若干里若干丈为国有；不如此，则森林，水道，与国防，皆不能治。

　　州联告成，中央有制地契权。城镇或三亩二亩一亩为一契；农田或五十亩三十亩十五亩一契。每县视通商与肥瘠而殊。

　　契税每张四元，留作各县，设农工商官银行之用；且贫户可书借券以贷之。如此，极贫之县，亦可有农工商三银行，百姓不足不强；国谁与富强哉？此古训也！四元之外，加纸张注册费五角，中央与各县，二三平分。

　　县银行，且可投资于国内大工厂，大矿厂大建作，为县库之储蓄。所谓大建作者如开河，开路，开森林等皆是。

契税除第一年收四元半外，以后每年一元；虽公产亦须有契，无除外，均归中央。

一切通商关税外，地丁钱粮，各县亦当提十之一归中央；因外交与国防全归中央故也。除十之二归郡，十之一归州，外；余十之六，全归地方自治与征兵之用。

凡州郡县，赞成以上宪法者，即视为州联；否则不得以帝国征讨主义，以伤同胞之感情，惟不得附属于中华以外之异邦，以与我中华争此土也。

华封九三老人，谨告国难人民，实行民治，重建民国；昭示天下，中华人民"民胞物与"之大训，尚能团结，一德一心，以抵抗天灾之洪水，与人祸之猛兽，其笑黄种自相残杀，与黑龙以杀同种为荣者，可废然矣？

（注一）所谓国家，必先有上地人民。人民之生聚，在利用土地。其利用之法，曰政事。不曰政府者，盖政府亦人民所组织者也。虽日本天皇，亦为日本人。人民不保卫其土地，焉能生且聚耶？其保卫生聚之法，似不外练巡警以去内寇，练兵士以去外寇，民就各乡各县自练之；则子弟之护父兄，若手足之护头目矣。所费轻而易筹，筹则立见其效，故也。孔子曰：十室之邑，必有忠信，如丘者焉，用保甲之法而练之，既不患无才，又不患无负责任者。中国之积弊，即有领俸而无负责者，如火药库失慎，时有所闻，即是明证。

（注二）民众既尊为天子，与君主平等，而后自尊自专，愿闻国是，不为汉奸！故曰：三军可夺帅也，匹夫不可夺志也。又曰：自反而缩，虽千万人，吾往矣。是以当勇于有为敢于负责之精神！

（注三）窃谓帝国主义非他，即人与人，家与家不可杀人，不可偷盗，而国家则无不可，天皇帝国更无不可！不知不义之战，则敌我之死者，皆我杀之也。墨子曰："杀一人，一死罪！"则以战杀人之死罪，尚可计乎？推之，淫一人，一死罪；盗一人，一死罪；妄证一国，一国之人，其数若干，其罪若干！乃至于惯以春（官）伪币毒物害人者，其罪又若干；然则欲以战称雄者，吾见其死罪耳！未见其可称也！

（一九三二年复活节后三日稿）

（原载《磐石杂志》，1932年，第1卷第1期）

公教救国的理论与实施

许德辉

✎ **编者按**

　　许德辉为多明我会第一任县级驻堂神父，曾经到罗马传信部大学参加公进训练。

　　作者由非基运动中对于天主教的指责出发详细论证天主教救国的理论和实施。先论证了国民的爱国义务是自然律命令的结果，爱国的权利是与生俱来的。《圣经》、教宗、教宗驻华代表等都倡导信徒爱国，并直言不爱国就不是真信徒。天主教徒爱国的合法心理就是以爱为归宿。爱国所应采取的步骤就是宣教救国，先从个人修养的提高开始，因为天主教是新生活运动中注重内心者，是国家政治与法律的完备者，是科学救国的资助者，是文化救国的资助者，所以救国就要宣教。在实施方面，作者详细地从天主教、政府方面探讨可以着手改进的方面。

一　导言

　　"若不使中国智识阶级和上等社会完全去掉，那教友是为利诱而作洋人走狗的荒诞不经的偏见，公教在中国将很难广扬……尤其是教友不爱国的偏见，在他们的头脑中，已有深刻的印象……"这是刚主教在米兰讲演席上所发表的卓见，事实是于此：一般稍有智识的教外同胞，往往以天主教为帝国主义政治经济侵略的工具，以公教教徒为洋人走狗，或是麻醉无用的公民，于是蔑视之，侮辱之，也就渐渐形尖锐化和深刻化了：民国十七八年间各都市的热烈"排教"示威运动，便是不可隐饰的实例，最近虽在大变迁的途中，然而还有不少的同胞仍旧循踏于攻击的故辙，这大概因不明真相，由误解中产生出来的结果——这也是我们没有给他们解释真相所生出来的结果……殊不知天主公教——万国所公认的独一无二的真宗教诚为光大荣昌国家，造成伟大民族之最有力者，公教信友的爱国心，超乎任何人以上，真如雷鸣远司铎说的"公教为救国的唯一出路，公教是强国的不二法门"（民二三年公教青年月刊）；又如蔡总主教说的："唯有纯全的教友，才能为良好国民"，（对公进全国指导会训词）其理由是因为只有公教信徒最能明了良心上的一般责任，并付诸实行，爱国既为我们良心上最伟大的使命，所以也只有公教信友最能彻底洞悉爱国一事的超绝与崇高。作者在这国难最严重的阶段中，因着良心的强烈驱使，在课余之暇，随了公教学者之后，依照公教原则，也来谈谈公教救国的理论与实施，纵然没有什么新发见，可是苟能借此以纯粹的救国思想提醒我们，在事实上得切实的实现，则本文的目标也算达到了——这也是作者热切的希望呢！不过，真诚的救国，必须在纯正的爱国观念上打基础，为此我们先来谈谈爱国观念的得失。

二　爱国观念于性律上的基点

人类是社会的，有情感的理性动物，所以人类的群众生活实天性所使然，与生俱来的，即个性的拓展也不会脱离他人而臻完善的。可是群众生活包含着天然的合群心理，由天然的合群心理而演绎到团给①群众精神上面去，于是自然地纠集团体，爱护团体，以谋划各人生活上的安全和真正幸福……这便是国家产生的因素：所以国家实属国民精力的结晶体，集团所，总和，而国民为国家之因子，细胞；因为惟有健全的国家能保全国民生活上的权利，能保障整个民族生活上的安全与幸福，也惟有各个健全的国民联系，团结起来，才能组织起健全的国家，从"国家兴亡，匹夫有责""国民的生存系乎国家底兴亡"等格言有了它稳固的立足地，而国家与每个国民二者互相间的关系，正好像一线之有二端，一圈之有中心点，有不得不然的连系性，也就不言喻了。

---

　① 　怀疑原刊排版错误，应为"团结"。

再一说：心理学者告诉我们：人是有一种自由意志的；因了这种自由意志，人与人之间，就有了一种不能舍弃而应享的独立平等之权利，因为人与人只可为互相辅助者，却不得为他人的工具罢了；其理由很明显：盖人各有其无价贵重的灵明性，因着这种灵明性，天然地给予我们一种神圣不可侵犯而合法的自由意志。今国家是由我们合法的自由意志组织或选择出来的；既然我们的自由意志是不可侵犯的神圣品，那么由我们自由意志组织或选择出来的国家，也应是神圣不可侵犯的了。所以世界上如有不顾公理的民族劫夺我们的国家，简直也就侵犯了我们的神圣不可侵犯的自由意志。我们的自由意志——整个人的伦理行动的根基既被人侵犯，由侵犯而丧失，那么我们还算什么有灵明的人，无灵明的人，便是失掉人格的人——非人；既丧失了人格，于是"人为刀俎，我为鱼肉"乃为自然的事。我们要尊重天赋给我们的神圣不可侵犯的意志，就应尊重，爱护生于斯，长于斯……的祖国，鞠躬尽瘁光大荣昌之，使她一日至少完全获得列强同样的独立与平等！………因为这样的爱国，就是尊重我们的人格，善生的权利，天赋与我神圣不可侵犯的自由意志。由此看来，无疑的，国民爱国的义务是自然律所命令的，爱国的权利是致生俱来的。惟认清了这几点，自必"对于生于斯，长于斯的祖国，抱起有胜一切牺牲的爱情，即为她有牺牲性命的危险，也必无所畏惧，勇往前进！"

三 爱国观念于超然界上的基点

天主公教是性律的，我们优生的权利的完善者，除了尽量鼓励，劝导和命令其属下信徒发扬广大类似的性律，俾见诸实现外，复以超性的爱国心理，灌注人心，可谓无微不至，天主所默启的圣经乃为公教会的根基，公教生活的基础原则；今则引圣经的明讯的数节下，以见一斑：

圣经以人间的合法掌权者，当做天主的在世代表，并命令吾人忠诚受戴，拥护和服从之：圣若望经记载耶稣答复比拉多之问："……你不知我钉死你和赦你的权衡吗？"便说："若不是从上（从天主）传给你了这权衡的话，你不能伤害我丝毫"（十九章十至十一节）"一总的人，都该服从顶上主权者，因一切的权柄，都是由天主而来的；凡掌权的，都是天主所命定的。"（罗马书信十三章一节）；

圣经命令我们当为承行天主的圣旨，并出自爱的真诚而尊重长上权，敬爱上司："你们应为主而顺服人的一切（合法）制度；（顺服）为君王，作元首者，或君王所委派惩罚恶人，奖励善人的官府"（伯禄书一，二章十三十四节）"……执政者原不是叫善者怕惧，乃是为教作恶者怕惧，你愿望不怕惧掌权者吗？你只要行善就可得他的称赞；因为他是天主所用的人，为你是有益的，你若作恶，却当怕惧，因为他不是无缘无故佩戴着剑的。他是天主的用人，为伸冤，怒罚其作恶者。因为你们必须顺服，不特是为着怕刑罚，而且是为着良心"（罗马书信十三章三至五节）；

圣经命令我们奉公守法，善尽国民之义务："恺撒之物，归恺撒：天主之物，归天主"（玛窦经，二二章二一节），"你们应该还清所该一总人的债务：当给谁纳粮，就给谁纳粮；当给谁纳税，就给谁纳税；当怕惧的，怕惧之；当恭敬的，恭敬之"（罗马书信十三章七节）……

圣经命令税吏不得欺诈民众："除了例定数额，你们不要多收"；命令官兵不得以武饰威胁民众："你们不要以强暴待人，也不要讹诈人"（路加经三章十三十四节）……圣经命令我们相亲相爱，提携贫窘者："…你们应彼此相亲相爱，如同我爱了你们一般……"（若望经十三章三十四节）"谁有二件外衣，取其一施予其没得者；谁有食物，同样去做"（路加经三章十一节）………

圣经命令资本家施舍以扶助贫乏者，不要贪吝："谁有今世的财产，眼见人家贫乏，而坚吝不肯施舍，那他算得爱天主吗？因为夫爱之诚，不在虚言而在实行耳"（若望一书，三章十七十八节）。

至论父母和子女间的天职，（哀弗所书信六章一至四节……）；主任与佣仆间的义务（同处五至九节）；夫妇间的权利与义务……（伯禄书信一，三章一至七节）；以及其余的所谓社会属性的道德，（同起八节以下；罗马书信十二章；………）都有纯正不偏，正大光明的教训和警诫，无微不备；实际"圣经的力量，诚为造成民族，为联系与团给群众，为使军队具纯深刻的，爱正的社会意识，为广大荣昌国家之最有力者"；总之："一部圣经——天主十诫归纳起来，只有两条：'爱天主万有之上，及爱人如己'"；"国家社会之能得安宁，最大关键是'爱'；人人果能奉行圣经的训论，世界国家社会自然日趋于太平安宁了"；（新经中的爱国观——牛若望）

大圣师多玛斯关于超性爱国心理的根据圣经的训论，也有至切当的遗海，今择译二节于后，以想见公教国民爱国的超绝，伟大而柔刚的精神："天主是人类的第一原因，父母和祖国为人的第二原因，因此除却恭敬侍奉天主外，对父母和祖国应有孝爱的顶上义务。"立意报复强暴以维持秩序而申公义，乃美德之尤者，裁制强权，使就范于公义内，就是强横角斗，也便是爱主的善举——而同时为为公义和爱行强权者的伟大表示——"（论恶四十一题一节）

圣教宗们乃公教会的元首，普世的公父，本着耶稣救世淑人之心，为谋划世界和平计，也三令五申地鼓励我们的爱国心。和指导我们努力进行爱国工作，例如教宗良十三世嘱咐说："性律命令我们，对于生于斯，长于斯的祖国，要有克胜一切的阻力底爱情！且一个良好国民为祖国即有致命的危险，也不应有所畏惧"；又如当今举世人所景慕的教宗比约十一世在一九二四年嘉奖墨西爱枢机（Cardinalis Mercier）当战时即表现过的公教豪爽勇气说"至于你所有的公教勇气，我们倘有何语可言？在你尽圣职诸行为上，岂不到处都表示这种勇气乎？当残忍的战火，猖獗于世时，这种勇气常启示你当言之言，以重振国民奋勇的意志，及重固已在屈挠之膝。……茹苦饮痛之极，你以热挚之劝谕，解释你此谙熟之格言：'由苦架达光荣'而告谕民众，如何苦痛能改善吾人，及援助吾人以更轻松之步骤，步登道德之阶梯……"（他的晋铎金庆节，教宗颁赐贺诏上，）又云："渠特嘱公教之男女信友……以其祈祷，善言，善行于其祖国之和平，及社会之昌盛和发展有此贡献"（八一通牒）

教宗驻华代表既实际引导我们实行爱国工作，复又屡常以热切而诚恳的口吻来重振我们爱国之意志与实行，例若五卅惨案发生时，刚总主教与中华公教青年书有特嘱说，"可爱的青年们，你们应当爱国！……""公教教友当身先立表，绝对地尊重法律，长权及家规，……""爱国及求谋国家的幸福……既是人民的权利，复为一种天赋的高超义务，……""宗教……屡次提倡爱国是迎合救主耶稣痛哭耶路撒冷京城倾覆的遗范，同时宗教把爱国当作神圣事业看……"去年蔡总主教双十节在董家渡向信友训词："公教国民之爱国精神，不尚宣言，务求实际，在国难期中，更应不惜牺牲，有所贡献……"此外圣教会还有许多圣人圣女爱国的芳范在模范人爱国。请观圣女若纳达尔克的爱匡超绝精神，她果真整个为爱国爱民而牺牲了的。我们可不必多引其他的证据，因为我们已明悉了教友已为国民的一份子，又是公教的信友，从而不特该恪守本性的律令而矢忠爱国，复应遵守严格的神圣的爱国诫命。假设教外人判断"公教信友不爱国"的话，这无异肯定："公教信徒背犯天主的诫命"，可是背犯天主森严的诫命的信友，不是纯全的信友，也可以说是"非教友"！那么结果不过在"非教友"中，才会不知并不实行爱国的人！教友是不能不爱国的；蔡总主教说"唯有纯全的教友，才能为良好的公民"就是这个意思！

四　公教人爱国的合法心理和所取的步骤

的确，公教教友是不能不爱国的，可是须知公教国民的爱国行为与心理是合法的，换一句来说是从纯洁的"爱"而产生出来的，并非所谓侵略政策的；盖侵略政策是利用武力而抹杀公义，借以广张本国权威，充实自己的贪壑罢了，……这种侵略政策的爱国思想，是残酷的，野蛮的而属于过激国家主义的，公教绝对不容谈的；正如刚主教所指的："真正的爱国不可与过激国家主义混淆，以酝酿仇恨和残害，使各国重陷入野蛮状态"；然而公教人的爱国心是"发自爱情，产生爱情……"（米兰大学讲演）由此观之，爱国的纯正原则只有"爱"，以爱为动机，以爱为运用，并以爱为归宿，要之：一切的爱国行为和思想，总不应有超越"爱"的轨道，可不是吗？我们所争讨的不过是国家的自由独立与平等，我们所全求的不过是民族的解放和享受善生，幸福的权利。为了这到了求之不得的时候，为了"爱"公义，为了卫国爱民，理应效法法籍铁血女英雄圣女若纳达尔克立功沙场，马革裹尸而奋斗"即使我们血流至最后的一滴，因为我们受着这至诚而又纯洁的'爱'我们也是毫无畏惧的！"（公教修士的爱国正义观——吾虚司铎）要知圣女若纳之所以得[①]到圣者底荣衔，是因为她毕生实行了救主耶稣在圣经上以遗范并永世不移不变的语调所训诲我们："其为公义而遭受艰难者乃真福，因为天国是他们的"（玛窦经五章十节）"为亲友而牺牲生命，乃爱情中之最大者"（若望经一五章，一三节）的伟举。

但是我们爱国究当取何种具体步骤呢？我们答说："爱国当取具体步骤，根本步骤，就是宣教救国。"刚总主教在五卅惨案发生时，与中华公

---

① 原文脱漏"得"字。

教青年书上有训诲过："……你们青年务应积极地在你们的严格的生活上准备，在最近的将来，好能为国家效劳；要知爱国不在空言妄动，而在所得实用的学识及注意公私两德的修养……"——伟大的他屡常重复地对我们青年郑重地表演他这种超绝的主张，以重振我们的奋斗之精神——根据刚公以上的伟论，我们应采取的爱国步骤，不想而知是每个国民自身的学问与道德修养：大家都知道每个国民是国家的细胞，细胞不健全，国家自会衰弱；国家衰弱了，外侮的威胁是自然的趋势，所谓："人必自侮而后人侮之；国必自伐而后人伐之。"然而各个细胞全健矣，而欠所以联系这每个健全的细胞者，则涣散仍不能成立健全的国家；可是联系各个细胞而使成一健全组织——国家者便是"道德"。故不爱国则如爱国，如果真有爱国救国的真诚，那不得不走的途径，只有先自个人本身德行的涵养始：盖由"修身"而"齐家"，由"齐家"而"治国""平天下"乃我国先哲不变不更的明训；然而修养德性最简便的捷径，必须到天主公教里去找，因为惟有公教能给我们一个修养最妥便的方法；因为公教之所以为公教，出自天主——诸德之渊泉者的圣旨及时刻支配于其潜默的亭毒与运筹也，所以宣传公教归依公教成为彻底爱国救国所不得不走的正大光明的出路。

再粗述余下二节，以补充这公教救国问题的真切观念：

（一）公教是奠定新生活运动的重心者

纵观我中华自受了所谓欧风美雨的不景气的洗礼之后，固有的民族文化道德，都浸染着腐化成分，新兴的谬理邪说却正如雨后春笋，蓬勃向荣；于是砥砆乱玉，鱼目混珠：真理愈蒙尘，理智益昏迷：良心问题也为之而模糊化了：这诚为政治属性的破坏力——兵祸，匪乱，苛征等，经济属性的破坏力——外国之经济侵略等，文化属性的破坏力——礼俗风尚之改变之所由来也；"礼义廉耻，国之四维，四维不张，国乃灭亡"。实乃千古不刊的至理，蒋委员长有鉴于斯，积极提倡实行新生活运动，这的确是救国的超绝之见解！可是，新生活运动苟无纯正的宗教作基础，而安其重心定，已失其中心思想，究非治本之道；实因这种运动乃不过是一种外表的形式，而纯粹的宗教信仰是属于内心的，有了内心的深切信仰以统治人心，则礼义廉耻沦丧之症结无化，而其中复张之基定根妥；基定根妥了，还怕何事之不成？所以总理正大光明地宣示呼唤："宣扬之"。蒋委员长庄严地促励公教的宣扬，藉以急速形成新生活运动说："在事实上体验得来，宗教教育，诚能促进实现新生活运动，因宗教教育，系提倡民众道德，现在本人主张实行新生活，正为增进民众道德，双方意旨，恰相吻合，故本人非常切望神父们努力宣传之……"。蒋委员长一面提倡新生活，一面促励公教宣传，其用意也够深长呢！

（二）公教是国政治与法律的完备者

"国无法律不治"，虽属老生常谈，然自有其至理在；而总理则云："公教能补助法律之不逮……"。司马迁也说："颜回之夭，盗跖之寿，使人疑于善恶之无报是以防范益①严，欺诈益甚：一法立，百弊生……"实因法律只能及人之外行，而其所不逮者非他，人之内心而已；因了缺乏内心的公教信仰，才致"防②范益严，欺诈益甚：一法立，百弊生！"无怪乎马相伯先生以"天主十诫为自救救国的最好信条""果真国民人人遵守了良心中应守的天主十诫，精神建设已经实现了，固有的民族道德，所谓'礼义廉耻，国之四维'已经复张了，国民经济建设和改良也就无问题了，……，全国精神团结，完成统一……等等已经解决了，从而兴富强易如反掌。"刚主教肯定说："宣传公教乃救国工作中之最重大者"；雷鸣远司铎无意间为这句话作了更透彻的注解："公教为救国的——铲除政治属性的破坏力的——唯一出路，公教是强国的——完成法律的——不二法门"诚哉斯言！

今为满全读者之希望，略事举述最近有历史价值的事实，以实证前段的言论：欧洲大战时的比国，被德国的大军侵入，几乎半壁沦亡了，……当时打起"公教救国"的旗帜，大呼"爱国""救国"口号最得力者，却是公教份子的最尊高领首墨西爱枢机，他积极鼓吹，和劝导教众们坚忍持重作长时抵抗，并尽量多方激励，唤醒重振教众爱国精神，不怕为爱国舍生殉命："头可断，血可流，祖国之光荣不可丧"……比国得万国公认为独立国……谁敢说不是全国教友上下一心一德积极努力所挣扎与奋斗出来的代价呢？爱尔兰若非公教化的国家，如何能摆脱英帝国的威胁，而达到民族自由，悬起"革命成功"的旗帜？意大利本是欧洲极贫乏的国家，然

---

① 此处原文是"孟"字，应该是"益"字。
② 此处原文是"除"字，应该是"防"字。

而一跃而威震全球，非宗教，其有何所以以致之：试看意大利所有一切的慈善事业，差不多皆是私建或赞助的，即国民经济建设运动，由各苦修会的出产等，已获得多大的贡献，至论其他设立学校，改善家庭促进社会等，……政府可完全置之不问，尽有公教主教，神父或修女等负责，倾听莫索里尼对某国新闻记者感激公教予以无穷资助的谈话，就可明了一斑："我意大利的昌盛与富强，法西斯的激底实现，有如是之速度，悉从公教之助协得来……"。

我们再进一步，根据总理昭示我们的救国根本原则来检讨我们这公教救国问题，他说："救国强民根本原则有二：第一要恢复固有民族道德，第二要脚踏实地迎头①赶上世界各国科学和文化"。关系第一点，我们已经讨论过，就是要恢复固有民族道德，没有公教信条以耸动人心，便是缺乏中心思想……关系于第二点就是要足踏实地迎头赶上世界科学与文化，就这二节来讲，摆脱公教也是不会得到完满结果的，其理由可以推讨于下。

五　公教系科学救国的资助者

科学是什么？或问科学的价值是什么？我们可以下一个定义说："科学是积极探索以透彻地认识事物的第一原因与终极目的的知识，藉以营谋丰盈的人生幸福，及助人趋赴人生的终极目的"换一句来说，科学理应为助人于解决人生问题；其根本原因是："人生在世以救灵魂为最末目标；故民族生活之进展——科学文化等，亦必遵此准绳"，若不然，天地逆旅人生过客"物质上的享受，虽极丰足——科学难以登高造极——仍难免'徒得普世'的浩叹！"（刚总主教与中国文化——于斌）到底，如意大利的无线电发明者马可尼答复美国新闻家作科学与宗教有何感想之问，则云："只藉科学有许多事，尤其是神秘不过的人生问题，是不能解决的，犹如人从何来？人向何往？……至论我，我傲然自得，承认我是信仰者，公教徒，我也相信祈祷的能力；我说这些话，不但因为我是公教信徒，而且我以科学家的资格来说的"。科学的价值既当依附在解决人生问题上而去；然而科学的本身又不能解决之，因为科学是不过理智的一斑进展，而

---

① 此处原文是"院"字，根据前后文，应改为"头"。

人生问题却是超越理智的，宗教自身的本面目；可是公教与科学是具有一种内在性的，如下面有所解明，是以惟有宗教能把科学与人生问题连贯起来；从此可知，某学者说的好："公教是科学的光明，导师和价值。"事实是如此，"若就以往的成绩说，公教道理——圣经为哲学，科学之扩大研究范围，且为之开辟正当的探索途径"（于斌博士）；反面说来："科学，在公教道理的领导之下，乃不过，也理应引导人类到公教境遇的一条小道"："研究科学若到了精微处，反使信仰之诚益切，且能使人识透天地间的万物是造化者的昭著工程"（法国大学问家 Le reneral Bourgair）；意大利皇家生理解剖学院院长，伟大医学教授 Peneg 真与 Le general Bourgir 前呼后应，他说："我以三十余年研究医学所得，在在证明天主——万物之第一原因，终极目的的存在，而使人惊奇天主之上智不已；……我不仅以公教信徒的资格，且以科学家的资格，宁愿致命流血，以作证天主常在亭毒和运筹万物的生存"（这是他平生的口吻），或问"科学万能""淘汰宗教"之说，闹得不亦乐乎，教人归依何好？我们可用一极平凡的问题来请求那高唱"科学万能"者解决，予与这问难者以答案，这就是能否创造成一极微小的，有真生命底动物或植物来教人信仰呢？各国大科学家正在实验过这件，而总没有得到结果，而且我敢断定，将永远不能获得完满的结果的，那么，"科学万能""淘汰宗教"之说，又怎能有稳妥的立足地？巴黎大学几何教授 Maurice Occagne 严肃地攻斥这般人说："我诚不了解那有名无实的科学家，托庇科学美名，要推翻人心的宗教思想，他们这般的行动，既出自妒恨，也不过泄一泄他们的妒恨气能了，宗教是绝对不能没有的"！还有一般人也荒诞无稽地胡道什么"宗教与科学背道而驰"，甚至有的讲："宗教能使科学退化"，这果真是太无稽的见识。Le manechal Foch 早已体验历史事实申明过："宗教与科学，不但不违背，反相证明，倘学者果肯扫除成见，虚心研究，自然见得双方的吻合。"谁若以这卓见为不可取信的话，尽可打开历史来问问：历来大科学家是不是公教信仰者，最低限度是不是受过宗教影响的，发明照相术的 Niépee，发明地震计，雨量计，电表等的 Palmieri 发明爱克斯"X"光的 Röntgen 发明 Radium 的 Me Curie，发明无线电的马可尼 Maconi 和 Branly 细菌学的始祖 Pasteur 等等声价至高的大科学家都是公教的虔诚信徒……按法国人 Antonin Eymieu 调查所得：十九世纪的大科学家共有四百三十二名，其中十六人为无神派，十五人对宗教抱不管主义，三十四人对宗教态度无从探察，其余三百六十七人都是宗教的信仰者。商务印书馆所编印的教育大辞书内有一句很公允的话说："十二世纪后，科学与文学的策源地，虽为大学然寺院，亦占一重要的地位"（基多教寺院与学术条）。再者：世界各国都承认罗马为科学和文化的中心点，不错，但是罗马凡精通科学文学等等……上自最高领首枢机，主教，下至司铎，修士以及虔诚信徒，何可屈指胜数，皆是公教信友，至于他们的导师是普世所景仰的当前教宗比约十一世——我说这位教宗是普世所景仰者，不差！要不信，请听几位，与教宗晋接过的极有声价的人物所发表出来的钦佩口吻："当今教宗比约十一世不特精通教理，教律，教仪……且对于各种科学和文学也有深长的涵养，……诚不愧为普世公父……"今再回顾我们祖国三百年前的算术，天文，几何，医药，农田，水利等学，可不是由利玛窦，汤若望，南怀仁等天主公教司铎尽心介绍得来的吗？总而言之，世界一总的大科学家皆承宗教于科学上有积极的无穷的贡献，所以公教真是科学救国的资助者。

六　公教也是文化救国的资助者

科学是民族生活的进展，文化之一部分；由上段所述了的，我们可已略明了了：公教诚为科学救国的资助者，那么至于"公教也是文化救国的资助者"之说，也就不难探索一种更正确的观念了！那么我们先就来看看："文化是什么东西"？以管见参考和研究所得，要算是于斌博士的文化界说较为正确，他说："文化就是人类生活的方式"，照这界说讲去，公教本包括在文化之内，而为文化要素之一：盖人类的生活不外有二，就是物质和精神，精神生活无非是道德——宗教。须知精神生活是比物质生活行为更重要，这是人所不敢否认的；可是我们也不敢否认物质生活的严重性，其理由是：在这灵魂与肉身结合境域中，物质和精神生活的关联，是不得不为之具有一种内在性的，话又须说回来，那么公教与文化的关系究是怎样呢？世界各国文化的上进是否接受公教的贡献？关系这问题，我们真可引法国的现代大哲学家马历利旦（Maritain）的卓绝见解来给大家研究研究，他说："公教与文化的关系是在内的，又是超越的"于斌博士解释说（取其梗概）："人生活动，具体说来，或善或恶，总得受宗教的支配；可是人生的进展既是文化，那么文化也不能摆脱公教；这种公教启发，孕育，支配文化的关系就是内在的，不过，公教既是天主为人类所创立的，故其本质该是超性的，普遍的；因此公教与文化有超性和本性的不同，正如天主和万物有无限与有限的区别。在这一点，公教对文化的关系就是超越的。"也许有人作难说："内在"和"超越"二词，不免自相矛盾吗？我可肯定公教是超越的，而因其超越，所以丧失其内在性。于是，公教和文化是背道而驰的了。不！于斌博士紧接着说："内在和超越两种公教的特性是同时共存，并行不悖的"。怎么讲呢？逻辑学告诉我们，"以自相矛盾的二词描写同一个主体的多方面观，不得说是矛盾"，另又告诉我们："凡物之本质，与其与他物互相间之关系，具有一种本质的区别，是属于不同方观的。"那么我们说公教之本质为超越的，肯定公教与文化互相间之关系为内在的，矛盾何在？反正"认公教为私人物，是否定公教的内在性，认公教为某国教，是忽视公教的超越性……总之，文化脱离公教，则失其意义，灭其色彩；公教没入文化，则丧失超然……"（刚总主教与我国公教文化运动）这是很真切的观念吧！

试察公教最先发达的地方，例若欧洲各国，其文化因公教的影响，所以最是上进化，比较更有意义，相形更具色彩，这可证明公教与文化的内在性了；不过，公教不论在何时何地，还常时保存其超然性，总未曾与恶坏俗同流合污过：回顾古罗马帝国的恶风尚，重男轻女的坏习惯，奴隶制度的横行，极成一时，若非天主公教多方努力，潜移默化……怎能享受今日被万国公认为文化摇篮的美誉!？圣教也告诉我们："七八世纪散居欧洲的野蛮民族，领受公教洗礼之后，才勃兴而向最时代性的文化上猛进，而野蛮性无形自行消失去了"。实因天主公教——真公教的力量，为造成民族文化，为促励人类上进的最有力者也：再"就以往的成绩来说，公教伦理是为提高妇女地位，取消奴隶羁绊，调和各级民众以提倡正义，秩序；争享良心自由；为国家社会维持安宁，……公教敬礼，为指高美术工艺，用之以铸造圣堂，文饰大典，成立所谓圣教艺术，至今仍为举世艺术所景仰则效。总之，公教文化所表现之真美善，远非其他外交文化所可及，全部欧洲文化史可供参考"（于斌博士）刚总主教郑重地说："公教不背中国民族性，不但毫无侵犯，且将如在西洋一般，给中国文化复兴以无穷的贡献。"（一九三一年在传信部礼堂演讲）明乎此，谁可否认公教实系文化救国的资助者。统而言之，我中华无论要恢复固有民族道德也罢，要足踏实地迎头赶上世界科学文化也罢……也罢，舍公教的资助实难，得多大成效……我们不彻底爱国则已，我们如要根本爱国，要真切爱国，宣教救国，实乃当务之急——"公教能补助法律之不逮，余极愿同志皈依之，与主教神父努力宣扬之"同胞乎！国民乎！总理诚恳之呼吁在上，又盍与乎来归！

七　公教救国的实施

公教救国实施的严重性与复杂性，可不赘及……作者爰举其要数节，自不免挂漏多多；但作者所全心祈望者，亦不过抛砖引玉而已！……本文既为"公教救国……"故其实施的方面，简便地归纳为"政""教"方面：

甲、公教方面：

（一）用尽可能的方门，以期速成公教宣扬的神圣伟大使命：发扬公义，树立爱国，藉以铲除现在盘居于社会里的一切不公道，伤人道，违反良心的事情，以改移社会上所有的一切不良制度与习风，故此：

（二）积极实行改善家庭，提倡和组织家庭教育研究会，以研究教养子女事宜，实施公教家庭教，以打起所谓社会性的道德的根基：这是当前爱国爱民的急务中最重要者，瑞士最伟大的教育改革家 J. Heinrich Pestaloggi（一七四六——八二七）说：要改良民众心理，国家状况，只应用教育的力量；而教育的中心应在家庭而不在学校，盖教育的起点应开始在摇篮中，就是在婴儿的期内最属重要；

（三）尽心竭力努力以使小学儿童教育等公教化，俾家庭公教教育的萌芽长大及健全起来，以养成国民高尚人格，训练国民应世技艺，以造福民族……；

（四）选择天才，供资为国家，社会培植高尚伟大的应世专门人物……；

（五）实行教宗良十三世根据圣经的圣诲所颁布的劝谕："期望世界教资本家完全团结起来，站在道德经济的战线上，以从事改善与建设经济运动……"；

（六）实践当今教宗比约十一世在八一通牒上对我们的特嘱："渠特嘱公教之男女信友……于其祖国，社会之幸福，昌盛和发展，有所贡献。"

例如建立贫民艺术，工业等学校，医院，孤儿院，教养残废所，养老院，旅馆等，以扬主爱，以造福民族，并以减轻政府的担负……；

（七）倡设苦修会院，因为这不但可以满全天主所惠赐有些同胞的圣召，并作我们救世救人工作的健助者，而且因此修会的勤劳耕种的效率，给予社会经济运动的无穷献者也；

乙、政府的方面——我们热切呼吁政府本着国民所托付的重任，尽所可能：

（一）多方保护，协助和提携公教的一切救国，爱民和宣教工作；

（二）政教携手——莫索里尼发表过："一国政府对于教会不外有二个态度，就是：或抱不认识态度……或在宗教和政府间，解决一种关系，成立一种和约协定，如我意大利的是：我意大利由此已经得到极好的成绩了……"（罗马教会与国家政府演讲上），我政府最好采取意大利的"政教携手"和约协作，与罗马教廷在派使节，规定一种更密切的关联；

（三）谕令各级学校中实施公教教育，聘请天主教司铎指导进行，以扫除谬理邪说，以防御欧美的不纯正的学说侵入，藉以养成道德化的伟大人格的国民；

（四）多方劝导民众扫除迷信，以及异端事项，而协助广扬公教①以代替之。

八　结语

刚总主教诚恳地传达教宗对我中华前途所煎迫于其圣心之热切祈望说："若中国真按比约十一世所说，在爱国和正义路径上——公教救国路径上——行走，前途只有伟大"！我们全心热切祝望——已准备了为此祝望而牺牲一切所有——我大中华的前途光明，伟大而持久！然而，只有利用公教救国才能使之光明，伟大；而公教救国所包含之方面既多，所以除非赖全国国民，每个国民推行之，诚衷赞助之莫能善，莫能乐观!？是以我们感念国家当前的严重阶段，万分切望，祈求三百余万教胞盎各人之可能努力实行宣教救国外，我们也同样切望，祈求教外同胞消除成见，自动

① 原文脱漏"教"字。

虚心来窥索公教，借以成全自己，转而强盛国家，这么，就好容易享见那
光荣的代价：自由独立，平等，光明，伟大！

（原载《我存杂志》，1936 年，第 4 卷第 7、第 10 期）

非常时期公教所有的救国工作

万九楼

🖋 **编者按**

　　万九楼（1893—1967），意大利人，方济各会士，1932 年晋牧，1932—1946 年，任西安代牧区主教，总堂设在西安南堂。

　　本文是一篇演讲稿，讲词先向天主教徒讲明天主教是主张爱国的，而爱国的自然法律出自天主。耶稣基督就为人类树立了爱国、爱同胞的榜样。讲词的第二部分主要梳理了天主教在抗日战争期间所做的贡献，其中包括罗马教宗比约十一世（即庇护十一世）前后三次共为救护中国难民捐助了十八万里拉；中国天主教信徒在汉口组织了救护总会，救护伤兵和难民；抗战伊始，于斌主教在上海、浙江等地领导成立了后方医院，随后全国各处天主教医院几乎全部改为伤兵医院；天主教广办难民收容所，为中国难民提供战时救济，天主教主教举办和平祈祷、阵亡将士追悼会为中国民众、士兵提供心灵慰藉。

　　二十七年五月十四下午七点四十分，西安万主教在西安广播电台播音讲演，唯因是日万主教因事不能亲身出席，故特由牛若望司铎代为讲演。特觅志讲演词如左：

　　自从全面抗战以来，全国的民众，不论何界，都在最高领袖指导之下，努力抗敌，现在我把公教自抗战以来，所有的一点救国工作，向大家报告一下。

　　公教的道理强迫着每个信友，以真实而有实效的爱情，爱护自己的祖国。按自然法律来讲，每个人都应该爱自己国家，而公教认这个自然法律是出自最高立法者，就是天主。爱国的自然法律，给人们加上了良心和在天主前的一种责任，所以凡是一个公教信友给人们加上了良心和在天主前的一种责任，无论何时何地，都负着爱护祖国的责任，为卫护祖国，或为祖国的安宁，他们应当通力协作。在公教立场来看爱国主义，决不是外面的形式，或是一种口头禅，反之，应该发于心内，而且在每个行为上表现出来。我们爱国和爱我们的同胞弟兄，是导源于天主的，因为我们认天主是我们的大父，犹如一家之长，而这个家庭中的每个份子，应该彼此亲爱，互相辅助。所以公教在理论方面对国家的解释，不只是唯物的自利的而且是精神的，超然的；在实行方面，要以彻底牺牲的精神，以求同胞们的实利，以绝对服从的精神，服从军政长官，因为他们是国家的代表人，代言人。

我主耶稣基多，不但在言行上表现了爱护人类的爱情，为全人类牺牲了自己的性命，他也给我们留下了爱国，爱同胞的表样！我们是他的信徒，自然应该从心中爱我们的祖国，和中华民族。为表现我们爱国的精神，我们情甘愿意献出我们的一切和我们的生命。耶稣基多在世时，想尽了各种方法，为救护自己的国家，民族。他具有无限的知识，预见到他本国要遭遇的艰难灭亡，在他的门徒前，面对着耶路撒冷京城，悲恸惨伤，为表现他爱国的情绪，大声慨叹说："耶路撒冷！耶路撒冷！………我多少次愿意把你的子女招集到一起，如同母鸡把小鸡掩护在双翅之下，而你却不愿意！"在实行方面，耶稣对于执掌统治权的长官，则致极诚的敬礼，国家要他纳税，他就纳税，而且给后世诫规，督促他一总的信徒，要服从合法的政权："凡属凯撒的就归凯撒……"意思是说：你们要服从尊敬合法的政府，你们要缴纳国家规定的税粮。使徒保禄和其他的使徒们，他们所以训导信友者，和耶稣的道理丝毫不差。保禄在写给罗马人的信函上有这样的话："一总的人，都该服从长官，因为没有一样权柄不是来自天主的。"他又说：你们服从官长，不只是怕他生气，但是良心的责任。所以你们要给他们纳税，因为他们是天主的代理人，你们所以服从他们者，就在此点。所以教友和教会大师们，时地虽有不同，但听宣传的道理却无不同。公教中有许多圣贤，为爱自己的祖国，不惜倾流自己的热血，我此地只提出圣女贞德作一个例子。原来贞德是法国的一位青年女子，她眼看着自己的祖国被仇敌的侵略欺凌，不久就要灭亡了，她热切祈祷后，得了天主的启示，胆量壮起，意志加强，领了本国的军队，前去冲锋陷阵，把敌人驱出了本国，扶持皇帝再登皇位，最后她为祖国，为教会牺牲了自己的性命。所以几世纪以来，法国就常以她作爱国的最好模范，昭示全国的人民。

我把公教的爱国理论和实际，从创立公教的耶稣基督说起，以至现在，简单的叙明了。自然每一个国家，民族里，都有爱国英雄，但自耶稣基多来世以后，所谓爱国英雄和公教信友几乎是一而二，二而一者了。

理论的方面，既已说过了，但是公教在抗战期间到底作了些什么工作？现在我可以做一个简明的报告，以见公教对于慈善，和爱国事业的一斑。

（一）罗马教宗比约十一世，除了常为中国祈祷外，为救护伤民及难民，前面共捐了三次巨款，第一次系在去年八月间捐赠了三万五千里拉，后两次系由南京于斌主教转送的，三次共捐赠了十八万里拉。

在宗坐代表蔡宁总主教指导下，中国公教敌友在汉口组织了救护总会，向国内外各公教人士呼吁募捐，以为救护伤兵及难民之用；自该会成立以来，成绩颇好，所得捐款，立即分发到各传教区，或创办新医院，或整理扩充旧有医院，以诊疗伤兵，或成立难民收容所，收容难民。该会补助各地的医院和收容所，尤其在华中为伤兵难民作了不少事业，如同在汉口办有伤兵医院，难民及难童收容所，其他在武昌，汉阳，长沙，宜昌等处，也都正办同样的事业。以上各区的主教，都亲自指导那些慈善事业的进行，而汉口总会则仍不遗余力进行应有各项工作。

在抗战的开始，在上海，浙江，闽滇等处，由于斌主教领导，成立了后方医院，聘请复旦医科毕业生作医师，方济各会修女任看护，在松江又有其他会的修女把试医所改成了正式医院，收容伤兵。复旦大学也把校舍的一部分让出作为伤兵医院，公教医师学会对于这些医院义务的服务，并由外国慈善家募得大批药品。总计在江浙两省所有几乎三十所公教医院，自抗战后，完全改为伤兵医院。在其他各省所有公教医院近三百处，在抗战发动后，也差不多都作着同样的工作，尤其是那些靠近战区的各教区的医院，大部分遵着军事长官的意旨，改作伤兵医院。在那些医院中，都有公教的修士修女们本着爱国的精神，去作看护或医师的工作。还有其他别的地方，如开封，浙江，山东等，甚至把公教学校，修院，因环境的需要，也都改作了医院，收容所。至于在最前线工作的，有大家闻名的雷鸣远司铎，他率领了二百五十余人，其中有四十余位耀汉兄弟会的修士，其余全为公教信友，他们自卢沟桥敌人开第一炮后，就马上到了最前线去作救护担架的工作，雷司铎以六十二岁的老人，十个月以来，追随着军队，东西奔波，他的勇敢的表率，引起大家的惊异，振起了军士的精神，他不只用自己的言语，尤其用自己的努力工作，鼓励着前线和敌人作战的兵士们的抵抗和牺牲的精神。

对于各地的难民，公教也一样的敞开了他的慈怀。在上海的安全区，由姚神父收容的难民，不下二三十万，现在他仍继续着已开始的事业；上海的震旦大学和徐家汇，对于逃难的人们都供给他们衣食住的需要。济南，兖州，蚌埠等处的教堂，都尽量的收容那些难民，至于开封，郑州，洛阳，西安等地也开办着难民收容所。现在各教区正在计划着办理专为收容难童的事业。这些慈善事业，固然有它们本身的价值，但除此之外，现在中国有三百余万教友组织起来的教会，对于中国争取最后的胜利，过去予以合作，现在仍在合作。宗座代表蔡宁总主教到处提倡祈祷和平胜利追悼阵亡将士大会，如在绥远，汉口，上海，西安，洛阳，开封等地每次举行这样大会，军政各界长官也都前去参加，这象征着政教合一的团结。宗座代表以劝人的语言慰藉着中国的民众，其他各位主教也同样的作这些工作，尤其是南京教区的于斌主教，游行欧美各国，用讲演印刷品替中国作了不少的工作。

以上是公教在非常时期所有的一些工作，自然还有许多别的应说的话，但只此已足。现在正在计划中的尚有许多工作。过去作了一些，将来希望更能多作，这是我们的愿望，凡此种种工作，所有的目标只是一个，那就是中国最后的胜利；这最后的胜利一定不会虚了我们的愿望。

中华民国万岁，中华民族万岁。

（原载《益华报》，1938 年，第 2 卷第 21 期）

公教与民族复兴

陈大经

🖋 编者按

　　陈大经，生平待考。

　　此文为纪念《公教周刊》六周年而作。作者先提出九一八事变之后国内的新生活运动、读经运动都旨在谋求民族复兴，但是作者担心这些运动没有持续性，故而指出天主教可以利用自身的优势来协助这些民族复兴运动，天主教的组织、精神、知识都使其较适合于承担复兴责任。作者又提出天主教参与复兴运动应注意的七个事项，由此而勾画出天主教复兴运动的蓝图。

　　"九一八"以后，我国朝野，觉得求人不如求己，于是转过头来，把往日拜外的时间，一变而为拜内的了。"读经运动"，"新生活运动"，就如雨后春笋，蓬蓬勃勃，很像煞有介事似的，轰动全国，"民族复兴"的口号，遂应运而生。商务馆的小学教科书也赶紧挂上"复兴"的头衔。

　　的确，我们处此千钧一发之顷，全国上下，当然要做一番卧薪尝胆的工夫，为国效命，庶能"还我河山"，不然我中国决没有出路。这是我们打开窗门说凉话的。

　　至于所谓"复兴"，究竟包含些什么？现下，在广东方面，所复的读经，尤其是孝经，换言之，又回到入孝出悌，又回到半部论语治天下的旧套。所兴的是土布，尤其灰布，教员学生都要采用。而机关大员还是西其服，革其履，笔直西装，是否会因此一"运"而减色，退位让贤，仍待有力者不断的提倡，以身作则。倘若冯玉祥先生也出来提倡，那岂不更易为力。听说林云陔，林翼中两先生，绝对拒绝接见"西装友"。

　　南昌方面呢！所兴的，是"知礼仪，明廉耻，守规矩，有秩序，有清洁……"另外又有所谓新妇女五年计划……"大众"的封面，于是赶紧登上一个蓄发的女照片，陈衡哲女士更为此事，大发其牢骚。新生活运动，可谓风靡一时。□□□□□

这是民族复兴运动的景景色色。其中要待商榷之点固然不少。然却不能不算一种好现象，的确有利于国家，值得我们拥护。

但我国人向有"五分钟热"的美誉。诚恐事过境迁，就运而不动了。这岂不有害于国家？所以我们公教徒，应本公教爱国的真谛，来赞助此种运动，来肩荷此种巨艰，努力参加民族复兴的工作。"行之非艰，知之唯艰"，我们麻木的，不问知，只管行，诚心诚意的去行。做个不在多言的实行者。因为我们担负此种工作，有很适宜的地方。

一，组织，现下乡村较有组织的团体，除乡公所外，就算公教团体了。有的堂口，虽人数不多，但因信仰关系，无形中就构成一种很亲密的团体了。一举一动，都为外人所注意。并且他们都是乡人，和其他的乡人同等，彼此都有相当感情，都能信赖，说什么，多不致于怀疑。如果，我们能代政府分此重任，比用什么人去宣传，岂不事半功倍？因为这些人，他们一见，就谈虎变色，还望他们踊跃参加？

二，精神，乡人最怕的是上骗局，最瞧不起的是"大炮"，最讨厌的，是言不由衷。故这些人不受他们的欢迎。若公教人则不然，公教能克苦，廉正，忠勇，认真，信实，肯牺牲，肯负任，以身作则。总而言之，样样都能使外人满意。乡人相信不是开骗局。相信不是无理取闹，相信不是另有作用。他们既没有怀疑，对"复兴"运动，他们当然乐于参加。

三，知识，公教徒固然识字不多，但比起乡人，却胜一筹，即使本人不认得字，但各堂口最少也有神父，有先生，譬如广东，神父多是外人，但传教先生数目很多。无形中就是一乡的知识分子，于传达政府意旨，自较一纸"告示"为易。

公教人本身既有此三特长，本身又负有复兴民族的责任，所以，我们该当仁不让，义不容辞。但现下各公教当道，多未能语此。故进行步伐，也有商榷的必要。

查目前，公教徒中，堪作登高一呼者，厥唯陆伯鸿爵士。陆公身为公进会长，又居上海要区。故"公教民族复兴运动"，亦唯有陆公才能指挥。我认为一，去年暑假，于斌大司铎，曾在辅仁大学组织公进会员训练班，今年想亦照例举行，那么，可在训练班课程中加入民族复兴学科一门（内容当局酌定）如是公进队，同时又为公教民族复兴队。

二，此种运动，可先从上海着手，以其人才较多也。渐而推及北平，汉口，广州，再次延入内地。如内地有了根深蒂固的自觉，民族复兴才易于着手。

三，由总监督处，秉承意旨，制定大纲，用资准则。

四，已有公进会的堂口，须依照总监督处颁发之大纲，领导全教胞、向所在民众宣传，待其潜移默化。

五，公教刊物，随的登载复兴文字，以资鼓吹，并作标准。

六，在各大都市，组织公教电影院，旅社，俱乐部，低价优待顾客，使社会逐渐澄清。至于经费，又何难筹了。其他各堂兹不具论，即就我所知的某堂而论，足足应付有余。该堂财产逾千万，而对慈善事业未大注意。揆之绝财之义，能不可愧？且得自中国，亦应用于中国。若一味守财，日后倘有仇教风潮，此又为受人攻击之点而无疑。愿全国教胞起来促其注意。勿使吝财之风再吹于今日。

七，公教报纸要社会化，而化社会，现下公教报纸，除天津益世报外。其余的都是天主堂内的读物，我殊不满意。办它又有何用？大家都知道，所以要认真办几个如天津益世报的报纸，才能发生一点效力，我们不是传教吗？传教就要向外人传，不该关起门来做皇帝。至于经费，只要当道少给人打斧头，不花冤钱就够了。说起来也可恨！记起不少的神父都给人骗呢！

中国政局不知变到怎么样，倘我们不乘此机会，培植纯正的国民道德，有信仰的国民性，万一政局转到莫斯科，或柏林，那时大人们恐怕又要像民十六时大起恐慌呢！"居安思危，哲王是务"。

这是一得之见，愿公教先进不吝指正。

四月四日于江门北街

（原载《公教周刊》，1935 年，第 7 卷第 4 期）

国难严重时期公教人士如何救国

磐　石

✒ **编者按**

　　磐石，生平待考。

　　此题目是杭州《我存杂志》三周年纪念的题目。作者指出天主教杂志社从事救国的步骤即是唤起民众、训练民众；从组织上则可以由天主教的各团体、学生组织国难演讲、训练民众；在具体工作上可以做宣传工作、训练工作、祈祷工作。

　　这个问题，是杭州我存杂志社，为成立三周纪念，征文的题目，也是我们中国目前生死关头的问题。哎！请看那不讲理的强邻，既霸了我东北四省，又复得陇望蜀，鼓吹五省独立运动；这样作法，岂只蚕食，简直是狼吞虎咽了。我中华大继大，如此啖法，恐怕也不够他三两口就完结了吧。想到其间，真叫我身上四百兆细胞，各个兴奋，各个怒发冲冠，巴不得有极大的声音，到各处唤教四万万七千万小睡狮，都醒寤过来，张牙舞爪，上下一德一心来奋斗自救吧，国联那些洋大人，是靠不住的。今就该社所布的层次，略略申说如下。

一　步骤

　　第一，要使个个国民，认识强邻日逼，国难临头，若再因循一会，马虎一点，就要永远作别人的奴隶，作别人的牛马，供人宰割，再没有出头的日子了。这真是一发千钧的时刻哩！因为哲学有句格言。"不认识的，没有什么愿望。Jgnorunti Nulla ayrido。"中山先生民族第五讲也说。"要令四万万皆知我们现在所处的地位，我们现在所处的地位，是生死关头，在

这生死关头 须要避祸求福，避死求生，要怎样能够避祸求福，避死求生呢？须先要知道很清楚了，那么自然要去行。"不知道大难当前，怎么能知道避难救难呢！

第二，要训练。训练分两种，一是精神训练，一是身体训练，精神训练，又可分为两种，一是道德的训练，一是知识的训练，身体的训练可分为个人的训练，及团体的训练。

二　组织

第一，即由公进会男子部，女子部，青年部，组织救国团，从事计划，从事宣传，凡每次有向人宣讲圣教道理的机会，亦顺便向人宣讲国难，强邻如何得寸进尺，嗤嗤逼人，必欲并吞我土地，奴隶我同胞云云。第二，由公教学生组织国难演讲队，在暑假寒假的时候，向自己的亲戚朋友，邻舍乡里，用逢人说项斯的手段，逢人便说，遇人便讲；即在学堂求学时，每逢主日，及罢工瞻礼的日子，也要向学堂四周民众宣讲，并照各人的年龄，实行团体训练，军事训练。

三　工作

（一）宣传工作。或绘画图像，或将强邻日逼，无理要求，虐待恫吓，种种情形，以及亡国灭种的凄惨，并格外将天主诫命第四诫命，命人民护卫国家。要理问答上说"对于国家我们有该尽的本分，就是爱护国家，服从合理的法律，勉尽法定的义务。"为此凡天主所赐我的领域疆土，为光荣天主的缘故，为尽国民责任的缘故，当尽力维护领土完整，政权独立；故若要毁家纾①难，也不推辞，抛头颅，饮铁丸，肝脑涂地，粉身碎骨，也不怕等等。作极简单极明了的说话，印成单张或小册子，以便宣传人有所遵循，四处民众演讲，或发给识字的份子，或张贴各村各镇各街各巷，务使民众一见惊心，那么无几可望振作起来。

（二）训练工作。精神训练，分道德的训练，合知识的训练。

---

① "纾"原文是"输"，误字。

1. 道德的训练，就是要人知道不爱国不救国，就是不尽本分，犯罪得罪天主，一定不是生时就是死后，要遭天主的重罚的。爱国救国，就是守天主的诫命，尽本分，光荣天主，生时死后一定要得天主的赏报，没有疑惑的。救国的方式，就是先国后家，先公后私，先人后己，不然"皮之不存、毛将焉附。""国土破亡，家于何有。""兄弟阋于墙。"只知对内，不知对外，终不免同归于尽，同作人，奴隶，同作人，牛马耳。

再者，道德的训练，就是恢复旧道德、实行新生活，忠孝仁爱，信义和平，以及礼义廉耻，食衣住行，都要卫生化，纪律化。

2. 知识训练。识字运动，扫除文盲，学校注重应用科学，而尤致意农业，如农作物，园艺森林、畜牧，蜂蚕等，以便复兴农村。

身体训练，就是个人早晚运动，锻炼身体，学习拳术剑法。

团体训练，就是在农隙时，效古时讲武，练习军事，如步法，枪法，守卫抵抗，进攻，侦查，等。寻常军事常识。

（三）祈祷工作。吾主耶稣亲自教训我们说，"除了我你们一点都不能作什么？"为此当国难严重时期，我们公教人士，天字第一号的工作，就是祈祷，加倍热心念经，多领告解圣事，多望弥撒，多领圣体，多献圣祭。多行克苦，用来挽回天主的义怒，求天主因祸而为福，转败而为功，如同古时犹太人民一样。以上所说的，是就救国小而言之，都是公教人士在此国难严重时期，脚踏实地，个个都能作的事情。至于大而言之，那么国家各种建设，如交通，如水利，如实业，如矿物，如国防，如军备等等。我公教人士，在中央政府引导之下，该各尽各的能力，拥护赞助服务，是不用说的了。

（原载《我存杂志》，1936 年，第 4 卷第 1 期）

天下独一公教惟正惟真惟能救国

熊希龄

编者按

　　熊希龄（1870—1937），字秉三，号双清居士，别名熊凤凰，湖南湘西凤凰县人，祖籍江西丰城石滩。著名的教育家、社会活动家、实业家和慈善家，是一位杰出的爱国主义者。1913 年当选民国第一位民选总理，晚年致力于慈善事业和教育事业。1918 年在北京香山静宜园成立香山慈幼院，以培育人才。1922 年熊希龄与中外人士联合发起成立世界红卍字会，1925 年他被推为会长，直到 1937 年去世为止。九一八事变之后，他动员家人和香山慈幼院师生投身抗日救国活动。1937 年，熊希龄在上海与红十字会合力设立伤兵医院和难民收容所。

　　熊希龄曾一度信仰佛教，但是此文中他称赞天主教为真宗教，是能够为救国、保国贡献良多的宗教，这大概与他在抗日战争爆发后从事慈善事业过程中与天主教密切接触有关。

　　国之有宗教，亦犹人之有灵魂。人无灵魂则死，国无宗教则亡。真宗教为何？依愚见所及，外而旷观古今中外历史，内而征诸秉性良彝，平心静意考求之，始知现在全球上，最有统系而独一的，最尊一神而至圣的，最秉大公而纯正的，惟有所谓之天主公教而已。其他宗教有貌似者，如基督与天方等是。然此三要素，细按之，则表里精粗，其相差也远甚。况公教在今世界所信抑之国家与人民，均占大多数乎？其所以得最大多数之信仰，而超乎人情本能之上者，实有莫可思拟奥妙，感应默化于其间者，岂非神圣使然耶？为证明何为真宗教，无他，即察其信仰之徒，肯为其教牺牲其个人之利害与否为断。统观全球信仰公教之人民，无论男女老幼智愚，为认证其教，虽粉身碎骨，破家亡身，而绝不肯稍背。其守死善道，为义捐身之至诚，洵他教所不及。据此一端，已足证明天主教为真宗教矣。他教人为时势所迫，偶一出此，容或有之，若人人具此决心宁死不背，仅按吾国历史考之，除天主教外，吾未多见也。是以救国，惟真宗教。保国者，惟真宗教家。恨吾国真宗教，尚未普及，故国家不能富强；而真宗教家在野，故政治不能改良。愚虽不敏，然考究宗教有素也云云。

（原载《我存杂志》，1933 年，创刊号）

公教教育在现代中国的使命

在 山

🖋 **编者按**

在山，生平待考。

作者先描绘了中国近代以来日渐衰落和革新，而西方推崇物质文明而导致了第一次世界大战，从而指出世界的危机需要在中西文化的调和之后再加上天主教思想才能找到出路。在此基础上，他认为天主教教育应当努力影响中国青年的思想，这才是使中国摆脱危机、走向复兴的根本。面对中国青年多数反对宗教的状况，建议中国政府推行天主教教育，以挽救中国和世界的危机。

太平洋的腥风彤云日趋猛烈，一九三六二次大战，震荡人心的骇浪，已澎湃于全宇宙人类的脑海。世界形势的恶化，急转直下已到了最严重的时期。我们中国是这次大战的爆发点和集中点，在世界形势之下也到了最严重的时期，定夺生死存亡的最后一日。

海禁一开，东西文化接触以来，今日之现代：我们再也不能拿四千年文化古国，四万万占世界人口大半的数目来惊人自慰自大！鸦片之战，中日一役，暴露了我们的真相；九一八一声霹雳，四省沦亡，不抵抗的自欺：外交家的摇尾，证明了我国的破产，已失生存于世界列强之能力，当归于淘汰而无疑？

在我国本身，经济和农村的崩溃，社会和政治制度的破裂，四千年来祖宗们遗传给我们的整个文化，逼迫到需要复兴和革新的最后时期；再加世界形势的紧张，楚歌四面造成了一面急谋自存自新，一面力图适应环境的今日之中国局面。

罗玛帝国的崩溃，法国的大革命，这由历史上证明一个民族的文化整个起变化，另造一个新时代时，必要经过一个纷乱的酝酿期：这是静极必动的表示，文化逐渐分裂的现象，打寻出路的象征。现在的我国是被这大革命大演化所震撼，整个的一切暴露着这时期的特征。

现今各国人民也都在苦痛中挣扎，都希望着一种新生活来调和，帝国主义和科学携手所得的成绩是第一次世界大战人类的大屠杀！物质文明享受的结果是精神的不安，人心的飘荡！他们走上这条路是他们专重物质，和脱离公教的结果，在最近将来，他们不能自行拯救；所以我们的文化和他们的文化所起的调和作用，再加入公教思想不但是支配我国人民的生活，而全人类也当受其影响。至少是我国的振兴使各国得其均势，而暂保世界和平于现时。

所以新时代产生前的大酝酿大革命是件极伟大的工作。这工作的主人翁，就是有四千年文化背景的和接触西方文化的我中国全部青年们。青年们本身的教育，思想，都有和这伟大工作发生变化的可能。现今我国青年们的教育是怎样？普遍思想的趋势是怎样？……反宗教宣传和无宗教主义的澎涨，使我们对于这新时代的结果，不能乐观。

我们绝对主张公教是：为思想最稳固，为人类幸福最完备，为教育最有效力的一种超人的组织。自文艺复兴公教和教育分手以来，人类生活——至少是心灵方面——日趋黑暗，公教思想的缺乏要算是最大原因。近日意国法西司蒂主义的和公教合作，德国国社党的自行解散；这是证明两国当局者已渐渐觉悟在公教指导之下可免不走入歧路的危险。而我国青年的思想反对宗教者居多，这是一件急宜在教育上纠正的错误；不然新时代产生的结果，难免不蹈前车覆辙。

所以在这演化工作的要素中，除东西文化的调和外，再当铄入公教的思想，此三者的互相溶合，才能有优良的成效。对于人类现世生活之理法，我国先哲已有"均安"等的观念暗示给我们，但也不能空谈精神，这精神终要被这物质压迫到完全丧失其效力的一日！西洋的"唯物""功利"等惟在物质上讨生活的生计组织，其结果使物质成畸形发展妨害精神生活的向上。这是中西文化的支点和其调和的趋向，不过这种调和尚缺把住此生活的灵魂。且对于人生整个意义上还少一种须臾不能离的"人生观"大问题，如果没有以上二项，人类生活终无有均衡相安的一日！所以在这伟大的工作中铄入公教思想是必要的条件！在现代的我国青年头脑中，没有公教思想或有反宗教思想，为中国的前途，为世界人类的幸福的前途，是最重大的阻碍！

环境是在急风暴雨的严重形势下；自身是在生死存亡的一刹那：这样局面下的中国，政府权利不能兼顾的时候，施行公教教育是最好的机会，一旦教育方式规定，再思施行，各国的前例已证其非易。青年思想正在冲突，正在酝酿，尚未肯定的时候，铄入公教思想也是最好的机会。而且我们确信为我国正在全文化起复兴和革命新的伟大工作中铄入公教思想是必要的条件！我们也确信由公教思想指导之下所产生的结果必能避免我国的死亡而生存于列强之中！我们也确信必能挽救人类生活的苦痛而送上幸福之路！我们也确信太平洋上二次大战的腥风彤云，必能使之风散云散而光耀着世界和平的太阳！

一月廿七晨，于北平

（原载《教育与心理》，1934 年，第 1 卷第 1 期）

教廷与中国

于　斌

✎编者按

　　这篇文章介绍了罗马教廷的国际地位及其与中国的关系。文章分为六个部分。第一部分主要介绍了教廷的国际地位，肯定教宗在宗教和政治上的重要地位。第二部分主要介绍教宗的外交特征，认为教廷与他国外交的特殊性在于完全以道义为出发点，是世界和平的策源地。第三部分主要回顾了教廷与中国的往事，教廷自元代以来就派遣诸多传教士将西洋文化传入中国，与中国保持密切关系，1922年教廷派刚恒毅主教为教宗驻华代表标志着教廷与中国的关系进入了一个新阶段。教廷对中国的宗教、教育、难民救济等事业都有重要贡献。第四部分专门讨论了教廷在中国抗日战争期间对于中国的贡献。抗日战争爆发以来，教宗多次向中国大量捐款，号召在华天主教徒救济难民，在此号召下，各地天主教会做了大量难民收容工作，甚至有雷鸣远等人亲自参加前线战争。第五部分对于教廷与我国合作的未来进行展望，中国政府鉴于天主教在抗日战争期间的对华援助，对教廷表示了友好，最终实现了与教廷正式换使。最后的结论部分指出与教廷换使极大地增加了中国在国际上的援助力量，号召全体国民展开天主教化的生活，增强国家精神国防。

　　当整个世界为阴霾所笼罩，许多民族均被卷入战争的漩涡，环球各地烧遍了烽火，山林原野布满了血腥的今天，我们仍时刻听到有一种吁祷和平，维护正义的呼声，发自梵蒂冈宫庄严的宝座上，那便是教廷向他四万万忠实的信徒所传出的号令，也是他向全世界各色各类的民族所宣布的主张和希望。关于教廷本身究竟是何性质？其在国际上究占何种地位？及与我国究有何种关系？这恐怕是每个读者所急欲知道的问题。兹为使国人易于明了起见，特就上述数点加以简略的叙述，以求对教廷获得更进一步的认识，尤其当我国与教廷已换使成功，纳于正常外交状态的现在，更有将教廷向国人加以介绍的必要。

一　教廷的国际地位

罗马教皇是耶稣宗徒之长伯多禄的继承者，全世界教友的首领。他的领土以有形的地域来说，不过面积五万五千方尺的一个蕞尔小国，而其权威则广达于五大洲的每个教区，受全球教友的一致拥护与爱戴，他的领导力，号召力，远非历史上任何国家所可比拟。且他这种力量不是用坚甲利兵征服而来，完全是由于精神的感召。我们为易于了解他的神秘性和崇高性起见，再从以下两方面加以解释：

就宗教方面而言，教皇的教权，乃创立教会的基督所亲授，自圣伯多禄以迄于今，凡一千九百余年，历代教皇共有二百六十二位，天主教会在这长期旅程中，经过无数的险山恶水，狂风大浪，而有今日。中间虽经过不少惨痛的教难，教士和教友曾以自己的热血，渲染过每一块新开的园地，每一时代都受到许多邪说谬论的攻击和侮蔑，但教廷却始终以和平奋斗的精神，不屈不挠，率全球的教友，追随基督的血迹，向正义之途迈进。以其正确的方针，与圣洁的宗旨，获得广大民众的信赖。

就政治方面而言，教皇兼有国君的资格，有其独立的土地，人民，与主权，具备国家立法，司法，行政等各种机构，故教廷与其他世界各国元首立于平等地位，其地位一向被教内外国家所承认。自第八世纪以来之教廷，实际上亦施行其国君的职权。中间虽国土一度被意大利所侵夺，造成有名的"罗马问题"，但意王布告民众之命令中，仍有"危害教皇者与危害国君同罪"之条文，是仍承认教皇之国君地位无疑。至一九二八年二月七日，意政府复兴教廷庇佑第十一签订拉特兰教约，确认梵蒂冈为教皇之独立领土，教廷恢复其国君的一切政权。至此，问题始告结束；而梵蒂冈的超然独立，并跻于世界各自由邦之中，意政府是不得横加干涉的。

二　教廷的外交特征

自一八七〇年教皇失国之后，其国君资格，仍为各国所承认，虽无任何国土作根据，而各国仍与教廷保持以往之外交关系，在拉特兰教约签订以前，计向教廷派有大使者共九国，派有公使或外交代表者共十八国。教廷驻外大使，则有二十名之多，公使七名。自拉特兰教约成立后，教廷之外交关系顿呈活跃，现在与教廷交换使节者，已达四十余国，与教廷签订政教协定，而另备新约者有十余国。美总统罗斯福亦特派驻教廷之私人代表，以与教皇取得密切联系。是梵蒂冈实成国际关系之枢纽，世界外交之重心。故一八一五年维也纳会议，有以教廷大使为外交团领袖之规定。

教廷与各国关系的特殊性，在于完全以道义为出发点，无丝毫利害观念存乎其间，教廷非但消极的反对侵略，更积极的消弭战争。历代教皇都做过国际纠纷的仲裁者，因教廷既对各国无政治上经济上的任何企图，故其立场为至大至正，无偏无袒，对于各国民族都是一视同仁，以全世界的"和平使者"自任。教皇良第十三世曾明白宣称："天主教负有和平的使命，它的本质即是创造和平。"

将近两千年来，它无时无地不在扶持弱小，制止侵略，维护和平。事实俱在，我们试一翻史策，不难找出明证！远在第五世纪中叶，教皇良第一世，即曾调停意大利与匈司王阿底拉之战争，嗣后各国间每有纠纷，教廷总出为仲裁，其功效之宏，每于转瞬间化干戈为玉帛。即反抗教廷最力之俾斯麦，与西班牙关于加洛林之交涉，亦不能不接受教皇良第十三之和平调处。盖教廷此种地位与威力，虽无任何武力作后盾，而其伟大精神，自有其神圣不可犯处，使世界的侵略者和野心家，不得不在他的足下屈服。故梵蒂冈实成为世界和平的策源地。世人所盛称的威尔逊总统世界和平十四纲领，实即根据教皇本笃第十五世和平方案的六大原则而来。近数年教廷仍续有新和平计划提出，作将来建设新世界的准绳。

三　教廷与我国往事的回顾

教廷与我国发生关系，远在蒙元时代，即有信使往还。明朝末叶，利玛窦，龙华民，艾儒略，庞迪我，熊三拔，汤若望等，相继东渡，将西洋文化大量输入中国，造成中西文化交流的伟观。尤以教皇保禄五世，不惜将其梵蒂冈图书馆之一部分赠中国，命耶稣会士金尼阁，载西书七千部来华。将当时外国心，哲，文，教，天文，历算，声，光，理，化，以及农林，水利，美术，医药，甚至社会，经济，军事，各类学术，概括无遗，几欲将整个西洋文化移植中国。其作风的豪壮，志愿的宏伟，为世界史上所罕观，即白马驮经之故事，方此犹有逊色！其时携来书籍之一部，至今犹存北平西什库天主堂藏书室中，可供参阅。此于中国文化上之贡献，允非浅鲜。至当时国内奉教学者如徐光启，李之藻，杨廷筠诸先生，均能沟通中西学术，努力介绍工作，在我国文化的洪流里，扬起壮丽的波澜。而其他教友如孙元化，金声，瞿式耜等，则各奋起抗清，最后从容就义，作一个轰轰烈烈的民族英雄。及明室南迁，大明皇后曾向教皇呈递书翰，请求正义的援助，尤为历史上的珍闻。

随教务的发展，教廷与我国之关系，日益繁密。五六十年来，国内有识之士，如李鸿章，许景澄，王韬，陆征祥，马相伯，蒋百里等有鉴于与教廷建立外交关系之必要，倡议，奔走，不遗余力，至民国七年七月十七日，换使之议一度成功，我政府已决派驻西班牙公使戴陈霖，兼驻教廷公使，教廷则派彼得莱利总主教为驻华公使，旋因法政府从中作梗，未能成行，论者惜之！而教廷与我国之关系，由此更为密切。

及教皇庇佑第十，对我国同情尤为殷切，故有"中国教皇"之称。一九二二年教廷遣刚恒毅总主教为驻华宗座代表，使我国与教廷之关系进入一新阶段，而成换使之先声。当国民军北伐，教廷不顾列强态度，首先承认我国民政府，是为震撼世界的"八一通电"（民国十七年八月一日），电文中谆嘱中国教众，应对祖国的和平与进步有所贡献，并服从合法政府。教廷为提高我国际地位，更于一九二六年擢升国籍主教六名，于梵蒂冈亲行祝圣典礼。历来教廷对我国教务的推进，教育事业的扩充，本籍教区的增加，首都主教的设立，以及对我国难民的救济，无不尽其最大之努力。

四　教廷与我国对日抗战

作战以来，教廷对中国民众尤倾注其最大之关心，教皇庇佑第十一曾以个人资格，捐款助赈，救济我国难民，先后凡五次，数逾百万里耳。教廷站于正义与人道之立场，对敌机滥炸我不设防市区，惨杀无辜妇孺，曾提出严重抗议，今教皇庇佑第十二对我国仍本一贯之友好精神，不稍变更。在华教士亦恪遵教廷之训示，不分国籍，不分前后方，不顾一切牺牲，努力于伤兵难民的救护工作。计开封教区收容难民十余万，卫辉、新乡教区各收容五千，正定教区收容六千，兖州教区收容一万余，长沙教区收容八千，上海教区饶司铎所设之安全区，则收容难民竟达二十余万，其中一切经费，皆由教会自行筹募，无须国府负担。当长沙大火，主教石道琦竭力抢救，全活民众数十万，及国府传令褒奖，则主教已尽瘁而逝，此种精神何等伟大！战争进行中，全国各教区亦均有收容救护之机关，所拯救伤兵难民，详细数字不及备载。此等工作，有裨于抗战事业者实大！

至教士教友之参战工作，亦显踊跃：前于绥东战场，红格尔图，玫瑰营，大脑包，三眼井等处，教士与教友自动抗战，奋勇杀敌之壮烈情绪，如我们不太健忘的话，当还可以忆起。又如雷鸣远司铎，亲率担架队，不辞劳瘁，不避艰险，犯霜雪，冒风雨，出入于刀光炮火中，历长城、绥东诸役，而转战晋察冀豫各省，终以身殉，尤是使国人矜式和感奋。

五 历史新页的展开

我国政府为答复教廷的隆谊，亦屡有友好的表示，这正是所谓礼尚往来。即以近年的事实来说，国父奉安典礼，教廷特派专使刚恒毅总主教参与，及教皇庇佑十二加冕典礼，我国亦派顾维钧先生为专使，藉伸贺意。去岁教皇银庆纪念日，我国府主席特代表全国民众驰电致贺。惟教廷与我国以往所遣使节，悉系临时性质，虽然如此，在我国与意大利未断绝国交之前，驻意大使事实上即为我对教廷之联络员。遇教廷有重大典礼，大使亦被邀参加，教廷与我国有关之情报，亦多由大使馆转达。为排除以往第三国家的从中破坏，于是有宗座驻华代表之设置，以便直接通达信息，此点前已述及。但宗座代表之职权，仍着重于教务方面，不过兼负与国府折衡之责任，故其所在地不必是首都，是以蔡宁总主教至今仍驻北平。为便于国府各种事务之接洽，首都主教之任务于是格外加重。政府迁都重庆后，蔡总主教亦曾一度来渝，拜晤我最高当局。我政府以其守正不阿，热心救济，特颁采玉勋章。蔡总主教之特来拜会国府主席，虽亦互有致词，仍非正式外交使节，不过为我国与教廷之外交关系未入正轨时一种过渡时期的办法。

截至现在，我国与教廷正式换使终于实现了，我国首任驻教廷公使谢寿康，已于元月二十六日抵梵蒂冈赴任，这不啻给中国外交史上，开了一个新纪元。回忆以往艰苦的过程，这次的成功，尤值得我们共同庆祝。当兹我国与教廷外交关系已入轨道，则将来更进一步的互相友爱，互相协助的事实，必将表现于全国同胞的面前，其光荣灿烂的前途，实不可限量！我们不能不以最大的希望，寄予此神圣的邦交上。

六　结论

在我国"多求友，少树敌"的外交原则下，得与教廷换使，不能不认为是空前的重大收获。盖教廷拥有四万万相当我国人口的多数教友，我们都秉承着基督的博爱精神，而集结于教廷的和平旗帜之下，这是世界上仅有的最大的反侵略集团，其反侵略，是完全基于人类的正义感和仁爱心。所以他们是被压迫阶级最有力的救护者，是被侵略国家最坚强的战友，是弱小民族最忠实的朋友。以其完密的组织，精诚的信仰，融合四万万人的心于一个和平主义之下，其力量的雄伟，在人类精神生活上所起作用的宏大，不难想象。现在我们与教廷换使，同时换得了四万万不同国籍的教友的同情与友谊，其代价之高，孰胜于此！

今值新运九周年纪念之期，我国以礼义廉耻为最高原则的新生活运动，与以世界大同为最高理想的建设方针，正与公教向来正义，和平，仁爱，牺牲的大道，不谋而合。履行公教化的生活，也就是履行了新生活运动，公教顺利的发展，也就是新运普遍的展开。正是我们领袖于民国二十七年在汉口广播所称："依中正个人对于国民革命前途的乐观，推究今日人心陷溺的病根，深信欲求中华民族的复兴和社会的改造，必须提倡耶稣博爱和牺牲的精神。"愿在我国最高元首领导之下，与全国同胞，向建设精神国防之途迈进！

（原载《东方杂志》，1943 年，第 39 卷第 1 期）

实际的

雷鸣远

✎ 编者按

　　雷鸣远在这篇文章中指出爱国救国所应做的实际工作就是传教，天主教遍传中国即会促进中国复兴。雷鸣远此观点立足于天主教能够正人心。在此前提下，只有天主教信徒能够有耶稣的革命牺牲精神，才使天主教有可能救国。他号召天主教青年致力于建设福音化的新社会，因为中国民众人格的改善是救国的唯一途径。

　　除了募捐、难民救济这些具体的工作，天主教和同时期的基督新教信徒都看到了基督宗教可发挥其特长重塑国人之精神，以此使中国社会得到根本的改变，这也是基督宗教在抗日战争期间寻求到的重要救国途径。

　　我们奉教人应爱国应救国，是无异议的。但问：实际如何做法？皇皇专号也出版啦，"我的老先生，你倒是教我们什么？"答："传教"。

　　一定，十分一定。

　　但是所谓普遍于各处各界的公教团体，必须实具公教精神。

　　愿简简单单的言此二点，以为我对阅专号同志的一实际贡献。

　　公教普遍于中国，中国会复兴的这一句，不是说正人心是复兴国事的唯一问题；但是坚决的肯定，人心不改，任何一部分事业不能整顿或创设。特是领袖指导阶级，万万无药可救的。而统治阶级不幡然觉悟，完全悔改，国事无丝毫的希望。这件事的显然性我想已为全民不分教内外所共识，言之自觉无味。——至于非以宗教且非以真宗教不能妥实的永久的改人心：至少教友全承认，可勿须赘论。对此一点如尚有怀疑的，请发疑问，可再加详证明。

　　那么只须每年加速增益新领洗者数目，即可从根本解决救国问题吗？

慢着，慢着！只增数量不济事；最主要的是要重新的改善价格。换一句话是真正勉励实现吾主耶稣的革命精神。

请勿以"吾主革命"四字为不能联称的。福音全部实实充满以大无畏的革旧更新的文字与行为。主曰："我托你们一新诫命：是要相亲爱，如我之爱你们。这就是你们为教友的记号。"古今受原罪伤的人，他们行事的主动力，只是一个贪一己之利。耶稣要根本改变这个心理，而以他人的利为我们行为的发动点，还有比这革命彻底的吗！且也要这个心理真正影响事实。

盖以这一类行为，事实，如我们个人及团体的标记。……这一句话所含的牺牲，虽然是很利害，然四史全部及宗教书信，特是若望第一书，扶助它维持它，加意注解它，越讲越利害。有心教友读完了新经，只有随耶稣为人类社会牺牲一途径。

若望解释我们才提起的耶稣大诫命说："基督为我们牺牲了性命，所以我们也应该为弟兄们牺牲性命。"（一，若三，十六）

吾主则概括一总的话说："谁愿得生命，当牺牲自己的生命。"

时已至此万念俱灰的今日，我问吾极亲爱的同志，特是爱国的可爱公教青年："以耶稣给我们指的此等绝对彻底的精神，可以救中国不？"

倘若万恶社会中，忽然能发现一个日益扩大范围的团体，它的份子具这个精神，实在的是不假的，打倒了妄发财占便利的目标，而备有随吾主到头的坚决志愿。——倘若政军教商等等界，渐现日益加多的此种人格，是否中国存亡与衰问题将得优良解决的祥兆？公教青年，我的爱友，你若答："是"，是否救国唯一途径，是应传教，全力速传整个的健全的公教教义？

悲观者消极者读完微笑"谈何容易……！"

我郑重答曰：这个福音化的公教社会若无可能性，圣经是无用之风凉话，不是万世之人类大法！——宗座的指导而特良十三，比约十一的皇皇通论，是无实际性的。

你说：如此评断，不类同背教吗！

那么，欲救中国的好教友，而特是你们可爱公教青年，兴起！兴起！

来！在神长指导之下速团结。创造福音化的新社会！

今日起！

自我起！

（原载《磐石杂志》，1934 年，第 2 卷第 5 期）

非常时期公教信友的非常工作

中华公教进行会

✑ **编者按**

中华公教进行会在抗日战争全面爆发之后号召全体信徒应当注意祈祷和"克苦",这两个方法会因为运用的方式而变得与众不同。天主教的历史已经证明祈祷和"克苦"的功效,国难时期一些天主教徒不能了解公教博爱的精义,仍然追求个人享受,作者呼吁天主教徒自省,常常祈祷和"克苦"。

现在我们所处的是非常时期,因为是一个大转变的时期,是强敌压境,要想毁灭我们的国家,种族的时期。这个时期将来转变或为好,或为坏,总不出这两个方向;凡属黄帝的子孙,没有一个不是希望把这个非常时期转变到好的方向;可是想达到既定目的者,必须用达到目的的方法;我国古也说过:"工欲善其事,必先利其器。"为转移这个非常时期,向着好的方向变,方法当然不只一端,我此地不是要把一切的方法都写出,只是举出两个为公教信友所应注意而急当运用的方法。这两个方法是什么?祈祷,克苦。

也许有人说:这两个方法有什么非常?这不是公教信友在平时所常习用的吗?这个责难,是很有道理的,不过我们要晓得,方法固然不是非常,但运用的方式却可变为非常,一剂药的效力,往往因为引子的不同,可以变了它的效力。如今让我用历史的事实,把这两个方法在过去所发生的伟大效力,证实说明了,然后再一谈如何把这个习惯用的方法,转而为非常之方法。历史的事实,不能全写出来,只不过略引来一二,以资印证而已。

祈祷——希伯来民族当初围攻叶利各城,围攻了几天,毫无希望,那时若稣耶得到了天主的启示，只命当时的司祭抬起了结约柜，大兵随后，不作声响。绕城三匝，叶利各城中的人，不知为怎的惊慌起来，开城门要想逃跑，那时希伯来的军队乘势杀入，得到了一个完全的胜利。这类史事，在古经上是连篇累幅，不能详为引证，也不必逐一来写出，在此地总一句说：古教时人们，凡诚心依恃天主，恳切祈祷时，他们就常常顺利，制服他们的仇敌；反之，如果忘掉了天主，不去祈祷，只恃人力时，他们必要失败；这是凡读过古教史的，都可见得到的。在新教内，这类的事实，也是史不绝书的；耶稣不是在祈祷后就给宗徒们说"仇者已到，起来，我们前去迎接"的话吗？这勇气是祈祷的效力。这里我也不愿再多引证。只此一段事迹而已足。

克苦——当约拿先知的时代，尼尼微城中的居民，风俗颓败，人心险恶，完全忘掉了天主，所以天主就要降罚他们；可是天主不愿"不教而诛"，就打发约拿先知去劝他们回头，作补赎；果然，他们听从先知的话，大人孩子，以及他们所有的畜类，一齐作起补赎来；那时天主果动慈心，不会降罚。茹弟德，爱斯德尔，达尼厄尔先知等，哪一个不是因着克苦补赎的工夫，转灾祸为吉祥，变危险为安宁的呢？在新教的时代，这类历史更多，我也不愿多为引证，只请大家去翻检圣教史书便可知晓。

前线说了两个方法，并不是什么非常的方法，只是运用的方式可以变非常而为非常。怎么样？关于祈祷，要诚恳，要谦逊，要纯洁，总一句说，要祈祷的人是一个善人，圣人，"天主肯听纳善人的祈祷"。别说圣人的地步难以造到，其实成圣人并没有什么神秘的诀窍，只要以我们的心，完全与天主的心相印证，相符合而已。火烧五城的故事，是公教信友所习知的：当火烧之先，亚巴郎如何向天主要求着在四十，三十，二十，十个善人的面上去宽宥那五城中的百万民众；可惜当时在五城中连十个善人也不易找得，所以终究被天主严罚了。某圣人曾经说过：善人的祈祷，是在天主与人类中间的墙壁，用以阻止天主将降罚世人的手。"因我有罪，降此灾难"这一句话的反面，便该是我们没有了罪恶，便也没有灾难了，这个结论虽不一定，因为天主也有时加给善人们灾难，以磨练他们的意志，完成他们的圣德，加古圣若伯的历史，便是一个很好的例证；不过我们如果都度着那纯洁的生活时，祈求天主，天主便无不俯允着。至于克苦，我们不一定要效法那些所谓苦修士，天天守斋，穿苦衣，扎苦带，只有我们在平日生活上，减去一些为生活非必需的物品，把这个善意，献给天主，也是极好的克苦了。当此国难严重的时期，我们仍然可以见到不少的青年仕女，他们终日无以事事，好像是没有现在这种大难的一般，衣上仍要求漂亮，生活上还尽力找摩登，他们认为是他们应分的享受，不到看填街塞巷的亡者无衣无食，感觉不到浴血抗战，呻吟战场上的忠勇将士，所受种种苦痛，他们的不认在饥饿线上打转的人们，是他们的同胞兄弟；什么"民吾同胞，物吾与也"道德哲学，他们是更不能了解的。这种现象，吁其痛哉！一般人没有公教的信仰，不了解博爱的精义，他们抱着这样的态度，独有可原；但我公教信友，既知道爱主爱人的诫条，又明白拯救饥溺的义务，当此灾祸日重一日的时期，在自己生活上仍不肯节省一点，以其所得去救助那些可怜的同胞，信德何在？爱德何在？更何能以自己克苦的功绩，去转变天主的义怒？我千祈万求我公教信友，对这些问题，应时常的作深长的默想。

　　当然非常时期公教友，不只要作这两件工作，不过在作别项工作，不得忘了这两件工作。我们要向整处着眼，而由个别下手。

二六，一二，一三，圣女路济亚瞻礼

（原载《主心月刊》，1938 年，第 2 卷第 2 期）

战争时期中吾人之祈祷

《圣教杂志》主编

🖋 **编者按**

　　这篇文章是《圣教杂志》主编们继上海惠济良主教发出通谕号召全体信友为中国祈祷之后，进一步完善所应祈祷的具体内容。主编们认为在中日战争期间中国天主教界的祈祷应有其特殊性，其中包括祈祷救灵神火、战争胜利、爱国心、爱人心、牺牲心、期望心、补辱心，坚信祈祷有助于中国抗战胜利。

　　际此中日失和，不宣而战的当儿，上海惠主教出有一通谕，谕令其属下司铎及教友，为中国祈祷。

　　夫此次之祈祷，依余观之，当有其特殊性，枚举之，可有：

　　一，救灵神火　夫兵凶战危，古有明训：一炮之发，一弹之炸，炸死于无情炮火下者，不知有几百几千之生灵焉。夫人莫不有一灵魂，灵魂之得救与否，关于永远祸福之关头。思念及之，令人寒心，吾人之祈祷所以当有救灵神火：为卫国保民战死于疆场上之战士祈求，为无辜无兵捐命于敌机炮火下之难民祈求；祈求天主至少救彼等灵魂出于永火之中；即侵略国人民之灵魂。我人本爱仇之主命，亦望天主拯救他们。

　　二，战争胜利　天主造万物，定有伦序，人必循其序而行，万物方能各得其所，今日之战争，是一强国侵略弱国，捣乱人类之伦序者也。我国是应战，是抗战，是为公义公理而拒战。故此次之战争，我人必当求胜利，我人必当要胜利。盖必胜利，然后天主为人类，为国际所定之伦序方能恢复也。所以吾人之祈祷，该当求为中国胜利，求为中国最后之胜利。

　　三，爱国心　爱国二字是抽象之名词，一般民众有不知什么叫做爱国，怎样可以爱国者。追战争一起，倾家荡产，携老扶幼，逃难他方，亲尝此战争之苦况，然后才觉我家我乡之可爱，而潜藏于心坎中之爱国心，始勃然发显了！有此爱国心之发显，于是见冒枪弹，流鲜血，断手折足，捍卫中国土地，为中国民族争出路之战士为可敬可爱矣；见运筹握算，耗精竭神，指挥前线抗战之将帅，视为吾中国民众之干城，而信赖之矣；见握全国军政之最高长官，为中国全民族复兴谋出路，吾人知当如何爱戴而服从其命令矣；盖一国之最高长官天主给与吾人以统治吾中国，而保护吾中国之土地，中国之人民，中国之主权者也。所以吾人之祈祷，该当具有此爱国心。

四，爱人心　为人祈祷，固为爱德之功，然祈祷只在念经求天主而已；尤当见之于诸行；即助人之于困苦危难。慨自南北二处开战以来，人民流离失所，家散人亡；此时也，正为吾人施行爱德之好机会也；难民何以济之，伤兵何以慰之；各人以其能力之所许，济人贫困，此必中悦耶稣圣心。耶稣在圣经上岂不曾言曰：我饥，汝食我，我渴，汝饮我。盖拯救耶稣肢体之一者，即宛如拯救耶稣，而天国上有永远之赏报者也。

五，牺牲心　我所谓之牺牲心，即克己之谓；克己者即去私欲私意，为公众之利益是谋；而此等克己心，在战争时期更为重要；不要寻求一己之安逸舒畅，然当为在苦难中之耶稣肢体，牺牲各人之精神，能力，钱财等等以抚慰之也。人只知祈祷而无牺牲心以完美之，此非真诚之祈祷也；真诚之祈祷必是谦逊的，忍耐的，听命的，仁爱的，刻苦的。谦逊，忍耐，听命，仁爱，刻苦，即牺牲心所散放之芬芳馨香也。

六，期望心　天主是全知全能，万事万物皆属其权下，又至善至慈怜悯罪人者也。我等存谦下之心，求彼援助于困苦艰难之中，则无有不允。是以我等当有极大之期望心，依恃天主，信赖天主，虽遇许多逆境，许多困难而不当失望，吾人之心当向天主，吾人之态度，当镇静，当坚决，当勇敢，当乐观，事事时时，视天主为我等之望，我等之依也。

七，补辱心　人非圣人孰能无过；试思一城市中，一社会中，一阶级中，人每日所犯之罪，多难枚举；而此等罪恶，皆当补偿，以平息天主之义怒。战争一启，许多无辜之战士，葬身于锋镝之下，许多无辜人民备尝万般苦处；凡此种种皆为吾人所应得之罚。所以吾人之祈求，当有补辱之心；献此战争之种种痛苦于耶稣圣心，而求其矜怜我中国也。

要而论之：祈祷为一支生力军，在天主前至有效力；吾人之祈祷又契合与耶稣圣心，则其效力更加超越。前线之战士为我中华民族争生存而捐生命，居于后方之吾人，为战争之英雄，则安可不多多祈祷，为他们加增精神上之捐助。我齐盍同心同意，为中国复兴祈求，为中国最后之胜利所求，为中国最高之军事长官所求，为前线之军士祈求。

（原载《圣教杂志》，1937 年，第 26 卷第 10 期）

成主教在马牧圣堂弥撒前讲道词

成玉堂

✒ 编者按

　　成玉堂，生卒年不详。山西晋城人，别号独忧室主人，受洗名伯多禄，1932—1942 年担任山西省南部洪洞监牧教区主教。1932 年罗马教宗庇护十一世下命将原潞安教区下分出洪洞监牧教区，洪洞监牧教区下辖洪洞、赵城、汾西、临汾、浮山等十三县，第一任监牧主教即是成玉堂。

　　这是成玉堂在马牧圣堂举行弥撒大祭时发表的讲道词。开篇向信徒言明举行弥撒大祭的目的就是祈祷天主赐中国民众尽快达到抗战胜利。接着向信徒解释了弥撒大祭作为最高祭礼的功效，即钦崇天主、补赎罪愆、求赐恩佑、感谢主恩，最后也是最重要的就是可以代表整个中华民族祈求造物主惩罚仇敌、佑助中国抗战胜利。

　　诸位来宾，同志，教友！我们今天开会举行大礼，为祈祷抗战胜利。谁都知道我们是为公义和平而抗战，不单是为中华民族争生存独立，亦是为世界人类求得和平。这正义和平，是造物主天主的圣意，实在是我们天主教所主张和拥护的。我们大家起来抗战，完全是为这公道正义的。常说："公道不公道，只有天知道"，天主知道我们是被侵略被压迫的，知道我们为了东亚和平的。这样公义正道的行为，常是光荣伟大的；为此各国人民都向我们表同情，这真是"得道者多助"；所以在我们败亦是胜。

　　至于日本帝国主义的军阀财阀，藉武器之凶，施野兽之行，毫无理由的来霸占我们的土地，掠夺我们的财产，屠杀我们的性命，摧残我们的文化，轰炸我们的无辜难民，蹂躏我们的弱小妇女，这一切的一切，都是不顾人道，不合正义的行为，是根本卑劣，根本相反造物主的圣意的；为此各国人民亦都是抗议无①不表同情，就是帝国人的良民，亦表示了反战运动，这真是所谓"失道者寡助"；所以在日本仇敌胜亦是败。

　　如今我们祈祷造物大主，因为造物主有掌管万物生死之权，大公无私，仁爱为怀；他一定能为我们表彰和平，伸明正义。他许我们遭此大难，也满可以说是因为我们的许多弱点，使我们知所警惕。俗语说的："打是亲，骂是爱，不打不骂必是害"正对。事实上因着这次的国难，促进了我们民族的意识，加强了我们一致团结的精神，坚固了我们御侮抗战的决心。所以在这空前国难的期间，我们不应怯懦忧罹，惟有大家一致，努力奋斗，誓死抗战，永不屈服。最要紧祈祷造物大主，赐我们快快达到最后胜利。今天所以举行弥撒大祭，就是这番意思。这弥撒大祭，是天主公教最高的祭礼，它的功效万分有力的，为诸位来宾略为解释一下。第一是钦崇真主，认为它是天地万物的主宰；我们人类皆在它掌握之中，所以应表示钦崇之意。第二是补赎罪恶：我们遭受此大祸，非完全没有我们的弱点和罪恶；所以希望因此弥撒大祭，恳求造物主饶赦我们以往的懈怠和罪恶。第三是求赐恩佑：即恳求造物主消灭暴虐的仇敌，拯救我们被帝国主义侵略的民族。第四是感谢主恩：这次我们处在公义人道的抗战线上，有全世界人类的同情和精神的援助，形式上固然不能没有一番空前的困难，然而造物真主，公义森严，一方面藉此使我们知所警戒，一方面绝不许公义从此破裂，必也默助吾人，使吾人最后胜利；为此我们举行弥撒大祭，预示谢意。最后我们可以代表我们整个民族，乞求哀祷造物主，用诚恳哀切祷声，参加这次最高的祭礼弥撒；我今跪在祭台前替大家呼求，请大家注意：造物的真主宰，天主呀！你是至仁慈的，求你垂帘我们受欺压侵略无可伸诉之中华民族；你亦是至公义的，最厌恶那些暴虐凶残的仇敌，恳求你用全能之手，打倒他们吧！助佑我们前线将士，勇敢对敌，后方民众，拥护抗战，一致服从在我国最高领袖之下，为国牺牲！耶稣救世者！垂怜我等！和平及得胜之母玛丽亚！为我们转求造物主，救护我们。亚们。

（原载《益华报》，1938 年，第 2 卷第 11 期）

---

① 原文没有"无"字，似不妥。

非常时期与公教

鲁克兄弟

✒ **编者按**

鲁克兄弟，生平待考。

作者指出历史上每遇严重的社会变动，天主教都要向社会警
示非常时期的到来，并救国家于危亡之中。在中国，天主教要征
服侵略者就必须具备苦干的精神、坚持不懈，雷鸣远在前线救护
伤兵的事迹表明非常时期天主教人员只有将天主教的精神、志
愿、欲望发扬彻底才能维护民族的生存。

社会每一次遇到了严重的变动，公教就必然尽到它对于人生实际上的
职责，以证实它是时代的老母，从而很慈悲的护保它的产儿，在这个非常
时期，它必呼喊出——非常时期到了——：于是它比任何人也着急的把此
非常时期抓在手中，证实它是挽回非常时期的狂浪的，热烈的，伟大
的，——公教，须有伟大人物出世。就是在过去的历史中，数千年以来，
公教的非常人物出现，为国家作非常事业亦不在少数，如在四五世纪之中
华大圣本笃出来救济了欧西，恢复了公教自由，若汉达可的出世，救济了
法国的危亡，十二世纪的圣方济，圣多明，救济了公教的不振，以此充实
勇气的热烈的，伟大的是值得称赞与同情的。

拿今日中国正在危急当头，无疑的比以前数世纪的国家或公教的非常
时期，负责是微弱得多了；然而公教的精诚可比前世纪不在以下，那么今
后伟大的公教，和平的公教，真理的公教是否此次能荷起自己的职责，把
侵略者阻止住，复兴起来世界的和平？

我不敢回答这个问题。是，否，我都完全不敢肯定。要使我作个切实
的答复，说：公教今后还能征服野狼的侵略者，回复世界的和平，大概要

有以下的条件：

一　精神——苦干

在以往的大事业成功，完全都是精神——苦干的人出现，在他一开始要作某一种事业，他必先有一个伟大的志愿，有了志愿之后，立即要培养一个伟大的人格——圣人——这伟大的志愿——救人——与伟大的人格——圣人——完全来自——荣主救人的情绪，若要了解而达到"荣主救人"的目的，除了公教人彻底的实际的去牺牲，他是不会把世界可以征服的，对此诚然个人所受的打击越大，它的成绩亦越大，圣经上吾主耶稣对此问题，他有了深切的结论，他说：谁愿意救自己的生命，必要失去自己的生命，谁为我失了自己的生命，倒得看自己的生命……又说：麦子不落在地内坏了，它是不会生长子粒的，意思是说：荣主救人的大事业，不是平平凡凡在安闲自在中可以完成的，非自己先死不要功。换言之，对于个人方面，必要达到一个——一个所图，一无所期，一无所希，一无所求，之境界，这样可以平平安安的对爱主爱人去奋斗，以达最后的世界和平。

二　精神一致

精神一致就是在自己要建定的目标上，要贯彻始终，无论任何难关，都要把住自己的志愿，放开大步的不顾一切向前迈进，只要是对于自己所定的目的地"荣主救人"有关系，在"荣主救人"的原则是可取的一种法则，我们即不择其对于自己有无损害利益。在去年圣诞节时，有一次我记得雷鸣远神父提起他对于前线救护的工作来他说：

我在娘子关换防的时候，在正在拔腿向后跑的交当，忽然看见了一个伤兵，大腿肚子上被枪弹穿透，这时还正在大雪纷纷飞落着，这个为国不怕牺牲性命的爱国志士，还穿着一件被血、汗，泥，雪水浸透糊硬的破军服，闭着自己的双目，在地面上斜躺卧着，他的创伤早已不许他自己行走，大雪飘飘寒风凄凄，地面上的浅草，也被寒风吹得不能存在，他就在此大片无涯的雪丛中，闭目斜卧，全身上下早已被风吹得成了硬棍了，这时年老的我，虽已迈过花甲，此时忽然见到这等伟烈可爱的壮士，亦忘了我是老者，见到他受痛，受冷，受饥饿，立即三步两脚，将他抱在我的怀中，吻亲了多时，想这时的我：可算是与了我救护的工作，随即将他背在我的肩上，在这眼看日光不见的路上向后方跑来……唉！什么样笔法，能描写而形容出他——雷鸣远神父——单纯，人格高尚，艰辛忍耐，英勇果敢，温和可亲呢！他不是神父吗？他不是全世界认识所敬仰的伟大人物吗？如何他去到这冰天雪地之中，去背伤兵呢？这是证实了他已经把自己忘却得干净，而光为人类谋幸福的，这样的一贯始终，竟使他忘却了自己的老迈：当此世界危急之时，我们公教份子，应当个个抱个决心，有个勇气，并且能有力量来保持世界的和平，维持民族的生存。总之，非常时期到了，非常的公教人士亦应当随时而生，否则我们公教虽然怀中抱着真理，亦是埋没得了的，据上面的文字似乎还说的有一点，不够劲，故又作例子以供参考，即今后公教之精神——志愿——欲望，当是这样。

（原载《益华报》，1938 年，第 2 卷第 14 期）

于斌主教昭示我人应有的工作

张若谷

✍ **编者按**

　　张若谷（1905—1960），上海南汇人，原名张天松，字若谷，曾经用过的笔名有摩炬、马尔谷、百合、南方张、虚斋主等。民国时期上海都会散文的代表作家。张若谷早年毕业于震旦大学，皈依天主教，迷恋音乐艺术。曾任《国民革命军日报》编辑，后任《新申报》编辑。张若谷在当时以攻击污蔑鲁迅而名动文坛。

　　作者从益世报宗教与文化社所搜集的于斌主教在海内外发表的文字及演讲中梳理出主教昭示天主教徒在抗日战争期间应做的工作，从消极方面来说，就是在最低限度上不做辱国辱教的人，改变享乐靡费的生活习惯；在积极方面可以从军、生产、救护、救灾、宣传、祈祷。

　　顷承友人自昆明寄赠香港真理学会出版"于斌主教抗战言论集"一册。于主教为中国天主教领袖，其爱国精神中外报章，久已广为传播，其言论散布各地，搜集非易，其用外文记述者，更非经长时间之翻译，难窥全文。益世报宗教与文化社，近将于主教两年来在国内海外所发表之文字及演讲，印成专集，计收有告教胞书，对法国报界宣言，告旅美教胞书，广播演词，纪念周演讲等十五篇，六七万言。会华美周报编者"以我们现在应该做些什么"一题，征文及余，谨节录于主教于"抗建期中教友应有的工作"一文中所揭示者，藉以自励，并愿全国三百余万之天主教教胞共知所埴勉焉。

　　抗战建国是艰巨的事业，为完成这种艰巨事业，正需要公教大无畏的精神，坚决不拔的意志。公教道理，教人平日就需要有节制，无论在衣食住方面都不得遇事奢华，何况当着现在大灾大难临到我国的今天，更该有节制。你少吃一支烟，少喝一杯酒，在穿衣服方面，不太讲究，把节省出来的钱，拿出来献给国家，这在你不必费多大力气，而在国家和灾黎方面，不知要受多少福。

在消极方面，最低限度，不作辱国辱教的人，打破享乐与糜费的习惯。在积极方面，要举出几个具体的标的：

（一）从军　从军一词，所有含义，不只是执干戈冲锋陷阵，例如政治的训练，给养的输送，情报的传递，交通网的构成等，各个人应在自己的环境中，竭尽自己救国为民的天职。

（二）生产　"在前线的努力杀敌，在后方的努力生产"，杀敌与生产，是两个不可分离的工作。在前线杀敌的。平常须是壮年的男子，而在后方生产的，就没有男女之分，凡属食毛践土的国民，都当生产：你是农夫，在农作物上，要想种种改进，增多收获，你是工人，应当尽心从事增加工业出品。你能作的就要作，能多作就多作，不能多作就少作，总之，尽心尽力罢了。

（三）救护　设法组织大量担架队，对于阵亡的将士想法掩埋，受伤的想法运送到后方医院医治。组织后方医院，也是一件要紧工作，如力量不许你组织医院，至少你可以到已经成立的后方医院去服务，换药扎伤，浆洗衣服，看护伤兵，替他们写写信件等。有的是工作，只要你去作。

（四）救灾　可怜的难民，都是我们的同胞，我们应当救护他们。

（五）宣传　我国过去的教育不普及，民众对国家的观念，民族的意识很淡薄。有许多人，并不是根本不爱国，只因为他们不懂爱国的意义！其所以致此原因，是他没有宇宙观及人生观所致。他们认这个宇宙，不过是一个物质，他们所认识的人生，也只是现阶段的生命，此后也就无所谓来生。因为他们没把握住正确的宇宙观和清晰的人生观，所以自然发生出但追求物质享乐的思想，这样的人，就失掉了他们的精神作用，思想卑鄙，行为萎靡，狡黠者就变作强悍蛮横，有福我享，遑顾其他，不顾一切。柔弱者，就流入消极的一派，"今日有酒今日醉，明日愁来明日当，""醉生梦生"，"贪生畏死"，浑浑噩噩，不知所以生，所以死，这样的生人岂不是等于死人，对于国家，民族，社会，不只无补，而且有害。我们得了信仰的真光，由此光，我们得认识了解人生，因此才不泛泛而生，也不浑浑而死；由此，我们也认识了解我们"本位"的职责，使每个人，在自己本位上，做一个好国民，好信友，所以在向同胞讲述国家危急，敌人横暴，人人须爱国救国之后，仍须本"善与人同"的古训把公教伟大的教义向人介绍，引人研究信仰，至少使世界上四万万同教，得了解中华民族苦战的意义，以引起他们的正义感，共同设法，制裁不顾人道，破坏世界和平的日本。

（六）祈祷　以上说的，都是从人事方面着眼，但是我们无论什么事，只尽人力是不成功，在尽了人事之后，应当再恳切地求天主的助佑。以上的几条，不过随便提出一说，我们要随机应变，因时因地而选择个人能作的这种工作，以期抗战建国早日完成。现在须"一个人作两个人的事，两个人只用一个人的钱。"

（原载《华美》，1939 年，第 2 卷第 1 期）

时局紧张中吾全国公教教胞之总动员

傅奎良

编者按

傅奎良，生平待考。

这是一篇在全国民族主义高涨的社会背景下对全国天主教徒进行抗战动员的宣传文字。作者着重说明了日本入侵中国的危急之势已经使天主教徒不能再做自由国国民、教民，所以天主教徒应当为救国而奋斗。对于如何动员才能有效，作者认为基于现实和超然的层面，天主教徒应当为救国、救国民之灵魂而努力，效仿雷鸣远所率领的二百多赴前线从事救护工作的信徒。

自热河失陷，平津告警；时局所昭示于吾人者：为国际嚣张之空气，倏呈默化，而敌氛之咄咄逼人更形尖锐与白热。此盖互为因果之必然律，固无待吾人之剖陈及骇异也。然吾人是否将坐待此悲惨运命之降临，而为朝鲜安南之续？抑希期太平洋巨浪之掀翻，以作最后之挣扎？谅人心未死血气犹热之爱国同胞，决无此种奴隶企希之心理变态。然则吾人欲图生存，欲免厄运，舍誓死抵抗外，别无他由！且抵抗！长期抵抗，政府中人早为吾辈小民详言之矣！而不妥协！誓不妥协！亦早由各要人口中而喧腾于民间矣！是则内察民情，外观舆论，中日间种种问题之最后解决，必诉之于武力固无人或稍疑虑矣！

二国间之战幕一展，其间胜胜败败，吾人不欲作种种离奇之预测，以耸闻听；但可断言者，此种战序之行程必为一悲惨罪恶剧烈之屠杀——此在政府容或计已及之而早为之备，俾能减轻牺牲，稍杀屠戮，然吾人既忝为国民一份子，更忝为公教教民之一份子，对此将来之空前大劫运，自不忍默然阒焉！唯吾人所欲不能已于言者，非在战时全国国民之如何总动员之如何统制经济；吾人所欲言者乃在于吾全国公教教胞在战时之如何总动员，事关全民族全人类之利害，容申论之：

"国家兴亡匹夫有责"，先儒尝详言之矣，吾公教教民在神籍固为教民，在身籍则为国民；为身为国，固难辞其救国之职责，盖国苟灭亡，则国民之资格安具？而"皮之不存，毛将安附"，恐并教民之资格亦将随国亡而同沉，虽曰公教不摈无国籍之民，然以日本之凶狠谲诈好忌，吾人一旦隶为其奴，必尽攫吾人之一切自由以去，况宗教信仰系含有组织有秩序之集合，彼宁能轻轻放过不加干涉，以为心腹患乎？是虽欲求一教民亦徒作幻想矣！准此，吾人苟欲为教民，为国民——自由之国民，舍向前冲，杀条血路以求救身救灵外，别无他途！虽然，教规不载乎戒杀亲仇？然国仇非私仇可比，不观乎英法之役若翰达克亚不以救国杀敌，而身沦重狱，且后世景仰，迄今固犹未替也！明乎此，吾人知救国之重责求以隶教放民故，而遂以减轻也。

后次吾人将论及如何总动员始能有效，则就管见所及，有二途焉。曰现实的，曰超实的，兹请分析论之：

现实的　吾人屡言之矣，欲御外侮，需实国本；方今国家多故，诸事待兴，吾全国公教胞既忝为此多故之国之国民，自应竭其所有以为国家御侮之资；即有者出其钱，壮者输其力，凡有利于国者，有益于御侮者，虽或冲锋陷阵，九死一生，必乐为而毋少馁！盖于此存亡急之秋，苟非如此，无以言救国，无以言保家。呜呼！寇深矣！长城各口关之炮声不犹隐约于吾人耳际乎？前方将士之烈血不犹蒸发为气，化而为雨下坠于吾人之阶前檐下乎？痛定思痛，吾人将何以振发有为，灭此朝食，慰英魂于九泉，系国命之一丝，免令数千文化终于一朝？

超实的　人之生也，因不仅一臭皮囊而已，尚有一最重要最密切之关键在，即此身虽毁，灵魂长存。上升于天堂软？下坠于地狱软？此恒永幸福之所系也。前方执戟御侮之将士身隶教籍者，虽未尝无之，然多数将士俱为天国路途之迷羊，可断言也！吾政府吾人民吾教胞对诸将士作物质之供给，现实之接济，其踊跃其热烈因予吾人以兴奋。顾于超实方面，则类多漠视，此在无正当宗教观念之教外胞众，吾人虽未敢厚责，然在已登正道，已识真主之教胞，宜如何奋起指彼迷羊，使彼壮烈之将士，身体能为国家而牺牲，英灵无沦狱之悲惨。

吾人当闻之矣！当世界大战时，各战壕中非特时有神父为彼战士讲道告解及付其他圣事且筑有极完美之圣堂，俾战士休息时之祈祷及与祭，此在久染教泽之欧洲各国虽不能举以为美谈，要亦见彼国政府人民之能融一与重视圣事。反观我国则如何？非特教外之胞众鲜加注意，即我身隶教籍者，亦不为重视，事之可哀，孰甚于此！唯于此沉闷氛围中，突有安国县比籍神父雷鸣远率领教胞二百余人，往喜峰口之最前线担任救护，此诚春雷一声，发人深省。然吾人是否将以此而遽满足乎；抑愿为该二百余人继？果尔，盖请教胞诸君于今日始，共发宏愿，以为彼二百余人继！

（原载《我存杂志》，1933 年，第 1 卷第 2 期）

绥战之面面观

——红格尔图之社会概况

蒲　公

编者按

薄公，生平待考。

本文旨在对绥远抗战中协助中国军队抗战的天主教镇红格尔图的社会状况进行描述，揭示此地天主教对于当地社会的管理和影响。文章先是回顾了天主教传入红格尔图并不断发展的过程，天主教最初在红格尔图仅有几个传教士，后来发展至1927年成立国籍教士传教区——集宁教区，易世芳司铎就是统率教众抵御匪伪的红格尔图镇教务主持者。作者还介绍了红格尔图镇天主教对农民进行精神和物质救济的具体方法，在该镇开展教育活动的概况，深受天主教影响的当地社会的方方面面，最后对绥远战后红格尔图镇的损失和教民、教堂的统计概况进行了介绍。

一　位置和沿革

绥战暴发，匪伪集中兵力，进扰绥北，红格尔图，首当其冲，民众愤慨，群起协助国军，戡平匪乱，该处之天主教教众，激于义愤，尤形活跃，会由该处之传教士领导，实地加入前方作战，效力疆场，颇著劳绩，后绥远长官傅作义主席，会呈请国府明令褒奖，同时国内报纸，竞相传扬，于民族复兴意识上，留下无限动力。记者以该处地近边疆，以往国人颇少注意，今逢发生战事，始引起国民之普遍关心，爰作简单调查，以饷①国人，藉为研究边事史地者之一助。

红格尔图现名红镇，地处绥远省之东北，为陶林县之重镇，原为荒地，自民国五年，始任人购置开荒。按该处先为蒙民游牧台地，乃广阔荒芜，丛草无垠之旷野。天主教教士，初抵该处，鉴于游牧民众，居止无定，于宣传天主教福音上，颇难济功，爰于蒙古荒地开放时，请地三十余顷，以为集中游民根据，且用作救济内地迁移穷苦民众之资本，藉收宣传福音之效果。国内人民，因天灾人祸之逼迫，逃亡塞外者，遂渐增多，其生活无着，冻馁而死者大有在。天主教教士，以慈善为怀，博施救济，不遗余力，于是四方往投者，日必数起，尤以教徒去者为众，如集宁，凉城，丰镇等县之贫苦教徒，均络绎往投开垦荒地焉。教徒聚集既多，宗教信仰管理上需人渐急，于是天主教教士于民国八年，在该处设立教堂，委派李若翰司铎常川驻守，以资管理，此为红镇之第一任本堂司铎。李氏长于经济，对于农村组织，尤为努力。自莅任后，对于开发陶林商都等县荒地，用力颇多，故有人称李氏为开荒宗徒者。盖彼之传教工作，收效最宏也，现绥北教民之组织健全，足能效力国家者，亦李氏之功也。又以天主教教士，对于民众受获备至，故塞外居民，依靠教士，犹如家长，美于新村，设立教士驻堂，各处居民，必扶老携幼，竞就邻居，冀安居乐业，得教士之扶助也。民国十七十八二年，该处土匪横行，四处抢掠，居民少数的村庄，以无力抵御匪乱，因之相约移居红镇，合力抵御匪患，人口既渐集中，商业因之亦盛，又加以天主教施教，皆在友爱，故教众相亲相爱，团结力甚大，既有出入相友，守望相②之风气，故地方治安，极为安定，因之形成为陶林县境之一大重镇，今且为国防之险要地点矣。

红镇与商都接壤，有唇齿相依之势，关系颇密切。民国十六年，该处成立国籍教士传教区——集宁教区——第一任主持教务之主教，为热河张智良主教，时主持红镇教务之李若翰司铎已逝世，张主教遂检派勇毅有为之易世芳司铎为该镇教务之主持者，共辖分堂七座，助理司铎九位，易氏驻居红镇座堂，即年前统帅教众抵御匪伪者是也。

---

① "饷"原文是"响"，误字。

② 此处脱漏文字。

二 教士救济农民之方法

红镇既为天主教教士所统辖，故对于民众训练与经济方面，有精神与物质之两种方法。精神方面，以道德良心做根基，并用之为制裁不法行为之工具，辅之以超性理法天主十诫，范围民众心理，故一般居民，向化之心既盛，于是将一切偷盗，奸淫，娼妓，离婚，早婚，吸毒赌博等恶习，尽行扫除，竟形成路不拾遗，夜不闭户之良好风气，亦可谓难能可贵矣。物质方面，教堂有地三十余顷，均分交教徒耕种，按年成均分收获，丰收时教徒分得较多，年歉时教堂且助教徒之不足，若遇意外灾害，教徒生计困难，生活发生问题时，教堂更提挈教众困境，加以特别辅助有余，七八年后更成小康之家，二十年后则为堂皇富前者矣，此天主教教士之救济方法，有足多者也。研究社会问题者，对于此种事实，颇有注意之必要。年前抗战匪伪，红镇之居民，更表现出一种组织健全之现象，亦教士领导之功也。二十年前，红镇等地，原为一蒙古荒野，数百里之内，除偶有些许牛羊牲畜，点缀风景外，余均一片草原，今则以天主教教士之经营，已变成繁盛商镇，军事要险矣，国人但闻知该处居民，习惯之优良，风俗之纯朴，以及生活之富裕，对于教士经营之困难，则未或周知，甚或以天主教别居野心，漫加诬蔑，岂非憾事！过去政府人员，因总信谣言，诬枉教士为背离国家，今可恍然矣。

三 教育现状

陶林县乡　乡村中之教育，红格尔图首开风气，十年前教育已发达可观，居有百户之农村，设有完全小学一所，教员则多为教徒中之中学毕业或师范毕业者，教科书则采用商务与中华书局之课本，但以县城士绅，不明教士办理教育之真象，往往加以攻击，甚或从中破坏，因之高级小学，竟一致停办，国民教育之单薄，颇为令人可惜，现红镇左近之壮年，自二十五以下者识字者佔百分之四十，此该镇小学之功也。政府当局，若能因势利导，对该处教育多加注意，即非特为该地民众之幸，亦国家边疆之福也。今该地因战事之影响，校舍多被炮弹炸毁，教育用具，亦皆损失不堪设想，学生因战事四散逃避一空，开教更属无着。盖人民因战祸无力维持教育也，注意国防教育者，幸勿忽视之焉。

四 社会情形

红格尔图之社会，因公教之熏陶，兴公教教律之管束，社会情形颇呈安定。人民组织健全，道德观念甚深，因人人讲良心，故风俗习惯，均日益完善。人民之卑劣行为，受公教之指正改善，悉变作纯厚笃朴。奉公守法之公民日多，辨别顺逆之集团渐众，为目下之良好现象。对于婚姻，因教会规定有法定结婚年龄，故早婚者绝无，凡为未满十八岁之男，与未满十六岁之女，均无结婚者，至于童养，买卖，拐逃，淫奔之社会病态，更属未闻，离婚之事，亦绝对没有。一夫一妻，终身偕老，而断弦续娶者听，多妻纳妾者绝对禁止。大家以弃孺溺婴之事为大逆不道，妇女皆天足。此以教规不准摧残人类身体故也，男女平等，按教义互相敬重，无重男轻女之陋见，一肢之征，受之父母者，本诸天主，不得轻易毁伤，人民皆奉行不背。男女学童均读书，课本教义并重，教士平日除协助民众兴革村政外，更指导民众团结，组织民众合作，因之民众对于天主教司铎，视如家人父子，年前战胜匪伪，亦即是种原动力之鼓舞也。

五 战后损失

自年前，战胜匪伪后，该镇之损失甚大。民房毁坏，生灵涂炭甚巨。塞外天寒，每日在百度表零下二十三四度上下。一般民众，经此浩劫，房舍燃料两感缺乏，又加以村中人口较多，食物亦感不足于用，竟何以堪，于是竞相逃避，妇孺早已退出战区，其受灾过重，无力生活者，现均移住天主堂中，暂待政府之救济。教堂司铎每日供给麦面餐一次，以延残命，损失统计及据调查结果，人民因战事伤亡者十三名，一家母子二人，正在用饭时，被炮弹炸毙。因房土礓冻，现尚未掘出尸身，可谓惨案矣！村中房屋毁坏百余间，每间房屋损失约四五十元。炸死耕牛马匹八十余头，大车毁坏五辆，天主教堂之钟楼，亦被散弹击毁。虽区区小镇，总计人民损失，约在两万余元之上，亦可谓重矣。现闻政府已拨下十万账款，抗敌民众正引领待救，明春耕种，以目下艰难情形观察，若政府无通盘救济办法，则隐忧尚多，幸当局注意，以安卫国牺牲之民众心理，未始非国家前途之幸也。

六 红格尔图左近教堂及教民调查统计

红镇附近天主教之管理，共分四区，教堂及教徒之详细数目，调查结果如下，第一区共有数堂八所，计玫瑰营及附属外村共有教友一七〇〇名，黄杨滩共有教友四八八名，大六号六有教友三七八名，哈拉沟共有教友七八〇名，望爱村共有教友八〇〇名，圣家营共有教友一五〇六名，复活村共有教友二二〇名，张皋镇共有教友一八〇名，总计八村教友五二七二名，第二区共有教堂七所，计平地泉共有教友一三五〇名，大土城共有教友一〇六〇名，梅林图共有教友九〇三名，花挑盖共有教友五四九名，纳令沟共有教友六九七名，官村共有教友一〇〇〇名，沙坝共有教友六〇〇名，总计七村共有教友六二〇四名，第三区共有教堂七所，计红格尔图共有教友六一五六二名，升天村共有教友五〇名，二十号地共有教友七八五名，各花四台共有教友一二七〇名，玻璃湖镜共有教友五六〇名，总计七村共有教友五八七一名，第四区共有教堂四所，计新堂村共有教友一四七〇名，上村共有教友三四五名，井沟村共有教友一〇二〇名，土台子共有教友五九四名，总计四村共有教友二四二九名，合计四区共有教友二万四千五百余名，教友之势力，于此可见一斑矣。政府苟能善于利用，以此二万有余之健全国民，做国防上之前线武力，收效之大，较正式军队且有利焉，盖地理熟悉，可补国军之不足也。

（原载《安徽私立崇文中学校刊》，1937 年，第 2 卷第 5 期）

马相伯先生国难中的爱国言论

许作新

✑ **编者按**

　　许作新，毕业于辅仁大学，毕业后先任辅仁大学校秘书，后转任史学系助教，亦是《公教周刊》的特约撰稿人。

　　此文是作者对马相伯先生在抗日战争时期所提出的政治、教育方面主要观点的梳理，希望以此唤起全国民众，共救国家于危亡。在政治方面，将马相伯先生有关民治的言论归为万国历史等六个方面，对于青年教育主要是倡导青年在抗战过程中读书不忘爱国，至少要做不买日货、研究科学、唤起民众这三方面的工作。

　　在国难时期内，公教的领袖中最为兴奋的，一个是雷鸣远神父，一个是马相伯先生。

　　雷神父已逾耳顺之年，犹不惜牺牲垂暮的身心，联合安国县的信友，组织战地救护队，逐日在日军的枪林弹雨之下，以九死一生的冒险精神来为国效劳。

　　马先生德高望重，年迈力疲，衰颓的精力，已不许他再有任何的行动，但"国家兴亡，匹夫有责"。他的爱国热忱，却不甘落人后。自二十年十月起，上海各日报上，时常可以拜读他关于国难的言论，各埠的无线电台，时常可以恭聆他疾世的铎音。

　　他的国难言论，虽然并非有系统的著作，但是他以"久不问世"的态度，骤有惊人的救国宏论，实在是难能可贵，并且，他的爱国思想，离不开公教的圣范，并且提倡"天条十诫"来整顿社会，用"博爱自由"来复兴民治，更为中外人士所一致拥戴。

现在，于此国是未定，姑将马先生年来的国难言论，最近的爱国思想，分为二点向读者介绍：

一　政治

东省沦没以后，马先生发起江苏省国难会，主张民治救国。洛阳的国难会议，他草了"提倡实施民治促成宪政，以纾国难案"一文，于四月八日提出，经过三次编入议程，结果并入政治改革案讨论，这是举世共闻的事实，不必再行赘言。他还有亲自起草的"中国民治促成会发起宣言"。对于政府，人民，土地，契税等项，尤为克尽克详，且将它的原文转录，以见相伯老人对于国难，在政治上的主张：

> 国人际此国难频兴，被难者我人民，我不自救，畴克救之？
>
> 救之之道，在国言国，舍政无他途。御天灾，敌人祸，任谁执政欤，政客欤，不用民财民力，能耶否耶？若彼少数为人谋而能之，谓我民众自为计，反不能耶？因此根据人人自爱，及忠于自救之心理，谋设中国民治促成会。（宋苏子由民政策，可参看。）谨揭要义，遍告同胞。
>
> （一）就万国以历史言　必先有土地与土著之人民。人民之生聚，端在利用土地；利用之法，曰农工；保有土地之法，曰国防，海陆天空之国防，与利用农牧水火工虞，不率全国土著之人民以治之，能胜任否？能尽地方而利用否？就是历史言，当用民治。
>
> （二）就国政以哲学言　按周易序卦云："有万物，然后有男女，有夫妇，有父子，以积成家国。"所以先言有万物者，盖人必恃外物以自保养其生命，保与养非他，天赋人权是矣。根此人权，制定礼义刑政之邦国。邦国谓法人者，一法人，一生命，尺土之滨，个民之一，皆与国命攸关，莫不应由全国之财力以捍卫之，同仇以战胜之；如汤王之征仇饷，为匹夫匹妇复仇，乃足为法人：故惟法人乃可征取民财，征用民力，民力即民生命，万不能由一私人，一私家，一党派，一阶级，以力征夺而操纵之，使行之。犯此者，正孟子所谓行不

义也，杀不辜也，大违正义：人民应本正义，恢复其天赋自治之权。质之天下，断无敢否认之者！

（三）就国政以实施言　立国立政，以供民用也；民之生，非供国用，政用，无他，先有民，后有国故。国之立，政之立，惟人能群故；能自主其行动，又能预定其行动故，其他动物，皆不能；不能，故不能合群而立国，守法而立政。民治非他，守法之谓也；政之实施，亦守法之谓也。故曰，以施政言，民治为当。

（四）就政治以现况言　内寇迭兴，往往利用外寇，以吓诈人民，搜括而压制之，使不得为有枪阶级，反募市人途人，为爪牙，以制人民死命。外寇则几无一国，不本民治之精神，协以谋我。今有食于此：一有陷阱，一无陷阱，兽且不取有陷阱之危者！试问天下有一国如我国，无国防，无战具，专望国联之我助者乎？纵有仁心，愿从井相助，不预筹数万万之战费，并通过该国之国会，能耶否耶？然则我仅以孤家寡人之政策，二三巨头之会议，以应付，足耶否耶？为此应率全民之思虞为思虞，行动为行动，在在备战具，在在设国防：父诏其子，兄勉其弟，急公愤，毋私斗，毋杀人，毋邪淫，毋偷盗，毋妄证，毋讹诈，毋心贪，毋心淫。罪恶既戒，又当积善；善则以孝为先，在家孝亲，在国敬长，在天地孝敬天生蒸民之大父母，小心翼翼而昭事之，不但以心，又当以言，言不虚言虚誓，又当以行，行必恪守自古相传之七日来复。如民政策所言，令三老啬夫讯诮教诲，使民皆有愧取勉强为善之心。内寇除，外寇自无凭借矣！国人每恨外人之欺凌，须知外人之敢打中国欺压我，至如此地步者，多缘上之人不疼爱人民；哪有父母日日打骂其子弟，而邻居反珍爱之，势必随其父母而指摘交加，欺凌更甚，马占山将军曾有此等议论！

（五）就民治以实况言　自古及今，义务无一无，权力无一有，无若我国民！故此无一麻醉品鸦片吗啡嗜之者，无若我国民！无一赌博事牌九花会好之者！无若我国民！既无宗教生后之希望，但希望生前，醉可减须臾之痛苦；赢可得斯些之快慰，遂不惜任何代价而甘之！情可怜！事可恨！于是由失业失家，而匪而盗，忽共忽民，以故非用民治，根本谋教养兼施不可！全国以县为单位，县分东西南北四乡，乡各有农业试验场，而兼公用花园，及藏书楼等等。乡大者，又分四区，治以农村制，使民先有恒产；樵渔，亦恒产也；工虞，亦恒产也。十室之邑，必有忠信：故十户，一什户长之；百户，一百户长之；千户，一千户长之。什户长之责，督察左右邻十家上下有无匪类，奸细，烟瘾，游惰，及不能自食其力之民而已，勿须抛却本身职业，以执行此名誉职也。此什百千户长，与本地各业首领，暨有政治经验者，学识者，组织地方议会，以处理地方公务，故不费地方公费，便能保护地方治安；类如租界之董事，是矣。县名，县治，仍从其旧，各归旧府治；惟同名者改之。府乃第宅，非地方之称，故改称郡，郡，亦县也，可择其交通便利者以兼之。联二郡为联州。州，亦郡也，择其形势攻守便利者兼之；一一缔于中央。国都可择国中道里相距之中者为之；地点偏于北，亦无妨。至国会招集地点，不妨有四五处；使荒僻之区，亦易于开化。联州既告成立州联宪法。（宪法撮要附后）凡一乡一区，偶遭外寇，全国之乡区，皆平均各输财力以辅助之；如此，尚有不爱国者乎？势将国愈大，而辅助愈多，于上海人之爱十九路军，可见一斑！故欲修明内政，捍御外患，唯有促成民治，为我中华惟一救命星，救命圈。

（六）就实况以国防言　长江腹地，与沿边口岸，我能驻兵，敌亦能驻兵；或且我不能驻，而敌能之，如东三省之旅顺，大连，海参威，等等，敌有口岸，而我则无！历来政府造成如此不平等之局，不用各乡各邑民治，使有自救自卫之能力，以辅救国防所不及防，可乎？纵曰：大门既开，无关法；多设小门，小户以备之，可乎？积年累月，各乡各区，节省浪轮于军人内哄之财力，皆有一架两架飞机，高射炮，等等，与人材，未尝不可少挽救于万一。如其不信，可询被难区被难人民，而知浪轮，非浪语也！苟无空军，东三省虽收复，能保存否？今日言救国，无空军，直空言耳！敢贡此不要名，不要利之苦口芹；窃以为世有华盛顿，必肯一尝试也！（见马相伯先生国难言论集十一页至七九页）

二　教育

热血的青年，在暴日压迫下的国难期内，不免有从事于抗日自救的工作。马先生关心青年目前的教育，顾虑青年将来的前程。二十年前，他在北京演说，已力倡"读书不忘救国"，何况在国势危如累卵的今日！所以他极注视国难中的青年教育。他的"新年告青年书"，以三事勖勉青年，就是他不忘情于青年教育的表示，它的原文是这样：

东北沦亡，将四阅月矣！东北同胞，被践踏于暴日铁蹄之下，"死的恐怖""生的凌迟"备受荼毒，亦已将四阅月矣！四阅月来日军之枪炮声与东北同胞之哀号声，常依稀震撼吾人之耳膜，顾我山河，念我同胞，真令人欲哭无泪！现暴军更节节进迫，大举犯我锦州，其欲吞并我整个东北，进而颠覆我国家，灭亡我民族；盖已澈底暴露，此实为我国家民族生死存亡之最后关键，我人必以全国一致之努力，奋起抗暴，始能自救。而青年诸君，为社会之中坚，国家之生命所托，肩头上所负荷之责任，尤为艰巨。老夫耄耋，无能报国，前曾以仿古制创办保甲之法，为救国方策，为我青年诸君告。兹当一九三二年之始，谨再以三事相勖勉，即当新年之献词。

一曰不买日货　"经济绝交"一语，在今日几已成为"口头禅"，然此实弱国反抗强国之最要而且最有效之方策。我国向为日货之最大市场，我市场如能杜绝日货，持以十年，则在经济上足以促日本之动摇。此种工作，固有赖乎吾全国同胞之身体力行。而我青年诸君，当为社会之表率，尤应力求朴实，拒用日货，以为倡导，风行草偃，排货工作，庶可以澈底坚持。

二曰研究科学　立国于二十世纪科学之世界，必赖科学发达，始足以自存。中国今日之危亡，实根因于科学之落后。不买日货，固为救亡之善策，发展工业，以自国制品代替日货，尤为刻不容缓之要图。是以青年诸君，今日在校求学必须手脑并用，研究与实验并重。能如是，然后乃能求得"真的智识"与"活的学问"；必有"真的智识"与"活的学问"乃能实际应用，以科学救国，以科学建国，以科学创造全人类之福利，此则青年诸君所应肩负之责任也。

三曰唤起民众　我中国文化落后，教育未能普及，故文盲特多。东北沦亡，虽已数月，穷乡僻地之民众，恐尚有不知其事，或多不明其真相者。抗暴自救，必须全国一致努力，今民众对暴日之侵凌东北，尚属茫然，更何能激起其爱国之热忱，以共赴国难。寒假已届，诸君必多返里，际此时会，对于日本问题与东北问题应加意研究，将国内外情势，及暴日犯我东北之实况，详为乡民讲述，大声疾呼，使全国民奋起，共救国家之危亡。此举亦非常切要，万勿等闲视之。……
（见马相伯先生国难言论集十三至十五页）

以上所举的两段，仅是介绍马先生的国难言论之万一。最主要的，是他以公教的精神，主张民治，发挥一切，他所组织的"不忍人会"，几乎全站在公教的立场上。他的国难言论，业经徐景贤君辑印行世，由上海文华美术图书公司出版，现在特为提出，好使我们的教胞，对马先生有深刻的认识，有诚挚的敬爱；对国难的过去与未来，能用公教的眼光去了解，能用公教的理论去判断，那才不辜负马先生啊！

（原载《磐石杂志》，1934 年，第 2 卷第 5 期）

雷神父的爱国言行

叶德禄

✎ **编者按**

　　叶德禄，早年在广州梅县黄塘天主教堂跟随黄岩望司铎学习法文，1926 年赴北平辅仁大学读书，毕业后留校任辅仁大学史学讲师。编著了《民元以来天主教史论丛》。

　　这篇文章从四个方面论迷了雷鸣远神父的爱国言行。首先介绍了雷鸣远以比利时籍而入中国籍的过程，此后展开一系列的救国活动以证明其"我是中国人，我爱中国"的心声。从雷鸣远所办的社会事业方面来看，他自来中国后办了很多社会事业，抗日战争期间主要办了"残废军人教养院"，国民政府委员萧仙阁和察哈尔省主席宋哲元的演讲证明雷鸣远神父的爱国言行使得天主教在官方树立了爱国形象。从爱国精神方面考察，雷鸣远提出了天主教因可以提高国民道德从而可以从根本上救国的观点，他还提出爱国需要实行，向教友指示爱国的基本方针是为国难祈祷和有爱国的真精神。雷鸣远九一八事变之后的爱国工作主要包括组织最前线救护队和创办残废军人教养院。

（一）"我是中国人，我爱中国"

　　用不着作者介绍，雷鸣远司铎的大名，想必早为读者所景仰。他原籍比国，来华后入华籍，因自称为中国人。民国四年四月他在天津组织救国演说会，将各大演说家（马相伯，英敛之，刘浚卿）演说词编为小册，题曰"救国"。自序曰："……忆自弃国来华，主前矢志之际，已将此命献为中国之牺牲，即不复视为己有。抵华后十数年间，与中国邦人君子游，亲爱日深，感情日厚，献身中国之志为之弥坚；故虽籍隶比国，而自分此身已为中国人矣。……"民国七年因某种问题离华，民国十六年再度来华，即向内部按法定手续，归中国籍。此后即称天津人焉。民国廿一年三月，他率领救护队到前线工作，行抵遵化时，有为军民合作摄影片的，要把公教的合作也摄在里边，请雷神父说几句话。他说："你们大家不要看我的鼻子，我的脸；虽是外国的，但心是中国的。我们抗日要抗到底！"说完大家都鼓掌。（本刊第一卷二三合期）几句话虽然带点滑稽，然而保证了雷神父无限的心胸。再看他民二十二年圣母无原罪瞻礼日，演讲于河南南阳修院，题曰："我是中国人。"诚恳的说："我是中国人，我爱中国。"亲爱的读者，还用什么公证明，还有什么说的，就这"我是中国人，我爱中国"两句话已经很可以表明雷神父的爱国心了。

（二）雷神父的社会事业

再说他的社会事业，更是一言难尽了。他倡办过救国演说会；天津，北平，益世报；书画赈灾会，资助过中国青年学子。（留学比国为最多）如辅仁大学秘书长英千里先生，教育学院院长张怀先生等都受过雷神父的栽培。今年三月十日残废军人教养院开幕时，察省民政厅长兼总指挥秦德纯演说曰："……雷院长虽是西人，已入中国籍三十多年，中间他作的有益社会人民的善事，可说是如过江之鲫，不可胜数。……"同日委员长萧仙阁演说谓："……兄弟代表本军，时常在平京一带工作，故没有同雷院长见过面，可是他老先生的大名及雷院长的慈善事业，我是早注满耳中，令我无限的钦佩和仰慕。我在马相伯老先生处，常听伯老谈他老先生的经过和钦佩雷院长的品德。去岁我军在喜峰口抗日，不但承雷院长救护伤残，还承雷院长宣传中外，并致函中外各界名流捐助本军。雷院长对我军官兵予以充分的精神和物资的援助。先前是闻名而未见，今天是一见而胜闻名。我见过很多的外国人到中国来，无一不是取利及剥削我国家我人民的，独有雷院长在我国作了很多的有益国家和人民的事业。……"察省主席宋哲元于三月二十三日参观雷铎首倡的残废的军人教养院，向官兵训话说："雷先生是我国著名的大慈善家，对于慈善事业是很热心的，将来一定给你们很美满的幸福。……"（看益世主日报二十三年第十期）清末民国外交失败后的圣教会，受了许多无妄之灾不白之冤，政府和人民不察，多方猜忌，目为文化侵略的机关，帝国的主义的走狗。幸有雷铎的社会事业，爱国工作，改了政府人民的口，塞了他们的嘴。雷神父工作的成功，可与明末清初绍介西学的利玛窦先后炳曜。

（三）雷神父的爱国精神

雷公已献身中国，看见我国革命以后的国事日非，人心险恶，不忍坐视。乃于民二夏，亲自出洋，考察列强治国要道，参互比较，详细探求，希望得一精美完善而根本的救国方法，以复兴中华，结果，他得着了。最后的结论是"提倡道德，道德的根本是宗教，真宗教，即天主教，或称公教。"所以他回国以后，立即组织救国演说会于津门，以宣扬此旨。他并不是迷信，也不是强词夺理。他参考了整部世界史（欧，美，斐，澳，亚，五大洲）用归纳法，得到最根本的救国方法。理由充分，证据确凿；组织井然，工作切实；最近蒋委员长极力提倡的八德，新生活运动，原来是雷铎二十年前的老主张。惜乎，蒋委员长只知提倡道德，而没有认识道德的根本——天主教！

安国教区东闾朝拜圣母时，雷铎讲了一篇："公教信友和国难"的道理。他说爱国不是慈善事业，是教友的严分。引了多玛斯圣师"最高的爱德就是爱国"的话说："凡是不爱国者，就是最大的罪犯。"这不是寻常人的话，不是偶然说得出来的。同时他又鼓励我们教友及时爱国，谓国家多难之日，正是国民图报国恩之时。乱世才能显忠臣。应换宣言标语，而实行爱国工作。

我们的标语是："公教救国，公教是救国唯一出路，公教是强国不二的法门。现在是真干的时候了。"（参看二十三年公教青年月刊）雷铎不是空谈家，是实行家。他一面鼓励人，一面以身作则。前年二十九军在喜峰口抗日时，他亲身率领教友，组织救护队到最前线去工作，这是事实，不可埋没的事实。最近又创办残废军人教养院，带着自己创立的真福院兄弟，教养残废的爱国健儿呢。有眼的人呀，瞧吧，他还有更妙更奇的几着没露呢。

雷铎指示我们教友的两个爱国途径，摘要于下：1. 为国难祈祷——我们教友相信国难是天主允许的，祈祷容易挽回天主的义怒，欧战时的比利时能抗强大的德意志，半由热心的祈祷。

2. 我们要有爱国的真精神——一国的强弱，全系于国民爱国精神的大小。我们的国事虽不乐观，可是绝不许悲观消极。至死要作一个真中国人。诚如是，我国若亡实无天理。欧战时法国福煦 Foch 将军说："战争之胜败，在我而不在人，我若不认溃败，虽手无寸铁，全军覆没，也不为败，只须我一口气尚在，仍有胜敌之望；若自认已败，虽未发一失，未伤一兵，全军降服，亦是败矣。"再看为德奥瓜分而亡的波兰，以民气未衰，精神不死，卒使波兰复兴，而有今日之强盛。我们今虽饱受暴日的欺侮蹂躏；而我们还是中华国民，只要我们一日存在，中国就没有灭亡。若更积极进行救国工作，翻身雪耻之日，当在最近的将来，希望教友们始终作个真中国人，至死与暴日周旋。（参看二十三年一月公教青年月刊）

雷铎的爱国方针多么简单而切要。真的，是中国教友，就有为国祈主的本分。亲爱的教友，可敬的教友，我们一同祈主吧！望弥撒时，领圣体后，做事前，在堂里在堂外，无论何时，无论何地，都可为国家祈求。我们也打定主意始终做个真中国人吧。

（四）"九·一八"后雷神父的爱国工作

（甲）组织最前线救护队

（A）救护队的来历

一九三二年十一月十一日，马相伯老先生本"人皆有不忍人之心"之宗旨，发起了"不忍人会"。目的是为救济东北战地及南方匪区的被难同胞。由马老先生委托天津益世报主办。该会成立以来，成绩昭彰，有目共睹，尤以雷神父组织的"不忍人会安国分会最前方救护队"为最。救护队组织的经过，现在把雷神父率领队员到平时一位记者的访问记摘要如后：

1. 酝酿期——九一八事变后，即立志参加救国工作，因工作未决定，先成立宣讲会于安国县鼓吹民气。

2. 准备期——因闻前方死伤甚众，故决意赴前线救护。为训练人才计，特请安国县师范教育学院医生，到真福院教练全院兄弟为基本队员。正拟参加沪战工作，请于当地某军长官介绍，二月来未得回信，而沪变已了矣。

3. 出发期——准备已毕，而参加工作之方向未定。时安国徐神父，修院教员张景明，皆爱国志士也。因函询马相伯先生意见。覆函嘱询冯玉

祥。嗣因得辽吉黑民众后援会会长卢乃赓先生的介绍和辅助。工作方向于是始定。（二十二年三月二十三日北平益世报）

上面是最前方救护队成立的经过，队长是雷神父，队员全体是教友。（学生占三分一）他们不怕死，也不向后跑，他们要去的是"最前线"。他们不是想发财受人的酬报，他们的用品除药以外，全是自备的。请看雷神父见卢会长时代表该队发表的意见：

一，余等愿赴最前线救护，尤以最危险之前方，为他人不敢抢救之区。

二，请军队主管长官，勿分散本队，免致力量散漫。

三，准余与该队一同前往。当然不受丝毫报酬，但药品给养由后援会供给。至于水壶手电灯，毡子等项物品则余自行筹备，以捐款充之。

救护队的精神，是公教教友爱国心的表现。队员入队以前，个个明白此种工作的危险性，明知道九死一生，参加的仍然是争先恐后，如归故乡，如赴盛会。事实俱在，谁敢再说"公教信友不爱国！"再看雷铎在高阳教区征求队员时声明的条件：

1. 本村村长佐具保证明队员之品性可靠，倘有不端，由村长佐负完全责任。

2. 须经其全家属同意。

3. 身体强健。

4. 死伤无赔偿；倘有死亡，并不负运回尸首之责任。

四条之外，又声明"到前方无任何好处可得，完全是为爱主爱人爱国而工作而牺牲。"条件的苛，挡不住人的参加，队员入队，不但是自己愿牺牲，全家一样愿牺牲，这种牺牲精神有多么伟大！

（B）救护队出发与工作

雷铎自一九三三年三月十四日会见卢会长后，十五见朱子桥将军。十六返保定。十七到高阳召集队员。十八由安国出发，十九复回保定齐集。二十一日第一组到平。翌日第二组抵平。廿三日第三组到平。这是雷铎调动救护队的小日记。他没有汽车，更没有飞机给他使，用不到十日，三组相继抵平。准备二十四日晨由平出发。

二十四日晨救护队由平出发，辅仁大学学生百余人，该校公教青年会平民夜校全体学生，及张翰如张鼎忱英粹夫均到场欢送。时公教同人临时募捐，慷慨解囊者不可胜计。出发时，雷铎率领队员，跪祷上主，经声震天，闻者动容，一时全场寂寞，悲壮激昂之情，感人肝腑！辅中学生何继高，王文涛，张寿崇，陈泽课，英铁良，王桂林及盛新中学学生五人亦随队出发。（参考二十一年三月二十——二十五日北平益世报）

救护队从北平到遵化，完全徒步，足足走了四天，到遵化时红十字会会长熊秉三替雷铎等介绍的第一句就说："他们（指不忍人会救护队）是徒步来的，别的团体都是汽车！"已抵遵化，前方战事沉静，临时改救护工作为埋葬阵亡将士与修路。张处长谓雷铎曰："可惜来晚了，早来十多天，可以救数千人的性命。"以后雷神父又率领救护队到古北口滦东等地工作，最后长城各口总退却时，雷神父还在最前线工作呢。战事息了，救护工作不能继续了，雷铎才应宋军长哲元之聘，创办残废军人教养院于察哈尔，继其爱国初愿。

（乙）雷神父创办残废军人教养院

残废军人教养院，开幕于去年三月十日。为喜峰口抗日时，残废了的健儿设立的。由雷铎长院。开幕那天雷铎的演说曰："我对大家是表同情的，不但我应该来服务你们诸位，凡中国人全应该来服侍诸位，因为你们为国有捍卫之功，为民解倒悬之苦，值得钦佩和服侍你们。……"雷铎接着报告该院办法，略谓："这座残废院的目的是完全自由，如在家中一样的自作自给，将来能成家立业，使残废军人不致受天灾人祸。较平常农村市场的人民有保障。"民政厅长秦德纯教育厅长萧仙阁均有表扬雷铎的演说。最悲壮最动人的就是雷铎致谢词的一段话：

"诸位虽然残废遗憾不能抗日了，我盼望你们不要失望，要努力工作。将来成家立业，生养儿子，接续后代。我今年虽然六十岁，若大家在最近成家，生养儿子，再过二十年，不是依然是一个爱国青年。那时我虽八十老翁，若遇我国收复地时，我老头子，誓死率领你们子弟去参加抗日工作，与暴日作殊死战，非达到复地雪耻不生还，望诸君安心努力。"

据益世主日报载（二十三年十五期）雷铎言时泪下，最后更哽咽喉间，泣不成声，掩面下台，全场无不泪下，尤以秦萧王三君为甚。一时欢腾会场，竟现严肃悲壮紧张之空气云。

雷铎对公教青年们演说时常说："我在中国的年岁比你们老。"他在中国做的慈善事业，爱国工作，许多是在我们未生或儿童时代。存留现今的记载，多不易得。上方所述，不过是雷铎在中国做的慈善事业，爱国工作的"沧海"一粟。诚哉，萧仙阁先生说："如过江之鲫，不可胜数。"够了，就雷铎这千分之一的工作说：已经很可以表明他个人的爱国精神，并代表公教信友的爱国精神了。

"公教信友是不爱国的"这句话，有谁再说，怕谁再说？

一九三四，四，十二，亡弟德汉二周年纪念日写完于辅大

（原载《磐石杂志》，1934 年，第 2 卷第 5 期）

沙场中的公教忠勇爱国志士

——读火线上的神父有感

陈大经

编者按

　　此文是作者读外文著作《火线上的神父》之后将其中感人之处译出以鼓励抗日战争时期的中国天主教爱国人士。这本书主要记述了第一次世界大战中将士们在前线的天主教生活。作者主要选择了将士们动员时的壮语、作战时的呼声、受伤时的祈求、将死时的安适这四个方面的语句进行摘录。作者为书中天主教将士的虔诚信仰和爱国精神所感动，并指出他们有激发天主教青年抗战爱国的作用，号召天主教青年仿效、救国。

　　此书作者为莱内盖尔（by Rene gaele Longeans, Green and co. London, 1916），发表于一九一六年。他记述世界大战时，火线上，将士们的公教生活，他们在战场中愈打仗愈勤于神功，虽在千钧一发之顷，对圣事还如此努力。足见他们信主之笃。他们天天望弥撒，办神功，领圣体；受伤的，在医院里为生者祈祷，为死者通功；将死的，妥备善终，视死如归，浩气可风。余读之，深有所感，爱将战场中之语，择其最足动人者译其大意，以供我公教爱国志士的参考。其内容约分左列数种。

（一）动员时的壮语

　　动员令下，将士们无不喜形于色，无不争先恐后，他们说：爱天主，爱国家，是一个的。

　　多谢天主，我很怕赶不上了。

　　兵士是最有圣宠的，最堪夸奖的。

　　如果我怕死，我就不接受天主的补赎。

天主天天看着我们的国家。

父母姊妹，都一块跟我动员，我愈勇敢，她们愈爱我，愈为我念经，我敢为国家效命，完全拿这个做保障。

神父，这是教友，他们就要为国家效命去，就要醉卧沙场，告诉他们，打死了，立刻就升天堂。谁愿为主效命的，请到国旗这边来。

爱天主，爱国家，不怕死。

这是他们出发的口号。这是上战场的信条。

（二）作战时的呼声

炮声隆隆，飞机嗡嗡，但将士们，都有坚不可拔的信仰，都勇往直前，都不怕死。

我们来打仗，我们来效命；我们知道我们牺牲的代价，我们明白我们职责之重大；打伤，打死，一由天主安排。

天主为我们预备好永远的天堂，天主叫我们做卫护正义的勇士。

为天主效命，是天主血洗的义子。

在火线上，可以不吃饭；但不能不念经，愈望弥撒，打仗愈勇敢。

国家危急的时候，神父的血比国家的军队更为重要。因为用神父的血，可以鼓舞他们同仇敌忾，用命疆场，……危险一到，立刻就办神功，领圣体坚固他们的信德。

在火线上，圣事为将士们唯一的宝器。

弟兄们，我们要办神功去，愈快愈好。

吁，吾主耶稣，你为我们而被钉，如果你愿意，我也为你而流血。

前进，天主做你们的后盾。

炮声震到天堂，天主会把天堂打开，嘻嘻的，对我们笑。我们的信德新了，醒了。

谁想弥撒？我，我，我。

求天主赏我勇敢，杀敌如杀小猴一样。

这是将士们，在火线上所自信的，所倚靠的。

（三）受伤时的祈求

受伤的将士们，在医院里，不特不号痛，反乘养病的机会为生者祈祷，为死者通功，一切均由天主安排，把整个生命交付于天主。

一见神父，什么都好了。

在医院里天天和天主见面，天主最怜惜在沙场效命的英雄。

我为死者通功，求天主收其灵魂。

为正义而受伤，天主来安慰，天主来交谈。

姑奶奶用念珠把他们的手都连起来，使他们彼此安慰安慰。这是受伤将士的豪气，不能吃苦中苦，不能做人上人，这班忠勇将士，真真有背自己的十字架的勇气。确有背自己的十字架的信心。

（四）将死时安适

伤兵感觉自己伤势有致死的可能，就赶快求神父办神功，妥备善终。

少年伤兵："神父，我要死了。"他以为神父。懂错了他的意思，"神父，我不是怕死，不过我想问问你，我不怕死，我见过好些人死在我的周围；我生死，一概置之度外；不过我所依依不舍的就是我的妈妈；她曾不了解我死的价值，恐怕我死后，她也跟着我一块死。"

神父："不，可爱的孩子，你不会死的，你这样年轻，你会好，你不会死的"。

年少伤兵："神父，请你为我念经，神父，宽免我，我有一子弹从这里穿过。"

神父："可爱的孩子，你歇一歇明天再说罢。"

又有一位受伤很重的老兵。临死时，自己发痛悔，和神父叫病危的人发痛悔一样，"大家发痛悔罢，真心向我发痛悔罢，天主！我悔恨我的罪恶，求你赦我罢"。他降福我们，犹如我们求天主可怜打死的人一样。这老兵气息一点一点地短促，但还带笑容，他死时，手拿着念珠，他的容貌和天神一样。这老兵真懂得死。

在姑奶奶看护的医院里，也有一位伤兵找神父付终傅。

伤兵："姑奶奶，我想找神父。"

姑奶奶："神父？"泪夺眶而下，"只有两位神父，都工作去了，哀，天主！没有神父跟他们付终傅。"

另一伤兵："姑奶奶，神父，底下有一位。"

姑奶奶："神父，有吗？"

伤兵："有，不过已经受伤了"。用还未打去的一个手指，指着神父的床位。

姑奶奶：啊！这个是吗？ （嘻），是，是，神父，神父，请您付终傅去。

神父：抬我去，把他们靠近一点，慢慢的，不要震惊动他。弟兄们靠近一点，快快的，不要耽误时候。姑奶奶，把我手举起来，等我降福他们。

如此，他们都得了善终。

这就是本书的大要，他们对国难，如此献身，如此热烈。枕戈沙场，如此慷慨，如此激昂。受伤致死，如此坚忍，如此不屈。这种大无畏精神的养成，急公赴义，完全在信天主一个"信"字。因为坚信天主，故无时，无事不由天主安排，生生，死死，概由天主圣意。在沙场上，精神上得了这样伟大的倚靠，有了这种绝对的信心，效命疆场，毫不畏惧，胜，天主奖赏；伤，天主看顾；死，天主收其灵魂。生由天主，伤也由天主，死也莫不由天主。故战不怕，伤不恨，死不怨，用能杀敌致果，流英名于史册。这种精神是公教的精神，非信友，孰能臻此？他们知得到，做得到。拿定宗旨，勇往直干。这是公教爱国的真英雄，这是公教爱国的真志士。他们爱国的忠贞，堪与日月争光，与天地同朽。真所谓"忠贞昭日月，义气象山河"。

此书一字一泪。不特不使我害怕，反使我激昂，反使我同仇敌忾，我最不爱国的冰心，不禁也热起来，我最小的胆，不禁也壮起来，我最马虎的脑，不禁也紧张起来。恨未得把我父母给我的血，父母给我的肉，洒于白山黑水之间；把我至宝至贵的灵魂，从此献给天主。与世界大战的公教爱国英魂，聚首天堂，东西辉映。如用命有时，他们是我们的典型，他们是我们的懿范。他们更是我们的主保。

但崇拜世界大战英雄的人，多注意发号施令的有名英雄，如福熙，兴登堡，威尔逊，克鲁蒙梭，霞飞，路易佐治等等。而不大重视听号施令的无名英雄。我认为，用智力来撑持国家大难的，固值得人类的歌功，人类的崇拜。但用"命"来争取国家的生命，用"肉"来卫护民族的生存的，为国家为民族而死。其见义勇为，临难不屈的大无畏精神，也应受我们最大的敬仰。也应与有名英雄齐荣并光。他们是教友，我们也是教友；他们是青年，我们也是青年；他们有国难，我们也有国难；有为者亦若是。愿我公教慷慨悲歌之士，秣马厉兵，枕戈待旦。并望我公教神长也做 Priests in Firing line 机会均等，岂让他人独美？

公教壮士英灵不死！公教志士浩气常存！

有志者事竟成！有为者亦若是！

机会均等不让先烈独美，不让先烈独美。

　　　　　　一九三四，耶稣建圣大礼日，写于辅大。

　　　　　　（原载《磐石杂志》，1934 年，第 2 卷第 5 期）

七 战时救助

救护工作十日记

自四月六日至十五日

图 沫

✐编者按

　　图沫，生平待考。

　　此文是一个天主教学生有感于日本对中国的侵凌，在良心和天主教信条的促使下参与救护队赴前线救护负伤将士，作者用日记的方式详细记录了这次救护工作从组织到结束的过程。这份日记体的记述，从一个天主教学生的视角让我们了解到抗日战争中中日双方战斗的激烈、中国抗战将士的英勇、汉奸对于中国抗战的破坏、前线救护工作的混乱等等第一手的生动材料，天主教学生们在参加实际救护工作过程中的业务、心理上的成长历程也一一展现于读者面前。

　　长城之役，记者愤敌人之蛮横，痛国势之凌夷，衷心凄凄，昼夜不已。意欲捐己躯以报祖国，聊尽小民义务。但念及老母在堂，无人奉养独子何忍弃离，学未效国，剧忽生命，自觉有辱此生使命。惟血气膨胀，遏止非易，参加救护伤兵工作者，正和缓我血气冲动之方法。但参加救护工作后，虽身任队长，而以学校功课繁剧，一致再未能实地工作。及春假停课，始得脱身去滦东一行。自出发至返平，为时凡十日。十日之间，除车上往返时日外，余尽工作于唐山后方医院。成绩虽微，然尚无负使命。兹特记之，名之曰"救护工作十日记"。题名虽欠适当，而用以答复知我询我之诸友好，自觉尚无不可，望请友好鉴之！

　　一九三三年四月下旬作者记于北平。六日：阴。今天是我们救护队准备出发最后的一日。我一早便起床了，在圣堂望弥撒中，为出发事，曾特别献于慈主，希望仁慈上主，多照顾我的此行。出圣堂后返宿舍，稍事休息，旋于阴云弥漫中赴中山公园。中山公园是我们出发集合的处所。及我到中山公园时，队员先我到者，已过大半。由总队长的介绍，我得识队员多数是中学校的学生，惟有两位张姓者，是本市朝大学生，分任本救护队（第三支队）一二组组长。一位是张寄生同志，一位是张逊斋同志（同志指救护工作而言）。他们都是救护队第二期受训练者。在初次见面之下，大概是以生疏的缘故，有几个队员对于我，颇有不悦服的神气。我以为初次相会，不能尽得人之信仰，是不可避免的事实，所以也未置疑。我把队员的衣服，徽章，用具等分配后，即赶办其他关于出发后的事体。但以初次任事，一切颇有外行之感。幸有徐醒初（医务处主任）与我鼎力帮忙，省我麻烦不少。午后二时，总队长将本队一切费用，尽交于我，我即发给各队员伙食费一元。旋与徐君去前门购取本队零用器物，及返中山公园已近六时矣。适刘大洲君，以我电托，冒雨给我送衣被来，当嘱以勿将我出发事语诸同仁，刘君应诺，于是我于小雨蒙蒙中与刘君握别了。按离别情苦言，自属常事，而我自觉此时与刘君的离别，却与寻常者不同。刘君是我的老同学，他和我关系很深，所以这次的离别，才有另一种不可言喻的情绪。刘君去后，我与诸队员胡乱的闲谈了一阵，便和衣睡着在几个椅子上了。

七日：晴。早三点于人声嘈杂中醒来，整理行装毕，四点乘汽车赴东车站。同行除队员十七人外，尚有总队长陈君，医务处主任徐君，及摄影员文牍员各一人。我们的出发，实在是兴高采烈，慷慨悲歌的过着；孰料汽车不作美，未抵东车站，便以汽油不足停站在东交民巷西口了。诸队员正在兴头十足的当儿，拼到这出行不顺的事体，不免各生异感，鬼话百出了。我以信仰的关系，力与队员们解释歧想是不对的，于是大家才安静了一些。偏生汽车夫疏于任职，没有带着汽油，只得回中山公园去取。在这个当儿，队员们便推着汽车步抵东车站。我们于旅客杂乱中进了车站，寻了个旅客较少的车上坐定了。五点五十分车开，行甚缓，每站必停，停且时久。我以昨日的忙碌，与夜间睡眠的失常，精神颇觉疲倦。故自平至唐山途中，全程于迷糊中度过。下午一点四十五分安全抵唐山车站。下车询诸路警"后方医院"的所在，知道三十二军的后方医院，设在唐市之沟东。爰派队员张振标，随同总队长陈君，医务主任徐君，赴三十二军后方医院接洽。我与其他队员，则候于车站。旋张振标偕一兵来，约去医院商酌留去问题，陈队长已候于医院。我们徒步抵医院后，医院主任吴某款待甚周。但以院长去前方未返，所以不能决定我们的留去。晚间院长章某自前方归来，与之接谈之下，知冷口方面，我军与敌人相持于冷口外二十里地带，该处山巅层叠，交通极不便利，每日我军恃夜袭取胜，而敌人则以白日反攻得利。一来一往，十几日来均如此，我军伤亡，自是意中的事。章院长说了大半天，结论是救护无人，若能得本队前往救护，不胜欢迎之至。我们既为救护而来，所以就不迟疑的答应了。但章院长看到我们这一般青年学子，若去前方，不幸发生了意外，是得不偿失的。所以他终究是决定要我们留在他医院里工作，免得发生意外的危险。经我与陈队长的商酌后，乃决定暂留本医院工作，俟明日探知滦东战事情形后，再定行止，所以我们全体便住在该医院里了。

八日：晴。晨六时，陈队长偕徐医务主任及摄影员乘七点北宁车去滦州。我和队员们留医院。七点半我去访医院吴主任，商定本日午前派本队队员分赴各病室参观伤兵创口。并谈及此后本队队员留居医院之伙食费将如何办理问题。吴主任答以"医院经费拮据，且奉有军分会缩编本医院命令，平日经常费尚自本地商家借来，贵队之伙食费恐不能尽为垫给。"意有推脱表示。我当即以昨日吴主任曾言及愿暂为垫给伙食费等言对之。吴主任见情不得却，乃决定在军分会未发出此项费用之前，彼愿尽力垫补；但菜钱须我们自备，俟彼呈准当局核发是项费用后，再行核算退还。我首肯而出。十点诸队员分两组赴各病室参看，我也随同第二组去各病室参观。见医生手术潦草，且不干净，致病者伤口，多脓肿难堪，气味极大。而伤兵哭泣号痛，更令人心酸。本队队员单易庵以不胜其凄惨状态与气味，致头晕面白，掩口捧腹退出，全体队员，虽有勉强继续参观者，而大多数的人是未按预定计划，就早退去了。我与一二组组长，以职责关系，同二三队员遍观了各病室的伤兵，直至下午三点半我们才继返宿舍休息。

四点本队事务员董似水，偕总队部文牍员洪晓峰穿便服外出，事前并未告知我，我虽不满意他们的行动，但以种种的关系，也只好听之。五点陈队长偕徐医务主任等自滦州返来，谈滦东战事平静，非若报纸上之所传。前数日海阳镇事变，报载敌人攻陷海阳镇，实则是少数伪军的袭击，我军未备，致大部退却滦州。后来何柱国闻讯，以不战而退，有玷军誉，震怒之下令即恢复原阵地固守，于是海阳镇又归我军防范了。至滦州一带，敌人飞机虽曾一度发现，但仅系侦查，并未掷弹。这种消息是陈队长从滦州党部中得来，当然是确实的，与几日来报纸上的消息，颇有出入，且背谬之处尚多。我们听到陈队长报告的这种新闻，个个都灰气的不得了，不仅唏嘘叹惜！而我更感觉到失望，于是我们原定滦州之行，决作罢论。夜九点，天津基督教青年会，为娱乐伤兵，演电影于医院庭院中，伤兵兴致所向，大都席地而坐，围观电影，这可算为青年会的功德，伤兵们的快慰。疼痛哭涕的伤兵，得到如是的消遣，他们兴奋极了，阒无声息的看着，有时且忍着疼痛的苦笑。观伤兵们当时的动静，虽含有苦痛的脸色，而终则是因之得到了一时的安慰。队员们大多数去看电影，我替陈队长作一报告，历述本队几日来的经过与现在情形，及毕，亦去看电影，十一点才得睡眠。

九日：晴。六点半起床，我即率领全体队员去医院外之东操场上运动。陈总队长则率领摄影员文牍员返平。我们运动后返医院，院方副官刘某，来索伙食费，我告以昨日吴主任之语，彼去。旋我复与吴主任面谈，决仍照昨日议定办法，暂且解决本队伙食费问题，俟商总指挥（震）准发本队伙食费时，再定一切。工作方面，医院愿将第六第八两病室，拨归本队管理。早饭后，我率领第八病室医治伤兵创口，在这种情形之下，也只有教几位稍有经验的队员施行手术，其余队员从旁帮助观看而已了。于是累煞了徐医务主任，及医务员白右龙李英男张振标四人了。我和其余的队员，半参观式的协助他们四人医治伤兵。伤兵们的伤口，大多数在四肢上，他们虽因伤痛涕号，而表现的精神是十二分的好。他们谈及与敌人作战经过，皆磊落畅谈，似不知以伤痛为苦。且有多数的伤兵，很兴奋的与我们谈起他们杀敌的状况，与我军士卒卖命的情形。"敌人气馁，勇不若我"，是他们的共同论调。至于他们自述的希望呢，是希望伤口早日痊愈，好能遄返前方，再与敌人拼个死活。这真出乎我的意外，我原想着他们是叫敌人炮火打破胆的了。况又饱尝了创口的疼痛，哪有再与敌人拼命的勇气？却不料他们大大的不然！如此真叫我意外的高兴，中国有如此的士卒，河山不难恢复矣。日来以海阳镇消息的回信，至此为之一振，而又抱乐观了。在我们正与伤兵医伤的当儿，有唐山市立小学的小学生二人，都约在十岁左右年龄，看装束好像工人的子弟，来医院慰问伤兵，刘副官领着他们二人，与伤兵们介绍，我以忙于帮助着与伤兵医治伤口，所以没顾得细看两个小学生的动静。只听得一个童子声音的嗓子，发出如下的谈话："你们众位，为我们国家受伤，为我们流血，我们有心，可是不能现在就帮助你们去杀日本人，我们实在觉着讨愧！但是以后我们长大了的时候，我们一定去与众位报仇。"这话终止时，接着就是一个我们正在与他治伤的兵，作慷慨的答复。他大致的意思，是"我们打敌人，是我们义不容辞的责任，盼望你们二位安心读书，准备你们的前途，以后我们大家联合起来，去灭我们的敌人。"伤兵答完了话，我停止了工作，立起身来，注意两个小学生的举动，看到两个小学生，很郑重的向伤兵们行了个鞠躬的礼便出去了。我站着看他们，直至看不见他们两个的影子以后，才继续我的工作。如此有意思的小学生，碰倒如此义气的兵士，他们对答的言语，他们精神的表现，真叫我快慰之至，真叫我感动得几至流泪，中国的前途，我感觉着有希望了，我们医治伤兵的工作，我也感觉着有意义了。这是两位小学生给我的希望，这是伤兵们给我的安慰。下午四点我们工作完了，晚饭后队员大半都上了街。我留在医院里写了一封信与马明河君（本队副总队长），报告近日情形，与日来工作状况，免得他在前方挂着我。今天徐医务主任大约是以工作疲倦的缘故，似有不悦气色，我也函告马君了。因为这次参加救护队工作的公教信友，除马君与我外，徐医务主任要算一个很能干的公教信友了，所以我和马君与他特别亲近，虽则尚有队员任骏华君和关燕生君也是公教信友，而以地位职责的关系，与我们往来不甚亲密。于是马君以徐君的现状，也正是因着这个。晚八点各队员相继返来，天津基督教青年会复演电影于庭院内，以娱乐伤兵。时有一伤兵，两耳被日人割去，来本队室内谈话，我询以被俘经过，及我军于敌人战斗情形。该伤兵慷慨历述其个人遇敌人经过如下："余（伤兵自称下仿此）性喜冒险，且好侠举，蒙长官器重，被派为间谍，赴敌人后方，侦查敌情。余遂自冷口外之某处（不知其村名）起身，深夜直向敌方进发，爬山越岭，不知凡几，而大抵均走小道，为敌人不曾注意的途径。余乃乔装农夫，及抵敌方，遍访敌人情形，见敌人为数不多，帐设山内，情形沉静。见有装甲车坦克车等军用利器络绎，向西移动，以余猜想，大抵系承德或喜峰口方面移动着。及询诸当地居民均谓此地日兵不多，几日前虽曾有大部日军在此停住，而近几日来已调往他处。余侦查既毕，便思即时返来，于是仍从原道遄返。不意途中余以避敌人耳目，误入歧途，致适遇敌哨兵，余惊恐之下，思虑逃遁，不意心急脚乱，一不留神，被脚下土块绊倒，因更引起敌哨兵之注意，而被俘焉。余再三自白，谓系本处农民，去探视亲戚，迷途至此。而该哨兵坚不肯信，强令余从之行。余不得已，乃随之至邻近村中。该哨兵系一伪国军人，将余送至一军警深严之室中，彼即外出。余见该室中共有被扣者五六人，均垂首踞坐于室之四壁，观该几人之形态，愁容满面，若不胜忧虑者，想亦系与余相同，悉被敌人认为间谍而就俘者，彼数人见余至，除相视愕然，互表同情外，无发一言者。旋俘余来之伪军，偕一日人至，该日人至余面前，劈头即云：'你不是中国兵，来我们这里打探军情的么？'余不答。而该日人见余无言，乃更言'你若说实话，我即放你走。'余当时想到，若说明情理，即殉我命，且坏我军前途，关系甚大，不可吐露，故决定宁死勿言，而认定余命至此告终，因仅言：'余早说过，我是老百姓，不是侦查，你不信，我也没话可说了。'该日人，继之再三问余，余均不答，时傍立之一伪军，亦来劝余明言事实。余仍不答。该日人见余态度沉着，始终不言，乃自腰中取出尖刀，将我左耳割下。继之复将我之右耳，亦一并割掉，乃高声呼曰：'走罢！'余时只觉头之两侧，已去大半。而此时之究属怎样逃出，至今尚不得忆起，但知两手抱首，踉跄在逃，且走且奔，入一乡人家。该乡人家之一老太婆，怜余之惨状，乃与我洗涤面部血迹，更用一单裤子，将我之头耳裹好，更饱我一餐，余始得返来。"该伤兵谈毕，我更问他关于他们前方作战的情形，他答云："我们士卒前方作战，生活极苦，往往终日不得一饱，故当起头与敌人火拼的时候，我们满都有不战而退的口号。但以有关国家体面，一方面又不好意思的不打即退。及后来天津北平等处商家的慰劳队，及北平燕京大学的学生慰劳队，前后积极着去慰劳我们，鼓励我们，所以我们士气为之一振。这纯是良心的冲动，我们自觉着若不卖力气的话，实在是对不起慰劳我们的人们。近几日来，前方战事的胜利，无非是慰劳队力量从中鼓励的。战争的中间，我军伤亡甚众，这是我们军器不如人的缘故；但是我们士兵愿为国致命者众多，致日人一时不得逞他们的野心。敌人仗恃着白天的攻击，我们仗着黑夜的袭取，所以敌人白日里不叫我们得安，我们就使他夜里不得睡眠。凡是不怕他们的和他们死干。如今还是这样打着哩！"伤兵说完了这话时已是晚十点了。我听了他的一套话，我真高兴极了，我实在是五体投地的为祖国庆祝，我们有这样的战士，这样的英雄，还怕我们的山河不能恢复么？我在这样和队员们谈论着睡下了，那已是十一点左右的时候了。

十日：晴。晨六时起床，率队员去医院东南隅之树林中散步。继于操场上作了一会子游戏，七时半返医院，八时半早饭后，偕队员全体去各病室与伤兵换药。昨天徐醒初等四人，操劳过重，致有疲极不快的事实发生，所以今天决定各队员一齐下手，与伤兵换药，令徐醒初指导着各队员工作，免得发生意外的事。我也参加队员们中间，与伤兵换药。我们先在第八病室换药，继去第六病室。当我今天第一次下手与伤兵换药的时候，实在是感觉着外行，幸有徐醒初君来往指示着，才没有做错。在第八病室里，有一个兵左臂受伤，伤口特别大，为状之惨，真是令人目不忍观。当我给他换药时，他不但不怕疼，还大谈特谈他与敌人拼刺刀的经过呢。他且说且誓继续着他的谈话。"必杀尽日本人，才解我的恨。"这是他谈话最后的结语。所以他连声喊叫着，恨他的伤口好的太慢，恨他不能立时遣返前方。我安慰了他好大半天，我告给他说："你若当心的，静着气的养伤，不久你的伤就会痊愈的。"他似乎信了我的话，安稳的睡下了。今天我们换完了药，已是下午二点了。我同着徐醒初张逊斋张寄生张光华五人去街上买足球，以价昂未买。在饭铺吃饭时，内有女招待，甚浪荡，而饭菜不堪入口，我恨极，未终席出。返医院时已是晚五点十分。九时就寝。

十一日：自我们初来医院时起，至今日写日记时止，我对医院方面的感觉是："医院经济艰窘，一切设备都因陋就简。医院当局仅能敷衍伤兵们的种种切身问题。"既有这种情形，所以对我们救护队的待遇，不无欠周到的地方；况且这一般军人的习惯，真是愎谬透了，与我们学生的生活情形，真是大大的不相同。他们只知道有他们的上司，对于我们是一点礼貌也没有。换句话说，他们对我们的态度，似乎有不值一礼的劲头儿。因此我的队员，不能原谅他们的态度，所以意气渐盛，大有要和他们理论的趋势。其实我倒没有感觉到如何的难过，这或者因着我职责的关系，自然促成的现象。我虽然为这些军人们向队员们说了许多疏通的话，免得生出是非来，偏又事不凑巧，几乎闹出笑话来。这便是今天正当我们队员工作的时候，医院忽然接来了多数的伤兵。以伤兵激增，医院里的房间于是不足分配了。既有了这种事实，医院方面就要我们救护队迁出住所，好让伤兵们住宿。我骤然得到这种消息，便怪医院当局为何不早通知我们呢？队员正在工作，仓促间怎么迁出寓所？以事实上感觉困难，所以我并未把这事放在心上，仍然做我们的工作。无奈伤兵相继来医院者，拥挤特甚。大多数的伤兵，露宿在庭院中了。医院方面一再催促着我们迁移住所，大义所在，何能容辞，所以我就答应了。但犹怪医院方面通知不预。诸队员对此举措，尤为不满。第二组组长张逊斋同志（救护同志）血气方刚，怒气冲冲地要发性子。我看到势头似乎不妙，恐闹出笑话来，所以遂即令各队员继续工作，不准顾及迁移住所事体。队员们得令后，都去工作去了，惟第二组组长张逊斋同志，必欲照料迁移住所的事，于是我就答应了他，命三四工友在张逊斋同志监视下，把本队的一切什物用具，尽数挪到医院西旁运输队院内。原来医院方面，为我们预备的房间，是运输队院内的南房，所以我们的什物都放在这屋里了。后来因为伤兵拥挤地自前方退来，医院预备的房屋，仍不足伤兵们住宿，所以把原来给我们预备的南房，又划归伤兵们住了。而以运输队队长住室西屋，作我们的住所。于是我们刚挪进南房的东西，又都挪出来，放在庭院中了。而医院给我们预备的西屋，里边既没有床铺和桌椅，地上还极潮湿，必得铺以草席后，才适住宿。可是医院方面，至下午时止，草席等一概还没有预备呢！所以我们的什物在庭院中搁了五六个小时，午饭我们也是在院中露天吃的。队员们经过了这种冷淡的待遇，感觉着一种无人过问的情形，大都认为医院当局，是有意玩弄我们，有意冷落我们；我们应当即时离开此地，去前方，或返北平，不应当再继续在这医院里工作，免得受医院方面的冷落待遇。

返平之议，队员们向我提出了，第一二组两组长，大约是职责要他们俩如此吧？对返平之议，主张特别坚决。再三的代表队员们向我表示返平的意旨，而队员们，多数的队员们，互相观望，一声不发的散站在露天的庭院中。我向他们解释，我劝慰他们再安心继续工作，他们不听，他们忿怒，有几个队员忿怒。且有一个队员，与我辩论，他绝对的表示不满意医院方面对于我们的待遇。我给他解释医院方面的苦衷，医院方面的不得已；及医院方面没有冷落我们的居心。他不听，他任性，他以"我们神经过敏，队长说得是"等话来讥讽我。我并不注意他的话。我在想着应如何说服他们。最后我看到，劝慰是没有效力的了，必得用坚强严厉的态度，对付他们才可。于是我表示坚决态度了："我们救护队来到此地，原为工作而来的，我们打的是工作的招牌，今工作尚未正式着手，而即要返平，是与我们初心相背。我们返平，将何颜见我们的识者？！将何以应付我们的使命?! 诸队员若自觉着有返平必要，若肯厚颜去见我们的识者，那么就可以自动脱离本队，先行返平，兄弟不负责任。但我个人仍抱定为工作而来的初衷，留此工作。队员中有愿践初衷的，请留此地，否则请便。"我把这些话说出来以后，队员们看着我的态度坚决，没有商量的余地，所以他们便声明"愿将返平之议作罢，随队长继续留此工作。"因此一场风波，始告平息。下午四时各队员去操场运动。我则去医院吴主任处，催促草料和席子。时伤兵续到者渐多，我们新移入之运输队住院，亦有伤兵十数人来宿，涕泣号痛，急待诊治创口。医院章院长嘱本队早与之治理伤口。我应之。召队员不得。盖队员以返平之议未实现，均生息职心，多去操场上玩足球去了。我两次派人往叫队员，队员皆不应。我怒极，亲赴操场强徐醒初返，盖徐精医道，且为本队医务主任，非彼不能与伤兵诊伤，非制彼不足以制服其他队员。于是诸队员始相继返来，将十数伤兵之伤口理毕。七点，院方将草料席子运到，诸队员于暮色沉沉中将休铺备好。才得把放在露天庭院中我们的什物，挪到屋里来。忐忑之心，至是始安定。队部固定，队员亦安心矣。十点就寝。

十二日：晴。我以为今天是耶稣建定圣体瞻礼呢，所以一早就唤醒徐醒初，整装去天主堂望弥撒。事后方知道明天才是耶稣建定圣体瞻礼。九点用早饭于大街饭铺中。返医院与吴主任商定，自本日起，凡在输送队院内，（即本队现住之院）住居的佐兵，概归本队负责诊治。时本院内已积来伤兵达百三十余人之多。但以我们动手工作较迟，院方医兵已先我们与伤兵换药了。十二点院方医官耿某与本队来函，请本队去医院与彼等帮忙，辞谦而恭，我应之，率队员李纯沦白右龙等往。在与伤兵换药时，我以失慎，误将一伤兵创口内血管触破，血流不止，该伤兵面容顿变白色，大哭不已。盖惊惧发生意外，有忄生命危险。我亦性急，无计可施，乃速召徐醒初至，始将该伤兵流血止住。我一时感觉着抱愧，感觉害羞；我不敢再继续与别的伤兵换药。我看着队员们工作，静悄悄地看着，直至他们工作完了，我才同他们一齐回到我们队部。

在九点以前，我们还没与伤兵换药的时候，张逊斋张寄生张光华三人，以事向我请假，我本不当答应他们的请求，但那时：一则因没有工作做，队员们都在闲着，二则因着情意上的关系；不便却他们的请求，所以终于答应了。可是在下午三点半以前，必得返来，这是我答应他们请假的附带条件。

及我和别的队员，在医院中工作完了，回到我们队部院中，适前方下来的伤兵拥挤，所以我们又给伤兵继续换药，至晚七点始得稍息进餐。而张逊斋等三人请假外出者，晚六点半才回来。我对之颇不悦，痛责其玩忽工作。

今天整日伤兵继续退来，所以本队队员，工作至深夜十一时半，始得安息，为本队来唐山第一次劳苦。诸队员勇于工作，不辞劳瘁，虽整日劳苦工作，犹不示疲怠状态，精神之好，出乎我意外，真令人庆幸。但据今日伤兵下来之多，为向所未有，可推知前方战事激烈，必较前数日增加。询诸伤兵，知多系自冷口界岭口与敌人火拼受伤下来者。

十三日：晴。有风：因昨天工作到十二点，才得休息，致今日精神甚坏，早七点起床时，尚觉头晕身疲。去郊外散步时，遇伤兵王某，与之谈，知彼为山东邹县人，从军已三年。并言及前方作战情形。彼谓："我方有汉奸作祟，致影响战事甚大。又加以我方炮火，往往失却效力。我（伤兵自称）曾有一次，遇敌来攻，掷手榴弹十余枚，而爆炸者只二三，所以贻误战事不少，否则敌人万难得手。"我听到这个伤兵的话，甚觉稀奇，但证诸其他伤兵的话，炸弹不爆炸，确乎是事实，令人闻知，不胜发指。当局设无抗敌诚意，则休止可矣，何竟调兵遣将，大张抗敌声势，而复以无效的火弹，运往前方，遗士兵以束手待毙的惨剧呢！这不是为敌人张目，杀自己同胞么？闻近日前方士卒，有离心离德的风声，据此则知非无原因了。十点早饭后，诸队员俱与伤兵换药去了。我偕徐醒初去医院晤章院长，为商讨派队员赴前方运输伤兵事。适章院长不在因与吴主任谈及此事。吴主任谓："日来前方战事紧张，昨日下午一时至四时，建昌营子电话与后方曾一度不通，所以前后联络既断，真象不得而知。现我军已加派第五十五师，急赴前方应援，目下我军与敌人正在混战中。混乱情形不能相知，所以本院原定请诸君赴前方工作计划，目下不能实现。况迩来本院接到军分会命令，限短期间改组竣事，事繁棘手，一切计划，不能如愿推行，殊属憾事！"我告以本队愿赴前方工作诚意，吴主任表示谢忱。后末吴主任谓："自坨子头，至唐山，及自唐山至北平间，火车中医务人员缺乏，若贵队能派几位同志，随车照料伤兵甚好！"我即应之照办。但吴主任继谓："军人生活简单，举动粗鲁；所以待人态度，往往有失检点处。且军人崇拜上司观念特深，故对于他人不免有疏略情形。与学生生活，迥乎不同，与贵队队员相处之下，恐怕发生误会，闹成感情破裂的结果，请张队长妥想办法。"我答以请吴主任嘱属下士卒，客气从事，我亦检派几位性情柔和，做事老练的队员前往。并嘱以特别注意，多加原谅士卒，想如此或不至发生意外。吴主任颇以为然，遂即决定。略谈后辞出，返队部时队员尚在工作，直至下午六点才工作完毕。今日自前方下来伤兵四十余名，转去北平者十数名。因伤致命者一名。诸队员工作颇劳碌。晚徐醒初偕第一二组组长请假出，八点始返来。他队员多表示不满，我痛责徐等行动不当之后，他队自始未再多言。我数日来以队务中的麻烦，始感觉到做领袖之不易。此我生活史上第一次尝到是种滋味。

十四日：晴。今天是耶稣苦难瞻礼六，平明我就起床了。偕徐醒初任振华去天主堂望耶稣苦难弥撒，早饭于养正轩饭馆。返队部队员尚未进餐。适医院吴主任遣人来，请我及徐醒初去彼处一叙。至则得知乃商请本队派人随火车输送伤兵事。践昨日之议，应之。决派五人去坨子头，留三人住该处，二人随火车往返担任医药事。返部队决派医务白右龙率队员张伯莹随火车往返于坨子头唐山中间。派医务张振标偕队员单易庵伏斌三人，留驻坨子头救护伤兵。事定后，即着人去医院取药，因为我们带来的药品，已经用去了大半，若去前方，药品不足分配，所以才函请医院章院长，准予发给药品，以备赴前方应用。以我的忖想，章院长大抵是不愿意发给药品罢？所以回示是"据一三九师孙师长报告，坨子头成立医院，列车运输，可由该院负责，本院计划暂缓实行。"我得到章院长的回示后，即函知吴主任，商定行止。吴主任答复同意章院长暂缓实行意见。于是本队原定今日下午四点派队员去坨子头工作计划，作为罢论。十点早饭后，仍照常与伤兵换药。徐醒初在一个伤兵的伤处，取出一块弹皮来。午第二组组长张逊斋请假返平。队员田开原代第二组组长职务。这是队员们的意思，我的准可。过午仍工作。至晚九点睡眠。

十五：晴。因明天是复活瞻礼，我必需返平过瞻礼，所以今天我很早就起床了。稍事整理行装，去医院辞行。返部队将本队事务，概记徐醒初代为办理。七点半章院长来谈，前方战事危急，院方复有愿本队去前方工作意，我委徐醒初君全权办理。八点我偕队员夏仲珊步行赴车站。候车返平。午前十点的车，下午一点才开。登车时，以坐位与一"二尺半先生"起争执，终和平解决。事后知该"二尺半"乃三十二军驻唐山兵粮库库长，徐姓，山东黄县人。至天津下车。夜十一点车抵北平东站，于人群杂乱中与队员夏仲珊分别。及我抵宿舍，已十一点半矣，同学均已熟睡。就寝后，疲梦萦思，伤兵的号痛，队员的工作；战场上的悲惨，历历犹在梦中。疲困得眠，哪里还顾得东方之既白呢。我的救护工作，至此算是一个段落。

这篇东西，是我去年四月，（一九三三年）在日人进攻长城时，参加救护伤兵工作的一段日记，是记述我当时工作的情形，及个人遭遇的。算到现在，已是一年前的事了。粗略的记载，不能尽述我当时一切的状况，希望读者多加体谅吧！我是一个公教信友，懦弱的青年；因感到国事日非，敌寇时深；忍不了静看国土的日削，搁不住倭奴的欺凌压迫！我的良心责斥我，我的教条督促我，一切的一切，逼着我为国牺牲，为国效劳。但是我太懦弱了，负不起我的责任，良心上为国的责任。应不了我的使命，教条给予我的爱国使命。我惭愧，害羞；不敢见人的害羞。我不安，忐忑，日夜憧憬的忐忑。终究是私情战不过理性，教条克胜了懦意。于是我在环境的许可中，能力可做的范围内，尽了我为国效劳的一点义务。这算不了什么，因为工作太微了。本不值得记述，因为当记述的太多了。但是我站在学生的立场上，一切不得自专的情形下，我自庆我的成功，在个人方面相对的成功，所以才记述了这篇东西，来在杂志上发表它。这虽则不免于自满自誉的嫌疑，而较彼辈醉生梦死的老爷少爷们，尚可引为自傲呢！青年，公教爱国青年！我愿将我这段日记，献给您们，做我爱国工作的开场白。献给您们，做我宣誓为国的章本。这话我说的太自许了，我知道是自许，但是我希望您们鼓励我，指导我。并且希望与我携手往救国路上狂奔，大家有组织的狂奔。好能证明我们的心迹，赤心救国的心迹。好能承行大造付与我们的使命，应当爱国的使命。我现在祷祝着，祷祝着我们爱国使命的实行；我现在期望着，期望着祖国的胜利。至于我发表这段日记的本意，非夸耀，亦非自傲，乃愿将这些微的爱国表示，公诸大众，做青年从事爱国工作的呼声。抛砖引玉，虽谓妄想，而我这段日记的公开，确乎有这种妄想的鼓励。这种痴人之梦，大雅云愚的勾当，我倒偏要尝试一下，且看我爱国的青年们作何响应吧！

一九三四年四月图沫附言

（原载《磐石杂志》，1934 年，第 2 卷第 5 期）

对于残废军人教养院的我见

文元兄弟

✎ 编者按

　　文元兄弟，曾在河北安国负责公进会，后到北平清河镇真福院，还在河北张家口残废军人教养院担任相关职务。作者先概述了张家口残废军人教养院的日常生活内容，之后指出天主教所办的残废军人教养院相对于政府所办的残废军人院更切合残废军人们的需求，残废军人教养院最终的目标是要使每位军人能独立生活，成为天主教信徒，残废军人们也渴望成为天主教信徒。作者指出这些都是雷鸣远神父真诚传教的结果。

　　不管如何看待创办残废军人教养院的动机，该院的成立确实协助政府做了安置残废军人的相关工作，残废军人在院中因信仰和教养院的帮助而得到安定的生活和心里慰藉，这是天主教发挥优长贡献于抗战爱国的又一项事业。

　　残废教养院成立的经过，已登诸报端，无须另赘。不佞自受长命至张家口代理院中教义职以来，已有两个月了。观察各位残废军人，虽受伤而成残疾，然都怀抱着一团图谋来日生活的问题。他们未到院以前，都摸不清里边是怎样的度生。及到了以后，才知道对于饮食方面颇为满意。每日白面两餐，主日食肉。一天四堂功课——认字，算术。每晚宗教科，孜孜培养，使彼等达到常识资格：（一）为来日能握笔写信。（二）为增其生活兴味，以慰残废的身体。

　　自万桑院长（雷鸣远）到察省即筹划开院礼，届期院长所报告的宗旨，足慰安残废官兵之寸衷，且使列席诸位点首称贺。今将所知道的贡献于阅者。

　　试观我国所设立之各残废军人院，全挂着机关的标牌，感觉莫大痛苦，不啻监狱的囚犯。如此的生活，残废军人，哪能甘心终年。不怪乎许多残废军院，勃然成立，骤然停止，良有以也。院既然中道崩殂，残废者归家不得；欲谋生活，社会不容插足。百计不出，只得沿街求食。那种漂泊凄惨的光景，岂能以言语来形容！

敝院的成立办法是解残废军人来日的苦恼，为彼等谋家庭快乐。此院要永久存在，作残废军人的保障。没妻室的要为他成家娶妻，好能度其家庭生活，释其处世孤独的忧虑。

将来必让每人习一相当手艺，赚的只要本院能经济独立，完全归其个人；不能独立时，折半归之。如此其来日之幸福便握在掌中了。同时即将至一至圣之公教道理，渐渐的使他们明了，以成天主之义子。

今有李振刚乃是一位排长，军官学校肄业，口齿伶俐，待人接物，都表示着一片诚实谦和。开院典礼之时，其代表残废官兵答谢词。秦副总指挥（德纯）见其侃侃而谈，雄纠纠敌忾之气未曾消极，故愿擢其为参谋，以感其为国受伤致残废之忠心。李君决意辞却，曾向余说："我自从到院以来，听看了雷院长及诸位修士的谈吐与表样。都增了我深刻的感动。为此那升官发财的心理，亦为之溶化了。不知怎的看着世物都如敝屣，感觉到世福世乐不过送花流水而已，哪有贪享的价值。我的确愿作一个公教的信徒。那昙花一现的世福，让别人去谋求罢了，我就不屑与之周旋拉"。他曾要求安国县真福院参观。将近复活瞻礼，即让其至真福院，闻之忻悦非常。想其至院见着院长参加复活节前数日之礼仪，必有另一番的感觉了。

由此看来，这院中的残废军人不难事主救灵。这也是天主一种特别加佑，同时也是雷神父传教一腔热血的代价，尤其是他那种谦让和蔼的结果。我国如多出几位若此传教之人，公教不难指日广扬。但是传教之真精神在乎先得人心。然后施予道理，人方能接受。不然任你高谈雄辩，也不过讲者谆谆听者渺渺而已。因为你敬人一尺，人家敬你丈；你不理别人，他人也不理你。如此你想还能传教吗？如不能传教岂不辜负了天主招你传教之使命。既然辜负了这伟大的使命，唉！可以揣摸去罢！

宏哉！传教的使命。来日天国的酬劳，厚得很呢。严哉！辜负此使命之人……的严判！

（原载《公教周刊》，1934 年，第 262 期）

公教教友服务社会的理论

牛秉宗

✒ 编者按

　　作者先是介绍了"社会"和"社会组织"的概念，从而引入国家的构成——土地、人民、政治，指出人类需要的社会组织除了国家还有教会和家庭，这三者应当协调一致。之后作者着重论证自己"社会为人，人不是为社会"的观点，因为社会是每个人幸福的必要工具，那么人人都当为社会服务，耶稣就是为了社会全体的幸福而牺牲了自己。作者认为在当时服务社会的方式就是要先爱自己的国家、种族从而为社会服务，教友因为具有双重身份更应该爱国。虽然作者指出国际纷争的最大原因就是狭隘的种族思想，但是他认为中国民众的民族意识还是有待加强。为社会服务需要牺牲的精神，而天主教思想最适于培养人们的牺牲精神。最后作者再次强调信徒只有用牺牲的精神去服务社会，才能保存自己的现世利益。这篇文章主要从个人和社会、国家的辩证关系来论证天主教应服务社会、爱护国家的道理。

　　什么是社会，组织社会的要素又是什么；人群与社会有什么关系，这些问题，虽然大家都已知道，但为明了计，在没有讨论公教教友与社会服务之前，不妨似乎"旧话重提"式的再来简单的说一下。

　　社会一语的起源，在我国书籍中，业早已有之，如梦粱录中有"安排社会，结缚台阁，迎列于道"之语；东京梦华录也有"八月秋社，市学先生，预敛诸生钱作社会"之言。

　　凡此之称社会，乃指的是同居一地之人民，逢到节日，举行集会的社会；这种集会，往往带有宗教色彩，如果简单解释，这种社会，也就是上古时代之社，所以祭土地之神，其义后来虽然有些转变，但没有完全去掉那点宗教意味，所以这些意义，可称之为广义的解释，而不是此地所用社会一词的意义。至于二十五家为社之社，已有点现在所习用社会一词的意义了。因为这二十五家之社是邻里乡党的民众组织，以谋公共幸福，以求大家利益者也。

社会组织的起源，社会学家的主张也有种种不同，有的主张契约说，有的赞成生物说，也有的拥护心理说；但这些学说，都不是正确的；社会组织的起源，是基于人类生性基本的要求，换一句话，一有人类，就有组织社会的倾向，当然社会的外形的条理，不是如同现在繁杂而近于完备，但其雏形是已经具备了社会组织的要件的。有人称人为社会的动物，就是根据这一点而来的。

为组织成一个国家，要有三种要素：土地，人民，政治；为组织一个社会，也有三种要素：多数的人，公共目的，和所以达到目的工具。这三者之中，缺一不可，缺一件便不能有社会的组织。

在人世间，人类最需要的社会有三：家庭，国家，教会。国家的目的，在求人类有形的幸福；教会的宗旨，在谋人类无形的幸福；而家庭可谓兼备二者，因为它应当对人类有形无形的幸福，须同时并顾。不过为组织成这三种社会的分子，是同样的人，换句话说，三种社会都是为求人类的幸福；那么，一个人不能分作，所以这三种社会，彼此也都有连带关系，彼此应调协一致，不得相互冲突，否则便是人类生活的一大祸变；我们读过去的历史，看现在的事实，祸乱惨变，多多少少，对于以上所说的话，总有相关。但这些问题，不属本文的范围，所以此地只好略而不谈。

前边说了，社会组织，出于人类的生性，人类是社会的动物，从这一点，我们就可以看得出人类和社会有什么关系。自然社会是人类的组织，没有现有人类的自然的要求，当然也就没有组织社会的必要；但既有了现在的人类，社会组织是不能不有的。不过须要分开这个问题，社会是为人，人不是为社会。而这层意思也不得错懂，认社会为人，而人不为社会，就以为人对社会没有关系，没有责任。所谓社会为人者，即社会的目的，无论其为何，都是对着人类幸福的，所以说社会为人，就是说社会是人类获得幸福的必要工具，步骤，阶段；不用此工具，不走此步骤，不经此阶段，人类幸福就很难以获得。那么，我们又看出人对社会有什么样的关系。所谓社会服务的理论，也就从此产生。

人类为获得他所达到的目的而才组织社会，社会又须要各个人在共同的目的，利用共同得达目的工具之下，才有社会的出现，因此在这个社会中的各个分子，彼此都有关系。通常人每喜用人类的身体作比，以喻社会中人们彼此的关系。人之一身，有许多肢体，而这些肢体，虽属独立，但不能独活，必须连结合一而始成一个人，而这些肢体彼此也是都是关系的，彼此应当互助，所以耳目不得以手足不能视听也而轻之，受阻亦不得以耳目之不能行动也而忽之。圣保禄说过"一个肢体感受痛苦，其余各肢同有一样的感觉；或者一个肢体有荣，其余各肢体也同欢乐"的话。我们正好拿圣保禄的这几句话来解释社会中的分子，彼此所有的关系。

我说社会为人，而人不是为社会，一方面似乎是和社会服务相冲突，他一方面又似乎害了自私的病。其实若把这个问题分析一下，不惟不冲突，却极相适合，而也不是自私主义；此理在上边的一段也就可以看得出。

"皮之不存，毛将焉附"，这一句话正是形容社会对个人关系的重大，也是说明分子对团体应当如何爱护；但皮之存，所以为毛附属之所，但无毛而又何须乎皮；社会亦然，有社会所以使人得获人生幸福，但无人类，社会又将和所用之？所以社会终极目的是为人，而人需要社会也只是为获得目的。社会既为获得人生目的所必具的东西，所以每个人必须爱护社会，工欲善其事，岂可不先利其器？这也是吾人应当服务社会之又一理论。所以服务社会，正是服务自己个人，如此服务社会，算不得牺牲，正是利己，这一点弄清楚了，服务社会的精神，自会增加。

"人子之来世，所以役于人，非所以役人"，这是我们的师表耶稣基多处身立世，服务社会的精神，这可以说是全牺牲的表现，我们读整部的新经，充满了这种牺牲精神，不说别的，但看他在山园祈祷时，如何牺牲自己的意志，在加尔瓦略山巅，又如何牺牲自己的生命，所以然者，还不是为了"使世人获得生命"，获得救恩吗？凡属教友，都是耶稣的嫡子，嫡子须对师傅的动作"亦步亦趋"，否则是有名无实的弟子，而为耶稣羞的。这是教友对社会服务的标准：师法耶稣的全牺牲，以求社会全体的幸福。

对社会应当服务，这点理论是很清楚的，无须再为多说；如今对于服务社会的方式，再作一个简单的说明。

　　谁也知道，服务社会，此之所谓社会，是指的人类全体，是说的整个世界，凡含生负气之人类，完全包括其中；但在这个大社会中，又分许多小组，这就是现在国际，种族等等的分配。服务社会整个的系统，固然概括全人类，但世界尚没有到达理想的大同时代时，这国界，种族的观念，是不能打破的；由这些观念，便演化出爱国，爱种族的理论；"非其种者，除而去之"，这在人类生物学上是讲不通的，因为人类同出于一源，此即人类一元论之说，所以凡属人类，尽为同种，虽有形态，颜色，语言之不同，然而论其为人，则无不同，所以服务社会，应该概括整个人类。不过在现时代，国家种族的思想，既仍存在，所以也必须先要从爱自己的国家，种族二维服务社会之开端，此亦"爱德先由自己开始"之说也。

　　我们的国家，现在处在什么环境，这是人人共知的，当着这种严重关头，凡属国人，皆应明了自己的责任，肩起自己的职务；而一个教友，对于这个问题，更要加倍重视，因各教友按纯理智说，他该爱护本国，按超性的观点，他又受天主的命令，保卫祖国。我们且看耶稣不也是给我们立下了爱国的表样，他为什么对耶路撒冷，痛哭流涕？不是看到他的祖国将要被人夷灭吗？

　　鼓励狭隘种族的思想，可以说是国际纷争的最大原因，有如尼采的超人哲学，日尔曼民族高出其他民族的主义，扩展自己民族生命线的思想，都是启世界战斗之端的；这在理论上是不当，但在事实又无可如何，所以对于民族的意识上，我们应当有清晰的认识。我国之所以形成今日的涣散现象，就是基于此点；大多数的国人，不知国家是什么，不认识民族是什么，只知有家族小团体，而不知道在家族之外尚有大团体：民族，国家；因此养成一种"纳了粮，自在王"的态度，使一般的人只知道纳粮，只是"不知不识，顺帝之则"，具这种态度的民众，必不能幸存于现在竞争的世界。对社会国家服务，应对此问题先有所认识。

　　对社会服务，须加牺牲的精神，因为没有这种观念，必要陷到自私自利的狭义思想中。前边说了，服务社会，归根来讲，仍是为己，不为社会。便是不为己，而此地所云之自私自利，就是不肯牺牲眼前小我的利益，而终结是大我的好处不能得，小我的也就因之不能保存。有了牺牲的精神，大我的利益，既得扩展，小我的利益也得而伸张。

　　为养成牺牲的习惯，再无过于公教的思想，因为我们因信仰的告诉，得知我人类获天堂真福，必须以牺牲的代价去换，"谁不弃绝自己的妻子，儿女，父母，自己，而跟随我背负十字架的，不得称为我的徒弟。"这不是明白告诉我们为作耶稣的徒弟，必须要牺牲吗？"你们当中谁愿为首，他当是你们当中最小的"，意思是谁愿意将来得丰裕的报酬，现在该牺牲，该作大家的侍役，该替社会服务。

至于服务社会的个案和具体事件，那须视个人和各地环境而规定。一个教友，按通常的理说，或按超理智的理说，对于社会有服务的职责；而服务的方式，第一须先分清社会的区界，而后以不屈不挠勇敢牺牲的精神，去趋赴自己应有的任务，比如是我们的国家民族，才能复兴，才能生存，而我们自己的现世利益，才能保存，永远的幸福，才能获得。

二五，十二，十日于故都

（原载《我存杂志》，1937 年，第 5 卷第 1 期）

救济遭罹战祸人民的社团

若 瑟

🖊 **编者按**

　　若瑟，生平待考。

　　此文以国际视野审视第二次世界大战带给人民的各种灾难，在这史无前例的巨大灾难下，很多救济社团努力救助战争灾难中的民众，中国天主教也秉着救世爱人的宗旨做难民收容等各项救济事业。因战争范围大，所造成的灾难使得各国的救济工作陷入困难，所以作者倡导天主教徒为救济社团祈祷，更能勉励他们救济人民。

　　战事一发生，便有许多人民遭罹战祸，做战争的牺牲品。试想那作战的兵士，死的，伤的，被俘的，在这蔓延到了全世界的大战下，每天不知要有几千几万。那非战斗的人民，也要被无情的炸弹炮弹，枪子刺刀，所杀所伤；即使保全了性命，也要被拉去做夫役，或者逃难到别处；房屋被焚毁了，财产都荡然了，流离失所，贫病交加，结果仍免不了一死。再有那辈幼弱孤儿，青年寡妇，无人照顾，无地容身，更是多么可怜。一般人民，除那趁着混乱时局发财致富者外，都受到了战争的经济影响，物价高涨，生活困难，以致小康者成为贫户，强健者变为瘦弱，儿童们无力入学，成人们得不到职业啊，遭罹战祸的人民，真是多么需要人去救济呀！

　　可幸在这战云密罩的世界上，尚有不少的善心人，哀怜那战祸下的牺牲者，尽力去救济；他们觉得个人的力量不够，便集合了同志，组织着社团，为做大规模的救济事业。一般交战国家，也不得不承认这种事业的神圣，这类社团的可嘉。红十字会，便是最著名的救济社团。它不分国界，打起救世主的十字旗帜，在战场上救护伤兵，掩埋尸体；在后方设立医院，设立交换俘虏的机关，或便利俘虏与家属的通信等等。我国人士在此番战事下，也成立过许多救济难民的社团，或募集款项，或设立收容所，或施衣施食，或办理回乡等等。

我们天主圣教，秉承救世主爱人如己的圣训，见到了战祸下的凄惨境遇，自然不能不竭力救济。所以过去几年中，我国的许多地方的天主堂，设立难民收容所，据历年来全国教务统计的记载，民国廿七年份，收容过四十四万九千余名；廿八年份，收容过四十五万四千余名；廿九年份，收容过十八万余名。此后难民们大概遣回家乡，各处的神长信友，又忙着救济那辈因着战事影响而失业的工人，贫困的雇员，破产的家庭，无衣无食的孤儿。圣教会在我国如此，在别国也如此。罗玛教廷更利用其超然地位，在各交战国间，办理交换俘虏的事件，最近又设寻人事务所，为俘虏的家族觅取通询的途径。

救济战祸下牺牲的工作，比较太平时期的救济工作，已经困难得多。此番战争的剧烈紧张，以及破坏程度的广泛，远远超过从前的战争。各交战国都把全国的人力物力，总动员来从事战争，所以交战国的人民，几乎没有余力为做救济工作。战事又蔓延到全世界，剩下的几个中立国，也不能充分发挥他们的救济事业。

所以我们基督信徒，要为那些救济遭罹战祸人民的社团，恳切祈求仁慈怜悯的吾主圣心。盼望圣心降福那些社团，保护那些社团；使那社团中的人，不谋自己的私利，不生别项的野心；使他们能够顺利工作，因而减少些战争的凶祸，解除些人民的痛苦；使他们的工作，不但救济人的肉身，更进而救济人的灵魂。

我们自己做基督信徒的，即使因着时势的特殊，不能组织社团，大规模地干办救济工作，我们除了为别的社团祈祷之外，也该自己振起仁爱精神，勉力给我们近旁的人，解救他们因战祸而遭到的神形困苦。我们也恳求吾主圣心，赏赐我们自己，赏赐本处教友，在圣心中获得些爱人之火，勉力做些救济战祸下人民的工作吧！

（原载《圣心报》，1943年，第57卷第3期）

结语　一场未竟的"基督教中国化"努力

近代以来，当人们谈论外在因素对基督宗教在华发展进行强力干预的历史事件时，总会谈论到 20 世纪 20 年代的非基督教运动、50 年代针对基督宗教进行的政治改造，却对抗日战争时期的基督宗教语焉不详，事实上抗日战争对于基督宗教的形塑作用同样十分明显。如果说，非基督教运动对于基督宗教最大的影响在于一种文化层面的融合以及教会体制表面的演变，进而引发了天主教的本地化和基督教界的本色教会运动，50 年代针对基督宗教的政治改造运动则更侧重于割裂基督宗教与帝国主义的关系，进而达致一种政治的认同，那么，对比起来，抗日战争时期的中国教会在一种外力的强力干扰下，则试图进行一场凤凰涅槃式的、综合性的中国化的努力与尝试，这种努力一方面为非基运动的余韵所波及，同时亦契合于当时的社会现实。如何权衡自己的国民身份与信徒身份？如何在困难时期解决教会的生存问题？这一系列问题随着抗日战争的深入得以逐渐展开，并为实践所检验。虽然这些思考因解放战争的爆发而至停摆，却为 50 年代的教会革新揭开了序幕。

一　中国教会的自主意识得到加强

抗日战争初期，大多数教会机构还在沦陷区内得益于外国租界的特权保护，只有少数传道人迁到后方或自由区工作，无论是天主教，还是基督新教一切照旧，企图在外国势力的卵翼之下让自身得以保全，此时让教会头疼的似乎只是沦陷区无序的经济及社会格局。前面列举的中国教会在九一八事变之后几乎无一例外向国际机构及境外教会组织申诉以期向日本施压便是中国教会受制于国际教会最直接的体现。随着太平洋战争爆发，局面发生了翻天覆地的变化，租界失去了特殊地位和保障，外国传教士成为俘虏或被遣送回国，东北地区的新教传教士均遭逮捕，而国内的一些基督徒亦陷囹圄，燕京大学宗教学院院长赵紫宸等人在监狱中被囚禁达半年之久。沦陷区除了自立教会外，所有教会组织都被强迫合一，成立"中华基督教团"，与日本教会所派牧师合作。在此情形之下，沦陷区内各教会组织将工作重心逐渐转移到自由区，纷纷设立办事处。虽然此时英美作为中国抵抗法西斯的盟国，对于自由区的教会工作有所增强，但各差会捉襟见肘的经济状况及国内岌岌可危的社会秩序，还是让中国教会既有的运作模式遭到破坏。天主教会同样受到影响，1941年9月8日，河北献县教区有神父、修士、贞女等19人被日军枪挑、活埋，在武昌、抚顺等地，众多美籍天主教神职人员遭扣押、遣返。同时，中国天主教徒和新教徒与国外大部分传教士不同的国家立场及对同胞所受苦难的体认，导致其教会自主意识及国家意识逐渐彰显。

早在九一八事变之后，国民政府采取不抵抗政策，寄希望于国联对于日本的制裁。1932年3月26日，国联调查团抵达南京，之后发布的调查报告书却将事变引发的原因归结为中国抵抗日货运动、苏联的共产主义的传播等，希望中国政府做出一定的让步。对此，天主教中国籍主教联名致函国联调查团，用主教们的良心和人格揭示九一八事变的真相，对于调查团提出的事变原因进行反驳。主教们认为，日本蔑视国际公约诉诸武力侵略中国是基本的事实，日本在战争中非人道地、残酷对待无辜的中国民众，中国依旧遵守国际公约而采取不抵抗，国联如果忽视这些基本的事实就失去了其存在的宗旨，主教们代表国人向国联呼吁公正。[①] 新教徒们也纷纷对之前中国教会依赖西方差会的事实进行了反思。中华全国基督教协进会负责人罗运炎认为战后中国基督教会建设的首要问题是战前就已经提出但悬而未决的问题，即教会"国产"。"战后的中国，既是一个独立自由平等的国家，就给我们教会问题的解决造成了许多有利的条件，我们若是根据教会战前各项待决的问题，及抗战期间所发生的某种变动，一一调整教会内在的因素，我想教会的前途，一定是光明的。至于如何建设新的教会，以期适应新的中国，奠定'国产'教会的基础，我们不必高谈阔论，只要一问'新中国所需要的是怎样的一个基督教会？'便可以知其方向。

---

① 《华籍主教联名上国联调查团之公函》，《公教周刊》，1932年，第163期。

……新中国所需要的一个基督教会，是有能力医治精神创伤的教会。有能力改革人心转移风气的教会。有能力主持正义抵抗强权的教会。有能力推动民族解决，民权伸张，民生康乐主义的教会。"[1] 中华基督教青年会干事张仕章认为抗日战争之前中国教会处处受着西方差会的束缚，不能自由发展，但经过这次民族解放战争，中国教会应该从落伍的神学思想、陈腐的古老教条、无谓的宗派主义、因袭的教政制度与专断的经济势力底下解放出来了。"盼望教内新进的觉悟分子会及时起来领导这种解放运动，积极推行各种实际有效的工作，好使中国教会在精神与物质两方面都能达到自由独立的地步。唯有这样的教会才能效忠于中华民族建国的大业。"[2]

二 中国教会开始自主的神学反思及建构

事实上，除了中国教会日益觉醒的自我意识，与此时局相应的神学理论在此阶段也得到充分探讨。国民与信徒的关系到底如何？基督徒到底该不该参与战争？如前所述，这些问题是抗日战争爆发之后，每位基督信徒和团体都要面对和处理的信仰难题。这一点在天主教会有着统一的看法，与之前我们所列举的徐宗泽、牛秉宗的观点类似，诸多天主教会神职人员对此都有论述，张茂先神父认为天主教的爱国理论具有本性和超性的基础，爱国是人的自然倾向，爱国也是耶稣博爱的一部分。天主教徒应该将爱国和信教合为一体，倡导信徒积极的爱国观。[3] 上海教区甘雅各司铎在1938 年圣诞献词中指出："几时国家临到危急的关头，每个国民，不问其胜任不胜任，受过教育不受过教育，都有其天赋的权利和责任，为自己决定什么法律应当服从，什么法律不应当服从。如果一切法律都不肯服从，那便不是人类的正当的自由，却是无政府主义了。"[4] 基督新教虽然内部对这些问题有所争论，但其主体，无论是武力抵抗派，还是非暴力不合作派，抑或曲线救国派，均赞同国民与信徒身份的统一、信仰与爱国的一致性。对此，中华监理公会第四届青年团契大会最终形成的"基督徒的爱国

① 罗运炎：《战后的中国基督教会》，《基督教丛刊》，1945 年，第 11 期。
② 张仕章：《战后中国教会应当改进的工作》，《基督教丛刊》，1944 年，第 11 期。
③ 张茂先：《公教爱国理论的基础》，《公教周刊》，1937 年，第 9 卷第 27 期。
④ 甘雅各：《天主教与战争》，《圣教杂志》，1938 年，第 27 卷第 2 期。

运动组"报告①颇具代表性，对于"国际主义与国家主义可否调和"这一问题的讨论结果显示："正当的国家主义是必需的，对国际主义，非但不冲突，更能促成国际主义。"理由主要有：（1）"适当的国家主义，是达到国际主义必经之阶级，故国际主义者可采用国家主义"；（2）"国际与国家对个人之关系，有亲疏远近之别，基督徒的行动，就事理言，当由近及远，故欲实行国际主义必先实行爱国主义"。对于"如中日宣战，基督徒应否参战?"这个问题讨论结果是："在不得已时，作自卫的抵抗。"理由是：（1）"因基督徒亦是国民之一，既是国民，应尽国民之本分"；（2）"参战为保卫整个民族之行动，非为个人之利益"，故在不得已时，参战是必需的；（3）基督徒有维护真理之义务，自卫是维护真理之方法，故参战是应当的；（4）"根据基督爱兄弟之主张，我们应当制止此种野蛮行动，同时为保证民族的人格计，认定自卫是必要的"。

至于抗日战争之后的神学建设规划，齐鲁大学文学院院长、神学院院长张伯怀的反思极具启发意义，他认为："真的本位神学教育是以造就能以了解国是，适合国情，在中国社会中因应自若的教会领袖为目的。"在此过程中神学的行政机构需本位化。"今后的神学教育必须请有学识，有道德，有经验的中国同道主持其事，并且须要有相当的自由运用其职权。"同时神学的课程也需本位化。适应国是的教会领袖，不仅要熟知教会经典、历史、制度、典章，最重要的是了解国情。换一句话说是要切实明了中国文化。"神学教育必须以中国文化为主要课程之一，使神学生明了中国文化的历史背景和中国文化的现代潮流。关于实用神学课程如会牧，辩道等课程均应以试验的态度自编教材，不应该抄袭西方的现成课本。至于教会音乐，宗教，艺术，教堂建筑，崇拜仪式等均应更积极的向着本位化的大道进行。"② 这些设想很值得当前中国教会在进行神学思想建设时加以借鉴。

三　中国教会体制及信仰实践的探索

教会自主意识及爱国意识的形成及加强，直接带来的结果便是抗日战

---

① 《"基督徒的爱国运动组"》，《福音光杂志》，1936 年，第 12 卷第 7 号。
② 张伯怀：《战后的中国神学教育》，《基督教丛刊》，1945 年，第 11 期。

争时期教会体制与信仰实践的内在调整。这首先表现在教会争取合一的趋向。教会合一问题早在本色教会运动之前便由中国教会内一些有远见的领袖提出，早在 1910 年，北京米市堂助理牧师诚静怡便在《教务杂志》上发文指出："总体来说，中国的基督徒对于宗派主义不感兴趣，甚至可以说毫无兴趣。他们中甚至很少有人知道自己宗派历史，更感受不到宗派的压力，他们属于一个宗派，仅仅是因为这个宗派把他们带到了基督教里面。这可能是合一运动可以在中国基督徒中间轻而易举得以开展的原因之一。"① 他同时指出中国教会合一的困难主要来自西方的传教士，而不是中国基督徒。这种教会合一的努力在之后二十几年间因为西方差会的实质影响始终进展缓慢。随着太平洋战争爆发，诚静怡所提到的西方教会的影响有所减弱，弱小分化的教会组织在自身生存及事工开展过程中均遭遇瓶颈，此时，教会合一问题比之前任何时候似乎更具备时机与条件。

1937 年全面抗日战争爆发后，中华全国基督教协进会发布了"前进运动的号召"的宣告，号召全国基督徒起而应对中国的危机。其中特别强调了教会合一的必要性和路径："让我们强调我们的合一，忘掉所有使我们分裂的事情。让我们合作以增加力量，促进合一的精神，这样就能更好地应对现在的紧急情况。为了达到这个目的，我们建议：在所有超过一个基督教机构的城市，所有的教会、学校、医院和别的基督教组织都以联盟的形势联合在一起，这样的联盟将它们的活动扩展到实际的外部环境中。区域性教会组织须和全国基督教机构合作以落实这项计划，尤其是各干事在旅行时，除了其原有的事工之外，他还须协助每一区域的基督教力量实现这个前进运动。全国性的组织设立区域性的分支机构，这将会使它与区域工作的关系更为紧密，这些区域性组织也与全国性分支机构进行合作。"② 在抗战过程中，尽管教会在宗派组织上的合一仍具有重重障碍，但如前文所述，在教会事工的开展方面，通过中华全国基督教协进会、中华基督教青年会全国委员会等机构发挥的平台、纽带作用，各宗派组织携手共同参与到救亡图存的事业中。比如，1938 年，中华全国基督教协进会成立了难

① 参阅 Cheng Ching-Yi, What Federation Can Accomplish for the Chinese Church, Chinese Recorder, 1910, vol. 2, p158.
② 罗炳生：《基督徒合作事业概述》，《中华基督教会年鉴》，1934 年，第 12 期。本书转引自《中华基督教会年鉴》（第十二期），台北中国教会研究中心、橄榄文化基金会联合出版，1972，第 35 页。

童救济委员会，协进会工作统计显示，英国浸礼会、长老会、监理会、圣公会、中华基督教会以及部分天主教团体都在各地承办了难童保育所。①一些外国传教士也记录了这种事工合一趋向："战争强化了教会合一之间的联系，就像国家一样。我们在很多项目上是作为一个基督教社区而不是分离的教会工作。超过二十多个城市中，教会组织了共同委员会。很自然地，很多人都希望这种合作一旦开始就一直持续到战争结束之后，尤其在开展新工作的时候，这种特征就更明显。"②

虽然抗日战争时期基督新教在事工上的确进行过一些合一工作，但有基督徒认为这种合一似乎只停留于表面，没有进入到宗派组织层面。余牧人对此抱怨道："无奈我们中国的教会，被从西方来的宗派和经济的背景所束缚，虽到了最近这人力财力俱感恐慌的时候，依然是各自为政，彼此忙着做些叠床架屋的重复工作。慢说合一，连切实的合作也尚未能做到。沦陷区的各教会在形式上虽已合一，但这完全是被动的，强迫的，究竟能有多少作为，我们尚难推测，至于自由区内各教会的现状，只有各宗派的小组织而无全教会的真正彻底的大团结，力量不能集中，要想让耶稣基督那足以拯救全人类全世界的能力，从我们这散漫的教会团体中完全施展出来，恐怕不可能。"③无论如何，教会合一工作此时成为中国教会不得已亦必须开展的工作，这个诉求一直持续到抗日战争后期，中国基督教史家汤因在谈到抗日战争后教会的复兴工作时，首先便提到教会合一问题。

抗日战争历经数年，教会经济大受影响。太平洋战争爆发前，差会所设立的教会和靠基金维持的教会，因为经费来自海外以及战前在银行的积蓄，所受影响不大，太平洋战争爆发后，各教会团体的经济及资源均无法满足教会日益增多的各项事工需求，很多教会在自养上出现困难，尤其那些靠信徒捐款的自立教会更是困难重重，经济萧条，民不聊生，居无定所，信徒人数下滑，这一切让教会的奉献大幅下降。为了教会的延续，教会的经济难题成为教会牧养工作的重中之重。一方面，信徒们主张教友应该节流开源，在国难中增加经济收入，承担国民责任的同时，承担教会义

---

① 缪秋生：《前瞻：中华教会的救济工作》，《中华归主》，1939 年，第 199 期。

② John S. Barr, "Christian Activities in War-Torn China," *The Chinese Recorder*, vol. 69 (9), 1938, p415.

③ 余牧人：《抗战八年来的中国教会》，《基督教丛刊》，1945 年，第 9 期。

务。另一方面教会在依赖富足而热心的教友支持的同时呼吁向教友贷款，捐赠物也不再仅限于金钱。①

如前所述，无论是天主教还是基督新教，无论是武力的还是精神上的，他们大多站在中华民族的立场上积极主张对抗外敌入侵。他们积极响应政府号召和抗战部署，做合格的中国国民。基督宗教的思想性、国际性及其社会服务特征都围绕此核心任务展开，有的信徒甚至走上了抗日前线，雷鸣远、冯玉祥都是积极抗战的代表。同时我们也应该看到基督宗教界以团体的名义参与抗战的程度及其影响力还只是限定在一定范围内，个别有影响力的人物是以其政治、文化或军事地位发挥作用，而不是以信徒的身份。基督宗教没有像韩国基督教界那样在民族解放过程中起到引领作用，在教会上层部分信徒抗战的呼声虽高，但似乎并没有很好地整合 400万信众的力量。另一方面，抗日战争为基督宗教的中国化创造了契机，像非基运动一样，中国教会有识之士在此过程中主动来思考教会的本土化、处境化问题，这种思考一直延续到 50 年代以三自爱国的名义被动呈现。但此时却多了几分政治意涵，国际性的旧账被翻出，思想性被加以改造、引导，中国化走上了单一政治化和体制化之路，因为这种被动性，其内在的神学思想的本土化始终没有完成，反倒增加了对抗色彩，如今人们再提基督宗教的中国化已经失去了旧有的政治、国际环境，有了多层面的内涵。基督宗教中国化的议题无论是在顺境，还是在逆境中，都是中国教会无法割舍的一贯主题，它应该站在中华民族的整体利益和中国国家最高利益上加以考量。

---

① 参阅单伦理《非常时期之教会经济》，《真光杂志》，1938 年，第 37 卷第 1 号；罗文清
《国难中的信徒经济责任》，《真光杂志》，1938 年，第 37 卷第 9 号。

附录：抗日战争时期基督宗教
重要文献目录索引

（按拼音排序）

基督教部分

《斥和平主义者》，载《抗战要讯》，1938 年第 40 期。

《大会讨论组及各联对于学运之意见》，载《中国基督徒学生运动特刊》，
　　1933 年，第 12 期。

《第三届青年文坛点将会第二次文题披露：基督教与革命运动》，载《福音
　　光》，1937 年，第 13 卷第 4 期。

《对日不合作运动》，载《唯爱》，1931 年，第 3 期。

《对日的态度与办法》，载《唯爱》，1932 年，第 6 期。

《冯将军在京讲"基督徒的爱国"》，载《兴华》，1936 年，第 33 卷第
　　41 期。

《复活的耶稣》，载《圣公会报》，1938 年，第 31 卷第 9 期。

《告全国基督徒书："拿起上帝所赐的全副军装……抵挡仇敌"》，载《野
　　声》，1931 年，第 2 卷第 2 期。

《广州基督教联会国难服务委员会对日抗战致全国基督徒书》，载《广州青
　　年》，1937 年，第 24 卷第 35 期。

《国难期间基督徒急于求解的两个问题》，载《真光杂志》，1938 年，第 37
　　卷第 10 期。

《国内基督徒团体及个人反日的表示》，载《野声》，1931 年，第 2 卷第
　　2 期。

《基督教与国家》，载《田家半月报》，1940 年，第 7 卷第 5 期。

《基督徒当兵的义务》，载《圣公会报》，1937 年，第 30 卷第 18 期。

《基督徒的爱国运动组》，载《福音光》，1936 年，第 12 卷第 7 期。

《基督徒在国难当中应整理的世界观念》，载《真光杂志》，1937 年，第 36 卷第 11 期。

《寄语日本国国民与日本基督徒》，载《兴华》，1931 年，第 28 卷第 44 期。

《蒋委员长训令劝军人信基督教》，载《兴华》，1934 年，第 31 卷第 27 期。

《苦难的教训》，载《圣公会报》，1938 年，第 31 卷第 13 期。

《美国平信徒调查团报告书出版消息》，载《合一周刊》，1933 年，第 409 期。

《平信徒报告书的介绍和感想》，载《希望月刊》，1933 年，第 10 卷第 10 期。

《青年与宗教运动巡回工作团演讲大会欢迎词》，载《广州青年》特号，1935 年 12 月 17 日。

《"青运"的使命与广州大会的筹备》，载《广州青年》特号，1935 年。

《全国基督教学生代表会议宣言》，载《联声》，1939 年，第 2 卷第 2 期。

《上海各界基督徒对时局宣言》，载《同工》，1936 年，第 148 期。

《社会服务委员会报告》，载《燕大基督教团契年报》，1939 年。

《为什么我们接连遭遇这样多的祸患呢?》，载《灵食季刊》，1948 年夏，第 86 册。

《"新中国正需基督教，打倒是不合理的"》，载《田家半月报》，1941 年，第 8 卷第 22 期。

《徐宝谦主持黎川工作》，载《农村服务通讯》，1935 年，第 1 期。

《燕大团契记念一九三五年的耶稣诞辰敬告全国基督徒青年》，载《燕大团契声》，1935 年，第 1 卷第 2 期。

《耶稣的爱敌主义》，载《真光杂志》，1939 年，第 38 卷第 10、第 11 期。

《耶稣在战时所给予人类的安慰和希望》，载《时兆月报》，1945 年，第 3 卷第 2 期。

《一共有几个福音呢?》，载《灵食季刊》，1932 年，第 23 期。

《一九四〇年世界祈祷周：总题：人世间苦难的意义》，载《燕大基督教团契旬刊》，1940 年，第 1 卷第 5 期。

《一位基督徒对于国难的感想》，载《布道杂志》，1937 年，第 10 卷第 7、第 8 期。

《闸北学联会国货运动促进会会务报告》，载《中国基督徒学生运动特刊》，
　　1933 年，第 12 期。

《闸北学联会国货运动促进会会务报告》，载《中国基督徒学生运动特刊》，
　　1933 年，第 12 期。

《战后中国教会应做什么工作？》，载《基督教丛刊》，1944 年，第 6 期。

《中国代表团在会议中的报告》，载《消息》，1936 年，第 9 卷第 9 期。

《中国唯爱社委员会会议纪要》，载《唯爱》，1932 年，第 6 期。

《中华基督教会全国总会战时动员通告》，载《田家半月报》，1945 年，第
　　11 卷第 13、14 期。

《中华基督徒救国会宣言》，载《兴华》，1932 年，第 29 卷第 16 期。

《中华基督徒信行救国十人团缘起》，载《金声月刊》，1934 年，第 4 卷第
　　7、8 期。

《中华监理公会第四届青年团契大会"基督徒的爱国运动组"报告》，载
　　《福音光杂志》，1936 年，第 12 卷第 7 号。

《中华全国基督教协进会扩大执委会议宣言》，载《中华全国基督教协进会
　　扩大执委会议报告书：基督教与新中国》，1943 年。

《中央神学院学生救国会宣言》，载《圣公会报》，1931 年，第 24 卷第
　　22 期。

《主耶稣怎样爱国》，载《布道杂志》，1931 年，第 4 卷第 6 期。

鲍引登：《两年来之中华全国基督教协进会》，载《中国基督教会年鉴》，
　　1936 年，第 13 期。

毕范宇：《中国的抗战与中国的和平》，载《基督教丛刊》，1943 年，第
　　3 期。

编者：《耶稣的爱国精神》，载《真光杂志》，1938 年，第 37 卷第 11 期。

编者：《中国基督徒在这非常时期中应注重的几种精神》，载《真光杂志》，
　　1938 年，第 37 卷第 8 期。

博之：《基督与青年之中心信仰》，载《金大青年》，1936 年，第 5 卷第
　　1 期。

曹新铭：《基督徒对于战争的态度》，载《真光杂志》，1938 年，第 37 卷
　　第 7 期。

曹新铭：《苦难与人生》，载《真光杂志》，1938 年，第 37 卷第 5 期。

曹学文：《基督徒爱国吗?》，载《田家半月报》，1941 年，第 8 卷第 23 期。

陈崇桂：《基督教与爱国》，载《布道杂志》，1934 年，第 7 卷第 2 期。

陈崇桂：《基督教与抗战建国》，载《田家半月报》，1939 年，第 6 卷第
　　7 期。

陈金镛：《国难中基督徒应有之态度》，载《通问报：耶稣教家庭新闻》，
　　1932 年，第 1485 期。

陈金镛：《庆祝耶稣圣诞的意义》，载《真光杂志》，1934 年，第 33 卷第
　　3 期。

陈晋贤：《基督徒对于国难态度的分析》，《金陵神学志》，1932 年，第 14
　　卷第 5 期。

陈善祥：《风云紧急中的基督徒应该怎样?》，载《角声》，1936 年，第
　　16 期。

陈文铎：《为暴日强占东北告全国基督徒》，载《兴华》，1931 年，第 28
　　卷第 46 期。

陈文仙、蔡葵、管梅瑢等：《国内基督徒团体及个人反日的表示》，载《野
　　声》，1931 年，第 2 卷第 2 期

陈文渊、梁小初、蔡葵：《致日内瓦国联大会电（译文）》，载《同工》，
　　1937 年，第 165 期。

陈文渊：《基督教与社会服务》，载《社会服务》，1943 年，第 12 期。

陈文渊：《九年来本会工作报告》，载《协进月刊》，1946 年，第 5 卷第
　　9 期

陈文渊：《现代与天国》，载《福音光》，1937 年，第 13 卷第 8 期。

陈文渊：《中华民族最切的需要》，载《消息》，1936 年，第 9 卷第 2 期。

陈锡三：《对于人格救国之我见》，载《同工》，1932 年，第 114 期。

陈子初：《基督教教育对于国难教育之贡献》，载《中华基督教教育季刊》，
　　1936 年，第 12 卷第 2 期。

诚静怡：《两年来之全国基督教运动鸟瞰》，载《中华基督教会年鉴》，
　　1931 年初版，第 11 期（下）。

崔宪详：《五年运动报告书》，载《金声月刊》，1935 年，第 5 卷第 5 期。

单伦理：《非常时期之教会经济》，载《真光杂志》，1938 年，第 37 卷第

1 号。

邓述堃：《从基督教的立场说到反侵略运动》，载《圣公会报》，1938 年，第 31 卷第 5 期。

丁光训：《在新时代中基督徒的社会实践》，载《消息》，1940 年，第 13 卷第 5 期。

范定九：《两年来内政外交对于教会之影响》，《中华基督教会年鉴》，1934 年，第 12 期。

方觌予：《战后中国教会应从事于基督化社区建设实验》，载《基督教丛刊》，1944 年，第 6 期。

冯雪冰：《在国难中基督徒应有的觉悟和态度》，载《野声》，1931 年，第 2 卷第 2 期。

傅乐德：《苦难的奥秘》，载《布道杂志》，1935 年，第 8 卷第 6 期。

傅若愚：《第六届全国干事大会的经过》，载中华基督教青年会全国干事联合会编《中华基督教青年会第六届全国干事大会报告书》，1932 年。

哥林：《基督教学生在今日》，载《联声》，1940 年，第 2 卷第 9 期。

葛玉珂：《基督徒对于战争》，载《吗哪》，1937 年，第 3 卷第 1 期。

郭中一：《战后中国教会当火速进行的要务》，载《基督教丛刊》，1944 年，第 6 期。

黄敬三：《国难中基督徒的使命》，载《金陵神学志》，1932 年，第 14 卷第 2 期。

黄培永：《基督徒学生与救亡运动》，载《消息》，1937 年，第 10 卷第 7、第 8 期。

江文汉：《基督教教育与国难教育》，载《中华基督教教育季刊》，1936 年，第 12 卷第 2 期

江文汉：《基督徒学生对于社会的责任》，载《消息》，1936 年，第 9 卷第 9 期。

江文汉：《建议发动一个"基督教社会主义团契"》，载《消息》，1939 年，第 12 卷第 3 期。

姜树霭：《国难声中基督徒应有旳认识和努力》，载《真光杂志》，1932 年，第 31 卷第 1 期。

蒋介石：《告全国教会书——发扬基督大无畏的革命精神》，载《复兴关》，

1945 年，第 241 期。

宋美龄：《基督教为具有勇气与大无畏精神的源泉》，载《田家半月报》，
　　1940 年，第 7 卷第 1 期。

蒋翼振：《苦难的教训》，载《圣公会报》，1938 年，第 31 卷第 13 期。

柯恩声：《国难中降生的耶稣和国难中庆祝圣诞的我们》，载《呼声学刊》，
　　1935 年，第 8 卷第 3 期。

赖启堂：《思潮转变中基督教责任的加重》，载《真光杂志》，1936 年，第
　　35 卷第 1 期。

赖逸休：《在国难中欢迎降世为人的耶稣——救主》，载《真光杂志》，
　　1941 年，第 40 卷第 1 期。

赖逸休：《五运与乡村教会》，载《真光杂志》，1930 年，第 29 卷第 8 期。

雷声烈：《"天国"观念的演进》，载《真理与生命》，1937 年，第 10 卷第
　　8 期。

李国材：《抗战时期基督徒的责任》，载《广州青年》，1937 年，第 24 卷
　　第 34 期。

李圣华：《基督徒必战论》，载《广州青年》，1937 年，第 24 卷第 32 期。

李彦林：《基督徒与传道士救国的方法》，载《兴华》，1931 年，第 28 卷
　　第 50 期。

梁传琴：《基督教与中国青年——青年与宗教运动》，载《真理与生命》，
　　1936 年，第 10 卷第 6 期。

梁传琴：《今日之青年与宗教运动》，载《金陵神学志》，1939 年，第 20
　　卷第 2 期。

梁传琴：《青年与宗教运动》，载《中国基督教会年鉴》，1936 年，第
　　13 期。

廖亚子：《阿比尼西亚教徒卫国抗战与中国基督教之呼吁和平》，载《兴
　　华》，1935 年，第 32 卷第 49 期。

林步基：《基督教与革命》，载《圣公会报》，1936 年，第 29 卷第 19 期。

林步基：《基督教与战争》，载《唯爱》，1932 年，第 2 期。

林步基：《非常时期中基督徒的自省》，载《圣公会报》，1938 年，第 31
　　卷第 6 期。

林嘉惠：《中国基督徒对于暴日应取的态度》，载《救国月刊》，1933 年，

第 1 卷第 2 期。

林景润：《基督教教育与国难教育》，载《中华基督教教育季刊》，1936 年，第 12 卷第 2 期。

林启方：《战后中国教会应注意三方面工作》，载《基督教丛刊》，1944 年，第 6 期。

林启武：《基督徒的爱国与爱仇敌》，载《唯爱》，1932 年，第 6 期。

刘良模：《基督徒青年与救亡》，载《消息》，1936 年，第 9 卷第 10 期。

刘瑞滔：《基督徒在抗战时期》，载《消息》，1937 年，第 10 卷第 7、第 8 期。

刘廷芳：《国难中教会的使命》，载《真理与生命》，1931 年，第 6 卷第 3 期。

刘廷芳：《基督徒今日为国难的奋斗》，载《真理与生命》，1931 年，第 6 卷第 2 期。

刘廷芳：《基督徒青年之出路》，或《金陵神学志》，1933 年，第 15 卷第 1 期。

刘廷芳：《青年会对于中国教会的贡献》，载《真理与生命》，1935 年，第 5、6 合期。

刘廷芳：《信徒对于国事第一步的工作》，载《真理与生命》，1932 年，第 6 卷第 4 期。

刘子静：《基督徒与国难》，载《真理与生命》，1933 年，第 7 卷第 5 期。

罗文清：《国难中的信徒经济责任》，载《真光杂志》，1938 年，第 37 卷第 9 号。

罗运炎：《世界和平几将破裂声中的基督徒》，载《金陵神学志》，1932 年，第 14 卷第 1 期。

罗运炎：《战后的中国基督教会》，载《基督教丛刊》，1945 年，第 11 期。

骆传芳：《基督教与民族心理建设》，载《夏铎》，1937 年，第 1 卷第 5 期。

毛吟槎：《国难严重时基督徒的责任》，载《圣公会报》，1937 年，第 30 卷第 15 期。

毛吟槎：《国难中基督徒的态度》，载《兴华》，1931 年，第 28 卷第 40 期。

毛吟槎：《战后我国的基督教（待续）》，载《中华基督教卫理公会通讯》，1942 年，复刊第 1 期。

梅为藩：《致吴耀宗》，载《唯爱》，1933 年，第 9 期。

梅贻宝：《国难中的国庆》，载《真理与生命》，1932 年，第 7 卷第 1 期。

梦明：《国难中的契友们》，载《角声》，1936 年，第 19 期。

牟震西：《抗战时期民族主义之另一方面的成就》，载《民意》（汉口），1939 年，第 83 期。

潘琦：《耶稣的爱国观》，张雪岩译，载《金陵神学志》，1932 年，第 14 卷第 1 期。

彭以静：《基督徒与爱国》，载《圣公会报》，1937 年，第 30 卷第 7 期。

齐水：《国难的主因及基督徒的任务》，载《通问报：耶稣教家庭新闻》，1936 年，第 1712 期。

邱运熹：《写在"战争与和平"之后》，载《真理与生命》，1933 年，第 7 卷第 5 期。

邱运熹：《学运的前途及其动向》，载《消息》，1934 年，第 7 卷第 2 期。

邱运熹：《战争与和平》，载《真理与生命》，1933 年，第 7 卷第 4 期。

任宝祥：《教会与学运的目标》，载《真理与生命》，1935 年，第 9 卷第 3 期。

任大龄：《中国的基督教何以不能深入社会》，载《真光杂志》，1940 年，第 39 卷第 8 期。

任锦祥：《任锦祥致吴耀宗》，载《唯爱》，1935 年，第 17 期。

任力夫：《在大时代中的基督徒》，载《同工》，1940 年，第 190 期。

任一：《今日基督教的危机》，载《真理与生命》，1936 年，第 10 卷第 5 期。

尚爱物：《青年宗教运动的回顾与前瞻》，载《同工》，1935 年，第 139 期。

沈文鸿：《基督徒对于日本暴行应有之表示》，载《野声》，1931 年，第 2 卷第 2 期。

施复亮：《纪念孙中山先生与当前的抗战》，载《文化战线》，1937 年，第 8 期。

石中康：《国难中的宗教经验》，载《圣公会报》，1939 年，第 32 卷第 12 期。

舒玉章：《基督教与新中国》，载《同工》，1940 年，第 190 期。

漱渝：《转变中的痛苦》，载《唯爱》，1934 年，第 13 期。

檀仁梅：《基督与武力》，载《唯爱》，1933 年，第 10、11 期。

檀仁梅：《檀仁梅致吴耀宗》，载《唯爱》，1931 年，第 3 期。

檀仁梅：《唯爱主义的正途》，载《唯爱》，1933 年，第 10、第 11 期。

汤清：《基督与战神》，载《唯爱》，1934 年，第 15、第 16 期。

汤因：《抗战后教会的复兴工作》，载《圣公会报》，1939 年，第 32 卷。

童润之：《非常时期的基督教教育》，载《中华基督教教育季刊》，1936
年，第 12 卷第 2 期。

屠英光：《抵抗不抵抗与基督教之关系》，载《明灯（上海 1921）》，1933
年，第 191 期。

万福林：《背起十字架来共赴国难》，载《真光杂志》，1939 年，第 38 卷
第 5 期。

汪兆翔：《基督徒的救国方针》，载《金陵神学志》，1932 年，第 14 卷第
1 期。

王建新：《战后中国教会应注重劳工福利事业》，载《基督教丛刊》，1944
年，第 6 期。

王揆生：《旅行日本后对于中国唯爱社贡献一点意见》，载《唯爱》，1933
年，第 10、第 11 期。

王揆生：《现代中国基督徒应有的认识和觉悟》，载《角声》，1937 年，第
24 期。

王兰荪：《救灵运动与救国运动》，载《真光杂志》，1932 年，第 31 卷第
5 期。

王立时：《基督徒与战争》，载《布道杂志》，1937 年，第 10 卷第 10、第
11 期。

王前佑：《基督徒与爱国》，载《圣公会报》，1937 年，第 30 卷第 3 期。

王善治：《这次我对于日本侵略之主战说》，载《希望月刊》，1932 年，第
9 卷第 3 期。

王神荫：《患难六义》，载《圣公会报》，1938 年，第 31 卷第 5 期。

王同：《我对于"唯爱主义"的怀疑》，载《北平青年》，1935 年，第 26
卷第 33 期。

王兴槐：《如何推行社会服务的工作》，载《社会服务》，1943 年，第
12 期。

王志平：《爱国的耶稣》，载《中华归主》，1935 年，第 152 期。

王治心：《对日意见》，载《金陵神学志》，1932 年，第 14 卷第 1 期。

王治心：《对于反日的意见》，载《野声》，1931 年，第 2 卷第 2 期。

王治心：《我对于国难教育的意见》，载《中华基督教教育季刊》，1936
　　年，第 12 卷第 2 期。

王治心：《我们对于暴日的态度——对于反日的意见》，载《野声》，1931
　　年，第 2 卷第 2 期。

王钟翰：《释苦难》，载《燕大基督教团契旬刊》，1940 年，第 1 卷第
　　10 期。

王梓仲：《基督徒与国难》，载《真理与生命》，1932 年，第 7 卷第 1 期。

卫文周：《民族意识与民族主义》，载《自新》，1935 年，第 3 卷第 9、第 10 期。

吴鸿助：《破釜沉舟的基督徒救国运动》，载《救国月刊》，1933 年，第 1
　　卷第 1 期。

吴雷川：《"唯爱"与"学运"》，载《唯爱》，1935 年，第 17 期。

吴雷川：《爱国青年应注意的一件事：人格救国》，载《微音月刊》，1931
　　年，第 1 卷第 9、10 期。

吴雷川：《基督教与革命》，载《真理与生命》，1931 年，第 5 卷第 4 期。

吴雷川：《基督徒如何实行救国的工作》，载《真理与生命》，1932 年，第
　　6 卷第 5 期。

吴雷川：《经过"国难"的基督教》，载《真理与生命》，1931 年，第 6 卷
　　第 3 期。

吴雷川：《论基督教的公义与仁爱》，载《真理与生命》，1932 年，第 7 卷
　　第 1 期。

吴雷川：《说基督教的爱为博晨光先生寿》，载《燕京新闻》，1941 年，第
　　8 卷第 11 期。

吴耀宗：《答扶雅论唯爱与武力》，载《华年》，1934 年，第 14 期。

吴耀宗：《国民最低限度的自救》，载《华年》，1933 年，第 2 卷第 22 期。

吴耀宗：《和平的代价》，载《唯爱》，1932 年，第 6 期。

吴耀宗：《唯爱主义与社会改造》，载《唯爱》，1934 年，第 12 期。

吴耀宗：《我们怎样组织?》，载《唯爱》，1934 年，第 13 期。

吴耀宗：《"出路"的又一解》，载《华年》，1933 年，第 2 卷第 12 期。

吴耀宗：《致姜漱寰》，载《唯爱》，1931 年，第 3 期。

吴耀宗：《答知我论唯爱主义》，载《唯爱》，1934 年，第 14 期。

吴耀宗：《东北的义勇军与我们》，载《华年》，1932 年，第 1 卷第 23 期。

吴耀宗：《给彷徨的人们》，载《华年》，1935 年，第 4 卷第 1 期。

吴耀宗：《积极的唯爱》，载《唯爱》，1932 年，第 5 期。

吴耀宗：《基督教教育与国难教育》，载《中华基督教教育季刊》，1936
    年，第 12 卷第 2 期。

吴耀宗：《基督教信仰的本质及其在大时代中的意义》，载吴耀宗编《基督
    教与新中国》，上海：青年协会书局，1940 年。

吴耀宗：《基督教与共产主义》，载吴耀宗《社会福音》，上海：青年协会
    书局，1934 年。

吴耀宗：《烈火的洗礼》，载《唯爱》，1935 年，第 17 期。

吴耀宗：《烈火洗礼中之基督徒》，载《消息》，1939 年，第 12 卷第 3 期。

吴耀宗：《鼙鼓声中的唯爱》，载《唯爱》，1933 年，第 7、第 8 期。

吴耀宗：《上海事件与唯爱的主张》，载《唯爱》，1932 年，第 4 期。

吴耀宗：《唯爱的信仰》，载《唯爱》，1931 年，第 3 期。

吴耀宗：《唯爱与革命》，载《唯爱》，1933 年，第 9 期。

吴耀宗：《续论对日的态度与办法》，载《唯爱》，1932 年，第 6 期。

吴耀宗：《致姜漱寰》，载《唯爱》，1931 年，第 3 期。

吴耀宗：《致梅为藩》，载《唯爱》，1933 年，第 9 期。

吴耀宗：《致倪清源》，载《唯爱》，1931 年，第 3 期。

吴耀宗：《致檀仁梅》，载《唯爱》，1931 年，第 3 期。

吴耀宗：《中国必须抵抗》，载《基督教世纪》，1935 年，第 52 卷。

吴耀宗：《中日冲突中之精神挑战》，载中华基督教青年会全国干事联合会
    编《中华基督教青年会第六届全国干事大会报告书》，1932 年。

吴耀宗：《最近的形势》，载《唯爱》，1935 年，第 17 期。

吴耀宗：《做一个战士》，载《华年》，1935 年，第 4 卷第 3 期。

谢扶雅：《抗战中基督徒应做些什么?》，载《广州青年》，1937 年，第 24
    卷第 32 期。

谢扶雅：《时代危机中的我们》，载《广州青年》，1935 年，第 54 期。

谢扶雅：《唯爱与武力果不相容吗》，载《唯爱》，1934 年，第 14 期。谢

培恩：《患难当中的教会给养问题》，载《真光杂志》，1938 年，第 37 卷第 8 号。

谢颂羔：《基督徒与爱国》，载《女星》，1937 年，第 6 卷第 1 期。

熊镇岐：《基督徒爱国》，载《中华归主》，1938 年，第 184 期。

徐宝谦：《国难与基督徒》，载《唯爱》，1933 年，第 7、第 8 期。

徐宝谦：《基督教教育与国难教育》，载《中华基督教教育季刊》，1936 年，第 12 卷第 2 期。

徐宝谦：《时代的认识与我们的信仰——从基督教立场看国家主义及阶级斗争》，载《真理与生命》，1934 年，第 8 卷第 2 期。

徐宝谦：《怎样解决中日问题?》，载《唯爱》，1932 年，第 4 期。

徐宝谦：《致蔡咏春》，载《唯爱》，1933 年，第 7、第 8 期。

徐宝谦：《中日问题与民族自觉》，载《中国基督徒学生运动特刊》，1933 年，第 12 期。

徐台扬：《基督徒与爱国》，载《圣公会报》，1936 年，第 29 卷第 22 期。

徐宇强：《国难动荡中我们当怎样纪念今年的圣诞节》，载《真光杂志》，1939 年，第 38 卷第 12 号。

严玉潭：《在国难期中庆祝圣诞的我见》，载《真光杂志》，1939 年，第 38 卷第 12 期。

杨惠福：《战时传道人的工作当如何去做》，载《真光杂志》，1937 年，第 36 卷第 12 号。

一飞：《不能自圆其说的"唯爱主义"!》，载《华年》，1934 年，第 3 卷第 24 期。

应开识：《我对于非常时期教育之意见》，载《中华基督教教育季刊》，1936 年，第 12 卷第 2 期。

应元道：《生于忧患的耶稣》，载《真光杂志》，1938 年，第 37 卷第 12 期。

应远涛：《抗日声中的无抵抗主义：我对于无抵抗主义的感想》，载《野声》，1931 年，第 2 卷第 2 期。

幼之：《基督教与抗战》，载《华东联中期刊》，1940 年，第 6 期。

余牧人：《基督教战区乡村服务团宣言》，载《基督教丛刊》，1945 年，第 10 期。

余牧人：《抗战八年来的中国教会》，载《基督教丛刊》，1945 年，第

9 期。

余牧人：《战后中国教会应该做的二作》，载《基督教丛刊》，1944 年，第
    6 期。

俞沛文：《基督徒与非基督徒联合起来去做救亡图存的工作》，载《角声》，
    1936 年，第 19 期。

袁伯樵：《由国难回想到基督教教育》，载《中华基督教教育季刊》，1932
    年，第 8 卷第 3 期。

袁定安：《基督教与民族主义》，载《富吉堂半年来会务报告》，1938 年，
    第 13 卷第 1—3 期。

袁访赉：《民国廿七年青年会救济难民工作概述》，载《同工》，1939 年，
    第 181 期。

张伯怀：《时代转变中的中国教会》，载《基督教丛刊》，1943 年，第
    2 期。

张伯怀：《战后的中国神学教育》，载《基督教丛刊》，1945 年，第 11 期。

张春江：《国难期中基督徒应努力的三事》，载《真光杂志》，1935 年，第
    34 卷第 6 期。

张海松：《基督徒救国的根本良策》，载《圣公会报》，1934 年，第 27 卷
    第 9 期。

张海松：《庆祝国难期中的圣诞基督徒应有的态度》，载《圣公会报》，
    1937 年，第 30 卷第 2 期。

张仕章：《基督教教育对于国难教育的贡献》，载《中华基督教教育季刊》，
    1936 年，第 12 卷第 2 期。

张仕章：《耶稣的战斗主义》，载《希望月刊》，1942 年，第 14 卷第 7、8 期。

张仕章：《耶稣主义是不是绝对无抵抗主义》，载《野声》，1931 年，第 2
    卷第 2 期。

张仕章：《战后中国教会应当改进的工作》，载《基督教丛刊》，1944 年，
    第 6 期。

张庭瑞：《基督徒如何应付非常时期的患难》，载《真光杂志》，1939 年，
    第 38 卷第 9 期。

张文昌：《基督教中学在抗战时期应有之贡献》，载《中华基督教教育季
    刊》，第 1939 年，第 15 卷第 1 期。

张雪岩：《对日的态度与办法》，载《唯爱》，1932 年，第 6 期。

张雪岩：《基督教徒应全体动员了》，载《田家半月报》，1945 年，第 11
　　卷第 13、第 14 期。

张雪岩：《基督徒当怎样爱国》，载《田家半月报》，1936 年，第 3 卷第
　　2 期。

张之江：《国难当中应有的安慰》，载《真光杂志》，1939 年，第 38 卷第
　　3 号。

张之江：《基督徒救国的方案》，载《明灯（上海 1921）》，1933 年，第
　　192 期。

张之江：《基督徒与国难》，载《希望月刊》，1932 年，第 9 卷第 2 期。

张子田：《如何应付苦难》，载《金陵神学志》，1939 年，第 20 卷第 3 期。

张祖冀：《基督徒对于东省事件态度的剖解》，载《女青年月刊》，1932
　　年，第 11 卷第 1 期。

张祖绅：《今日教会当前的问题》，载《圣公会报》，1935 年，第 28 卷第
　　9 期。

章之汶：《抗战期中之社会改造：在新繁龙藏寺对成都基督徒学生夏令会
　　讲稿》，载《农林新报》，1938 年，第 15 卷第 26 期。

招观海：《基督徒的国耻》，载《吗哪》，1937 年，第 3 卷第 6 期。

招观海：《基督徒对国难应有的态度》，载《广州青年》，1937 年，第 24
　　卷第 37 期。

招观海：《基督徒与国难》，载《真理与生命》，1936 年，第 10 卷第 4 期。

招观海：《基督徒与抗战》，载《消息》，1937 年，第 10 卷第 7、第 8 期。

招观海：《民族复兴中中国的亚伦》，载《自理》，1937 年，第 27 卷第 5、
　　第 6 期。

赵紫宸：《大时代的基督徒信仰》，载《消息》，1939 年，第 12 卷第 3 期。

赵紫宸：《基督教与中国的心理建设》，载《真理与生命》，1932 年，第 6
　　卷第 8 期。

赵紫宸：《基督徒对于日本侵占中国国土应当持什么态度》，载《真理与生
　　命》，1931 年，第 6 卷第 1 期。

赵紫宸：《上帝若为万能而又爱人，为何不将魔鬼或罪恶扑灭？若为锻炼
　　世人岂不太忍心么？》，载《真理与生命》，1936 年，第 10 卷第 6 期。

赵紫宸：《我们的十字架就是我们的希望》，载《真理与生命》，1932 年，
　　第 6 卷第 5 期。

赵紫宸：《一条窄而且长的路》，载《真理与生命》，1934 年，第 8 卷第
　　3 期。

赵紫宸：《这正是我们献身的时候》，载《真理与生命》，1936 年，第 10
　　卷第 1 期。

赵紫宸：《中国民族与基督教》，载《真理与生命》，1935 年，第 9 卷第 5、
　　第 6 期。

赵紫宸：《宗教教育者应如何应付国难》，载《真理与生命》，1932 年，第
　　6 卷第 6 期。

正宝鎏：《苦难的意义与应付》，载《明灯（上海 1921）》，1941 年，第
　　293 期。

郑新民：《抗战期间基督教文字工作追述》，载《基督教丛刊》，1947 年，
　　第 17 期。

中华全国基督教协进会：《为日军侵占东省事敬告全国教会书》，载《福音
　　光》，1931 年，第 28 期。

朱立德：《基督徒可否参加作战》，载《圣公会报》，1937 年，第 30 卷第
　　15 期。

朱仲玉：《基督徒与苦难》，载《真光杂志》，1935 年，第 34 卷第 1 期。

天主教部分：

《华籍主教联名上国联调查团之公函》，载《公教周刊》，1932 年，第
　　163 期。

《教皇致函日本天主教会》，载《圣心报》，1946 年，第 60 卷第 8 期。

《教宗救助中国战祸难民》，载《公教进行》，1937 年，第 9 卷第 29、第
　　30 期。

《教宗驻华代表蔡宁总主教在陕，祈祷中国抗战胜利大会》，载《公教周
　　刊》，1937 年，第 9 卷第 24 期。

《九四老人马相伯发起不忍人会》，载《公教周刊》，1933 年，第 208 期。

《前线上的雷鸣远神父》，载《新南星》，1938 年，第 4 卷第 3 期。

《日本侵略给教会的影响》，载《公教周刊》，1937 年，第 5 卷第 3 期。

《全国各地公教机关救护伤兵难民》，载《公教进行》，1938 年，第 10 卷
　　第 1、第 2 期。

《上海公教会战时救护事业鸟瞰》，载《公教学校》，1938 年，第 4 卷第
　　5 期。

《上海惠主教通谕为中国祈祷事》，载《圣教杂志》，1937 年，第 26 卷第
　　9 期。

《天主教救护总会最近报告》，载《公教进行》，1938 年，第 10 卷第 9 期。

《为募款献机祝蒋公寿宣言》，载《公教周刊》，1936 年，第 8 卷第 38 期。

《武汉成立全国公教战时救护总会》，载《公教进行》，1937 年，第 9 卷第
　　31、32 期。

《熊希龄等公宴公教名士：谈民治救国》，载《公教周刊》，1932 年，第
　　175 期。

《战争时期中吾人之祈祷》，载《圣教杂志》，1937 年，第 26 卷第 10 期。

《于斌主教演讲抗日》，载《新南星》，1938 年，第 4 卷第 9 期。

《正定外国教士被寇杀害真相》，载《新南星》，1938 年，第 4 卷第 6 期。

《中国抗战前途之展望》，《公教周刊》，1937 年，第 9 卷第 27 期。

《中华公教进行会总监督处致全国公进各级会函》，载《主心月刊》，1937
　　年，第 1 卷第 12 期。

《中华公教信友宣言》，载《公教周刊》，1931 年，第 138 期。

《中华公教信友如何对待日本》，载《安庆秋浦教务月刊》，1932 年，第 1
　　卷第 4 期。

《中华天主教信友救护总会简章》，《公教周刊》，载 1937 年，第 9 卷第
　　28 期。

白荷：《抗战与公教信友》，载《益华报》，1938 年，第 2 卷第 22 期。

编者：《公教与爱国：爱国主义，国家主义，弗关主义，天主公教守中庸
　　之道》，载《台州教区月刊》，1936 年，第 5 卷第 10、11 期。

蔡宁：《蔡宁 1939 年 3 月 14 日致全国主教信件》，《公教教育丛刊》，1939
　　年 5 月号。

蔡宁：《告中国民众并祝抗战胜利》，载《主心月刊》，1938 年，第 2 卷第
　　6—7 期。

蔡廷阳：《我们怎样争取抗战最后胜利》，载《公教周刊》，1938 年，第 9

卷第 43 期。

陈大经：《公教与民族复兴》，载《公教周刊》，1935 年，第 7 卷第 4 期。

陈大经：《沙场中的公教忠勇爱国志士——读火线上的神父有感》，载《磐石杂志》，1934 年，第 2 卷第 5 期。

成玉堂：《成主教在马牧圣堂弥撒前讲道词》，载《益华报》，1938 年，第 2 卷第 11 期。

楚珍：《国难严重时期公教人士应如何救国》，《台州教区月刊》，1936 年，第 5 卷第 1 期。

春荣：《教会与战争》，载《北辰杂志》，1931 年，第 3 卷第 7 期。

方秋苇：《芦沟桥事件之前后》，或《圣教杂志》，1937 年，第 26 卷第 10 期。

冯奎璋：《非常时期公教青年的工作》，载《磐石杂志》，1937 年，第 5 卷第 1 期。

冯奎璋：《公教进行与民族复兴运动》，载《公教进行》，1937 年，第 9 卷第 3 期。

傅奎良：《时局紧张中吾全国公教教胞之总动员》，载《我存杂志》，1933 年，第 1 卷第 2 期。

甘雅各：《天主教与战争》，载《圣教杂志》，1938 年，第 27 卷第 2 期。

惠济良：《敬告属下教友于国难期口应尽的义务特劝救护伤兵灾民事》，载《公教周刊》，1932 年，第 152 期。

骥仁：《公教之爱国精神》，载《我存杂志》，1933 年，第 1 卷第 2 期。

江道源：《公教信友对于国家的责任》，载《公教周刊》，1937 年，第 9 卷第 27 期

Kearney，S．J．P．J．F．：《公教与战争》，载《益华报》，1938 年，第 2 卷第 1、第 5 期。

雷鸣远：《公教对爱国的供献——雷鸣远司铎对辅大公教青年会讲演》，载《磐石杂志》，1932 年，第 1 卷第 1 期。

雷鸣远：《实际的》，载《磐石杂志》，1934 年，第 2 卷第 5 期。

黎正甫：《教育救国之正义与公教精神之培养》，载《公教学校》，1935 年，第 15 期。

林天籁：《超性的战争》，载《公教周刊》，1937 年，第 8 卷第 40 期。

林少隐：《公教信友与爱国》，载《广州公教青年月报》，1933 年，第
　　16 期。

鲁克兄弟：《非常时期与公教》，载《益华报》，1938 年，第 2 卷第 14 期。

陆征祥：《满洲问题评判——以公教立场评判日本侵占东四省事件》，载
　　《磐石杂志》，1934 年，第 2 卷第 5 期。

庐中枢：《读福主教国难公函之后》，载《公教周刊》，1938 年，第 9 卷第
　　46 期。

马相伯：《国难刍议》，载《磐石杂志》，1932 年，第 1 卷第 1 期。

马相伯：《马相伯泣告青年书》，载《兴华》，1931 年，第 28 卷第 50 期。

马相伯：《为日祸敬告国人书》，载《南星杂志》，1931 年，第 1 卷第 4 期。

马相伯等：《对中日问题的意见》，载《现世界》，1936 年，第 1 卷第 7 期。

牟作梁：《论公教与家庭社会国家》，载《公教周刊》，1936 年，第 8 卷第
　　16、17、18、19、20、21 期。

牛若望（朱秉宗）：《公教教友服务社会的理论》，载《我存杂志》，1937
　　年，第 5 卷第 1 期。

牛亦未（朱秉宗）：《公教的爱国主义观》，载《新北辰》，1937 年，第 3
　　卷第 1 期。

磐石：《国难严重时期公教人士如何救国》，载《我存杂志》，1936 年，第
　　4 卷第 1 期。

蒲公：《绥战之面面观——红格尔图之社会概况》，载《安徽私立崇文中学
　　校刊》，1937 年，第 2 卷第 5 期。

若谷：《抗战中天主教的后援工作》，载《主心月刊》，1937 年，第 1 卷第
　　11 期。

若翰：《公教青年的救国精神》，载《母校铎声》，1936 年，第 5 卷第 2 期。

若瑟：《救济遭罹战祸人民的社团》，载《圣心报》，1943 年，第 57 卷第
　　3 期。

沈百先：《公教救国论》，载《公教周刊》，1936 年，第 8 卷第 15 期。

滔滔：《侵略者会满足吗?》，载《公教周刊》，1938 年第 9 卷第 47 期。

图沫：《救护工作十日记（自四月六日至十五日）》，载《磐石杂志》，
　　1934 年，第 2 卷第 5 期。

万九楼：《非常时期公教所有的救国工作》，载《益华报》，1938 年，第 2

卷第 21 期。

味增德：《及时兴起！组织中华公教救国义勇军》，载《公教周刊》，1931
年，第 135 期。

文元兄弟：《对于残废军人教义院的我见》，载《公教周刊》，1934 年，第
262 期。

吾虚：《公教修士的爱国正义观》，载《我存杂志》，1935 年，第 3 卷第
1 期。

消迷：《天主教与爱国运动》，载《圣教杂志》，1937 年，第 26 卷第 2、第
3 期。

熊希龄：《天下独一公教惟正惟真惟能救国》，载《我存杂志》，1933 年，
创刊号。

秀贞：《天主为何不禁止战争》，载《新南星》，1940 年第 6 卷第 12 期。

徐宗泽：《战争论》，《圣教杂志》，1938 年，第 27 卷第 1 期。

徐宗泽：《战争与爱国》，载《圣教杂志》，1937 年，第 26 卷第 11 期。

许德辉：《公教救国的理论与实施》，载《我存杂志》，1936 年，第 4 卷第
7 期、第 10 期。

许作新：《马相伯先生国难中的爱国言论》，载《磐石杂志》，1934 年，第
2 卷第 5 期。

严弥格：《公教与战争》，载《我存杂志》，1935 年，第 3 卷第 4 期。

杨西琳：《非常时期的虎公教育》，载《虎山公学校刊》，1938 年第 1 卷第
1 期。

叶德禄：《雷神父的爱国言行》，或《磐石杂志》，1934 年，第 2 卷第 5 期。

于斌：《公教信友的爱国责任——在汉口公进会所对武汉信友训话》，载
《新南星》，1938 年，第 4 卷第 1 期。

于斌：《教廷与中国》，载《东方杂志》，1943 年，第 39 卷第 1 期。

于斌：《抗战建国与天主教会》，载《云南县政半月刊》，1938 年，第 3 卷
第 9—10 期。

于斌：《于斌主教为中日事件告南京区所属教胞书》，载《公教周刊》，
1937 年，第 9 卷第 22 期。

袁承斌：《天主公教的抵抗主义》，载《磐石杂志》，1934 年，第 2 卷第
5 期

在山:《公教教育在现代中国的使命》,载《教育与心理》,1934 年,第 1
　　卷第 1 期。

曾宪定:《公教信友许有不爱国的行为吗》,载《公教周刊》,1936 年,第
　　7 卷第 37、38 期。

张国莹:《公教青年与现代国防》,载《磐石杂志》,1937 年,第 5 卷第
　　7 期。

张茂先:《公教爱国理论的基础》,载《公教周刊》,1937 年,第 9 卷第
　　27 期。

张茂先:《公教的国民外交》,载《新南星》,1938 年,第 4 卷第 10 期。

张茂先:《天主公教和爱国主义》,载《教育益闻录》,1934 年,第 6 卷第
　　6 期。

张若谷:《于斌主教昭示我人应有的工作》,载《华美》,1939 年,第 2 卷
　　第 1 期。

中华公教进行会:《非常时期公教信友的非常工作》,载《主心月刊》,
　　1938 年,第 2 卷第 2 期。

图书在版编目（CIP）数据

抗日战争时期基督宗教重要文献汇编／唐晓峰，李
韦编. —— 北京：社会科学文献出版社，2020.7
（中国基督宗教重要文献汇编）
ISBN 978 – 7 – 5201 – 6167 – 1

Ⅰ.①抗…　Ⅱ.①唐…②李…　Ⅲ.①基督教 – 文献
– 汇编 – 中国 – 1937 – 1945　Ⅳ.①B979.2

中国版本图书馆 CIP 数据核字（2020）第 026513 号

中国基督宗教重要文献汇编

抗日战争时期基督宗教重要文献汇编

编　　者／唐晓峰　李　韦

出 版 人／谢寿光
组稿编辑／宋月华
责任编辑／胡百涛

出　　版／社会科学文献出版社·人文分社（010）59367215
　　　　　地址：北京市北三环中路甲 29 号院华龙大厦　邮编：100029
　　　　　网址：www. ssap. com. cn
发　　行／市场营销中心（010）59367081　59367083
印　　装／三河市龙林印务有限公司

规　　格／开本：787mm×1092mm　1/16
　　　　　印 张：38.5　字 数：628 千字
版　　次／2020 年 7 月第 1 版　2020 年 7 月第 1 次印刷
书　　号／ISBN 978 – 7 – 5201 – 6167 – 1
定　　价／298.00 元